经以阶也
建设开束
贺教育部
科技司项目
启动之际

季羡林
九八年八

教育部哲学社会科学研究重大课题攻关项目
"十三五"国家重点出版物出版规划项目

我国债券市场建立市场化法制化风险防范体系研究

RESEARCH ON THE ESTABLISHMENT OF
A MARKET-ORIENTED AND LEGALIZED RISK
PREVENTION SYSTEM IN CHINA'S BOND MARKET

冯果 等著

中国财经出版传媒集团
经济科学出版社
·北京·

图书在版编目（CIP）数据

我国债券市场建立市场化法制化风险防范体系研究/冯果等著. -- 北京：经济科学出版社，2025.4

教育部哲学社会科学研究重大课题攻关项目 "十三五" 国家重点出版物出版规划项目

ISBN 978 - 7 - 5218 - 2260 - 1

Ⅰ.①我… Ⅱ.①冯… Ⅲ.①债券市场 - 法制管理 - 研究 - 中国②债券市场 - 金融风险防范 - 研究 - 中国 Ⅳ.①D922.280.4②F832.51

中国版本图书馆 CIP 数据核字（2020）第 264485 号

责任编辑：孙丽丽　胡蔚婷
责任校对：蒋子明
责任印制：范　艳

我国债券市场建立市场化法制化风险防范体系研究

冯　果　等著

经济科学出版社出版、发行　新华书店经销
社址：北京市海淀区阜成路甲 28 号　邮编：100142
总编部电话：010 - 88191217　发行部电话：010 - 88191522
网址：www.esp.com.cn
电子邮箱：esp@esp.com.cn
天猫网店：经济科学出版社旗舰店
网址：http://jjkxcbs.tmall.com
北京季蜂印刷有限公司印装
787×1092　16 开　29.75 印张　580000 字
2025 年 4 月第 1 版　2025 年 4 月第 1 次印刷
ISBN 978 - 7 - 5218 - 2260 - 1　定价：120.00 元
(图书出现印装问题，本社负责调换。电话：010 - 88191545)
(版权所有　侵权必究　打击盗版　举报热线：010 - 88191661
QQ：2242791300　营销中心电话：010 - 88191537
电子邮箱：dbts@esp.com.cn)

课题组主要成员

首席专家 冯　果

主要成员 李安安　袁　康　南玉梅　窦鹏娟
　　　　　　谢贵春　张东昌　段丙华　张　阳
　　　　　　张　梁　阎维博　张弋羲　刘　怿

总　序

哲学社会科学是人们认识世界、改造世界的重要工具，是推动历史发展和社会进步的重要力量，其发展水平反映了一个民族的思维能力、精神品格、文明素质，体现了一个国家的综合国力和国际竞争力。一个国家的发展水平，既取决于自然科学发展水平，也取决于哲学社会科学发展水平。

党和国家高度重视哲学社会科学。党的十八大提出要建设哲学社会科学创新体系，推进马克思主义中国化、时代化、大众化，坚持不懈用中国特色社会主义理论体系武装全党、教育人民。2016年5月17日，习近平总书记亲自主持召开哲学社会科学工作座谈会并发表重要讲话。讲话从坚持和发展中国特色社会主义事业全局的高度，深刻阐释了哲学社会科学的战略地位，全面分析了哲学社会科学面临的新形势，明确了加快构建中国特色哲学社会科学的新目标，对哲学社会科学工作者提出了新期待，体现了我们党对哲学社会科学发展规律的认识达到了一个新高度，是一篇新形势下繁荣发展我国哲学社会科学事业的纲领性文献，为哲学社会科学事业提供了强大精神动力，指明了前进方向。

高校是我国哲学社会科学事业的主力军。贯彻落实习近平总书记哲学社会科学座谈会重要讲话精神，加快构建中国特色哲学社会科学，高校应发挥重要作用：要坚持和巩固马克思主义的指导地位，用中国化的马克思主义指导哲学社会科学；要实施以育人育才为中心的哲学社会科学整体发展战略，构筑学生、学术、学科一体的综合发展体系；要以人为本，从人抓起，积极实施人才工程，构建种类齐全、梯队衔接的高校哲学社会科学人才体系；要深化科研管理体制改革，发挥高校人才、智力和学科优势，提升学术原创能力，激发创新创造活力，建设中国特色新型高校智库；要加强组织领导、做好统筹规划、营造良好学术生态，形成统筹推进高校哲学社会科学发展新格局。

哲学社会科学研究重大课题攻关项目计划是教育部贯彻落实党中央决策部署的一项重大举措，是实施"高校哲学社会科学繁荣计划"的重要内容。重大攻关项目采取招投标的组织方式，按照"公平竞争，择优立项，严格管理，铸造精品"的要求进行，每年评审立项约40个项目。项目研究实行首席专家负责制，鼓励跨学科、跨学校、跨地区的联合研究，协同创新。重大攻关项目以解决国家现代化建设过程中重大理论和实际问题为主攻方向，以提升为党和政府咨询决策服务能力和推动哲学社会科学发展为战略目标，集合优秀研究团队和顶尖人才联合攻关。自2003年以来，项目开展取得了丰硕成果，形成了特色品牌。一大批标志性成果纷纷涌现，一大批科研名家脱颖而出，高校哲学社会科学整体实力和社会影响力快速提升。国务院副总理刘延东同志做出重要批示，指出重大攻关项目有效调动各方面的积极性，产生了一批重要成果，影响广泛，成效显著；要总结经验，再接再厉，紧密服务国家需求，更好地优化资源，突出重点，多出精品，多出人才，为经济社会发展做出新的贡献。

作为教育部社科研究项目中的拳头产品，我们始终秉持以管理创新服务学术创新的理念，坚持科学管理、民主管理、依法管理，切实增强服务意识，不断创新管理模式，健全管理制度，加强对重大攻关项目的选题遴选、评审立项、组织开题、中期检查到最终成果鉴定的全过程管理，逐渐探索并形成一套成熟有效、符合学术研究规律的管理办法，努力将重大攻关项目打造成学术精品工程。我们将项目最终成果汇编成"教育部哲学社会科学研究重大课题攻关项目成果文库"统一组织出版。经济科学出版社倾全社之力，精心组织编辑力量，努力铸造出版精品。国学大师季羡林先生为本文库题词："经时济世　继往开来——贺教育部重大攻关项目成果出版"；欧阳中石先生题写了"教育部哲学社会科学研究重大课题攻关项目"的书名，充分体现了他们对繁荣发展高校哲学社会科学的深切勉励和由衷期望。

伟大的时代呼唤伟大的理论，伟大的理论推动伟大的实践。高校哲学社会科学将不忘初心，继续前进。深入贯彻落实习近平总书记系列重要讲话精神，坚持道路自信、理论自信、制度自信、文化自信，立足中国、借鉴国外，挖掘历史、把握当代，关怀人类、面向未来，立时代之潮头、发思想之先声，为加快构建中国特色哲学社会科学，实现中华民族伟大复兴的中国梦做出新的更大贡献！

教育部社会科学司

前　言

债券市场是资本市场的重要组成部分，发展与完善债券市场已经被作为全面深化改革的目标和任务。然而由于长期以来"重股轻债"的资本市场运行格局以及交易所债券市场和银行间债券市场相互割裂的二元结构，债券市场法律制度建设呈现出滞后与混乱状态。与此同时，随着我国经济增速放缓，债券市场的信用风险、流动性风险、市场风险、操作风险乃至系统性风险不断积聚，如何防范化解债券市场风险成为一项重大的公共议题。在此背景下，我们以"我国债券市场建立市场化法制化风险防范体系研究"为题申报了2014年教育部哲学社会科学重大课题攻关项目并有幸获批。自立项以来，课题组严格按照课题申请书和项目合同书的研究计划和课题设计开展研究工作。课题组按时进行开题论证会，消化吸收了专家意见，为项目的后续展开奠定了基础。针对课题需求，课题组多次组织实地调研，先后赴中国证监会、银行间交易商协会、中债登、上交所、深交所等机构进行实地调研，根据市场动态和实践需要优化课题的内容设计，撰写研究报告和咨询要报，推动学术成果转化，主动服务于国家决策以及立法和司法需求。本书内容立足于公司法与证券法学科发展前沿，积极回应资本市场的重大现实关切以及"防范化解重大风险"的公共政策需求，在信息披露、债券违约处置机制、地方政府融资风险控制、债市互联互通等方面进行了创新性研究，拓展了债券市场风险防范体系的法律研究深度，提出了一系列新观点和新论断，提升了债券市场法制的研究水准。

全书内容由十二章构成，在逻辑体系上可以分为三部分：上篇

（第一～四章）主题为"债券市场风险防范的话语厘清、实践审视与法理反思"，旨在梳理我国债券市场的现状与结构性特征，厘清债券市场风险的类型、本质与生成机理，求证行政化机制向市场化机制转型的必要性和正当性。中篇（第五～八章）主题为"债券市场风险防范市场化机制的体系范畴与运作逻辑"，旨在归纳债券市场风险防范市场化机制的内涵与构成要素，分别揭示债券产品交易中的风险防范问题、债券市场主体培育和规范中的风险防范问题、债券市场从分割走向联通中的风险防范问题。下篇（第九～十二章）主题为"债券市场风险防范法制化体系的路径选择与制度保障"，旨在厘清债券市场风险防范体系中"法制化"与"市场化"的关系，从监管、立法、司法三个维度论证债券市场风险防范法制化体系的构建路径。

通过深入、全面、系统的探究，本书得出的主要结论是：我国债券市场在三十多年来得到了迅速的发展，但我国债券市场不断积累着潜在的风险因素，亟待建立市场化、法制化的债券市场风险防范体系；建立市场化法制化风险防范体系，是维护我国债券市场健康有序发展、切实防范债券市场风险的现实需求；市场化是法制化的前提和基础，法制化是市场化的发展和保障，我国债券市场建立市场化法制化风险防范体系，就是要将债券市场风险的市场化约束机制嵌入债券市场法律制度之中，并以完善的风险防范规则体系为债券市场风险的识别、预警和处置提供制度保障；应将债券法制纳入《证券法》进行统一调整，加强《民法典》《公司法》和《证券法》的协调配合，使零散的债券制度规则在上位法的指引下得以有效整合与规范，将混乱无序的监管竞争引导回遵循证券市场基本规律的基础之上的监管创新。在上述总体研究结论的基础上，本书还重点证成了如下观点：

第一，生长于特定历史阶段的现有债券市场风险防范制度体系显现出滞后性，但市场化并非简单的"去行政化"，而应当立足于风险防范与市场发展有机协调的理念，有效掌控转型过程中的阶段性策略，着重通过制度体系的理性设计构建市场化风险防范机制的法制保障。

第二，债市风险具有传导性特征，为防范地方隐性债务风险，减弱财政危机发生的可能性，就必须确立与地方政府的财政行为相匹配的财政责任制度，以此约束政府的权力滥用行为，减少财政机会主义行为的发生。

第三，随着债券违约进入"常态化"时期，在防范债券风险和处置违约问题上，需要强调市场化风险约束机制，重点建设做市商、投资者适当性以及债券信息披露等制度，着力构建以法制化为基础、以市场化为补充的双重违约处置机制。

第四，风险防范体系的构建是一个系统工程：在我国债市主体架构上应坚持培育与规范并重的理念引向、市场与监管协调并进的改革进路及关联主体全面厘定的实质举措，以实现整体结构健全、微观类型竞争与主体动态联通为基本目标，在发展与规范中全面推进主体的市场化风险防范机制；就市场统一和风险隔离机制而言，应当从交易产品、交易主体和基础设施三个层面实现债券市场互联互通，保障各类市场主体和债券品种都能够自主地选择发行和交易的场所，而同时着力构建起统一的债券市场风险防范体系和风险隔离机制；就市场监管体系而言，实现监管重心由事前的发行监管转向事中事后的交易监管、理顺行政监管与自律监管之间的关系，进而构建起符合债券市场特性的监管制度，包括建立以偿债能力为中心的信息披露制度，统一债券市场信用评级制度，完善债券市场投资者保护制度等。

第五，防范债券市场风险需要围绕债券契约构建一定的分层治理进路，既要保障债券风险纠纷的私法处理机制，又需要运用债券市场风险防范的公法手段。

摘　要

改革开放以来，我国债券市场发展迅猛，债券市场组织形式不断完善、主体层次逐渐丰富、品种类型日趋多元化、交易结构日益多样化。同时，债券发行量、交易量、托管量都有了实质性飞跃。在政府主导、互相割裂、严格管制的结构性特征之下，我国债券市场的信用风险、流动性风险甚至系统性风险不断积聚，市场化、法制化的债券市场风险防范体系亟待建立。

随着时代变迁，债券市场风险防范行政化机制的合理性不断衰减，若不及时调整则将导致市场转型的实践需求与风险防范行政化机制有限功能之间的紧张关系。在全面深化改革的新时代背景下，我国债券市场风险防范机制应当实现从行政化到市场化的范式转型。这种"市场化"并非简单的"去行政化"，而应当立足于风险防范与市场发展有机协调的理念中，有效掌控转型过程中的阶段性策略，着重通过制度体系的理性设计构建市场化风险防范机制的法制保障。

地方债务风险是我国债券市场风险防范的重心所在。为防范地方隐性债务风险，减弱财政危机发生的可能性，就必须确立与地方政府的财政行为相匹配的财政责任制度，以此约束政府的权力滥用，减少财政机会主义行为的发生。同时，应当通过立法切断中央政府与地方政府之间在财政责任承担上的固有联系，重塑市场主体对地方政府财政责任的实践认知。这既是防止政府财政状况恶化、促使财政权力规范行使的有效途径，也是从本源上充实财政责任、健全财政支出义务主体与利益相关人之间权力与权利保障机制的合理手段。

随着偿债高峰期的到来，我国债券市场出现了"排队违约"现象，违约进入"常态化"时期。在防范债券风险和处置违约问题上，需要克服行政化倾向，强调市场化风险约束机制，重塑商事信用并突显其作用，重点建设做市商、投资者适当性以及债券信息披露等制度。针对债券市场违约频发、风险突出的问题，在"破除刚兑"的前提下，政府、监管部门以及市场参与主体，都需要逐步适应以市场化法制化为原则的债券违约处置范式。我国债券市场应着力于构建以法制化为基础、以市场化为补充的双重违约处置机制。

我国债市主体架构形式上虽初具样态，但实质上仍面临债券特性未彰、市场监管多头与实质功能偏离等问题。欲破此困局，应坚持培育与规范并重、市场与监管协调并进的改革进路及关联主体全面厘定的实质举措，以实现整体结构健全、微观类型竞争与主体动态联通为基本目标，在发展与规范中全面推进主体的市场化风险防范机制。具体而言，要确立债券发行人实质性的信息披露法律制度，加强投资者教育、买者自负与投资者适当性的管理，促进做市商与货币经纪机构流动性功用的发挥，强化信用评级与信用增进机构对信用风险的评测揭示和增信推进，注重债券保险与债券信托机构的风险化解效能，完善登记托管结算机构的"闭环"端口保障。

债券市场分割对于竞争机制的发挥、投融资功能的实现、流动性的提高、价格机制的形成以及风险防范体系的建立，都产生了极大的负面影响。应当从交易产品、交易主体和基础设施三个层面实现债券市场互联互通，保障各类市场主体和债券品种都能够自主选择发行和交易的场所，而这又需要以托管结算体系的互联互通为前提。另外，债券市场的互联互通也不可避免地会伴随着风险的跨市场传导，有必要构建起统一的债券市场风险防范体系，并建立完善的债券市场风险隔离机制。

有必要重构债券市场监管体系，在发行市场可基于债券品种的多元特性保留多头监管，但对于公司信用类债券应当统一发行监管主体；在交易市场应基于债券市场互联互通的需要实施统一监管。同时，还要重塑债券发行监管和交易监管之间的关系，将监管重心由事前的发行监管转向事中事后的交易监管，并理顺行政监管与自律监管之间的关系。在此基础上，要构建起符合债券市场特性的监管制度，包括建立以偿债能力为中心的信息披露制度,统一债券市场信用评级制度,完善债券市场投资者保护制度等。

建立市场化法制化风险防范体系,是维护我国债券市场健康有序发展、切实防范债券市场风险的现实需求。市场化是法制化的前提和基础,法制化是市场化的发展和保障,我国债券市场建立市场化法制化风险防范体系,就是要将债券市场风险的市场化约束机制嵌入债券市场法律制度之中,并以完善的风险防范规则体系为债券市场风险的识别、预警和处置提供制度保障。应将债券法制纳入《证券法》进行统一调整,加强《民法典》《公司法》和《证券法》的协调配合,使零散的债券制度规则在上位法的指引下得以有效整合与规范,将混乱无序的监管竞争引导回遵循证券市场基本规律基础之上的监管创新。

防范债券市场风险需要围绕债券契约构建一定的分层治理进路,既要保障债券风险纠纷的私法处理机制,又需要运用债券市场风险防范的公法手段。在债券市场风险防范制度的体系化构造中,需要保持债券市场以债券的契约性和证券性为核心内在逻辑的统一与自洽。在思路上,不仅应突出债券投资者保护,更应体现对商事交易的自由、效益与安全的维护和对市场信用体系的培育,并促进建立以商事信用为核心的统一债券法制体系。对于债券违约纠纷案件,还应当强调司法能动性,将"防范化解重大金融风险"的公共政策融入司法裁判活动之中,同时要补足司法救济规则。

Abstract

Since the reform and opening up, China's bond market has developed rapidly. As the organisition form completing continously, the layers of main body in the bond market have been gradually enriched. And the products and transaction structures have become increasingly diversified. The scale of bond issuance, transaction volume, and custody volume has seen tangible progress as well. Featured government-led mode, fragmentation, and strict control, China's bond market is facing increasing credit risk, liquidity risk and systematic risk. The market-oriented and legalized risk prevention system of bond market is urgent to be established.

As the times change, the risk prevention administrative mechanism of the bond market continues to fail. If no adjustment made timely, it will lead to a tension between the practical needs of market transformation and the limited functions of the risk prevention administrative mechanism. Against the background of the new era of all-round deepening reform, China's bond market risk prevention mechanism should achieve a paradigm shift from administrative to market-oriented. It's not simply "de-administrative marketization", but should be based on the organic coordination of risk prevention and market development, effectively controls the staged strategy in the transition process, and focuses on providing the legal guarantee for the market-oriented risk prevention mechanism through the rational institutional system.

Local debt risk is the focus of risk prevention in China's bond market. In order to prevent local hidden debt risk and financial crisis, it is necessary to establish a fiscal responsibility system matching the local government's fiscal behavior, so as to restrain the abuse of government power and reduce the occurrence of fiscal opportunism. Meanwhile, it is significant to cut off the inherent connection between the central government and the local government on fiscal responsibility through legislation, so as to reshape the market participants' cognition of local government fiscal responsibility in practice. This is not only an effective way to prevent the deterioration of the government's financial situation and promote the standardized exercise of fiscal power, but also a reasonable means to enrich fiscal responsibility from the source and perfect the power and right protection mechanism between subjects of fiscal expenditure obligations and stakeholders.

As the debt repayment peak approaching, "default queue" emerging, China's bond market has entered a default normalization phase. In order to prevent bond risk and deal with defaults, it is necessary to overcome the tendency of administration, adopt the market-oriented risk restraint mechanism, reshape and value commercial credit, and focus on establishing the systems of market maker, investor suitability and bond information disclosure. In view of the frequent defaults and prominent risk in the bond market, on the premise of "breaking the rigid redemption", the government, regulatory authorities and market participants must gradually adapt to the bond default disposal paradigm based on the principle of marketization and legalization. China's bond market should focus on the construction of a dual default disposal mechanism based on law and supplemented by market.

Although the main structure of China's bond market has initially taken shape, it is faced with problems such as the lack of bond characteristics, the multiple market supervision and the substantial function deviation. In order to solve this dilemma, we should adhere to the reform of cultivation and regulation balance, coordinating market and regulation, and taking substantial measures which comprehensively determine related subjects. So that we can welcome a sound overall structure and the micro-type competition and dynamic connection among subjects. The market-oriented risk prevention mechanism can be fully promoted in the development and regulation. specifically, it is necessary to establish the substantial bond issuer information disclosure system. It calls on enhancing investor education, improving management of caveat emptor and investor suitability, and promoting the liquidity function of market makers and monetary brokerage institutions. It requires to increase trust on credit rating agencies and credit enhancement institutions by optimizing the publication of credit risk assessments. Also, the risk mitigation efficiency of bond insurance and bond trust institutions is worth attention and should play its role. What's more, the "closed-loop" port security of the securities registration and settlement institutions needs to be improved.

Bond market segmentation has a great negative impact on the efficiency of competition mechanism, the realization of investment and financing functions, the improvement of liquidity, the formation of price mechanism and the establishment of risk prevention system. Bond market connectivity should be realized from the perspectives of trading products, transaction participants and infrastructures, so as to ensure that all types of transaction participants and bond varieties can independently choose the places for issuance and trading, which requires the interconnection of the trusteeship and settlement system. In addition, bond market connectivity is inevitably faced with the cross-market transmission of risk, so it is necessary to build a unified bond market risk prevention system and establish a perfect risk-remote mechanism of the bond market.

China's bond market is badly in need of reconstructing the supervision system . In the issuing market, multi-supervision can be maintained based on the diversified characteristics of bond varieties. But for corporate credit bonds, the issuance supervision subject should be unified. In the exchange market, unified supervision should be implemented in conformity with the bond market interconnection. At the same time, it is important to reshape the relationship between bond issuance supervision and transaction supervision, which means to shift the focus of supervision from pre-issue supervision to in-process and post-transaction supervision, and straighten out the relationship between administrative supervision and self-regulatory supervision. On this basis, the regulatory system based on the characteristics of the bond market should be established, including an information disclosure system centered on the solvency, a unified credit rating system, and a perfect investor protection system.

The establishment of a market-oriented and legal-oriented risk prevention system is a realistic demand to maintain the healthy and orderly development of China's bond market and to prevent bond market risk effectively. Marketization is the premise and foundation of legalization, legalization is the development and guarantee of marketization. The establishment of such a system in China's bond market is to implant the market restraint mechanism into the bond market legal system, and provide an institutional guarantee for the identification, early warning and disposal of risk. The bond legal system should be incorporated into the Securities Law for unified adjustment. Moreover, it requires to strengthen the coordination and cooperation of the Contract Law, the Company Law and the Securities Law, so that the scattered bond system rules can be effectively integrated and regulated under the guidance of the higher-level law, guiding chaotic and disorderly regulatory competition back to the regulatory innovation based on the basic laws of the securities market.

Preventing bond market risk requires a hierarchical governance approach centered on bond contracts, which makes good use of both the private law mechanism for bond risk disputes and the public law means for risk prevention. Firstly, in the systematic construction of bond market risk prevention system, it is necessary to maintain the unity and self-consistency of the internal logic of the bond market with bond contractuality and security as the core. Secondly, not only should the protection of bond investors be emphasized, but also the maintenance of freedom, efficiency and safety of commercial transactions and the cultivation of the market credit system. And we should promote the establishment of a unified bond legal system with commercial credit as the core. Thirdly, for the cases of bond default disputes, we should emphasize the judicial activism, integrate the public policy of "preventing and defusing major financial risk" into the judicial activities, and complement the judicial remedy rules.

目 录

第一章 ▶ 我国债券市场的发展现状及其结构性特征　1

第一节　债券市场的组织形式　1
第二节　债券市场的主体层次　11
第三节　债券市场的品种类型　19
第四节　债券市场的交易结构　34
第五节　结构性特征：政府主导、相互割裂与严格管制　42

第二章 ▶ 债券市场风险的类型、本质与生成机理　50

第一节　我国债券市场风险类型的总体概览　50
第二节　地方债务风险与财政风险金融化：当前亟需关注的问题　57
第三节　债券市场风险认知的多维度考察　65
第四节　债券市场风险生成的机理解读：基于信息视角的展开　75

第三章 ▶ 债券市场风险防范行政化机制的法理反思　81

第一节　行政化：我国债券市场风险防范机制的基本特性　81
第二节　债券市场风险防范行政化机制的历史由来与变迁　86
第三节　债券市场风险防范行政化机制的功能定位与局限　95
第四节　法理反思：抑制债券市场创新以避免风险生成　102

第四章 ▶ 债券市场风险防范机制的范式转向：
　　　　　以债券产品发行为中心　107

第一节　行政管制：债券产品发行"走不出的背景"　107
第二节　政府隐性担保的滥觞与债券信用评价的扭曲　111
第三节　地方政府债券发行中信用、风险与责任权衡　117

第四节　发行人负债自主权与企业公平融资权的引入　127
第五节　偿债能力标准的提出与债券发行体制的重构　132

第五章 债券市场风险防范市场化机制的内涵与构成　139

第一节　债券市场风险防范市场化机制的规范诠释　140
第二节　债券市场风险防范市场化机制的法律结构　150
第三节　债券市场风险防范市场化机制的正当性分析　158
第四节　债券市场风险防范市场化机制的构成要素　167

第六章 债券产品交易中的市场约束及其风险防范　171

第一节　从债券违约"零容忍"到"破除刚兑"的观念变迁　171
第二节　债券违约"常态化"与债券交易风险的凸显　174
第三节　债券产品交易创新风险防范之一：期货交易　177
第四节　债券产品交易创新风险防范之二：回购交易　181
第五节　债券产品交易创新风险防范之三：衍生交易　191
第六节　债券市场约束机制的强化与商事信用的重申　196

第七章 债券市场主体培育与规范中的风险防范　200

第一节　债券市场主体培育的意涵、目标与实现进路　201
第二节　投资者教育、买者自负与投资者适当性管理　207
第三节　独立性、透明性、问责机制与监管执法改进　213
第四节　债券市场主体培育之一：做市商与经纪机构　219
第五节　债券市场主体培育之二：信用评级增级机构　226
第六节　债券市场主体培育之三：债券保险信托机构　233
第七节　债券市场主体培育之四：登记托管结算机构　240

第八章 债券市场从分割走向联通的风险防范　249

第一节　我国债券市场分割的现实格局　249
第二节　制度竞争：债券市场分割的制度发生学解释　255
第三节　债券市场从分割走向互联互通的必要性　266
第四节　债券市场互联互通的实现路径：主体、产品与基础设施　273
第五节　债券市场互联互通的风险传导及风险防范　290

第九章 债券市场风险防范体系中市场化与法制化的关系思辨　295

第一节　市场化与法制化的内在勾连逻辑及交互解释　295

第二节　债券市场风险防范法律制度中市场化的嵌入　299
　　第三节　债券市场风险防范市场化体系的法制化依归　305
　　第四节　债券市场风险防范中政府与市场关系的协调　307
　　第五节　市场深化、法制引领与债券市场风险治理现代化　314

第十章　债券市场监管体系优化的制度安排　321

　　第一节　监管权力博弈与债券市场监管权力配置状态　321
　　第二节　债券市场多头分散监管的形成及其逻辑演进　323
　　第三节　债券市场监管竞争及监管转型的内在诉求　326
　　第四节　发行市场：基于债券品种特性保留多头监管　330
　　第五节　交易市场：基于互联互通需要实施统一监管　333
　　第六节　债券市场中发行监管与交易监管关系的重塑　336
　　第七节　债券市场中行政监管与自律监管关系的理顺　338
　　第八节　重构符合债券市场特性的监管制度　342

第十一章　债券市场风险防范体系的法制完善　360

　　第一节　债券属性认识缺失：重股轻债的惯性立法逻辑　360
　　第二节　债券规范制度缺失：交易规则与信用管理制度问题　363
　　第三节　风险治理的理念选择：契约属性为基础的风险分层治理　366
　　第四节　风险治理的制度完善：债券风险防范的制度组成　373
　　第五节　风险治理的法制补缺：债券风险防范法制体系的统一化路径　377

第十二章　违约债券司法救济规则的系统性建构　389

　　第一节　问题检视：违约债券司法救济的现状审视　389
　　第二节　逻辑起点：建构司法救济机制的功能定位　397
　　第三节　行动旨归：债券违约纠纷的责任追究　401
　　第四节　诉权配置：以原告适格性的扩张为中心　412
　　第五节　程序管理：以标准化救济程序为进路　419

参考文献　427

后记　433

Contents

Chapter 1 The Development Status and Structural Characteristics of China's Bond Market   1

1.1 Organization of the Bond Market   1
1.2 The Subject Hierarchical Structure of the Bond Market   11
1.3 Varical Types of the Bond Market   19
1.4 Transaction Structure of the Bond Market   34
1.5 Structural Characteristics: Government-led, Fragmented and Strictly Regulated   42

Chapter 2 The Type, Essence and Generating Mechanism of Bond Market Risk   50

2.1 Overview of the Risk Types in China's Bond Market   50
2.2 Financialization of Local Debt Risks and Fiscal Risks: Issues Urgently Needing Concern   57
2.3 A Multi – Dimensional Study of the Bond Market Risk Cognition   65
2.4 Explanation of the Generation Nature of Bond Market Risk: Based on Information Perspective   75

Chapter 3 Jurisprudential Reflections on the Administrative Risk Prevention Mechanism of Bond Market   81

3.1 Administration: The Essential Characteristics of the Risk Prevention Mechanism of the Bond Market   81

3.2 The History and Vicissitude of the Administrative Risk Prevention Mechanism of Bond Market　86

3.3 The Function and Limitations of the Administrative Risk Prevention Mechanism of the Bond Market　95

3.4 Jurisprudential Reflections: Restraining the Bond Market Innovation to Avoid Risk Generation　102

Chapter 4　Paradigm Shift of the Risk Prevention Mechanism of the Bond Market: Focusing on Bond Product Issuance　107

4.1 Administrative Control: The Inextricable Background of the Bond Product Issuance　107

4.2 The Origin of Implicit Government Guarantees and the Distortion of Bond Credit Rating　111

4.3 Tradeoffs of Credit, Risk, and Liability in Local Government Bond Issuance　117

4.4 The Introduction of Issuers' Bond-issuing Autonomy and Fair Financing Rights　127

4.5 The Proposal of the Solvency Standard and the Restructuring of the Bond Issuance System　132

Chapter 5　The Connotation and Composition of the Market-oriented Risk Prevention Mechanism of the Bond Market　139

5.1 A Normative Interpretation of the Marketing Risk Prevention Mechanism of the Bond Market　140

5.2 Legal Structure of the Marketing Risk Prevention Mechanism of the Bond Market　150

5.3 The Justification of the Marketing Risk Prevention Mechanism of the Bond Market　158

5.4 The Elements of the Marketing Risk Prevention Mechanism of the Bond Market　167

Chapter 6　Market Constraints and Its Risk Prevention in the Bond Product Transactions　171

6.1 The Perception for Bond Defaults Changes From "Zero Tolerance" to "Breaking Up the Rigid Exchange"　171

6.2 The "Normalization" of Bond Defaults and the Rising of Bond Transactions Risks　174

6.3 Innovative Risks in the Bond Product Transactions: Futures Trading　177

6.4 Innovative Risks in the Bond Product Transactions: Repo Transaction　181

6.5 Innovative Risks in the Bond Product Transactions: Derivative Transactions　191

6.6 Strengthening the Restraint Mechanism of the Bond Market and Reaffirming the Commercial Credit　196

Chapter 7　Risk Prevention in the Cultivation and Regulation of Bond Market Subjects　200

7.1 The Implications, Goals, and Approaches to the Cultivation of Bond Market Subjects　201

7.2 The Investor Education, Buyer Ego and Investor Suitability Management　207

7.3 The Improvements on Independence, Transparency, Accountability and Regulatory Enforcement　213

7.4 The Subject Cultivation of Bond Market 1: Market Makers and Brokerage Institutions　219

7.5 The Subject Cultivation of Bond Market 2: Credit Rating Enhancement Agency　226

7.6 The Subject Cultivation of Bond Market 3: Bond Insurance Trust　233

7.7 The Subject Cultivation of Bond Market 4: Registration Trusteeship and Settlement Agency　240

Chapter 8　Risk Prevention of the Bond Market from Segmentation to Unicom　249

8.1 The Actual Status of the Bond Market Segmentation　249

8.2 The Institutional Competition: An Institutional Genetics Explanation of the Bond Market Segmentation　255

8.3 The Necessity for the Bond Market to Move from Fragmentation to Interconnection　266

8.4 The Connectivity Path for Bond Market: Subjects, Products and Infrastructure　273

8.5　The Risk Transmission and the Risk Prevention for Bond Market Interconnection　290

Chapter 9　Thoughts on the Relationship Between the Marketization and the Legalization in the Risk Prevention System of the Bond Market　295

9.1　Intrinsic Logic and Interactive Explanation of the Marketization and the Legalization　295

9.2　Marketization Embedded in the Risk Prevention Legal System of the Bond Market　299

9.3　The Marketing Risk Prevention System of the Bond Market Relies on Legalization　305

9.4　The Coordination of Government-market Relations in Risk Prevention of the Bond Market　307

9.5　Market Deepening, Legal Guidance and Modernization of the Risk Governance in the Bond Market　314

Chapter 10　Institutional Arrangements for Optimizing the Regulatory System of the Bond Market　321

10.1　The Game of the Regulatory Power and the Allocation Status of the Regulatory Power in the Bond Market　321

10.2　The Formation and Logical Evolution of the Decentralized Regulation System of the Bond Market　323

10.3　The Inherent Demands for Competition and Transformation of the Regulatory in the Bond Market　326

10.4　Issuing Market: Needs to Retain the Multi-regulation System Based on the Characteristic of Bonds　330

10.5　Transaction Market: Needs to Implement Unified-regulation System Based on the Interconnectivity of the Market　333

10.6　Rebuilding the Relationship between Issuance Regulation and Transaction Regulation in the Bond Market　336

10.7　Clearing the Relationship between Administrative Regulation and Self-regulation in the Bond Market　338

10.8　Restructuring the Regulatory System in Line with the Characteristics of the Bond Market　342

Chapter 11 The Improvement of Legal System Risk Prevention System in the Bond Market   360

11.1　The Lack of Understandings of Bond Attributes: The Inertial Legislative Logic of "Looking on Stocks While Looking Down Bonds"   360

11.2　Defective Bond Regulatory System: Issues Deriving from Transaction Rules and Credit Management System   363

11.3　The Choice of the Risk Governance Concept: Hierarchical Risk Governance System Based on Contract Attributes   366

11.4　Institutional Improvement of the Risk Governance: Institutional Composition of the Bond Risk Prevention System   373

11.5　The Legal Complement of the Risk Governance: The Unified Path to The Risk Prevention Legal System of the Bond Market   377

Chapter 12 Systematic Construction of Judicial Remedy Rules for Default Bonds   389

12.1　Issue Review: The Status of Judicial Remedies for Default Bonds   389

12.2　Logical Beginning: The Construction of the Functional Position of the Judicial Relief Mechanism   397

12.3　Action Target: Accountability for the Dispute of the Default Bond   401

12.4　Litigation Right Allocation: Focusing on the Expansion of Plaintiff's Eligibility   412

12.5　Procedure Management: Approaching Standardized Relief Procedures   419

References　427
Postscript　433

第一章

我国债券市场的发展现状及其结构性特征

我国债券市场建立市场化、法制化的风险防范体系应当立足现实、着眼未来，即在结合我国债券市场的发展现状，突出现实针对性的同时，结合债券市场的运行趋势，以期对潜在风险有所预期、有所准备。发达国家资本市场之所以能够实现跨越式的发展，就是因为立足于历史经验。市场化、法制化风险防范体系的构建同样需要对我国债券市场的发展历程、现实情况进行充分考察，以发展的视角动态地审视债券市场才能更好地助力风险防范体系的构建。

第一节 债券市场的组织形式

债券市场的组织形式是指把债券的发行和投资联系起来的一种市场组织方式，按照是否存在固定的交易场所可以分为场内市场（亦称"有形市场"）和场外市场（亦称"无形市场"）两种组织方式。[①] 我国现阶段债券市场组织形式主要包含交易所债券市场、银行间债券市场和柜台交易市场三种。[②] 其中，交易所债券市场为典型的场内市场，银行间债券市场和商业银行柜台市场为场外市场。

[①] 徐怀业、蒋丽主编：《证券投资原理与实务》，清华大学出版社2014年版，第144页。

[②] 柜台市场除典型的商业银行柜台市场外，还有证券公司柜台市场。参见证监会2014年颁布的《证券公司柜台市场管理办法（试行）》第2条、第8条。

国际债券市场经历了由松散的场外交易为主到场内场外市场并存、场内市场占相当比重，再到场内场外市场并存、以场外市场为主导的三个阶段。[①] 与国际债券市场组织形式的变迁相比，我国债券市场组织形式的发展情况较为特殊——政府起到了决定性推动作用，正是由于债券市场并非自发演进而是由政府主导的这一特征，决定了债券市场组织形式演变的"中国特色"。

一、交易所债券市场

我国交易所债券市场主要包括上海证券交易所（以下简称"上交所"）和深圳证券交易所（以下简称"深交所"），交易所实行会员制。交易所债券市场是典型的场内市场，通过交易所的交易系统和中国证券登记结算有限责任公司（以下简称"中证登"）的后台结算系统完成债券交易和结算，资金清算由清算银行完成，机构投资者和个人须在作为交易所会员的券商开立账户，由其代理交易、结算。

（一）我国交易所债券市场的发展历程

1. 交易所债券市场地位的演变

20世纪90年代初期，上交所与深交所先后设立，随后开始提供实物债券托管服务，交易所债券市场至此诞生。随着柜台市场危机显现，1995年8月，国务院下令关停场外债券市场，1995~1996年间交易所债券市场一度成为我国唯一合法的债券交易市场。1995年国债期货交易危机爆发，证监会关闭国债期货市场，交易所债券市场交易量骤减；1997年大量银行资金以债券回购方式从交易所债市涌入股市，债券回购交易风险显现，在国务院统一部署下，商业银行全部退出交易所债券市场，2003~2004年交易所债券回购风险集中爆发，机构投资者进一步撤离，其主导地位也被银行间债券市场取代。

2. 债券品种与交易工具的发展

交易所债券市场成立初期，债券品种主要是国债和部分企业债。在21世纪初期债券品种不断发展丰富：2005年9月，国内首个企业资产证券化产品"联通受益计划"上市；2006年交易所推出了可分离交易的可转债；2007年推出了公司债券；[②] 2013年国家开发银行政策性银行金融债券在上交所试点发行、交易。在债券交易工具方面，交易所债券市场产生后最初只有现券交易，1993~

[①] 穆怀朋主编：《金融市场学》，中国金融出版社2006年版，第93页。
[②] 沈炳熙、曹媛媛：《中国债券市场：30年改革与发展》，北京大学出版社2014年版，第34页。

1994年上交所与深交所先后开办了国债质押式回购;1994年交易所开始国债期货交易,但是1995年2月23日"327国债事件"爆发后,证监会认定当时市场不具备进行国债期货交易的基本条件,暂停了全国范围内的国债期货交易;2004年交易所推出了买断式国债回购交易。

(二) 我国交易所债券市场的现状分析

1. 市场份额小,扩张速度快

与银行间债券市场相比,交易所债券市场所占整个债券市场份额较小,但近年来债券托管量迅速增长。2014年末中证登债券托管量为1.3万亿元,占整个市场的3.65%,2015年末中证登债券托管量为2.59万亿元,占整个市场的5.4%,① 截至2018年9月,中证登债券托管量达到7.18万亿元,约占全市场托管量的8.79%。② 我国交易所债券市场规模较小既有历史原因又有债券业务发展的客观原因。一方面,交易所债券回购风险爆发使得众多机构投资者离场,交易所债券市场交易量骤减,剩余的中小投资者投资需求亦不旺盛,导致交易所债券市场所占份额较小。另一方面,交易所债券市场多采用集中竞价的交易方式,而债券价格波动小、收益率十分有限,集中竞价方式下交易成本相对较高,不适合机构投资者进行大宗交易。近年来,交易所债券市场相继开辟了适合大宗交易的系统平台,部分行业银行也被允许重新进入交易所。③

2. 市场呈现二元化细分

传统的交易所债券市场是以场内集中竞价方式为核心组织起来的,我国现阶段的集中竞价系统下交易的主要是中小投资者,集中竞价的交易方式满足专业性不强、交易需求不大的中小投资者的需要,指令驱动的模式能够实现中小投资者的交易诉求又不必耗费过高的交易成本。由于集中竞价制度"追涨杀跌"效应和各国市场内部机构投资者比重的上升与其实力的不断增强,基于基本的市场利益诉求,其对大宗交易的需求也随之不断增强,大宗交易的成交金额在市场总成交金额中的比例不断加大。④ 我国交易所债券市场也建立了一系列服务于大宗商品交易的系统平台,例如,上交所的固定收益证券平台、大宗交易专区,深交所的综合协议平台。大宗交易平台提高了投资者进入门槛,客观上对不同投资者的属性与偏好进行了区分,形成了以集中竞价系统和大宗交易系统两个层次的交易所

---

① 李扬主编:《中国债券市场2016》,社会科学文献出版社2017年版,第244~245页。
② 李扬主编:《中国债券市场2018》,社会科学文献出版社2018年版,第211页。
③ 2010年证监会、中国人民银行、原银监会联合发布了《关于上市商业银行在证券交易所参与债券交易试点有关问题的通知》推进上市商业银行在交易所债券交易试点工作。
④ 吴晓求:《中国资本市场制度变革研究》,中国人民大学出版社2013年版,第66~68页。

债券市场。

(三) 我国交易所债券市场的运行机制

1. 交易所债券市场的交易方式

集中竞价机制是交易所债券市场最主要的交易机制。集中竞价机制是一种由投资者提交买卖指令并等待在拍卖过程中执行指令,交易系统根据一定的指令匹配规则来决定证券成交价格的制度,其本质特征在于通过交易者提交指令来向市场提供流动性,证券价格的形成由买卖双方直接决定。[①] 按照成交的连续性的不同,又可分为集合竞价和连续竞价。集合竞价是指对一定时间内接受的买卖申报一次性集中撮合,成交价格确定原则为:第一,成交量最大的价位;第二,高于买进价格的成交申报与低于成交价格的卖出申报全部成交;第三,成交价格相同的买方或卖方至少有一方全部成交。而在连续竞价下,最高买进申报与最低卖出申报相同,则该价格为成交价格,买入申报高于卖出申报或卖出申报低于买入申报时,申报在先的价格即为成交价格。[②] 集合竞价的优势在于通过一定规模的买卖报价,充分反映市场供求的确切情况,从而提供符合市场预期的合理价格,但这种交易机制下的流动性欠佳,一般用于开盘价格的确定。与集合竞价不同,连续竞价可以为市场提供充分的流动性,适用于开盘后的连续交易。

除却集中竞价系统外,上交所还有大宗商品交易平台、固定收益平台,深交所另有综合协议平台,这些系统为交易所债券市场提供大宗交易平台(见图1-1)。其中,固定收益平台针对固定收益债券,其包含交易商之间的交易和交易商与客户之间的交易。交易商之间通过报价或询价方式买卖,具有自营和经纪业务资格的券商类交易商可与其客户协议交易。上交所的大宗交易平台和深交所的综合协议交易平台针对综合业务,采取报价交易,其相对于固定收益平台报价起点高、债券交易品种相对有限。

2. 交易所债券市场的托管结算

债券托管是指债券投资人基于对债券托管机构的信任,将其所拥有的债券委托托管人进行债券登记、管理和权益监护的行为。[③] 我国交易所市场债券托管机制因不同券种而异。一般而言,在交易所交易的债券由中国证券登记结算有限责任公司负责托管,记录相关的交易行为与债券权利的转移。交易所债券市场的投资者不能直接参与市场内债券的交易,须在有资格的证券公司开立账户,并将资

[①] 吴晓求:《中国资本市场制度变革研究》,中国人民大学出版社2013年版,第64页。
[②] 张新文主编:《中国资本市场投资词典》,中国财政经济出版社2015年版,第328~329页。
[③] 张新文主编:《中国资本市场投资词典》,中国财政经济出版社2015年版,第802页。

产交由证券公司托管，证券公司依照投资者的交易指令代为进行交易，形成投资者证券在证券公司托管、证券公司债券在中证登最终托管的"二级托管"制度。国债的托管较为特殊，在交易所交易的国债，其最终托管在中央国债登记结算有限责任公司（以下简称"中债登"）系统中，托管在中证登的国债，中证登以名义持有人身份在中债登开立代理总账户，实际上形成"三级托管"（见图1-2）。

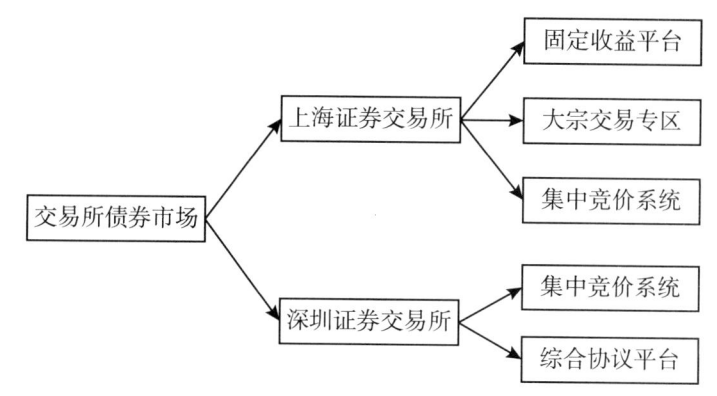

图1-1 我国债券交易所市场的交易平台

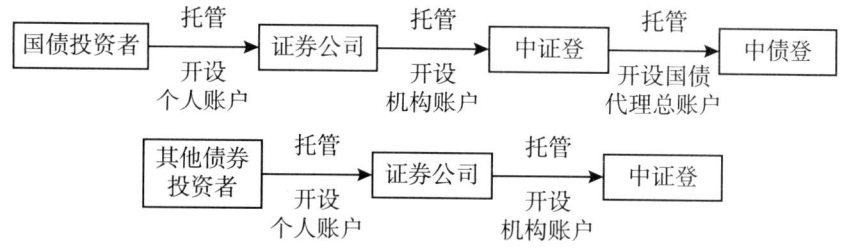

图1-2 我国交易所债券市场托管机制

交易所债券市场一般采用中央对手方的净额结算机制，由中证登负责债券的结算。在这种结算方式下，中证登与证券公司进行结算交收，证券公司与客户进行结算交收。中证登承接了各个证券公司之间债券交割与资金交收，众多证券公司之间的结算关系，转化为其与中证登的单一关系，并由中证登提供交收担保。各个证券公司债券交易轧为一个净额并于当日完成债券交割，次日完成资金清算。

二、银行间债券市场

银行间债券市场是指依托于中国外汇交易中心暨全国银行间同业拆借中心和中央国债登记结算有限公司，以金融机构为主的机构投资者之间进行债券买卖和回购的市场。① 其主要职能是提供债券交易系统并组织债券市场、提供债券交易的清算交割和相应信息服务。②

（一）银行间债券市场的兴起

1997年银行间债券市场成立后，迅速发展成为我国债券市场中规模最大、最主要的市场，银行间债券市场债券托管量占据了整个债券市场的绝大部分。截至2018年9月末，中债登和上清所的债券托管量占比合计达到全部市场的91.2%。③ 从近几年债券市场托管情况看来，银行间债券市场托管规模逐年减小，但其体量依旧庞大，主体地位难以撼动。我国银行间债券市场的兴起既与当时特定的历史环境密切相关，又与债券交易本身的特性紧密相连。

1. 特定历史环境下的债券市场变革

我国资本市场形成初期，商业银行通过混业经营下控制的证券公司将其信贷资金投放资本市场。混业经营风险显现后，商业银行进行分业经营改革，信贷资金通过同业拆借市场进入股市。1993~1994年间，同业拆借市场快速发展，伴随高速增长的是违规行为明显增加，例如，拆借利率畸高、任意延长拆借期限、肆意挪用拆借资金，大量商业银行资金流入基本建设、证券市场、房地产市场等领域。1996年初，全国统一的同业拆借市场运行后，通过银行同业拆借流入股市的信贷资金量较以往大幅下降，同业拆借市场的货币市场与资本市场双重功能受到了极大限制，交易所国债回购市场应势而出。而后，国债市场集中爆发了一系列恶性事件，交易所债券回购风险凸显。由于交易所国债市场中集中了大量的信贷资金，为防范系统性风险爆发，1997年中国人民银行发布了《中国人民银行关于各商业银行停止在证券交易所证券回购及现券交易的通知》，商业银行退出了交易所债券市场，为了便利商业银行进行流动性管理，银行间债券市场正式成立。

2. 场外交易与债券市场的契合性

债券本身的特性与场外交易的特点与银行间债券市场的兴起紧密相关。首先，债券交易对交易成本的敏感性。债券作为固定收益证券，投机性小，收益率变化有限，这些特点决定了往往只有资金雄厚的机构投资者能够通过大量购买才能获得债券收益。然而债券标准化程度远低于股票，在指令驱动下大额指令要等待交易对手的买卖盘，导致交易成本的增加，侵蚀原本就有限的债券收益。而银

---

① 秦菊香主编：《中央银行与金融监管》，高等教育出版社2015年版，第286页。
② 海威、沈承红主编：《金融法》，中央广播电视大学出版社2014年版，第116页。
③ 参见李扬主编：《中国债券市场2018》，社会科学文献出版社2018年版，第211页。

行间债券市场采用报价驱动，由做市商不断向投资者报出特定债券的买入价和卖出价，并承诺在该价位上接受交易者的买卖要求，投资者可直接提交指令并确认成交，[①] 有效降低了交易成本。其次，场外交易的包容性高，能够兼容债券多样化需求。交易所对债券的上市有着较为严格的标准和要求，发行人未必能够满足其上市要求，而其发债需求又客观存在。机构投资者的信息处理优势及风险承担能力使得银行间债券市场的债券发行要求相对较低，可以满足不能到交易所发债的发行人的要求。

（二）银行间债券市场的运行机制

1. 银行间债券市场的交易方式

银行间债券市场主要采取报价驱动的交易方式，报价驱动是指交易者以自主报价，一对一谈判进行交易的机制。按照流动性提供方的不同，报价驱动可以分为询价交易和做市商交易。[②] 询价交易是具有买卖需求的双方通过自行协商进行证券之安全买卖的交易方式，一般流程为"报价—询价—确认交易"。银行间债券市场建立初期，主要由投资者自行寻找交易对手询价，效率不高。交易经纪商出现后，投资者将交易相关信息与指令提交给经纪商，经纪商处汇集了大量的交易信息与指令，交易商可以整合各方的供需信息，撮合交易，极大地提高了交易效率。

银行间债券市场做市商是由具备一定实力和信誉的证券经营法人作为特许交易商，不断地向公众投资者报出某些特定债券的买卖价格，并在该价位上接受公众投资者的买卖要求，以其自有资金、债券与其交易。[③] 做市商交易机制主要在于为市场提供流动性，降低投资者信息搜寻成本、保持场外债券市场价格的稳定性、发挥价格发现作用。然而，现阶段我国银行间债券市场做市商的功能发挥不足，根本原因在于做市商无法盈利。无法盈利的关键是做市商的权利义务不对等，做市商承担了持续双边报价为市场提供流动性的义务，即承担了更大的成本与更高的风险，但缺乏相应的激励与补偿。[④]

2. 银行间债券市场的托管结算

银行间债券市场的结算机构是中债登和上海清算所。其中，中债登主要负责政府债券、金融债、企业债、短期融资债、中央银行票据、中期票据、外国债券

[①] 沈炳熙、曹媛媛：《中国债券市场：30年改革与发展》，北京大学出版社2014年版，第200~201页。
[②] 王小亚、杨金梅：《中国银行间市场发展路径》，中国金融出版社2013年版，第110页。
[③] 张新文主编：《中国资本市场投资词典》，中国财政经济出版社2015年版，第544页。
[④] 马永波、郭牧炫：《做市商制度、双边价差与市场稳定性——基于银行间债券市场做市行为的研究》，载于《金融研究》2016年第4期。

等品种的托管结算,上海清算所主要负责创新类金融产品的登记托管。在托管结构上实行一级、二级综合托管账户管理模式。对于所有的银行间债券市场的参与者都直接在对应的登记托管机构开设账户,而具有柜台业务的参与者,应当将其自有债券与所属柜台业务分立账户。对于其柜台业务部分,作为名义持有人在登记托管机构开设代理总账户(见图1-3)。

银行间债券市场的债券交易通过中央债券簿记系统实现债券的交割,直接与该系统连接的参与人可以直接参与结算,为直接结算成员,其余参与者为间接结算成员。间接结算成员由直接结算成员代理在中债登开立托管账户并代理结算。[①]在结算机制上,中债登主要采用实时逐笔全额结算,上海清算所则可以提供中央对手方净额清算服务。在结算方式上,可以采用纯券过户、见券付款、见款付券、款券兑付,其中款券兑付因其高流动性、高效率、低风险的特点,成为现阶段最普遍的一种支付结算方式。

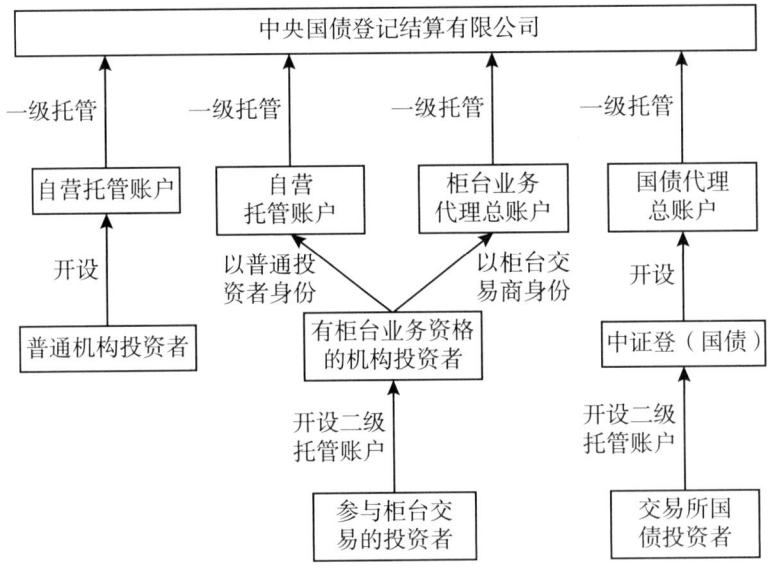

图1-3 银行间债券市场的托管机制

---

① 中债登于2002年9月发布《债券托管账户开销户规程》,将银行间债券市场结算成员划分为甲、乙、丙三类账户。具备资格办理债券结算代理业务的结算代理人或办理债券柜台交易业务的商业银行法人机构方可开立甲类账户,甲类账户持有人与中央债券综合业务系统联网后通过该系统直接办理债券结算自营业务和债券结算代理业务;不具备债券结算代理业务或不具备债券柜台业务资格的金融机构以及金融机构的分支机构可开立乙类账户,乙类账户持有人与中央债券综合业务系统联网后可以通过该系统直接办理其债券结算自营业务;丙类账户大部分为非金融机构法人,需要结算代理人代理。这里的甲类账户和乙类账户属于直接结算成员,丙类账户属于间接结算成员。

（三）银行间债券市场的阶段特征

1. 银行间债券市场呈现两层细分

银行间债券市场的机构投资者依据参与交易的权限与能力不同，分为两个层次。第一层是可以从事自营业务、直接参与结算的参与人，包括做市商、结算代理人及其他可以从事自营交易的金融机构，其中做市商和结算代理人可以为不能直接参与银行间债券市场交易的参与者提供代理服务。第二层是不能直接参与交易的中小金融机构和非金融机构法人，这类机构只能通过有结算代理资格的机构间接交易。这种分层实际上是对机构投资者群体进行的类型化划分，是结合不同的机构投资者自身特质而产生的既能够保证各类投资者在银行间债券市场正常交易，又能够实现有效监管、维护市场稳定的机制。

2. 银行间债券市场产品多元化、产品创新持续推进

目前，银行间债券市场发行的债券品种包括政府债券（国债、地方政府债券）、中央银行票据、政策性金融债、政府支持机构债券、商业银行债券（普通债、混合债、次级债、资本混合债）、非银行金融机构债券、企业债券（中央企业债、地方企业债、集合企业债、项目收益债、超短期融资债、中期票据等）、资产支持证券、国际机构债券等。丰富的债券品种为机构投资者提供了不同风险、多元化收益的投资选择。此外，我国银行间债券市场产品创新持续推进。例如2013年银行间交易商协会推出了长期限含权中期票据（又称"永续中票"），2015年国家发展改革委颁布了《绿色债券发行指引》《项目收益债券管理暂行办法》，推出了绿色债券和项目收益债券，2017年又先后颁布了《政府和社会资本合作（PPP）项目专项债券发行指引》《农村产业融合发展专项债券发行指引》《社会领域产业专项债券发行指引》，推动了专项债券领域的创新发展，在实现银行间债券市场产品创新的同时，也朝着服务实体经济的方向迈进。

三、柜台债券市场

无论是债券流通初期的场外柜台市场，还是现阶段的商业银行柜台债券市场，都提供给投资者一种直接参与债券交易的基础平台，是面向更为广泛群体的初级资本市场。现阶段我国的柜台债券市场主要是商业银行柜台债券市场，从某种程度上说，商业银行柜台市场是银行间债券市场向社会资本的延伸，为社会资本和债券市场的交换提供了直接途径。

(一) 柜台市场的发展历程

1. 债券流通初期的场外柜台市场

1981年国债恢复发行后,流通需求应运而生。1986年8月沈阳信托投资公司经批准后率先在全国范围内开办了债券的柜台转让业务,随后中国工商银行上海信托投资公司静安业务部也开办了证券交易代理服务。截至1987年底,全国已有41个城市的证券公司、信托投资公司和城市信用合作社开办了企业债等有价证券的转让业务。[①] 1987年中国人民银行上海分行发布的《证券柜台交易暂行规定》正式确认某些经批准的政府债券可以在有资格的金融机构办理柜台交易。而后国债的流通试点由7个城市扩大到54个,地方性柜台交易中心开始形成,柜台市场成为当时债券交易的主要市场。20世纪90年代初期,场外柜台交易违规行为频现,秩序较为混乱,随后证券交易被全部转移到交易所市场。

2. 商业银行柜台债券市场的兴起

2002年4月,央行、财政部联合下发《商业银行柜台记账式国债交易管理办法》,正式开办柜台记账式国债交易业务,由四大国有银行率先开设试点。2003年8月央行将国有四大商业银行柜台债券交易业务地区由北京、上海扩大到江苏、浙江、福建、广东。同年,财政部将更多的国债品种纳入试点范围。截至2003年底,开设柜台国债交易的商业银行已有6 000多家,四家国有商业银行累计净开户数为48 000多户。2004年财政部首次利用商业银行记账式国债柜台交易系统发行国债,实现了凭证式国债的统一托管和电子簿记。2006年财政部又在商业银行柜台债券市场推行储蓄式国债。2007年央行联合财政部将柜台债券市场可交易的记账式国债扩大至新发行的所有关键期限国债。十几年间,由于商业银行柜台市场的迅速发展,柜台市场日渐完善,投资者数量也由2003年末的57 512个增加到2017年7月底的20 947 040个,实现了跨越式发展。[②]

(二) 柜台市场现阶段的多元化趋势

1. 证券公司柜台债券市场出现

随着服务实体经济,增加直接融资渠道的金融业转型,商业银行外的其他金融机构也有机会参与柜台债券市场的建设。2014年8月,中国证券业协会发布了《证券公司柜台市场管理办法(试行)》,允许证券公司在柜台交易市场发行、销

[①] 沈炳熙、曹媛媛:《中国债券市场:30年改革与发展》,北京大学出版社2014年版,第6页。

[②] 数据来源详见马庆泉、吴清主编:《中国证券史(第2卷)(1999~2007年)》,中国金融出版社2009年版,第232页。

售与转让私募性质的公司债务融资工具。截至2016年底,作为债务融资工具的收益凭证累计转让产品数量达到288,转让金额达到11.04亿元,证券公司柜台债券市场初具规模。

2. 债券品种的多样化

商业银行柜台债券市场发展的相当长一段时间内可供交易的债券品种只有国债,这使得商业银行柜台市场缺乏竞争力,也导致了柜台交易系统功能的闲置。2014年3月,央行新增可在商业银行柜台债券市场交易的债券,增加国家开发银行债券、政策性银行债券和中国铁路总公司等政府支持机构债券。2016年2月,中国人民银行制定了《全国银行间债券市场柜台业务管理办法》,给予符合条件的金融机构开办全国银行间债券市场柜台业务,柜台业务交易品种包括现券买卖、质押式回购、买断式回购以及经中国人民银行认可的其他交易品种,柜台业务债券品种包括经发行人认可的已发行国债、地方政府债券、国家开发银行债券、政策性银行债券和发行对象包括柜台业务投资者的新发行债券,极大地丰富了柜台债券市场可供交易的债券品种及交易工具。

第二节 债券市场的主体层次

债券市场主体一般指债券市场的参与者,主要是参与债券交易的发行人与投资者,还包括为债券交易提供中介服务的经纪商。这些主体除却角色定位的层次划分外,单一主体内部又因政策影响以及自身的信息搜集能力、专业分析能力、风险承受能力等因素不同而有所细分。这些主体的细分结合债券自身的特殊性质和我国债券市场的运行机制,形成了债券市场主体的不同层次。对债券市场主体层次的把握既需要基于债券市场整体的宏观考察,又需要通过具体债券市场组织形式对主体层次进行具体分析。

一、基于角色定位的主体层次:债券市场的宏观考察

(一)我国债券市场中的发行人

1. 债券市场发行人发展中的"先公后私"

由于我国债券品种主要以发行人不同进行分类,因此债券市场发行人的发展历程与债券品种的发展具有一定的重合性。我国最初的债券市场发行人与国家经

济建设紧密关联,例如,财政部作为国债的发行人、政策性银行作为政策性金融债的发行人、担负经济建设任务的国有企业作为企业债券的发行人等,这些发行人都带有或多或少的公共属性。2000 年前的相当长一段时间内,监管机构对于债券的信用风险不加区分,对投资者的适当性不作要求,过于强调对投资者尤其是个人投资者的保护。由于认识局限,监管机构通过利率管制、资本市场严格准入等金融抑制政策来控制债券的信用风险,导致需要融资的企业,尤其是民营企业正规金融渠道狭窄。① 随着认识的转变,债券市场作为服务实体经济的直接融资渠道这一功能得到重视,2000 年后债券发行人的发展主要表现为以公司企业为主的各类"私主体"迅速发展。金融机构率先发展,其作为发行人可发行次级债券、混合资本债券、一般性金融债以及资产支持证券。2005~2010 年间,公司、企业可作为发行人发行短期融资券、公司债券、中期票据、超短期融资券、中小企业集合票据。近年来,随着私募债券的发展,部分有发展潜力的企业还可以通过作为定向债券发行人募资,进一步丰富了债券发行人群体。

2. 现阶段债券市场发行人的发展特点

第一,地方政府作为债券发行人出现。2014 年《中华人民共和国预算法》(以下简称《预算法》)修改后国务院发布了《关于加强地方政府性债务管理的意见》,财政部随后发布了《地方政府一般债券发行管理暂行办法》(以下简称《暂行办法》),我国地方政府债券由原来的财政部统一代理发行走向"自发自还"。"暂行办法"颁布后的 2017 年 11 月,地方政府债券共发行 3 196 只,总发行额达到 14 万多亿元,占同期发行债券总量的 40.49%,发行额的 39.01%,② 地方政府作为新兴债券发行人其发行规模增长十分迅速。第二,对发行人范围的扩大逐步精准化。我国新的债券发行人的出现主要是基于特定政策导向的特定群体,例如,中小企业集合票据针对的是符合条件的中小企业,绿色债券则针对从事相关行业的发行人。这体现了我国债券市场发行人体系构建已趋于完善,正在实现由大开大合向精细化、具体化方面发展。

(二)我国债券市场中的投资者:个人和机构投资者的二分

债券市场的投资者按其自然属性与组织结构不同,可分为机构投资者和个人投资者。放眼国内外债券市场,机构投资者是投资者中最重要的群体,也是债券市场运行与发展的中流砥柱。在我国债券市场形成最初期,个人投资者积极参与

---

① 余力、孙碧澄:《民营经济发展的融资困境研究——基于金融抑制视角》,载于《财经科学》2013 年第 8 期。

② 资料来源:Wind 资讯。

市场并具有一定规模，而后机构投资者在市场间发挥的作用不断提升，逐渐成为核心力量，并且机构投资者内部呈现多元化发展趋势。现阶段个人投资者在债券市场中的定位回归理性，而机构投资者核心主体作用日益凸显。截至 2017 年 8 月末，从中债登提供的主要券种投资者持有结构来看，国债机构投资者持有 114 886.59 亿元，占比达 99.99% 以上，个人投资者持有 3.66 亿元，占比不足万分之一；政策性银行债机构投资者持有达 129 058.77 亿元，占比 99.99% 以上，个人投资者持有 3.35 亿元，亦不足万分之一。[①]

1. 个人投资者定位之异化与理性回归

在新中国成立初期，公债被赋予了政治意义，购买国债被认为是个人爱国的表现，个人踊跃购买导致个人投资者进入债券市场，甚至形成了债券市场离不开个人投资者的先入为主的观念。20 世纪 80 年代后国债、企业债等债券恢复发行，在通货膨胀的经济背景下，广大群众财产保值需求强烈，债券尤其是利率较高的企业债成为广受欢迎的投资渠道。当时，政府主管部门甚至强制要求将一定比例的债券出售给个人投资者，这甚至被视为一种"为民谋利"的政策。[②] 企业债风险显现后，又有部分个人投资者将目光瞄准国债，柜台市场一度"一券难求"。种种迹象使得个人投资者作为市场主体积极参与债券市场在我国成为一种既定事实，形成了个人投资者是债券市场重要主体的惯性思维。

在我国债券市场发展历程中，一度将债券不加区分地向个人投资者发行，大多数个人投资都只有"欠债还钱，天经地义"的朴素法理认知，却难以认识到其中风险。长期以来，监管部门也没有对债券按不同的信用等级进行区分，把债券都认为是一种高信用等级证券，经济发达地区的政府隐性担保在其中也起到了错误"增信"的作用。[③] 20 世纪 90 年代部分地区企业债违约后，监管机关对债券市场定位理念发生了转变，对于债券市场主体有了更为深刻的认识，不再通过强制担保、极其严格的审批制度来控制债券的风险，而是认为投资者应当自行识别风险，实行适格投资者的区分处理：一方面，监管机关不再强制将部分债券出售给个人投资者，开辟了适合个人投资者交易的商业银行柜台交易市场；另一方面，成立了只有机构投资者参与的银行间债券市场。

2. 市场认识转变下机构投资者数量增加、结构多元

对债券市场的合理化认识是助推机构投资者成为债券市场核心主体的关键因素。在服务实体经济的市场定位下，债券市场呈现出包容性，债券品种呈现出多

[①] 数据来源中国债券信息网"中债数据 - 统计数据 - 2017 年 8 月 3 - 05 主要券种投资者持有结构"，详见 http://www.chinabond.com.cn/Channel/19012917#。

[②] 沈炳熙、曹媛媛：《中国债券市场：30 年改革与发展》，北京大学出版社 2014 年版，第 56 页。

[③] 汪莉、陈诗一：《政府隐性担保、债务违约与利率决定》，载于《金融研究》2015 年第 9 期。

样化,信用风险差异化。信用风险是债券区别于股票的重要特征,也正是因为这一特征,在对债券投资者定位时,要以机构投资者为主。① 对于证券市场而言,机构投资者的数量是其成熟的标志,缺乏机构投资者的市场从根本上缺少活力。② 银行间债券市场成立初期,仅有16家参与者,随着我国资本市场的发展,证券公司、基金管理公司、保险公司等金融机构运营日渐规范化、合理化,机构数量也日益增多,为银行间债券市场主体的多元化提供了契机。1999年10月12日,央行同日发布了《基金管理公司进入银行间同业市场管理规定》和《证券公司进入银行间同业市场管理规定》,允许符合规定的基金管理公司与证券公司进入银行间债券市场,打破了此前市场主体单一化的情况。2000年6月19日,央行发布《财务公司进入全国银行间同业拆借市场和债券市场管理规定》,财务公司也获准进入银行间债券市场。2000年4月末,央行发布《全国银行间债券市场债券交易管理办法》,实质上将银行间债券市场参与者扩充到金融机构与部分非金融机构法人。

二、具体市场组织形式的主体层次:细分市场的微观考察

(一)银行间债券市场与商业银行柜台市场的主体层次

银行间债券市场是我国最主要的债券市场,商业银行柜台市场则定位于中小机构投资者及个人投资者,由于商业银行柜台市场中债券的交易、结算、托管最终要反映到银行间债券市场的托管结算体系中,因而商业银行柜台市场可以看作银行间债券市场向中小机构投资者及个人投资者的延伸,在债券市场纵向分割的情形下,同为场外市场的银行间债券市场和商业银行柜台市场具有统一性。③ 在这个相对封闭的市场中,基于投资者的特质、结合市场定位和运行机制的不同,主体层次又可以通过市场分层和结算托管机制两个不同方面体现。

1. 市场分层下的主体层次

新古典经济学理论认为,对交易效率的追逐会促进分工水平的提高和组织结构的演进,进而产生市场交易的分层结构,这是市场分层的根本原因。④ 从域外成熟市场的经验来看,场外债券市场一般分层为交易商间市场(dealer-to-dealer segment,简称为"D2D市场")和交易商对客户市场(dealer-to-customer seg-

---

① 沈炳熙、曹媛媛:《中国债券市场:30年改革与发展》,北京大学出版社2014年版,第57页。
② 何志刚:《中国债券市场微观结构研究》,中国经济出版社2011年版,第282页。
③ 温彬、张友先、汪川:《我国债券市场分割问题研究》,载于《宏观经济研究》2010年11期。
④ 马永波:《中国债券市场分层问题研究》,中国金融出版社2017年版,第28页。

ment，简称为"D2C 市场"），D2D 市场的成员只能是有交易商资格的金融机构，D2C 市场则由做市商（即少数 D2D 市场的大型交易商）和投资者组成，而目前我国债券场外市场的分层并不明显，场外市场具有"扁平化"的特征，但是随着近年来相关政策的出台，市场分层有所显现。[①]

第一，D2D 债券市场的主体。D2D 债券市场是交易商之间的市场，因而交易商就是 D2D 债券市场的主要主体。从域外发展来看，交易商是为市场提供买卖报价，平滑市场的资金需求，维持市场交易连续性的一类机构，主要包括各种银行、证券公司等金融机构，一般可以分为做市商与一般交易商。[②] 我国相关政策性文件或法律法规中并没有引入交易商的概念，但是我国在银行间债券市场引入了做市商制度。2000～2007 年间，先后发布了《关于规范和支持银行间债券市场双边报价业务有关问题的通知》《关于批准部分商业银行成为银行间债券市场双边报价商的通知》《中国人民银行与双边报价商融券业务操作规则》《全国银行间债券市场做市商制度管理规定》等一系列文件，形成了较为规范的银行间债券市场做市商体系。随后，为了完善银行间债券市场做市商制度，全国银行间同业拆借中心于 2014 年 6 月发布了《银行间债券市场尝试做市业务规程》，降低了做市业务门槛，进一步活跃了做市业务。截至 2017 年 7 月，我国银行间债券市场有做市商 30 家，尝试做市机构 54 家（其中综合做市机构 47 家，专项做市机构 7 家）。[③]

第二，D2C 债券市场的主体。D2C 债券市场是交易商和投资者之间的市场，发达国家（地区）债券市场中的投资者是指"终端投资者"（final investor），其是债券的实际购买人，是债券市场需求和供给的最终来源。D2C 债券市场的典型特征是投资者只能向该市场的做市商进行债券交易，我国的商业银行柜台债券市场是较为典型的 D2C 债券市场，其主要市场主体为柜台交易商和中小机构投资者。柜台交易商实质上是柜台债券市场的做市商，其按照挂出的卖出价与买入价与投资者进行买卖。2012 年中国证券业协会发布《证券公司柜台交易业务规范》，证券公司事实上也能够成为柜台交易商，但证券公司柜台市场和商业银行柜台债券市场的定位有显著不同。

2. 结算机制下的主体层次

2000 年，央行发布的《中国人民银行关于开办债券结算代理业务有关问题

[①] 马永波：《我国债券二级市场分层问题研究》，载于《证券市场导报》2015 年 8 月号；马永波：《关于推进银行间债券市场分层的思考》，载于《银行家》2015 年第 10 期。
[②] 沈炳熙、曹媛媛：《中国债券市场：30 年改革与发展》，北京大学出版社 2014 年版，第 40 页。
[③] 中国银行间市场交易商协会网站 2017 年 2 月公布的《银行间债券市场做市机构名单》，详见 http://www.nafmii.org.cn/zlgl/scjy/jyszz/201707/t20170712_62860.html。

的通知》规定，金融机构法人可直接与其他市场参与者进行交易，也可逐笔委托其结算代理人与其他市场参与者进行交易；非金融机构法人进入全国银行间债券市场只能与其结算代理人进行债券交易。该规定初步形成了结算机制不同而产生的债券市场主体分层。2002年9月，中债登发布《债券托管账户开销户规程》将银行间债券市场在其系统托管的账户划分成甲、乙、丙三类，并明确规定甲类与乙类账户直接与中债登结算系统联网参与结算，丙类账户以委托的方式通过结算代理人在中央结算公司办理其自营债券的相关业务，不需与中央债券综合业务系统联网。这进一步通过结算机制形成了主体层次的二元划分。

第一，直接参与结算的市场主体。依据相关规范性文件，直接参与结算的主要是金融机构。按照其在银行间债券市场中承担的角色不同，又可以进一步分为做市商、结算代理人和从事自营交易但经营代理业务的金融机构。其中，结算代理人是指受市场参与者委托，为其办理债券交易、结算等业务的存款类金融机构，结算代理人既具有交易代理人的性质，又具有结算代理人的性质，而我国只有商业银行才能直接与中央银行的支付系统连接从事结算业务，所以结算代理人限于商业银行。[①] 商业银行仍需满足相关规定才能成为结算代理人。2013年丙类户结算代理问题显现，随后监管机构对银行间债券市场的丙类户进行了集中清理，在2014年恢复部分账户再次进入银行间债券市场后，也对其交易对手方进行了限制。截至2017年2月，我国债券市场结算代理机构有48家，均为商业银行。[②]

第二，不能直接参与结算的市场主体。银行间债券市场不能直接参与结算的市场主体主要是非金融机构法人，也包括部分金融机构，在中央债券登记结算系统内体现为丙类户。截至2017年8月，银行间债券市场丙类户共计1 046个，观察2015～2017年间丙类投资者数据发现：第一，丙类账户投资者连续三年保持增长，这与我国近年来贯彻金融市场服务实体经济，提高企业直接融资比例政策有关；第二，商业银行、信用社、非银行金融机构、保险机构、基金类账户持续递减，体现了监管机构对不合理持有丙类账户的持续清理，体现了债券市场丙类账户的持续规范化；第三，境外机构与非金融机构总体比重较大，并且境外机构投资者所有丙类账户持续增长，发展势头迅猛，境外投资者持续增加是我国银行间债券市场不断对外开放的结果（见图1-4）。

---

① 沈炳熙、曹媛媛：《中国债券市场：30年改革与发展》，北京大学出版社2014年版，第38页。
② 资料来源：中国债券信息网2017年2月21日公布的《银行间债券市场结算代理人名单》，详见http://www.chinabond.com.cn/Info/23185720。

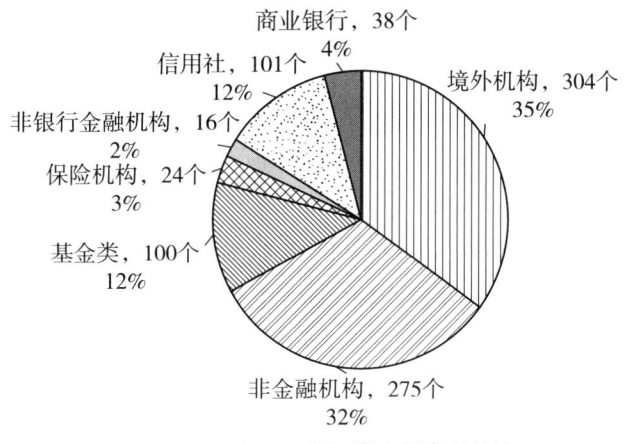

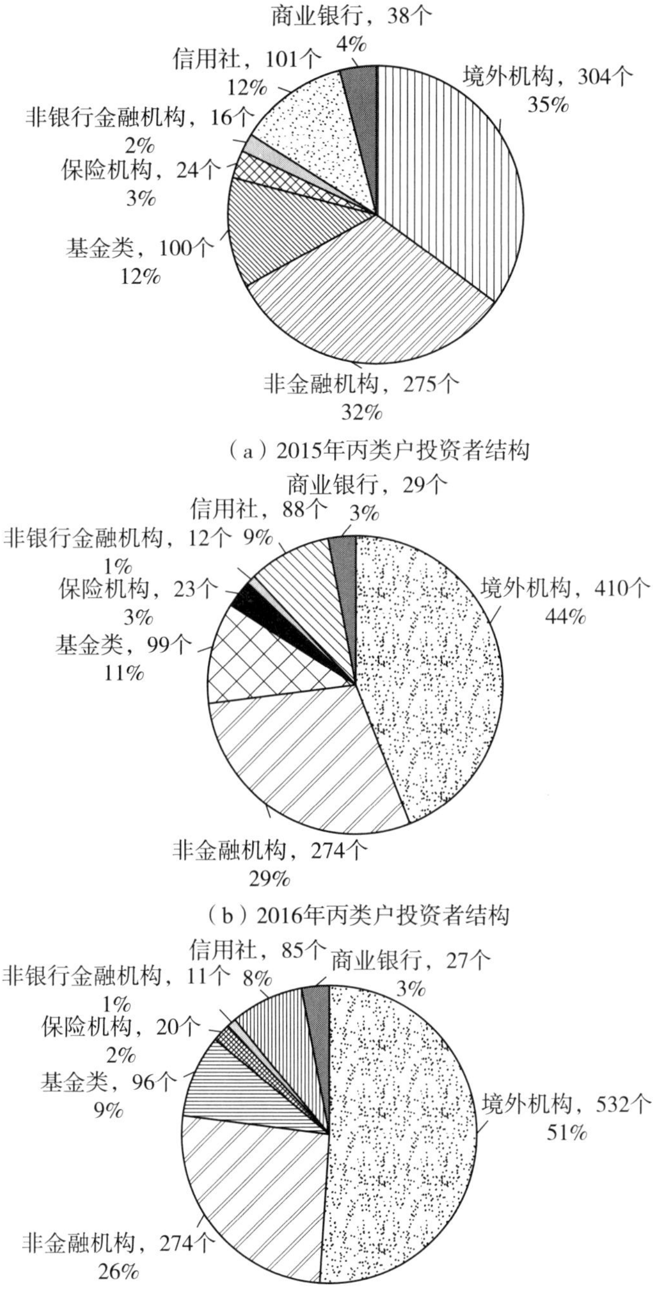

(a) 2015年丙类户投资者结构

商业银行，38个 4%
信用社，101个 12%
非银行金融机构，16个 2%
保险机构，24个 3%
基金类，100个 12%
非金融机构，275个 32%
境外机构，304个 35%

(b) 2016年丙类户投资者结构

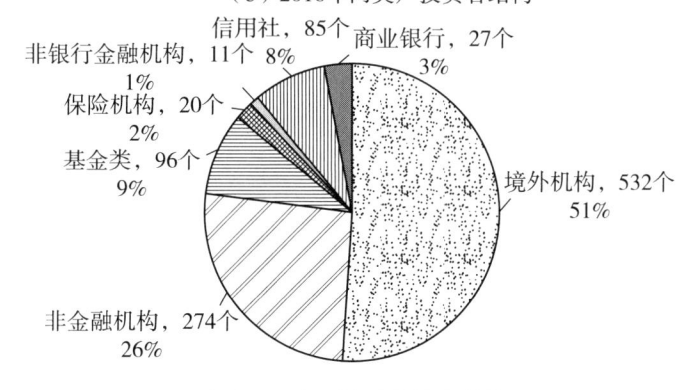

商业银行，29个 3%
信用社，88个 9%
非银行金融机构，12个 1%
保险机构，23个 3%
基金类，99个 11%
非金融机构，274个 29%
境外机构，410个 44%

(c) 2017年丙类户投资者结构

商业银行，27个 3%
信用社，85个 8%
非银行金融机构，11个 1%
保险机构，20个 2%
基金类，96个 9%
非金融机构，274个 26%
境外机构，532个 51%

图 1-4 2015~2017 年丙类账户投资者结构

图注1：资料来源于中国债券信息网，2017年数据截至8月底。

图注2：该图中数据总和并不为丙类账户总和，尚有特殊结算成员1个未纳入图中，2015~2017年该丙类账户都只有1个。

（二）交易所债券市场的主体层次

交易所债券市场是场内市场，其运行依托于交易所的集中竞价机制。[①] 交易机制的不同和交易所债券市场的历史发展轨迹，决定了交易所债券市场的主体层次不同于银行间债券市场，更多显示出强制分层的特点，基于主体特质和自然分工产生的自然分层并不显著。

1. 交易所债券市场的主体层次分析："二元化"与"同质化"

第一，市场运营机制下的主体二元划分凸显。我国交易所债券市场采用"中央登记，二级托管"的制度，这就要求投资者参与交易所债券市场必须通过有资格的证券经营机构，并将资产事实上托管在证券经营机构。同时，交易所债券市场的结算制度也是"二级结算"，中证登与结算参与人进行清算交收、结算参与人与其名下的客户进行清算交收。这种二级托管与结算机制使得投资者不能直接参与交易所债券市场之中，这一点与银行间债券市场明显不同。[②] 二级托管结算制度解决了投资者众多的情况下难以直接与中央结算机构对接的现实困境，但也通过制度的运行赋予了作为交易所会员的证券公司特殊的功能定位，在保留证券公司投资者功能的同时，又赋予其代理人的角色，从而将其与一般投资者直接区分开来。

第二，投资者特质划分下的主体分层不显著。从域外债券市场的发展情况来看，除却因交易机制而产生的投资者一般性划分外，对于同一交易机制下的债券市场，其间市场主体也会因为自身特质的不同自然而然地产生分层。但是，这种基于投资者特质的主体层次在交易所债券市场体现得并不显著，这是因为交易所债券市场的投资者同质性依旧明显。一方面，20世纪末与21世纪初交易所债券市场的回购风险使得商业银行等较大的机构投资者逐步撤出，市场内主要投资者变成中小机构投资者和个人投资者；另一方面，尽管部分证券公司、保险公司等金融机构和非金融机构投资者参与交易，但这些交易占其债券交易量的比重很小。[③] 同时，交易所集中竞价的交易方式也不适合其在交易所债券市场进行大规模交易。尽管场外交易方式被引入交易所债券市场，并在其中形成了D2D市场和D2C市场的分层，进而出现了交易商和终端消费者的主体层次，但是其成交量占交易所债券市场总成交量依然较小，没有对交易所债券市场投资者同质化现

[①] 近些年来，交易所债券市场也在大力发展类似于场外交易的大宗交易平台，但是现阶段依托交易所场内交易集中竞价机制的投资者和集中竞价交易机制下的交易规模仍然占相对优势。

[②] 银行间债券市场虽然也存在"二级结算"制度，但是只是银行间债券市场中的一部分主体需要结算代理服务，并且所有银行间债券市场的投资者都直接在中债登开立一级托管账户。

[③] 沈炳熙、曹媛媛：《中国债券市场：30年改革与发展》，北京大学出版社2014年版，第34页。

状产生根本冲击。

2. 交易所债券市场中的证券经营机构与投资者

第一，交易所债券市场中的证券经营机构。我国《证券交易所管理办法》虽未明文规定，但从其对证券交易所组织形式的相关规定中不难发现我国证券交易所实行会员制。《上海证券交易所章程》与《深圳证券交易所章程》不约而同地规定了其会员应当是"证券经营机构"，其主要是证券公司，这也就决定了作为会员的证券公司在证券市场中不同于其他主体的特殊地位。与其他交易所证券市场相同，在交易所债券市场中，会员制下证券公司承担了部分债券经纪人、结算代理人的职能。在交易所债券市场集中竞价系统中进行交易的投资者无论其规模大小、风险承受与识别能力如何，都需要在有会员资格的证券公司开立账户，并事实上托管、并由其代理结算。2018年1月开始施行的《证券交易所管理办法》，更加明确了作为会员的证券经营机构的特殊市场地位。

第二，交易所债券市场中的投资者。随着交易所债券市场中可供交易的债券品种不断扩充，产品风险呈现多元化。2015年上交所与深交所同时发布交易所债券市场投资者适当性管理办法（以下简称"管理办法"），对交易所债券市场的投资者进行适当区分，将交易所债券市场的投资者大致分为合格投资者与公众投资者，其中合格投资者又分为合格机构投资者与合格个人投资者。合格机构投资者所能投资的债券品种最为广泛，包括在交易所债券市场流通的所有债券；合格个人投资者可投资债券品种，管理办法进行了反向规定，排除了部分风险较高的公募公司企业债、私募债和支持证券；对于公众投资者，则通过正面列举加概括的形式将其投资范围限定在国债、政策性金融债等信用等级较高的品种内。2017年上交所和深交所对原管理办法进行了修订，明确了机构投资者和个人投资者的不同标准。对合格的机构投资者，除了提升了其净资产要求外，还对其融资金额、是否有相关投资经验进行考察；对合格的个人投资者的考察，除了提升其资产门槛外，也对其相关投资经验进行了要求。总体来看，对交易所债券市场投资者的划分不仅仅在局限于资产能力一项，而是在提高其准入要求的同时，融入了投资经验的相关要求，形成了更趋于合理的多元化划分标准。

第三节 债券市场的品种类型

总的来说，我国债券市场的品种类型在数量上呈现由少到多、在结构上呈现由单一到多元化的发展历程，初步形成了较为完善的、覆盖不同类型主体发债需求与不同层次投资者投资需求的债券品种类型体系。

一、政府债券的发展现状

政府债券是指政府主体为筹措资金而向投资者出具的,承诺在一定时期支付利息和到期还本的债务凭证,政府债券又分为中央政府债券和地方政府债券。[1] 政府债券与一般性政府债务不同,具有证券标准化的特征。

(一)现阶段政府债券的发展趋势分析

1. 债券品种与规模不断增加

除改革开放初期发行的无记名国债外,我国于1994年推出了针对个人投资者的凭证式国债和面向机构投资者的记账式国债。2006年推出了主要面向个人投资者的储蓄国债(电子式)。另外,还推出了可供个人投资者购买的部分记账式国债品种。2011年国家推出地方政府自发债券试点,从此地方政府自发债券开始出现,并在2015年后推开。在政府债券规模方面,1994年后发行规模与存量均大幅上升,在发行规模上由1998年的530亿元增加到2019年的79 653.70亿元;在存量上由1998年的1 170.16亿元上升到2019年的368 490.75亿元。[2]

2. 债券市场化程度日益提升

无论是在一级市场还是在二级市场,政府债券的市场化都在不断深入。一级市场上,国债发行方式从20世纪80年代的行政分配到90年代初的承购包销,1993年建立了国债以及自营商制度,1995年引入招投标方式,2000年建立了国债承销团制度,开始全面采用市场化方式发行。[3] 二级市场上,建立了机构投资者的银行间债券市场,并在该市场中引入做市商制度,从1999年部分机构开始尝试做市到2014年《银行间债券市场尝试做市业务规程》发布,政府债券做市制度不断完善。

(二)我国政府债券发展中存在的主要问题

1. 政府债券相关法规建设落后,监管不协调

我国现行专门规范国债发行管理效力最高的法律文件是1992年颁布的《国库券条例》,30多年来国债发展突飞猛进,其已不能满足现实发展之需要。《中

---

[1] 孙秀钧:《证券投资学》(第3版),东北财经大学出版社2015年版,第46页。
[2] 资料来源:中国债券信息网,2019年数据截至11月底。
[3] 沈炳熙、曹媛媛:《中国债券市场:30年改革与发展》,北京大学出版社2014年版,第70页。

国人民银行法》《中华人民共和国证券法》（以下简称《证券法》）《预算法》都从各自角度出发，对国债发行管理中的部分环节作出规定。在监管上，财政部、央行、国家发展改革委、证监会等部门，依据自身职责发布了大量部门规章及规范性文件。但是，各部门制定的规范缺乏统一性、协调性，往往针对同一问题有多部法律规定，有时又存在无法可依的情况。①

2. 政府债券流动性不强

我国债券市场中的国债主要由银行间债券市场的机构投资者持有，它们往往具有较大的保值增值压力，因而对收益性相对较高且安全稳定的国债往往持有到期，不足以提供有效的流动性。另一方面，分割的市场也阻碍了国债在银行间债券市场和交易所债券市场的流动。同时，缺乏足够利益驱动的做市商也没有充分发挥做市的功能。这些因素共同导致我国国债换手率低、流动性低。②

3. 地方政府债务风险隐现

长期以来地方政府不能自行发债，直到 2015 年才逐渐放开。其间，为了弥补经济建设资金缺口，地方政府通过融资平台发行了大量"城投债"。"城投债"是地方政府融资平台及地方出资的城建类国有企业所发行债券的统称，本质上是企业信用类债券，但是由于其主要用于城市基础设施建设，"从承销商到投资者，参与债券发行环节的人，都将其视为地方政府发债。"③ 城投债风险总体是可控的，这一点各地政府在全国的审计中已得出了结论。④ 但作为地方政府隐性或有债务，其风险仍值得密切关注，应提前做好风险防范，将债券存续期合理分配，避免政府还款中的道德风险，同时避免在特定期间承受过大的偿还压力。

二、金融债券的发展现状

金融债券一般指在我国境内依法设立的金融机构法人在银行间债券市场发行的、按约定还本付息的有价证券，按照发行人的不同又可以分为政策性银行债、商业银行债和其他金融机构金融债。⑤ 从总体情况上来看，我国的政策性金融债起步较早，商业银行金融债与其他金融机构金融债随之跟进。

---

① 中国国债协会课题组：《2012 年中国国债市场年报》，中国财政经济出版社 2013 年版，第 39 页。

② 参见刘爽：《我国国债市场流动性研究》，载于《财政研究》2015 年第 1 期；韩健、虞利娟：《我国银行间国债市场流动性的实证检验》，载于《统计与决策》2017 年第 1 期。

③ 董仕军：《中国地方政府投融资平台公司改革与债务风险防控》，经济管理出版社 2015 年版，第 95 页。

④ 董仕军：《中国地方政府投融资平台公司改革与债务风险防控》，经济管理出版社 2015 年版，第 97 页。

⑤ 王博森：《中国债券市场：分析与研究》，人民出版社 2015 年版，第 73 页。

(一) 我国金融债券的历史沿革

1. 政策性金融债的发展

20世纪90年代中后期,我国先后成立了国家开发银行、中国进出口银行、中国农业发展银行以及中国出口信用保险公司,初步形成了政策性金融体系。由于政策性银行不揽储,财政出资又有限,因而发行债券成为主要募资手段。1998年政策性金融债开始实行市场化发行,首先发行的国开行在银行间债券市场组织了由30家成员单位组成的承销团,截至2017年,承销团成员已有78家。[1] 经过1999年市场化与摊派"双轨制"过渡后,2000年实现全部市场化发债。[2] 2004年农业发展银行也实行了市场化发债,至此政策性银行全部实现了通过金融债券解决资金问题。

2. 商业银行金融债的发展

我国商业银行金融债中首先发展起来的是次级债,这有其独特的历史背景。20世纪初,为保证《巴塞尔协议》中资本充足率8%的要求,顺利实现境外上市,央行联合原银监会发布了《商业银行次级债管理办法》,中国银行、建设银行、工商银行先后通过发行次级债券补充附属资本。而后,其他股份制商业银行也先后发行了次级债券。为了进一步扩展商业银行补充资本渠道,2005年原银监会发布了《关于商业银行发行混合资本债券补充附属资本有关问题的通知》,而后兴业银行在2006年率先发行了混合资本债券。同期,为了促进商业银行负债结构调整,化解存款被动负债下的"存短贷长"的现象,增添银行主动负债渠道,普通商业银行金融债的发行提上日程。2005年8月,在经央行及原银监会批准后,上海浦东发展银行于2005年8月12日在全国银行间债券市场发行国内首只普通金融债券。

3. 其他金融机构金融债券的发展

2004年,证监会下发《证券公司短期融资券管理办法》,允许证券公司发行短期融资债券,开创了我国非银行金融机构发债的先河。而后2009年央行、原银监会联合发布《中国人民银行、中国银行业监督管理委员会公告》,允许金融租赁公司和汽车金融公司发行金融债券。2015年原银监会下发的《信托公司行政许可事项实施办法》明确了信托公司发行金融债券、次级债券的相关具体要求。同年,央行联合原保监会发布《中国银监会农村中小金融机构行政许可事项

---

[1] 资料来源:中国债券信息网2017年2月28日发布的《关于公布国家开发银行2017年金融债券承销团成员名单的通知》。详见 http://www.chinabond.com.cn/Info/146438415。

[2] 陈剑:《改革转型中的政策性银行金融债券研究》,中国金融出版社2014年版,第39页。

实施办法》，允许保险公司在全国银行间债券市场发行资本补充债券。至此，国内主要非银行金融机构都可通过发行金融债券的形式进行融资。

（二）我国金融债券的发展现状及特点

1. 我国金融债的一般性特点与特色化成因

我国金融债券具有国际上金融债券的普遍性特征——信用等级高、债券期限长，但其特征及其成因又有特别之处。在信用等级方面，我国政策性银行金融债券占比很高，且由于国家事实上仍然对政策性银行承担着最后担保人的角色，所以政策性金融债的信用评级事实上都被豁免了。[①] 对于商业银行及其他金融机构而言，由于我国长期对金融机构及其债券发行实行较为严格的监管，加之我国发行金融债的主要金融机构大多具有国有背景，存在政府的隐性担保，导致金融债整体信用等级较高。[②] 同时，政策性银行债和偏资本属性的次级债、资本混合债等在金融债中占比很高，这些债券期限都比较长（因为短期融资可以通过同业拆借、债券回购实现），从而导致了我国金融债券整体期限较长。

2. 我国现阶段金融债发展的主要趋势

我国现阶段金融债券的发展主要呈现两点趋势：第一，债券功能定位多元化。商业银行金融债及非银行金融机构金融债的出现打破了政策性银行金融债支持开发建设的单一功能定位。而普通商业银行金融债的出现又打破了商业银行次级债、混合资本债补充资本的功能定位。近年来，"三农"专项金融债等先后发行，实现了金融债券对实体经济融资需求的精准支持。第二，金融债流通市场拓宽。随着2013年国家开发银行政策性金融债在上海证券交易所发行，打破了金融债只在银行间债券市场发行、流通的局面。而后，2016年2月央行制定了《全国银行间债券市场柜台业务管理办法》，允许经发行人认可的已发行政策性银行金融债券在柜台债券市场交易，其范围扩至柜台市场。

三、企业信用类债券的发展现状

企业信用类债券是指由我国境内企业按照相关规定发行的债券及其他标准化债务融资工具的统称，其主要包括企业债券、公司债券、短期融资券和各类票据。近年来，企业信用类债券无论是在债券品种还是在所占市场比重上的发展都十分迅速。

[①] 沈炳熙、曹媛媛：《中国债券市场：30年改革与发展》，北京大学出版社2014年版，第76页。
[②] 参见万柯、王丽慧：《关于政府隐性担保问题的研究》，载于《湖北社会科学》2009年第6期。

（一）我国企业信用类债券的发展历程

1. 企业债券的发展历程

我国首只企业债由沈阳市房地产公司于 1985 年发行。1987~1993 年间，随着《企业债券管理暂行条例》《关于企业债券额度审批制度管理办法》《企业债券管理条例》等规范性文件的出台，企业债券规模急剧膨胀。1993~2000 年间，由于企业债券偿还风险增加，有关部门先后发布了《企业债券发行与转让管理办法》《关于 1998 年企业债券审批问题的通知》，对企业债券发行进行整顿规范，对企业发债进行较为严格的审批。严格审批、强制担保的发债模式降低了债券偿还风险的同时导致我国企业债券发展速度缓慢。2008 年国家发展改革委发布了《关于推进企业债券市场发展、简化发行核准程序有关事项的通知》，2013 年发布了《关于进一步改进企业债券发行审核工作的通知》，简化了发行环节，取消了强制担保并将审批权部分下放至行业主管部门和省级发展改革委，并对企业债券进行分类审核，对项目属于当前国家重点支持范围和申请信用等级较高、偿债措施较为完善及列入信用建设试点的发债申请进一步加快审核、简化程序。

2. 公司债券的发展历程

公司债券早期的发展是一个逐步独立化，从企业债中分离的过程。1993 年 4 月，修订的《企业债券管理条例》已规定境内具有法人资格的企业均可发债；同年 12 月颁布的《中华人民共和国公司法》（以下简称《公司法》）正式采用了"公司债券"概念。2000~2006 年期间，公司债券已经开始逐步脱离企业债券，出现了明确的市场定位。[①] 2007 年证监会发布了《公司债券发行试点办法》，为公司债券发行提供了具有可操作性的规范指引，2015 年证监会发布了《公司债券发行与交易管理办法》进一步规范了公司债券交易和非公开发行。十几年间我国公司债券取得了长足的发展，但相较于美国等资本市场发达国家，我国公司债券在融资规模和融资结构上仍略显滞后。[②]

3. 其他企业信用类债券的发展历程

其他企业债务融资工具主要包括短期融资券、中期票据、中小企业集合票据及非公开定向债务融资工具。在我国，短期融资券发行起步较早。1988 年央行颁布《关于发行短期融资券有关问题的通知》，对短期融资券发行进行规范。20世纪 90 年代，企业债超规模发行严重，短期融资券兑付风险显现，企业债由发展改革委统管后，央行未再审批过短期融资券。2005 年为缓解直接融资与间接

[①] 参见周沅帆：《公司债券》，中信出版社 2011 年版，第 201~202 页。
[②] 参见闫屹：《我国公司债券市场发展滞后的制度因素研究》，人民出版社 2012 年版，第 91~99 页。

融资比例失衡，央行发布了《短期融资券管理办法》，并随后发布了《短期融资券承销规程》《短期融资券信息披露规程》等相关规章制度，逐步形成了较为完善的短期融资券管理体系。

中期票据是我国银行间债券市场交易商协会成立后，在其颁布的《银行间债券市场非金融企业债务融资工具管理办法》中正式推出的。为了贯彻中央紧缩性货币政策，在 2008 年 6 月底中期票据曾暂停发行。但在同年 10 月中国人民银行针对当前经济金融运行中的突出矛盾，同意中国银行间市场交易商协会从 10 月 6 日起继续接受非金融企业中期票据发行的注册。

中小企业集合票据是指 2 个（含）以上、10 个（含）以下具有法人资格的企业，在银行间债券市场以统一产品设计、统一券种冠名、统一信用增进、统一发行注册方式共同发行的，约定在一定期限还本付息的债务融资工具。[①] 我国 2011 年推出中小企业集合票据，但是其发行量小，加之近年来中小企业集合票据的担保人代偿事项增多，信用风险呈现点状爆发的形态，并不能切实缓解中小企业融资难的问题。[②]

银行间交易商协会 2011 年发布《银行间债券市场非金融企业债务融资工具非公开定向发行规则》，其特点是向银行间市场特定机构投资人发行，并在特定机构投资人范围内流通转让。其信息披露要求相对简化，发行便利同时对投资者要求较高。与其相类似的还有中小企业私募债。中小企业私募债于 2012 年 5 月依照《上海证券交易所中小企业私募债券业务试点办法》和《深圳证券交易所中小企业私募债券业务试点办法》，对于缓解中小企业融资难具有重要意义。

（二）现阶段企业信用类债券的发展特点

1. 多元化债券品种应对多样化投融资需求

从 1985 年我国首只企业信用类债券发行到如今已有近 40 年，其间我国企业类公司债券从企业债券的大一统到科学化分类、创新化发展，形成了以企业债券、公司债券、短期融资券、中期票据为主，包含中小企业集合票据、项目收益债、含长期权限的中期票据、非公开定向债务融资工具、中小企业私募债等创新类债券的多层次、多元化债券品种体系。多元化的债券品种体系不仅可以满足各类企业处于各种目的的发债融资需求，同时形成了不同风险层次、不同收益水平的市场结构，可以基本涵盖从大型机构投资者到个人投资者的不同投资需求。

---

① 孔令学、张文亮、王静：《破解融资困局：中小企业融资渠道·政策·实务》，中国市场出版社 2016 年版，第 155 页。

② 李扬：《中国债券市场 2016》，社会科学文献出版社 2017 年版，第 195 页。

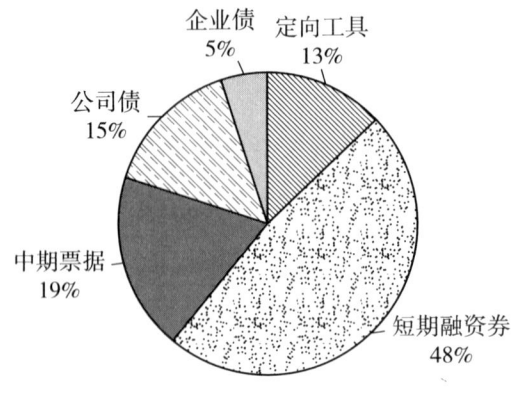

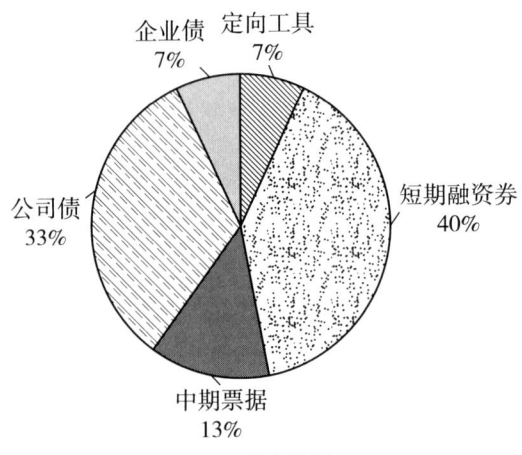

(a) 2015年发行额占比
- 企业债 5%
- 定向工具 13%
- 公司债 15%
- 中期票据 19%
- 短期融资券 48%

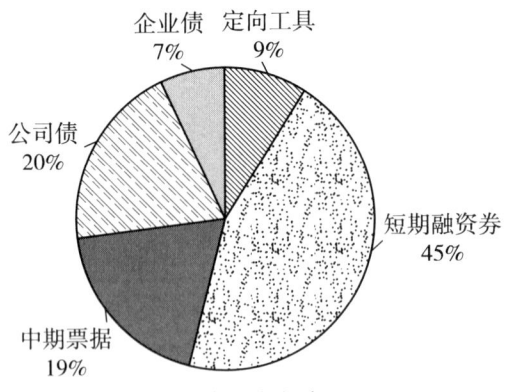

(b) 2016年发行额占比
- 企业债 7%
- 定向工具 7%
- 公司债 33%
- 中期票据 13%
- 短期融资券 40%

(c) 2017年发行额占比
- 企业债 7%
- 定向工具 9%
- 公司债 20%
- 中期票据 19%
- 短期融资券 45%

图 1-5　2015~2017 年间我国企业信用类债券主要券种发行量占比

资料来源：Wind 资讯，2017 年数据截至 10 月 12 日。

2. 规模呈抛物线型，结构较为合理

近年来，我国企业类信用债券总体规模上表现出先涨后落（见图1-5）。中国债券信息网数据显示，2005年我国企业类债券发行量为654亿元，截至2016年底达到5 925.7亿元，企业类信用债券托管量从2005年的3 182亿元上升到2016年底的35 430.14亿元，后在产业结构调整和去杠杆的政策背景下，2019年全年发行量回落到3 087.09亿元，托管量回落到29 711.63亿元。不难发现，我国企业债券在经历了爆发式发展后逐渐回归合理，进入平稳有序的发展轨道。

伴随着企业信用类债券规模的高速增长，各个主要券种之间的结构也趋于合理化。从近三年企业信用类债券主要券种的发行量上观察，不难发现短期融资券始终占有相当份额，这主要是由短期融资券的性质（期限短，发债频次较高）决定的。而公司债在2016年迎来一个短期发行高峰，而后在2017年又恢复正常水平。其余各券种之间占比相对比较稳定，也从侧面反映出我国企业类债券市场正在逐步走向合理化、有序化。

四、资产证券化产品的发展

资产证券化产品是20世纪后期延续至今的金融创新浪潮中的最重要的创新产品之一。资产证券化是指将缺乏流动性但具有可预期的，稳定的未来现金流的资产进行组合和信用增级，并依托该现金流在金融市场上发行可以流通买卖的资产支持证券的活动。[①] 资产原始权益人将资产"真实出售"给特殊目的载体（special purpose vehicle，SPV），其后SPV将该资产整合为资产池，以该资产池为基础发行证券并以其产生的现金流清偿所发行的证券，因其还本付息的特征，资产证券化产品被认为是一类特种债券。

（一）我国资产证券化的实践进程

1. 第一阶段：2005年前的经验积累与探索

1992年，朱菁教授《论美国金融业的新动向》一文首次将资产证券化的概念引入国内。[②] 1996年，珠海市高速公路有限公司以离岸方式发行了以当地机动车管理费和外地机动车过境路费为现金流的珠海高速公路资产担保债券，共计2亿美元，是我国离岸发行的首只资产支持证券（assets-backed securities，ABS），随后信达资产管理公司联合德意志银行离岸发行了首只不良资产支持证券。随着

[①] 沈炳熙、曹媛媛：《中国债券市场：30年改革与发展》，北京大学出版社2014年版，第92页。
[②] 沈炳熙：《资产证券化：中国的实践》，北京大学出版社2013年版，第7页。

2011~2012年间《信托投资公司管理办法》《信托法》《信托投资公司资金信托暂行管理办法》的先后出台,为我国资产证券化采取SPT模式提供了法律依据。随着离岸发行的经验积累以及2002~2004年国家对资产证券化的政策支持,国内资产证券化试点呼之欲出。

2. 第二阶段:2005年后的规范化实践

2005年,我国正式启动了在岸资产证券化产品发行试点。2005年4月20日,央行联合证监会发布了《信贷资产证券化试点管理办法》,到2006年初,财政部、住建部等有关部门接连发布了9项政策规定,初步形成了资产证券化试点体系。① 2005年12月,国家开发银行联合中诚信托投资有限责任公司发行了我国首只资产证券化产品——开元信贷资产支持证券。2008年证券化扩大到汽车抵押贷款和商业银行的不良贷款。2007~2009年,受美国"次贷危机"影响,资产证券化产品风险显现,央行发布《信贷资产证券化基础资产池信息披露有关事项公告》、原银监会先后发布《关于进一步加强信贷资产证券化业务管理工作的通知》和《商业银行资产证券化风险暴露监管资本计量指引》以进一步规范信息披露,加强风险管理,同期资产证券化产品一度停滞。2012年央行联合原银监会下发了《关于进一步扩大信贷资产证券化试点有关事项的通知》,重启了资产证券化试点。

(二)我国资产证券化中存在的问题

1. 证券的基础资产有限、产品流通性不强

我国资产证券化基础资产经历了由公司资产或收费类基础设施建设为主过渡到以银行信贷为主,而且银行信贷资产也经历了从不良资产到优质资产的转变。总体上看,基础资产种类有所增加,但仍局限在一般信贷资产范围内。个人消费信贷、学生贷款、租赁、证券组合虽有一定规模,但现金流稳定性和剥离性都比较低,限制了这些资产的证券化运作,而境外用以证券化的资产却非常丰富。② 基础资产种类有限直接影响了资产证券化产品的规模,进而影响了资产证券化产品在二级市场中的流通性,2017年资产支持证券占该年度二级市场交易量的0.19%,这一数据在2018年仅为0.2%,在2019年为0.28%。③ 流动性不强一方面因为目前监管都要求基础资产为优质资产,而作为主要发行方的商业银行没有将优质资产出表的动力;另一方面实务中资产证券化产品结构复杂,投资人

---

① 参见中国人民银行金融市场司:《中国资产证券化:从理论走向实践》,第13~78页。
② 沈炳熙、曹媛媛:《中国债券市场:30年改革与发展》,北京大学出版社2014年版,第98页。
③ Wind资讯,2019年数据截至12月24日。

（尤其是对于不在银行体系内的保险、证券、基金等机构）没有风险信息的抓手，再加上法律、会计、税收等方面的不确定性，直接抑制了投资人的需求。①

2. 资产证券化相关法律制度不完善

首先，我国对 SPV 的法人资格没有明确的法律规定，从而以 SPV 形式进行的资产证券化受到很大限制。同时，由于缺乏一个中央优先权益登记系统，无法确认资产上已有的优先权益，受让方没有客观途径知悉该资产是否曾经被转让或部分转让给第三方。② 在税法上，按照目前规定，资产证券化财产的"真实出售"需要做表外处理，发起人面临印花税等额外成本，融资成本提高；同时，发起人在"真实出售"阶段若有收益，则有涉及所得税的征缴，潜在的税负缩小了发起人的盈利空间，也会降低资产支持证券对投资者的吸引力。③

五、违约债券：债券市场的新品种

（一）违约债券作为债券市场新品种的出现背景

违约债券作为一类可转让债券进入债券市场，其根本原因在于债券市场的发展需要，尤其是近年来信用债市场的快速发展使得违约债券处置问题成为风险防范与化解的重点关切。2005 年以前，我国的信用债市场品种单一，主要是企业债券，并且通常由国有大型银行进行担保，违约风险低，信用特征不突出。2005 年，短期融资券获准发行，其本质上是由企业发行的无担保短期本票。随着短期融资券的推出，我国信用债市场迅速发展，信用债品种类型不断多元化，债券存量也迅速增长。2004 年末国内信用债存量仅 2 000 亿元，其中非金融类信用债仅 1 200 多亿元，到 2019 年 10 月底，信用债总余额达到 28 万亿元，其中非金融类信用债余额为 21.1 万亿元。④ 如图 1-6 所示，自 2005 年后，我国信用债存量飞速增长，其中又以非金融类信用债增长速度最快，在债券存量上形成了信用债以非金融类信用债为主的格局，这在一定程度上为我国近年来信用债风险频发埋下了伏笔。

---

① 冯光华：《中国资产证券化市场发展报告 2016》，中国金融出版社 2016 年版，第 76 页。
② 沈炳熙、曹媛媛：《中国债券市场：30 年改革与发展》，北京大学出版社 2014 年版，第 98 页。
③ 冯光华：《中国资产证券化市场发展报告 2016》，中国金融出版社 2016 年版，第 9 页。
④ 数据来源：Wind 资讯，2019 年数据截至 10 月底。

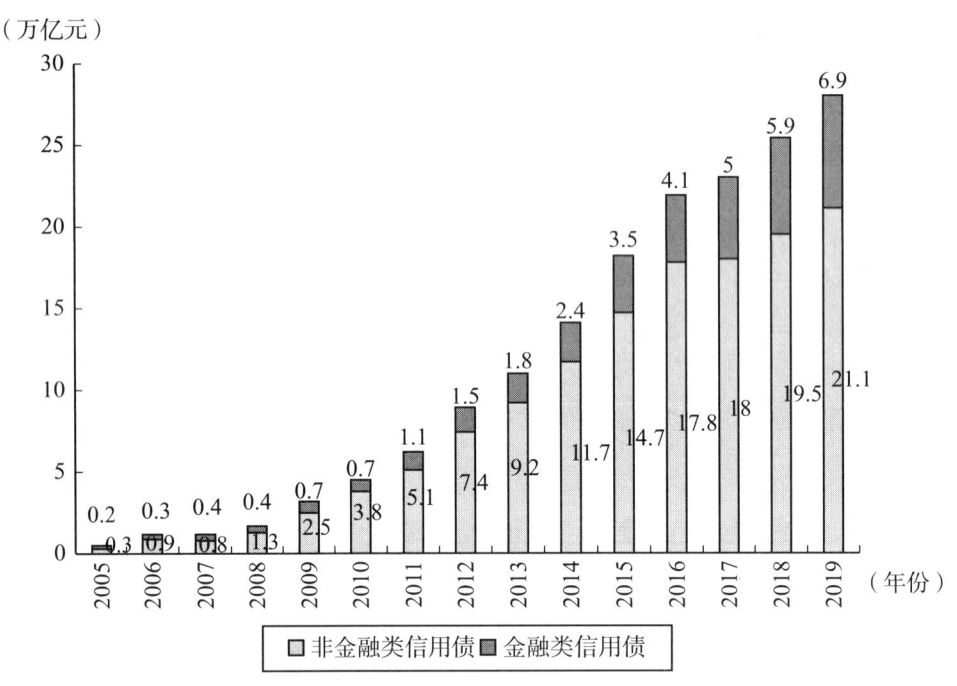

图 1-6　2005~2019 年我国信用债年度存量

资料来源：Wind 资讯、中金公司研究所。

2014 年"超日债"事件打破债券市场刚性兑付后，基于金融市场系统性风险防控的目的，违约债券处置机制不断向市场化与法治化进程迈进，债券违约事件在风险处置端被释放出来；同时，经济形势下行的压力也致使企业自身资金紧张，在客观上增加了债券违约的可能性。在债券违约常态化，违约事件频繁化的情况下，违约债券转让市场的构建就成为市场化、法治化的债券违约处置机制中的关键环节。

（二）我国违约债券转让的发展近况

在域外实践中，考虑到诸多违约债券仍然具有潜在价值，其成为对冲基金等高风险偏好投资主体的热门投资标的。美国专门设置包含违约债券转让在内的困境债券市场，欧洲的困境债券市场也在逐步兴起。[①] 2014 年"超日债"违约后，国内逐渐开始关注违约债券的处置机制与债券市场的系统性风险防范，如何构建市场化、法治化的债券违约处置机制显得愈发重要。尽管有些观点基于域外实

---

① ［美］弗朗索瓦·塞尔·莱比腾：《对冲基金手册》，陈道轮、邵俊丽译，上海交通大学出版社 2014 年版，第 220~245 页。

践，提出了困境债券投资的理论，[①] 但是政策和理论的目光始终没有聚焦到违约债券转让机制上来。直到近两三年，才围绕违约债券转让问题出台了一系列政策。囿于我国债券市场的分割，银行间债券市场与交易所债券市场的违约债券转让机制发展不尽同步，在方式上也有所不同（见图1-7）。

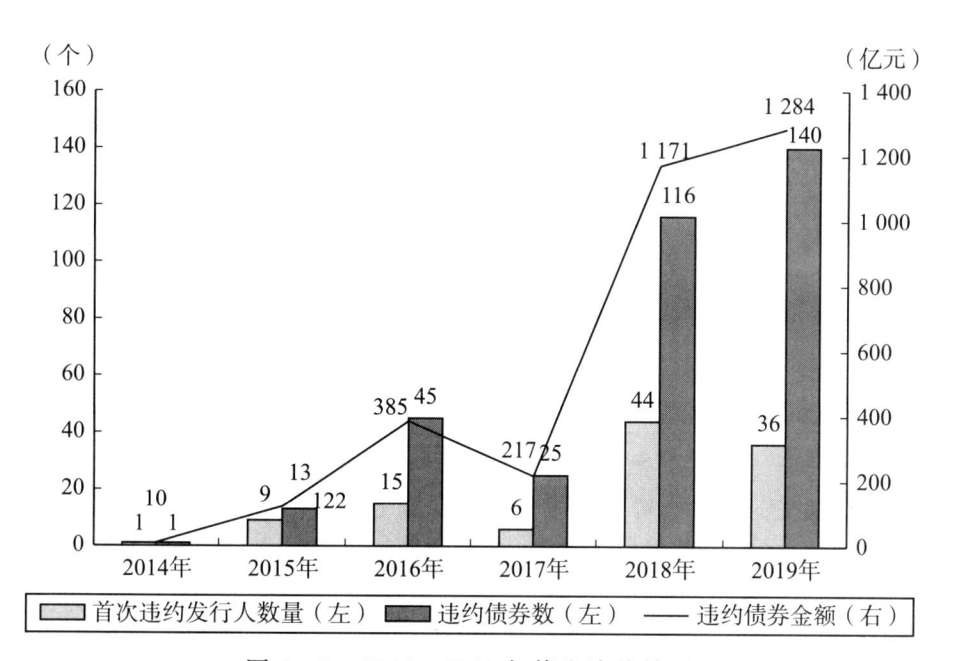

图 1-7 2014~2019 年债券违约情况

资料来源：Wind 资讯、财汇资讯、中金公司研究所，2019 年数据截至 10 月底。

银行间债券市场方面，2018 年 5 月中国外汇交易中心、全国银行间同业拆借中心下发了《关于开展债券匿名拍卖业务的通知》，并同时发布《全国银行间同业拆借中心债券匿名拍卖实施细则（试行）》《债券匿名拍卖业务投资者风险承诺函》两份配套文件。该匿名拍卖业务的核心是针对低流动性的债券，适用范围包括但不限于违约债券。债券匿名拍卖分为双向报价和集中竞价两个阶段。双向报价阶段，机构根据自身信息在一定价差范围内发出双向报价。该阶段结束后，由系统确定集中竞价阶段的价格区间，该区间介于较优买价和较优卖价之间。集中竞价阶段，参与机构在上述价格区间内报价，交易系统根据价格优先、时间优先，以最大匹配量原则计算统一成交价，经黑名单过滤后确定买卖对手方。通过对订单进行黑名单的匿名匹配，参与机构一方面可以避免与无授信对手方交易，

---

① 例如杨勤宇于 2016 年 7 月 27 日发表在和讯网债券频道的《寻找下一个金矿：违约债券投资策略初探》一文，详见 http://bond.hexun.com/2016-07-27/185176215.html。

另一方面能够保护其头寸信息。同时匿名报价可以保护价格信息，避免市场跟风，使价格更真实有效。在2019年2月27日的匿名拍卖中，到期违约债券首次进入匿名拍卖，参与匿名拍卖的3只违约债券中"17永泰能源MTN002"达成交易，这是违约债券首次通过匿名拍卖达成交易，① 在4月18日的拍卖中违约债券"15宏图MTN001（101559055）"再次成功达成交易。② 在此之后，银行间债券市场匿名拍卖向回购违约扩展。2019年6月17日，全国银行间同业拆借中心、中央结算公司、上海清算所相继发布《全国银行间同业拆借中心回购违约处置实施细则（试行）》《中央国债登记结算有限责任公司担保品违约处置业务指引（试行）》《银行间市场清算所股份有限公司回购债券拍卖处置业务实施细则（试行）》，为回购债券和担保品违约处置提供了处置细则。6月28日，中国人民银行公布《关于开展到期违约债券转让业务的公告（征求意见稿）》其在宏观层面明确了银行间债券市场违约债券转让的制度安排。

  交易所债券市场方面，2019年5月，证监会指导上交所与深交所就违约债券转让事宜联合中国证券登记结算有限责任公司出台了《关于为上市期间特定债券提供转让结算服务有关事项的通知》《关于为挂牌期间特定债券提供转让结算服务有关事项的通知》。交易所债券市场的特定债券转让机制适用于在交易所上市或挂牌转让的公司信用债券，通过交易所自建的固定收益平台转让。转让方式为全价转让，且允许采用意向申报、定价申报和成交申报方式，申报价格无涨跌幅限制。同时，在登记结算方面，由中证登对特定债券按照全额逐笔非担保交收方式进行清算和交收。此外，考虑特定债券偿付方式的多样化，例如采取债转股、代物清偿、折价清偿等，本次违约债券转让机制在债券偿付方面较为宽松，中证登基于发行人委托，可以根据交易所通知，代为划付相关资金、对债券份额进行注销。在特定债券转让起始日后，沪深交易所有"H6凯迪01""H6凯迪03"2只违约债券达成交易。"H6凯迪01"于8月12日、21日达成2笔交易，成交价格分别为20元、45元，规模分别为10万元、22.5万元；"H6凯迪03"于8月13日、23日达成两笔交易，成交价分别为3元、49元，规模分别为9万元、147万元。③

---

  ① 参见张勤峰：《到期违约债券首次通过匿名拍卖达成交易》，载于《中国证券报》2019年2月28日A09版。

  ② 参见张勤峰：《外汇交易中心：已违约宏图高科中票成功通过匿名拍卖达成交易》，详见http://www.cs.com.cn/sylm/jsbd/201904/t20190418_5940630.html。

  ③ 参见中债资信债券市场研究团队：《甲之砒霜，乙之蜜糖——违约债券业务转让研究》，详见https://mp.weixin.qq.com/s/_8__4Q2sRrjy7hGEWnOAw。

六、我国债券市场品种结构的特征

(一) 债券品种日益多元化

二十多年来，我国债券市场中的债券品种显著增加，呈现明显的多元化趋势。1998 年以前，我国债券市场品种仅有国债与企业债券，结构单一。1998 ~ 2004 年间，我国债券市场先后新增了政策性金融债（招标发行）、央行票据，面向金融机构推出了次级债券、混合资本债券、一般性金融债以及资产支持证券（试点）。2005 ~ 2010 年间，面向公司、企业推出了短期融资券、公司债券、中期票据、超短期融资券、中小企业集合票据以及熊猫债券[①]、中央汇金公司发行的政府支持机构债券；2011 年至今我国债券市场新推出项目收益票据、非公开定向债务融资工具、可续期债券（可续期企业债、长期含权限中期票据）、绿色债券。近年来，违约债券转让政策持续发力，违约债券作为一类重要的债券品种进入债券市场。至此，我国债券市场主要债券品种已经达到十多种，极大地丰富了债券品种类型，形成了一般性债券与特种债券并存的多元化局面（见表 1 - 1）。

表 1 - 1　　　1997 年以来我国债券市场债券品种发展情况

时间	新增债券品种
1998 年以前	国债、企业债
1998 ~ 2004 年	政策性金融债（招标发行）、央行票据、次级债券、混合资本债券、一般性金融债、资产支持证券（试点）
2005 ~ 2010 年	短期融资券、公司债券、中期票据、超短期融资券、中小企业集合票据、熊猫债券、政府支持机构债券
2011 ~ 2019 年	项目收益票据、非公开定向债务融资工具、可续期债券（可续期企业债、长期含权限中期票据）、绿色债券、专项债券、可转让违约债券等

(二) 债券品种托管量日趋合理

债券品种托管量直接反映了该债券品种的发展情况，从近年的债券托管情况

[①] 熊猫债券是指境外机构在中国发行的以人民币计价的债券，2005 年 9 月，财政部部长金人庆将国际多边金融机构首次在华发行的人民币债券命名为"熊猫债券"。参见张新文主编：《中国资本市场投资词典》，中国财政经济出版社 2015 年版，第 763 页。

看,我国债券发行结构趋于合理化。在我国债券市场各债券品种中,政府债券、政策性金融债券、企业信用类债券规模较大。国债与政策性金融债发展起步较早,在托管量上一度形成压倒性态势,企业信用类债券在 2004 年后才起步,发展较为滞后。2019 年企业信用类债券托管量为 29 711.63 亿元,而在 2005 年仅为 3 182 亿元。[①] 企业信用类债券托管量稳步增长,形成规模,表明了我国债券品种发展日趋合理,也因应了国家对促进金融市场服务实体经济的倡导,契合于实体经济的融资需求。

第四节 债券市场的交易结构

债券市场的交易结构广义上是指债券市场的登记托管、清算交割的运行机制,即债券交易如何在买卖双方间完成资金和债券的流转,狭义上是指具有某一类特征的类型化的交易方式。本章第一节已经对各具体债券市场的登记托管、清算交割机制进行了阐述并进行了特征分析,该部分的交易结构主要是指债券市场中的交易方式,主要包括现券交易、债券回购、债券借贷与部分衍生交易工具。

一、现券交易

所谓债券现券交易,是指债券买卖双方在成交后即办理交收手续,即买入方需立即付出货币资金并得到债券,卖出方需立即交付债券并得到货币资金。[②] 随着债券交易品种和规模的扩大,以及交易市场机制的复杂,成交与交收之间有时会有一定的时间间隔,如有的市场规定次日交收、例行日交收等,但不管如何安排,债券现券交易还是属于一种成交和交收同步进行的交易方式。[③]

(一) 我国现券交易的发展情况及其特征

1. 我国现券交易的发展

现券交易作为最基础的债券交易方式,几乎是伴随着债券二级市场的出现而出现的。我国的债券市场现券交易起步于 1986 年,当时随着企业债获准在柜台

[①] 中国债券信息网,2019 年数据截至 11 月。数据详见,http://www.chinabond.com.cn/。该数据反映的企业信用类债券托管量并不包含托管于中证登的企业信用类债券。

[②][③] 龚仰树:《固定收益证券》,上海财经大学出版社 2012 年版,第 70 页。

进行转让，现券交易开始出现。① 在债券市场出现初期，现券交易一度成为唯一的交易方式。随着银行间债券市场的成立，我国出现了场内现券市场与场外现券市场并存的现象。并且，随着债券市场的发展，尤其是二级市场上债券流转需求的日益旺盛，现券交易规模取得了巨大的增长。随着近30多年来的发展，我国已经形成了一套较为完善的包含登记、托管、清算等环节在内的现券交易体系。

2. 我国现券交易总体发展特征

我国现券交易发展的总体特征是现券交易规模随债券市场发展而迅速增长。随着我国债券市场的发展，尤其在21世纪初期，接连推出新的债券品种，二级市场规模不断扩展的情况下，现券交易获得了巨大的发展。从近十年情况来看，我国债券市场现券交易规模由2005年的总成交数50 426笔，总交易额59 887.54亿元，上升到2016年的总成交数1 284 709笔，总成交额1 246 161.84亿元，是2005年总成交数的25倍多，总成交额的20多倍。② 其间，部分年份由于宏观经济走势及政策原因出现了负增长，但总体上仍保持增长态势（见表1-2）。

表1-2   2005~2016年我国债券市场现券交易规模

年份	成交笔数（笔）	成交额（亿元）	成交金额增减（亿元）
2016	1 284 709	1 246 161.8413	402 534.2746
2015	832 124	843 627.5667	446 763.9264
2014	445 805	396 863.6403	-12 526.3509
2013	409 781	409 389.9912	-331 464.6358
2012	550 935	740 854.6270	107 178.5270
2011	380 651	633 676.1000	2 134.9230
2010	303 825	631 541.1770	170 337.2918
2009	192 018	461 203.8852	89 772.3821
2008	158 222	371 431.5031	215 219.7741
2007	80 306	156 211.7290	53 935.0193
2006	79 565	102 276.7097	42 389.1693
2005	50 426	59 887.5404	44 542.7676

资料来源：Wind资讯。

---

① 沈炳熙、曹媛媛：《中国债券市场：30年改革与发展》，北京大学出版社2014年版，第101页。
② Wind资讯。

（二）我国现券交易中存在的问题

1. 现券交易主体同质化明显

我国现券交易主体主要是商业银行，2012年商业银行的现券交割量占银行间债券市场现券交割总量的66.47%，基金公司和证券公司分别占3.78%和17.52%。① 而商业银行对债券具有长期持有、获取利息的投资偏好，因而影响整个市场流动性不高。

2. 现券交易发展结构不均衡

我国债券现券交易发展结构不均衡主要表现在场内现货市场和场外现货市场发展不均衡。从2014年至2016年间现券交易情况看，2014年银行间债券市场现券交易额为389 123.24亿元，占该年国内现券成交总额的96.49%，交易所市场现券成交额仅为14 134.52亿元，占比为3.51%；2015年银行间债券占比上升到98.11%，交易所债券市场下降到1.89%；2016年银行间债券市场占比上升至99%，交易所债券市场占比进一步下降到1%。② 银行间债券市场现券交易的发展与交易所市场出现明显的不均衡态势，主要是由于债券更适合场外交易模式的特质使得现券交易更多地存在于场外市场中，此外也说明交易所债券市场的债券流动性有待提升。

二、债券回购

债券回购是指债券买卖双方在成交的同时，约定于未来某一时间以某一价格双方再进行反向交易的行为。③ 债券回购分为质押式回购和买断式回购两种。质押式回购是交易双方进行的以债券为权利质押的一种短期资金融通业务，资金融入方（正回购方）将债券出质给资金融出方（逆回购方）融入资金的同时，双方约定在将来某一日由正回购方按约定回购利率计算的资金金额向逆回购方返还资金，逆回购方向正回购方返还出质债券。④ 债券买断式回购是指债券持有人（正回购方）将债券卖给债券购买方（逆回购方）的同时，与买方约定在未来某一日期，由卖方再以约定价格从买方买回相等数量同种债券的交易行为。买断式回购的逆回购方在期初买入债券后享有再行回购或另行卖出债券的完整权利。⑤

---

① 沈炳熙、曹媛媛：《中国债券市场：30年改革与发展》，北京大学出版社2014年版，第101页。
② Wind资讯。
③ 龚仰树：《固定收益证券》，上海财经大学出版社2012年版，第80页。
④ 参见沈炳熙、曹媛媛：《中国债券市场：30年改革发展》，北京大学出版社2014年版，第103页。
⑤ 参见谢多：《中国银行间市场固定收益产品交易实务》，中国金融出版社2005年版，第233页。

(一) 我国债券回购的历史沿革

1. 交易所市场债券回购的发展历程

我国最早的债券回购业务出现在交易所债券市场，由当时全国证券交易自动报价系统（STAQ）于1991年7月试点开办国债回购业务。随后，武汉、天津等证券交易中心也推出了国债回购业务。1993年12月上交所为了增强国债短期资金融通功能，推出了国债质押式回购，并采用分券种的回购制度，后于1994年改为不分券种，统一按面值计算持券量。1994年10月，深交所也推出了质押式国债回购。1994～1995年间，交易所国债回购业务发展迅速，国债回购交易总额达到3 000亿元（单边交易）。在我国国债回购市场迅速发展的同时，也曾一度出现混乱的局面和不规范现象。1995年8月以后，政府有关部门注意到源于国债回购市场的违规行为产生的扰乱金融市场的严重后果，连续发出了《关于重申对进一步规范证券回购业务有关问题的通知》《关于认真清偿回购当期债务的通知》，对包括国债回购在内的证券回购业务和证券回购市场进行正本清源，采取措施治理整顿，基本上化解了证券回购积聚的金融风险，维护了金融秩序。[①] 1997年，为了防止信贷资金违规进入股市，在国务院统一部署下，商业银行全部退出交易所债券市场。2001～2003年间，证券机构资金短缺，部分机构利用回购制度漏洞，挪用客户债券融资，回购风险集中暴露。2003年，原银监会发文要求农村信用合作社退出交易所市场，进入银行间市场进行回购交易，其他机构也伴随着回购风险的逐步暴发缩减了在交易所市场的回购业务。为进一步完善交易所市场的债券回购规则，2006年上交所发布了《关于新质押式国债回购交易的通知》。但无论新旧制度，质押式回购都具有以下特点：第一，采用标准券制度，即交易所将不同期限、品种的债券按某种折算率统一折算为一定数量的具有相同价值的标准券；第二，实行撮合交易机制，通过集中竞价系统交易；第三，由中证登担任中央对手方，进行净额清算。[②]

2. 银行间债券市场债券回购的发展历程

1997年银行间债券市场成立后率先推出了质押式回购。银行间债券市场质押式回购具有以下特点：第一，回购合同的标的券是现实的具体券种；第二，交易方式是一对一询价，交易双方互相知道对手方；第三，需要签订债券回购主协议，明确回购交易双方的权利义务。2015年全国银行间同业拆借中心修订并印发《银行间债券市场质押式回购匿名点击业务交易细则》，推进银行间债券市场

---

① 宾建成：《我国国债回购市场的现状与发展》，载于《财贸经济》2002年第4期。
② 沈炳熙、曹媛媛：《中国债券市场：30年改革与发展》，北京大学出版社2014年版，第106页。

质押式回购匿名点击业务发展。2004年5月,银行间债券市场推出了信用风险较质押式回购更大的买断式回购。为抵御该信用风险,央行对买断式回购进行了一定限制。① 债券买断式回购实质上为市场提供了一种做空手段,可以在市场情势走低时保持其流动性。

(二) 我国债券回购的阶段性特征

1. 债券回购规模不断上升,以银行间债券市场为主

从债券回购交易规模上看,从1997年到2017年这20年间,债券回购规模增长迅猛。1997年我国债券回购交易量约为1.2万亿,2016年底债券回购交易量已经跃升到599多万亿,银行间债券市场占比由1997年的2.5%骤升到2016年的约72.19%,交易所市场占比相应由1997年的97.5%下降到2016年的27.82%。② 从交易额看,银行间债券市场占据了债券回购的主要交易额,交易所市场交易占比较小,这一现象有着其必然性:一方面,银行间债券市场给予政策导向发展,集中了大部分有实力的机构投资者,市场供需两旺;另一方面,债券本身特质也决定了其不是集中撮合式的回购交易。债券回购市场的发展为金融机构提供了调节短期头寸的场所,成为我国货币政策的重要操作平台。

2. 方式上以质押式回购为主,买断式回购交易量小

从债券回购具体方式上看,质押式回购占据了债券回购总交易额的绝大部分,买断式回购交易量较小。我国债券市场的买断式回购是在2004年推出的,2004年后我国债券回购业务呈现质押式回购与买断式回购并行发展。从2011年至2016年数据看来,2011年买断式回购占债券回购总交易额的约2.8%,2012年约为3.5%,2013年约为3.9%,2014年约为5.3%,2015年约为5.4%,2016年又回落至5.3%。③ 从数据中发现,近年来买断式债券回购交易量总体上保持上升态势,但其交易量仍然偏低。

三、债券借贷

所谓债券借贷又称融券,是指债券融入方以一定数量的债券为质物,从债券融出方借入标的债券,同时约定在未来某一日期归还所借入标的债券,并由债券融出方返还相应质物的债券融通行为。

---

① 沈炳熙、曹媛媛:《中国债券市场:30年改革与发展》,北京大学出版社2014年版,第108页。
② Wind资讯。
③ 该数据基于Wind资讯数据库中相应年度债券质押式回购与买断式回购相关数据分析得出。

（一）我国债券借贷业务基本情况

1. 我国债券借贷业务的兴起

境外债券借贷市场兴起于 19 世纪 60 年代，1990 年后交易策略进一步丰富、跨境交易结算迅猛增长，债券借贷市场被各国监管部门视为债券发展不可或缺的部分。截止到 2012 年末，全球约 1.44 万亿美元的证券借贷余额中，债券借贷余额占比较大，其中政府债券 0.75 万亿美元，约占 52.1%。[①] 2006 年 11 月，央行发布了《全国银行间债券市场债券借贷业务管理暂行规定》（以下简称《债券借贷规定》），我国债券借贷业务正式推出，目前限于银行间债券交易市场。现今债券借贷业务从起初减少结算失败的手段，逐步发展成为现代金融市场的基础性机制，在活跃市场交易、提高市场效率等方面发挥了积极的作用。

2. 我国债券借贷的发展特征

我国债券借贷业务发展的总体特征是：初期交易量先增后减，2012 年后快速增加，参与机构逐步多元化。2006～2011 年，总体上债券借贷成交量较少。其间，2007～2008 年成交量短暂提升，2008 年达到 104 亿元，但随后又迅速下降。债券借贷在 2012 年开始迎来巨大发展，2013～2016 年间债券借贷交易量持续高速增长，2013 年增幅超过 200%，2014 年增长了 500%，2018 年债券借贷交易量达到了 36 436.12 亿元。[②] 在参与主体上，2012 年后参与债券借贷交易的主体趋于多元化。2012 年，工商银行在国有四大行中率先开展债券借贷业务并制定了较为严格的标准，如开展对象为财政部国债承销团成员、人民银行公开市场一级交易商、政策性银行承销团成员以及与工行有良好合作关系的金融机构。在工商银行开展后，陆续有不少中小型机构开始参与这项业务，参与的机构数从 2012 年的 6 家增加至 2014 年的 68 家；2015 年，农业银行也开展了债券借贷业务。

（二）我国债券借贷模式的特征

考虑到债券借贷具有做空功能，在推进债券借贷时，我国采取了从简单到复杂、谨慎推进的方式，率先推出了较为简单的双边债券借贷；同时，为防范债券风险，央行从借贷期限等方面对双边债券借贷进行了一定限制，以防范债券借贷风险。[③]

1. 基于风险防范的抵押与借期限制

为保护债券融出方的利益，融券方需要提供相应的抵押。一般而言，基于借

[①] 聂庆平：《证券借贷理论与实务》，中国财政经济出版社 2015 年版，第 284 页。
[②] 中国债券信息网，2019 年数据截至 11 月底，详见 http://www.chinabond.com.cn。
[③] 沈炳熙、曹媛媛：《中国债券市场：30 年改革与发展》，北京大学出版社 2014 年版，第 112 页。

贷合同而约定的任何类型资产都可成为抵押标的。但由于技术操作上的复杂性与初期监管需要，在债券借贷推出之初，央行规定抵押标的限于融券方托管于中央登记结算机构的自有证券；同时，控制非足额抵押下的"杠杆"效应可能引发的系统性风险，要求必须进行足额抵押。① 在借期方面，为了防止过度做空，《债券借贷规定》第五条明确指出，"债券借贷的期限由借贷双方协商确定，但最长不得超过365天"。

2. 债券过度集中的预防与应对

债券借贷为投资者大量持有某一类债券提供了低成本的途径，但却可能因此产生单一券种过度集中于某一个或者多个关联投资者的情况，从而导致其他市场参与者以相关债券为标的的交易履行困难，甚至可能存在操纵市场的风险。为此，《债券借贷规定》中制定了与公司持股变动披露制度相关的债券"特殊指标报告制度"。该规定第十二条指出，"单个机构自债券借贷的融入余额超过其自有债券托管总量的30%（含30%）或单只债券融入余额超过该只债券发行量15%（含15%）起，每增加5个百分点，该机构应同时向同业中心和中央结算公司书面报告并说明原因"。同时为进一步防范无法正常履约时的"逼仓"风险，该规定第十一条指出，"债券借贷应以标的债券进行交割，但到期时，经借贷双方协商一致后也可以现金交割。"

四、债券衍生产品交易

（一）债券远期

1. 我国债券远期的发展

我国债券远期交易是在2005年5月16日央行发布《全国银行间债券市场债券远期交易管理规定》（以下简称《远期交易规定》）后推出的，随后央行又发布了《中国人民银行关于印发〈全国银行间债券市场债券远期交易主协议〉的通知》《中国人民银行关于全国银行间债券市场债券远期交易信息披露和风险监测有关事项的通知》。随后，全国银行间同业拆借中心于2005年6月发布了《全国银行间债券市场债券远期交易规则》，中央结算公司同期发布了《全国银行间债券市场债券远期交易结算业务规则》，我国债券远期交易正式进入可操作阶段。2005年6月15日，工商银行和兴业银行达成首笔债券远期交易。我国债券远期交易发展的阶段性特征明显。在2005~2008年期间，3年年均复合增长率高达

---

① 详见《全国银行间债券市场债券借贷业务管理暂行规定》第十条。

201.2%，该市场推出前四年呈现高速增长态势。① 2009～2018 年，债券远期交易持续走低，交易量从 2009 年全年的 6 409.36 亿元骤降到 2018 年的 4 亿元，其中 2013～2015 年间甚至没有达成任何债券远期交易。② 为满足市场成员需求，促进债券远期市场发展，全国银行间同业拆借中心于 2015 年 4 月发布了《全国银行间债券市场标准债券远期交易规则（试行）》，推出要素标准化的债券远期合约。

2. 我国债券远期交易的特点

出于维护金融市场稳定，控制系统性风险的目的，我国债券远期交易的制度设计较为审慎，具体而言：第一，对最长期限进行限制。交易风险将随期限延长而累计，故为了控制风险等级，《远期交易规定》指出远期交易从成交日至结算日的期限最长不得超过 365 天。第二，要求实际交割资金与债券。出于防止空头方与多头方在现金交割模式下没有实际债券交付压力，过度做空或做多，造成市场动荡的目的，《远期交易规定》第十四条指出，"远期交易到期应实际交割资金和债券"。第三，限制单只债券交易规模。该规定要求单只债券的远期交易卖出与买入总余额分别不得超过该只债券流通量的 20%，远期交易卖出总余额不得超过其可用自有债券总余额的 200%"，以防止部分机构操纵市场。

（二）信用违约互换

信用违约互换（credit default swap，CDS）指交易双方达成的，约定在未来一定期限内信用保护买方按照约定的标准和方式向信用保护卖方支付信用保护费用，由信用保护卖方就约定的一个或多个参考实体向信用保护买方提供信用风险保护的金融合约，属于一种合约类信用风险缓释工具。③ 信用违约互换对打破债券刚性兑付后出现的风险缓释需求提供了途径，并有利于进一步实现债券市场的市场化。

1. 我国信用风险缓释工具的发展

CDS 推出前，我国银行间市场交易商协会（以下简称"协会"）2010 年 10 月曾推出过第一代中国版的信用风险缓释工具（CRM）。在 2010 年 7 月的研究报告中明确指出，我国信用衍生产品可以按照"从简到繁、由易到难"的思路推动信用衍生产品的有序创新，在加强管理、严防风险的前提下，通过"试点期、加速期、成熟期"三个阶段，循序渐进、分步推动。④ 2010 年 10 月，协会发布了

---

① 张光平：《人民币国际化和产品创新》，中国金融出版社 2016 年版，第 70 页。
② 中国债券信息网，详见 http://www.chinabond.com.cn。
③ 参见中国银行间市场交易商协会发布的《信用违约互换业务指引》第 2 条。
④ 郭杰群：《对中国信用违约互换的思考》，载于《金融时报》2016 年 11 月 12 日第 7 版。

《银行间市场信用风险缓释工具试点业务指引》，进行信用风险缓释工具交易试点。截至2010年年底，信用风险缓释合约（CRMA）交易20笔，名义本金达到18.4亿元，信用风险缓释凭证（CRMW）发行8单，名义本金达到8.9亿元。但随后市场并没有取得更大发展，反而迅速萎缩。而后，协会于2016年发布了《银行间市场信用风险缓释工具试点业务规则》及《信用违约互换业务指引》，相较于前期的CRM一定程度上放松了管制。根据中国银行间市场交易商协会2016年11月1日公告，该协会金融衍生品专业委员会10月31日审议通过14家机构备案成为信用风险缓释工具（CRM）核心交易商。同时，包括工农中建交五大行、民生银行、兴业银行、浙商银行、上海银行、中债信用增进等10家机构开展了15笔信用违约互换交易，名义本金总计3亿元，中国式信用风险缓释工具再度起航。

2. 我国信用违约互换业务之展望

首次试点信用缓释工具中存在的市场参与主体单一、信用违约参照物单一的情况仍然存在。这次试点中目前公布的核心交易商只有商业银行和证券公司，参照实体包括中石化、中国联通等高信用等级企业。我国未来的信用违约互换将趋向于集中在范围更小的一组基础资产或名称上，更多地采用中央清算，更加标准化，更多地采用交易压缩（trade compression）以及实行更加透明的报价。[1] 在对信用违约的风险管控上，必须以识别并防范信用风险为目标，以"风险相关性"为核心构建完善的信息披露规则，配套完善定价等相关机制，在有效发挥其缓释、对冲信用风险功能的同时，防范系统性风险。[2]

第五节 结构性特征：政府主导、相互割裂与严格管制

政府主导、相互割裂与严格管制是我国债券市场发展进程中的三个比较典型的特征，其产生根源于我国债券市场发展的历史环境，特征之间也有着一定的内在逻辑联系。政府主导的债券市场发展模式是其中最主要、起决定性影响的特征，其对我国交易所债券市场与银行间债券市场的分割、发行到流通的严格管制都有着重大基调性影响，后者也反之强化了政府的主导作用。随着市场化改革的

---

[1] 李彦、科林·奥尔特：《信用违约互换：理论、实践及未来发展——基于发达经济体实践的探讨》，载于《中国债券市场2016》，社会科学文献出版社2016年版，第428~444页。
[2] 常健、罗伟恒：《论我国信用违约互换（CDS）风险的法律防范——基于信息披露规则完善的视角》，载于《上海财经大学学报》2017年第3期。

逐步推进与深入，政府主导、相互割裂与严格管制将会逐步淡化，保留其中在风险防范和推进市场发展中的成功做法，进一步合理化政府在债券市场运行发展中的作用。

一、政府主导：债券市场发展的突出特征

政府主导是我国债券市场发展过程中的一个典型特征，其有着深厚的历史根源和制度根源。在中国改革开放和经济体制转轨过程中，政府最初建立资本市场的目的主要是为经济的快速发展寻求持续、稳定的资本供给，因而主观上缺乏建立一个完全市场化的资本市场的全局和长远考虑，这就决定了中国资本市场必然是高度管制下的政府主导型市场（government-controlled market），债券市场的发展也不例外。但不可否认的是，我国的政府主导模式对债券市场的快速、有序发展发挥了重要作用。

（一）债券市场发展中的政府主导

1. 政府主导的发展路径

从发展路径来看，域外债券市场普遍是先从场外市场组织起来的。美国的债券市场也经历了初期以场内市场为主，而后转变为场外市场为主。场内市场也曾经有过活跃的债券交易，而市场投资者结构的变化逐渐导致了流动性向场外转移，形成了新的市场均衡，属于流动性需求引导的市场驱动型变迁。[①] 我国债券市场的发展起步并不是一个渐进式的过程，而是直接从无到有再到多。20 世纪 80 年代后期国债柜台市场的开辟就是政令之下的试点开启，然后逐步推广的过程。1995 年，柜台市场风险出现，政府叫停了柜台债券市场，债券统一至交易所交易。1997 年，又是政府统一部署，要求商业银行全部退出交易所，开办银行间债券市场。除了市场组织形成，债券市场创新也主要由政府推动，例如，为了帮助商业银行进行资产负债管理，解决期限错配风险，人民银行推出了商业银行金融债、资产支持证券；为了给商业银行提供补充资本金的工具，又推出了次级债券、混合资本债；为了拓宽企业融资渠道，有关部门推出了公司债、中期票据、短期融资券等。[②] 并且，我国还存在大量为了支持新兴产业、推进生态建设等专门目的而由政府主导的专项债券。

[①] 于鑫、龚仰树：《美国债券市场发展对我国场内债券市场的启示》，载于《上海财经大学学报》2011 年第 3 期。

[②] 沈炳熙、曹媛媛：《中国债券市场：30 年改革与发展》，北京大学出版社 2014 年版，第 19 页。

2. 带有浓厚政府色彩的债券市场基础性建设

我国债券市场的基础性建设,也基本是在政府主导下完成的。银行间债券市场的中央债券登记结算系统,交易所债券市场的中央证券登记结算系统都有着深厚的政府色彩,几乎都是由中央企业或是监管部门直属事业单位直接负责,鲜有民间资本介入。例如,相对于国外债券市场交易系统的分散性和多层次性,我国在银行间债券市场建立之初就依托中国外汇交易中心建立了统一的电子交易系统平台。

(二) 政府主导发展模式的优益性与挑战

1. 政府主导发展的优益性

政府主导债券市场发展的优益性主要体现在其针对性与有效性上。一方面,政府相关行业部门主导债券市场的发展,具有业务上的便利性和相关知识储备上的专业性。作为政府监管部门,其对债券领域的运行有着适时的把握与及时的信息,例如,证监会、人民银行等市场监管机构,其职责就是维护金融市场的稳定,推动金融市场的创新与发展,有能力站在市场全局角度把握市场的发展方向,从而更好地引导债券市场发展。而银保监会、证监会等部门在进行机构监管时,往往可以深入其所属行业内部,从行业纵向角度观测债券市场风险,更利于行业内风险的针对性防范。另一方面,政府主导债券市场发展的有效性高,具体负责的有关部门都具有相当的权威性,有利于政策的迅速落实;同时,政府在发展时坚持借鉴学习发达资本市场经验,发挥后发优势,避免多走弯路。

2. 政府主导模式下的挑战

随着债券市场的市场化深入,政府主导的发展模式也需要与时俱进。例如,割裂的债券市场、过于严格的债券管制、非市场化违约处置以及国际化程度低等都是在某一特殊时期由政府主导这一特征引发的相关问题。投资者市场化意识的增强,市场化违约处置手段的应用,债券定价、发行的市场化推进,都要求政府改变在过去债券市场发展中大包大揽的处理办法。作为回应,我国政府在自身不断主导市场化推进的同时,也在逐步将相关管理权限下放,引入行业自律组织监管、引导。必须认识到,政府主导与债券市场发展,尤其是债券市场化改革并不矛盾,政府仍然要为债券市场的发展做好方向引导、过程监督、系统性风险防控等工作,但债券市场发展中的具体问题可以交由市场主体根据其自身条件和外部环境,选择解决方案。[1]

---

[1] 沈炳熙、曹媛媛:《中国债券市场:30年改革与发展》,北京大学出版社2014年版,第21页。

二、互相割裂：债券市场间的分立

（一）债券市场分割的现状

1. 交易所与银行间债券市场在运行上的相互独立

银行间债券市场与交易所市场的并存这一现象不能简单地被视为债券市场分割的表现，包括美国等诸多资本市场在内的发达国家也都存在场外市场与交易所市场，甚至在一定程度上形成互补。我国交易所与银行间债券市场的分割是由于分别监管下独立运行，导致市场之间缺乏有效的互联互通，集中表现为债券跨市场发行和交易机制不畅，人为的市场分割阻碍了市场竞争机制的实现，降低了债券市场流动性和效率，制约了债券市场功能的发挥。在托管结算上，中央国债登记结算公司和中国证券登记结算公司两个托管结算系统在规则和做法上协调性较差，缺乏必要沟通和合作，虽然目前已经形成了一定的跨市场交易机制，但是客观上仍然导致了债券市场在债券、资金、投资者与信息方面的流动不充分。① 另外，在企业信用类债券领域，债券品种被行政化分割、分开监管，导致企业信用类债券跨市场发行和交易受到限制。②

2. 监管部门各自为政，自建债券市场或准债券市场

除却我国政府统一主导建立的银行间债券市场与交易所债券市场外，各个具体监管部门也在尝试建立或者扩大由自己掌控的债券市场。证监会在两个交易所先后建立了上交所大宗商品交易专区、上交所固定收益平台、深交所综合协议平台，并逐步开启了商业银行重回交易所债券市场的试点。2014年以来，证监会又大力推进私募市场体系建设，把券商柜台和地方交易场所纳入其监管范围，形成了相对独立于交易所债券市场的私募债券市场体系。通过上述举措，证券监管部门意图打造一个完全由其控制的多层次、多券种、面向所有投资者的债券市场体系。银行监管部门开展了类似公司信用类债券的"理财直接融资工具"试点，专供银行理财管理计划投资的理财直接融资工具，在中央国债登记结算有限责任公司的理财直接融资工具综合业务平台报价交易。各监管机构分别建设债券市场，无论是基于完善债券市场的具体层面还是出于部门利益，表面上自成体系，

---

① 参见温彬、张友先、汪川：《我国债券市场分割问题研究》，载于《宏观经济研究》2010年第11期。
② 有学者认为，将所谓的企业信用类债券产品分割、交叉重复，常被视为债券市场分割的一个典型例子但这种看法也是失之偏颇的。因为企业信用类债券本来就不适宜面向交易所的公众投资者发行，应当做区别化处理。详见徐忠：《中国债券市场发展中热点问题及其认识》，载于《金融研究》2015年第2期。

客观上确有重复建设、浪费资源之嫌。

（二）债券市场分割的现实原因

1. 市场定位之必然与风险事件之偶然的结合

回顾过去，我国目前债券市场分割的状况是历史的必然与历史的偶然相结合的产物。① 从我国债券发展史来看，政府最初建立债券市场的目的主要是寻求资本供给，主观上缺乏全局性长远考虑，这是政府主导市场发展的根源。债券市场发展的每一步都带有其碎片化的特定目的，这种特定目的的不断累积，使得先出现的债券市场与后出现的债券市场形成了壁垒，固化了多头监管体制，导致债券市场法制基础割裂，进一步加剧市场的分割，而这三者又互为因果、互相强化。另外，某些风险事件的爆发直接影响了我国债券市场的分割：国债期货风险爆发直接使得债券交易统一到交易所进行交易，随后交易所国债市场集中爆发的一系列恶性事件又导致银行间债券市场应运而生。

2. 分业监管模式与混业经营趋势矛盾凸显了市场的分割

20世纪末期，为了防止金融市场风险的传递与蔓延，更好地隔离不同行业风险，我国推行了分业经营。但随着金融市场呈现复杂化、国际化趋势，出现了许多基于业务交叉产生的金融衍生产品，各行业之间的业务壁垒不断弱化。随之，众多的集团性金融控股公司出现，其具备多行业经营牌照，活动范围也涉及金融行业的多个领域。实践中，我国的商业银行、证券公司、保险公司在微观上（业务层面）已经大规模混业经营了，但是，在宏观上仍然实行的是分业监管。② 事实上的混业经营对债券市场分割，尤其是债券市场分割中的市场监管分割提出了很大挑战。分业监管本身并不当然导致市场分割，甚至在分业监管下市场分割也具有一定的合理性。但是，当分业监管与混业经营的发展趋势背离时，基于混业经营模式下统一监管的需求就使得我国市场分割的现象更加凸显，并成为我国债券市场发展中一个亟待解决的困境。

三、严格管制：从全面管制到有重点的严格监管

（一）中国债券市场发展中的严格管制

1. 初期债券市场的严格管制

我国债券市场在发展初期呈现出明显的严格管制，其主要目的是在债券市场

---

① 冯果、谢贵春：《我国债券市场统一的现实藩篱与制度因应》，载于《证券法律评论》2015年卷。
② 马永波：《中国债券市场分层问题研究》，中国金融出版社2017年版，第83页。

发展经验不足的情况下控制系统性风险。域外诸多国家在债券市场或部分子市场起步时也采取了严格管制的策略,如日本政府第二次世界大战后对公司债券利率实行的最高限额管理,债券发行必须得到政府的允许,并且需要大量的担保品,这种对公司债券市场的严格管制一直到20世纪80年代初才开始放松;① 联邦德国马克国际债券的发展在初期也受到了政府对国际债券严格管制的影响。② 我国债券市场初期严格管制的一个典型表现是债券发行审批制的广泛应用。例如国债,国家要求在一定时期内国债的发行量和一定时间点上的余额必须控制在可承受的范围之内,并要求全国人大或全国人大常委会对中央财政当年国债发行量进行审批。③ 同期企业债券也实行审批制度,对于其他债券发行,有的甚至要求强制担保,在认购上甚至采取过行政化的摊派销售。

2. 发展中的宽严相济态势

随着我国政府债券市场发展思路由保护投资者、严密防范兑付风险转向坚持投资者适格区分、推进市场化改革,我国对债券市场的整体监管表现出宽严相济的态势。一方面,对严格贯彻投资者适当性区分,建立严格的市场化约束机制。沪深两家交易所先后针对其债券市场业务发布了一系列投资者适当性规范文件,柜台市场也制定了有关投资者适当性要求,④ 证监会发布了《证券期货投资者适当性管理办法》。此外,在市场化约束机制上,我国债券市场建立了严格的信息披露制度,规定了发行披露、重大事项临时公告、持续信息披露、违约事实公告等制度,同时强化信用评级的作用。另一方面,债券发行的管制大大放松。2005年推出的普通金融债券就实行了比审批制更为宽松的审核制,短期融资券、中期票据和信用风险缓释工具都在行业自律组织实行注册制发行。原本发行监管较为严格的企业债也简化了发行程序,提高了发债效率。

(二) 现阶段有重点的监管趋紧

1. 信用风险暴露下更为严密的风险防范

我国近几年来,债券市场监管政策以加快发展为主基调,但随着信用风险的爆发,政策重心逐步转向防风险、去杠杆。统计数据显示,2016年中国违约债券数量是2015年和2014年总和的2.8倍,违约债券余额也是前两年总和的近三

---

① [日]青木昌彦、休·帕特里克:《日本主银行体制及其与发展中国家经济转轨中的相关性研究》,中国金融出版社1998年版,第409页。
② 曹世儒等:《国际金融学》,东北财经大学出版社1989年版,第296页。
③ 沈炳熙、曹媛媛:《中国债券市场:30年改革发展》,北京大学出版社2014年版,第25页。
④ 参见央行2016年发布的《全国银行间债券市场柜台业务管理办法》第九条。

倍。① 从行业分布看，产能过剩行业依旧是重灾区。在这种债券违约常态化的趋势下，我国监管机构着重加强了对中介机构的监管和对投资者的保护。证监会在此期间组织其派出机构对所辖范围内的中介机构进行了一系列的现场检查，处理了一批中介机构；并于2016年颁布了《公司债券发行人现场检查工作指引》，把中介机构现场检查常态化。在投资者保护方面，2016年9月银行间市场交易商协会发布了《投资人保护条款范例》，首次引入了含"增加担保、提高票面利率、回售权"等多种措施的"违反约定救济工具箱"，② 允许发行人采取一定的补救措施，保证投资者合法权益。

2. 去杠杆背景下更为审慎的发债要求

近几年房地产行业企业始终在我国公司债券发行中比重较大，但由于房地产行业存在高杠杆、高库存的特征，监管机构对其发债一直较为审慎。2015年短暂放开后，房地产企业债券发行量迅速增长。2016年10月上交所与深交所先后下发了《关于试行房地产、产能过剩行业公司债券分类监管的函》，对房地产、产能过剩行业分别采取了"基础范围+综合指标评价""产业政策+综合指标评价"的分类监管标准，并规定了房地产、煤炭和钢铁企业应合理审慎确定募集资金规模、明确募集资金用途及存续期披露安排，监管同样明确房地产企业的公司债券募集资金不得用于购置土地。此外，原银监会、原保监会、证监会2016年同步出台系列文件对各自监管领域的资管类产品或业务加强监管，对资管产品的杠杆比例进行了限制，同时，监管机构还通过规范资管产品的运作模式对其资金池、产品嵌套等较为隐蔽的加杠杆模式进行了限制。

四、结构性特征与我国债券市场的风险防范

（一）结构性特征下累积的风险因素

政府主导、相互割裂与严格管制是我国债券市场较为典型的结构性特征，而政府主导又是这三大特征中最核心、最基本的特征，政府主导下的债券市场规范体系构建决定了政策变动是我国债券市场重要的风险因素。我国债券市场发展过程中，出于对信用风险的防控，债券刚性兑付的现象持续了相当长一段时间。这一时期内，刚性兑付带来的"增信"误导，使得大量投资者购买了与其承受能力不相适应的债券，从而在市场化进程中出现了由于投资者市场化意识不强而带来

---

① Wind 资讯。
② 李扬：《中国债券市场 2016》，社会科学文献出版社 2016 年版，第 371 页。

的社会风险;同时,我国监管机构还必须意识到过度波动的监管政策也会使债券发行人因无法"借新还旧"而导致债券市场系统性风险的爆发。[①]

(二) 结构性特征与经济发展趋势交织下的潜在风险防范

政府主导发展模式下的一大典型表现就是多头监管,这在一定程度上有着积极意义,但在风险防范中却存在着诸多问题。现阶段的多头监管缺乏协同性,尤其在目前信用风险事件频发的情况下存在监管真空,割裂的市场也分割了各个市场间的风险信息,难以在国家层面对债券市场的风险进行系统性把控。2006~2016年间,中国GDP的平均增长速度为9.33%,全国财政收入的平均增长速度为15.85%,而债券余额的平均增长速度高达21.15%,[②] 经济新常态下暗含着巨大的整体性市场风险,并与金融创新中的金融风险互相作用,进一步增加了风险防范的难度。对于交织下潜在的复合风险,应当对其剥茧抽丝,进行类型化分析,并结合我国债券市场的结构性特征进一步分析其内在生成机理。

[①②] 吴涛、马田:《中国债券市场的风险控制困境与化解》,载于《重庆工商大学学报(社会科学版)》2017年第5期。

第二章

债券市场风险的类型、本质与生成机理

我国当前的债券市场似乎进入了一个前所未有的困境,各种问题纷至沓来,"黑天鹅"与"灰犀牛"等事件接连上演,商业银行不良资产持续攀升,影子银行乱象丛生,发行人的信用风险、中介机构的道德风险以及二级市场的流动性风险不断加剧,兑付危机频繁发生,违约成为债券市场的常态化现象。防范债券市场风险的前提在于厘清当前的债券市场存在哪些风险以及这些风险的存在方式、扩散渠道及其生成机理,唯有如此才能使得风险防范化解的制度设计更加科学合理并具有针对性。鉴于此,本章将以类型化的思维解构债券市场中的风险样态,特别关注地方债务治理中的财政风险与金融风险交织演化问题,提炼债券市场风险的制度本质,分析债券市场风险生成的深层诱因。

第一节 我国债券市场风险类型的总体概览

一、债券市场风险的类型化检视

风险是债券市场的客观特质,风险的生成、扩散与防范构成了债券市场发展变迁的一条主线。与其他领域相比,债券市场的风险类型繁多,不一而足,且有自身的特殊性和复杂性。以风险来源为标准,债券市场风险可以分为来自发行人的风险、来自投资者的风险、来自交易市场的风险和来自监管政策的风险。以风险的识别和掌控程度为标准,债券市场风险可以分为"已知的风险""已知的未知风险"和"未知的未知风险"。其中,"已知的风险"是市场明确风险因素在哪里并且对风险发生的概率和影响有了准确的理解;"已知的未知风险"是市场明确可能发生什么风险,但对风险发生的概率和影响程度缺乏准确的判断;"未知的未知风险"则是市场完全不了解未来可能发生什么风险,更不可能事前评估其发生的概率和影响程度。① 以风险性质为标准,债券市场风险可以分为信用风险、流动性风险、市场风险和操作性风险。除了这些一般性的共性风险外,处于新兴和转轨阶段的我国债券市场还面临一些特殊风险,如债务膨胀的宏观杠杆风险、微观杠杆风险、评级风险、定价权风险等。在上述类型化区分标准中,基于风险性质将债券市场风险划分为信用风险、流动性风险、市场风险和操作性风险被广泛认可,下面以此为依据对债券市场风险进行更为深入的分析。

(一) 信用风险

债券是一种基于等价有偿关系而发行的信用凭证,强调到期偿还,否则就会造成违约,由此产生的信用风险成为债券市场最大的风险隐患之一。所谓信用风险,又可以称为违约风险,是指发行人没有按期偿还资金而给债券持有人造成损失的可能性,即债务人未能如期偿还其债务造成违约而给经济主体经营带来的风险。交易对象无力履约的各种表现形式,至少包括贷款、信用保险、不同的贸易支付方式、国际贸易、托收、汇票、合同保证书、第三方担保、对出口商的中长期融资、福费廷等。② 在我国债券市场上,信用风险事件主要包括两种情形:一是债券到期时,债券发行人无法偿付本息的事件,二是债券的信用等级大幅下降,从投资级别降到投机级别,使之成为市场密切关注的事件。如果债券到期时,债券发行人既不能通过自身经营获得足够的偿债资金,也不能通过外部渠道筹集足够的偿债资金,最终导致债券的本息无法足额偿付,这就出现了实质性违约事件。③ 近十年来,债券信用风险事件犹如一个幽灵一直在我国债券市场上空盘旋,远者如"06 福禧 CP01""08 江铜债",近者如 2014 年的"11 超日债""13 中森债""13 华通路桥 CP001",2015 年的"ST 湘鄂债""11 天威 MTN2"等。根据 Wind 的统计,截至 2019 年 5 月 25 日,我国债券市场共有 366 只债券发生违约,涉及违约金额 2 847.03 亿元。④ 从演进趋势看,债券违约还在逐步加剧,如 2019 年前四个月的违约金额就已达到 392 亿元人民币,约为 2018 年同期

---

① 王洋:《债券市场风险类型进化》,载于《经济参考报》2017 年 9 月 1 日。
② 管斌:《金融法的风险维度》,法律出版社 2015 年版,第 154 页。
③ 张志军、陈诣辉、陈秉正:《债券市场的信用风险防范》,载于《中国金融》2016 年第 19 期。
④ 参见《违约债券后来怎么样了?》,国金证券股份有限公司研究报告,2019 年 5 月 25 日。

的 3.4 倍。① 仅 2019 年 7 月 5 日一天之内,上海清算所就公布了四起债券违约案例,分别为"15 中城建 MTN001""15 中城建 MTN001""17 胜通 MTN001"和"17 康得新 MTN002"。

通过检视层出不穷的债券信用风险事件,我们可以发现几个特点:其一,从企业主体性质看,民营企业违约最多,央企和地方国有企业违约率较低;其二,信用风险事件的行业分布差别明显,化工、食品、采矿等周期性行业和产能过剩行业违约率较高;其三,信用风险事件的地区分布不均衡,集中在江苏、四川、福建、山东等债券发行量较多以及存在转型压力或者产能过剩行业集中的省份;其四,债券违约后处置与回收进程缓慢。② 债券信用风险事件频发的背后,隐含着深刻的经济和社会原因,与宏观经济结构转型、供给侧结构性改革存在千丝万缕的内在关联,根本原因则在于发行人经营与财务状况恶化,当债券到期兑付时企业资金链断裂,无法按照约定还本付息,造成实质性违约。整体而言,经济处于下行周期导致特定行业不景气,行业环境不佳又会进一步导致债券发行人经营困难、流动性不足、偿债能力有限,这是观测近年来我国债券市场信用风险事件所归纳出来的企业公司债券信用风险生成的一般途径。

(二) 流动性风险

金融资源的自由和充分流动是实现金融市场健康有序发展的基本条件,如果金融机构持有的资产流动性差或者对外融资能力枯竭,势必会造成损失甚至造成破产。由于债券市场流动性的丧失可能导致系统性风险,中央银行一般会通过给市场参与者提供流动性支持或利用其自身的资产管理维持市场的流动性。③ 债券市场中的流动性风险主体体现在市场参与机构的现金流不能在数量或者时间上满足债务支出需要,从而迫使机构被动地进行资产负债调整,甚至进行提前清算,导致其资产负债率急剧升高进而引发一系列连锁反应。2013 年 6 月发生的"钱荒"事件为观察我国债券市场流动性风险提供了绝佳视角,反映出债券市场资金配置效率低下、资金套利行为频发、宽松货币条件下企业资金链收紧的悖论等深层次问题。所谓"钱荒",实质上是一种资金在金融体间流动脱离实体经济的资源错配现象。有学者称之为"货币空转",即银行通过大量从事大量存贷之外的高杠杆高风险业务,将资金以复杂的金融工具形式在金融机构之间打转,本质是

---

① 参见《2019 年中国债券违约事件全梳理》,https://bond.hexun.com/2019-05-08/197118346.html,2019 年 7 月 5 日访问。

② 李振宇、刘艳、夏妍妍:《2017 年中国债券市场信用风险回顾与展望》,https://www.sohu.com/a/198772993_238300,2018 年 7 月 20 日访问。

③ 安国俊:《债券市场发展与金融稳定研究》,经济科学出版社 2013 年版,第 43~44 页。

银行对流动性的滥用。① 2013 年 "钱荒" 事件之后，随着银行理财产品和同业存单的爆发式增长，大量资金进入债券市场，这两种金融产品所具备的发行期限短、杠杆率高、中小商业银行主导等特征加剧了债券市场的脆弱性和波动性，诱发了债券市场结构性矛盾。诚如有学者所指出的，大量资金进入债券市场，会加大债券市场泡沫，造成债券市场的 "流动性螺旋"。② 有学者甚至担心，中国是否会面临流动性的系统性风险，是否会出现类似爱尔兰的资产泡沫破灭—银行业流动性危机—政府债务风险的系统性风险，是否面临短期货币市场利率上升—资产市场下跌—企业融资成本上升—经济增长下滑这样的传递机制。③ 根据流动性评价原理和截至 2017 年 10 月披露的年报统计，在银行间债券市场的 2 355 家发行人企业中，流动性状况一般（L-3）的发行人共有 1 336 家，在发行人总家数的占比最高（56.73%）；流动性状况很好（L-1）和流动性状况较好（L-2）的发行人分别有 24 家和 314 家，在发行人总家数的占比分别为 1.02% 和 13.33%；流动性状况较差（L-4）和流动性状况很差（L-5）的发行人有 630 家和 51 家，分别占发行人总家数的 26.75% 和 2.17%。④ 整体而言，产能过剩行业集中地区和东南沿海地区发行人面临较高流动性风险，资金密集、高杠杆以及产能过剩行业发行人面临的流动性风险也较大。

（三）市场风险

巴塞尔银行监管委员会 1993 年发布的《市场风险监管措施》将市场风险界定为 "可能由于市场价格波动导致银行资产负债表内和表外头寸出现亏损的风险"，1996 年发布的《资本协议市场风险补充规定》进一步将市场风险界定为 "银行资产负债表的表内项目和表外项目的头寸因市场价格的变化而面临的损失风险"。显然，上述界定均是站在商业银行的立场加以考虑的，在本书的语境下，我们可以将市场风险界定为由于市场环境或供求关系等因素导致的债券价格波动的风险。近年来，随着利率市场化的推进、货币政策的转型和债券市场规模的扩大，市场风险有所加大，债券价格波动幅度也有放大的趋势。就利率市场化因素而言，利率浮动区间变大无疑会带来市场供需的变化，进而会加剧整个债券市场的波动。对于发行人而言，量价波动将加大发行难度，提高融资成本；对于投资

---

① 张晓玫、戈琳：《货币空转与银行间市场流动性——基于我国 "钱荒" 事件研究》，载于《财经科学》2013 年第 12 期。
② 张运才、马文娟：《金融创新、债市结构性矛盾与流动性风险》，载于《银行家》2018 年第 2 期。
③ 安国俊：《债券市场发展与金融稳定研究》，经济科学出版社 2013 年版，第 45 页。
④ 参见联合资信评估有限公司：《银行家债券市场发行人流动性风险研究报告》，http://news.hexun.com/2017-11-20/191710214.html，2018 年 7 月 21 日访问。

者而言，利率风险识别、风险控制、管理难度更高。[①] 受利率调控及货币政策的影响，债券市场价格指数必然会发生波动，从而会加剧市场风险。例如，2018年4月17日，中国人民银行宣布降准，引发市场波动，导致债券价格指数单日大幅调升，各期限国债利率全面下行。

（四）操作风险

操作风险是指由于不完善或有问题的内部操作过程、人员、系统或外部事件而导致的直接或间接损失的风险。在债券市场中，操作风险非常普遍，特别是层出不穷的高杠杆操作风险一次又一次将债券市场风险放大到危险的边缘。例如，在2013年"债市风暴"中，一系列债市利益输送案件浮出水面，可以看作合规性风险、道德风险或操作风险的暴露。2016年的"萝卜章"事件暴露了代持协议的操作合规风险，该债券风险事件发生后，债券市场进行了剧烈调整，银行与非银机构的交易流动性急剧下降，影响了市场信心。目前，通过质押式回购所引发的债券市场操作风险尤其需要引起重视。

按照交易所债券市场的交易规则，债券质押式回购是指债券持有人在将债券质押并将相应债券以标准券折算率计算出的标准券数量为融资额度向交易对手方进行质押融资的同时，交易双方约定在回购期满后返还资金和解除质押的交易。债券现券利率和回购利率之间的利差是进行质押式回购获利的源头。一是现券的收益率体现的是债券的长期资金时间成本，而回购反映的是回购交易的短期资金时间成本，二者之间存在期限利差。二是债券交易和回购交易之间的风险因素不尽相同，二者之间存在信用利差。单次的质押式回购交易并不能体现多大的风险因素，但是在投机目的引导下，投资者往往借助于多次质押回购，利用杠杆效应放大投资收益。在利率上行、债券价格处于下行周期时，债券质押式回购具有较高的风险暴露，数倍杠杆下即便是轻微的债券价格下跌都会造成投资者的巨亏，引发连锁反应。

二、警惕债券市场风险的放大和交织互联

债券市场中信用风险、流动性风险、市场风险、操作风险等风险样态并不是孤立存在的，而是时常交织杂糅在一起，在银行间债券市场、交易所债券市场等不同的空间场域下呈现出不同的面向，甚至在政府债券、金融债券、企业信用类债券等不同类型的债券品种中也表现各异。在坚守不发生系统性风险的底线思维

[①] 胡晓明：《利率市场化对债券市场和债券银行的影响》，载于《金融会计》2014年第1期。

下，我们需要警惕债券市场风险的放大效应及其交织互联，特别是要关注地方债视域下财政风险与金融风险的交叉传染以及债券市场互联互通之后债券市场风险的加速传导。

一般认为，与企业公司债券相比，政府债券由于以相对稳定的财政收入作为偿债来源，加之有政府信用作为保障，偿债风险较小甚至没有风险，国债更是被誉为金边债券。但正如历史所展示出来的，"自从17世纪产生现代财政和借款国家以来，债务拖欠方面的争端就普遍存在"。在我国，政府债务风险主要为地方政府的债务风险。自1994年《预算法》颁布至2014年修订20年间，由于严格限制，"除法律和国务院另有规定外，地方政府不得发行地方政府债券"。但是，分税制改革导致的地方政府财权与事权之间的错位，应对2008年金融危机的大规模政府扩张支出，以及中央政府的默许在一定程度上放任促使了地方政府债务沿着以银行贷款、融资平台等其他形式扩张。正如学者所言，大量政府性债务在体外循环是对法治的严峻挑战。我国2009年启动地方政府债务发行试点，2015年又开始大规模进行地方政府债券置换存量债务，通过"开前门、堵后门"的方式规范地方政府债务活动。但是，地方政府债务活动的清晰、透明，不等于地方政府债务的风险因素就得到彻底消除。根据审计署2013年"全国政府性债务审计结果"的审计报告，截至2013年6月底，我国地方政府负有偿还责任的债务108 859.17亿元，负有担保责任的债务26 655.77亿元，可能承担一定救助责任的债务43 393.72亿元。其中，"发行债券"的债务规模占比依次为10.71%、6.28%和11.81%。① 仅就数字而言，债券市场对于地方政府性债务的承压远不如银行体系的承压。而通过政府债券置换其他债务，最终结果是将银行贷款、BT、信托融资等渠道的债务转移至债券市场，稍微消解的是利息偿付的困难，本金偿付的困难并没有得到有效缓解。而且，我国债券市场投资主体是以银行为主，地方政府债券的投资者仍以银行为主，地方政府债务置换大体上可以视为地方政府对银行的负债从银行左口袋转入右口袋，只是在银行的资产负债表上换了个科目而已，并不能消解地方政府违约可能给银行带来的信用风险。这里并非否定地方政府债务置换的积极意义，而是意在强调，在中央与地方财权和事权尚未有效平衡、财政扩张仍然是刺激经济增长的主要途径、地方政府存量债务尚未真正消化完毕之前，地方政府债务仍有爆发违约风险之虞，仍有可能损害政府信誉，并招致民生的拖累。鉴于地方债问题兹事体大，本章后文聚焦地方债务置换，对财政风险和金融风险交织传染的问题予以专门探讨，在此不再赘述。

债券市场互联互通之后债券市场风险的加速传导问题同样不容忽视。众所周

---

① 参见中华人民共和国审计署：《全国政府性债务审计结果》。

知，我国债券市场上长期以来维持着交易所市场和银行间市场的分割状态：在市场主体上，交易所市场以个人投资者和非银行机构投资者为主，银行间市场以商业银行为主。在市场基础设施上，交易所市场由中国证券登记结算公司托管结算，实行T日债券过户，T+1日资金过户；银行间市场由中央国债登记结算公司和银行间市场清算所股份有限公司（上海清算所）托管结算，实行券款兑付。两个市场之间券种的托管手续烦琐、效率较低，而且品种上仅限于国债。在监管和制度规则上，交易所市场由证监会监管，银行间市场由中国人民银行监管，在行政监管下又各有一套自律监管主体设置和规则设置。市场分割导致资金、证券的流动受阻，降低了市场效率；监管机构及其附属单位自成独立体系、"各自为战"，诱发监管套利、监管竞次。虽然在市场竞争、新交易机制引入等多重因素影响下，近年来交易所市场和银行间市场逐步趋同，但是趋同甚至融合并没有改变两个市场相互隔离的状态。针对债券市场的分割引发的效率低下问题，理论研究与实务界均提出应当有序推进债券市场统一。在研讨如何推进债券市场统一以提高市场效率的同时，我们认为还应当重点考虑市场统一所伴随而来的风险防控问题。不仅债券市场，我国整个金融体系在相当长的时间内都处于高度管控状态，借助于严格的市场准入、参与金融活动的资格限制、繁杂的事前监管等，以牺牲市场效率为代价换取相对平稳的市场环境。债券市场的分割可以说是金融高度管控的具体体现，这种高度管控在某种程度上发挥了隔离不同市场风险的作用，而当市场向统一化迈进时，市场网络的铺开自然伴随着风险的扩散。第一，基础设施的统一意味着后台技术系统故障有可能波及整个市场，而非像目前这样限于单一市场。第二，交易规则的相似、相近促成具有相同特征的债券被人为贴上标签、形成板块，同涨同跌，一只、一种债券的波动起伏引发整个板块债券的涨落，即所谓"板块效应"，亦可称为风险的"净传染"。2013年、2014年间中小企业私募债违约事件频发造成市场对中小企业私募债的忧虑可以说是对债券市场统一后板块效应的一次预演。第三，市场的统一、规模的扩张、监管的合并自然为新的交易机制、新的衍生品种的引入铺平了道路，但这些新交易机制、新衍生品种同样有可能成为新的风险来源。第四，市场监管统一虽然可能减少监管竞次、监管套利，但如果缺乏必要的权力制衡措施，并不能保证统一后的市场不再出现诸如"银行间债市黑幕"事件的发生，反而有可能将权力滥用的风险扩散至整个市场，造成市场整体性效率减损。就此意义而言，有效、周全的风险防控措施应当而且必然是在推进债券市场统一过程中极为重要的考量因素。

第二节 地方债务风险与财政风险金融化：
当前亟需关注的问题

一、财政风险、金融风险与地方债务置换的推出

现代社会是一个典型的"风险社会"（risk society），正如德国社会学家乌尔里希·贝克指出的那样："在发达的现代性中，财富的生产系统伴随着风险的社会生产，在现代化的进程中，生产力的指数增长，使危险和潜在威胁的释放达到了一个我们前所未有的程度。"[①] 在复杂多样的风险图谱中，财政风险与金融风险无疑是两种最受关注的风险类型，对二者的行政处置与法律控制关涉政治安定、经济增长与社会发展，无论是新近的美国金融危机还是当下的欧洲债务危机，均有力地证明了这一论断。在中国，由于经济发展进入"新常态"及由此带来的经济下行压力，过去积累的巨额地方债务成为悬挂在地方政府头上的"达摩克利斯之剑"，随时会演变成"压垮骆驼的最后一根稻草"。按照何帆教授的观点，财政压力使得国家无法依靠原有的政策来维持合法性水平，导致国家义理性（legitimacy）的下降，并引起了制度变迁。[②] 在此背景下，地方债务置换应运而生，起到了"挽狂澜于既倒，扶大厦之将倾"的作用，以至于地方政府为此振奋鼓舞，银行为此欢呼雀跃。[③]

地方债务置换是在新《预算法》出台的背景下进行的，蕴含着将地方隐性负债"阳光化"的制度努力。从内容上看，地方债务置换呈现出三个特点：一是债务形式转换，以地方政府债券替换地方政府融资平台贷款，提高了债务流动性，未来具有转让或债券抵押的可能性；二是成本转换，将高成本融资平台转化为较低利率债券，降低利息成本，减轻地方政府债务负担；三是期限转换，债务置换后地方债期限延长，使地方政府有了较长期限的稳定资金来源。[④] 按照制度设

[①] ［德］乌尔里希·贝克：《风险社会》，何博闻译，译林出版社2004年版，第15页。
[②] 赖勤学：《转型与立序：公共财政与宪政转型》，知识产权出版社2007年版，第206页。
[③] 陈莹莹：《地方债务置换一石多鸟银行群起争额度》，载于《中国证券报》2015年3月25日第A06版。
[④] 丘永萍：《地方债务置换：银行业务重构契机》，载于《中国城乡金融报》2015年6月18日第A03版。

计的初衷，债券置换将按照市场化原则在银行间和交易所债券市场发行，鼓励符合条件的机构投资者和个人购买。由于债务置换的范围仅限于地方存量债务，而这些存量债务又主要是以银行贷款的形式存在，所以商业银行自然成为置换后的地方政府债券的主要持有者。在实践操作中，地方债务置换并未按照市场化的原则进行，而是具有明显的"行政摊派"性质，即以定向承销的方式由商业银行认购，银行对于这种"行政摊派"既没有谈判能力也没有回旋空间。对于商业银行而言，地方债务置换隐含的金融风险不容小觑：其一，信用风险。尽管将地方债务纳入省级预算管理后降低了银行的信用风险，但由于经济下行压力增大，地方财政吃紧，依然存在地方政府在债券到期无力履约的风险。其二，市场风险。在市场日臻成熟的今天，各市场要素之间并非孤岛，而是一种"你中有我，我中有你"的相依相融关系，利率风险、股票价格风险、汇率波动风险、商品价格风险均会诱发金融市场风险的放大。由于银行等金融机构普遍具有"硬通货、软资产"的特点，金融机构资产与负债之差额即清偿力成为衡量金融脆弱性的最基本指标。[①] 为了减缓地方政府的偿债压力，置换后的地方政府债券利率较低，显著降低了商业银行的资产收益率，再加上地方政府债券市场化的风险定价机制尚未建立，使地方政府债券发行主体、承销机构和定向机构三方博弈形成的利率水平难以实现，商业银行资产负债表的表内项目与表外项目的头寸面临着因市场价格变化而遭受损失的可能。第三，系统性风险。在地方债务置换之前，地方政府过度依赖融资平台贷款和土地收入偿债，面临区域性的财政风险，而由于区域性的财政风险与系统性的金融风险互为因果，交织互联，地方债务引起的系统性金融风险是客观存在的。地方债务置换的实质是以政府信用为地方债务作担保，压低地方债务利率，降低地方政府融资成本，通过以"时间"换"空间"的做法来为财政体制改革创造条件，事实上起到了缓解与释放系统性金融风险的作用。但是，必须看到，地方债务置换并没有从根本上改变地方政府日益沉重的债务问题，没有改变地方政府的"预算软约束"问题，这种用"时间"换"空间"的做法，只是将问题的爆发时间延后，实质是在给未来的地方财政增加偿债负担。[②] "预算软约束"这一概念的提出者科尔奈认为，预算软约束是一种复杂的综合征，它深深地嵌在一国经济的政治环境和法律框架以及经济行为人的行为中，如果预算约束的软弱无力已经很普遍，它就会像癌症一样在经济中扩散，造成极大的破

[①] 黎四奇：《后危机时代问题金融机构处置法律制度完善研究》，世界图书出版公司2014年版，第5页。
[②] 邱峰：《地方债务置换效应及其对商业银行影响的探析》，载于《国际金融》2015年第6期。

坏。① 如果没有找到化解地方债务更有效的办法而只是延续这种"发新债偿旧债"的思维,则风险会逐渐累积到银行身上,系统性金融风险的发生并非危言耸听。

一个值得关注的现象是,现有的债务置换额度远远没有覆盖地方政府负有直接偿还责任的存量债务,更没有触及风险更大的由地方政府负有担保和救助责任的债务。按照世界银行高级经济学家哈纳(Hana)提出的"财政风险矩形阵表",地方政府债务可以分为显性直接负债、隐性直接负债、显性或有负债、隐性或有负债,②其中的隐性直接负债和隐性或有负债就其法律性质而言是一种未来可能发生的不确定的财政开支。在2015年的三次债务置换中,截至债务甄别日,部分地方债上报规模往往激增30%~50%,问责时少报、置换时多报反映出地方政府的道德风险与逆向选择,地方债务总量的不确定性才是最大的风险。正是由于存在不可以度量、不可以观察、不可以控制,甚至根本不知道或不相信可能存在的风险,债方债务的杀伤性破坏作用才为人们所畏惧,甚至被打上"中国版次贷危机"的标签。正如有学者所言,一旦风险事件发生,不作出及时有效的处理将造成巨大的社会风险乃至政治风险,作为地方公共利益的代表者和地方公共秩序的维护者,地方政府最终将被迫背负沉重的财政负担。③ 由此观之,地方债务置换尽管强化了地方政府融资能力约束,但并没有消除地方债务的现实财政风险,财政风险只不过改变了存在的形式而已。因此,地方债务置换并不是本着"不谋一世者,不足谋一时"的意识,而是本着将问题暂时压制与缓解的思维,这种顾头不顾尾或顾尾难顾头的问题处置方法所衍生的一个必然结果就是暂时被"休眠"的问题在不久的将来"苏醒"后会以更猛烈的方式迸发出来。④ 如何防止财政风险与金融风险循环影响、叠加蔓延、交织感染,成为一个亟待研究和迫切需要解决的课题。

二、地方债务置换的风险转移逻辑:财政风险金融化

地方债务置换拟通过债务形式转换、成本转换和期限转换实现地方债务风险

---

① [匈]雅诺什·科尔奈:《后社会主义转轨的思索》,肖梦编译,吉林人民出版社2003年版,第163页。
② 张馨:《透视中国公共债务问题:现状判断与风险化解》,中国财政经济出版社2004年版,第11页。
③ 周刚志:《财政分权的宪政原理——政府间财政关系之宪法比较研究》,法律出版社2010年版,第162页。
④ 黎四奇:《后危机时代问题金融机构处置法律制度完善研究》,世界图书出版公司2014年版,第248页。

的转移，本质上反映出用金融手段化解财政风险的政策意图，实际上指向的是财政风险金融化的问题。财政与金融是两种最主要的宏观调控手段，财政风险与金融风险是两种最常见的经济风险，用财政手段化解金融风险和用金融手段化解财政风险在现代国家都是正常现象，前者被称为金融风险财政化，后者则被称为财政风险金融化。例如，针对我国金融机构危机的处置，无论是直接的途径——追加注资、财政出资解决退出问题、成立资产管理公司、收购金融机构不良资产、冲销呆账，还是间接的途径——直接或间接减征营业税、中央银行再贷款、财政的明补暗补、债券转股权，解决问题的措施基本上都是财政手段。① 在2008年的金融风暴中，为了刺激经济的早日复苏及确保央行所采取的非常规货币政策手段能达到立竿见影的效果，本着"促出口与增内需"的思维，各国普遍采取了增加公共投资、减税、补贴等财政政策手段。② 再如，针对严重的财政赤字，美国政府于2010年宣布实施量化宽松货币政策，增发6 000亿美元钞票，用货币贬值的方式帮助政府渡过"财政悬崖"（fiscal cliff）。③ 财政风险金融化与金融风险财政化之所以成为世界范围内的常见现象，很大程度上源于财政风险与金融风险之间存在密切的互动传导机制。财政负责政府资金的筹集和运用，金融负责信贷资金的存入和投放，二者共同主导着全社会的资金流动和资源配置，决定着社会的经济结构。在共同作用于整个社会经济的过程中，财政与金融呈现出高度的资金渗透性和风险关联性，存在财政风险与金融风险相互转化的途径和宏观、微观基础。④ 在我国，财政与金融之间的关系，经历了由改革开放前的"强财政、弱金融"到改革开放后"弱财政，强金融"的转变。30余年来，随着市场化改革的深入推进，计划经济体制的隐性税收机制逐渐解体，国民收入结构从"集财于国"向"藏富于民"转变。为了获取日益分散的金融资源与金融剩余以弥补随改革而出现的国家财政能力的迅速下降，可供国家选择的制度安排主要包括两种：一是（显性）税收制度，二是金融制度。通过金融制度聚集金融剩余和控制金融资源，成为国家提高汲取能力的优选路径。⑤ 经济体制的转轨造成资金配置方式的转变，从而导致了财政资金与金融资金运行之间的矛盾，这是财政风险金

---

① 肖俊涛：《关于我国财政风险的金融化与金融风险的财政化》，载于《经济参考研究》2006年第93期。

② 黎四奇：《后危机时代问题金融机构处置法律制度完善研究》，世界图书出版公司2014年版，第246页。

③ "财政悬崖"这一概念美联储主席伯南克提出，源于美国国债持续突破财务上限，本质上属于财政政策危机。参见刘剑文、侯卓：《美国"财政悬崖"的法学透视及对中国的启示——一种财税法的分析视角》，载于《法学杂志》2013年第9期。

④ 王正耀：《转型时期中国财政风险与金融风险联动问题研究——基于国有商业银行股份制改造视角的分析》，西南财经大学博士学位论文，2006年，第9页。

⑤ 武志：《中国经济转轨中的金融发展》，科学出版社2014年版，第3页。

融化出现的主要原因。正是由于这种互动传导机制以及财政资金、金融资金的运行矛盾，当财政风险出现时动用金融手段加以化解，显得理所当然，以至于财政风险金融化似乎成为一种无可争辩的合理性解释。

然而，存在并不意味着合理。财政风险金融化命题的前提是财政风险已经出现，如果仅动用财政手段的话，就可以将财政风险限定在财政体系内，而如果以金融手段介入，意味着将财政风险引入了金融领域，由此滋生出的金融风险会产生更大的破坏性。这是因为，与财政风险相比，金融风险的一个显著特征是具有传染性，借短贷长、高杠杆经营、信心脆弱性、"他人的钱"诱发的道德风险等因素加剧了金融风险的扩散。与财政体系相比，金融体系具有明显的内部不稳定性与脆弱性特征，金融本身的存在就是金融危机爆发的一个原因。利率自由化、合业经营、金融创新、机构准入自由和资本自由流动都会加剧金融脆弱性，"明斯基时刻"为此提供了经典解释。[①] 财政风险主要表现为财政赤字与地方债务，解决财政赤字和化解地方债务首先得依靠财税法政策工具尤其是预算，而不是直接依靠金融法政策工具，正如有学者所言："失控的财政赤字、过高的公债规模和不平衡的预算已经成为现代国家的政府治理共同面临的难题，而通过法律来控制财政赤字的观念牵涉到预算法、税法、财政转移支付法、公债法等财政法的重要分支领域……从根本上说，20世纪初建立的现代预算制度的精髓是限制政府的财政收支行为，尽可能减少预算赤字或预算执行赤字。"[②] 财政风险金融化会让政府财政收支的预算平衡失去一个强硬的约束机制，使其预算约束软化，从而使得财政支出效率不能得到有效提高。在我国，地方债务的居高不下，深层次的原因在于中央与地方财政分权的不合理、中央与地方财权与事权的不相称以及预算的软约束，如果不对现行的财税体制进行结构性变革而只是热衷于借助金融手段化解财政风险，只会加剧财政风险与金融风险交织进化的恶性循环。具体原因在于，政府频繁以金融手段来规避和缓解财政风险，极有可能导致流通领域的货币过剩，最终酿成通货膨胀，而通货膨胀间接的税收效应则可能会扭曲消费者和投资者的行为，进一步恶化政府的财政收支，从而诱发新一轮的财政风险金融化。[③] 为了防止这一恶性循环的发生，必须对金融介入财政风险抱以谨慎的态度。

以德国为例，在全能银行体制下，德国地方政府的绝大多数融资来源于银

---

① "明斯基时刻"是指美国经济学家海曼·明斯基所描绘的"资产价值崩溃时刻"，是市场繁荣与衰退之间的转折点。参见［英］霍华德·戴维斯：《黑名单：谁是金融危机的元凶》，王萌、蔡宇译，格致出版社、上海人民出版社2011年版，第25~27页。

② 叶珊：《财政赤字的法律控制》，北京大学出版社2013年版，第8页。

③ 秦海林：《财政风险金融化影响经济增长的模型分析与实证检验》，载于《财贸研究》2011年第2期。

行,银行贷款约占地方政府融资额的 85%,这一点与中国地方政府融资平台的情形十分相似。为了控制日益增长的地方债务风险,德国政府于 2009 年制定并通过了《新债务限额法案》(即所谓的"债务刹车法案"),并将其写入了联邦基本法。该法案规定,自 2016 年起,不考虑经济周期引起的赤字,德国结构性赤字不能超过国内生产总值的 0.35%。为此,德国联邦政府从 2011 年起每年需在联邦预算中节约 100 亿欧元。此后,该法案规定的合法新增债务额度将逐年减少,截至 2020 年各州政府则不再允许新增任何债务,这表明了德国人整肃财政纪律的决心。① 在我国,虽然 2014 年修订的《预算法》第 35 条赋予了地方政府举债权,但地方政府债务的风险评估机制、风险预警机制、应急处置机制、责任追究机制尚未建立起来。地方债务置换作为一种地方债务的风险处置手段,其依据是《国务院关于加强地方政府性债务管理的意见》的规定:"对甄别后纳入预算管理的地方政府存量债务,各地区可申请发行地方政府债券置换,以降低利息负担,优化期限结构,腾出更多资金用于重点项目建设。"对于财政法定这一财政法的基本原则而言,地方债务置换作为财政风险金融化的一个分析样本,不可避免地留下了财政法治的缺憾。除了法律约束缺失,中国的财政风险金融化还是在金融依附于政府这一背景下展开的,受制于政府主导型金融资源配置模式的强烈影响。新中国成立后的很长一段时期,中国实行的是"大一统"的高度集中的国家银行体系,形成了一种"计委请客、财政点菜、银行买单"的资金供给体制。这种政府垄断金融资源配置权并在资金使用上实行供给制的传统金融体制,作为制度变迁的初始条件,必然因路径依赖产生自强化的机制甚至某种锁定状态,金融制度的变革过程依从于政府主导型金融资源配置模式就是其必然的逻辑起点。② 改革开放以后,尽管银行的独立性有了很大改善,但并没有从根本上摆脱地方政府的控制,这一点无论是从地方融资平台贷款还是地方债务置换过程中的银行角色均可以得到证实。因此,对于财政风险金融化可能衍生出的问题,必须防微杜渐,确立法律控制的新思维。

三、地方债务置换的制度本质是财政与金融的风险再分配

防范化解地方债务风险既然是地方债务置换推出的缘由,对地方债务风险本身特性的分析无疑是揭示地方债务置换制度本质的逻辑起点。地方债务风险首先是一种财政风险,其源于地方政府收入与支出的不匹配,或者说肇因于地方财权

---

① 王志远:《德国:"点刹"制动公共债务》,载于《经济日报》2013 年 2 月 21 日,第 9 版。
② 何风隽:《中国转型经济中的金融资源配置研究》,社会科学文献出版社 2010 年版,第 93~94 页。

与事权的结构性失衡。从地方债务风险的表现看，无论是债务违约风险和期限错配带来的流动性风险，还是地方政府偿债能力弱化与信用降低产生的风险，都会导致地方财政陷入困境。其次，由于地方债务主要是通过融资平台向商业银行借贷而形成，地方债务风险自然会沿着"融资平台—金融机构—金融系统"这一路径不断转换为金融风险。与财政风险相比，金融风险具有更强的传染性与破坏性，而很多金融风险的背后都是财政问题，地方政府融资平台则是将财政风险和金融风险交织在一起的关键性角色。再者，地方债务风险还是一种典型的系统性金融风险。"系统性金融风险是指金融体系由于遭受了普遍的大规模冲击而无法持续有效运转的可能性，这种冲击常常表现为相当数量金融机构的倒闭和支付困难、金融市场的崩溃和价格信号的失灵，以及货币的贬值和资本的外逃等等。"[1]目前的地方债务规模远远超出了地方政府的偿还能力，如果失去控制后果的严重性可想而知。对此，有学者认识到："由于系统性金融风险同时存在于宏观层面和微观层面的财政金融风险中，财政风险和金融风险具有导因和危害上的相互转化性，且金融或财政单一角度防范系统性金融风险具有局限性和失效性，因此从金融与财政联动的角度防范系统性金融风险。"[2]事实上，中央对于地方债务风险的治理正是基于这种联动防范策略而展开的：对于存量地方债务进行置换，降低债务利息负担，延长债务偿还期限，借助于金融市场转移地方债务风险；对于增量地方债务强化预算硬约束，启动终身问责制，提升举债行为合法性与透明度，通过严肃财政纪律进行地方债务风险的内部控制。过去三年多的制度实践表明，这种联动防范策略是富有成效的。其中，地方债务置换累计为地方政府节约利息支出约 1.2 万亿元，缓解了存量债务集中到期偿还风险，避免了地方政府资金链断裂所引发的灾难性后果。某种意义上可以说，地方债务置换是一种颇具"化腐朽为神奇"功能的制度创新。

需要说明的是，地方债务置换并非中国的独创。在美国、印度、巴西、墨西哥以及欧洲多国，地方债务置换是一种常见的现象，其方式包括用低息贷款或债券置换政府债务、以基金为担保实现政府债务再融资、对参与地方债务融资的银行进行改革、央行将地方政府债纳入合格抵押品范畴等。[3] 与这些国家做法不同的是，我国的地方债务置换具有鲜明的行政化色彩，即由财政部主导推动，主要以"定向承销"这种带有中国特色的半强制性手段要求以商业银行为代表的债权人接受置换方案。在此过程中，商业银行基本上没有讨价还价的能力，而且需要分担改革的相应成本，如前文提及的地方政府少支出的 1.2 万亿元债务

---

[1] 马勇：《系统性金融风险：一个经典注释》，载于《金融评论》2011 年第 4 期。
[2] 张泉泉：《系统性金融风险的诱因和防范：金融与财政联动视角》，载于《改革》2014 年第 10 期。
[3] 洪昊：《地方政府债务置换的国际经验、方案述评和推进建议》，载于《浙江金融》2016 年第 4 期。

利息很大程度上是商业银行的利息损失。这种看似不可思议的现象，其实在转型时期的中国并不难理解，一方面是基于金融有助于缓解政府债务风险的理论依据，另一方面是鉴于实践中金融分担财政改革成本有效性的经验法则。关于金融与财政的关系，理论上虽然存在是"夫妻关系"还是"兄弟关系"的争论以及"连体婴儿"的说法，但都承认二者之间的紧密关联，都认识到系统性风险的防范需要金融与财政的联动。最新的理论研究表明，金融市场发展与政府债务风险之间存在关联渠道，金融市场流动性可通过稳定金融资产价格、降低中央政府融资成本以及化解地方债到期偿付问题，进而可以缓解政府债务风险。[①] 在我国改革开放以来的制度实践中，每一轮重大财政风险防范化解的背后都有金融力量的引入，从国有企业改革到地方债务治理莫不如此，甚至可以说以金融手段来化解财政风险具有不言自明的正当性。正是在上述理论依据和制度实践经验法则的驱动下，中央才大规模地进行了地方债务置换，并且高效率完成了看似艰巨无比的任务。

综合上述分析，我们可以将地方债务置换的制度本质归纳为行政权力主导下财政与金融之间重新分配地方债务风险的一种政策工具。这一本质可以从三个方面进行理解：首先，地方债务置换是一种法律缺位下逆市场化的政策调控手段。党的十八届三中、四中全会分别作出了关于全面深化改革和全面依法治国的重大决定，分别确立了"让市场在资源配置中发挥决定性作用"和"重大改革于法有据"的基本政策导向。如果以这两种政策基调作为检视标准，明显可以发现地方债务置换的问题所在：一方面是法律依据不足，置换对象的选择、置换价格的确定、置换程序的设置等均缺乏严格的法律约束；另一方面是背离市场化的改革方向，以准行政性手段要求债权人分担地方债务成本，导致金融市场内在结构扭曲。其次，地方债务置换是一种混淆财政与金融法律边界的应急式改革举措。财政与金融是两种性质迥然有别的资金配置方式，财政在本质上是政府的经济行为，以公平为价值导向，金融则是市场化的资金融通活动，以效率为价值导向。地方债务置换隐含的一个重要逻辑是，财政与金融之间在功能上具有相互替代性，提供铸币收入、平衡预算赤字和地区差距、替代财政投资和财政补贴等本属于财政的职能可以由金融来行使。由此导致的结果是财政与金融之间法律边界的模糊化，财政风险与金融风险交汇杂糅在一起。最后，地方债务置换是一种重新配置财政风险与金融风险的试错机制。在 2015 年之前，地方债务置换对于中国而言是一个全新的事物，没有现成的经验可循，能否通过成本转换、期限转化以

---

① 庞晓波、李丹：《中国金融市场发展与政府债务风险——兼论财政政策联动性》，载于《财经研究》2017 年第 3 期。

及债务形式转换的方式实现地方债务风险的"乾坤大挪移"处于不确定状态,只能"摸着石头过河"。我们注意到,地方债务置换是先由财政部甄别存量债务,然后根据地方政府的财政偿还能力下放置换额度,分成若干批次进行的,这种带有鲜明"试错"特点的制度变迁模式符合我国渐进性改革的一贯做法,值得肯定。① 当然,地方债务置换短期内的成功是否意味着地方债务问题的终局解决?财政风险转换为金融风险会产生哪些影响?地方债务置换留下了哪些后遗症?这些问题都有待进一步研究。

第三节　债券市场风险认知的多维度考察

系统论的观点将整个社会视为一个错综复杂的系统,不同的要素、主体借助于显性或隐性的管道网络连接在一起,"一发不可牵,牵之动全身"。债券市场是金融市场的组成部分,与市场之外的社会、经济发生着联系。因此,对于债券市场风险的考察必然要将债券市场置于整个社会系统中加以考察。

一、社会风险的金融化与金融风险的社会化

人类社会的整个进程从某种意义上来说就是一部不断应对风险、克制风险的历史,个体的生老病死、飞禽猛兽、风雨雷电自然灾害、战争杀伐部族冲突无不形成了对人类生存的威胁。特别是人类进入工业社会之后,"生产力的指数式增长,使危险和潜在威胁的释放达到了一个我们前所未知的程度"[2]。由于人类举措不当和技术滥用,频频招致泥石流、滑坡、地裂缝等地质灾害,原油、化学品、核泄漏等环境污染,以及物理性、化学性爆炸事件等等。正如贝克所言,现代社会里的风险已经超出了特定的群体、区域,跨越了国界,成为带有社会、政治动力的全球性危险。[3]（见表2-1）

---

① 中国的法律改革模式呈现出鲜明的实验主义色彩,表现为在政治稳定性的前提下的边际调整和"边立边破"的变法模式以及双轨制法律运行模式,并且伴随着改革与转型过程中国家治理的合法性建设。参见张建伟:《法律、经济学与国家治理——法律经济学的治理范式与新经济法学的崛起》,法律出版社2008年版,第168页。

② ［德］贝克著:《风险社会》,何博闻译,译林出版社2004年版,第15页。

③ ［德］贝克著:《风险社会》,何博闻译,译林出版社2004年版,第7页。

表 2-1　　　　　　　不同国际组织归纳的风险类型

组织名称	The World Bank	OECD	IRGC
风险类型/议程	自然风险 健康风险 社会风险 经济风险 政治风险 环境风险 技术风险	自然灾害 技术或工业事故 传染病 食品安全 恐怖主义 计算机犯罪	核心的基础设施 基因工程食品和饲料 纳米技术 食物安全 生物多样性 气候变化 大型管理机构 传染性疾病 物质滥用 核能系统 运输系统 人工智能和机器人领域 化学物质的管理

资料来源：刘燕华等编著：《风险管理——新世纪的挑战》，气象出版社 2005 年版；国际风险治理理事会（The International Risk Governance Council）。

与风险事件爆发数量、危害级量日渐增加相对应的是人类对于风险的应对方式与措施也日趋丰富、态度日趋主动。正如吉登斯所指出的，在传统文化里人们并没有风险这个概念，而是将意外事故的发生、成功的取得归结为运气、命运，或者是"上帝及其灵魂的意志"[1]，将风险的发生归结为神鬼力量，借助于迷信手段克服对风险的恐惧。只是到了社会知识积累到一定程度，人类对于风险的认知更加理性化之后，才发展出一系列的风险识别、管理措施，例如（1）利用统计手段，梳理风险事件发生的数量，评估其再次爆发的概率和损失大小；（2）通过监测、勘察、技术分析，找出风险事件的直接诱因，确定风险责任的配置方式；等等。

本书认为，由多元化的社会主体、不同类型的金融工具、一系列的制度安排等组合而成的金融是人类社会应对风险的至为重要的方式之一。"在某种程度上，金融市场的存在就是为了将风险从一个市场参与者传播到另一个参与者那里。"[2]第一，金融市场将不同的社会主体结合组织在一起，增加了风险压力的受力面积，减少了风险的"压强"，起着分担风险的作用。第二，现代金融引入了大量

---

[1] ［英］安东尼·吉登斯著：《失控的世界》，周红云译，江西人民出版社 2001 年版，第 18~19 页。
[2] 国际证监会组织技术委员会：《降低系统性风险——证券监管机构的角色》，载于《证券法苑》（第十五卷），法律出版社 2015 年版，第 352~420 页。

的数学工具，进行数学建模、理论分析、数值计算等定量分析，借此形成了一整套进行风险识别和分析的风险测算工具。① 第三，在金融创新过程中，大量新的金融产品被设计和开发出来，为具有不同风险偏好的社会群体提供了分散、转移风险的风险交易工具。② 公司制度实质上就是一种将公司经营管理中的不确定性分散至众多股东的一种机制，保险是典型的、以分散风险为主要功能的金融产品，而以信用违约互换（credit default swap，CDS）、担保债务凭证（collateralized debt obligation，CDO）为主要代表的金融衍生产品则直接以风险作为交易对象。第四，在金融发展过程中，金融法制所起的作用——借鉴沃尔夫的观点——就是在为所涉法益提供安全保障的同时彰显着法律的安全，亦即"保证法律作为一个决定体系本身的可靠性和可预见性"③。

与社会风险的金融化相对照的是，来自金融场域内的风险有着向社会传递和扩散的趋势，亦即金融风险的社会化。一是金融具有明显的风险属性，金融活动自身具有的跨周期性特点，交易双方或多方信息的不对称以及金融产品的复杂化、金融活动的投机性等等都是金融风险生发的诱因。可以说，风险的生成和扩散是金融市场的惯常现象，亦即明斯基所说金融具有内在的不稳定性特征。④ 据统计，1800～2009年间，全球至少发生过250次主权外债违约和68次国内公共债务违约。⑤ 世界银行的数据也显示，从20世纪70年代至今至少发生过69起系统银行危机，平均每年发生两次。二是除了内源性因素外，政权交替、政策变化、社会经济环境变动等外源性因素往往在金融风险生成过程中起着推波助澜的作用，助推着风险量级的放大。三是在金融日益成为现代经济核心的今天，金融风险往往与经济风险交织在一起，从风险因素演变为风险事件、金融危机，从单一的交易风险加剧为系统风险，从局部风险扩展为区域性甚至全球性风险，并进一步引发经济下行、政权更迭、社会动荡等等。20世纪30年代的美国"大萧条"、70年代的石油危机、1998年的亚洲金融危机以及2008年

---

① 在《与天为敌——风险探索传奇》一书中，伯恩斯坦梳理了十一世纪以来，人类关于如何理解风险、衡量风险和评估风险后果的思想发展脉络。参见［美］伯恩斯坦著：《与天为敌——风险探索传奇》，毛二万、张顺明译，清华大学出版社1999年版。

② 国际清算银行在一份报告中将金融创新划分为价格风险转移创新、信用风险转移创新、流动性创造创新、信用创造工具和股权创造工具。See Bank for International Settlements, *Recent Innovations in International Banking* (Cross Report), April 1986, p. 172.

③ ［德］沃尔夫：《风险法的风险》，引自刘刚编译：《风险规制：德国的理论与实践》，法律出版社2012年版，第78～108页。

④ ［美］明斯基著：《稳定不稳定的经济——一种金融不稳定视角》，石宝峰、张慧卉译，清华大学出版社2010年版。

⑤ ［美］莱因哈特、［美］罗格夫著：《这次不一样？800年金融荒唐史》，綦相等译，机械工业出版社2010年版，第32页。

次贷危机等,无不是金融风险酝酿成经济金融危机并招致严重社会经济后果的前例。

二、多元本质视角下的债券市场风险

正如马克·吐温所说,"历史不会重复自己却又经常押韵"。自20世纪30年代"大萧条"以来,每一次的金融危机过后都伴随以为数众多的对比、反思和检讨,关于金融风险的生成机理、传导路径、克制方法等方面的研究一直长盛不衰,关注视角或集中于微观层面的金融机构如何管理经营过程中遭遇的风险,如操作风险、市场风险、流动性风险、信用风险等;或聚焦于宏观层面的诸如货币、外汇、银行、股市等局部市场波动如何诱发整体性的经济金融危机,并进而形成了不同的风险危机理论,如货币危机理论、银行危机理论、外债危机理论等等。①

债券是原生金融产品(primary financial instruments),债券市场是金融市场的重要组成部分。在主体构成方面,债券市场的参与主体较为广泛,既包括个人投资者、机构投资者、企业、公司、金融机构等类型多样的发行人,以及信用评级、信用增进、会计咨询等金融中介机构,中央银行、各地方政府、金融监管机构也以监管者或发行人的身份参与市场之中。在产品形态上,常见的债券品种包括企业公司债券、金融债券、国债、地方政府债券,近年来层出不穷的金融衍生产品亦多以债券的方式推广和发行。长期以来,债券一直被视为一种相对稳健的金融产品,在承担着投融资功能的同时亦发挥着投资避险的作用。但是,正如我们试图严明并强调的,债券市场同样有着很强的风险属性,并且在风险构成以及风险传导方面有其独有特征。

按照一般见解,债券市场风险是指市场主体参与债券市场活动时受损失的不确定性或可能性,债券市场风险的形态包括了利率风险、再投资风险、信用风险、通货膨胀风险、汇率风险、流动性风险、波动性风险、收益率曲线风险、事件风险和税收风险等。② 这种对债券市场风险的定义方式和类型划分方式显然是以投资者作为立论视角,以投资者参与债券市场活动中可能遭致的风险类型作为债券市场风险类型的划分方式,以投资者的经济损失作为风险大小的衡量标准。我们认为,债券市场主体具有多元化特征,而不同主体对于债券市场风险具有不同的认

---

① 王爱俭主编:《20世纪国际金融理论研究:进展与评述》,中国金融出版社2013年版,第328~358页。
② [美]法博兹:《债券市场:分析和策略》,李伟平译,北京大学出版社2007年版,第6~9页。

知标准,并且所谓"遭受损失的不确定性"实际上是一种结果导向上的风险认知方式,忽略了风险生成和传导的过程性特征。因此,有必要跳出对于风险认知的"一元本质主义"的框架,从多向度揭示债券市场风险的特征。

(一) 内涵论——风险是市场效率减损的可能性

将风险界定为市场活动收益(损失)的可能性,虽然具有主体相对明细、风险后果相对确定的优点,但是表意的范围有失狭隘。首先,市场活动中风险与收益并存,一方的损失相对应的有可能是另一方的收益,因而基于微观视角、将风险限定为一方投资活动的不确定性并不足以概括整个市场风险的全貌。其次,风险事件爆发后直接伴随以市场主体对前景的信息降低,极容易导致相当多数的市场主体退出市场,甚至造成交易量下滑、市场萎缩。这种负面影响是用"损失可能性"的分析方法所难以包容的。再次,一般的观点多将法律制度的不完备、监管的缺失视作风险的成因。依本书的观点,诸如制度、监管等基础设施方面的缺漏应当被视为独立的、而且是极为重要的风险形态,这些风险不仅增加了市场主体参与市场活动受到损失的概率,更以隐性的、难以用具体数字衡量的方式对市场造成负面影响。

本书认为,基于内涵角度,债券市场风险可被解构为招致债券市场效率减损的或然性。效率意味着"以价值极大化的方式配置和使用资源",而债券市场的效率代表着债券市场上资金融通的有序、高效,它所依赖的一是资金这种市场资源的客观存在以及权属确定,二是资金的运用方式方法、制度规则的科学、明确、合理。在基本面上,债券市场风险体现为不同投融资主体参与市场活动可能的损失。更进一步地,风险由一种或然、概率演变成客观事实、风险事件,市场主体的利益受损、参与市场意愿下降、资金流动秩序失序,实际上是对原有平衡的投融资秩序的破坏,是对资源配置效率的减损。而监管机构组成上的缺失、监管措施使用的不足以及债券市场制度构建上的瑕疵与不完善,最终指向的市场基础设施不善而引起的金融资源配置效率的低下。

(二) 样态论——风险是权益失调、权力失当、规则失衡

所谓风险的样态或风险的样式,依本书的观点是对风险内涵的进一步阐释,是以更为显现的方式呈现风险有何种样式,展示风险借由何种形式导致市场效率减损的结果。[①]

[①] 这里借鉴了斯宾诺莎关于样式概念。"实体"与"样式"是斯宾诺莎哲学思想中的两个核心概念,实体是"在自身内并通过自身而被认识的东西",样式是"实体的分殊,亦即在他物内通过他物而被认知的东西"。参见[荷兰]斯宾诺莎著:《伦理学》,贺麟译,商务印书馆1997年版,第3页。

在社会学语境下，依照风险的发生场域将风险样态分类为自然风险、健康风险、社会风险、经济风险、政治风险、环境风险、技术风险和权利风险等等。而在经济金融学理论中，多将造成投资损失的诱因作为风险的分类标准，如债券投资风险被分类为利率风险、再投资风险、信用风险、流动性风险、购买力风险、结算风险和经营风险等（见表2-2）。本书认为，债券市场风险样态可以进一步抽象和归纳为权益风险、权力风险和规则风险。

表2-2 债券投资的风险类型

风险类型	风险内容
利率风险	由于市场利率的波动引起债券价格变化，导致投资债券遭受损失
再投资风险	购买短期债券而没有购买长期债券而形成的风险
信用风险	交易对手或债券发行人无法履行合同义务可能带来的损失
流动性风险	投资者在短期内无法以合理的价格卖掉债券的风险
购买力风险（通货膨胀风险）	因物价上涨，货币购买力降低所产生的风险
结算风险	由于系统性通信和其他硬件、软件故障导致结算延误，或由于结算成员违反业务合作协议，使清算银行由于不能准确获得结算成员的信息而可能作出错误判断而给投资者造成损失
经营风险	所投资的公司债券由于公司经营管理过程中的失误引起公司盈利能力变化而导致公司不能按时还本付息
财务风险	公司财务结构不合理，融资不当而导致投资者预期收益下降

资料来源：周骏等主编：《中国金融风险的管理与控制》，中国财政经济出版社2004年版，第315～319页。

债券市场的权益风险。即一般所认为的、债券投融资中因为不确定性因素所导致的利益损失，其中包括：①市场自然波动导致的投资损失，如利率风险、再投资风险、流动性风险、购买力风险，这些风险的出现是市场自然调节的结果。②市场主体行为失范导致的投资者权益损失，如发行人不能到期偿还债务的信用风险、交易结算系统故障引起的结算风险。标准普尔（Standard and Poor's）的数据显示，自20世纪80年代以来全球企业债券违约总体而言呈现出递增趋势，特别是在2009年达到总宗数268起、涉及总金额4 296.3亿美元的峰值后，一直在高位徘徊。数据同时显示出，债券市场信用风险的集中爆发与宏观经济环境密切相关，20世纪90年代初的经济衰退、1998年亚洲金融危机、新千年互联网泡沫以及2007年次贷危机前后是企业债券违约事件的多发时期（见图2-1）。③由于市场原因导致债券发行人发行计划取消或推迟，影响发行人的融资安排。在债券市场上，由于市场波动、发行成本上升导致发行人延迟或取消债券发行的案例屡见不鲜。2014年12月8日~12月11日间，由于市场利率波动，我国银行间债券市场至少有368亿元人民币的短融券、中期票据和金融债被取消或推迟发行。2015年6月8日~12月12日，一周内共有25只债务融资工具、共计199亿元规模的债券取消或延期发行。①

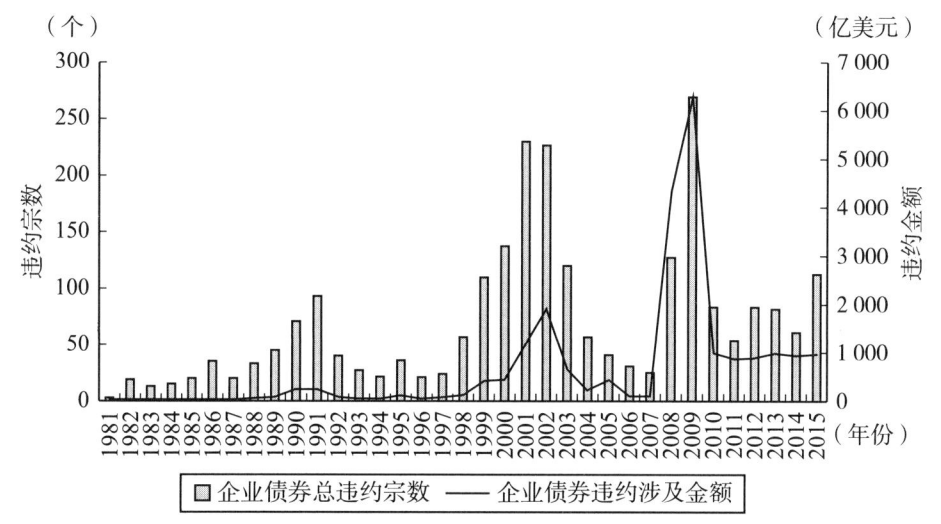

图2-1 1981~2015年全球企业债券违约宗数和总金额图

资料来源：Standard & Poor's Global Fixed Income Research and Standard & Poor's CreditPro®。

债券市场的权力风险。本书将其定位为公共部门在行使其权能的过程中对债券市场效率的克减影响。①政府债券风险。由于政府（包括中央政府和地方政府）是债券市场上重要的融资主体，因此权力风险的一个重要层面是政府债券的发行与交易对债券市场乃至于整个宏观经济的影响，特别是政府债券的信用风险，亦即政府以常规的财政收入难以偿还债券本息的可能性。②债券市场监管风险。如果说市场失灵理论为政府积极干预市场运行、强化市场监管提供了理论基础，那么政府在履行其监管职能的同时也潜藏了导致市场不稳定的诱致因素。在常态监管下，监管机构的监管政策的不完备——如监管空白、监管错误——有可能成为债券市场风险积累的源头。在风险应急监管中，监管不作为可能导致错失风险应急的良机，而不适当的处置措施又有可能成为新一轮风

---

① 李玉敏、黄斌：《7万亿打新资金冻结 25只信用债推迟或取消发行》，载于《21世纪经济报道》2015年6月16日第10版。

险的推动因素。

债券市场的规则风险。狭义的规则仅仅指代法律规则,而广义的规则是习惯、习俗、传统、道德、法律、制度等的统一、共性。[①] "法律与金融"理论认为,法律规则通过完善公司治理、司法保护和国家干预增强对投资者的保护,从而为经济金融发展提供基础保障。[②] 因此,就一般意义而言,法律规则起着风险克制的作用。固然,良法善治发挥着调整、规范市场秩序的作用,但在相当多数的情况下,法律规则的不完备、制度设计的瑕疵同样体现为一种风险的现实存在,并且比可能的投资损失更加难以进行数字化的评估和精确预测。此外,即便是相对完备的规则与制度也仍然有可能受制于习惯、习俗、传统等的制约,难以充分发挥作用。例如,美国的证券诉讼相对便利,诉讼案件繁多的同时也出现了滥诉的现象,徒增司法成本。[③] 在我国则常见民事纠纷发生后,不通过常规的司法渠道加以解决,而是上访、闹访,试图给政府机构施压,胁迫政府机构满足其利益诉求,亦即所谓的"要挟型上访"。[④] 在被誉为国内首宗债券实质违约的"11超日债"事件中,部分债券持有人便是采取上访维权的方式。[⑤]

(三) 变迁论——风险是不同要素的变化过程

风险具有运动特征。一是风险从一种隐患因素发展为一种确实形态,从可能概率变化成风险事件,本身就是一个运动、变化过程。二是风险可以在不同风险类型之间切换,在不同区域、不同市场、不同市场主体之间传导。企业由于经营管理不善导致难以向债券持有人偿还本息,是发行人的经营风险转变为债券的信用风险;发行人在市场上卖出特定债券,或者通过信用违约互换(CDS)缓释信用风险,是

[①] 陈忠:《规则论——研究视阈与核心问题》,人民出版社2008年版,第10页。

[②] See Rafael La Porta et al., Law and Finance, *Journal of Political Economy*, Vol. 106, No. 6 (December 1998), pp. 1113 – 1155. LLSV 所提出的"法律与金融"理论是利用实证的方法、比较两大法系在投资者保护方面的差别,进而勾画出法律如何促进金融发展的理论框架。当然,也有学者提出了不同的见解,认为法律对于金融的促进作用可能不像之前想象的那样强烈。See Ulrike Malmendier, Law and Finance "at the Origin", *Journal of Economic Literature*, Vol. 47, No. 4 (DECEMBER 2009), pp. 1076 – 1108. Michael Graff, Myths and Truths: The "Law and Finance Theory" Revisited, *Jahrbuch für Wirtschaftswissenschaften/Review of Economics*, Bd. 57, H. 1 (2006), pp. 51 – 76.

[③] 美国证券诉讼中的滥诉源于美国一些特殊的制度安排,比如民事裁判中的陪审团制使陪审团容易对大公司作出不利判决,以及没有让败诉者承担诉讼费用等。参见缪因知:《证券诉讼在中国:适用前景与改进方略》,载于《北方法学》2012年第1期;吴光明:《证券团体诉讼文化之探讨——美国与我国台湾地区比较法角度之观察》,载于《交大法学》2014年第3期。

[④] 饶静:《"要挟型上访"——底层政治逻辑下的农民上访分析框架》,载于《中国农村观察》2011年第3期。

[⑤] 李鹏飞:《两日暴跌23.97% "11超日债"持有人再度上访维权》,载于和讯网,链接地址http://stock.hexun.com/2013 – 02 – 04/150926633.html,2018年8月31日访问。

将债券的信用风险向市场上其他主体转让，是风险从债券市场传导至金融衍生品市场。当然，风险的传导并不一定是单向度的传导，有可能发生反向传导。例如，2008年金融危机中，风险起步于次级贷款市场，在次级贷款债券市场得到强化，次级贷款风险并未被庞大的市场分散掉，而是通过对冲基金的债权杠杆机制反向传导到商业银行和其他金融机构。① 三是风险的级量可以累积、叠加，由个体所独有的风险演变成波及整个市场、影响到整个金融市场和金融体系的系统性风险。②

以变迁的角度来看，债券市场的风险代表的是不同要素的重新组合、变化。在过程上，金融市场是资金融通、流动的市场，风险生发扩散的背后是资金资本的融通、流动，基础性的债券投资交易是如此、以债券投资风险移转为目的的衍生品交易亦是如此。同时，风险的生发扩散亦是各种信息流通的过程：瑕疵的信息导致错误的投资决策进而带来投资风险；一时一地的风险得以演变成区域性的甚至系统性的风险，往往借助于起初风险信息的传播，以及其他市场主体对风险信息的判断。正如后文所要强调的，债券市场风险与信息密切关联。在结果上，风险事件的爆发最终带来的是市场重新"洗牌"：不同市场主体交易地位的重新排列，资金资本占有者的更换，甚至经济、社会秩序的重新组合构造等。风险变动不居，资本、信息等要素流动变迁，既说明了债券市场风险应对的难度，同时也表明应当依据资本、信息要素的运动方式寻求风险抑制甚至克制的方法与路径。

（四）体质论——区域、国别特质作为风险的构成要素

每一次金融风险的集中爆发，往往伴随以众多关于风险、危机的成因和流变趋势的讨论。在现代金融危机理论中，克鲁格曼于1979年提出的第一代金融危机模型、奥伯斯特菲尔德于1994年提出的第二代金融危机模型以及鲁比尼（Roubini）等人于1998年提出的第三代金融危机模型是这些金融危机理论中的代表性理论。但是，上一代的理论模型虽然在阐释上一轮危机的成因上具有较高的说服力，但对于新一轮的危机则束手无策。③ 一方面的原因在于抽象的理论难

---

① 郑庆寰：《跨市场金融风险的传递机制研究——基于美国次级贷款危机的分析》，载于《南方金融》2008年第3期。

② 这里有必要区分两个词义相近的概念：系统风险（systematic risk）和系统性风险（systemic risk）。系统风险又被称为不可分散风险，是指证券投资中不能通过多元化投资组合进行分散的风险。系统性风险是指单一个别风险事件通过连锁反应引起市场失灵，导致整个金融市场失序、动荡。前者多用于风险评估、资产定价，后者多与金融监管联系在一起。

③ 例如，虽然克鲁格曼1979年的模型可以很好地解释20世纪80年代拉丁美洲国家的货币危机，以及1998年夏天俄罗斯的金融危机，但对于1997年的亚洲金融危机却面临着解释力不足的问题。关于现代金融危机理论的演进和发展，可参见王广谦主编：《20世纪西方货币金融理论研究：进展与述评》，经济科学出版社2003年版，第389~397页。

以全面充分阐述复杂的现实,另一方面原因,也是至为关键的缘由是任何风险与危机理论总是基于某一具体风险事例提炼总结出来的,而不同区域、国家金融风险的爆发往往与一时一地独有的特质密切关联。

应当承认,全球化的深化使得金融风险无远弗届,在大的金融动荡中,国别区域差异可能表现得不那么明显。但是国家或地区市场发展形态,经济社会文化背景仍然是思考风险机理时必须加以关切的因素。2008年金融危机之所以未能给中国的金融体系造成重大的损伤,很重要的一个原因是我国的金融机构更具有本土化的色彩,金融衍生品市场发育程度有限。

体质论的应用之一在于风险因素的最终结果导向不同。金融危机后,国际社会对于影子银行体系(the shadow banking system)引发金融不稳定给予了高度关注。在英美等发达市场上,影子银行系统主要借助于货币市场基金、利用资产证券化等金融工具完成其投融资循环,亦即次贷危机可以认为是影子银行危机,更可以看作债券市场危机。而在我国,资产证券化并不发达,影子银行主要以商业银行为主导,以理财产品作为主要信用融通工具。① 监管机构对于影子银行的整顿,实际上使得社会融资趋向于利用债务融资工具进行融资。② 这种由影子银行所带来的债券市场风险中"危"与"机"的分布差异,归根结底在于英美国家的金融是以直接融资为主,而我国则是以银行信贷的间接融资为主。

体质论的应用之二在于风险孕育的深层机理不同。成熟的经济体往往具有丰富的金融中介和风险缓释工具,因而风险承受能力、恢复能力较强。从体质论角度来看,应当重点关注的是欠发达市场风险特质。第一,转轨经济体。其特质包括市场发育的不完全、政府干预泛滥、监管空白与监管不足并存等。第二,乡土社会。费孝通先生将乡土社会里人与人之间的关系概括为"差序格局"③,通俗来说就是熟人社会。将这种社会形态与风险相对应可以看出其中的风险因素:一是在向现代社会转型过程中可能面临着制度供给不足。二是"亲疏有别"进一步导致的小团体主义。在市场多元监管格局下,这种小团体主义必然带来不同监管机构之间协调、沟通、配合的成本。三是"礼"发挥效用的空间大于"法",市场交易、市场监管中非正式规则泛滥。正如本书在后面所要重点论证的,转轨经济体特征以及乡土社会形态决定了我国债券市场风险应对机制存在着显性的欠缺。

---

① 参见沈伟:《中国的影子银行风险及规制工具选择》,载于《中国法学》2014年第4期;周莉萍:《影子银行体系的信用创造:机制、效应和应对思路》,载于《金融评论》2011年第4期。

② 参见何欣、陈晨:《债券为媒流动性为本——从融资角度看影子银行与债券市场的关系》,载于《债券》2013年第2期;张重:《从央行金融统计数据看债券市场对影子银行的替代趋势》,载于《科学与财富》2013年第4期。

③ 费孝通:《乡土中国》,生活读书新知三联书店1985年版,第25页。

第四节 债券市场风险生成的机理解读：
基于信息视角的展开

债券市场是一个典型的信息市场，信息不对称的分析范式构成了债券市场法律制度分析的立论基础。因此，在揭示了风险的广度（社会广度）和深度（多维向度）之后，本章选择从信息维度来揭示债券市场风险的生发机理。在金融风险（危机）的成因上，有相当多的理论进行了研究和揭示，如明斯基所说的金融具有内在不稳定性，刘锡良、周轶海提出的金融危机本质上是货币契约的危机，等等。通过信息和信息活动的角度只是揭示风险（危机）的诸多视角中的一种，正如本章意在说明的，信息活动与风险的生发之间有着内在的密切关联。

一、信息生发：信息不对称和技术滥用

（一）信息不对称引发信用风险

如前文所述，信息分布的非均质性是信息不对称（asymmetric information）的根源。经济学家阿克洛夫很早关注了信息不对称现象及其危害，以及如何利用担保、执业许可制度等制度安排减少信息不对称。[1] 风行一时的信息经济学就是以信息不对称为基础，研究非对称信息情况下的最优交易契约。[2]

信息不对称现象是普遍存在的——商品买方与卖方之间，服务提供者与接收者之间，公司高管与股东之间，监管者与被监管者之间。而在金融市场上，信息不对称表现得较为突出，原因在于金融商品、服务具有虚拟性特征，其定价机制、价格波动规律与常见的商品、服务迥乎不同，"多数的物品可以经由外观之检视而了解其本质，但证券之价值则与表彰其之纸张完全无关"。[3] 而且，信息通信技术广泛应用于金融市场，便利金融商品发行、交易的同时，亦扩大了交易双方之间的时空间隔，增加了投资者对投资商品质量把握难度，以及对发行人活

---

[1] See George A. Akerlof, The Market for "Lemons": Quality Uncertainty and the Market Mechanism, *The Quarterly Journal of Economics*, Vol. 84, No. 3 (Aug., 1970), pp. 488–500.
[2] 张维迎：《博弈论与信息经济学》，上海人民出版社1997年版，第398页。
[3] 曾宛如：《证券交易法原理》，元照出版公司2008年版，第3页。

动进行跟踪和控制的难度。正因为空间分布上的差异，使得信息披露——包括初始披露和持续披露——在金融市场中显得尤为重要，信息披露制度甚至成为金融法治体系中核心的制度之一；也正是因为空间分布上的差异，投资者、债券持有人对发行人所提供的信息真实性难以进行有效的甄别鉴定，发行人进行虚假记载、误导性陈述和重大遗漏便有了可乘之机。

应当承认，在信贷活动中，商业银行同样面临着来自贷款人难以偿还贷款本息的信用风险，而且这种信用风险亦与商业银行、贷款人之间信息不对称直接关联。比较而言，债券市场中债券持有人面临着更大的信用风险系数，原因在于商业银行在获取贷款人资讯上有着较为便利的条件，而且对贷款人违约风险的控制手段上有更多的选择，如上一章中所提到的担保物、表内净额结算、信用衍生品等信用风险缓释技术，可供债券持有人选择的信用风险控制手段则有限得多。

（二）技术误用、滥用引发结算风险、技术风险

"投资领域面临的挑战在于，人的头脑相较于 100 年前并无进步，而现在的人已经很难使用传统办法来处理头脑中关于全球经济的全部信息。"[①] 化解的办法便是引入大量的信息技术手段，对信息、数据进行搜集、归类和处理。信息技术对资本市场的影响是全方位的，不仅便利了信息传递，将证券载体从纸张变成了数字电文，还改变了不同主体之间的相互关系，促进市场结构发生调整，甚至于影响了公司治理模式。[②]

与信息技术带来交易便利相伴相生的是，技术故障、技术误用甚至滥用带来比技术空白状态时更大的灾难后果和风险损失。（1）技术故障导致的交易系统停摆、交易错误，以及交易、清算延误。仅以 2012 年为例：1 月，美国做市商骑士资本交易系统出现故障，直接损失 4.4 亿美元，濒临破产；2 月 2 日，东京证券交易所发生的严重技术故障导致三个小时内 241 只股票暂停交易。5 月，Facebook IPO 时纳斯达克交易系统出现故障，很多交易员未能及时对订单进行确认，带来损失 5 亿美元左右，纳斯达克为此被美国证券交易委员会罚款 1 000 万美元。[③]（2）技术误用、滥用带来的市场动荡。在金融创新的背景下，大量新的交

[①] Nathan Vardi：《量化交易公司双西投资：抛弃沃伦·巴菲特吧，人类再也无法击败电脑》，载于福布斯中文网，链接地址 http://www.forbeschina.com/review/201510/0045965_all.shtml，2018 年 10 月 22 日访问。

[②] 冯果：《网络时代的资本市场及监管法制之重塑》，载于《法学家》2009 年第 6 期。

[③] 参见蔡情：《这些年交易所因故障而暂停的那些交易》，载于中国经济网，http://finance.ce.cn/rolling/201408/27/t20140827_3429139.shtml，2018 年 10 月 11 日访问；葛佳：《全球交易所接连遭遇技术故障》，载于《东方早报》2012 年 8 月 8 日第 A28 版。

易形式和交易技术被引入市场,在牟利目的的指引下,这些交易形式和交易技术往往成为市场风险的策源地。在交易形式上,前文已经列举了债券市场的杠杆交易,兹不赘述。在交易技术方面,以程序化交易、高频交易、算法交易等为代表的新的交易技术形式被引入市场,形成了不同市场参与者之间以技术能力作为主要衡量标准的交易能力上的差异①,并且带来市场交易秩序的紊乱。例如,高频交易能够在很短时间提交或者撤出订单,操作者通过诱发并提高价格的波动获利,但容易导致价格的暴涨暴跌,加速市场波动和风险。②

二、风险扩散:信息传播、信息缺损和信息操纵

(一) 信息传播与风险的净传染

按照传播理论,一个完整的传播流程包括了信源——信息的发布者,信道——信息的传播通道和信宿——信息的接收者三个基本要素。在此基础上,晚近的传播学研究进一步发展了传播模式,如拉斯维尔的5W模式、布雷多克的7W模式、香农-韦弗的线性模式、奥斯古德-施拉姆的控制论模式、丹斯的螺旋形模式和格伯纳的传播总模式等等。③ 通过不断深入地研究,人们已经认识到,信息不但可以在发布者和接收者之间以线性的方式进行传播,在信息被接收者解码之后还可以反馈给初始的发布者,同时信息的初始传播和后续的反馈还受社会结构的影响。

债券市场风险扩散可以看作信息传播的过程。无疑,风险扩散首先是接触性传染,亦即A对B的违约导致B的流动性不足,B的流动性不足又有可能导致对C的偿付困难,如此环环相扣,形成多米诺骨牌效应。美国2007年次贷危机可以说是对风险接触性传染最好的例证。除了接触性传染外,风险还可以非接触的方式传播,亦即所谓的风险净传染效应(pure contagion):当A的不确定因素出现后,市场很快对与A有相同或相似特征的B形成负面预期,采取抛售、贱卖等手段处理B,使B的价格呈现出断崖式下跌。④ 显然,A与B之间发生风险净传染过程中,信息传递——无论是显性的新闻报道、公众评议,还是隐性的价格急遽下跌——发

---

① 例如,高频交易每成交一百个订单需要发出数千甚至上百万个试探性订单,这对交易商计算机的运行速度、存储量等都要求较高,因而只有少数财力雄厚的交易者能够承担得起。
② 刘逖:《市场微观结构与交易机制设计:高级指南》,上海人民出版社2012年版,第572~575页。
③ [英]麦奎尔、[瑞典]温德尔著:《大众传播模式论》,祝建华、武伟译,上海译文出版社1987年版,第15~30页。
④ See Dornbusch et al., Contagion: How It Spreads and How It Can be Stopped, *World Bank Research Observer*, 2000, 15 (2), pp. 177–197.

挥着关键性的作用。在债券市场上，风险净传染的例子屡见不鲜。

在信息传播整个过程中，接触性传染往往和净传染交织组合在一起，信息层叠进一步放大了风险危害。个别风险演变、蔓延成系统性风险是风险（信息）层叠的结果（见图 2-2）。

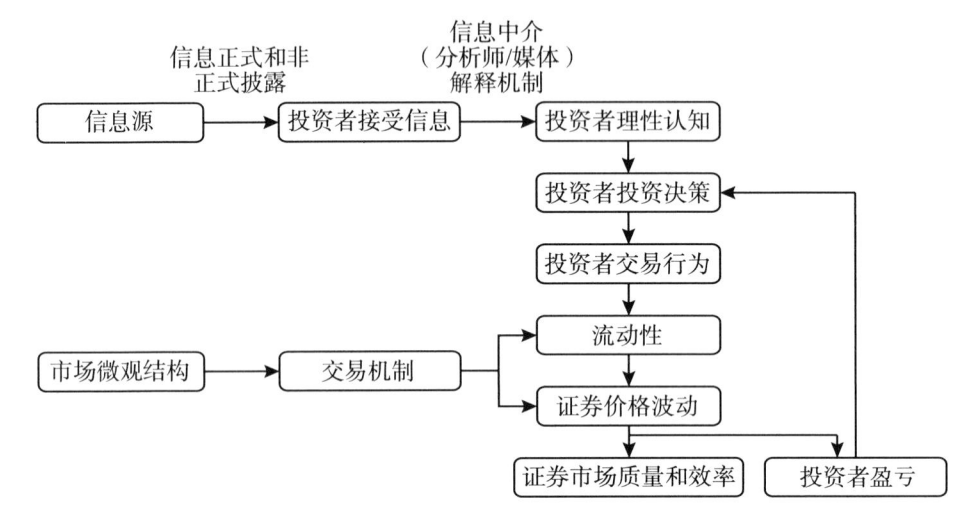

图 2-2　信息、投资者行为与市场波动的一般模型

资料来源：朱伟骅、廖士光著：《投资者行为与市场波动》，上海人民出版社 2012 年版，第 8 页。

（二）信息缺损助推风险扩散

传播理论同时也表明，信息接收者对信息的解读、反馈是风险得以扩散的核心环节。片面、错误的传闻，对风险事件的过度解读，以及缺乏对风险应对的知识储备等等信息缺损（information deficiency）助推着风险的扩散。掌握信息的不完全、不充分易诱发投资者的非理性投资行为，在投资泡沫形成时进一步刺激市场的虚假繁荣，加速风险的社会传染和信息级联。默文·金恩和苏希尔·瓦德瓦尼（Mervyn A. King and Sushil Wadhwani）利用实证模型研究表明，金融市场上不同的金融产品之间有一些相关联的基本面因素，当一种金融产品由于噪声交易而导致价格下跌时，投资者并不一定能够有效辨别价格的下跌是因为噪声交易还是因为基本面因素的恶化，因而降低了所有金融产品的价格，从而形成传染效应。[①] 这种传染从基本层面来说仍属于上面所说的风险的净传染，但主要原因还

[①] See Mervyn A. King & Sushil Wadhwani, Transmission of Volatility between Stock Markets, *The Review of Financial Studies*, Vol. 3, No. 1, National Bureau of Economic Research Conference：Stock Market Volatility and the Crash, Dorado Beach, March 16-18, 1989（1990）, pp. 5-33.

在于投资者本身的信息储备、信息分析能力的不足。

单一投资者信息缺损是致使风险扩散的基本要素，在金融市场上由于群体心理和群体行为的影响，个体的非理性容易叠加成为群体的非理性。行为学的研究表明，在突发事件中群体会形成一系列的心理效应，包括心理渲染效应、行为趋同效应以及从众效应等。[①] 人们以交谈、舆论宣传等方式，讨论、传播风险事件，不自觉地夸大、渲染风险的危害，加重群体的恐惧、恐慌。面对群体的言论，个体往往难以作出理性的抉择，对群体言论、群体行为盲从、跟风。例如在银行挤兑危机中，起初少量储户由于对银行经营状况的忧虑以及对存款保险制度的缺乏了解，到银行提款取现。这一事件通过人们的口口相传或者新闻报道，进而引起更多的储户形成对银行持续经营的怀疑，蜂拥而至。这种挤兑潮进一步加剧银行的危机。2008 年金融危机的生成和爆发充分揭示了信息缺损如何作用于风险的生成与扩散。[②]

信息缺损助推风险扩散的启示是，在风险应对过程中不仅要向单一的主体进行风险知识的普及，还要充分考虑到群体非理性行为的影响，进行适当的公众心理和舆论的干预。

（三）信息型市场操纵

操纵市场是证券市场最常见的违法犯罪行为之一。台湾学者赖英照将操纵市场行为的可罚性概括为"以虚虚实实的交易行为，或以散布不实的信息，制造证券供需与价格变动的假象，误导投资人，进而扭曲证券交易的价格与数量，破坏自由市场机能，减损市场筹集资本及导引资源有效配置的功能"。[③] 基于操纵行为的危害，一些国际组织和重要的资本市场均通过明确的规则指引或立法，规定操纵市场行为的主要表现和特征，以及对操纵行为的处罚方式等，如美国《1934年证券交易法》第 9 条、欧盟 2003 年发布的《内线交易及操纵市场指令》、[④] 日本《金融商品交易法》第 159 条、韩国《资本市场法》第 176 条、我国台湾地区"证券交易法"第 155 条以及我国《证券法》第 77 条。

与股票相比，债券的流动性较低，价格波动较小，债券的市场操纵更容易被

[①] 曹蓉、张小宁编著：《应急管理中的心理危机干预》，北京大学出版社 2013 年版，第 33~34 页。

[②] See OECD INFE, *Financial Education and the Crisis*: *Policy Paper and Guidance*, 2009.

[③] 赖英照：《股市游戏规则：最新证券交易法解析》，赖英照自版 2014 年版，第 568 页。也有学者认为，由于"操纵"难以界定，以及面临着很多技术性难题，市场操纵未必具有违法性。See Daniel R. Fischel and David J. Ross, Should the Law Prohibit "Manipulation" in Financial Markets? *Harvard Law Review*, Vol. 105, No. 2 (Dec., 1991), pp. 503–553.

[④] European Parliament and Council Directive 2003/6/EEC of 28 January 2003, On Insider Dealing and Market Manipulation (market abuse).

发觉。我们在证监会网站上检索了证监会历年来对市场操纵行为进行行政处罚的案例将近 90 例，其中仅两例与债券操纵有关，主要的操纵方式均是通过操纵债券市场价格，进而影响重仓持有特定债券的证券投资信托计划、基金的市值，并从中获利。虽然目前缺少在债券市场直接进行信息操纵并受到监管机构处罚的案例，但通过信息操纵影响债券市场稳定、影响市场效率和投资者权益的行为仍有必要予以重视。

第三章

债券市场风险防范行政化机制的法理反思

改革开放以来，我国经济体制由计划经济逐步向市场经济转变，市场在调节资源配置过程中所发挥的作用日益显著。金融市场作为市场经济条件下进行资源配置的重要场域，需要在经济体制改革中充分发挥市场作用，实现深化发展。我国债券市场尤其是公司信用类债券市场，尽管在总量规模上取得了巨幅增长，却仍面临着基础性的发展障碍——在长期以来的金融抑制政策之下，对行政主导的风险防范机制过度依赖，市场化风险防范体系的制度构建严重缺失，致使债券市场资源配置的应有逻辑被过度的行政干预之力所扭曲。在管制色彩浓重的现行债券市场风险防范机制下，风险并未得到有效缓释与化解，受到强行抑制的风险只能积聚成为更大的隐患，终将阻碍债券市场的持续稳定发展。

第一节 行政化：我国债券市场风险防范机制的基本特性

一、政府主导发展的强势权力延续

从债券市场风险防范的主导力量来看，政府一直占据着绝对优势的主体地位，甚至在债券市场创建后的很长一段时期内都是唯一的风险治理主体。债券市场浓重的管制色彩是自其诞生之日起就被深刻下的印记，管制思维下行政干预之力贯穿于我国债券市场发展与运行的始终。债券市场的诞生与发展伴随着我国经济体制由计划经济向市场经济的转变,在转型的过程中,市场经济和计划经济的差异性影响因素不可避免地交织在一起,政府作为在过往经济体制中资源配置的决定性力量,依然在经济体制转轨过程中保持着行为模式的惯性。债券市场从无到有的过程中,政府主导了债券市场发展的方方面面,不仅作为债券市场的建设者,亦成为债券市场核心的风险治理者。风险防范制度体系的建设有赖于政府的规划设计,实践中风险防范机制的运行也就不可避免地延续着过往计划经济体制下行政主导模式中"命令—服从"的行政管制思维逻辑。然而问题在于,行政主导的一元化风险防范主体结构实则排斥了债券市场风险防范本应具备的多元共治特性。实际上,债券市场风险防范理应是立体化、多层次的:市场主体自发、自为的私人治理,以及针对系统性、区域性的风险,由公共部门和社会团体主导的公共治理。[①]

金融强调资金的信用融通。尤其对于债券融资而言,其本质是发行人以自身信用为基础,通过债券合同与债券投资者建立起的一种借贷性金钱债权债务关系。在过往计划经济体制下,资源配置依靠行政调配,商事信用缺乏存在的根基,地方政府信用的识别也无必要,资源配置的主题甚至可以概括为"只有财政而无金融"。[②] 我国债券市场的建立并非市场自然演进生成的结果,而是依靠政府的强力推动,行政主导的风险防范机制亦是依靠政府创立于贫瘠的市场基础之上。强势权力的延续填补了经济体制转轨过程中风险防范制度供给的空白,高效率地维护了金融发展必要的稳定秩序,成为保障实现改革发展全局目标最现实的选择。然而,随着市场不断扩大规模与持续深化发展,强势权力延续所提供的正面功效正持续性地衰竭,已无法应对市场发展附随而来的新风险,也难以再通过严苛管制抑制债券市场活动以规避风险生成,反而日渐成为市场在资源配置中发挥决定性作用的阻碍。

债券市场发展动力由外向内的转换亟需风险防范体系的重塑。将政府作为风险治理的核心与倡导多元共治、构建多层次的风险防范体系并不矛盾,这是因为守住系统性风险底线与分担、化解风险本就并行不悖。债券市场风险防范机制的市场化需要更多地吸纳债券市场多元主体的参与,优化风险防范决策制定的科学性,调动更多的资源以提升综合风险防范能力。政府角色定位需要经受市场化改革的检验,并且应当顺应市场发展阶段的变化进行及时调整,从单纯的强势监管

[①] 谢贵春:《债券市场风险防范论纲》,载于《金融法学家》,中国政法大学出版社2016年版,第177页。

[②] 王国刚:《中国金融改革发展的方向》,载于《中国金融》2017年第15期。

者转变为以服务为主，服务与监管并重的服务者。① 债券市场的市场化发展需要政府为市场化风险防范机制的培育提供必要的空间，并提供相应的制度运行保障。

二、行政规制手段市场干预性过强

从债券市场风险防范机制所选取的风险防范工具来看，行政规制手段无疑是效果最为显著的，有其独特的优势，但如果在风险防范的不同阶段一律采用带有强制性色彩的行政规制手段，实则反映出风险防范机制"工具箱"中应对手段的匮乏。更为重要的是，行政规制手段对风险防范的效果聚焦于事前与事后的强行干预，实则难以有效关注风险具体的生成过程，这导致行政规制手段带有一定的"副作用"——对市场资源配置的过度干预。

我国经济增长具有较强的政府投资主导特征，债券市场长期服务于政府投融资政策，缺少对市场主体融资需求的足够关注。债券市场风险防范的行政化是风险防范机制功能定位的偏离，本质上是债券市场功能定位的偏离。债券市场风险防范服务于政府特定宏观政策目标的实现，这种单一的目的导向使得政府在风险防范工具的选择上欠缺成本与效益的权衡。政府为了保障目标的实现，更倾向于使用最直接与最严苛的行政规制手段，事前准入限制就成为我国债券市场风险防范常见的手段。这种方法虽然直接，但不当的事前静态控制，容易忽略债券市场风险动态形成的过程。实际上，风险代表着不确定性，通过行政手段对风险的干预是"面对未知而决策"。② 面对风险或可导致不利后果的可能性，政府行为容易突破公权力运行所应当符合的比例原则。在政府采取相应决策之前，应当科学地识别与评估风险，结合不同风险防范工具的差异化特点，做出最优安排。实际上，金融活动本身就包含着市场主体自发进行风险识别、风险评价与风险管理等过程，提供了防范风险和化解风险的各种机制和方法。债券市场资源配置过程寻求的风险与收益的动态平衡会提供着眼于流动性风险、利率风险、信用风险管理的工具，使得市场参与主体能够依据自身风险承受能力、通过这些市场化风险防范工具实现风险的分散和转移，进而达成风险与收益的合理配比。政府应当关注风险缺乏分担、难以缓释的特殊情况，以及一般风险演化成为系统性风险的可能性，而不是对市场中正常风险强加抑制。

---

① 曾筱清：《金融全球化与金融监管立法研究》，北京大学出版社2005年版，第179页。
② 沈岿：《风险规制与行政法新发展》，法律出版社2013年版，第245页。

三、部门利益主导的制度供给杂乱

从债券市场风险防范机制运行的制度基础来看，由行政权力主导的制度供给未能有效保障风险防范机制的运行，相反，所呈现出的制度供给杂乱，破坏了制度体系应有的完整性与稳定性。究其缘由，我国金融监管机构不仅是金融监管制度的执行者，还是金融监管制度的供给者，在金融监管的规则制定上占据重要地位。[①] 尤其对于在政府主导下进行强制性制度变迁的我国债券市场而言，不同债券产品和市场的产生是由不同政府部门所推动，多头监管体制的实然存在也导致了主导债券市场风险防范制度供给的规则制定者多元化。在公司信用债券领域，长期以来，不同品种的债券分别由不同监管部门主导，彼此之间缺乏有效的协同机制，从而出现了为扩大各自所监管的债券市场容量和影响力而开展的以制度规则调整为主要形式的监管竞争。[②] 尽管以放松发行管制为主要内容的监管竞争在一定程度上消解了原有的僵化管制，但同质化发展不可避免带有"逐底竞争"的倾向，造成债券市场秩序紊乱。

不同监管部门各自进行的改革难以形成制度供给的合力，也难以构筑科学、严密的风险防范制度体系。相反，这种依赖行政主导的制度供给模式产生了割裂的债券市场中差异化风险防范制度内容的重复、冲突与真空。具体而言，一方面，作为制度供给者的监管部门容易局限于维护部门利益的狭窄视域，造成市场规范需求与监管制度供给的疏离，使得制度供给难以及时、有效回应市场真实、迫切的需求；另一方面，行政主导的制度供给模式导致了债券法制的碎片化，不仅表现为债券领域统一的上位法缺失，还表现为监管主体导向型的部门立法繁复，彼此自成体系的制度规则成为债券市场联通的阻碍。[③]

行政化问题并不在于行政权力本身，革除行政化弊病并非弱化风险防范所应有的行政权力，而是强调行政权力的合理配置。实际上，作为"国家权力机关根据一定程序通过的体现市场'游戏规则'的最基本的行为规范"，法律能够并应当提供行政权力行使的基本框架。[④] 市场化与法治化二者实际上难以分割。市场经济就是法治经济，法制建设是市场法治化的前提保障，侧重于法律制度本身的

[①] 王煜宇：《我国金融监管制度供给过剩的法经济学分析》，载于《现代法学》2014年第5期。
[②] 冯果：《债券的证券本质与债券市场法制化——〈证券法〉修订背景下的债券法律体系重构与完善》，载于《证券法苑》2015年第4期。
[③] 冯果：《〈证券法〉修订与债券市场规则体系的重构——兼论证券市场的法治逻辑与制度体系的现代化》，载于《证券法律评论》2016年卷。
[④] 吴志攀：《〈证券法〉、政府与证券市场互动（二）》，载于《金融法苑》1999年第2期。

优化。债券市场风险防范制度体系的法制化强调"增强法律实施规范体系结构的统一性、制度内容的科学性和层次效力的适当性"。[①] 强化法律制度的保障对于实现债券市场的法治化具有重要意义，市场主导的债券市场风险防范需要被纳入法律制度的框架之内，以解决行政权力主导的制度供给杂乱问题——提升债券市场风险防范规则的位阶和层级，统筹债券市场风险防范制度规划，将市场化约束手段与政府规制手段以法律制度的形式予以明确。

四、市场发展与风险防范的理念偏差

债券市场风险防范主导主体、工具使用与制度供给等方面存在的问题制约着我国债券市场风险防范能力的提升。归根到底，风险防范行政化机制种种积弊形成与固化的关键仍在于政府在处理市场发展与风险防范关系上的理念偏差。这与行政权力行使的特点不无关系。行政机关的权力行使目标在于维护社会秩序、增进公共利益。在金融领域之中，风险为市场中的永恒存在，这种难以消除的不确定性成为影响经济社会秩序稳定的重要不确定因素，自然会引发监管权力的关注，加强对金融风险生成与传导的监管自然是监管者尽职履职的应有之义。然而，债券市场中的风险具有种类上的多样性，包括微观层面投资者在债券市场金融活动中需要面对的债券本身的违约风险与流动性风险，也包括债券市场由此外溢或传导而来的金融市场风险，直至整个宏观经济层面的系统性风险。所以，债券市场风险防范机制并非用于针对某一特定的风险类型，其理应是具有多层级构造以应对不同风险种类、影响程度的风险防范系统。这种应当具有的体系性正是债券市场持续健康发展与严守系统性风险底线不可或缺的保障。但对于行政主导的风险防范机制而言，监管机构和监管者均有自身特定的行政层级和政治利益，监管者难免基于政治审慎而非专业激励做出监管决策。[②] 本应服务于债券市场发展的风险防范就容易沦为政府对市场资源配置的过度干预，演变成为政府直接限定市场主体的行为空间，直至形成市场的高度管制。这种严防死守式的风险防范实则是抑制债券市场活动以阻碍风险的正常表达，无疑不利于债券市场的健康发展。

我国的资本市场长期呈现出不均衡状况，即过度偏重发展股票市场，对债券市场发展不够。[③] 在债券市场发展之初，市场信用基础的薄弱使得政府不得不从

[①] 肖钢：《法制强则市场兴》，载于《新世纪周刊》2013 年第 47 期。
[②] 李成、刘相宥、刘毅：《基于供求理论的金融监管强度边界及制度均衡解析》，载于《当代经济科学》2009 年第 11 期。
[③] 袁康：《我国债券市场风险治理的规范逻辑与制度构建》，载于《政法论丛》2018 年第 3 期。

本应具有的宏观风险防范视野聚焦至微观的市场活动，将行政干预配置在市场运行的具体环节，尤其是寄希望于通过维持"零违约"以保障市场与社会运行的稳定。然而，行政资源的有限性注定这种监管难以持续，所以只能通过限制市场发展来回避行政权力无法控制的不确定性。实际上，债券市场发展与风险防范并不矛盾，债券市场风险防范的有效性基础正在于债券市场内生的风险调适能力。对风险的严防死守无法塑造成熟的债券市场，而缺乏培育的债券市场更无法有效应对市场永恒存在的风险问题。债券市场风险防范的行政化机制扼杀了债券市场应有的创新活力，制约着债券市场的增量提质，也使得市场化约束机制难以得到有效促进，实际上成为制约债券市场风险防范能力的瓶颈所在。

第二节　债券市场风险防范行政化机制的历史由来与变迁

我国债券市场风险防范机制行政化特征的形成与演化是一个动态发展的过程。在债券市场不同发展阶段，政府与市场在不同层面存在不同的互动关系，债券市场风险防范机制的行政化无论是在程度上，还是在具体表现形式上，都有所差异。本部分试图通过梳理我国债券市场的发展历程，从时间维度切入，探寻风险防范行政化机制的历史由来与变迁。对于我国债券市场的发展阶段，学界并未有统一的划分标准。由于债券品种的多样性与不同债券品种之间风险特点的差异性，实际上也难以将债券市场发展阶段和债券市场风险防范机制演化阶段直接套用。本章层次的划分主要根据对债券市场发展过程中具体历史节点的选取，再以这些标志性的发展节点为基点向前追溯或向后展开，进而探寻不同历史阶段中的债券市场风险特点与风险防范措施的适应性变化。

一、债券市场早期的风险防范探索

（一）政府债券的率先发展

我国债券市场起始于政府债券市场，在新中国成立初期严峻的经济形势下，我国开始了国债发行的尝试，于20世纪50年代先后发行了"人民胜利折实公债"与"国家建设公债"，有效缓解了通货膨胀压力，促进了国民经济恢复时期的经济建设。1958年后，尽管国家对资金仍有强烈需求，但受制于"左"的思想，停止了债券融资活动，并随之进入了长达20年"既无外债，又无内债"的债券市场空白时期。① 真正意义上的债券市场诞生于改革开放后。伴随着经济体制改革的开始，在计划经济向社会主义市场经济过渡的过程中，政府债券率先起步。国务院于1981年颁发《国库券条例》，决定自当年起恢复国债发行。首次发行的国债主要面向国有企业和政府机构，目标在于收回曾经分配给企业、用以扩大企业自主权的那部分资金。次年，由于中央政府经济状况仍未有明显好转，国债得以继续发行。② 债券发行逐渐步入正轨进而产生了债券交易的需要。1988年6月，财政部先后批准54个大中城市开展国债流通转让的试点，标志着流通市场开始形成。20世纪90年代初期，随着各地方交易中心、证券交易所的设立，场内集中撮合竞价的交易方式更加高效，债券交易进入以场内为主的阶段。然而由于基础设施的薄弱，实践中出现了一系列风险事件，使得监管者于1994年开始着手对全国分散的证券交易所进行清理整顿，将国债交易集中到上海和深圳两个交易所进行。

在彼时通货膨胀背景下，政府为鼓励民众购买国债，对国债品种采取保值补贴。保值补贴率与贴息率的不确定性使得国债从固定利率变为浮动利率，客观上助长了国债期货投机活动。1994年9月，"314国债期货事件"爆发，尽管上交所迅速采取应对措施，从持仓数额和保证金比例等方面加强风险控制措施，但利率市场的缺陷与基础法律制度的缺失使得市场主体对危害后果依然缺乏明晰认知，更加严重的风险仍在积聚。随后爆发的"327国债期货事件"最终被认定为：在国债期货市场发展过快、交易所监管不严和风险管理滞后的情况下，由少数大户蓄意违规、操纵市场、扭曲价格、严重扰乱市场秩序所引起的金融风波。③ 虽然监管部门相继发布了《国债期货交易管理暂行办法》等一系列通知，但也依然未能有效抑制投机与控制风险，最终做出暂停国债期货交易试点的决定。

债券市场的诞生与发展极大助推了我国金融市场的培育，为今后继续扩大直接债务融资市场奠定了良好的基础。在债券市场处于探索中发展的早期阶段，风险事件多是由交易制度缺陷引发，风险防范能力不足关键在于基础设施建设的薄弱，暴露出交易前端控制、风险监控、结算安排等方面的巨大漏洞。在缺乏有效的风险预警手段、风险缓释工具、风险处置规则的背景下，监管者自然倾向于通过取缔等严苛的行政规制手段进行"一刀切"式的禁止。

---

① 沈炳熙、曹媛媛：《中国债券市场：30年改革与发展》，北京大学出版社2014年版，第4页。
② 高坚：《中国债券资本市场》，经济科学出版社2009年版，第104页。
③ 叶永刚、黄河：《从无套利定价理论看我国国债期货市场的过去与未来——兼析"3·27"国债期货事件的深层次原因》，载于《经济评论》2004年第3期。

（二）企业债券的治乱循环

1. 诞生之初的企业债券市场

1984 年后，随着经济体制改革的重心转移到城市，国有企业改革背景下不断增长的企业融资需求推动企业自发地、创造性地采取各种类似债券融资的形式筹集资金。1987 年，国务院出台《关于加强股票、债券管理的通知》，并颁发《企业债券管理暂行条例》（以下简称《暂行条例》），将企业债券的发行纳入正轨。1989 年 3 月，国务院发布《关于加强企业内部债券管理的通知》。同年 12 月，原国家计委、中国人民银行发布《关于发行企业债券实行额度申报审批的办法的通知》。次年，原国家计委与人民银行联合制定了《关于企业债券额度审批制度及管理办法》，将企业债券发行纳入国民经济和社会发展计划，企业债券的发行规模逐步扩大，品种开始多样化。[①]

在我国企业债券市场迅速壮大的同时，未经审批的内部集资现象广泛蔓延。尤其在 1988 年底，受资金紧张的经济环境影响，市场中出现了内部乱集资、行政摊派、高利率集资、资金投入项目不符合国家产业政策等混乱局面。对此，原国家计委和中国人民银行下发了《关于发行企业债券实行额度申报审批办法的通知》，对发行企业债券实行额度申报审批办法，试图建立起更强有力的额度管理制度。然而，1992 年后，我国经济发展速度加快，企业对资金需求不断增长，企业债券发行规模再度失控：一方面，获批准的企业债券规模爆炸式增长；另一方面，批准之外的"乱集资"现象再度爆发。

2.《企业债券管理条例》的发布

1992 年 12 月，国务院发布《关于进一步加强证券市场宏观管理的通知》等一系列政策规定，加强整顿当时经济生活中普遍存在的乱集资现象。1993 年 8 月，国务院颁布《企业债券管理条例》（以下简称《管理条例》），对企业债券市场进行规范，严格企业发债条件和资金用途。整顿是此阶段债券市场制度建设的主线，其间逐步建立起严格的风险管制体系。其一，原国家计委上收了企业债券的审批权，对企业债券进行集中审批。尽管《管理条例》将企业债券的发行人从《暂行条例》中的全民所有制企业扩展到我国境内具有法人资格的企业，但从实际执行结果上看，企业债券的发行人仍然以国有企业为主，主要安排给国家重点建设项目。其二，发行规模与发行利率受到更加严格的限制。通过债券市场规模的控制以防范风险，甚至将原定债券发行计划转由新增银行贷款解决。其三，融资用途也进行了严格限制。发行企业债券所筹资金应当按照审批机关批准的用

[①] 沈炳熙、曹媛媛：《中国债券市场：30 年改革与发展》，北京大学出版社 2014 年版，第 5 页。

途，用于本企业的生产经营。企业发行企业债券所筹资金不得用于房地产买卖、股票买卖和期货交易等与本企业生产经营无关的风险性投资。其四，提出强制担保的要求，要求由"国有银行、中央级企业或者国家基金"进行担保。

3. 管制放松与强化的交替

我国公司信用类债券市场的发展速度明显滞后于股票和国债市场，但实际上，1984年就已开始的公司信用类债券发行早于1992年开启的股票市场，债券融资落后的情况正是在1996年严格管制生成后逐步加剧的。此后，债券发行规模的波动反映出债券发行管制的强化与放松的交替，宏观经济形势的变化亦使得债券市场风险防范机制的强度不断变化。债券市场在1989~1991年的调整，正是源于彼时中国经济中新旧体制的激烈碰撞，经济形势的恶化使得改革陷入进退维谷的地步，企业债券市场不可避免地经受调整。之后在邓小平南方谈话的推动下，又开始了以全面放松管制为特征的新一轮经济体制改革，债券市场的管制又开始趋于放松。[①] 但管制松动随即又产生新的问题，在彼时宏观经济趋于失控的情况下，政府重新加强了对企业债券市场的管制，债券市场规模又迅速下降。由此可见，债券市场风险防范机制实则是国家资源配置过程的组成部分，因而具有跟随政策调整的阶段调整特性。

二、监管竞争背景下的市场扩容

（一）信用债券的蓬勃发展

2003年，央行提出非金融企业债务工具市场发展的基本思路，即放松管制、鼓励创新、依托场外市场、面向合格机构投资者。在国内经济处于高速发展时期的背景下，各监管部门开始着力推动公司信用类债券市场的发展。2005年，短期融资券的推出成为债券市场发展的重要节点。重启的短期融资券在发行与交易规则上突破性地采用了发行备案管理、上市交易以及发行利率不需要审批以及募集资金用途不限于一般企业的投资项目。这种市场化的发行制度受到市场广泛欢迎，并迅速在发行量上超越企业债券的规制。2008年，银行间市场的监管格局进一步发生变化，央行发布《非金融企业债务融资工具管理办法》，明确规定非金融企业债务融资工具的发行与交易由银行间交易商协会实行自律管理，采取更为市场化的发行注册制，随后推出的中期票据直接同公司债与企业债形成了竞争态势。

[①] 曾国安、王继翔：《放松管制与重新管制：我国企业债券市场稀薄状况溯源》，载于《当代经济研究》2004年第2期。

2007年，证监会根据新修订的《证券法》和《公司法》，制定了《公司债券发行试点办法》。当年9月，第一只公司债券成功发行，开启证券交易所内的公司债券市场。公司债券和中期票据从一开始就具有市场化发展的明确目标，迅猛的发展势头使得企业债的监管者加快推进发行改革。2008年，发展改革委将审批权力部分下放，缩短企业债券的审批时间，在审批环节中不再核定规模、不再强制担保，募集资金投向范围也进一步扩大，使得企业债券发行规模迅速扩大。在此阶段，多头监管体制下不同监管者相继展开以放松管制为核心的发行改革，监管竞争的着眼点从竞相压缩发行审核时间拓展到对原有管制的放松。公司信用债券的蓬勃发展为我国债券市场注入新的发展动力，不断挣脱管制桎梏的市场化力量不断推动债券市场的发展，也成为这一阶段的发展主线。信用债券的发展对债券市场风险防范机制的塑造具有重要影响，具体表现为：

一方面，监管竞争表现为不同监管者相继出台各自所辖市场的债券规则，在市场迅速扩张的同时，也不断加深市场的分割。信用债券市场的崛起在一定程度上说明了市场一定的层次划分与监管竞争可以形成金融创新的良好局面，但监管竞争的负面效果在高速增长的经济形势下被掩盖，行政权力不断加剧整个债券市场的割裂状态。

另一方面，在此阶段信用债券市场的蓬勃发展实际上得益于债券市场发展定位的调整。债券品种的日益丰富不断扩展市场主体的融资渠道，债券市场开始回应市场的真正融资需求，风险防范机制自然发生适应性调整。正如有学者指出，"计划经济运行失去了原来的秩序，而新的制度规范还极不完善，市场经济体制尚未形成，造成了弱化的计划与扭曲的市场并行。"[①] 风险防范机制行政化特征依然延续，但在债券市场化大趋势之下暴露出越来越多的问题，表面上债券市场信用风险事件显得"波澜不惊"，实际上风险在不健全的制度中却持续累积。

（二）城投债券的风险积聚

在此阶段，公司信用类债券市场迅速壮大，但并非实现了对市场化风险防范机制的最大程度的优化。正如观点认为，我国债券市场风险防范机制体现出浓重的行政化色彩，原因在于真正意义上纯粹的公司信用类债券并不发达。[②] 债券市场品种结构的失衡与功能定位的偏差是风险防范机制行政化特征始终难以完全剥离的重要原因。在发达国家的债券市场中，公司债是债的主要品种，居于

[①] 时光：《我国金融风险的制度性因素》，载于《西南民族学院学报（哲学社会科学版）》2002年第4期。

[②] 沈炳熙、曹媛媛：《中国债券市场：30年改革与发展》，北京大学出版社2014年版，第23页。

中心地位，而我国债券市场是以国债、政策性金融债等包含政府信用的债券为主。即便是公司信用类债券，其中还有众多是由地方政府融资平台发行，其运行并非基于纯粹的商事逻辑。

所谓地方政府融资平台，是指由地方政府及其部门和机构等通过财政拨款或注入土地、股权等资产设立，承担政府投融资功能，并拥有独立法人资格的经济实体。在现实运作过程中，政府融资平台却严重背离了公司法人的制度秉性，尤其是缺乏规范的公司治理结构，不实行市场运作，体现出强烈的行政色彩。[①] 在资本与权力的交织下，融资平台产生了异化，这些平台所发行债券的性质与功能定位也在融资主体所处的法律困局中成为巨大的不确定因素。

政府融资平台的发展壮大有其内在的制度必然性。改革开放虽然改变了计划经济时代的财政格局，但中央地方财政关系却没能及时理顺。一方面，尽管分税制就政府间收入分配的界限进行了明确界定，但对于支出责任的划分并不明晰。随着经济社会发展要求的不断提高，地方政府在城市建设、社会保障、公共基础设施的支出越来越不堪重负。[②] 另一方面，地方政府逐渐演变成为有着自身特殊利益结构和效用目标的地方公共事务管理主体，逐渐发生动力机制的转换，越来越多受利益驱动与政绩诱惑的影响。[③] 于是，尽管1994年《预算法》明确限制地方政府举债，但在地方政府存在巨大资金缺口的情况下，变相举债成为必然，地方政府融资平台成为地方政府在制度夹缝中的选择，成为地方政府举债融资载体及实施主体。

尽管在此阶段，出于风险防范的需要，政府出台了一系列政策性文件，试图依靠行政与政策手段推动对融资平台的治理，但地方性政府债务问题的关键仍在于财政法制的虚弱。实际上，平台债券风险的防范只有通过财政法制的结构性变革、实现中央与地方财政关系的理顺，才能在地方性政府债务风险可控的基础上实现有效防范。

尽管城投债券的风险更多关系到地方性政府债务问题，体现出更为明显的财政风险防范的考量，但由于这种"准市政"债券借用了一般商事主体的融资渠道，这种错位对金融市场运行产生的负面影响不容忽视——城投债券资金使用方式、设立目的都存在着典型的政府信用与商事信用的混杂，容易导致信用评价的错位，进而加剧扭曲金融市场资源配置的逻辑。有学者指出，城投公司等预算软约束主体的存在不但使利率市场化改革难以实现其初衷，反而会增加金融扭曲，

[①] 冯果、李安安：《地方政府融资平台的财政法救赎》，载于《法学》2012年第10期。
[②] 熊伟：《地方债与国家治理：基于法治财政的分析进路》，载于《法学评论》2014年第2期。
[③] 何显明：《市场化进程中的地方政府行为逻辑》，人民出版社2008年版，第231页。

产生更明显的挤出效应。① 从风险防范视角观察，这种政府信用与商事信用的混杂使得风险防范继而融合了财政与金融的双重因素，加大了债券市场风险防范的难度，也进而决定了对其风险防范并非一个能够完全通过市场化风险防范机制就能解决的问题。公司债券的市场化意味着管制放松，市场约束将取代行政监管发挥规范市场发展的主导作用，然而监管竞争下未臻成熟的公司债券市场约束机制，对城投公司这种特殊的发债模式未能予以有效监管。②

三、新时期风险防范机制的调整

债券市场风险防范的时代特征与宏观经济背景变化是相适应的。随着金融周期的变化，周期性因素与结构性问题叠加，金融体系承受较大压力，我国债券市场信用风险开始加速释放。此前长期保持的公募债券市场"零违约"状态被打破，债券市场信用违约趋于常态化。原来经济高速增长背景下被掩盖的体制性、结构性矛盾逐渐暴露，都将成为金融风险的诱发因素，容易使得个别风险向集中的系统性风险聚集。

（一）债券违约常态化：信用风险持续释放

在前一阶段市场扩容和发行人信用资质类型逐渐丰富的基础上，伴随着经济发展新旧动能的转换，在2014年后，债券市场信用风险事件发生频率明显提升。违约主体既包括中小企业，也包括国有企业，所处行业既有产能过剩较为显著的强周期性行业，也开始扩散至弱周期性行业，债券违约逐渐成为市场常态。刚性兑付的打破反映出监管者对债券违约接受度的提高，市场趋于回归资源配置的应有逻辑，但同时也会带来转型的"阵痛"。

一方面，从行政化走向市场化，是债券市场风险防范机制范式转型的应然方向。市场化要求风险化解应遵循意思自治、行为自负、风险自担等商事交易的基本原则，不断促导市场参与者抛弃刚性兑付的预期，促进市场理性的培育。③ 另一方面，在市场化过程推进中，需要始终保证宏观层面的风险可控，不发生区域性、系统性风险。在这种过渡时期，债券违约事件的集中出现，加之违约处置机制的欠缺使得违约债券回收率存在较大的不确定性，容易导致市场主体风险偏好的剧烈下降，将使得低等级信用债券承受较大压力，也将对信用资质相对较弱的

---

① 徐高：《理想与现实之间的中国经济》，载于《新金融》2017年第5期。
② 洪艳蓉：《公司债券违约零容忍的法律救赎》，载于《法学》2013年第12期。
③ 段丙华：《债券违约风险化解：理念、制度与进路》，载于《西部法学评论》2016年第5期。

民营企业产生更为严重的市场挤出效应，容易产生风险传导的连锁反应。换言之，债券市场风险防范行政化机制难以也不能骤然解除，市场中大量非市场化因素的存在使得风险防范机制中非市场化因素的消除需要渐进实现，这是基于市场客观情况的现实选择。

举例而言，本应适用市场化手段的公司信用类债券风险防范，却因为在发债主体运营与债券融资过程中大量涉及公权力的参与，客观上并非完全能够通过商事思维方式进行规制。正如前述，企业债券具有的特殊功能定位，主要服务于保障国家重点领域重点项目建设，在风险防范上就不可避免需要政府主动介入预防与排查风险。再如，部分国有企业具有明显的社会重要性，当公司发生债务违约可能会对区域就业、当地产业支撑产生重大影响，存在特殊类型的"大而不能倒"问题，地方政府与国有股东在体制内声誉评价都将成为债务救助意愿的重要考量。可见，诸如此类的非市场化因素产生了制度框架之外、难以预期的道义责任和政治责任。对此，债券市场风险防范机制的市场化转型需要及时建立起相应制度规范，将政府基于主观能动性的自主行为纳入有效问责的约束。

总之，当前债券市场信用风险的持续释放是债券市场发展历程中的一次挑战，同时也是一次机遇。债券市场风险防范机制的塑造也尤其需要把握调整转型的时机，注意改革推进的时间与力度，既要把握市场化发展方向，又要理解市场理性的培育，在坚持防范系统性风险的底线思维之上充分缓释微观层面点状爆发的信用风险。

（二）城投债的转型与地方债务风险控制

融资平台不规范的运作模式与庞大的债务规模始终是地方政府债务风险的隐患。2014年，全国人大通过了预算法修正案，正式将过去野蛮生长的地方政府债务纳入预算管理，使得地方政府债务治理进入新阶段。随着修订后的《预算法》赋予地方政府有限的举债权，隐性的地方政府债务将逐步显性化，融资平台也将逐渐剥离政府融资功能。国务院下发的《关于加强地方政府性债务管理的意见》进一步细化了地方政府债务管理的制度架构和技术细节，规定地方政府不得再通过融资平台举借债务，要求完成中央政府、地方政府以及融资平台的信用分离，推动地方政府发债规范化和透明化。尽管地方政府融资平台剥离政府的融资职能目标已明确，但考虑到现实条件与历史渊源，地方政府融资平台真正回归市场主体、实现市场化运作，仍任重道远。在此过程中，财政风险与金融风险的关系愈加复杂。政府在解决地方债务问题上所选择的风险防范措施将对债券市场的稳定产生重要影响，其中风险防范措施的行政化特征及其负面效果尤其需要提防。

其一,地方债务风险防范应当疏堵结合。此前为应对金融危机导致的经济下行压力,政府大量使用财政手段化解金融风险,使得政府信用扩张和介入金融体系显著加深。① 政府融资平台的转型关键就在于政府信用的剥离,但历史问题解决需要强调改革的步调稳健性。推动采用新的制度组合方案替代城投债作为地方基础设施建设融资来源,在加紧剥离平台公司融资职能的同时也必须及时提供新的融资渠道,否则必将导致隐性债务类型的复杂化。一方面,地方政府债务风险防范的关键在于前端,控制规模总量,硬化预算约束,才能从根本上抑制地方政府的负债冲动;另一方面,地方政府债券违约风险是客观存在的,违约处置机制的构建尤为必要,地方政府债务重组制度的建立有助于对地方政府预算管理形成更强的约束。

其二,既要积极采取措施防范风险,也要提防在风险防范过程中产生的新风险。为控制地方债务风险,地方政府债务置换应运而生,其中蕴含着将地方隐性债务"阳光化"的努力,试图通过延后地方政府的偿债时限以缓解其偿债压力和降低违约风险。② 地方债务置换通过债务形式转换、成本转换和期限转换实现地方债务风险的转移,反映出用金融手段化解财政风险的政策意图,但这种风险防范措施并非着眼于长久,而是旨在暂时缓解与压制问题,尤其在具体操作中,地方债务置换并未按照市场化的原则进行,实则隐藏财政风险与金融风险循环影响和交织感染的风险隐患。地方债务风险的防范需要通过预算法、公债法、中央银行法进行体系化的控制,将财政风险控制在财政体系内,否则财政风险与金融风险交织传染将产生严重的危害性。③

其三,依赖政策主治的风险防范只能是被动应对风险,而难以从根本上化解风险。有观点指出,在中央地方财政关系始终没有理顺的情况下,尽管近年来对防范和化解政府性债务风险持续加码,但依然没有脱离"一收就死、一放就乱"的怪圈。政策主治的风险防范只能是"头疼医头、脚疼医脚",既缺乏从根本上杜绝违法、违规行为的能力,也缺乏风险防范应有的系统性与完整性。带有鲜明行政化风险防范色彩的地方债务置换等措施,虽然在一定程度上延缓了财政风险激化,发挥了特定时期风险防范的效果,但诸如此类阶段性策略需要被及时纳入法治轨道,制定明晰规则以促进稳定的法律秩序形成。问题的关键并非绝对隔离财政与金融的交互,而是重点防止财政风险无序、过度向金融风险转化。事实

---

① 潘宏胜:《中国金融体系复杂化的成因及影响》,载于《比较》第23辑。
② 李扬:《硬化预算约束是化解地方债务风险关键》,载于《上海证券报》2017年6月21日第12版。
③ 李安安:《财政风险金融化的法律控制——以地方债务置换为视角》,载于《武汉科技大学学报(社会科学版)》2016年第4期。

上，财政与金融难以绝对分立，金融市场也有能力通过跨时空的资源配置与风险承担化解一定的财政风险。债券市场并不拒绝地方政府债务融资，但理应遵循市场规则、接受市场的约束，使其自身真正成为负债透明、权责清晰的市场主体。首要任务在于厘清财政与金融的界限，进一步完善地方政府债券市场化定价机制、责任承担机制。目前以从各类型文件形式对地方政府债务进行原则性与宣示性的"中央不救助"原则规定并不足够，还应当通过法律制度进行表达，以赋予其具有稳定性的刚性约束。[1]

（三）小结：掌控转型过程中的阶段性策略

有学者指出："在中国这样一个处于经济体制转轨、法制逐步建立、资本市场急剧扩大、各种力量对比努力寻找平衡点的国度，对证券市场的监管权的理念不可能一步到位。"[2] 改革开放的向前推进需要更好地发挥市场在资源配置中的决定性作用，但植根于债券市场实际运行特性之上的风险防范机制要实现从行政化到市场化的转型难以一蹴而就。随着债券市场的发展与外部经济环境的变化，周期性因素、结构性因素和国际因素都对金融平稳运行带来巨大的挑战。债券市场风险防范机制的范式转型仍需注意远期目标与现实局限之间的对立，尤其需要注意转型过程中应对转型过程所采取阶段性策略，充分认识应然与实然、目标与过程的交错，稳健地推动债券市场健康发展。尤其是考虑到债券市场品种多样，对于不同类型的债券而言，风险生成与演化的路径并不一致，风险防范机制的转变进路亦有不同。多因素的复杂性决定了我国债券市场改革目标的实现需要不局限于债券市场本身范围的系统性改革，风险防范需要更多着眼于更具长效性、更有利于解决根本问题的法律制度完善。

第三节　债券市场风险防范行政化机制的功能定位与局限

戴维·哈维（David Harvey）在《后现代的状况》一书中从人类时间和空间概念的变动角度研究全球化，使用了时空压缩（time-space compression）的概念。时空压缩不仅是指技术和经济现象，还能借用其刻画改革开放以来中国社会发展

---

[1] 李安安：《财政与金融法律界分视域下的地方政府债务治理》，载于《政法论丛》2018年第3期。
[2] 高西庆：《论证券监管权——中国证券监管权的依法行使及其机制性制约》，载于《中国法学》2002年第5期。

的基础结构,即中国的现代化是在传统性、现代性和后现代性压缩在同一时空之中的条件下进行的。① 域外发达资本市场经历了数百年时间,在反复的试错与调整中发展,而我国债券市场得益于政府强有力的推动,在较短时间内取得了巨大成就。制度调整所具有的时滞性和经济环境的快速转变使得资本市场发展的不同阶段的不同特征都积压在一起,形成类似的时空压缩状况——适应计划经济体制需要的严格管制与应当顺应市场化转变的市场自发调节在当前债券市场同时存在。在多种因素交织之下,如何看待债券市场风险防范机制所具有的行政化特征,如何评价其在债券市场发展中发挥的作用,观察视角不可避免会受到时代背景转换中立场差异的影响。问题的回答应当基于对特定时空背景的考察,防止割裂时空演进中制度变迁的延续性与滞后性,造成评价的偏颇。下文从债券市场风险行政化机制的历史功能定位与现实功能定位两方面展开,辩证看待其贡献与局限。

一、历史贡献:市场创立之初的秩序建立

(一)保障债券市场的渐进式发展

市场成熟离不开市场参与者行为理性的培育,制度完善更需要监管智慧的累积,两者的渐进性决定了债券市场发展不可能一蹴而就。我国金融市场在经济体制转轨时期的发展尤其需要采用渐进式调整,以保证改革的平稳、有序。这在客观上决定了需要通过合理次序将市场调节与政府干预在不同阶段妥当安置。实际上,行政主导的债券市场风险防范机制的产生是基于对特定历史条件下市场发展实际状况的务实回应。

在债券市场创建之初缺乏市场基础的背景下,只有政府能够承担起风险治理的角色。市场参与者对于政府在风险防范上发挥更大作用的强烈需求是与债券市场这种直接融资所需具备的较高条件相关的。直接融资体系和间接融资体系最大的差别在于直接融资是投资者和融资方直接面对面,融资方依托自身信用去向投资者融资,投资者根据自己的风险判断向投资标的进行投资。相较于间接融资,直接融资具有巨大的优势,但有效的运作需要满足两个前提:第一,市场有良好的信用制度基础;第二,投资者要有风险识别能力。因此,一个有序运行的资本市场有赖于各参与主体归位尽责,风险治理也是一个需要市场各方参与的系统工程。然而,在债券市场成立之初,债券市场的发展探索处于法制建设的空白区

---

① 景天魁:《时空压缩与中国社会建设》,载于《兰州大学学报》2015年第5期。

域，处于信用体系建设不足所导致的自我约束不足的状态，自发产生的融资需求的无序表达容易演化成为危及社会公共秩序的非法活动。

债券市场的市场化是渐进的过程，风险防范机制在早期由行政主导有其历史必然性。在债券市场风险定价能力严重不足的情况下，无论是事前的严格管制，还是事后政府在违约处置环节过度的介入，实际上也都是出于维持金融秩序稳定的考量。金融运行的不稳定将直接对整个经济与社会产生冲击，政府有责任防范系统性风险以保护金融稳定。在市场发育成熟与投资者普遍具有理性的投资意识之前，虽然微观层面的债券违约只是点状爆发，但依然会牵涉为数众多的投资者。在制度框架能够提供解决纠纷的指引之前，群体性的利益诉求的无序表达极易成为社会的不稳定因素。在债券市场发展初期，政府控制债券发行的总量与节奏，通过严格审批制度至少能在一定程度上避免债券发行中的欺诈，从而保护投资者利益。正如有学者指出，在转轨经济体中，投资者与监管者都面临着严峻的信息问题，行政治理机制发挥了重要的替代性作用。[①] 在市场机制尚未建立、还难以发挥有效的资源配置功能的情况下，债券市场风险防范机制的行政化具有正当性基础，是政府保护投资者利益、维护社会公共秩序应有职能在特定历史背景的体现。

债券市场风险防范行政化机制不应被简单地否定，其所发挥功效的合理性判断需要结合债券市场的具体发展阶段。在债券市场创立的初期，债券市场风险防范的安全与效率的权衡需要更多地着眼于前者，保持债券市场发展速度的可控也有利于避免过快发展的市场长期处于规则缺失的境地。

（二）支持改革开放初期的经济建设

政府主导发展的债券市场功能定位取决于政府的规划设计，债券市场风险防范机制必然带有政府意志的印记。我国债券市场风险防范机制中的行政化特征是计划经济时期政府分配资源的延续，表现为政府对资源配置的过度干预。无论是债券市场本身在金融体系中的功能定位，还是债券市场风险防范机制保障债券市场的功能定位，都是作为政府发展经济策略实施的组成部分，风险防范机制的行政化特征实际上是其所包含的资源配置背后政策考量的体现。

金融改革服务于经济体制改革的总体目标，风险防范机制的行政化特点也需要在我国改革开放的历史全局视野下审视。实际上，风险防范的行政化机制服务对于经济全局的掌控，强化了国家集中财力发展经济的能力。从本质上看，我国

[①] 卡塔琳娜·皮斯托、许成钢：《转轨经济中证券市场的治理：来自中国的经验》，载于《比较》第19辑。

债券市场风险防范机制的行政化特征是我国金融抑制政策的体现。尽管在当下金融抑制应予否定，但若将视角回归到债券市场初创之时，金融抑制政策实际上是国家"经济赶超战略"的一部分。有学者对此指出，在20世纪80年代和90年代，抑制性金融政策对经济增长并没有产生明显的负面效应，政府对金融的干预支持了金融稳定。① 在金融抑制政策下，市场投融资的自主权受到行政控制的压抑，我国债券市场行政化风险防范机制展现出国家对金融市场发展的控制力。除了率先发展的国债具有突出的财政功能，对于公司信用债券市场而言，其产生伴随着国有企业改革，彼时尤其需要通过企业债券市场开拓融资渠道解决大型国企和重要项目的资金问题。在新兴市场资金短缺的情况下，限制非国有企业进入资本市场进行融资从而保证国有企业获得大量廉价资源。不同时期国家扶持政策不同，企业债券的融资主体不同，发债的关键在于项目是否符合国家产业调整规划。② 债券市场发行环节中的严格管制既是出于风险防范的目的，也是基于保证债券融资投向符合宏观经济政策的考量。有学者认为，"放权让利的市场化改革过程中，政府财政实力的削弱需要政府强化其金融资源配置能力来弥补，这是中国渐进改革取得成功的重要经验。"③ 难以否认，行政主导下的债券市场发展有力地支持了我国改革开放初期的经济建设，在金融体制转型初期的特定历史背景下，风险防范行政化机制具有一定合理性。

二、时代局限：对市场发展演进的滞后回应

渐进式改革强调稳妥地处理新旧制度变迁中的摩擦，但这种审慎容易导致对时代发展的滞后回应。随着时代变迁，生长于特定历史阶段的风险防范制度体系显现出滞后性，风险防范行政化机制的合理性逐渐衰减，消极作用日益取代以往具有的积极作用。若不及时调整则将导致市场转型的实践需求与风险防范行政化机制之间的紧张关系。

（一）行政化风险防范机制已难以有效防范风险

1. 债券市场风险的认识偏差

风险防范的有效前提在于正确认识风险生成与传导的机理。风险代表着不确

---

① 黄益平：《防控中国系统性金融风险》，载于《国际经济评论》2017年第5期。
② 蒋大兴：《被忽略的债券制度史——中国（公司）债券市场的法律瓶颈》，载于《河南财经政法大学学报》2012年第4期。
③ 潘英丽：《论金融抑制与法治转型》，载于《探索与争鸣》2013年第2期。

定性，意味着随附负面后果的可能性。债券市场的风险实际上具有多元性，不同类型的风险具有差异性，债券市场的风险防范实际上是一个包含多层次的风险应对措施的集合。

从宏观层面上看，系统性风险无疑是债券市场风险类型中负面效果最为显著的，这种牵涉面巨大的不确定性成为金融安全的重大隐患。在此种语境下，风险更多地被用以指代了风险实现导致的负面后果，风险防范实际上是维护国家金融安全的组成部分。政府作为国家公权力行使的主体，维护社会秩序与经济的正常运作是职责所在，系统性风险的底线思维也是政府所应当具备的。从微观层面上看，对于债券市场投资者而言，债券市场的风险所蕴含的不确定性更多体现在收益与损失的配比关系上。金融业本身就是经营风险的行业，在此种语境下，"风险"一词并非当然等同于危险，而更接近其词源本意，即一种在未来收益与损失不确定性中的"敢担当"。显然，在此层面，市场主体进行的债券市场的风险防范实际上是以风险定价为核心的问题。

我国债券市场风险防范机制的行政主导特征实际上源自对风险的认识偏差。尽管这种风险防范也是出于维护金融安全的目的，但由于抑制了风险的合理表达，显然破坏了债券市场应有的市场逻辑。债券市场本就是风险定价的场域，对系统性风险的零容忍并非对风险的零容忍，监管者在系统性风险防范监管范围的过度延伸只能是事与愿违。公司债券是有约定期限的固定收益证券，其偿债能力评价应当落脚在债券发行人持续经营过程中的现金流分析。[①] 债券违约的风险是客观存在的，单一静态时点上的管制不可能消除违约风险。例如公司债券发行中长期存在的发行比例限制，虽然试图实现违约风险防范的目的，但实际上这是对公司债券证券属性理解的误区，也是造成债券市场长期存在刚性兑付的理念根基。[②]

2. 风险防范体系的支离破碎

风险防范机制的行政主导与国家主导经济增长时对政策的偏好胜过法律的内在逻辑是一致的。尤其对于风险这种不确定性而言，风险防范机制的灵活度与及时性十分重要，但问题在于，风险的积累直至爆发是一个过程，背后都有着深层次的诱因。行政化风险防范机制尽管能够在短期的危机应对上取得成效，但应急性的行政化风险防范体系缺乏长效性，也不可避免地呈现出碎片化的特点。

其一，对行政手段的过度依赖使得债券市场风险防范机制缺乏长效性。风险防范行政化机制的措施产生于特定的历史背景，注重快速抑制风险的效果，而缺

[①] 洪艳蓉：《公司的信用与评价：以公司债券发行限额的存废为例》，载于《中外法学》2015年第1期。

[②] 冯果：《债券市场风险防范的法治逻辑》，法律出版社2016年版，第232页。

乏对风险防范的长期规划，体现出严厉性和临时性。对行政化风险防范机制的过度依赖实则折射出风险防范长效机制的缺失，行政权力行使的不确定性不仅难以防范风险，甚至会产生新的风险：一是市场主体容易受到不稳定的监管信号干扰，难以有效安排活动，破坏市场的稳定性；二是在多头监管的背景下，风险处置手段节奏和力度的缺乏协调容易产生次生风险，导致风险的叠加共振。

其二，风险防范机制理应是包括预警和处置在内、贯穿于债券市场运行始终的完整链条，但我国现有风险防范机制在风险预警方面尤为欠缺。正如前述，债券市场风险类型多样，既包括债券投资者在投资活动中直接面对的微观层面风险，也包括来自金融市场整体宏观层面的风险。债券市场风险防范机制理应是多层次的，能有效识别与采取适应风险应对措施的机制。但债券市场主体培育缺失与信用衍生工具供给不足，使得风险的度量存在障碍。风险预警的缺陷使得风险防范行政化机制只能依赖于事前僵化管制与事后被动应对。

其三，行政权力主导的制度供给杂乱破坏了制度体系应有的完整性与稳定性。我国债券市场不仅面临着金融监管法律的空洞化，甚至还缺乏统一的上位法，风险防范制度体系的支离破碎更加凸显金融监管的政策主治色彩。政策主治是一种变动性强大、具有较大主观性的治理模式，依赖于监管者的主观判断，带有很强的随意性，容易导致独立性、透明性和可问责性的缺失，直接威胁监管有效性。[①] 在多个监管部门主导的债券市场并立又彼此缺乏联通的情况下，各自进行的制度建设难以构筑科学、严密的风险防范体系。同时，割裂的市场破坏了信息基础设施应有的统一性，导致市场信号的紊乱，给风险防范带来更大困难。

3. 市场化风险约束机制缺失

在行政管制下，基于对风险错误认识的管制无法解决风险问题，反而将产生更大的风险隐患：扭曲了债券市场的运行逻辑，挤压了市场化约束机制的生长空间，使得市场难以发育成熟，以至于呈现出难以承受风险释放的脆弱。所谓市场化风险约束机制，区别于政府在风险防范治理的单一核心地位，强调对于债券风险的识别、分散和化解主要通过市场机制完成。债券市场风险防范的市场化约束机制贯穿于债券市场运行的各个环节，从债券发行审核、债券市场监督、债券定价、债券登记托管、债券交易到债券结算，都共同构成多方面、多层次的风险防范体系。

在金融市场中，健全的中介机构体系是串联各类型市场主体，充分实现市场机制的关键一环，其功能有效性直接关系到债券市场风险防范与资源配置能力的

---

① 李安安：《金融监管与国家治理——基于监管治理的分析框架》，载于《经济法学评论》2016 年第 2 期。

水平。理论上，市场中介机构能够提供分散、转移和管理风险的专业解决方案，但在高度管制的市场中，中介机构角色尴尬。以信用评级机构为例，其理应基于自身独立的第三方定位，通过发布信用评级报告，将债券本身及其发行人复杂的信用信息指标化反映，在理论上能够发挥金融市场的"看门人"作用。[①] 然而，如果债券市场的风险在行政化风险防范机制下被人为抑制，那么评级机构的风险揭示功能实际上无法实现。此时，信用评级机构与投资者之间的联系是微弱的，"空降"的信用评级制度缺乏真实的投资者需求，其仅仅是为债券发行审批制度服务，实则充当着提供专业技能的监管辅助工具。由此，理应定位为解决信息不对称难题的中介机构，也只能沦为监管者对债券市场国际化惯例的经验照搬而刻意安放的摆设。既然市场化运行的中介机构声誉机制缺乏有效性前提，中介机构自然难以控制自身利益冲突，也就导致了债券市场"看门人"的缺位。

（二）行政化风险防范机制已成为市场发展阻碍

1. 风险定价能力缺陷制约市场发展

债券市场本身就是对信用风险进行定价的市场，监管者对微观层面信用风险释放上的低容忍不利于金融市场向纵深发展。在市场发展初期，由于制度设施和发展条件并未完全具备，市场主体自我风险管理能力欠缺，风险事件的负面影响可能会被放大，监管者采取风险谨慎态度有其必要性，但如果不能及时根据市场发展需要调整则终将制约市场进一步发展。对行政主导的风险防范机制的依赖只能营造出债券市场"表面健康"的假象，深层次市场运行逻辑却因此扭曲。有观点指出，中国债券市场尽管在容量上取得巨大成就，但由于缺少其他国际资本市场拥有的必要市场要素——由市场对风险进行衡量，并将评估出的风险量化融入资产价格计算的能力，仍旧没有改变"原始"的面貌。[②] 债券市场管制思维下风险与价格联系的割裂，风险与风险度量的有效性缺乏，成为债券市场持续健康发展的阻碍。

2. 革除金融抑制方能实现债券市场深化发展

公平、效率与安全是金融发展的三个价值维度，只有实现金融安全、金融效率和金融公平耦合的金融法制才可以最大限度地推动金融市场的健康发展。在债券市场不同发展阶段，发展目标的差异性决定了三者的关系实际上也处于动态变化中。正如前述，对行政主导的风险防范机制的过度依赖与抑制风险表达的管制思维实则是金融抑制政策在债券市场中的体现。在金融抑制政策下，政府有意

[①] ［美］约翰·C.科菲：《"看门人"机制：市场中介与公司治理》，黄辉、王长河等译，北京大学出版社2011年版，第3页。

[②] ［美］卡尔·沃尔特、弗雷泽·豪伊：《红色资本：中国的非凡崛起与脆弱的金融基础》，祝捷、刘骏译，东方出版中心2013年版，第97页。

识、人为地干预金融市场交易，采用扭曲利率、汇率等金融市场的交易价格，以实现国家的"经济赶超战略"。[1] 金融抑制政策问题并不在于其本身，而在于这种政策的适应性。我国债券市场行政化风险防范机制的问题关键在于金融抑制政策未能及时退出，而是延续成为一种固化状态。金融抑制政策是一项结构转型的重要因素，尽管能在短期内实现经济的快速增长，但会导致产业结构的失衡，进而影响经济结构稳定，最终阻碍经济增长。[2] 最为典型的是利率管制与对银行的控制，使得信贷资源无法流向最具产出性的项目和企业，债券市场与此相似，"对利率的抑制也导致中国无法发展对普通社会投资者开放的债券市场。"[3] 在金融抑制政策下，市场主体的融资需求并未得到应有重视，中小民营企业的受益程度有限。相较而言，域外发达债券市场则通过主体培育引导风险与投资主体差异化匹配，这种对比实际上反映出"现阶段监管机构和市场参与者的风险管理理念已经难以适应金融市场发展的要求，无法充分激发市场在优化资源配置、服务实体经济方面的更大效能。"[4]

第四节 法理反思：抑制债券市场创新以避免风险生成

创新作为一种在既有规则范围内向外的突破性力量，其所具有的不确定性实际上就具有风险的特征。历史上不断爆发的金融危机事件深刻地揭示出，金融市场发展离不开金融风险防范与对金融活动的有效监管，但这并不意味着为实现金融安全就必须消除一切不确定性。我国债券市场行政化风险防范机制实际上是抑制债券市场创新以消极避免风险生成，这种以扼杀金融创新的粗暴方式防范风险实则是因噎废食，难以实现防范风险的初始目的，反而阻碍了债券市场深化发展。

一、渐进式变革与试点推进型创新

（一）政府主导的债券市场创新路径

广义上讲，金融创新作为一种发展推助力，意味着引起金融领域结构性变化

---

[1] 黄韬：《"金融抑制"的法律镜像及其变革——中国金融市场现实问题的制度思考》，载于《财经科学》2013年第8期。
[2] 王勋、Anders Johansson：《金融抑制与经济结构转型》，载于《经济研究》2013年第1期。
[3] 白江：《金融抑制、金融法治和经济增长》，载于《学术月刊》2014年第7期。
[4] 杨农：《培育正确的金融市场风险理念》，载于《中国金融》2013年第9期。

的新工具、新的服务方式、新市场以及新体制的推出。① 创新型金融工具的推出是债券市场创新最直观的表现，但正如有学者指出，很多在国外都是由市场主体自发创新的金融产品，在中国债券市场上都是在政府主导下进行的创新。② 与风险防范机制行政化特征形成的根源类似，过度依赖政府设计与供给的金融创新模式同样是政府主导债券市场发展的体现，政府对债券市场发展的主导也就体现为政府掌握着债券市场创新的主导权。

债券市场的创立与发展是我国市场经济发展的重要组成部分，债券市场发展与我国经济体制变革的步调保持一致，同属于渐进式变革。处于初始阶段的债券市场运行规则的欠缺使得客观上需要依靠政府把握债券市场的发展节奏，根据市场需求，结合市场发育状况，提供创新金融产品。当债券市场创新缺乏必要的市场基础，政府主导的创新能够在保障债券市场发展秩序的前提下，逐步、持续地供给债券市场新的增长点。我国经济体制的渐进式变革取得了巨大成就，债券市场同样在市场规模上跃居世界前列。然而，随着渐进式变革走入攻坚阶段，原有粗放的经济增长模式已难以为继，必须寻找新的突破点。债券市场的发展同样如此，只有保持债券市场的创新活力才能最大程度激发债券市场发展潜力。但问题在于，随着债券市场的市场化持续推进，原有依赖监管部门主导的"自上而下"式的债券市场创新，已难以与当下市场愈发强烈的"自下而上"的创新需求形成积极互动。

在理论上，金融创新可以分为内生性金融创新和外生性金融创新，分别由市场与政府的力量推动。正如有学者指出，我国资本市场上的金融创新是内生机制与外生机制交织进化的产物，但无疑以外生机制为主，呈现出"强外生性、弱内生性"的图景。③ 金融创新的意义在于通过及时回应市场需求，保障市场的发展活力。然而，以外生性机制为主导的金融创新模式实际上高度依赖政府的主观能动性，需要依靠监管者对金融创新进行详尽的规划设计，往往体现政府预先的风险权衡：首先由监管者评估风险，在风险可接受的范围内逐步推动受监管者认可的创新金融产品的应用。监管者的权衡存在诸多不确定性，评价指标更多出自监管者对自身利益的考量，而不是出于对市场需求的回应。所以，内生性金融创新的缺乏实际上折射出资本市场面临着严苛的金融管制。正是不当的行政干预和僵化的管制构成了行政主导的风险防范机制，进而压缩了金融创新的空间。

---

① 陆泽峰：《金融创新与法律变革》，法律出版社2000年版，第4页。
② 沈炳熙、曹媛媛：《中国债券市场：30年改革与发展》，北京大学出版社2014年版，第5页。
③ 李安安：《祛魅与重构：金融创新的法律困局及其突围——以资本市场为中心的观察》，载于《证券法苑》2013年第2期。

（二）秩序维持目标下对创新的本能排斥

根据熊彼特的"创造性破坏"理论，创新涉及对既有规则调整范围的突破，即不断从内部破坏旧的经济结构而代之以一种新的经济结构。[①] 金融创新起始于市场主体追求金融效率、获取更大利益的内在动力，由此具有突破既有限制性规则的内生诉求。规避监管作为一种金融创新的主要动因，更直接体现出一种市场力量与监管力量立场的对立。金融创新既改变了原有金融结构，形成更富有效率的金融体系，也因此改变了原有风险生成路径，形成对金融稳定的挑战。作为公共秩序的维护者，维护金融稳定是监管者为达成市场体系稳定发展目标所应当进行的金融监管行为，现代金融监管体制也正是在监管者与市场参与者反复的博弈中发展起来的，其中的关键在于金融监管的适应性，即对金融体系的变化做出及时调整的能力，以期在效率和稳定之间寻求动态的平衡。但问题在于，如果监管者过度依赖债券市场风险防范行政化机制，就会导致监管缺乏及时调整变化的能力。行政化风险防范机制对创新的抑制本质上根源于监管者在秩序维持目标下对创新本能的排斥。

创新必然包含着试错的过程，如果缺少足够的容忍度，就会以扼杀新事物发展的态度消极回避犯错的可能，但实际上，经济体制渐进式改革本身也就意味着一个试错的过程。金融市场作为市场经济运行的重要组成部分，金融创新的节奏与改革的整体步骤相关，为保证改革全局处于平稳状态，金融创新所随附的风险需要被安置于可控范围内。从我国金融市场的发展实践来看，金融创新有着较为明显的试点推进特点。理论上，试点提供了一个在有限范围内的创新实验平台，成为缓和金融创新与风险防范矛盾的一种有效方式，但监管者毕竟具有维护公共秩序的基本定位，而非一个中立的裁断者，其对秩序的偏好容易导致对创新本能的排斥。所以，一旦风险生成，作为创新主导者的行政机关更倾向于采取严格手段杜绝风险发生的可能，而不是推动试点创新所展现出的规则漏洞的进一步完善。

我国国债期货的早期实践是一个典型事例，展现出我国债券市场中政府主导的金融创新与试点推进的双重特征下面临的金融创新困境。1992年12月~1995年5月，我国曾进行国债期货的试点，但最终失败，政府在创新引致风险后所采取的措施就体现出"一刀切"式风险回避的思维特点。正如有学者指出，"327国债期货事件"虽然本质上是交易规则存在技术性瑕疵以及财政部有泄露信息嫌疑所致，实际上可以通过规则的完善来解决，然而在行政主导的模式下，最终的

[①] ［美］约瑟夫·熊彼特：《资本主义、社会主义与民主》，吴良健译，商务印书馆1999年版，第147页。

处理方式是索性取消整个国债期货交易并累及其他金融衍生交易品长达十数年。[1]

可见，尽管政府主导的试点推进型创新具有风险控制的优势，但监管者对金融创新风险评估能力的有限性容易导致极低的风险容忍度。在政府"有限理性"之下，监管力度与监管效果关系的权衡妥当具有相当大的难度。尤其当政府同时肩负债券市场的培育者与监管者双重角色时，更会带来价值判断标准的复杂性与矛盾性，金融创新则在政府培育市场与监管市场的双重任务中摇摆不定。尽管行政机关肩负维持债券市场发展秩序的职责，出于公共利益的考量，对于严格的管制有着充分的理由，但在自身利益偏好下却容易导致利益失衡与秩序混乱。

二、风险防范与金融创新关系的失衡与调整

风险防范行政化机制下种种积弊形成的关键仍在于政府处理市场发展与风险防范关系上的理念偏差。政府在主导金融创新过程中对市场需求的滞后回应实则折射出政府处理金融创新问题时在金融效率、金融安全、金融公平上的理念错位。风险防范机制目的在于保障债券市场的发展，其理应成为债券市场金融创新的保障，但僵化的风险管制思维缺乏市场化机制以应对市场发展的张力，难以及时调整和回应市场诉求。政府应以提高市场普惠度和包容性为己任，创造企业债券融资的渠道和条件，进而使得市场参与者能够公平合理地共享发展机会。鼓励、培育和引导金融创新应当是债券市场法制应有的价值追求，与其固守金融安全的单向思维，不如适时解除金融创新的盲目管制。[2] 债券市场的发展尤其需要通过创新拓展金融公平的进路，提供债券融资渠道，共享债券市场发展红利。

抑制债券市场创新无法避免风险，只有保障创新才能助力风险防范能力的提高。行政化的风险防范机制必然会使得市场参与主体自发采取举措抵制或回避相关政策，在制度夹缝中萌生的金融创新内在诉求如果不能得到及时回应，就极易趋于野蛮生长而最终导致风险失控。监管者在审视金融创新问题时的关键在于，如何正确认识金融创新背后的市场内生诉求，如何保障与推动这种金融诉求成为资本市场发展动力，如何将创新牢系于实体经济发展，进而通过债券市场创新助力风险防范。

金融创新是中性的，具有危害性的不是金融创新本身，而是打着创新幌子的危害性风险操作。在此情况下，本身具有风险中性特点的金融工具被滥用而发生

---

[1] 缪因知：《国家干预的法系差异——以证券市场为重心的考察》，载于《法商研究》2012年第1期。
[2] 李安安：《祛魅与重构：金融创新的法律困局及其突围——以资本市场为中心的观察》，载于《证券法苑》2013年第2期。

异化，最终将脱离实体经济成为具有危害性的风险隐患。对于债券市场而言，债券本质上是以证券形式表彰的债权债务关系，合同条款设计包含众多可能，天然具有极大的创新空间。并且，随着金融工程的发展，金融产品结构日益复杂，不断通过组合衍生出更为复杂的结构金融产品，既使得风险传导链条愈加复杂，也使得金融产品在"金融包装术"之下容易偏离金融服务实体经济的宗旨。

成熟的债券市场有助于提升抵御风险的能力。其一，债券市场在金融市场中具有特殊的重要性，20世纪末亚洲金融危机已深刻说明了这一点，一个运行成熟的债券市场不仅能提供金融市场进行资源配置的利率基准，并且有助于分散积聚于银行体系的风险。当前我国债券市场上债券品种仍然有限，流动性也较为缺乏，客观上需要通过提供更加丰富的债券品种，满足不同市场参与者的不同风险偏好，促进市场结构的优化，进而消除因市场结构不完善导致的风险，助推债券市场的提质增量。其二，债券市场的风险防范体系理应是一个包含微观与宏观的多层次、市场参与者与政府多元共同参与的有机整体。债券市场风险防范金融活动本身就自然包含着市场主体自发进行风险识别、风险评价与风险管理等过程，债券市场的创新有利于丰富债券风险防范的工具箱。

债券市场的市场化与法治化密不可分，对于金融创新而言同样如此，政府主导的外生性金融创新向市场主导的内生性金融创新转变尤其需要法治保障。我国债券市场新兴加转轨的复合特点决定了金融创新在市场基础性制度上的薄弱。作为市场发展的主导者和公共秩序的维护者，监管者面对复杂的金融创新产品及其附着的不确定性，更倾向于通过扼杀金融创新的方式保持市场发展的稳定。实际上，政府本不应该承担最终裁决的角色，然而在我国金融市场中，行政权与司法权的配比失衡，存在"强行政、弱司法"的现实图景。在金融创新立法供给乏力的同时，相较行政权，处于弱势地位的司法权也难以在介入金融市场时有积极主动的状态，反而在法律规则创造上趋于保守，无法消除金融创新导致的市场不稳定因素。①

总之，债券市场创新应当实现顶层设计与市场力量的良性互动。债券市场风险防范体系的市场化不是简单地去行政化，而是强调政府权力的优化配置，并整合市场力量，充分发挥司法能动性，形成最大合力以推动债券市场创新，进而重塑债券市场的发展动力。

---

① 王奕、李安安：《法院如何发展金融法——以金融创新的司法审查为中心展开》，载于《证券法苑》2016年第2期。

第四章

债券市场风险防范机制的范式转向：
以债券产品发行为中心

我国改革开放以来债券市场发展的实践表明，"重发展、轻监管"是这一时期市场建设的主要特征。在监管与发展孰优这一方向问题的选择上，通常是监管让步于发展，在市场发展中完善制度，在制度建构中推动市场发展。债券市场发展的直接结果就是债券市场存量规模的屡创新高、投资者类型的渐趋增多和债券产品的丰富多元，而在竞争中行政权力行使惯性和监管格局不断固化进一步加深了发行市场监管权的分散。"谁推出，谁监管"使得债券发行市场成为监管部门之间相互角力的"竞技场"，在市场化的过程中，债券融资产品的金融创新在丰富债券市场上的债券品种的同时，也埋下了监管部门之间权力分割的隐患。本章以债券产品发行为中心，探究债券市场风险防范机制从行政化走向市场化的范式转向必由之路。

第一节 行政管制：债券产品发行"走不出的背景"

一、监管重叠：债券发行亟需打破的管制壁垒

不同于多数国家依靠市场的自发性形成、发展、完善债券市场，我国债券市

场在初创时期就走了一条不同的道路：政府主导下发展债券市场。在这种发展模式下，政府既是债券市场制度的制定者、债券产品创新的推动者，也是债券市场的监管者。① 行政权力对于债券市场的主导作用，不仅塑造着债券市场基本制度，同时影响着债券市场监管权配置，债券发行市场的监管权分散即是行政管制下自然形成的制度现象。监管权分散是多重监管下的制度回应。相对于单一监管者而言，多种监管的制度设计，就不可避免地存在监管重叠和监管真空之情形。② 监管重叠的存在使得每个监管机构只负责一个环节，必然导致在对监管对象进行反复"揉搓"的同时，多个监管机构间缺乏必要的沟通、衔接与协调，从而造成实际上的监管者缺位、监管不力和市场秩序混乱。③ 而由监管重叠所造成的监管效率低下与监管成本高企，成为制约债券发行市场进一步发展的管制壁垒，从而日益受到改革当局和监管者自身高度重视。在债券一级市场，监管重叠可以从两个层面进行解读：一个层面是，在具有相同基本要素（债券面值、债券价格、债券利率等）的债券类别中，不同的监管机构对性质相同或相似的同一类别下的债券子产品分别行使监管权；另一个层面是，在同一债券产品的监管权的配置上，不同监管机构针对债券发行过程中的不同环节，分别行使监管权。

　　消除监管重叠的必要性依据在于，重叠监管对于监管效率降低、监管资源浪费、专业监管人员专业技能的培养具有负相关关系。从这一点来看，消除监管重叠与亚当·斯密的劳动分工理论有着异曲同工的实践意义。劳动分工理论认为，劳动分工可以使劳动者的技巧因业专而日进，避免因为工作转换而损失时间。④ 而监管重叠的消除也可以避免监管资源的浪费与监管人力资本的培育。因此，如果不同品种的债券具有相同或者相似的基本要素，那么理应将这些不同品种的债券（但应归属于同一类别）发行监管权授予统一监管主体，以此提高监管的效率和效能。以此标准审视我国金融债券的监管权配置，可以发现其监管体系中重复监管现象较为普遍，主要体现在具有相同债券基本要素的债券发行监管权分属不同监管部门。例如，同属于金融机构法人，政策性金融债券和商业银行债券受到央行直接监管，商业银行次级债券则由央行和原中国银监会分享权力，证券公司次级债券则完全受中国证监会辖制。金融机构性质相似，发行债券融资目的基本相同，但发行监管权却呈现出分散化特征，监管重叠现象严重。理清同属不同种的债券发行监管权，以提高监管效率、消除监管重叠作为改革目标，是关系今后

---

　　① 沈炳熙、曹媛媛：《中国债券市场：30 年改革与发展》，北京大学出版社 2014 年版，第 18 页。
　　② 罗培新：《美国金融监管的法律与政策困局之反思——兼及对我国金融监管之启示》，载于《中国法学》2009 年第 3 期。
　　③ 何德旭、王卉彤：《论债券市场的有效监管》，载于《财政研究》2004 年第 9 期。
　　④ ［英］亚当·斯密：《国民财富的性质和原因的研究（上卷）》，郭大力、王亚南译，商务印书馆 2009 年版，第 6 页。

债券市场监管体制完善的核心命题。

对于因不同监管部门对债券发行的不同环节进行监管所导致的监管重叠，需要仔细权衡监管分工与监管统一两者各自的利弊，在适当时机打破业已形成的分散监管格局，将同一债券的监管权收归同一监管部门行使，以此消除同一债券监管上的重叠监管现象，提高监管效率。不同监管机构分别对债券发行中的不同环节行使监管权所形成的监管重叠在企业债券市场上表现得尤为明显。企业债券发行市场的主管监管部门是国家发展和改革委员会，辅助监管部门为央行和证监会，在监管权的分布上呈现出分散的态势。举例而言，目前在债券市场上一只企业债券面临着国务院的额度审批、国家发展和改革委员会的项目审批和发行审批、人民银行的利率审批、证监会的承销资格审批、证监会和交易所（或中央债券登记公司）的上市审批，从申请发行到上市这一过程短则1年，长则2~3年。[①] 可见，国家发展和改革委员会在企业债券发行程序中起主导作用，但是在发行审核阶段，央行与证监会分别享有部分监管权，作为企业债券发行的会签部门，央行负责审批利率定价方案和最终发行利率，证监会审核承销团承销资格。发行审核阶段监管权的分散，对企业债券发行人而言的直接影响就是大大延缓了企业债券的审核效率，延长了发行审核时间。中央企业和地方企业的不同身份属性，造成了地方企业不能直接向国家发展和改革委员会申请发债，必须经过"省级发展改革部门或国务院行业主管部门"这一监管主体完成企业债券的申请、审核、批复、下达等一系列流程。尽管国家发展改革委于2008年发布的《关于推进企业债券市场发展、简化发行核准程序有关事项的通知》在一定程度上改变了企业债券的发行管理方式，但"利率"和"承销资格"的审核权仍由央行和证监会掌握，企业债券发行市场上的监管重叠现状并未得到根本改善。

二、监管分工：行政资源有限性下的正当基础

市场经济好比一台价格不菲的机器，需要用心呵护和不定期检修，以确保其持续和高效运转。[②] 如果说监管重叠是需要通过呵护和检修予以消除的"小缺陷"，那么监管分工则是有限监管资源在配置过程中的正当选择，是需要肯定与继续保持的监管模式。对于同一债券类别（如公司信用类债券），围绕企业债券与公司债券监管权是否应当统一这一问题，争议颇多。有学者认为，监管权的分

---

① 高坚、杨念：《中国债券市场发展的制度问题和方法研究》，载于《财经科学》2007年第12期。
② ［美］维托·坦茨：《政府与市场——变革中的政府职能》，王宇等译，商务印书馆2016年版，第352页。

散在客观上对市场进行人为分割,对企业债券发行人和投资者带来交易障碍,因此这一分散监管的框架必须打破。① 也有学者认为,公司债券市场的监管体制属于监管框架设计中存在的缺陷,带来了监管措施的相互掣肘,增加了市场运行成本,导致监管政出多门,影响了公司债券市场的有效监管和统一规划。② 我们认为,对于监管重叠与监管分工的性质认识,需要结合不同债券品种的基本特性认定。具言之,具有相似特性的债券产品监管权归属于不同监管部门,属于监管重叠;不具有相似特性或者债券产品在诸多方面存在差异,监管权归属于不同监管部门,则不属于监管重叠,应当认为是监管分工。③

  以公司信用类债券为例,企业债券与公司债券在理论上应属同一类别债券,都是以发行企业的信用为偿付依据的公司信用类债券。原因有以下几点:第一,从债券融资目的上来看,两种债券产品都是在计划经济向市场经济转型的大背景下产生的,最初推向市场的目的都是满足国有企业融资需求和为地方政府经济建设提供资金。途径都是通过债券融资这种直接融资方式,只不过当时受"重股轻债"思想的影响,这两种债券产品在具体制度创设上没有统一、长远规划,造成了主要发行监管权分别归属于国家发展和改革委员会和证监会;第二,从法律文本上看,两者皆是"依照法定程序发行的、约定在一定期限内还本付息"的有价证券,具有期限性、法定程序性和等价有偿性,在债券性质上应当是以企业(信用)为偿还基础的有价证券;第三,从发行主体上看,此两种债券并未严格限制发行人资格,没有特别强调"所有制"这一身份属性。尽管在这两种债券早期的法律依据中,"国有"属性仍是作为债券发行的主要限制性条件写入法律文本之中,但随着改革开放的逐渐深入,在法律文字的表述上,企业债券的发行人由"全民所有制企业"转换为"具有法人资格的企业",公司债券的发行人由"股份有限公司、国有独资公司和两个以上的国有企业或者其他两个以上的国有投资主体投资设立的有限责任公司"转换为"有限责任公司和股份有限公司","所有制"这一身份属性逐渐从法律文本中抹去。企业债券发行主体由"国有"性质向"非国有"性质转变,公司债券则彻底抹掉国有投资主体的身份性限定。这些变化既是债券市场不断发展的缩影,也是监管部门对于债券性质认识不断深化的写照。立足于法律文本的当下含义,企业债券与公司债券可谓"同根同源"。综上,从债券发行的目的、债券基本属性、债券基本要素和债券的发行人要求等

---

① 王东明:《中国分散监管的框架必须要被打破》,新浪财经网,2024年11月26日访问。
② 刘水林、邰峰:《完善我国公司债券监管制度的法律构想》,载于《上海财经大学学报》2013年第3期。
③ 徐林:《中国非金融企业债券市场发展——情况、问题及发展构想》,载于《金融市场研究》2010年第5期。

多个角度审视公司债券与企业债券这两种债券，我们均不能发现两者间的根本性差异，从立法解释、文义解释和体系解释的角度出发，企业债券与公司债券属于同一类别债券亦当无疑义。

但是，由于立法规划的模糊和监管权的错配，这两种债券在发行实践中产生了诸多方面的差异。例如两类债券发行审核环节在发债规模、发债主体和发债用途等方面的很多差异，[①]形成了对于不同性质企业"区别对待"的准入门槛。由于国家发展和改革委员会对于企业债券享有主要发行监管权，企业债券逐渐发展为国家出资企业（主要是国有独资企业、国有独资公司和国有资本控股公司）进行融资的主要券种。而公司债券所在市场对于企业性质的偏好并不明显，因而成为众多非国有企业进行债券融资的首要选择。可见，最初立法上将企业债券的监管权配置给国家发展和改革委员会，是造成这两种从性质上看属于同一类别债券在实践中产生差异的根本原因。募集资金主要投向政府批准的投资项目、发行人基本上为国家出资企业、政府信用"兜底"等种种现象也都使得企业债券更像是中国版的"政府债券"。当然，不同部门对于同一类别债券的监管，是我国债券市场发展初期的权宜之计。在监管资源有限，而监管效率亟待提升的实践背景下，监管分工的出现就有其存在的必要。监管分工使得监管部门在监管实践当中不断摸索，提高了监管效率，也增加了监管经验。使得监管部门在有限资源的约束下，也能够适应当时债券市场发展的客观现实，亦为我国监管部门培养了第一批优秀人才。虽然监管分工适应了债券市场初创时期的改革背景，但是随着债券市场的进一步扩容和发展，需要重新审视监管分工的合理性基础，以期能够推动债券发行市场监管体系的不断修复和完善。

第二节 政府隐性担保的滥觞与债券信用评价的扭曲

一、隐性债务：政府债务的经济学分类与法学解释

按照债务的性质差异，政府债务可以分为若干类型。举例而言，按照债务形式之不同，可将其划分为直接借款与政府债券；按照偿还期限之长短，可将其划

[①] 王国刚、董裕平：《分立"企业债券"与"公司债券"推动公司债券市场的发展》，载于《中国金融》2007 年第 6 期。

分为短期、中期和长期债务；按照债务利率之特质，可将其划分为固定利率债务与浮动利率债务，诸如此类。政府隐性债务即是按照债务的一种特质所划分出来的一种类型。李萍及其团队认为，按照政府的义务是否得到法律或者合同的确认，可将债务划分为显性债务和隐性债务。① 世界银行专家哈纳在1998年发表的《政府或有负债：影响财政稳定的潜在风险》一文中，第一次明确提出政府隐性或有负债"有时会对政府构成最严重的财政风险"，较早地对政府隐性债务问题进行了研究。②

哈纳认为，政府债务可以从两个维度进行分类：第一个维度是按照债务发生的原因是否确定，可将其分为直接债务和或有债务。前者是指在任何情况下都会存在的债务，如政府直接借款、发行政府债券、法定公务员养老金支出等；后者是指在未来某一时间点特定事件发生或者条件成就时才引致的债务，如政府担保债务、对于私人部门贷款的担保、存款保险等。第二个维度是按照债务发生的根据是否得到法律或者合同的确认，可将债务划分为显性债务和隐性债务。前者是建立在法律或者合同确认的基础上的债务，如政府直接借款、公共基础设施未来的维护成本等；后者不以法律或者合同为基础，而是产生于公众预期、利益集团压力或者一般社会意义上所理解的应由政府所承担的债务，如金融机构危机、地方政府违约、国有企业违约或经营困难等。根据此两个维度进行分类，可以将政府债务分为：显性直接债务、隐性直接债务、显性或有债务和隐性或有债务四种类型，从而构建起政府财政风险矩阵。哈纳超越了以政府预算和直接显性债务作为分析财政风险基础的传统研究方法，将或有和隐性债务考虑在财政风险的分析之中，使人们认识到财政风险不仅是财政领域内存在的风险，它同样还是整个社会范围内的风险，财政风险也不仅仅体现在政府公布的赤字规模上，还体现在种种隐性及或有的政府债务中。③

从法学研究视角出发，隐性债务相比于或有债务更值得深入分析和高度关注。法学研究偏重从规制方面对政府债务的成因及性质作出价值判断，由于显性债务通常已由特定法律或者合同予以确认，因而显性债务一般而言是合规的，不论是直接显性债务还是或有显性债务。隐性债务实质上是政府一种道义上的偿付责任。产生于公众预期、利益集团压力以及大众一般意义理解上的救助义务，不具有法律性和合同关系性。对于隐性债务的产生机理需要借助历史解释、目的解

---

① 李萍主编：《地方政府债务管理：国际比较与借鉴》，中国财政经济出版社2009年版，第8页、第9页。

② See Hana Polackova, *Contingent Government Liabilities: A Hidden Risk for Fiscal Stability*, World Bank Policy Research Working Paper No. 1989, October, 1998.

③ 李朝鲜等：《财政或有负债与财政风险研究》，人民出版社2008年版，第8页、第10页。

释的法学研究方法,对于隐性债务的性质需要进行规范分析和比较分析。从而结合我国历史国情和现实状况,提出我国现存政府隐性债务的规范路径和应对方案。从这个意义上讲,隐性直接债务和隐性或有债务是法学研究需要重点关注的领域,而隐性或有债务则属于重中之重。我国债券市场由政府承担隐性担保责任的债券有哪些?隐性债务产生的历史肇因为何?对于政府隐性担保所产生的隐性债务的规制路径是什么?凡此种种问题的解答,皆须借助法学研究这一面镜鉴,洞察隐性债务产生的制度根源,廓清其基本类型,进而明晰其规制解决之道,从而完成政府隐性债务从不规范运行到规范运行的制度转变。

二、探本溯源:隐性担保的中国式全景掠影

"企业—银行—财政"三位一体的国有经济结构造就了政府在资本市场上的主导地位,而国家财政依靠国有企业进行投融资,以商业银行作为中间环节的风险传导机制决定了由政府提供担保的隐性债务在经济转轨阶段的快速膨胀。改革开放以前的计划经济体制下,中央政府全面控制经济社会的方方面面,财政扮演着"大管家"的角色,银行则是财政的"出纳",财政和银行的关系被形象地喻为"连裆裤"关系。① 不论是作为贷款人向国有企业发放贷款,还是作为债券持有人认购由国家财政发行的政府债券,商业银行由于其国有性质,不可避免地需要为政府投融资行为提供支持,贷款合同和债券合同的背后是中央政府信用。改革开放以后的市场经济环境中,中央政府全盘控制国有经济运行的状况已有所松动,国有商业银行进行股份制改造、扩大国有企业投资决策权、中央政府与地方政府之间进行分税制改革,皆为例证。应当注意的是,"企业—银行—财政"三者之间的联系虽不似计划经济时代那般牢不可破,但依旧紧密,这一点也可从1998年中央政府主导清理国有商业银行的不良资产这一历史事件略窥一斑。1998年亚洲金融危机后,财政部于1998年发行特别国债补充四大商业银行资本金,并分别于2003年、2005年两次动用外汇储备向国有商业银行注资,以助其完成财务重组。同时,组建四大资产管理公司接收了国有银行1.4万亿元不良资产。② 不良资产的形成是国有企业经营不善的直接结果,而不良资产的损失最终也由国家财政买单,可以说,政府对于企业债务尤其是国有企业债务的隐性担保仍然存在。而企业债务风险向金融风险和财政风险的交织转化,构成了我国改革开放后资本市场长期健康发展的制度隐患。

---

① 冯果、张东昌:《市场深化下政府投融资体制的治道变革》,载于《现代法学》2014年第3期。
② 张海星:《政府或有债务问题研究》,中国社会科学出版社2007年版,第4页。

历史经验来看，政府隐性债务也与地方债急速扩张、基本经济政策、国内外经济形势联系紧密。虽然我国的国家结构是单一制，但地方政府在经济建设当中发挥的作用不容忽视，政府投融资体制一般也是通过地方政府投融资落实的。因此，地方政府作为"最后还款人"的地方债在经济建设宏大背景下得以迅速扩张。我国预算法（2015）修订以前，地方债务承借主要由地方政府主导组建的融资平台公司为载体，融资平台公司信用实质上大致与地方政府信用正相关。以融资平台公司的产生原因和经济功能为主线进行梳理，可以渐次拨清我国隐性政府债务发展的历史脉络。我国地方债务扩张进程可以分为三个阶段：（1）初始阶段（1998年以前），城市基础建设投融资需求、分税制改革引致的地方政府财权与事权不匹配、预算法（1994）禁止地方政府发行债券的硬性法律约束是地方融资平台公司产生的主因，在此阶段"为了应对支出压力和法律规定，地方政府不得不发展融资平台公司作为筹集资金的工具"；[①]（2）发展阶段（1998~2007年），中央政府为应对亚洲金融危机实施的如扩大财政投入，进行基础设施建设的积极的财政政策是这一阶段地方债务扩张的推动力量；（3）快速增长阶段（2008年至今），中央政府再次实施积极的财政政策，并启动4万亿元投资计划，由此阶段为筹措中央政府投资项目配套资金，地方债务总体规模再次快速扩张。当前地方存量债务高企这一现象背后有着更深层次的制度原因，4万亿元投资计划需要地方政府配套资金是当前地方存量债务形成的原因之一，[②]也是政府隐性债务得以快速膨胀的主因。在这一过程中，政府以隐性担保的方式支持融资平台公司举借债务，融资平台公司则通过依托政府信用筹集来的资金进行基础设施建设、公共投资项目建设、维护公共项目日常运营，地方政府通过融资平台公司绕过预算法的强制性规范约束进行运作以此完成政治任务，而中央政府由于资金有限也在一定程度上允许地方政府通过这一方式配合中央政府的宏观财政政策、货币政策和经济政策。可见，融资平台公司成为我国积极财政政策在地方得到落实的工具。[③]而在非财政政策因素方面，政府于社会转轨期同样面临沉重的社会责任和经济负担，在财政收入比重偏低、财政能力弱化的双重影响下，政府能够维持较低的赤字水平和债务负担率无非有两种可能：压缩支出，或在预算外进行各种财政运作，如用各种信贷担保来代替财政拨款、将政府的债务放入各种非政府支付账户中、推迟对基础设施维护的开支等，均会造成大量非财政政府债务存在并不断增长。[④]此外，每次经济危机之后必然伴随着扩张性财政政策的实施，从而造

[①] 李东兴：《地方政府融资平台债务风险管理研究》，中国社会科学出版社2014年版，第51页。
[②] 卢炯星：《地方政府债务风险的宏观调控法规制》，载于《法学》2012年第10期。
[③] 董仕军：《多个视角看地方政府投融资平台》，载于《银行家》2012年第4期。
[④] 李朝鲜等：《财政或有负债与财政风险研究》，人民出版社2008年版，前言第5页。

成政府隐性债务高企。"经济危机—财政政策—隐性债务"似乎已经成为政府隐性债务产生、发展、变化的一个现象逻辑。可以说,在经济转轨期,政府财政一方面通过积累隐性债务来减轻赤字压力和进行经济建设,另一方面通过动用政府信用,以商业银行为媒介为社会企业提供资金支持,隐性担保也在"企业—银行—政府"这一基本经济结构中不断加强和深化。

三、"解剖麻雀":城投债的生成机理与信用基础

在财政风险矩阵中,隐性债务是法学研究的主要着力点。理论上,隐性直接债务主要包括公共投资项目未来的资本性和经常性支出、非法定的未来公共养老金、非法定的其他社会保障计划等。隐性或有债务则来源于有地方政府对于非担保债务的违约、公共部门或私人部门对非担保债务的违约、政府保险体系以外的金融危机成本、非担保社会保障基金的破产等。[①] 结合我国现阶段国情,实践中隐性债务具体表现为地方政府对公益性国有企业的救助成本、地方政府成立的为政府融资服务的金融公司的不良资产、一般竞争性国有企业的亏损和其债务的最后清偿。[②] 公益性国有企业主要从事城市公共交通、城市基础设施建设、供热、自来水等公益性建设领域项目的生产、建设、运营。而地方政府成立的为政府融资服务的金融公司,其产生的最初动因是为解决地方经济发展中的资金需求问题,也即我们通常所说的融资平台公司。公益性国有企业和融资平台公司是我国政府隐性债务的主要承担者,两者所承担的债务也被称为城投债。所谓城投债是指债券发行人或者贷款人是由地方政府及其职能部门为筹集资金而设立的融资平台公司,债务用途主要是城市投资建设,包括城市基础设施建设、环境治理、电力供应、水利投资等非竞争性领域的一类债务。正是由于城投债的公益性特征,其从诞生之初就带有政府隐性担保的"光环",因此,对其产生、发展和变化的剖析能够为总结我国政府隐性担保的生成机理提供镜鉴。

城投债作为一种政府隐性债务,是政府提供隐性担保的重要载体,几乎与我国经济体制转轨进程同步生成,是政府与市场关系失衡在资本市场上的映照。城投债这一融资产品的产生是经济发展的必然结果,既存在制度性因素影响,也受到非制度性因素形塑。就制度性因素而言,1994年的《预算法》对于地方政府不得发行地方政府债券的强制性规范限制、分税制改革所引致的财权与事权不对等、投融资体制不健全是城投债产生的重要原因。出于对地方政府过度举债的担

[①] 李萍主编:《地方政府债务管理:国际比较与借鉴》,中国财政经济出版社2009年版,第11页。
[②] 刘尚希主编:《地方政府或有负债:隐匿的财政风险》,中国财政经济出版社2002年版,第5~7页。

忧，原《预算法》第28条明确规定"除法律和国务院另有规定外，地方政府不得发行地方政府债券"。这一强制性规范无疑为地方政府发行债券关上了一扇门，也是城投债产生的第一个制度性诱因。而1994年同时推行的分税制改革建立了中央与地方两套税收管理制度，虽然地方政府财力可以通过中央转移支付制度和税收返还制度得以补充，但中央与地方之间的财力差距越来越大，实质上造成了地方政府财政收入占比逐年下降、中央政府财政收入逐年提升。在地方财政汲取能力不断减弱的背景下，通过融资平台发行城投债无疑成为地方政府缓解财政压力、进行经济建设的重要手段。彼时，相关法律法规未对地方举债主体资格进行限制，而投融资体制也没有造就法律意义上真正的投资主体，地方政府在相应事权的压力下形成了多头举债的局面。① 财力的相对匮乏、法律规范的限制及缺失为城投债的产生提供了制度性土壤。就非制度性因素而言，积极财政政策、国内外经济形势、政府官员绩效考核中的道德风险是催生城投债的非制度性原因。上文已述，我国城投债发行规模的迅速扩张与中央政府实施的积极财政政策紧密关联，当一项经济刺激计划出台时，中央政府往往要求地方政府提供配套资金。而在积极财政政策指导下，中央政府也往往会对地方政府的变相举债"网开一面"。在国内外发生经济危机或金融危机之时，政府对于投资的依赖就表现得愈发明显，导致政府及其行政负责人在控制支出和赤字方面并不积极，从而引发道德风险。城投债的产生是我国市场经济发展至一定阶段的客观必然，是制度性因素与非制度性因素共同作用的结果，对于债务风险的防范也应结合城投债的中国国情和现实特点设计富有针对性的规制方案。

城投债的"准市政债"性质决定了对其进行分析不能仅仅停留在企业债务的信用评估层面，还需要结合城投债的公共属性探究其债券信用基础。我们认为，王博森提出的城投公司分析框架可以为城投债的信用基础分析提供借鉴。该分析框架以证券公司对于城投公司的研究报告为基础，提炼出了地方政府信用实力、地方政府支持力度和城投公司信用实力三个核心质素，以此作为城投债的研究的切入点。② 地方政府的信用实力由地方政府偿还能力、上级政府支持力度和国有资产持有状况三部分构成。地方政府偿还能力取决于当地政府财政收入状况、财政转移支付数额以及政府债务结构和规模。上级政府的支持主要与该地区在国家经济建设布局中的定位以及经济发达程度有关，该地区在经济发展规划中越重要，地区发达程度越高，在遇到偿债风险时获得上级政府支持的可能性越大。而地方政府所持有的国有资产流动性越高，公允价值越大，就越能够增强地方政府

---

① 付传明：《中国地方公债发展研究》，武汉大学出版社2016年版，第50页。
② 王博森：《中国债券市场：分析与研究》，人民出版社2015年版，第47页。

信用实力。地方政府支持力度与城投公司的重要程度联系紧密，一般而言城投公司的业务类型直接决定了城投公司在当地重要程度。从事基础设施建设、电力供应、环境治理、水利生产等非竞争性领域的城投公司生产的产品的价格一般受到管制，因此需要地方政府提供财政补贴、税收优惠或者经营特许。由于这些业务与社会公众的日常生活息息相关，当此类城投公司经营遭遇困难时，往往能够得到当地政府的直接或间接救助，以助其渡过难关。城投公司的信用实力也由两部分构成，即资产和负债。资产层面，而城投公司拥有的优质国有资产越多（例如高速公路、桥梁、土地储备、铁路），其信用实力越强，反之则越弱。而城投公司的债务规模和期限结构也在一定程度上会影响城投公司的信用实力。综上所述，城投类企业的信用基础与一般企业存在很大不同，对于其债务风险的防范也应当因应我国现实状况，从地方政府信用实力、地方政府支持力度和城投公司信用实力三个层面评估其信用基础。

第三节 地方政府债券发行中信用、风险与责任权衡

一、从平台信用到政府信用：地方政府债券信用中的多轨制

受限于1994年《预算法》不得发行地方政府债券的强制性规定，早期地方政府进行城镇化建设融资主要依赖平台信用，即通过设立投融资平台公司，运用财政资金或在政府支持下筹集资金，绕开地方政府不得发行债券的规定，从事公益性项目建设。地方政府通过政策倾斜、提供隐性担保、资产注入和税收优惠等方式，让发行企业分享了部分政府信用，提高了发行企业的融资能力和信用能力，也降低了发行成本，而平台公司与地方政府的天然联系，可以通过发行主体的背景、募集资金的投向和偿债资金来源体现出来。[①] 城投平台实际上是地方政府的"壳"，"壳"内包裹着以政府信用为代表的信用资源。在城镇化建设中，平台信用虽然为地方政府提供了除主要财政收入以外的债务资金收入，一定程度上调整了由于财权、事权不匹配而失衡的政府投融资体制，但也造成了重复建

---

① 张雯：《我国城投债信用风险及其影响因素研究》，西南财经大学硕士学位论文，2011年，第26页。

设、资源浪费和风险累积，需要进行一步规范和治理。《国务院关于加强地方政府融资平台公司管理有关问题的通知》提出应通过财政预算渠道解决公益性项目建设资金问题，剥离公益性项目平台公司的融资业务，拉开了由平台信用向政府信用转型的序幕。此外，该通知还对承担非公益性项目融资任务的融资平台公司提出充实资本金、完善治理结构、促进投资主体多元化的要求。《国务院关于加强地方政府性债务管理的意见》明确划清政府与企业的界限，规定政府债务不得通过投融资平台举借，建立以政府信用为基础的一般债券、专项债券并行的举债融资机制。

通过规范、分类、清理之后的地方融资平台公司，大抵可以分为以下四种类型：其一，仅承担公益性项目建设且主要依靠财政资金偿还债务的融资平台公司，此类公司将逐渐退出历史舞台，由政府直接发行一般债券的方式予以替代，实质上是政府信用对平台信用的终结；其二，仅承担公益性项目建设且主要依靠自身经营性收入偿还债务的融资平台公司，此类公司因其主营业务涉及公益性，如高速公路建设、污水处理、供水业务等，其经营状况的好坏直接影响当地公共服务提供水平，由于这类公司属于公共企业，在项目收益不足以覆盖公司经营业务所需偿付的债券本息后，地方政府需要通过有针对性的财政补贴或者拨款对债券偿付提供支持，此类公司发行债券，名为平台信用，实为政府信用；其三，既承担公益性项目建设且主要依靠自身经营性收入偿还债务又承担非公益性项目融资任务的融资平台公司，此类公司的信用状况最为复杂，非公益性项目建设多属于竞争性领域（例如房地产开发），政府对于此类项目一般不负有供给义务，但由于平台公司是以企业整体信用为基础向资本市场融资，平台债券中捆绑了政府信用，造成了平台信用和政府信用交错混杂的状况；其四，仅承担非公益性项目建设的融资平台公司，此类企业一般为项目企业，主营业务单一，平台信用中没有包含政府信用。

从地方政府融资平台清理、规范分合变迁的历史进程中，可以看到，政府信用会是未来地方经济建设融资的主导力量，平台信用在资本市场上的力量受到很大削弱。平台公司经营业务性质具有公益性和非公益性两种属性，这决定了政府信用完全取代平台信用几无可能。地方政府的直接融资模式，正在经历由以地方融资平台为主发行"城投债＋非标"向"自发自还地方债＋项目收益债券"为主的模式的转变。①只承担公益性项目运营、维护工作且主要依靠自身经营性收入的融资平台公司，其再融资所发行的债券或者举借的借款同样具有公益性的特征，这些债务的及时偿还，直接影响当地居民接受公共服务水平的程度，也影响

---

① 陈康：《平台市场化转型不会降低城投债保障》，载于《中国经济导报》2014年8月5日第B07版。

着地方政府的实际信用。而既承担公益性项目运营、维护工作又承担非公益性项目融资任务的融资平台公司，其再融资的信用基础较难判定。可能存在平台公司进行非公益性项目融资，但因为经营不善或者债务偿还困难，地方政府出于维持公益性项目正常运作的考虑，最终为非公益性经营项目提供信用支持的情况。再者，此类平台公司因为偿还来源的多样性，容易形成偿还资金性质不明，平台信用和政府信用难以有效区分的情况。因此，可以预见的是，在未来相当长的一段时期内，以公益性项目运营为主营业务的平台公司信用中依然会包含着政府信用，因公益性项目运营所产生的再融资需求，可能会导致政府隐性或有债务的产生。未来，以政府信用为基础的地方政府债券毫无疑问地会成为支持地方经济建设的重要支柱，而以公益性项目和平台信用为基础的平台债券也应当纳入广义地方政府债券的范畴。

二、地方政府债券发行中的风险

政府信用、公用企业信用（公益性平台）和企业信用（市场化平台）共同构成了我国政府债券市场多轨制的信用结构，依托不同类型信用进行融资，根据信用性质和级别确定融资价格，通过到期偿还兑现信用，进而再次增强信用的品质，是我国政府债券市场以信用为中心资金运动的全貌。毋庸置疑，政府信用和公用企业信用是政府财政实力的体现，政府债券是政府信用的直接体现，而以承担公益性项目建设为目的且主要依靠财政资金偿还的平台债券则是政府信用的间接体现。然而，现实中的融资平台公司却有着多种类型，导致不同类型平台公司所发行的平台债券之信用构成相差悬殊。如前文所述，按平台债券发行的融资目的进行分类，可大致将其分为以公益性项目建设为目的的平台债券和以非公益性项目建设为目的的平台债券两种类型；按平台债券偿债资金的性质，可将其分为以财政资金作为偿债资金主要来源的平台债券和以自有资金作为偿债资金主要来源的平台债券两种类型。一般情况下，平台债券的融资目的与其偿债资金的性质是相匹配的，即公益性项目建设主要依赖财政资金作为偿债资金来源，非公益性项目建设主要依赖自有资金作为偿债来源。但是，在过往中国地方经济建设进程中，平台债券的融资目的与偿债资金性质发生了错配，主要表现为非公益性项目建设的平台债券往往借助财政资金予以偿还。这种错配对地方政府财政造成了压力，进而引发地方财政风险。

如前文所述，以公益性项目建设为融资目的且主要依靠财政资金作为偿债资金来源的平台债券"虽有平台债券之名，无平台债券之实"，其本质上属于公用企业信用，是政府信用在债券市场的间接体现。以非公益性项目建设为融资目的且主要依靠财政资金作为偿债来源的平台债券也具有"有名无实"的特征，其发行、使用和偿还本应依托的是市场化运营的企业信用，却因融资目的与偿债资金性质的错配而使得政府信用在其中发挥了主导作用，在保障债券兑付刚性的同时，间接加重了地方财政的负担，对地方财政风险的发生起到了推波助澜的作用。

融资平台债券中政府信用和企业信用的混杂直接加重了地方政府的隐性债务负担，直接影响了地方财政风险发生的潜在概率，增大了爆发地方财政危机的现实可能性。从我国目前发生的融资平台债券的兑付危机来看，债券违约处置的市场化分担机制并未发生有效作用，债券本息偿还仍表现出强烈的兑付刚性，市场依旧对违约债券的最终兑付保有强烈的兜底预期，致使债券市场的风险定价功能并未得到有效发挥，金融系统积累的潜在债务风险没有实现充分释放。主要表现有：（1）地方政府与债权人之间依法合理分担债务风险的原则没有得到清晰体现。为了厘清政府与市场的关系，进一步规范地方政府举债融资行为，针对历史上融资平台公司所承担的政府融资职能，财政部等六部委于2017年4月联合印发了《关于进一步规范地方政府举债融资行为的通知》（以下简称《通知》），确立了以2015年1月1日为临界点，对融资平台公司所举借的债务进行新老划断的分类原则，明确自该日起其新增债务不属于地方政府债务，加快推进融资平台公司尽快转型为市场化运营的国有企业。《通知》针对政府债务的类型确立了分类处置原则，规定非政府债券形式的存量政府债务应经地方政府、债权人协商一致处理，"地方政府作为出资人，在出资范围内承担有限责任"。但在实践中，作为融资平台公司出资人的地方政府很少承担有限责任，更多是通过刚性兑付承担无限责任，债务合理分担损失机制被虚置。（2）融资平台公司仍存在较强隐性政府信用预期。实践中，融资平台公司的主要资产仍是储备土地，市场化运作程度不足，偿债资金来源也通常较为模糊，致使在发生债券实质性违约的情况下市场普遍对其保有政府信用兜底的预期，企业破产机制未能得到充分实施。（3）我国不同省份综合财力与其债务负担之间存在"高风险、低债务"或"高财力、低债务"的风险错配。中西部地区和东北地区综合财力较弱而债务负担较重，地区偿债能力与其风险承受能力并不匹配。2018年以来，部分省份主动承认财政收入数据造假，更加剧了这种风险错配状况。（4）融资平台债券的风险处置更多体现为"临时处置"而非"彻底化解"。在存在债券实质违约的情况下，部分地区的地方政府倾向于通过追加财政补贴的方式对融资平台公司提供外部支持，增强其流动性以实现债券的兑付。但这种"拆东墙，补西墙"的临时处置方式不能彻底化解该地方所面临的整体债务风险，所造成的结果是：单个风险被处置，而整体风险被延后和隐藏。

平台债券与政府债券是政府信用的直接体现，两者的偿还风险最终会传导至财政一端，导致财政收入远远小于财政支出，引发国家财政困境的风险，而这类财政风险又与国家宏观调控风险密切相关。财政风险包括中央财政风险和地方财政风险，前者直接威胁着整个国家财政的安全，后者对国家财政同样有着很大的影响。债务本息的偿还与否会对地方财政产生压力，而财政是各类经济风险的综合反映和最后载体。[①] 同时，债券本息难以偿还这一事实可能会造成一系列政治、经济和社会问题，例如：债券持有人或者当地居民对地方政府产生的政治不信任、现金流枯竭所引致的再建项目难以按时完工、当地公共服务水平下降、对地方政府信用的损害。由于我国单一制的国家结构、财政政策的传导性、地方政府财力对于中央政府的依赖程度较高，中央政府通常会成为地方政府竞相举债的最后偿付人，最终通过增发货币（通胀税）、举借国债的方式对地方政府的冲动消费兜底买单。有效防范地方政府的偿还风险，有利于在地方政府层面切断中央政府信用与地方政府信用，防止地方政府财政机会主义行为和道德风险的发生。宏观调控风险产生的根源，同样来自地方政府债券的偿还风险。在市场经济体制下，政府实行宏观调控的基本手段是财政政策和货币政策，中央政府无论实行扩张性，还是中性和紧缩性财政政策，都离不开地方政府的配合。[②] 在地方政府面临偿还危机时，借新债还旧债往往是缓解地方政府短期财政压力的重要手段。新发行的债券可以影响基础货币存量，进而影响中央政府宏观调控政策的实施效果。可以说，地方政府的偿还风险既是导致中央政府承担最后偿还责任风险和宏观调控风险根源，又是控制其他风险进一步扩散的要害；既是中央政府与地方政府债权债务关系链条上的重要一环，又是财政政策、货币政策能够达到预期效果的关键。

三、地方政府债券发行中的法律责任

法律责任概念的形式构造体现为"狭义权利—狭义义务"或者"特权—无权利"救济权法律关系的充分必要条件，所谓的法律责任，在规范意义上是指不法行为所引起的请求性救济权关系或即时强制情形中的"特权—无权利"救济权关系，[③] 在经济法上，法律责任更多体现为某行为事实能够产生即时强制中"特权—无权利"救济权关系的规范效果时，权益被侵害的事实与不法行为之间才构

---

① 段际凯：《赤字·债务·挂账·欠资——试论县乡地方财政风险问题》，载于《财政研究》2000年第11期。
② 刘尚希、赵晓静：《中国：市政收益债券的风险与防范》，载于《管理世界》2005年第3期。
③ 参见余军、朱新力：《法律责任概念的形式构造》，载于《法学研究》2010年第4期。

成法律责任，并且受侵害权益的救济才能通过公权力强制的方式予以实现。法律责任一般表现为调整特定责任行为的制度规则，其具有两个非常明显的特征：其一，互动性，责任是利益相关人与义务主体围绕"行为认可——行为监督"所进行的互动；其二，权利宣示性，责任实际上宣告了利益相关人具有获取义务主体行为信息并监督该行为的权利。① 其中，互动性是法律责任最为显著的特征，围绕政治过程中权力—权利之间互动而建立起来的权力约束与权利保障机制，是现代民主国家最为重要的法律责任机制。

财政责任是法律责任的下位概念，其中义务主体与利益相关人之间围绕权力——权利之间的互动性而建立起来的权力约束与权利保障机制，是财政责任的核心内涵。在财政责任这一法律概念中，财政主体（主要是地方政府）是当然义务主体，其所负担的义务是由现代民主国家的主要职能决定的。就地方政府而言，财政分权理论和公共物品偏好理论合理地界定了地方政府的主要职能：通过合理确定公共物品的种类和数量，促进公共物品成本最小化，进而提升整个社会福利。② 而在地方政府履行相应职能的过程中，很大程度上需仰赖财政责任机制的有效运作和持续改进。因此可以说，传统意义上的财政责任就是根据近现代政府的提供公共物品这一经济职能而产生的，所谓财政责任是指政府基于公共需求的满足而必须承担的义务。例如，城乡养老保险制度建设中政府所负有的基础养老金给付责任、个人账户补贴和长寿风险责任、城乡居保基金投资收益担保责任等。③ 城镇企业职工养老保险制度中基本养老保险财政补贴责任、个人账户补贴责任等。④ 但是，不能将财政责任简单化地理解为政府为履行公共物品供给职能而必须进行财政支出的花钱行为，围绕财政责任而形成的权力约束机制才是财政责任最为核心的范畴。因为从理论上讲，财政责任机制也被认为是控制政府财政决策、进而约束政府权力行为的有效途径。⑤ 如何防止财政权力任性行使所造成的财政资源浪费，如何减少甚至杜绝财政机会主义行为，都是在设计和推进财政责任机制时不容回避的问题。因此可以说，财政责任既是现代政府对公共需求的直接回应，也是用以控制政府财政权力、防止其肆意膨胀的有效手段，财政责任

---

① 参见苗连营、郎志恒：《"依宪治国"语境下的地方财政责任机制》，载于《郑州大学学报（哲学社会科学版）》2015年第3期。

② 周刚志：《财政分权的宪政原理——政府间财政关系之宪法比较研究》，法律出版社2010年版，第16页。

③ 王立国：《分配正义、财政责任与城乡居民养老保险制度建设——基于吉林省的思考》，载于《齐齐哈尔大学学报（哲学社会科学版）》2017年第5期。

④ 黄晗：《城镇企业职工养老保险制度政府财政责任模式转变及成因》，载于《江西财经大学学报》2016年第5期。

⑤ 苗连营、郎志恒：《"依宪治国"语境下的地方财政责任机制》，载于《郑州大学学报（哲学社会科学版）》2015年第3期。

机制是否健全直接关系到财政法领域政府权力的有效制约和规范行使。

具体至地方政府债的领域，地方政府作为地方政府债券与平台债券的发行人，其财政责任的主要内容是在风险可控的前提下合理确定公共物品供给的种类和数量，从而根据本地区居民对公共物品的实际需求确定政府债务的发行规模，其远景目标是促进公共物品供给成本的最小化。根据等价交换理论和公共物品理论，公共财政时代的政府向其社会公众提供的公共物品和服务，必须从其社会公众那里获得交换补偿，而社会公众在享受政府所提供的公共物品和服务时也必须支付相应的交换对价，补偿与对价之间是一种等价交换关系，而财政收入的总额就可以被视为是社会公众向其政府购买的公共物品和服务的数量总和。因此，公共财政时代的政府在获取用以提供公共物品和服务的财政收入时，通常会根据总体有偿的原则，视其提供公共物品和服务的实际支出确定财政收入的规模，也即财政收入的多寡实际上是由财政支出的大小决定的，公共物品和服务的供给量始终与财政活动的支出额基本等同。

财政风险的升高和财政状况的恶化这一现象本身，就是中央或地方政府没有履行财政责任的外在表现——行政机关及其职能部门作为政府债券的发行人和其他政府债务的债务人，理所当然地对政府债券的发行与兑付、其他政府债务的举借与偿还负有不可推卸的偿付责任——而中央政府或地方政府对举借债务规模的错误判断、对举借时机的把握偏差以及投资项目的运营失误，则是财政风险恶化的内在原因，也是在政府债务领域财政权力缺乏有效制度约束所结下的恶果。因此，通过立法明确中央与地方政府财政责任的边界，是治理政府债务领域财政权力无序、失控状况的有效法律工具。为防止地方政府通过政府债券以外的其他方式变相增加政府债务负担，巴西《财政责任法》通过设定禁止性条款的方式约束地方财政权力的过度膨胀。例如，该法禁止各州政府以未来财政收入为担保举借贷款、禁止各州政府向其所控制的银行类金融机构借款、禁止中央银行购买各州政府债券、禁止各州政府债券转化为联邦公债，仅在发生公共危机或者经济衰退时，各州政府方可依据新颁布的法律法规暂停或变通执行其中的某些规定。① 这种立法模式实质是对地方政府财政权力刚性约束，通过确立"中央政府非特殊情形下不救助"的原则为地方政府的财政责任划定最远的边界——即将"法无授权不可为"的公权力行使理念法治化以此约束政府的权力滥用行为、防范财政机会主义行为——进而削弱地方政府对中央政府财政援助的依赖性，防止或有或超出地区承受能力政府债务的发生。可见，通过立法这种方式切断中央政府与地方政

---

① 金荣学、傅鑫：《构建地方政府性债务责任承担机制的国际经验借鉴——以巴西实施〈财政责任法〉为例》，载于《财会月刊》2017年第18期。

府之间在财政责任承担上的固有联系，重塑市场主体对地方政府财政责任的实践认知，既是防止政府财政状况恶化、促使财政权力规范行使的有效途径，也是从本源上充实财政责任、健全财政支出义务主体与利益相关人之间权力与权利保障机制的合理手段。

四、信用、风险与责任的制衡机制设计

从平台信用"单腿走路"到政府信用与平台信用"双足并行"，地方建设融资呈现出"去隐性化"的结构性特征，地方政府渐渐从幕后走向台前，融资方式也由依靠地方融资平台这一"看不见的手"向借助一般债券和专项债券募集资金这一"看得见的手"转型。但是，融资方式的改变并不意味着地方融资平台公司在历史舞台上的彻底消失。由融资平台公司运营的公益性项目仍与地方居民的生产、生活有着直接而密切的现实关联，平台公司承担债务的信用基础虽名为平台信用，实为政府信用，构成政府隐性或有债务的一部分。故而，在审视地方政府债务风险时，仍需将这一部分融资风险考虑在内。政府信用在地方建设中的主导作用，使得防范因债券发行而引致的风险成为政府当局的第一要务。地方政府的偿还风险本质上属于财政风险，基于一般债券和专项债券而产生的偿还风险是地方政府的显性债务，而基于平台公司发行债券产生的偿还风险是地方政府隐性债务的组成部分。同时，偿还风险需要在一定范围内进行防范和切断，即由地方政府发债所引起的偿还风险，应尽量由地方政府去承担。避免偿还风险向中央政府（纵向维度）和下届政府（历史维度）转移。由此形成对地方政府举债的自我束缚和行为自治。偿还风险于当地政府管辖区域内的化解需要借助相应责任机制的约束。

在信用、风险和责任的理论范式中，风险是居于中心位置的要素。对地方政府偿还风险的防范主要在于有效应对地方政府可能存在的债务违约问题。因此，地方政府偿债机制的设计就是规避地方政府偿还风险的主要途径。[1] 美国债券市场主要是通过市场机制来约束地方政府债券的发行和流通。市政债券的信用评级、法律程序、发行人财务状况直接影响市政债券发行的成败，如信用评级对地方债的发行、筹资成本、债券流通性具有重大影响，法律程序保证债券发行的合法性及偿还能力，发行人的财务状况与投资者的购买意愿紧密关联。[2] 由于我国债券市场仍属于政府主导型市场，市场机制尚不完善，可以在地方政府债券发行

---

[1] 刘星、岳中志、刘谊：《地方政府债务风险预警机制研究》，经济管理出版社2005年版。
[2] 吴敏：《我国发行地方公债问题研究》，暨南大学硕士学位论文，2007年，第45页。

中通过法律规则的创设约束地方政府债券的发行和流通,以此降低债券发行不能到期兑付的偿还风险。我国《地方政府债券发行管理办法》未规定地方政府债券偿债机制,只是概括性地规定"按照市场化原则自发自还",这就为地方政府债券偿债机制的设计预留了法律空间。理论上,地方政府债券偿还方式有分期偿还法、买销法、到期一次还本付息偿还法和借新债还旧债法四种模式。① 借新债还旧债的实质是将偿付债券本金的时间向后推延,理论上,这种偿还方式可以无限期地持续下去,在实践中,"借新还旧"赋予了地方政府偿还债务一定程度的灵活性,但极易造成预算软约束,可能将地方债务风险的雪球"越滚越大"。买销法是发达债券市场国家央行和财政部控制市场货币流通量的重要手段,对于回购债券的时机和规模要求很高。分期偿还法和到期一次还本付息法均可以给予地方政府在债券到期日之前一定的还款压力,偿还本金的财政压力也有利于地方政府提前规划偿债方案、安排财政资金、提升资金使用效率,从而有效减弱由偿还风险引起的地方债务风险。区别在于到期一次还本付息偿还法可能会对地方政府造成一定财政冲击,出现短期地方财政支出压力过大的情况。分期偿还法还可以提高债券投资者的积极性,运用分期收到的债券本息进行再投资,提高债券市场流动性。综上,分期偿还法和到期一次还本付息法能够有效约束地方政府偿还风险,可以作为未来我国地方政府债券发行中法定偿还方式供市场主体自由选择。此外,可以按照所建项目的性质设计偿还方式,如果项目的投资收益回收期较长,可能三年地方政府债券到期后,项目尚未建成或者是尚未收回项目建设成本,这样的情况可以采用分期偿还法,以每个年度的地方税收作为偿本付息的依据;如果项目的投资收益回收期较短,亦即项目在很短的时间内可以达到一定的盈利,那么就可以直接采用一次性偿还法,偿还的依据可以是项目的收益和地方税收收入的组合。②

地方政府债发行中的法律责任主要体现为地方政府的财政责任,即地方政府作为地方政府债券与平台债券的发行人应对本地区公共物品供给的规模和数量负总责,在风险可控的前提下合理确定地方债券的发行规模和期限结构,从而实现公共物品供给成本最小化之财政目标。详言之,应将地方债券发债责任的落实和追究、债务资金使用绩效的考核通过法律形式予以明确,将地方债务管理纳入法治化轨道。具体而言,主要制度规则应集中于债券发行前期,即以地方债券募集项目可能面临的偿还风险作为评价项目决策者或者运营者是否应当承担法律责任的标准,防止公益性项目建设预算支出不适当地超过原定预算、防范具有公益性

---

① 江依:《我国地方政府债券风险研究》,广东商学院硕士学位论文,2010年,第27~29页。
② 王朝才:《地方财政风险管理与控制研究》,经济科学出版社2003年版。转引自江依:《我国地方政府债券风险研究》,广东商学院硕士学位论文,2010年,第29页。

特征且主要依靠自身经营收入维持运营的项目建设支出不适当地超出原定预算或者运营出现严重亏损、避免非公益性项目建设预算超支或者项目运营出现严重亏损。为杜绝行政意志不当干预债务融资决策的行为，有必要建立严格的债务投资决策责任制，以规范的形式明确项目负责人的决策、管理和偿债责任。[1] 通过建立与决策失误可能导致的地方债务风险相匹配的债务投资决策责任制，可以有效减少因"冲动举债""盲目举债"所诱发的地方债务风险，进而规范地方政府发债行为。其次，须建立官员履职信用登记制度，提高政府官员的信用责任意识，使之形成良好的守信习惯，将责任预期和认定给予严格而明确的操作程序，防止权责分类和责任模糊等现象。[2] 信用登记制度有"质"和"量"两个层面的约束作用，"量"层面，有助于减少人事变动造成的频繁发生的"新官不认旧债"情形；[3] "质"的层面，可以将募集资金项目决策者或者运营者因决策失误造成的债务项目超支、资金使用效率低下、经营严重亏损等履行职责过程中的失信情况进行登记，作为评估政府官员职位升迁的重要依据。有学者提出在民主监督机制尚不健全的制度背景下，应逐渐改变对地方或下级政府的监督主要来自中央或上级政府的体制监管传统路径依赖，在地方政府发债的同时，需要建立公众、人大、财政部地方公债司三级监督机制，控制地方政府滥发公债和短期行为。[4] 传统地方政府发债行为被视为政府行为，是政府履行经济建设职能的具体体现。在公共财政理念下，地方政府发债行为更多地被视为一种向当地居民征税的行为，通过筹集公债资金进行地方建设，惠及当地居民。发债行为与居民税负呈正相关关系，因而需要接受地方居民的监督和约束。可以说，将地方政府发债置于群众、人大和政府机构三级监督之下的这种学术主张，正是洞悉到了政府发债行为与当地居民政治权利之间的深刻关系而产生的。但是，应当注意的是，政府建设项目具有高度专业性和技术性，项目的相关研究、数据资料很难为一般民众所理解，尽管地方人大（群众之代表）和公债司对地方政府发债具有审查权和监督权，对于公债建设项目的审查更多集中于该项目是否有必要、是否能够实现提供相应公共服务的预期目的、相关程序是否合规等方面，至于该项目能否保持盈利性和持续性、能否保证债务本息的及时偿还等技术层面的审查则不属于监督范围之内。换言之，地方政府对该建设项目的决策责任并不能因其受到多方监督而消减，建设项目的决策责任具有独立性。

---

[1] 熊波：《我国发行地方债的理论基础与制度设计》，载于《财政研究》2009年第6期。
[2] 毛黎青：《我国政府信用的经济学思考》，首都经济贸易大学硕士学位论文，2006年，第35页。
[3] 王刚、韩立岩：《我国市政债券管理中的风险防范和控制研究》，载于《财经研究》2003年第7期。
[4] 王凤飞、颜慧娟：《对我国发行地方公债的可行性研究》，载于《经济研究参考》2007年第40期。

第四节　发行人负债自主权与企业公平融资权的引入

一、金融抑制：市场主体的贷款自主权的缺失

我国金融市场历经多年的发展，虽然市场化程度不断加深，但行政控制在决定金融资源配置方面仍发挥着主导作用。正如部分学者所言，虽然我们对金融在市场运行中的核心作用已有认识，但还没有摆脱行政控制的理念，微观运行的自主权还不够大，从这个意义上讲我们还存在着金融压抑的现象。[①] 金融压抑亦被称为金融抑制，以爱德华·肖和罗纳德·麦金农为代表的一些经济学家通过对发展中国家金融发展与经济增长之间的关系进行研究，提出了金融抑制理论。他们认为，多数发展中国家先后以金融管制代替金融市场机制，以低利率、政策性贷款和财政政策等为工业部门融通资金，这就使得储蓄不足、资本匮乏与金融抑制、资本低效率配置并存，使发展中国家陷入贫困的恶性循环之中。[②] 而根据经济学理论，存在金融抑制的经济体的一个典型特征是实际利率偏低，即政府通过将存贷款利率控制在通胀率之下的水平，来降低政府希望优先发展的行业的融资成本。例如，政府采取利率控制、信贷配给、资本账户管制、银行业进入限制、资本市场管制等政策，通过行政配置的方式直接分配金融资源，实现快速的经济增长。[③] 这就决定了在我国金融市场早期发展阶段，政府当局对金融资源的直接配置成为主流，市场参与主体的投资和融资自主权受到压抑。具体表现为政府当局在财政投融资体制中居于中心位置，政府投融资成为发展经济建设、应对经济危机的有效工具。市场融资主体基本依赖银行贷款这一间接融资方式，直接融资渠道不畅、成本较高、发展缓慢。

有鉴于此，金融自由化（financial liberalization）成为诸多发展中国家金融体制改革的首要目标，而间接融资在当时社会总融资中的较大占比，决定了金融自由化的展开是以贷款自主权的逐步扩大为主线的。金融深化理论的核心根基在于通过放开利率、鼓励竞争的方式实现金融自由化，在放松管制与加强政府干预之

[①] 吴晓灵：《进一步放松金融管制给市场更多融资自主权》，载于《中国金融》2006 年第 8 期。
[②] 仇娟东、何风隽、艾永梅：《金融抑制、金融约束、金融自由化与金融深化的互动关系探讨》，载于《天津财经大学学报》2011 年第 6 期。
[③] 王勋、Anders Johansson：《金融抑制与经济结构转型》，载于《经济研究》2013 年第 1 期。

间倾向前者，努力寻求两者之间的动态平衡。① 放松管制是从监管当局角度出发明确的改革思路，而与放松管制相对应，市场主体投资和融资自主权在不断扩大。1997 年中国人民银行颁布的《关于改进国有商业银行贷款规模管理的通知》，就是对市场主体贷款自主权进行市场化改革的有益尝试。该通知取消了以往中国人民银行对商业银行贷款规模的指令性计划管理模式，改为对商业银行贷款增加量进行指导性计划管理，在逐步推行资产负债比例管理和风险管理的基础上，实行"计划指导，自求平衡，比例管理，间接调控"的信贷资金管理体制。商业银行贷款自主权的扩大，有效地调动了国有商业银行经营管理的主动性和积极性，促进了商业银行按照市场规则的自主经营。贷款自主权扩大的另一表现是央行逐步放松对商业银行的利率管制，努力实现利率市场化。从 1996 年开始，央行先后放开了银行间拆借市场利率、债券市场利率和银行间市场国债以及政策性金融债的发行利率，放开了境内外币贷款和大额外币存款利率，尤其是利率市场化重要组成部分的人民币存贷款利率市场化的不断深入，其主要方式就是对存贷款的利率上下限管制政策。② 其中，存款利率管制政策的放松也于 2015 年 10 月基本完成，商业银行和农村合作金融机构不再设置存款利率浮动上限，基本实现利率市场化。央行对金融机构利率管制的逐步放松，赋予了市场主体（主要是金融机构）在基准利率基础上根据企业类型和贷款风险进行差异化定价的自主权。在存款利率放松的背景下，有助于金融机构根据自身资产负债情况和风险承受能力选择吸收存款所需承担的资金成本，使得以商业银行为代表的银行类金融机构在负债端的差异化程度不断加深。而在贷款利率放松的背景下，商业银行亦会根据客户的信用状况、风险承担能力和资产负债状况因地制宜地制定贷款政策，使得商业银行资产端的结构更趋合理。可以说，间接融资是我国金融市场初创时期的主要融资方式，以商业银行为媒介的社会融资方式造成了市场主体融资自主权的相对缺失。为了缓解金融抑制现象而进行的金融自由化也势必以扩大市场主体，尤其是商业银行的自主权为基本方式。改进贷款规模管理和放松利率管制是我国商业银行贷款自主权不断扩大的集中表现。市场主体贷款自主权的扩大既意味着在政府与市场关系这道命题中，市场机制所发挥作用的逐步加强，也意味着金融机构角色定位的转换。由计划经济时代政府投融资的金融工具转型为市场经济时代提供资金融通服务的金融中介机构，角色的转变能够满足日益增加的社会金融服务需求，也深刻影响着资本市场的结构和功能。

---

① ［美］罗纳德·I. 麦金农：《经济市场化的次序：向市场经济过渡时期的金融控制》，周庭煌等译，格致出版社 2014 年版，第 11 页。

② 李瑞鹏、何平、朱婕：《放松贷款利率管制与商业银行贷款效率》，载于《经济学报》2016 年第 1 期。

二、权利进化：从贷款自主权到负债自主权

学界普遍认为，未来我国社会融资势必会由传统的以银行间接融资为主的结构转变为直接融资和间接融资并重的结构，资本市场在进行金融脱媒的同时也带动着监管理念和方法的更新与完善，从倡导贷款自主权的扩大到提倡发行人享有全面的负债自主权，是我国债券市场未来发展的重要方向。如果说贷款自主权是基于金融机构角度出发赋予其充分的拟定贷款利率、期限和方式的权利的话，那么负债自主权则是站在市场主体角度对其参与资本市场各项活动的权利之保障。所谓负债自主权，是指发行人进行负债融资不受政府指令性指导或干预，可以根据金融市场上资金价格和自身需求，自由选择适合其自身资产负债状况和偿还能力的负债方式（包括银行借款和债券融资）、负债内容、负债期限，其所进行的负债决策受到较多市场因素影响，而负债成本也受制于发行人企业自身信用状况、经营能力和偿还能力；监管当局应当尽力保障市场主体能够自由选择进行负债的场所（如银行间债券市场和交易所债券市场），不因发行人所有权性质差异而人为设定市场壁垒阻遏市场主体自由选择权。强调扩大金融机构的贷款自主权，是对金融抑制背景下行政权力过度干预金融资源配置的一种回应，是市场机制逐渐代替行政机制的体现。贷款自主权的权利内容包括资金提供方能够自主决定贷款的规模、利率和期限，相对而言，仍是一种准市场化的权利。而提倡发行人的负债自主权，则是完全强调市场主体（尤其是发行人）在金融市场上进行自由融通资金的权利，是从资金需求方角度出发进行的权利界定，本质上是一种更加市场化的权利。从管理本位到市场本位的转变，勾勒出了我国金融市场主体权利配置的基本格局，也描绘出了未来债券市场改革的基本图景。

负债自主权的扩大不仅表现在法律法规对于发债主体所有权性质的逐渐放松，还体现在监管当局对于债券发行规模、发行方式由严向宽监管理念的改变。监管当局对于公司债券的监管立场即是我国债券市场发行人负债自主权变化的一个缩影。1993年颁布的公司法在其第五章构建了公司债券制度，作为一条为公司生产经营筹集资金的重要渠道，公司债券这种负债形式一经推出即被监管当局和市场主体寄予了融通社会闲散资金、支持实体经济发展的希望与重托。但是，对于发行人发行公司债券的种种限制，制约了公司债券市场的快速发展。公司法（1993）第159条规定了能够发行公司债券的主体资格，即股份有限公司、国有独资公司和国有投资主体设立的有限责任公司成为具有发债资格的"幸运儿"，在国民经济中起重大推动作用的非国有企业、中小企业被排除出公司债券的发行人范围之外。在发行程序上，受制于所有制结构的国有性质，国有独资公司和国

有投资主体所设立的公司发行公司债券，往往需要先由国家授权投资的机构或者国家授权部门作出决定，再向证券监管部门报请审核，负债自主权受到较强国家意志的干预，募集资金用途、还本付息的期限和方式、债券担保情况也承载了较多人为因素的影响，公司的债券资金使用权受到较大限制。在发行规模上，公司法（1993）规定公司债券发行规模由国务院确定，证券管理部门所审批的公司债券发行必须在国务院确定的规模之下，计划经济配置金融资源的传统思维显露无遗。随着实践的发展，1993年建立的公司债券制度愈发难以适应现代市场经济发展之需要，改革势在必行。2005年，公司法经历了一次大规模的修改删定工作，发行人的自主权得到了极大增强。修改后的公司债券制度删去了发行公司债券的所有权性质要求，对于所有公司一视同仁，只要符合我国公司法和证券法规定的发行条件，任何公司都可依法定程序发行公司债券，众多非国有企业、中小企业通过公司债券募集资金的能力得以提升。与此同时，公司债券发行规模的指标管理也退出了历史舞台，先由国务院确定每年度公司债券发行规模，再由证券管理部门审核公司债券发行这一模式也走向终结。2019年修改的《证券法》进一步改善了公司债券发行的制度环境，在实施注册制的同时，还取消了发行人负债限额的规定，这无疑会促进公司债券的蓬勃发展。

三、体系完善：公平融资权法律构造的充实与完备

近年来，法学界出现的公平融资权理论，为研究公平融资权这一概念的理论范畴和法律构造提供了可借鉴性的素材。冯辉副教授认为，公平融资权是指企业有权以各种正当、合法的方式融资，政府和商业银行等其他社会组织有义务为企业创造公平融资的环境。进而认为，融资双方在现行金融体制下严重的信息不对等所产生的实质不公平，是商业银行附随义务的主要来源，并衍生出商业银行的义务内容；而基于各类企业对于GDP、税收、就业、创新和稳定的重要性，需要对政府课以实现经济公平的基本义务；商业银行和政府的义务内容构成了公平融资权的主要权利内容。[①] 冯辉教授所阐述的公平融资权理论，从微观商业银行和宏观政府监管两个层面论述了公平融资权的权利产生、实现和基本属性，强调公平融资权的实现须在理念、规范和具体制度间取得统一，尤其是与金融机构的信贷自主和政府的金融监管达至协调；在法律构造上突出商业性金融、政策性金融与合作性金融的结构性调整。理念形塑与制度构建主要侧重于以银行贷款为主的间接融资方式，而对以发行债券为主的直接融资方式论述较少。央行金融市场司

---

① 冯辉：《普惠金融视野下企业公平融资权的法律构造研究》，载于《现代法学》2015年第1期。

司长谢多在 2012 年底曾对未来我国金融市场的发展前景作出预测：再过 10 年，银行贷款在我国社会融资总量中的比重可能降至 30%～40%，债券融资将与贷款融资基本持平。① 可以说，在公平融资权这一大的体系框架中，没有涉及债券、股票融资等直接融资方式的权利内容和法律构造，公平融资权的体系就是不完整。将直接融资尤其是债券融资的权利内容纳入、充实进公平融资权体系之中，方能使得这一体系更加完备和自洽。

债券市场上公平融资权的权利主体较为宽泛，但是义务主体相对单一，政府或者监管当局是公平融资权的主要义务主体。尽管金融资源的配置应该遵循市场规律，但是适当的国家干预是有必要的，在当前形势下，必须强化金融资源配置的法律化建设，明确政府在金融资源配置中的角色和权限，优化金融资源配置的调控，推进金融资源的公平合理配置，弱化金融资源配置中对于具有极强的不确定性和随意性的政策的路径依赖，通过法律的理性价值来对金融资源配置进行规范。② 相比于以银行贷款为主的间接融资市场，政府在直接融资市场所需承担的义务更为明确和具体，即为企业直接融资提供更为公平、有序的市场环境。直接融资市场上的公平融资权更加注重政府当局的角色定位和职能实现，要求政府或者监管当局从管理角色向服务角色转换，由主要实现国家融资职能向公平配置金融资源职能转变。我国早期债券市场呈现出较强的政府干预特性，行政管控一直是监管当局配置金融资源的主要手段。例如，我国企业债券管理暂行条例（1987 年）规定了企业债券发行的年度额度控制制度，公司法（1993 年）规定了公司债券的发行规模限额制度。这些法律制度确立了监管当局对于金融资源配置的绝对权力，债券资源投向哪里，债券资源总规模有多少，都成了监管当局用以干预金融市场，体现国家意志的方式和手段。虽然由政府干预的金融资源配置在当时的政治经济环境中给予了相关行业、建设领域较低的融资成本，有力地促进了社会经济发展。但是，政府干预的低效率也相应引发了金融抑制，造成了金融资源的浪费与低效。公平融资权课以政府当局提供公平、有序金融环境的社会义务，在公平融资权的概念范畴内，政府需要完成管理型政府向服务型政府的转变，由金融资源的配置者向健康金融环境的营造者进行过渡。近些年债券发行体制的改革正朝着程序公平的方向稳步前进。国家发展改革委于 2008 年颁布的《关于推进企业债券市场发展、简化发行核准程序有关事项的通知》对企业债券发行核准程序进行改革，将先核定规模、后核准发行两个环节，简化为直接核准发行一个环节。大幅提高了企业债券发行审核速度，使企业债券市场上的发行人能够享受

---

① 董云峰：《金融脱媒图景：十年后债券融资比肩贷款》，载于《第一财经日报》2012 年 12 月 3 日第 A09 版。
② 冯果：《金融法的"三足定理"及中国金融法制的变革》，载于《法学》2011 年第 9 期。

更为快捷、更为便利的审核服务,有效降低了企业债券发行人的时间成本,提升了债券发行人的竞争力。国家发展改革委于 2013 年颁布的《关于进一步改进企业债券发行审核工作的通知》确立了分类管理原则,按照"加快和简化审核类""从严审核类"以及"适当控制规模和节奏类"对于企业债券按照所属行业领域、信用等级、偿债措施等标准进行归类,在提高审核效率和防范违约风险之间寻求平衡。2015 年,国家发展改革委发布的《关于简化企业债券审报程序加强风险防范和改革监管方式的意见》更是将公平融资权的制度理念与精神提升到了新的实践高度。该意见提出简化申报程序、精简申报材料、提高审核效率,规定了从程序到时限等诸多方面的政府工作要求,贯彻了服务型政府的改革精神,而鼓励优良企业发债融资、豁免委内复审环节、放宽信用优良企业发债指标限制等做法赋予了信用良好的中小企业更多的融资自主权,一定程度上缓解了其与国有大中型企业之间的起点不公平现象。公平融资权不仅需要在以银行贷款为代表的间接融资市场发挥作用,而且需要能够在直接融资市场有所建树。因此,须将公平融资权的概念范畴和法律构造引入以债券融资为主的直接融资市场,强化政府当局在营造公平、有序市场环境中所起的作用,课以政府当局保障市场主体享有公平融资权的义务。将公平融资权的范畴拓展至直接融资市场,既是这一权利实现理论自洽的逻辑使然,也是焕发这一权利实践生命的最好途径。

第五节 偿债能力标准的提出与债券发行体制的重构

一、偿债能力标准的具体意涵

企业自身所拥有的资源和能力是企业长期发展的竞争优势之源,研究公司制度和治理机制的管理学学者在很早以前就已提出"企业核心竞争力"这一概念范畴,并认为企业核心竞争力是企业长期保持可持续发展的关键。宁建新教授认为,企业核心竞争力可以分为市场运作能力和系统制度能力,前者主要改善并完成企业能力的外部显形化,后者使企业产品包含了最具使用价值和消费利润的内涵,为市场运作能力打下了优势竞争的基础。[①] 徐二明等人主要强调企业的"软

---

① 宁建新:《我国企业核心竞争力的组合与构建》,载于《经济管理》2001 年第 12 期。

实力",认为企业核心竞争力主要包括对信息和知识的成功管理和运用能力、项目管理应用能力、系统整合能力、客户管理能力和文化建设能力,这些能力是在工业经济时代所要求的核心竞争力基础上的有益补充。① 现代企业理论认为,企业的盈利能力、筹资能力和偿债能力构成了企业的主要核心竞争力,其中企业的盈利能力是企业核心竞争力的重要外在表现,表现为总资产收益率、净资产回报率、EVA 等盈利指标的持续增长状况;企业的筹资能力是企业可持续发展的物质保证,需要适应企业经营活动现金流量、投资活动现金流量周转的需求;企业的偿债能力能够保证经营目标的实现,通过偿债能力的分析可以及时发现企业生产经营中存在的问题、了解企业的盈利质量、流动资产的变现质量、企业现金的赚取能力和支付能力。② 其中,企业偿债能力的强弱关乎企业的生死存亡,是企业健康发展的基本前提,也是投资者、债权人以及企业相关利益者非常关心的问题。③ 企业的盈利能力、筹资能力、运营能力,最终都会影响企业的偿债能力,而企业良好的偿债能力不仅是企业在投资、融资、运营等活动中资金循环状况的直接反映,也会反过来影响企业在其相关活动中的表现,对于企业的有序、健康发展具有重要意义。

企业的偿债能力是指企业清偿各类到期债务的承受能力和保证程度,偿债能力的强弱直接关系到企业生产经营的安全性、投融资活动的可持续性。对于企业偿债能力的分析不仅可以使企业时刻监测着自身资产负债结构和现金流状况,减少资金使用的财务风险,而且对于其他利益相关者具有重要意义。于债权人而言,债务人偿债能力的强弱,直接关乎其到期本息的收回情况,而到期本息的收回情况又对下一周期是否发放贷款、贷款期限、贷款额度等决定有直接影响;于投资者而言,发行人偿债能力的强弱直接反映其投资证券的安全性和盈利性;于该企业的供应商、客户而言,该企业的偿债能力与其履约能力的强弱相挂钩,而履约能力直接影响其现实经济利益。④ 故而,企业的偿债能力成为各方主体的利益连接点,各方对企业偿债能力的分析,实质构成了对企业信用实力的评价,而企业的信用实力又是判断企业当前信用状况和未来融资安全性的重要标尺。

企业的偿债能力主要反映企业清偿到期债务的承受能力,偿债能力的范围大小决定需要考察的企业偿债能力指标的深度。对于偿债能力范围的界定,一般有广义与狭义两种观点。广义的偿债能力既包括传统以流动比率(current ratio)、

---

① 徐二明、胥悦红:《新经济下面向企业核心竞争力的战略发展研究》,载于《现代管理科学》2003 年第 5 期。
② 王秀丽:《企业核心竞争力的分析与评价体系研究》,对外经济贸易大学博士学位论文,2006 年。
③ 覃薇霖:《企业偿债能力分析》,载于《合作经济与科技》2011 年第 15 期。
④ 欧阳斌:《企业偿债能力分析方法探讨》,载于《财会通讯》2009 年第 11 期。

速动比率（quick ratio）、现金比率（currency ratio）、现金流动负债比率（cash coverage ratio）为代表的短期偿债能力指标，又包括以资产负债率（debt to assets ratio）、股东权益比率（equity ratio）、权益乘数（equity multiplier）、利息保障倍数（debt service coverage ratio）、净资产收益率（rate of return on common stockholders' equity）等为代表的长期偿债能力指标。[1] 而狭义的偿债能力仅包括与企业负债经营相关事项的指标，例如企业经营活动产生的现金流量净额与负债比率、利息保障倍数（debt service coverage ratio）、长期债务与营运资金比率、流动比率（current ratio）、速动比率（quick ratio），而将与企业资产结构、盈利能力相关的指标如资产负债率、ROE、ROA 等指标排除出偿债能力的考察范围。[2] 我们认为，对于企业偿债能力的考察不应只限于与企业生产经营相关的负债事项，应将包括反映企业的资产结构、短期盈利能力和长期盈利能力的指标纳入考察范围，以此综合评估该企业对于到期债务的承受能力。传统对于企业偿债能力的分析主要是将企业的偿债能力进行长短期限的限缩，分析企业的资产负债结构对于长短期现金流的影响。例如，会计学上一般根据企业负债的内容和偿债所需资产的内容将企业的偿债能力分为短期偿债能力和长期偿债能力。[3] 短期偿债能力主要考察企业在短期债务到期时可以变现为现金用于偿还到期债务的能力；而长期偿债能力则侧重于企业在长期债务到期时企业盈利或者可以变现为现金用于偿还到期债务的能力。会计学上对于企业长短期限内偿债能力的考察可以很好对应债券发行市场上的债券品种。例如，短期偿债能力是对企业短期信用实力的综合考察，设定针对企业的短期偿债能力的债券发行条件，有助于减少所发行债券的信用风险；而通过对企业长期偿债能力的评估，可以充分发掘企业偿付中长期债券的承受能力，设定长期偿债能力标准的债券发行条件，可以有效降低中长期债券的发行信用风险。

二、偿债能力标准的法学解释

偿债能力标准在我国债券发行法律法规中亦有所涉及，但总体而言该标准相对简陋，仅是企业偿债能力的片段表现，难以精准反映企业的真实偿债能力。例如，我国《证券法》第 15 条规定了公开发行公司债券的条件就涉及了利息保障程度等偿债能力要素，因为企业最近三年平均可分配利润对债券利息的支持程

---

[1] 欧阳斌：《企业偿债能力分析方法探讨》，载于《财会通讯》2009 年第 11 期。
[2] 孔祥龙：《中国城投债信用风险及其影响因素研究》，西南财经大学硕士学位论文，2013 年，第 31 页。
[3] 覃薇霖：《企业偿债能力分析》，载于《合作经济与科技》2011 年第 15 期。

度，更能反映企业近期的偿债能力。《企业债券管理条例》第12条规定了发行企业债券的条件。其中，第12条第3项只是笼统地规定发行企业债券的企业应当具有偿债能力。如何界定偿债能力、偿债能力的内涵是什么，该条例并未明确。我国债券发行的法律法规都或多或少地体现了"发行企业应当具有偿债能力"这一制度理念。但是，"什么是偿债能力""偿债能力应当如何量化""偿债能力的法律表达应当是什么"等诸多理论问题还有待开拓。如何将管理学、会计学视角下强调财务分析的偿债能力，转换到法学语境下的凸显风险防范的偿债能力，是摆在我国法学界面前亟待解决的理论难题。

上文已述及，会计学视角下的偿债能力需要进行法学语境的转换，这就涉及偿债能力标准的改进问题。我国债券发行法律规范多以"最近三年平均可分配利润不小于债券一年应付利息"作为支撑债券发行的硬性条件。该标准实质是"利息保障倍数"的变形。"利息保障倍数"是对企业举债经营中产生的风险的度量，其本身就存在偿债能力反映不真实的内在缺陷。因为债券发行人除了要支付债券利息外，到期偿付本金也是其应尽义务，利息保障倍数反映的是企业支付利息的能力，不能反映企业债务本金的偿还能力，因而具有片面性。况且，企业的本金和利息不是用利润支付，而是用现金支付，企业近期的高利润并不意味着企业有足够的现金流量去偿付本金和支付利息。[①] 其次，对于企业资产规模的要求以及累计债券余额相对于企业净资产的限制过于刻板，没有考虑现实中企业实际融资需求。例如，我国原《证券法》要求公开发行公司债券累计债券余额不得超过公司净资产的40%，对于很多金融企业来说，40%的"天花板"严重偏离其实际融资需求。现实中，银行类金融企业资产负债率平均为80%，其负债往往是净资产的数倍之多。这类企业的负债端一般是安全性极佳的银行存款负债，资产端的贷款安全性和盈利性也相对较高。对于这类企业，40%的净资产负债限制，无疑会阻遏其资产规模的扩张步伐，而资产规模扩张的缓慢，带来的是竞争优势的丧失。此外，许多长期偿债能力指标仅牵涉对企业资产结构的条件束缚，只是触及"量"的层面，尚未到达"质"的维度。对企业的偿债能力的分析不应只停留在静态财务指标的搜集、整理与分析层面，企业的内部管理能力也往往会对企业的偿债能力产生直接影响。例如，一些企业内部管理不善，导致企业资金积压、资金得不到充分利用，直接造成企业偿债能力降低。这些涉及企业偿债能力的"软实力"无法通过量化的方式得以呈现。最后，资产负债率、权益乘数等指标虽能反映企业股东权益与负债之间的比例关系，但企业的资产并非都可以用来偿还债务，如无形资产、商誉、特许权、专利权等资产用来偿还债务具有很

[①] 朱艳：《企业偿债能力分析指标改进思考》，载于《财会通讯》2010年第9期。

大不确定性。

对于企业偿债能力标准的设定不能采用"放之四海而皆准"的统一规则,而应当适应不同类型的债券品种"因地制宜"地制定准则,以此满足债券投资者和中介机构对债券进行合理估值的实践需要。所处的发展阶段不同、主营业务各异导致企业之间存在纵向和横向差别。就纵向差别而言,一个处于成长期企业和一个处于成熟期企业对于融资的需求、募集资金投向以及债务偿还能力是不同的;即使是同一企业,处于成长阶段和成熟阶段的现金净流量也会有较大差异,成长阶段投资能力相对较弱,成熟阶段投资活动产生的现金流量会不断增加,由此导致企业的偿债能力在所处的不同阶段有所分别。就横向差别而言,主营业务突出、生产经营较为单一的企业与一个主营业务不突出、生产经营多样化的企业所产生的经营活动现金流量也会有所不同;一个稳健经营的企业和一个积极拓展型的企业相比,在筹资、投资策略上的差异,也会最终影响其相应的偿债能力。① 企业的所有权性质同样会对企业偿债能力的评估产生直接影响,国有企业与私营企业的信用基础差异,在发生偿付风险时,两者的偿债能力亦迥然有别。例如,由我国地方政府主导设立的融资平台公司,其资金来源主要为银行借款、政府财政补贴收入以及债券融资,其中承担公益性建设项目且不具有自身稳定经营收入用以偿还债券的融资平台公司的盈利能力一般较弱,单独依靠自身很难满足企业正常运作,一旦面临到期债券还本付息的压力,很难依靠自身经济实力予以化解,往往需要借助地方政府的救助。对于此类企业,纯粹从商业信用角度进行偿债能力评估基本是不符合现实状况的,因此,需要借助其他辅助标准来综合评价该企业的偿债能力。

三、偿债能力标准在债券市场的重构与完善

虽然《证券法》刚刚完成修订,但我们依然认为,"最近三年平均可分配利润不小于债券一年应付利息"这一偿债能力标准应当进行改进。衡量企业偿债能力,需要既考虑企业通过经营所得利润用以偿付债券利息的能力,又需要考虑企业偿还债券本金的能力。因为企业可以通过短时间内扩大再生产或者重复投资,使得其在最近三个会计年度内获得较高的平均可分配利润,从而满足发债条件,进行"借新债,还旧债",使得企业隐藏的财务风险不致暴露。因此,"最近三年平均可分配利润不小于债券一年应付利息"这一偿债能力标准需要结合其他标准综合判断。具体而言,可以参考债券本金偿付比率这一标准对企业偿还债券本

---

① 苏武俊、陶新元:《完善企业偿债能力分析方法的思考》,载于《财务与会计》2002年第12期。

金的能力进行权衡。债券本金偿付比率=年税后利润÷平均债券本金=年税后利润÷（平均债券本金÷平均债券年限）。该计算范式中，平均债券本金是该企业所有已发行债券的平均应偿还数额。例如，一家企业已发行3只债券，分别为债券A、债券B和债券C。债券A的应偿还本金数额为5亿元，发行期限为5年；债券B的应偿还本金数额为10亿元，发行期限为10年；债券C的应偿还本金数额为15年，发行期限为20年。该企业的平均债券本金=5/5+10/10+15/20=2.75亿元。企业年税后利润与平均债券本金之比，反映了企业的税后利润对处于偿还期内年均应偿还债券本金的覆盖程度，能够比较真实地说明企业对于债券本金的保障程度。债券本金偿付比率必须大于1，且越大表明该企业的偿债能力越强。当债券本金偿付比率小于1时，表明企业税后利润难以足额偿付该企业因发行债券而导致的债务，债券持有人面临难以足额兑付的信用风险。此外，为了排除企业受宏观经济拖累、行业不景气影响或者个别年份经营效果不佳等非正常状况下对债券本金偿付比率的非常规影响，导致对其长期偿债能力判断失误。应将"年税后利润"界定为"连续5个会计年度内的平均税后利润"，以此减弱非常规因素对企业偿债能力的影响，使得债券本金偿付比率能够更加客观、稳定。

资产负债率可以作为判断发行企业偿债能力的辅助标准。资产负债率虽然是以企业的全部负债和全部资产作为计算基础的财务指标，但发行人是作为一个整体对外偿付债务的，其他债务的期限状况、待还本息以及债务结构与对债券持有人的实际权利直接关联。除已在债权上设定担保物权的债权外，其他债权均享有相同顺位清偿的权利。发行人的负债结构会深刻影响其长期偿债能力。但是，对于资产负债率的这一偿债能力标准应当加以改进，以适应衡量企业长期偿还能力的实际需求。有学者提出，应当制定专门用于衡量企业长期偿债能力的长期资产负债率。[①] 即长期资产负债率=长期负债÷能够用来偿债的长期资产=长期负债÷（固定资产+无形资产+长期投资）。我们认为这一计算范式是可行的。原因有二，其一是固定资产、无形资产和长期投资是企业能够在长期控制的经济资源，用这些来偿还债务具有经济上正当性；其二这一计算范式考虑了长期负债与长期资产的比例关系，能够说明企业长期资产的形成来源，更好揭示企业的长期偿债能力。

考虑将净资产回报率纳入企业长期偿债能力标准的范围之内，从而建立起能够评价企业权益资金增长及稳定程度的估值体系。净资产回报率是衡量投资者投入自有资本收益水平的指标，通常计算范式为净资产回报率=（税后净利润－优

---

① 朱艳：《企业偿债能力分析指标改进思考》，载于《财会通讯》2010年第9期。

先股股息）÷股东权益，反映的是该企业的股东权益增长及稳定状况。股东权益是公司注册资本、资本公积、盈余公积以及未分配利润的总和，净资产回报率表面上是该企业股东委托企业管理人员运用资金所获得的投资报酬，但实际上却是企业盈利能力的反映，最终体现为企业偿债能力的强弱。一个企业如果一直处于长期亏损状态，需要变卖资产才能偿还债务，企业不能正常地进行经营活动，将会影响到投资者和债权人的利益。而当一个企业结束经营时，最终的偿债能力取决于企业权益资金的实际价值，是影响企业最终偿债能力的最重要因素。[①] 我们认为，企业的净资产回报率可以作为衡量企业长期偿债能力的重要标准。在资本市场上，一个优秀企业的长期净资产回报率一般会大于15%，而在设定偿债能力标准时，我们可以根据企业的性质设置不同的净资产回报率。在债券发行条件中，可以将企业在五个会计年度内的平均净资产回报率设为10%，以此将大量不具有长期盈利能力和偿债能力的企业排除出债券发行主体之外。

偿债能力是企业的核心竞争力的外在表现，也是企业能够实现可持续发展的竞争优势之源，其对企业筹资活动的关键影响和与投资活动实施效果的直接挂钩决定了我们需要辩证、系统地对影响企业偿债能力的因素加以推敲与思量。传统上对企业偿债能力进行分析主要基于财务分析的视角，在建构债券市场发行人偿债能力标准时需要进行法学研究视角的转换，如果类比套用会计学上的偿债能力标准，可能会变相提高债券发行人的准入门槛，让原本就融资困难的中小企业雪上加霜。利息保障倍数这一标准须结合债券本金偿付比率进行改进，以综合反映企业对于债券本金及利息的保障程度。可以将资产负债率和净资产回报率这两项标准纳入企业长期偿债能力范围之内，用以作为衡量企业长期偿债能力的辅助判断标准。

---

① 覃薇霖：《企业偿债能力分析》，载于《合作经济与科技》2011年第15期。

第五章

债券市场风险防范市场化机制的内涵与构成

债券市场风险防范机制主要包括行政化机制和市场化机制两种类型。关于债券市场风险防范行政化机制的弊端及其向市场化机制转型的必要性，本书第三、四章已经进行了专门讨论。但何谓债券市场风险防范的市场化机制？市场化机制的评判标准是什么？市场化机制的法律结构是什么？其正当性基础该如何理解？这些问题在学界的讨论显得匮乏零散，缺乏体系化的研究视角和整体主义的建构立场，难以为快速变迁的债券市场提供长远的制度建设方案。如果不厘清这些问题，则债券市场风险防范法制建设的方向就会发生偏离，"防风险"的公共政策目标在债券市场视域下将难以实现。需要注意的是，在党的十八届三中全会做出"使市场在资源配置中起决定性作用和更好发挥政府作用"的重大理论论断之后，学界迅速掀起了关于政府与市场关系的研究热潮，其中不乏真知灼见，但也有部分论者不假思索地认为市场的决定性作用当然适用于包括债券市场在内的所有金融领域，想当然地认为在债券市场应当祛除政府管制并推行市场自治，似乎只要政府还权于市场就万事大吉了。这种研究既缺乏对债券市场风险防范本源性问题的深入研究，也缺乏对我国债券市场殊异性问题的应有关注，无益于问题的解决甚至会贻误制度实践。鉴于此，本章秉持"小心求证"的态度，审思"使市场在资源配置中起决定性作用"和"更好发挥政府作用"在债券市场风险防范中的辩证关系，从规范主义的视角研究债券市场风险防范市场化机制的内涵、价值取向、法律边界和权义结构，进而为债券市场建立市场化法治化的风险防范体系提供重要的观念基础和逻辑前提。

第一节 债券市场风险防范市场化机制的规范诠释

一、市场化：一个前置性概念的澄清

习近平总书记在《在庆祝改革开放40周年大会上的讲话》中指出，改革开放是决定当代中国命运的关键一招，也是决定实现"两个一百年"奋斗目标、实现中华民族伟大复兴的关键一招。在改革开放走过40年这个关键性的历史节点，重新理解"改革是中国的第二次革命"，重新反思政府与市场的关系，继续寻求改革的共识，明确开放的方向，均十分必要。改革开放的40年无疑是一场史无前例的"大转型"，构成了唐德刚所言的穿越"历史三峡"的重要组成部分，时至今日还处于转型的过程中。由于改革的逻辑遵循着"先经济改革，再政治改革"的程式，中国的经济社会大转型整体上沿循着从计划经济走向市场经济的大方向，按照张维迎的说法，这是在走向"市场的逻辑"。[①] 随着改革力度的愈发深入和开放范围的不断扩大，以市场化为导向的变革模式早已经成为中国社会经济转型的内生动力，如何更加有效地推进市场化改革进程无疑是当务之急需思考的问题。

中国经济真正意义上的市场化改革，众所周知是从1992年邓小平发表南方谈话开始的，该讲话标志着我国市场化改革的大幕正式拉开。党的十四大确立社会主义市场经济体制的改革目标之后，一场轰轰烈烈的市场化改革浪潮在中国铺展开来，力度之大，范围之广，影响之深，可谓世所罕见。无论是商品市场与服务市场，还是货币市场与资本市场，市场化改革均贯穿其中，构成了整个经济社会转型期的一条主线。党的十八届三中全会提出使市场在资源配置中起决定性作用，这是我党在市场与政府关系认识上的又一次深刻转变，标志着市场化改革的再度出发。党的十九大则把要素市场化配置与完善产权制度并列作为深化市场经济体制改革的两大核心任务，进一步明确了市场化改革的方向。可以说，市场化已经成为当下中国的标志性话语之一。然而，在使用"市场化"这一语词时，人

---

① 张维迎认为，改革开放之后，从包产到户给农民自由，到价格自由化、私人企业的崛起、国有企业民营化的改造，都是逐步走向市场的逻辑的过程。参见张维迎：《市场的逻辑》（增订版），上海人民出版社2012年版，第22页；张维迎：《通往市场之路》，浙江大学出版社2012年版，第24页。

们似乎都习惯于在"心照不宣""众所周知"的预设前提之下将它与其他概念拼接，由此形成了"资本市场资源配置市场化改革""债券市场风险防范市场化机制"等难以辨识其确切内涵的似是而非的概念。问题的关键并不在于概念本身，而在于"市场化"与其他概念相拼接之后往往意味着从一种模糊的社会常识演变成带有权威性的公共决策从而影响到社会公众的利益。因此，追问这一预设前提以及厘清市场化的适用边界实属必要。

按照市场经济学的一般界定，市场化是指在开放的市场中，以市场需求为导向，以竞争的优胜劣汰为手段，实现资源充分合理配置和效益最大化的目标机制。从文义解释看，市场化意味着以清晰的产权界定为前提，反对垄断，提倡竞争，充分发挥市场的资源配置功能，实现劳动力、土地、资本、技术、信息等资源要素的自由流动。理性的市场化还意味着政府与市场关系的适时变革，即市场机制作用的边界应根据实践需要进行动态调整，政府对市场干预的程度和范围则应相机抉择。"市场化的核心要义是将政府主导的资源配置转化为市场主导的资源配置，并建立合理的法律框架和有效执行机制。"① 市场化不是简单的"去行政化"，不是政府"撒手不管"，而是要妥善处理政府与市场的关系，在市场化中既要尊重市场参与者主体的地位，恪守"契约自由"，又要保证适度监管，保证"市场正义"。② 作为一个价值中立的概念范畴，市场化本不该被异化和滥用，但实践中却被别有用心地涂抹上了意识形态色彩，与"自由化"和"私有化"裹挟在一起，甚至成为国家间制度竞争的工具。③ 由于对市场化存在理论认识的误区，中国在引入和推进市场化改革的过程中虽然取得了巨大成功，但也走了不少弯路，甚至付出了高昂的代价。例如，教育、医疗、住房等社会民生领域的市场化改革（具象为教育产业化、医院民营化、住房货币化等）造成了严重的"社会断裂"和"权利失衡"等问题，冲击着社会稳定，至今无法修复。再如，市场化改革过程中出现了权力与市场的高度黏合现象，地方政府的自利性膨胀，权力市场化倾向明显，时常背离公共利益。④ 其实，公共服务市场化具有多样化的内涵与表现形式，其中最基本的分野是"政府责任"的市场化和服务"提供机制"的市场化：前者把本应是政府"分内职责"的公共服务推向市场，后者则是政府承担基本责任的前提下，推行公共服务生产过程的市场化，通过多元生产者间的竞争降低成本、提高效率和质量。发达国家改革的重心是公共服务提供

---

① 高坚：《中国债券资本市场》，经济科学出版社2009年版，第49页。
② 冯果：《债券市场风险防范的法治逻辑》，法律出版社2016年版，第10页。
③ 例如，以鼓吹市场原教旨主义为基调的"华盛顿共识"便是将市场化作为意识形态输出的重要工具。参见童之伟：《"中国模式"之法学批判》，载于《法学》2012年第12期。
④ 刘大洪、郑文丽：《政府权力市场化的经济法规制》，载于《现代法学》2013年第2期。

机制的市场化，而我国的公共服务市场化改革更侧重于政府责任的市场化，许多改革源自政府财政拮据的大背景，因而具有政府"卸载"的味道。① 为防止将来的市场化改革再误入歧途，有必要重拾政府与市场关系这个老生常谈但历久弥新的知识传统，回归市场化的常识并达成市场化改革的共识。

受传统路径依赖的影响，我国资本市场的发展变迁呈现出鲜明的政府主导特征，政府不但要培育市场，而且要监管市场，这种集运动员和裁判员于一体的身份特征意味着国家干预的无所不在，进而衍生出一系列的结构性问题。正如有论者所言，政府既是资本市场中公有产权管理者，又是资本市场制度供给者和市场秩序维护者，以公共利益理论为基础的单向度资本市场制度体系无法有效制约政府行为，更难以实现公、私产权的市场制衡，由此导致当前资本市场的利益失衡和秩序扭曲。② 但市场化改革切忌"一刀切"，不能极端化，更不能简单地等同于"去政府化"，而应根据不同的债券品种和债券市场进行差异化推进。由于不同债券品种的法律性质及信用基础迥然有别，市场化的内涵亦有所差异。对于国债而言，其法律性质是集政府融资和宏观调控于一体的财政工具，以政府信用为担保，这决定了国债的发行和交易不可能走向真正的市场化之路。对于地方政府债券而言，其虽然不带有宏观调控的政策意图，但也不纯粹是政府的融资工具，其发行和交易均难以用市场化的逻辑加以解释。对于金融债券而言，其信用等级较高（特别是政策性金融债券具有准国债的特点），基本上都是采取市场化的发行方式，但由于具有资产专用性，安全性较高，再加上国家对金融机构隐性担保的存在，不是债券市场风险防范关注的重心所在。③ 对于公司信用类债券（包括发展改革委审批的企业债券、证监会核准发行的公司债券、全国银行间市场交易商协会自律监管下的非金融企业债务融资工具等）而言，均是具有独立法人资格的公司依法发行的承诺在一定期限内还本付息的有价证券，有着共同的商事信用基础，应当祛除不必要的政府管制，在发行和交易环节充分发挥市场机制的作用。

严格意义上讲，债券市场语境下的"市场化"，主要是针对公司信用类债券而言的，指向的是债券承载的债权债务关系的形成、变更和终止主要依赖于市场的自我调控，遵循价值规律，以追求效益最大化为目标。其内涵可以从三个方面来理解：对市场主体而言，市场化意味着赋予公司发债自主权和投资者投资自由权；对监管者而言，市场化意味着政府退居二线的角色转换和以服务为主的监管

---

① [美]唐纳德·凯特尔：《权力共享——公共治理与私人市场》，孙迎春译，北京大学出版社2009年版，序言第11页。
② 伍文辉：《资本市场秩序的宪法选择》，载于《法制与社会发展》2012年第5期。
③ 袁东：《中国债券流通市场运行实证研究：交易所债券市场与银行间债券市场的比较分析》，经济科学出版社2004年版，第42页。

转型；就发展进程而言，市场化不意味着自由化或一步到位的市场说了算，相反，放松管制进程需辅以相应的市场化约束机制的建立、发挥作用和相互配合。[①] 有学者认为债券市场发展的市场化原则，应从四个方面来把握：从发行人看，债券发行应由自身根据资金需求状况、资产结构状况、融资方式比较状况以及资金市场状况提出，而不能由别人和其他机构强行安排；从投资者看，购买债券是投资者自身的投资选择，是根据发债企业的资产状况、财务状况、募集资金用途、信用级别以及资金市场状况做出的理性判断；从中介机构看，债券承销商、信用评级机构、会计师事务所、律师事务所、登记托管机构、交易所等应遵循法律法规和市场运行规则，坚持诚信和公平、公正、公开原则，为发行人和投资者提供优良的服务，保证和促进发行人提供的材料及时、真实、准确和完整，不得有虚假材料、误导性陈述和重大遗漏；从监管当局看，对证券市场的监管必须按照市场需求，遵循市场规律，不得随意进行行政干预。[②] 由此可以看出，对于不同的债券品种及主体来说，市场化的内涵存在微妙差异，这要求我们在探讨债券市场风险防范市场化机制这一论题时，要防止概念的生搬硬套和语境的错乱挪移，立足市场实践，凝聚问题意识，形成统一话语，开展回应型的研究。

二、债券市场风险防范市场化机制的价值诉求

在前述市场化内涵的指引下，我们可以从以下几个方面来理解债券市场风险防范市场化机制的逻辑：首先，在理念追求上尊重市场在资源配置中的决定性作用以及债券市场的内生性发展规律，合理定位政府与市场在债券市场风险防范中的角色分工。长期以来，由于对政府与市场关系的错误认知，我国债券市场的风险防范体现出过度的行政化色彩，市场功能无法有效发挥作用，以至于正常的市场风险无法得以释放，非正常的市场风险则被人为放大。建构债券市场风险防范的市场化机制，当务之急是从理念上打破政府的"父爱主义"思维模式，落实"监管有责"基础上的"买者自负"原则，走出债券市场"刚性兑付"和"隐性担保"的思想误区，矫正债券市场扭曲的政府与市场关系。债券市场风险防范市场化机制的核心要义在于秉持市场决定资源配置原则，注重发挥市场机制的价值功能，政府对于债券市场风险的介入则应秉持谦抑性原则，在市场失灵的时候发挥拾遗补阙的作用。

其次，债券市场风险的分配、风险治理工具的选择、风险处置程序及责任的

---

① 洪艳蓉：《〈证券法〉债券规则的批判与重构》，载于《中国政法大学学报》2015年第3期。
② 安义宽：《中国公司债券：功能分析与市场发展》，中国财政经济出版社2006年版，第207页。

设定等均契合市场化的要求，确立市场化机制在债券市场风险防范中的主导性地位。市场化理念在债券市场风险防范中的落实，意味着政府权力边界的收缩、商事信用理念的兴起以及债券市场发展演进方式的根本转型。与此相对应，契合债券本质的信息披露法律制度、归位尽责的债券信用评级增级制度、便捷高效的债券登记托管结算制度、合理多元的债券市场风险分担机制、灵敏精准的债券风险监测预警制度、及时透明的债券风险化解处置制度等市场化的风险防范机制将得以引入并逐渐完善，彼此驰援配合，保持协调互动，共同支撑着债券市场的健康发展。

最后，在规范体系上，债券市场风险防范市场化机制以良法为保障，以善治为依归。市场经济是法治经济，市场经济的实质是一套维护人的正当权益的制度和规则，其主要内容是传统的法律和道德，建设市场经济的本义应该是对公平公正的制度的追求和维护。[①] 市场化与法治化是债券市场发展的根本方向，二者相互依存，相得益彰。党的十八届四中全会通过的《中共中央关于全面推进依法治国若干重大问题的决定》指出，社会主义市场经济本质上是法治经济，这是30多年来对我国社会主义市场经济实践经验的总结，也是对社会主义市场经济本质的准确清晰界定。[②] 债券市场的健康发展离不开强有力的法治保障，债券市场风险防范的市场化机制需要"良法善治"来保驾护航，这是因为只有良法才能形成债券市场风险防范的规范秩序，只有善治才能确保债券市场风险防范的行稳致远。目前，我国债券市场风险防范的法律制度供给严重不足，与市场化机制所期待的法律环境相距甚远，因而亟待破除"重股轻债"的思维倾向，强化有针对性的立法供给，完善债券市场的法律治理，为债券市场风险防范市场化机制的落地生根提供良好的法治基础。

随着债券违约的频繁发生以及债券市场重要性的日益彰显，风险防范成为债券市场发展中的核心性议题，推动行政化的风险防范机制向市场化的风险防范机制进行转型也被提上日程。从上述债券市场风险防范市场化机制的逻辑分析观察，"市场化"的风险防范机制事实上隐含着三大价值追求：其一，市场优先，即以市场机制作为债券市场风险防范的优先选择，只有出现市场失灵时才有政府介入的制度空间，并且在市场机制恢复正常功能后政府应选择退出。市场优先是经济法基本原理在债券市场风险防范中的运用，实质上是将国家干预以一种克制和谦逊的方式嵌入市场失灵的边界划定当中：在市场没有发生失灵的情势中不应当进行国家干预；在市场确实发生失灵的情势中，国家干预要依附于市场机制发挥作用；在市场停止失灵或失灵程度降低的情势中，国家干预应及时退出或相应

---

① 朱海就：《大改革：中国市场化改革的理论与现实取向》，福建教育出版社2012年版，第4页。
② 赵振华：《社会主义市场经济本质上是法治经济》，载于《学习时报》2014年11月3日。

限缩其强度;在既有经验和理性无法判断某一领域是否市场失灵时,应假设市场未发生失灵,暂不进行国家干预。① 上述关于市场优先的类型化描述可以概括为国家适度干预原则,即国家在经济自主和国家统制的边界条件或者临界点上所作的一种介入状态,可以从干预的正当性与谨慎性来把握其实质。干预的正当性,在于强调干预必须基于法律的授权,即必须受制于规则的约束,在规则的框架下进行干预,而不得超越规则随意干预;干预的谨慎性,在于强调干预的合理性,着重于将"市场之手"与"国家之手"有机结合。② 债券市场风险防范语境下的"市场优先"事实上面临着协调规则刚性和自由裁量的内在张力:既遵守债券市场的市场化发展规则,又不因规则束缚丧失对市场动态的及时回应;既承认自由裁量在债券市场风险防范中的现实必要性,又不因片面追求灵活而丧失对权力滥用的警惕。

其二,风险分配正义。财富分配与风险分配是分配的两种基本类型,二者的制度逻辑截然相反:在财富分配过程中,人们担忧的是自身所得的量过少,其分配的目标是争取越多越好;在风险分配过程中,人们担忧的是自身所得的量过多,其分配的目标是希望越少越好。③ 随着风险社会的来临,以财富分配为逻辑的传统社会结构出现了分化与重组,以风险分配为逻辑的社会结构开始形成并逐渐强化。④ "风险社会"概念的提出者贝克教授指出,人们不再关心获得"好的"东西,而是关心如何预防"更坏"的东西,相应地,风险社会中人们的"基本社会境况"也不同以往了:如果说,阶级社会的驱动力可以概括为"我饿!",风险社会的驱动力则可以表达为"我怕!"。风险社会正在逐渐取代财富分配成为社会关注的主要话题。⑤ 在我国的债券市场,由于风险生产主体的模糊性,"谁生产、谁负责"的风险分配原则无法落实,风险分配过程中出现责任担当者不确定,"有组织的不负责任"(organized inesponsibility)现象时有发生,风险分配不正义的问题正在加剧。⑥ 鉴于目前行政化的风险防范机制下由政府兜底债券风险的做法,已经严重扭曲了债券市场的风险分配逻辑,导致债券发行人风险约束意识淡化以及市场中介机构道德风险的滋生,在债券市场践行风险分配正义显得极

---

① 刘大洪:《论经济法上的市场优先原则:内涵与适用》,载于《法商研究》2017 年第 2 期。
② 李昌麒主编:《经济法学》(第三版),法律出版社 2016 年版,第 55 页。
③ 项继权、马光远:《风险分配的制度正义》,载于《江汉论坛》2013 年第 4 期。
④ 李友梅:《从财富分配到风险分配:中国社会结构重组的一种新路径》,载于《社会》2008 年第 6 期。
⑤ [德]乌尔里希·贝克:《风险社会》,何博文译,译林出版社 2004 年版,第 2 页。
⑥ "有组织的不负责任"是风险社会理论家贝克在他的《解毒剂》一书中提出的概念,用来揭示"现代社会的制度为什么和如何必须承认潜在的实际灾难,但同时否定它们的存在,掩盖其产生的原因,取消补偿或控制",实际上反映了现行治理形态在风险社会中面临的困境。参见张宇:《风险社会"有组织的不负责任"困境形成的原因——从专家体制和大众媒介两个角度》,载于《东南传播》2012 年第 4 期。

为必要。市场化的债券市场风险防范机制意味着由政府兜底债券风险转变为当事人风险自担以及债券市场中介机构"看门人"角色的归位尽责，进而有助于商事信用的培育和当事人自己责任观念的成长。

其三，投资者倾斜性保护。投资者保护是债券市场发展的核心任务之一，其要求债券市场监管者以保护投资者尤其是中小投资者为重任，为其权利的行使及权益的救济提供保障。由于银行间债券市场和交易所债券市场的投资者结构有别，投资者保护的力度应有所区分。银行间债券市场属于典型的机构投资者市场，以自律监管为主，对投资者实行平等保护即可。交易所债券市场则以个人投资者为主，信息不对称问题突出，对投资者宜实行倾斜性保护为妥。与投资者倾斜性保护相契合的债券市场风险防范市场化机制要求强化发债企业的信息披露机制，为投资者提供便捷的交易机制并保障投资者在不同债券市场的交易自由，积极探索债券投资者权益保护的司法救济机制。[①] 例如，中证中小投资者服务中心（以下简称投服中心）成立后，可以作为我国上市公司中的股东权利、诚信义务等方面的司法纠纷解决者，也可以由投服中心组织司法机关、仲裁机构作为平台，借助于自愿管辖权来取得。[②] 也有论者认为，根据金融消费者和中小投资者保护的原理和规律，在谨慎尝试示范诉讼、团体诉讼的同时，应将重点放在加强行政监管和行业自治，将先行赔付、赔偿基金等制度化以及构建常规性非诉讼机制上，可在现有投服中心、行业协会调解和投诉机制的基础上，通过顶层设计建立统一专业权威的第三方纠纷解决机制，实现更加快捷、经济、公平、全面的救济。[③] 投资者作为债券市场的源头活水，其利益保护理应在风险防范的市场化机制中占据突出地位，特别是在债券市场风险事件频发的当下，更应当通过立法、执法和司法等手段加以综合因应。

三、厘清政府权力边界：债券市场风险防范市场化机制的核心命题

在本书的语境中，无论是行政化机制还是市场化机制，都是债券市场风险防范理念、规则及制度体系的一种统称，二者的区分主要是看政府与市场力量

[①] 洪艳蓉：《公司债券的多头监管、路径依赖与未来发展框架》，载于《证券市场导报》2010年4月号。

[②] 邓峰：《论投服中心的定位、职能与前景》，载郭文英、徐明主编：《投资者》（第2辑），法律出版社2018年版，第107~108页。

[③] 范瑜：《中小投资者保护与证券业纠纷解决机制的构建》，引自郭文英、徐明主编：《投资者》（第2辑），法律出版社2018年版，第19页。

的配置状况：如果政府力量在债券市场风险防范中居于主导地位，市场力量因受到压制无法正常发挥作用，可以将这种情形归入行政化机制的范畴；反之，如果债券市场的风险防范以市场的需求为导向，通过竞争机制实现了资源优化配置，则可以视为市场化机制。由于政府与市场力量的配置具有一定的弹性，二者往往交织杂糅在一起，因此行政化的债券市场风险防范机制与市场化的债券市场风险防范机制之界分具有一定的相对性，即行政化的债券市场风险防范机制中不乏市场力量的存在，市场化的债券市场风险防范机制中亦有行政力量发挥作用的空间。正确理解债券市场风险防范市场化机制的法律实质，关键在于精准把握政府权力的法律边界，特别是要厘清市场化机制与行政化机制的关系。对二者关系的认知，切忌陷入"非此即彼"的逻辑误区，不能认为债券市场风险防范行政化机制差得"一无是处"，同样不能认为债券市场风险防范市场化机制好得"天衣无缝"。事实上，债券市场风险防范行政化机制具有一定的历史合理性，只是随着时代变迁其弊端日益显现，需要向市场化进行过渡。由于我国的债券市场从一开始就面临着市场发育不足的问题，政府面临培育市场和监管市场的双重任务，因而债券市场的制度变迁被深深打上了政府干预的烙印。强有力的政府干预尽管诱发了不少问题，但在特定时间里发挥了极其重要的作用，填补了市场空缺，纠正了市场缺陷，并且在具有比较优势的时空范围内组织和配置了资源。即使债券市场风险防范市场化机制真正建立起来之后，政府的适度介入依然是必要的，其在法治环境的塑造、市场基础设施的提供、系统性风险的预防及治理等方面不可或缺。诚如陈雨露教授所言："对于发展中国家或转型经济体而言，由于这些国家或经济体的市场化程度普遍不高，因而在转型的过程中完全依靠市场的力量是不现实的；与此同时，转型过程还需要社会主体达成共识，并在市场进程中不断整合彼此的力量。上述两方面都离不开政府的积极介入。"[1] 对于政府介入债券市场中产生的"失灵"问题，需要通过不断完善规范、透明和法治化的制度框架加以克服。当然，随着债券市场发展深入以及法治化水平的提升，政府应当在债券市场的发行和交易环节退出，将工作重心放在事后的执法、投资者权利救济以及市场秩序的有效监管之上。总之，债券市场风险防范的市场化机制不是市场力量的"独角戏"，而是政府力量与市场力量良性互动合作的产物，其提倡和推进也可以说是对党的十八届三中全会关于"使市场在资源配置中起决定性作用和更好发挥政府作用"这一重大理论论断的回应，即明确市场对资源配置的决定性作用不能放大到不需要政府作用，也不能放大到市场决定公共资源的配置，更好地发挥政府作用意味着政府

---

[1] 陈雨露：《金融发展中的政府与市场关系》，载于《经济研究》2014年第1期。

在债券市场风险防范市场化机制的建设过程中是不可缺位的。

我国政府在债券市场风险防范机制中的权力边界经历了一个从膨胀到收缩的过程，这与计划经济向市场经济转轨的历史进程、债券融资结构从国家导向型融资向市场导向型融资的转变基本上是同步演变的。① 以企业债券为例，国务院1987年颁布实施的《企业债券管理暂行条例》鲜明地体现出计划经济时期政府管制的浓重痕迹，1993年修订《企业债券管理条例》时有所放松。进入2005年之后，面对以市场化原则发行的企业短期融资券等债务工具的迅猛发展，企业债券迎来了更为严峻的挑战，不得不对审批制进行改革：一是不再搞两次审批，即取消了事先向国务院报全年发债规模，发债企业一次申报即可；二是取消了强制性的银行担保要求；三是加快了审批的速度。② 2006年5月，长江三峡总公司公开发行30亿元企业债，采取无担保方式，被认为是中国第一只真正意义上的无担保企业债，标志着企业债市场迈出了信用定价的第一步。2008年1月，发展改革委颁布《关于推进企业债券市场发展、简化发行核准程序有关事项的通知》，将先核定规模、后核准发行两个环节，简化为直接核准发行一个环节，票面利率则由企业根据市场情况确定，取消了不得超过存款利率40%的规定。2015年12月，发展改革委下发《关于简化企业债券审报程序加强风险防范和改革监管方式的意见》，较为全面地对企业债发行进行规范，进一步降低企业债发行门槛，推进企业债券发行管理向注册制过渡，同时加强了风险防范。至此，企业发行的审批制基本上名存实亡，企业债券的风险防范也悄然实现了从行政化机制向市场化机制的转型。

审批制作为一种带有计划经济色彩的管制模式，其在债券发行制度竞争中的失败反映出市场力量的强大以及市场机制的日趋成熟，也说明了债券市场风险防范行政化机制的功能局限性。③ 关于债券市场中的行政权力配置模式，除了审批制之外，还有核准制与注册制两种类型，前者目前主要适用于证监会行政监管下的公司债券，后者主要适用于全国银行间交易商协会自律监管下的中期票据。由此引发出一个关键性问题是，债券市场风险防范市场化机制对应的制度模式是核准制还是注册制？哪种制度模式代表着债券发展的市场化方向？从背景依赖上看，由于我国在1998年制定《证券法》时具有应对东南亚金融危机的考量，公司债券的制度设计不可避免地带有风险防范的价值取向和政策考量，因而，公司债券的核准制似乎与债券市场风险防范市场化机制有着内在的契合性。然而，存

---

① 何志刚：《中国企业债券市场：效应与发展模式》，中国经济出版社2006年版，第102页。
② 沈炳熙、曹媛媛：《中国债券市场30年改革与发展》（第二版），北京大学出版社2014年版，第147页。
③ 安义宽：《中国公司债券：功能分析与市场发展》，中国财政经济出版社2006年版，第111页。

在于《证券法》文本中的"核准制"其实并没有比"审批制"进步太多，这是因为通过对比 2005 年修改后的《证券法》和 1993 年的《公司法》，可以发现除了将债券上市权授予交易所核准外，并没有对债券发行的条件作出任何改变，基本上是将 1993 年《公司法》的公司债券内容整体移入《证券法》。这种"偷懒"的做法除了反映出重股轻债的惯性思维，也反映出立法者对债券市场风险防范市场化机制的潜在担心，以及寄希望于通过行政力量保护债券投资者权益的良苦用心。对此，有学者认为现行《证券法》中的公司债券规则取向，仍然带有浓厚的为大型国企融资服务和侧重风险防范的市场发展思路烙印，并且在整个债券规则的建构上，主要是参照适用股票这一不同于债券的融资工具的设计，而未能真正地契合债券的内在属性，发展出一套有利于公司债券长远发展的内生性制度。[①]因而，核准制不宜成为债券市场风险防范市场化机制的理想模式。从实践发展效果上看，采取核准制的公司债券发展并不理想，而采取注册制、由全国银行间市场交易商协会实行自律管理的中期票据市场却发展神速，后来居上，成为债券市场中交易量最大、交易最活跃、最受投资者青睐的债券品种。与风险防范导向型的公司债券发展逻辑相比，中期票据呈现出"发展市场"的价值取向，其充分利用《中国人民银行法》所提供的宽松法律环境，借助银行间债券市场"金融创新试验场"的政策扶持，一路高歌猛进，牢牢占据着债券市场的主导地位。那么，中期票据所对应的注册制和自律监管模式是否代表着债券市场风险防范市场化机制的发展方向呢？答案同样是否定的，这是因为这种"发展市场型"的制度模式未能有效促进储蓄向投资转化并合理分配金融资源，未能解决企业融资难题，不能有效降低融资成本和提高融资效率，未能有效调整和平衡金融市场结构，未能促进债券市场的可持续发展。[②] 我们认为，理想的债券市场风险防范市场化机制应当是在坚持市场优先、风险分配正义、投资者倾斜性保护三大原则的基础上，在筹资者、投资者与金融中介组织之间建立起良好的激励约束机制，在政府与市场之间建立起适时替代和良性互动的机制，在市场发展与风险防范之间取得动态的平衡。实现债券市场风险防范市场化机制从理想到现实的转化，关键在于通过有效的权利安排、行为调整、责任配置等法律机制，使债券市场参与者之间的信用、风险与责任相匹配。

[①] 洪艳蓉：《公司债券制度的实然与应然——兼谈〈证券法〉的修改》，载于《证券法苑》（第 5 卷），法律出版社 2011 年版，第 785 页。

[②] 洪艳蓉：《公司债券制度的实然与应然——兼谈〈证券法〉的修改》，载于《证券法苑》（第 5 卷），法律出版社 2011 年版，第 789~793 页。

第二节 债券市场风险防范市场化机制的法律结构

通过规范主义的诠释，我们可以发现债券市场风险防范市场化机制是围绕着政府与市场关系这条主线聚合起来的制度系统，有着复杂的法律结构。在部门法视域下，政府与市场的关系主要是在经济法中得以阐明，而经济法的理论研究和司法实践表明，具体的法律关系只有融于"主体—行为—责任"的范式框架之中，才能获得实在的法律意义和制度空间。[①] 鉴于此，下文通过主体、行为、责任三个维度的条分缕析，体系化地揭示债券市场风险防范市场化机制的法律结构。

一、市场化机制下债券市场风险防范的主体层次

债券市场风险防范从行政化机制向市场化机制的转型，意味着政府与市场关系的深刻变革，市场主体取代政府及监管机构成为风险防范的主角，债券发行人、债券投资者以及债券市场中介组织的权责配置与功能定位均发生了显著变化。在市场化机制下，债券发行人享有发债自主权，是否发行债券、何时发行债券、发行多少债券、如何设定发债的条件等属于市场主体意思自治的范畴，政府不宜过多干预。当然，这并不是说法律对于企业债券的发行放任不管，相反，法律应当秉持"底线思维"，设置一些契合市场发展规律、符合中国债券市场发展现实的限制性规定，把好债券发行的市场准入关口。限制性规则的设置可借鉴"负面清单"的立法模式，以公司的资产信用为评价标准，将禁止发债的情形加以明示并辅之以兜底条款。之所以强调以动态的资产信用而不是以静态的资本信用作为评价标准，是因为公司处于变动不居的商业环境中，决定公司信用的各项要素也是在发展变化之中，坚守资本信用标准无异于画地为牢，采用资产信用标准才能反映出公司的真实信用状况。正如有学者所言："从资本信用到资产信用，是在对公司信用进行科学分析基础上作出的理性选择，是公司法发展的历史轨迹，也是中国公司法正在形成的发展趋势。"[②] 与现有的债券发行管制型立法模式相比，这种以资产信用为标准的信用评价体系和"负面清单"式的立法模式充分尊重了企业的发债自主权，有助于强化市场主体的商事信用观念，激励企业改

[①] 张继恒：《经济法的部门法理学建构》，载于《现代法学》2014 年第 2 期。
[②] 赵旭东：《从资本信用到资产信用》，载于《法学研究》2003 年第 5 期。

进公司治理和提升自我约束能力,为市场主导、政府辅助的公司信用约束机制之建立奠定基础。与企业发债自主权相对应的是投资者的投资自由权,即投资者以自己的意志和判断自主决定投资对象,享有投资收益,自觉承担投资风险。特别是在出现投资损失时,投资者应理性地遵从"买者自负"原则,而不是像过去那样诉诸非理性的所谓"维权"行动。目前,在银行间债券市场,"买者自负"原则基本上得到了遵守,但在交易所债券市场以及其他债券信用事件爆发的情形下,"买者自负"原则较难以实现,多在地方政府的介入下化险为夷。因此,政府隐性担保的退出和投资者教育依然任重道远。

在债券市场风险防范市场化机制的运作过程中,律师事务所、会计师事务所、信用评级公司、担保公司等市场中介机构发挥着极为重要的作用,其"看门人"角色的发挥程度和实施效果直接决定着债券市场风险的基本格局。"看门人"的法律特征主要表现为三个方面:以保护投资者利益为价值依归;功能发挥的核心载体为"声誉资本";功能实现的前置要件为具有独立性。[①] 如果以这些法律特征作为检视标准的话,我们可以发现当前债券市场中介机构的明显缺憾,包括职业操守缺失、专业能力与权威性不够、独立性差等,难以起到应有的过滤、筛选作用,甚至助长了"劣币驱逐良币"的不良风气,尤以信用评级机构为甚。现阶段我国债券市场的信用评级普遍存在的信息披露不及时、评级事后下调、评级机制不透明等问题,造成了公司债券发行定价的同质化,难以发挥提示风险的作用,容易扭曲市场信号、积累系统性风险。[②] 市场化的债券市场风险防范机制要求中介机构具有公正、透明、独立、高效的特质,以良好的职业素养和专业的业务技能把控债券发行人的资质,自觉防范利益冲突,通过提供充分真实可靠的信息保障投资者知情权。为此,需要通过有针对性的立法强化中介机构的约束机制,明确勤勉尽责的标准,细化其对投资者承担的民事责任之规定(如诉讼地位、责任承担方式、举证责任分配规则等),从而将其打造为债券市场风险防范的真正主体。

除了债券发行人、债券投资者和债券市场中介组织,政府与金融监管机构同样是债券市场风险防范市场化机制中不可或缺的主体,只是不像过去那样主导着风险防范的全过程,而是退居幕后,转向以执法和投资者权利救济为核心的功能定位。目前,我国正在经历着一场前所未有的政府职能转变,即从全能政府转向有限政府,从管制型政府转向调控型政府,从发展型政府转向服务型政府,从人治政府转向法治政府,这其实就是要求政府通过自身改革退出市场作用的领域,

---

[①] 刘志云、史欣媛:《论证券市场中介机构"看门人"角色的理性归位》,载于《现代法学》2017年第4期。

[②] 王丹:《债券市场风险防范的国际经验及启示》,载于《中国物价》2016年第10期。

尤其是在市场机制已经建立起来的情况下，政府就应当适当抽身，在更好发挥自身职能的同时充分尊重和发挥市场机制在资源配置中的决定性作用。① 对于债券违约等风险事件而言，政府的角色转换与监管转型意味着摒弃隐性担保，允许债券实质违约的出现，还原债券的市场属性，回归债券的商事信用基础。诚如有论者所言："公司债券的市场化进程，不可避免地会发生市场主体信用崩溃带来的债券违约，应允许其存在并正规化、常规化地予以处理。债券违约，是公司债券以商事信用为基础，必然出现的结果，是信用风险得到市场定价和分担的直接表现，是市场刚性约束真正发挥作用，市场参与者各享其利、各归其责的有效证明，是市场可持续健康发展的风险排泄口。"② 市场化的债券市场风险防范机制所对应的监管框架应当是一种服务型模式，即行政监管只是针对市场监管的不足采取相应的配套举措以保障市场监管措施的有效约束性，将行政监管定位于一种为保护市场运行的纠错式与保障式的后援性监管：纠错意义在于纠正市场博弈规则的不公平性与不公正性，保障意义在于对公平与公正规则的保护。③ 众所周知，我国目前的债券市场监管体制呈现出分散多头监管的格局，中国人民银行和证监会履行市场监管的职能，银保监会和证监会履行机构监管的职能，发展改革委负责企业债券的审批，财政部负责国债发行和流通中的一些管理事务。适度的监管竞争尽管具有促使监管者之间出现对比和学习的效应，成为监管改进的压力和动力，但极易演变为政府部门之间的利益之争，浪费监管资源，影响监管效率，更是由于监管分工的不合理与监管协调的不通畅人为加大了债券市场风险防范的难度。为此，债券市场应当实现从"干涉主义"到"监管治理"的转变，按照"更少的官僚统制，更好、更专业化的监管"和"增进市场效率、完善市场机能、提高市场竞争力、应变能力和可持续发展能力"的基本目标以及依法监管的基本原则，尽快设计出一个在激进和保守之间取得平衡、合理而有效的债券市场监管框架。④

二、市场化机制下债券市场风险防范的行为解析

按照法理学的基本原理，主体意志决定行为选择，行为选择决定法律责任。

---

① 曹文宏：《建国以来政府与市场关系：基于政治和经济的二维解读》，载于《东南学术》2014年第6期。
② 洪艳蓉：《公司债券违约零容忍的法律救赎》，载于《法学》2013年第12期。
③ 郑彧：《证券市场有效监管的制度选择——以转轨时期我国证券监管制度为基础的研究》，法律出版社2012年版，第165~167页。
④ 何志刚：《中国企业债券市场：效应与发展模式》，中国经济出版社2006年版，第305~306页。

债券市场风险防范从行政化机制到市场化机制的转型,在重塑市场主体与监管主体权利义务配置格局的同时,也必然导致以风险防范为中心的债券市场系列行为规则的改变。与债券市场风险防范市场化机制相契合的行为规则种类繁多,不一而足,包括但不限于发行行为规则、交易行为规则、监管行为规则等,其中最为重要的当属信息披露、信用评级和破产偿债。

(一) 信息披露

在债券市场风险防范的市场化约束机制中,信息披露制度具有基础性地位。这是因为,信息披露是市场约束的基础,市场约束机制的施行依赖于信息的有效披露。[①] 对债券发行主体而言,这种制约表现为债券投资者与市场中介机构借助于相关信息披露,通过自觉提供监督达到对发债主体实施约束,给存有偿债问题或者经营危机的发债人以逐出市场的压力来迫使其稳健经营的过程,而加强债券市场信息披露制度有利于市场信息更趋于真实、准确、完整、及时,进而促进相关市场主体凭借市场约束机制推动发债主体更有效地分配资金和控制风险。在债券市场信息披露制度构建过程中,要遵循市场规律,以投资者为中心,从相关市场主体需求出发,在完善激励机制的基础上提供必要合理的制度供给。具体而言,可从以下两个方面重点发力。一方面,以市场投资者需求为导向,以政府适度监管为原则。首先,市场化语境下,信息披露应以投资者需求为导向。投资者是债券市场主体,是市场活动主要参与者,信息披露制度的最基本的目标便是通过信息公开减少信息不对称,使投资者获得自身所需要的相关信息,降低内幕交易等不正当行为损害投资者的概率,提高证券投资安全性,进而增强投资者对证券市场公平运行的信心。[②] 信息应该为投资者披露而不是迎合监管者的要求,摒除形式化的空泛内容和大量的信息噪声,"删繁就简、重点突出",多披露投资者切实关心的与债券偿债能力有关的问题或事项,逐步以投资者为中心规范信息披露的内容及形式。此外,债券市场的投资者类型多样,既有大量机构投资者,又不乏个人投资者,不同类型投资者不仅对于信息的需求存有差异,而且对信息的获取、处理能力亦不同,对此要在市场化理念指引下,合理建构差异化的信息披露规范,以满足市场投资主体的多样化需求。

其次,债券信息披露要保证必要的适度监管。投资者为导向的信息披露因其激励机制的存在能够激发市场活力和创造力,然而市场化信息披露理念不是任由市场自由调节,适度的监管亦是其应有之义。适度监管即意味着市场自律走到了

[①] 许友传:《信息披露、市场约束与银行风险承担行为》,载于《财经研究》2009年第12期。
[②] 陈甦主编:《证券法专题研究》,高等教育出版社2006年版,第107页。

监管的第一线，日常的监管主要由市场自律团体承担，而官方监管主体则更注重于制度的设计和完善，通过具体的制度降低市场交易成本，特别是投资者搜寻信息及分析处理信息的时间成本和货币成本。建立健全事前监管制度，从总体上为监管蓝图建立好路线方针，消除监管盲区。同时，监管者要不断加强执法能力，加大对信息披露中出现的违规行为进行调查、裁定和惩处。监管既要"减弱"，使"市场的归市场，政府的归政府"；监管同时也要加强，使违法违规行为受到严厉的惩罚，以儆效尤，增加信息披露违规者的违法成本。

另一方面，以发行人信息披露为核心，以多方主体共同参与为目标。在证券市场中，理想的信息披露应该是由发行人、投资者、中介机构和交易所四类主体所作出的信息披露内容构成。① 每一市场参与主体根据其在交易中的定位，承担与其角色相匹配的披露义务。同时，各个披露主体在整个信息披露制度中的地位也不尽相同。② 在债券市场中，亦是如此。信息披露制度的市场化以投资者需求为中心，然而，随着债券市场的持续发展和投资者结构的日益复杂，投资者对信息的需求也呈现出多样化的趋势。仅靠发行人的信息披露难以满足债券市场不同类型投资者的日益丰富的信息获取需求。所以，除了发行人披露其主体及偿债信息外，市场中介机构作为证券市场的"看门人"，亦可通过其信用评级、审计、审核或以出具法律意见的形式，对债券发行人主体抑或其具体债项进行客观公正的第三方评价，并适时向市场公开，如此一来，较于发行人的信息披露，市场中介机构的披露内容更为客观、公正且更富可比性，除了投资者可参考该中介意见作出投资决策之外，监管者亦可参见该评价内容采取监管措施。此外，债券市场的自律组织，如证券交易所或银行间交易商协会亦可通过其平台定期或实时公布债券市场的宏观动态以及具体债券及其主体的重大事宜，促进投资者对市场信息的全面掌握，进而有利于投资者在更全面的信息基础上作出更理性的投资决定。应当注意的是，市场化的信息披露制度鼓励相关市场参与主体进行或主动或被动的信息披露，但从减少信息噪声保护投资者的角度出发，各市场主体信息披露地位有所不同，其权利义务及法律责任亦存有差异。以发行人信息披露为核心，辅之以其他市场参与主体的信息披露，应成为市场化信息披露的合理选择。

（二）信用评级

在债券市场风险防范的市场化机制约束条件下，债券发行人从一开始就要考

---

① 李明良：《理想的信息披露制度需要多方主体的信息披露》，引自郭锋主编：《全球金融危机下的中国证券市场法治》，知识产权出版社2009年版，第26页。
② 窦鹏娟：《证券信息披露的投资者中心原则及其构想——以证券衍生交易为例》，载于《金融经济学研究》2015年第6期。

虑债券偿还资金的安排问题，严格按照承诺条件及时足额支付本金和利息，充分体现商事信用理念。由此，债券信用评级的重要性便凸显出来，其不但是债券发行和流通的基本前提、投资者进行投资选择最重要的参考依据，也是债券承销机构和担保机构提供服务的决策依据以及债券监管部门制定政策和重大决策的参考。[1] 与发达市场经济国家相比，我国债券市场中的信用评级业务起步较晚，发展至今不过20余年的历史，总体上还处于初级发展阶段。但是信用评级所具有的寡头垄断、利益冲突以及评级机构的无责评级等问题在我国也同样存在，而且作为评级行业的后发之地我国所面临的这些问题可能较之发达国家更为复杂和严重。除了面临的共同问题之外，还有一些问题是中国评级机构独有的，包括缺乏统一的监管机构、法律法规不够健全、信用意识较差等。[2] 特别需要指出的是，由于我国债券市场"零违约"的惯例以及政府隐性担保的长期存在，债券评级往往被看作债券发行审批中的一项形式化的流程，因而导致评级不被市场主体所重视，与国际上那些以三巨头为代表的权威评级机构在资本市场的地位以及所受到的"礼遇"相比，信用评级机构在我国远远不能称之为债券市场的主角。此外，信用评级还存在良莠不齐且缺乏核心竞争力、独立性严重不足、公众认可度低、竞争失序等问题。为此需要进行的制度改革包括信用评级的立法改进、强化对信用评级机构的诚信规制、健全信用评级的监管机制等。由于这些内容在其他章节有专门论述，在此不再展开。

（三）破产偿债

如果说契合债券本质的信息披露制度与归位尽责的债券信用评级增级制度分别是在债券市场的准入与运行环节发挥约束作用的话，破产偿债机制则是市场退出环节中的重要法律约束机制。所谓破产偿债机制，就是指企业资不抵债、无力偿债时，通过进入破产程序，其企业拥有的资产变卖后偿还债权人的机制，实质上就是通过司法权的行使，终结发债企业的法人主体资格，使其退出债券市场。作为一种威慑力极强的市场化约束机制，破产偿债对于债券市场的健康发展具有极为重要的意义，既可以保护债权人利益，使其少受损失，也可以倒逼发债企业提高信用水平和强化内部风险控制。在成熟的市场经济国家，破产偿债机制运用广泛，效果良好，成为债券市场风险防范的重要一环。如近年来美国利用破产程序了结公司债务的经典案例包括在次贷危机中陨落的贝尔斯登、美国国际集团、

---

[1] 安义宽：《中国公司债券：功能分析与市场发展》，中国财政经济出版社 2006 年版，第 180~182 页。

[2] 毛海栋：《论信用评级机构看门人角色的危机与变革》，载于《商事法论集》（2012 年）第 22 卷。

通用集团以及雷曼兄弟等。[①] 遗憾的是，尽管我国的债券违约已经常态化，但尚未出现通过启动破产偿债机制来追究债券发行人法律责任和保护债权人的案例，反映出来的问题依然是政府隐性担保。正如有学者所指出的，"曾经出现过的少数几次偿债危机，都是在监管部门、地方政府的紧急干预协调下，依靠行政力量帮助无力偿债的企业躲过难关。从表面上看，企业通过并购重组或得到救助而免遭破产，债也偿还了，似乎化解了危机，实际上给社会很不好的信号：政府定会帮助企业过难关的，不用担心企业破产。"[②] 为防止政府的隐性担保扭曲债券市场的风险防范机制，当务之急是需要解决《破产法》《公司法》《民法典》等法律与债券违约解决机制的衔接问题。例如，目前我国的债券制度没有设置交叉违约条款，导致债券投资者只有在自己持有的债券到期时才能追究发行人的违约责任和进行求偿，如先到期的债权人已对有效资产采取保全、求偿等措施，那么后到期的债券投资者则很难获得有效的资产清偿，这可能使得《破产法》对于债券持有人优先获偿权的保护流于形式。然而由于交叉保护涉及预期违约和不安抗辩权两个概念，而我国《民法典》合同编关于预期违约和不安抗辩权的规定皆语焉不详，在理论研究和实践中还存在较大争论，导致我们对发行人债券尚未到期但其其他债务出现违约时债券持有人能否依法求偿的问题难以决断。[③] 另外，我国应当完善发债担保机制，创新债券担保形式，培育债券担保市场，提高发展企业的偿债能力，以此作为破产偿债机制的重要配套措施。

三、市场化机制下债券市场风险防范的责任配置

权利与义务相对应、行为与责任相协调是基本的法律常识，应当贯穿于债券市场风险防范市场化机制建构过程的始终。在责任配置方面，债券市场风险防范市场化机制所带来的重大变化是引入"当事人自己责任"的观念与制度规则，其要义对于融资方而言是赋予公司自主发债权，对于投资者而言是落实投资者的"买者自负"原则。[④] "买者自负"所反映出来的市场逻辑简单明了：证券投资必然伴随着风险，收益是风险的补偿，风险是收益的代价，证券投资者依据自己的判断进行投资，就应当对投资结果自担责任，接受由市场机制决定的任何投资结

[①③] 窦鹏娟：《新常态下我国公司债券违约问题及其解决的法治逻辑》，载于《法学评论》2016年第2期。

[②] 沈炳熙、曹媛媛：《中国债券市场：30 年改革与发展》（第二版），北京大学出版社 2014 年版，第 258 页。

[④] 洪艳蓉：《公司的信用与评价——以公司债券发行限额的存废为例》，载于《中外法学》2015 年第 1 期。

果,无论是盈利还是亏损。① 关于"当事人自己责任"及"买者自负"的正当性,学界多有论证,如台湾学者林国权教授指出,以何种价格、以何时买卖何种有价证券属于投资者自己作出的投资判断,对于因自己之判断所造成的盈亏,投资者理应自负责任,政府不应该在证券市场上担任保险公司的角色。② 徐明和卢文道认为,非出于法定情形和正当理由,投资者不得将证券交易损失归结于证券发行人、证券交易代理人、其他证券交易参与人、证券市场行政及自律监管机构,不能将证券交易损失归结于其他主体和外部因素。③ 可以说,"买者自负"原则已经内化为证券市场交易风险分配、证券市场主体责任划分的基本指针,成为证券市场法律制度的理念基础。

目前,"买者自负"原则在股票市场基本上得到了贯彻落实,"股市有风险,投资须谨慎"已经深入人心,但在债券市场却因政府的习惯性兜底保护而遭遇了虚置,这在前文已经反复提及。随着债券市场发展的不断深化,这种行政化思维主导下的制度模式愈发显示出弊端,其对投资者的保护也越来越力不从心,诚如蒋大兴教授所指出的:"单就公司债投资者保护制度而言,中国法律目前的思路是通过行政审核方式来过滤投资风险,偏重行政保护。这种保护方式不可靠之处在于——行政机关的审核人员无论是在智力还是体力上,都不可能超越市场力量,而其责任心又必然低于利益直接相关的市场参与者。因此,过于倚重行政审核型的保护策略,必然效率低下,应当在行政保护之外构建债券投资者保护的基本制度。"④ 在政府权力收缩与监管转型已经成为共识的前提下,关键性的问题在于政府退出的策略选择上,是全身而退还权于市场,实行完全的"买者自负"?还是选择性退出,在市场约束与政府监管协调下引入"买者自负"?考虑到政府主导型的债券市场发展路径依赖背景以及市场自治要素的不完全具备,政府现阶段仍应当将重心放在市场培育之上,并在市场走向成熟的过程中渐进性退出。⑤ 正如有学者所言,投资者"买者自负"需要以投资者具备相应的风险识别和承担能力为前提,如此才能真正使投资者对自己意思而为的投资结果负责,否则投资泛大众化带来的是风险承担的法不责众,政府出于市场发展和社会维稳目的考虑

---

① 陈洁:《投资者到金融消费者的角色嬗变》,载于《法学研究》2011 年第 5 期。
② 林国权:《证券交易法研究》,中国政法大学出版社 2002 年版,第 23 页。
③ 徐明、卢文道:《证券交易"买者自负"原则的司法适用及法制化初探》,载于《证券法苑》(第四卷),法律出版社 2011 年版,第 218 页。
④ 蒋大兴:《被忽略的债券制度史——中国(公司)债券市场的法律瓶颈》,载于《河南财经政法大学学报》2012 年第 4 期。
⑤ 当然,政府的退出受到权力结构约束的深刻影响,是一个知易行难的过程。参见张维迎:《市场的逻辑》(增订版),上海人民出版社 2012 年版,第 139 页。

只能最后兜底。① 从理论上讲，在假定市场同质化的前提下，"买者自负"原则隐含了三个必要的前提，即信息的对称性、投资者的适当性和监管的正当性。② 很显然，这些前提条件在我国的债券市场中均有所缺失，因此应当拾遗补阙，着力提高市场信息透明度，引入投资者适当性制度，处理好行政监管与自律监管的关系，从而为当事人自己责任的实现奠定制度基础。

第三节 债券市场风险防范市场化机制的正当性分析

从前述规范性解读可以看出，债券市场风险防范市场化机制是一个内涵丰富、外延宽广的概念。作为本书的核心概念范畴，债券市场风险防范的市场化机制不能止步于概念描述和法律结构分析，还应从思想基础层面上阐释其正当性基础。本章尝试从市场决定论和市场深化论两个维度探幽发微，揭示债券市场风险防范市场化机制深层次的法理和逻辑。

一、市场决定论：债券市场风险防范市场化机制的内生逻辑

作为资本配置的两种手段，政府与市场的关系如何处理一直占据着政治学、经济学和法学研究的核心位置。在长期的历史实践过程中，重商主义、古典经济学、凯恩斯主义、新古典学派、新凯恩斯主义先后登场，西方国家关于政府与市场关系的理论演变经历一个否定之否定的过程。③ 在我国，人们对于政府与市场关系的认知同样经历了一个从极端到片面再到理性回归的过程。有学者基于政治与经济的二维视野，将新中国成立以来政府与市场关系的历史演变划分为四个时期：过渡时期的"政府与市场的并存"（1949~1952年）、计划体制下的"政府对市场的侵蚀"（1953~1978年）、探索时期的"计划为主与市场为辅"（1978~1992年）、新时期"市场与政府的良性互动"（1992年至今）。④ 1992年党的十四大明确提出建立社会主义市场经济体制的改革目标，开启了政府与市场关系的全新局

---

① 洪艳蓉：《公司的信用与评价——以公司债券发行限额的存废为例》，载于《中外法学》2015年第1期。
② 陈洁：《投资者到金融消费者的角色嬗变》，载于《法学研究》2011年第5期。
③ 田祚雄、周金娥：《法治：重构政府与市场关系的制度保障》，载于《学习与实践》2014年第2期。
④ 曹文宏：《建国以来政府与市场关系：基于政治和经济的二维解读》，载于《东南学术》2014年第6期。

面。党的十四届三中全会通过的《中共中央关于建立社会主义市场经济体制若干问题的决定》提出,"建立社会主义市场经济体制,就是要使市场在国家宏观调控下对资源配置起基础性作用。"党的十六届三中全会通过的《中共中央关于完善社会主义市场经济体制若干问题的决定》改为"更大程度地发挥市场在资源配置中的基础性作用",删去了"在国家宏观调控下"的前置条件。党的十八大的表述是"更大程度更广范围发挥市场在资源配置中的基础性作用",增加了"更广范围"四个字。这个过程反映了我国改革的深入和我们党对社会主义市场经济认识的深化。党的十八届三中全会进一步提出"使市场在资源配置中起决定性作用",反映出党中央对市场经济的认识产生了一个质的飞跃,这无疑是社会主义经济理论的一大突破和创新。[①]"市场决定资源配置"的基本含义是依据市场规则、市场价格、市场竞争配置资源,实现效益最大化和效率最优化,其要求规范和保护产权,建立公平开放透明的市场规则,建立统一开放的市场并完善市场体系。[②] 实践反复证明,相较于政府配置,市场配置是一种更有效率的资源配置方式,市场的"无形之手"具有优先性和决定性地位。当然,尽管中国已经明确了市场机制在资源配置中的决定性作用,但仍应当认识到,从公平、正义的角度看,不能一切都交给市场,有些方面需要通过政府配置来解决市场失灵问题,政府与市场的辩证关系需要在"双向运动"和整体资源配置系统中加以全面审视。[③] 正如林毅夫教授在其"新结构经济学"中所阐释的那样,在经济发展的每一个水平上,市场都是资源得以有效配置的基本机制。然而,作为一个动态的过程,经济发展必然伴随着以产业升级以及"硬件"和"软件"基础设施的相应改善为主要内容的结构调整。这种升级和改善需要一个内在的协调机制,对企业的交易成本和资本投资回报具有很大的外部性,这样,在市场机制外,政府就需要在结构调整的过程中发挥积极作用。[④]

市场决定论的提出对于包括债券市场在内的整个金融市场无疑具有革命性意

[①] 有学者将市场决定资源配置与混合所有制经济视为十八大以来的两大经济理论创新成果。参见蔡继明:《市场决定资源配置与混合所有制经济 十八大以来两大经济理论创新的独特价值》,载于《人民论坛》2015年第3期。

[②] 洪银兴:《关键是厘清市场与政府作用的边界——市场对资源配置起决定性作用后政府作用的转型》,载于《红旗文稿》2014年第3期。

[③] 张守文:《政府与市场关系的法律调整》,载于《中国法学》2014年第5期。"双向运动"是波兰尼提出的著名理论,他认为在一切商品化的市场经济里,经济活动在社会关系中居于决定性地位,形成了经济自由主义的运动,而与此相对应,为了防止市场机制给社会带来的侵害,还存在反向的社会自我保护运动,并因而需要政府对市场经济进行干预。参见[英]波兰尼:《大转型:我们时代的政治与经济起源》,冯钢、刘阳译,浙江人民出版社2007年版,第136页以下。

[④] 林毅夫:《新结构经济学:反思经济发展与政策的理论框架》(增订版),苏剑译,北京大学出版社2014年版,第10页。

义，但由于金融市场制度变迁与金融资源有自身特殊性，金融领域的市场决定资源配置必然有别于其他领域。从制度变迁的特殊性来看，中国的金融发展有着自己独特的演进路径，并形成了颇富特色的"中国模式"，其殊异之处主要体现在政府主导的强制性和自上而下的制度变迁过程、渐进式增量改革以及政府主导市场化改革的"次大国模式"。① 这种由政府主导并推动转型的金融发展模式已经形成了强烈的路径依赖，并深刻塑造着具有鲜明中国特色的金融体制改革推进路径：从体制内改革到体制外创新的"双轨制"、从局部改革到整体改革的试点式改革路径、从以利率和汇率为中心的价格改革到创造市场主体的产权改革、从创新到规范再到制度化。债券市场作为金融市场的重要组成部分，当然遵循着上述金融制度变迁的一般规律，其发展基本上是一个从无到有的演变进程，即从一片空白到发展成包括政府债、企业债、金融债和完整的发行、流通市场体系，体现了典型的政府主导下的制度变迁进程。其中，政府债券市场属于政府主导的强制性变迁，金融债券市场属于行政化设计和市场化发展相结合的制度变迁，企业债券市场则属于诱致性发生与强制性设计相结合的制度变迁。② 政府主导下的制度变迁作为中国债券市场发展演变的本质特征决定了债务融资的本源性问题，包括债务融资结构的非均衡性、金融工具和金融机构的设置服从政府的偏好和效应函数、关系型债务融资异化等。③ 正所谓"解铃还须系铃人"，这些问题的破解关键还在于政府与市场关系的法律调整，通过打造"有效的市场"和"有为的政府"来联袂解决。之所以强调"有效的市场"，是因为只有在充分竞争、完善有效的市场体系之下形成的价格信号，才能使企业家按照当时要素禀赋所决定的比较优势进行技术、产业的选择，从而使整个国家具有竞争优势；之所以强调"有为的政府"，是因为经济发展是一个技术、产业、基础设施和制度结构不断变迁的过程，基础设施和上层制度的完善不是一个企业家单独所能推动的，必须由政府发挥因势利导的作用，来组织协调相关企业的投资或由政府自己提供这方面的完善措施，同时政府还需补偿技术创新、产业升级过程中先行企业所面对的风险和不确定性。④ 考虑到连接政府与市场的金融制度安排的重要性，在债券市场中如果贸然选择政府退出，极有可能诱发市场深层乱象，甚至导致市场陷入困境。诚如有学者所指出的，政府在金融体系中的特殊重要作用主要源于以下两个基本事实：一是金融体系所具有的巨大外部性效应使其在很大程度上具备准公共产

---

① 皮天雷、郝郎：《金融发展的"中国模式"探析——基于"中国之谜"与制度变迁的视角》，载于《财经科学》2011年第9期。
② 王盛、董晓春、陈海滨：《制度变迁与中国债券市场的演变路径》，载于《上海金融》2008年第12期。
③ 陈岩：《我国债务融资制度变迁的基本特征和路径演化》，载于《商业时代》2010年第24期。
④ 林毅夫：《政府与市场的关系》，载于《中国高校社会科学》2014年第1期。

品的属性，这使得政府的介入具有合理性和必要性；二是金融体系运行的复杂性网络关联性使其内涵的扭曲和失败比其他产品市场更为严重，在这种情况下，单靠金融市场的自我调节和矫正机制很难阻止这些蔓延的扭曲和失败。① 因此，债券市场视域下的"市场决定论"不宜理解为政府重要性的降低，更不能理解为政府的单向退出，那种盲目否定政府作用的市场原教旨主义应当被彻底否定。

对市场决定论的正确理解，还可以从金融资源的特殊性上来把握。从金融资源的特殊性来看，金融资源的核心是可用于融通的资金，它具有与其他任何资源都不同的特点：一是天生就有所有权的资源；二是可循环使用，且在循环使用过程中存在价值升值、贬值、持平等多种可能性；三是与物质不灭定律一样，资金也不可灭失，只是从一个所有者、管理者、使用者手中转移到另一个所有者、管理者、使用者手中；四是在实现资源价值时自身形态并不随着价值实现形态的变化而发生变化；五是使用过程是所有权、管理权、使用权的转移，且三者可以任意分别或组合转移。② 从资源配置的功能看，金融资源既是一种具有自身配置功能的资源，又是一种对其他资源具有再配置功能的资源，集权利资源与战略资源于一身，这是金融资源区别于其他一切自然资源、社会资源的最基本特征。③ 金融资源的这种双重特性再加上其本身的稀缺性，决定了围绕着金融资源占有和控制的金融竞争生成的必然性，也决定了政府不愿意从金融资源的配置中退出。事实上，1978年以后，经过持续不断的金融体制改革，尽管市场在金融资源配置中发挥的作用越来越大，但政府主导型的金融资源配置模式从未发生根本性的改变。正是考虑到政府退出金融资源配置的不可行性，有学者提出了"金融资源公平配置"的思路，具体路径包括金融资金的公平分享、金融机构的合理布局、金融工具的组合配置、金融市场的功能优化。④ 在债券市场政府与市场关系路径依赖的背景下，让市场在金融资源配置中发挥决定性作用将是一个渐进性的实现过程，这决定了在现阶段由政府承担起公平配置金融资源责任的必然性。⑤ 政府承担这种责任既是必要的也是可行的，因为政府的公共财政收入使其具备责任承担的能力，政府的政治经济社会职能决定了政府承担起金融改革发展成果公平分享

---

① 马勇、陈雨露：《金融发展中的政府与市场关系："国家禀赋"与有效边界》，载于《财贸经济》2014年第3期。
② 宋慧中：《市场决定资源配置下的金融改革思考》，载于《金融时报》2014年12月8日。
③ 杨涤：《金融资源配置论》，中国金融出版社2011年版，第15页。
④ 冯果、李安安：《收入分配改革的金融法进路——以金融资源的公平配置为中心》，法律出版社2016年版，第89~95页。
⑤ 要确立市场在金融资源配置中的决定性作用，需要建立一个市场经济条件下现代化的金融市场，这样的金融市场需要具备出入自由化、竞争重分化、价格市场化等特征。参见任碧云等编著：《中国金融市场化改革与制度创新》，南开大学出版社2016年版，第257页。

的责任,金融资源配置中出现的种种社会矛盾也决定了政府必须承担调节这些发展矛盾的相应责任。① 我国的债券市场尽管取得了长足发展,但仍处于新兴加转轨的历史发展阶段,无论是金融资金资源和金融机构资源,还是金融工具资源和金融制度资源,都无法完全仰仗于市场机制的自发调控。特别是对于金融制度资源而言,市场无法提供,需要政府的积极创制并不断纠错,从而为债券市场的发展提供基本的规则框架。具体而言,政府在债券市场资源配置中的积极作用体现在:一是通过能够反映客观经济规律的宏观调控机制,实现债券市场资源配置的优化;二是通过建立和执行市场规则,规范债券市场主体的市场行为,实现资源优化配置;三是通过政府的职能行为,协调竞争性市场可能带来的市场矛盾,实现资源优化配置;四是通过国家强制,解决资源浪费、公共产品提供和外部性等问题。

　　金融市场制度变迁与金融资源配置的特殊性意味着债券市场风险防范的市场化机制必定有着"中国特色"。首先,政府是债券市场风险防范市场化机制中的内生因素。主流经济学观点将政府与市场作为两种平行的资源配置手段,总是将政府力量视为市场机制的外生性因素加以审视,但这难以解释金融发展的"中国之谜",② 因而需要转换认知视角。诚如有学者所言,理解金融发展的"中国模式"的关键是洞察政府与市场合理兼容的关系,将政府作为内生因素纳入中国金融发展的研究框架之中。③ 事实上,如果置于"经济国家"的立场来看待政府与市场的关系,就不难把握"政府建构市场,市场决定资源配置"背后的制度逻辑,也就容易理解政府嵌入市场机制的深层次动因。所谓"经济国家",是指由于国家的经济职能得到空前强化,受经济属性的嵌入与公私融合的驱动,国家在性质、组织、行为方式上开始发生诸多不同于传统意义上作为一个政治主权组织而具有的观念特征和行为方式。国家开始深度融入市场机制,成为经济与社会发展中的"内生因素",在促进经济和社会飞速发展的同时也引发自身的组织和行为变革。④ 对于债券市场风险防范机制而言,缺乏政府的参与和介入是难以想象的,风险防范的市场化机制本身暗含着政府角色的积极介入,只是这种介入需要同市场机制结合、需要尊重市场决定的方向、需要尊重市场规律而已。

　　其次,债券市场风险防范市场化机制以"市场有效假说"为前提,并伴随着

---

① 李昌麒主编:《中国改革发展成果分享法律机制研究》,人民出版社2011年版,第123~127页。
② 第三代金融发展理论的基本观点是,良好的制度(包括法律制度、产权制度及政治制度等)是实现金融持续发展的关键,但中国在制度并不完善的情况下实现了金融的快速增长,这被称为金融发展的"中国之谜"。参见江春:《金融改革和金融发展:理论与实践的回顾及反思》,人民出版社2012年版,第4页。
③ 皮天雷、郝郎:《金融发展的"中国模式"探析——基于"中国之谜"与制度变迁的视角》,载于《财经科学》2011年第9期。
④ 冯辉:《论经济国家——以经济法学为语境的研究》,中国政法大学出版社2011年版,第3页。

政府权力的边际调整。理想状态下的风险防范市场化机制遵循着债券市场有效性的逻辑假设，隐含着金融资源通过价值规律的作用畅通无阻地在市场主体之间流动、各种所有制经济依法平等使用生产资源、公平参与市场竞争、同等受到法律保护等多重意蕴。然而，由于垄断、外部性、公共物品短缺和不完全信息等因素，债券市场不可能是完备的，因而需要政府的适度干预。诚如有学者所言，"市场的决定性作用"不意味着市场能够"决定一切"，它只是强调市场经济条件下资源配置应当符合市场经济的共通原理和原则，应当有市场规则、价格机制、竞争机制，并保障其充分发挥作用，从而使市场交易真正由市场因素决定，而不是由政府意志决定。[1] 政府在债券市场风险防范中的积极作为及其权力边界的适时调整，可以形成一股强大而敏锐的经济力量，发挥比较优势，为市场机制保驾护航。

再次，债券市场风险防范市场化机制是在"防风险"公共政策语境下从政策治理走向法律治理的产物。在中国经济迈入"新常态"的时代背景下，各种风险纷至沓来，信用风险、市场风险、操作风险、流动性风险充斥于包括债券市场在内的整个金融市场中，"防风险"成为主流的公共政策。长期以来，我国对于债券市场的风险防范采取的是一种以政策为中心的治理模式，以行政化和政策式的治理手段为主，具有"运动式治理"的特征。但随着反复的试错和实践检验，法律治理的重要性不断凸显，以金融法为中心的法律治理开始成为债券市场风险防范的基本范式。事实上，金融法本身就是风险防控之法和危机应对之法，无论是《中国人民银行法》和《银行业监督管理法》，还是《商业银行法》与《证券法》，均规定了大量的风险防控制度，构成了债券市场风险防范的体系框架。当然，对于如何有效界定相关主体在风险防范方面的权力与职责，如何规定相关主体的协助义务或配合义务，如何建立有效的问责制，如何建立相关的风险预警、监测、控制和化解的机制，都值得进一步完善和深入研究。债券市场风险防范市场化机制需要树立从政策治理转向法律治理的思维，融入金融法的制度框架，选择适合的治理工具，进而提高风险防范的能力和水平。

二、市场深化论：债券市场风险防范市场化机制的功能塑造

谈及债券市场风险防范市场化机制的正当性，离不开对两个概念的揭示，即"金融抑制"和"金融深化"。众所周知，美国著名经济学家麦金农和肖分别于

---

[1] 张守文：《当代中国经济法理论的新视域》，中国人民大学出版社2018年版，第40页。

1973 年出版了《金融深化与经济发展》和《货币、资本与经济发展》，从不同角度对发展中国家金融发展与经济增长的关系进行了开拓性研究，分别提出了金融抑制理论和金融深化理论，从而创建了一套专门针对发展中国家的金融发展理论。其中，金融抑制被用来指涉发展中国家存在的一种货币体系被抑制的情形，这种抑制导致国内资本市场受到割裂，对于现实资本积聚的质量和数量造成严重的负面效果。[1] 金融抑制的制度实质是政府对金融业进行过度的管制和人为的干预，主要表现为利率管制和外汇市场管制。发展中国家之所以普遍存在金融抑制，源于政府主动地、有意识地对金融市场进行全方位的介入，特别是通过人为地干预金融市场的交易，扭曲利率、汇率等金融市场的交易价格来实现国家的"经济赶超战略"。对于我国而言，政府主导型的制度变迁模式决定了无孔不入的政府干预，金融抑制的广度与深度较之其他转型国家均更为突出，如金融机构超高的国有股权比重、金融机构高管的"国家干部"身份、股票发行的严格控制、金融监管部门掌握金融创新的主导权、地方政府将金融市场稳定与风险控制作为维稳工作的一部分等。[2] 可以说，金融抑制是贯穿于我国金融市场发展始终的一个基本脉络，构成了金融体系变迁的结构性特征。债券市场作为金融市场的重要组成部分，自然被打上了金融抑制的烙印，前文对此多有述及，不再赘述。

在麦金农和肖看来，从金融抑制走向金融深化是发展中国家金融改革与发展的必经之路。金融深化被用来指涉通过金融市场化改革，实现经济和金融的自由化，其核心在于减少直至放弃政府对金融的管制或干预，诚如肖所言："一个丧失了边际相对价格灵活的经济，必定要求人为地干预政策去平衡市场，但这是行政机构不可能胜任的任务，并且，还要为之付出高昂的低效率和贪污腐化的代价。自由化的一个主要目的就是用市场去取代官僚机构。"金融深化的具体政策含义包括：（1）发展中国家要彻底改革金融体制，逐步放弃对市场准入的限制，以实现金融业的市场化，从而使银行体系和金融市场能真正发挥充分吸收社会储蓄，并将之引导至生产性投资上去的功能；（2）政府必须放弃对利率的管制，使利率能正确地反映资金的供求状况和均衡程度；（3）政府不应采取通货膨胀的方式来刺激经济增长，相反，政府应努力通过采取紧缩货币或增强货币需求的方法以压抑通货膨胀，提供一个稳定的经济环境以促进经济增长；（4）政府应放弃对金融机构和金融市场的管制和干预，以促进并保证金融机构的自由发展和自由竞

---

[1] See Ronald I. McKinnon, The Order of Economic Liberalization: Financial Control in the Transaction to a Market Economy, The John Hopkins University Press, 1993, p. 11.

[2] 黄韬：《"金融抑制"的法律镜像及其变革——中国金融市场现实问题的制度思考》，载于《财经科学》2013 年第 8 期。

争,同时允许和鼓励私营金融机构的发展;(5) 政府应放宽外汇管制,在适度范围内使汇率浮动,使汇率能正确反映外汇的实际供求状况。① 应当说,上述政策含义大部分与我国金融改革和发展的方向是一致的,只是在改革的力度、步骤、时点选择上融入了"中国智慧"或"中国方案"而已。以金融市场的法律变革为例,下位法的出台总是优于上位法,时间维度上的"试行立法",空间维度上的"试点立法"以及普遍存在的授权立法,为金融市场的法治生成提供了缓冲地带,也为公众的合作行为提供了经验共识,进而确保了改革、发展、稳定之间的良性循环。这种实验主义、工具主义和渐进主义的法律改革模式被实践证明是适合中国国情的,避免了激进式改革所带来的市场动荡,也是中国金融发展之谜的关键秘诀所在。如果不采取政治稳定性前提下的边际调整和"边立边破"的制度变革模式,而采取"先破后立"或者"乱而后治"的金融完全自由化模式,其灾难性后果是难以避免的,代表市场化改革方向的"金融深化"和"金融约束"同样会走向歧途。诚如有学者所言,金融深化在实施过程中往往矫枉过正,在给许多发展中国家带来经济发展的同时,加深了金融风险甚至可能引发金融危机;金融约束所强调的政府金融控制的程度是很难把握的,往往又会蜕变成金融干预政策。② 因此,我们在把握金融市场深化的边界时需要区分金融市场化和金融自由化的关系,认识到金融市场化强调的是市场调节金融资源配置与完善金融监管并重,在有效监管的前提下推进金融自由化,为了防范金融市场发展不完善带来的风险和降低金融市场失灵导致的高交易成本,政府必须实施合理市场引导和高效的金融监管,推行可控的、渐进的金融深化。③

纵观我国债券市场从发轫到发展壮大的制度变迁过程,可以清晰地发现一条从金融抑制走向金融深化的逻辑主线。党的十八届三中全会吹响了全面深化改革的号角,同样预示着债券市场深化进入了一个新的阶段。与此相对应,债券市场风险防范机制尽管还保留着不少行政干预的痕迹,但市场约束的内生性功能逐渐发挥作用,风险防范市场化机制的主导作用伴随着金融业新一轮开放愈加彰显。这里的"开放"既包括对内开放,也包括对外开放,其核心要旨是进一步减少对债券市场的管制,通过相应的体制机制建设,保障市场化机制在资源配置中发挥决定性作用。我们注意到,近年来随着人民币合格境外机构投资者(RQFII)、

---

① 江春:《金融改革和金融发展:理论与实践的回顾及反思》,人民出版社2012年版,第4页。
② 方洁:《金融抑制、金融深化、金融约束——发展中国家金融政策制定中政府职能作用的演变与启示》,载于《福建论坛(经济社会版)》2000年第8期。
③ 冯果、袁康:《走向金融深化与金融包容:全面深化改革背景下金融法的使命自觉与制度回应》,载于《法学评论》2014年第2期。

熊猫债、"债券通"等的推出，债券市场"双向开放"的力度前所未有。① 特别是连接内地与香港的"债券通"，以香港为纽带，实现了内地债券市场与全球金融市场对接，成为推动我国金融改革开放和债券市场深化的有力抓手。市场开放之所以对债券市场深化意义重大，原因在于开放意味着与发达国家和地区的债券市场规则接轨，倒逼我国债券市场去除行政管制，改采更为契合市场化机制的制度规则框架。随着债券市场对外开放程度进一步提高，境外投资者参与范围逐步扩大，国内债券市场将加快融入全球金融市场，进而通过开放倒逼债券市场加快改革创新，健全相关体制机制，完善基础设施建设，推动提升评级承销等配套服务水平。② 如果我们能够因势利导，借助"双向开放"的有利时机进一步推进债券市场深化改革，则债券市场在支持实体经济、防范化解重大风险、服务国家战略等方面的作用将更加突出，其风险防范机制有望实现根本转型。例如，在支持"一带一路"建设中，以非主权、市场化为特征的债券市场具有公开透明性，融资效率较高，且不附有政治色彩，因而容易为"一带一路"沿线国家所接受。③ 当然，市场开放也意味着风险的放大，跨境资本流动风险、跨境监管风险、跨境发行与投资的特有风险都将呈现出来，但不能因为债券市场开放存在风险就因噎废食，而应通过市场化和开放性的手段来防范这些风险。例如，对于跨境资本流动风险，要加强跨境资本流动的监测，并通过改革人民币汇率形成机制，形成均衡汇率，防止市场开放中人民币汇率制度不灵活所导致的热钱流入或资本外逃；对于汇率风险，可以通过发展人民币汇率衍生品等风险管理产品，将风险进行市场化分散；对于跨境监管风险，应加大债券市场开放过程中的跨境监管合作，充分发挥监管部门和市场自律组织的作用，在国际合作中推动债券市场开放、防范跨境监管风险。④ 鉴于金融对外开放的大趋势，债券市场的风险防范只能在市场开放的动态中寻求平衡，借助于市场深化来强化市场化机制在风险防范中的制度约束。

　　从金融抑制走向金融深化的限度是防范金融风险，维护金融市场稳定健康发展。⑤ 在防范化解重大风险攻坚战的时代背景下，债券市场风险防范市场化机制

---

①　熊猫债，是指境外机构在中国境内向中国投资者发行的人民币债券。我国允许非居民企业到中国发行熊猫债，标志着我国对资本账户管制的进一步放松。熊猫债市场对境外发行人开放，直接促成了2015年人民币被纳入国际货币基金组织特别提款权货币篮子，人民币国际化由此获得重大突破。参见唐应茂：《"一带一路"背景下熊猫债结构性问题的制度出路》，载于《法学》2018年第2期。
②　连平：《"债券通"助推资本市场开放再启航》，载于《中国证券报》2017年5月19日。
③　万泰雷：《"一带一路"建设的市场化融资机制研究——以中国债券市场开放为视角》，载于《新金融评论》2015年第3期。
④　李松梁、万泰雷：《推进债券市场对外开放》，载于《中国金融》2015年第22期。
⑤　冯果、袁康：《走向金融深化与金融包容：全面深化改革背景下金融法的使命自觉与制度回应》，载于《法学评论》2014年第2期。

的培育和建构需要处理好金融市场化与金融自由化、金融对内改革与金融对外开放、金融抑制与金融深化、金融排斥和金融包容等数对范畴的关系,核心仍然是处理好政府与市场的关系问题。落实到金融法制变革上来,就是强化债券市场宏观审慎监管,以保障公平公正公开,防范金融风险作为金融监管的指向,弥补市场失灵,保障市场机制在债券市场体系运行中充分发挥应有的功能。在金融功能观看来,金融体系的功能可以概括为支付清算、积聚资源和分割股份、实现资源的时空转移、风险管理、克服信息不对称问题并通过价格机制发现相关信息、提供激励和监督,其中,金融系统的风险管理功能体现于风险的分配,即根据当事人的风险和收益偏好,将风险分配给最适合的当事人。① 债券市场风险管理功能的真正发挥,前提依然是通过债券市场的市场化改革来保证市场机制在金融资源配置中的决定性作用使其更好地发挥政府作用,并借助于良法善治为债券市场风险防范机制的构建保驾护航。诚如有学者所言,面向日常生活世界,我国的金融法必须以社会为本位,成为风险管理法,以风险管理为核心进行回归人性和常识的制度建构,在金融创新与金融监管、金融自由和金融安全之间寻求适合于中国金融生态的"黄金分割点",有效地规制风险和公正地分配风险。界限一旦落定,一切循法以治,方能使公众处在金融风险之中而免于恐惧。② 总之,市场深化的过程也是债券市场内生性机制不断发育和走向完善的过程,在此过程中需要建构起良性的政府与市场关系,通过市场机制与政府机制的相得益彰,推进债券市场风险防范机制的有效实施。

第四节 债券市场风险防范市场化机制的构成要素

债券市场风险防范的市场化机制是构建市场化法制化风险防范体系的核心,其中市场化机制的体系范畴与运作逻辑则是我国债券市场建立市场化法制化风险防范体系的前提与抓手。风险防范的市场化机制内涵丰富,其构成要素包括但不限于契合债券本质的信息披露法律制度、归位尽责的债券信用评级增级制度、便捷高效的债券登记托管结算制度、合理多元的债券市场风险分担机制、灵敏精准的债券风险监测预警制度以及及时透明的债券风险化解处置制度等。鉴于这些内容在其他章节均有专门论述,在此不再具体展开。

---

① 李格平:《金融市场化改革中的货币市场》,社会科学文献出版社2008年版,第19~24页。
② 管斌:《金融法的风险逻辑》,法律出版社2015年版,第290页。

值得关注的是，由于近年来债券违约层出不穷，构建市场化的债券违约处置机制成为债券市场风险防范市场化机制的重要一环。2018年以来，不同债券交易市场开始探索建立违约债券交易特殊市场，相关规范性文件密集出台，如中国人民银行的《关于开展到期违约债券转让业务的公告》、中国外汇交易中心和全国银行间同业拆借中心近期下发的《全国银行间同业拆借中心债券匿名拍卖实施细则》、北京金融资产交易所的《债券回购违约处置实施细则》、沪深交易所的《关于为上市期间特定债券提供转让结算服务有关事项的通知》等。建立违约债券转让特殊市场意义在于：为违约债券提供转让结算服务，有助于形成有效疏导风险的机制，避免发生投资者只能被动等待兑付的情形；有助于投资者通过二级市场转让化解债券违约风险，促进信用风险出清；有助于投资者及时处置不良债券，满足产品到期清算要求；有助于促进形成有效的风险定价机制，提升债券市场价格发现功能。考虑到债券违约已经成为经济生活中的常态化现象，我国应当在下面几个层面继续完善市场化的债券违约处置机制，使其成为债券市场风险防范市场化机制的重要组成部分。①

一、违约债券置换机制

域外对违约债券除了法制化处置机制外，还采取了多种市场化机制，例如违约债券的"折价交易"（distressed exchanges）机制。折价交易是债券发行人为避免因债务违约而陷入正式破产所采取的自救措施，主要是指债券发行人通过向原债券持有人发行新债券等方式实现债权债务的重新安排。这种以新债券替换旧债券的交易机制明显带有帮助债务人避免违约的意图。在2008年金融危机时期，由于市场流动性的枯竭，折价交易在这一时期的高收益债券市场较为常见。这一机制实际上是赋予债权人以选择权，债权人既可以选择通过债券持有人会议要求发行人承担违约责任，也可通过折价交易，接受一种承担较少义务的金融证券，如优先股或普通股等，以替换原有债券。当然，在这一过程中，需特别注意避免一些不利的债权债务安排。折价交易是域外债券市场上当发行人面临违约时为避免进入破产程序而广泛采用的一种市场化的违约处置办法。②

实际上，债券折价交易与我国银行信贷业务中的"借新还旧"有相似之处，其本质都是为了避免发行人构成实质性违约，对我国建立市场化的债券违约处置

---

① 关于市场化债券违约处置的三种机制，可参见陆巍国、杜国庆、陈楠烯：《我国债券市场违约处置的现状及市场化处置方式探讨》，载于《金融市场研究》2016年第2期。
② 吴伟央：《债券违约应对处理法律机制探析》，载于《证券法苑》（第十三卷），法律出版社2014年版，第206~207页。

机制颇有借鉴意义。事实上，我国已经在地方政府债务中采取了类似做法。地方政府债务置换，就是通过延后地方政府的偿债期限，从而试图缓解偿债压力和降低违约风险。[①]

在域外折价交易机制的启发以及我国地方政府债务置换的经验基础上，我们可以尝试建立违约债券置换机制。也就是说，在债券违约后，发行人与投资者可以经过协商并经债券持有人会议同意，允许发行人向持有人定向发行新债券以替换旧债券。为保护债券持有人利益，新债券利率宜高于原有债券。债务人因此得以延后偿还债务。当然，由于有了发行人债券违约的前车之鉴，发行人的信用等级已经降低，这增加了发行新债券替换旧债券的难度，只有将新债券发行利率提高到一定程度，才能成功吸引债券持有人。另外，发行人也可以通过引入第三方担保或增信方式，提高新债券信用等级。这一机制能够给予发行人再次发展的机会，同时也有利于保护债券持有人的利益。但这一机制仅应用于特定情形，即企业没有出现重大危机，只是由于流动性紧张、现金流不匹配而产生违约风险的情形下。对于严重资不抵债、已处于持续亏损状态的债券发行人，通过违约债券置换的方式来摆脱困境是行不通的。

二、违约债券批量转让机制

借鉴我国银行系统不良贷款处置模式中的批量转让机制，可以尝试建立违约债券批量转让机制。对于违约债券，目前我国沪深两个交易所都采取停牌处理的做法，而银行间债券市场对于违约债券是否可以继续交易要看属于利息违约还是本金违约。在利息违约的情况下，投资者依然可以通过一定方式交易违约债券。对于违约债券，尤其是非实质性违约债券，给予投资者将该债券转让给其他风险偏好型的投资者的权利和相应渠道，当比"一刀切"地予以停牌和暂停交易更为合理。因此，建立一个违约债券转让市场，既是一种高效的市场化违约处置方式，也是对债券违约风险爆发的积极应对。当然，违约债券毕竟是偿付结果不确定的特殊债券，不可能像正常债券那样流通和交易，其转让机制应有所不同。在具体操作上，可通过专业的资产管理公司实现债券持有人所持有违约债券的批量转让，后续再通过对债券发行人的重组或清算程序实现违约债券的最终兑付。违约债券批量转让的最大特点在于，能够促使违约债券的债权债务关系从"多对一"简化为"一对一"，这无论对于双方更好地进行协商解决，还是通过诉讼、

---

① 李安安：《财政风险金融化的法律控制——以地方债务置换为视角》，载于《武汉科技大学学报（社会科学版）》2016年第4期。

仲裁或破产程序予以解决都提供了便利。

三、违约债券折价回购机制

在债券发行人面临违约时，也可以通过与债券持有人协商，对公开发行的债券以一定折扣予以回购。这可以看作债券回购交易的一种特殊形式。当然，债券持有人会议有权对回购方案进行讨论并最终决定是否接受回购。为保证回购交易的公平性，可引入独立的第三方机构对发行人的偿付能力以及债券残值进行评估。在违约债券折价回购机制中，如何合理确定债券价格是整个机制的关键和核心，这有赖于第三方评估机构的作用发挥，也可以通过引入适当的债券定价竞争机制，使违约债券的回购价格更加合理，更有利于维护债券持有人利益。采取折价回购机制的优势在于，能够较快地实现违约债券的处置，程序也较为简便。对于债券发行人而言，折价回购可以减轻其债务负担，通过一次性的买断债务有效避免日后违约风险引发破产程序的可能性。同时，折价回购也为面临违约风险的债券持有人提供了简便易行的交易退出机制。

第六章

债券产品交易中的市场约束及其风险防范

进入 21 世纪以来,我国债券市场迅速成长并多元发展,与此同时,债券交易中的风险因素也越来越复杂。随着供给侧结构性改革的深入推进,如何使债券市场更好地服务实体经济,承担降低企业融资成本的重要任务,如何通过有效的市场约束机制防范债券交易风险,是债券市场健康发展必须直面的现实问题。

第一节 从债券违约"零容忍"到"破除刚兑"的观念变迁

作为固定收益工具,债券与其他证券产品相比风险较小,但并非没有风险。债券在法律上实质为一种承诺,是发行人为满足资金需求向投资者发行并承诺以一定利率支付利息并按约定偿还本金的债权债务凭证,具有证明发行人与债券持有人之间存在债权债务关系的作用。[①] 如果债券发行人还本付息的能力或意愿出了问题,就有可能引发违约风险。通常意义上的债券违约,指的是实践中债券发行人不能如约支付本息的情况,包括发行人因偿还能力所造成的履约不能以及因偿还意愿所造成的不予履约。

[①] 冯果:《债券的证券本质与债券市场法制化——〈证券法〉修订背景下的债券法律体系重构与完善》,载于《证券法苑》(第十七卷),法律出版社 2016 年版,第 8 页。

债券违约是市场经济发展的客观规律,也是债券市场化运作的必然结果。成熟的债券市场并不惧怕和排斥债券违约。债券违约风险的高低可以通过专业评级机构对发行人或债券产品的评级结果反映出来。评级结果显示发行人或受评产品的信用程度越高,表示违约概率和违约风险越小,那么债券产品将会获得一个有利的定价。反之亦然。正是因为在违约风险和债券定价之间存在着这样密切的关系,债券市场上才有按照风险程度划分债券产品的必要性,如投资级债券和投机级债券,两种债券的融资成本不同,对投资者的资格要求也不尽相同。

早在债券市场发展的初期,我国就曾出现因企业无序发债而引发大面积的债券无法如期兑付的问题。大规模的债券违约给投资者(大多为居民个人)带来了不小的损失,造成了一系列社会事件,甚至出现投资者冲击政府和代销银行的情况。最终,为避免债券违约引发更激烈的社会冲击,由政府出面在银行、债券承销商以及财政部门之间进行协调。协调的结果是违约债券中的一部分由银行代为偿付,一部分由承销商垫付,另外的部分以财政拨款的方式进行偿还。通过政府斡旋,这次债券违约风潮最终得以平息。但这种由政府兜底的违约处置模式却留下了严重后遗症,以至于在随后的30余年间,由政府为债券提供刚性信用担保几乎成为一种通行做法和隐性认知。[①] 久而久之,我国债券市场被贴上了"零违约""刚性兑付""政府担保"等标签。人们排斥债券违约的发生,且习惯于看到每一起偿债危机或违约事件中政府的身影,通过政府斡旋或提供救助最终实现刚性兑付几乎被认为是我国处理债券违约问题的"标准套路"。政府隐性担保形成的"债市无违约"假象,加深了投资者"债市无风险""违约有兜底"的认知误区。在刚性兑付的心理预期下,投资者怠于发挥自身的风险识别和判断能力,部分投资者甚至为了获取高收益,对评级连续下调的风险提示置若罔闻,甚至逆市而为进行投资。

"刚性兑付"体现了政府主导和隐性担保下我国债券市场不成熟的一面,是一种独具中国特色和中国式违约解决思维的特殊现象。导致这种现象的重要原因,在于长期以来人们对债券的错误认知以及对债券违约"零容忍"的态度观念。债券是证券的一种具体类型,与同为直接融资工具的股票相比,债券的最大特征就在于发行人需按照约定条件还本付息,其债务履行不以发行人未来盈利与否以及盈余增长情况为条件。即使在发行人没有盈余的情况下,债券持有人依然享有要求发行人偿还利息与本金的权利。[②] 换言之,债券持有人对发行人的给付请求权不是建立在发行人盈余的基础上,发行人对其债务的履行不附加其他条

[①] 冯果、段丙华:《债券违约处置的法治逻辑》,载于《法律适用》2017年第7期。
[②] James J. Park: Bondholders and Securities Class Actions, *Minnesota Law Review*, 2014 (99), p.590.

件。这是债券兑付的"刚性"要求,源自发行人对债券持有人所承担的到期还本付息义务,具有明确的法理依据与契约基础。① 但这种"刚性",强调的是发行人本息偿付义务的无条件性,并不等同于借助政府或外界力量的强行干预造成债券均得以"刚性兑付"的假象。

广义上,"刚性兑付"并不专指债券,而是泛指金融产品出现预期违约征兆或无法达到预期收益时,由发行人或渠道方的商业银行、信托公司、保险机构以及融资主体所属的地方政府,出于地方维稳、机构声誉或保有牌照等目的,通过寻求第三方机构接盘、以自有资金先行垫款、给予投资者价值补偿、用财政资金偿还债务等途径,保证债券本金与利息最终得到兑付的现象。② 对我国债券市场而言,"刚性兑付"更多是指在发生债券预期违约或已经出现违约的情况下,由政府出面进行斡旋或伸出援助之手进行兜底解决的债券违约处理方式。

债券发行人的本息偿付义务,无法理所当然地推导出实践中"刚性兑付"的合理性。理由在于,债券持有人虽享有对债务人的到期给付请求权,但这一请求权的实现需要跨越一定期限的时间轴,从享有权利到行使权利再到实现权利,中间过程可能会因为多种因素的共同影响而产生风险。③ 实践中,任何债券的发行人在债券存续期内都有可能发生影响债券偿付的财务波动情况,从而造成债券发行人不能履行本息偿还义务的结果,这就是债券市场违约风险的来源之一,是由债券作为资本市场投融资工具本身所具有的风险性决定的。

按照"刚性兑付"的逻辑,所有债券最终都能得到偿付,这使债券变成了一种无风险金融产品。由此,债券定价无从谈起,债券分类也失去了意义。"刚性兑付"将大大提高各类企业债务融资的可得性,必然使企业的杠杆率加大,不断累积债务风险。④ 而更重要的是,"刚性兑付"并不是发行人履约能力的真实体现,而是通过非市场力量,强行干预债券市场,是对债市发展规律的人为扭曲,这一现象无益于真正市场的形成。⑤ 打破"刚性兑付",是划清政府与市场界限的需要。⑥

近年来,要求破除"刚性兑付"的呼声日渐高涨,"打破刚兑"已成为各界共识,而且也正在成为现实。事实上,早在"11 超日债"事件发生后不久,相关监管部门的负责人就曾公开表示:"要强化金融市场纪律和金融市场的自我约

---

① 唐彦斌:《刚性兑付问题的经济学本质探究及影响分析》,载于《商业经济研究》2015 年第 4 期。
② 周学东、李文森:《刚性兑付、债券风险与货币政策传导——基于信用风险向流动性风险转换的视角》,载于《金融纵横》2016 年第 1 期。
③ 李立新:《债券违约刚性兑付的形成机理与破解法门》,载于《河北法学》2017 年第 11 期。
④ 朱妮:《警惕债券违约风险向银行传导》,载于《上海证券报》2016 年 9 月 27 日第 008 版。
⑤ 郭田勇、徐梦琳:《健全金融市场违约处置机制的政策建议》,载于《中国金融家》2014 年第 7 期。
⑥ 黄小鹏:《债券违约频发 政府当洁身自好》,载于《证券时报》2014 年 7 月 24 日第 A01 版。

束,在防范系统性风险的前提下,让一些违约事件顺应市场的力量而'自然发生'……"① 随着我国经济新常态的到来以及供给侧结构性改革的提出,债券违约呈现出常态化趋势,刚性兑付的压力越来越大,政府与监管部门的态度也愈加清晰,对于违约的容忍度明显提高。② 一旦政府兜底的心理预期被打破,投资者寻求法律途径维护权益的主动性也会随之增强。例如,"ST 湘鄂债"发生实质违约,债券受托管理人提起了诉讼,同时申请对债务人财产采取保全措施,以维护债券持有人利益。这一切都表明,我国对债券违约"零容忍"和"刚性兑付"的观念正在发生质的转变,与此同时,解决债券违约的方式也逐渐从依赖行政干预转向依靠市场和法治手段,我国正在向着建立一个更加尊重客观规律的成熟市场不断迈进。

第二节 债券违约"常态化"与债券交易风险的凸显

在"11 超日债"违约之前,虽然债券市场也有少量中小企业集合债曾出现信用事件,③ 但因涉及金额较少、范围较小、影响有限且最终都以担保方代偿方式解决,因而总体上我国债券市场在相当长一段时间内保持着"完美的"零违约记录。就债券投资而言,这是一段"非常安全"的投资期,投资者通常不会过多考虑发债主体可能存在的违约风险。④ 然而"11 超日债"违约之后情况急转直下,债券违约的"潘多拉魔盒"似乎被打开:发行主体评级及展望下调、发行主体被列入观察名单、股权纠纷乃至债券违约等信用事件不断发生,我国债券市场进入了一个波动频繁的多事之秋(见表 6-1、图 6-1)。

表 6-1   2014~2019 年债券市场违约情况表

年份	违约债券(只)	违约规模(亿元)	平均违约规模(亿元)
2014	6	13.4	2.23
2015	23	125.5	5.46

---

① 王媛:《央行副行长:让违约事件顺应市场力量"自然发生"》,载于《上海证券报》2014 年 3 月 24 日。
② 朱妮:《警惕债券违约风险向银行传导》,载于《上海证券报》2016 年 9 月 27 日第 008 版。
③ 如 2008 年的"福禧事件"、2011 年的"滇公路"和"山东海龙"、2012 年的"地杰通信""江西赛维""新中基"和"康特荣宝"等信用事件。
④ 张伟亚、黄涛:"2014 年以来我国信用债市场信用事件和违约债券分析",http://bond.hexun.com/2016-11-11/186846945.html,2018 年 1 月 11 日访问。

续表

年份	违约债券（只）	违约规模（亿元）	平均违约规模（亿元）
2016	79	398.94	5.05
2017	49	375.9	7.67
2018	119	1 166.51	9.80
2019	153	1 185.64	7.75
合计	429	3 265.89	7.61

资料来源：根据 Wind 数据整理。其中 2019 年的数据截至 12 月 20 日。

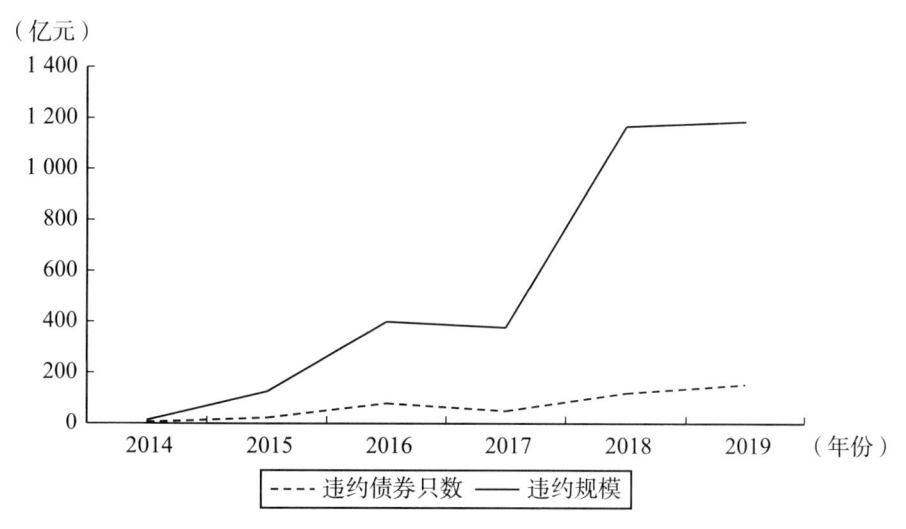

图 6-1 2014~2019 年债券市场违约情况折线图

如果将 2014 年以前我国债券市场的违约情况比作"零售市场"，那么 2014 年之后的情况则相当于"批发市场"。债券违约情况尤以 2018 年为最，这一年的违约债券只数几乎接近之前 4 年的总和。2019 年的债券市场依旧不平静，截至 2019 年 12 月 20 日，共有 153 只债券发生违约，涉及金额高达 1 185.64 亿元，其中 39 家发行主体是首次在债券市场发生违约。这些现象表明，我国当前债券市场信用环境整体偏负面，信用风险环境发生了实质性的变化，信用风险的积聚与加深已是不争的事实。随着偿债高峰期的来临，债券市场进入了一个"排队违约"时期，违约常态化已经到来。

债券违约已成为当前我国金融领域需重点警惕和防范的突出风险点之一。尽管信用风险释放的程度还不足以引发系统性危机，但债券违约可能带来的局部性风险以及金融安全隐患却不容小觑。第一，债券违约加剧了债务融资成本升高的风险。违约会直接导致债券发行价格上升，违约事件的集中爆发也会对二级市场信用债收益率产生上行压力,这又进一步推升了融资主体的发债成本。而债市利率的上升终会传导至其他债务融资市场,从而推动债务融资成本整体上升。

第二,债券违约也加大了再融资难度的风险。在违约较密集的行业和地区,因信用环境的恶化,融资主体的再融资变得更加困难。表现之一是市场上取消或推迟发行的事件逐渐增多。2014年有220余次推迟或发行失败案例,2015年增加到329次,2016年进一步增长到612次。随着去杠杆的宏观政策、市场利率波动以及扎堆违约等因素的影响,2017年的信用债发行市场整体呈现出趋冷态势。据Wind资讯数据,截至2017年12月底,我国债市取消发行或发行失败的债券达786只,规模高达6 296.2亿元,创造了近年来我国取消债券发行的新高。[1] 根据Wind资讯统计,截至2018年8月31日,债券市场已有531只债券取消或延迟发行。历史数据表明,债券集中取消发行一般发生在收益率上行初期。2018年发行失败的案例增多,发行利率普遍走高,融资主体的融资成本上升。[2] 这一情况一直延续至2019年,该年度共有396只债券被迫推迟发行或者发行失败,涉及金额高达3 242.43亿元,而超过九成的企业将发行受阻归结于市场原因。这也在事实上印证了债券违约对推高债务融资成本的影响,反映出当前我国信用债券融资环境收紧。

第三,债券违约增大了金融市场的整体风险。基于金融市场的传导效应,债券违约风险的集中暴露将会进一步降低投资者的风险偏好,激发更多投资者规避信用风险,从而加剧市场恐慌情绪。在流动性较低的信用债市场,违约事件的增多会使投资者的流动性风险提高,也可能造成机构集中抛售利率债来获取流动性,这又进一步增大了利率债市场调整的风险。[3] 同时,债券违约也说明发债主体的盈利和偿债能力下降,也使得银行信贷资产的质量面临下滑风险。一旦企业失去了银行信贷支持,就容易产生资金链断裂,引发多米诺骨牌效应。当出现金融机构间融资困难时,信用风险就会从企业层面蔓延至金融机构层面,[4] 这会使整个金融市场的稳定性和安全性都受到威胁。

违约是债券市场无法避免的常规现象,任何一个债市的发展都会经历债券违约从无到有的阶段。只要违约率保持在一个合理的水平,对违约应以平常心对待。债券违约率对经济周期的变化比较敏感。自20世纪80年代以来,每一次的

---

[1] 钟源:《信用债发行遇冷 今年超6 000亿"弃发"》,载于《经济参考报》2017年12月28日第003版。

[2] 钟源:《前8个月近3 300亿债券弃发》,载于《经济参考报》2018年9月4日第003版。

[3] 刘再杰、李艳:《我国债券市场信用违约的特征、风险与应对措施》,载于《新金融》2016年第10期。

[4] 闫衍、李诗、余璐:《警惕债券违约带来的金融安全隐患》,载于《中国证券报》2017年7月5日第A04版。

经济衰退都伴随着债券违约率的升高。当前我国宏观经济下行压力较大,债市违约风险呈上升趋势,债券市场进入了违约常态化状态。但这种常态化只是基于债市与以往"非正常"状态的比较,并不表示债券违约情况超出了正常状态。根据中国人民银行数据,截至 2018 年 5 月末我国债券市场累计违约率为 0.39%,而 2018 年末公司信用类债券违约率为 0.79%。这一水平不仅低于我国商业银行 1.71% 的不良贷款率,也低于 1.2%~2.08% 的国际债券市场违约率。[1] 总体上,我国债券市场违约率仍处于较低水平,违约风险处于相对可控的合理范围。从全球债券市场的经验来看,在经济下行周期中,一些投资过热和顺周期的行业将会受到更大的冲击。[2] 这在我国近年来的债券市场上已经得到验证,未来这些行业的风险应引起足够重视。

第三节 债券产品交易创新风险防范之一:期货交易

全球金融市场的长期实践证明,金融期货等衍生品可以通过发挥其价格发现和风险管理等功能,提升整个经济和金融体系的风险承受能力,对于实体经济的发展也能起到重要的支撑作用。然而,期货交易是"双刃剑",其本身就是蕴含风险的金融工具。债券市场在创新期货交易的同时,必须加强交易风险的防范机制。

一、债券期货:债券产品的交易创新

债券期货交易的实质是允许市场参与者同意在未来交割日买卖债券。持有债券期货合约多头的投资者可以锁定将来的贷款利率,而持有债券期货合约空头的投资者则可以锁定将来的借款利率。[3] 利率期货是为管理利率风险应运而生的金融产品,是指以债券类证券为标的物的期货合约,具有规避因利率波动引起债券价格波动风险的功能。投资者可以通过在利率期货市场建立适当的多头或空头部位,有效规避利率波动的潜在风险。可以说,利率期货(interest rate futures)是

---

[1] 罗曼:《央行副行长潘功胜:应冷静客观看待债市违约》,载于《证券时报》2018 年 7 月 4 日第 A02 版。

[2] 刘再杰、李艳:《我国债券市场信用违约的特征、风险与应对措施》,载于《新金融》2016 年第 10 期。

[3] [美]迈尔斯·利文斯顿:《债券与债券衍生产品》(第二版),周琼琼、李成军译,上海财经大学出版社 2015 年版,第 217 页。

20 世纪 70 年代中期债券市场最重要的创新之一，其所特有的对冲功能使之成为投资者最基本和最重要的利率风险规避工具。

利率期货合约是利率期货交易的基础，是一种基于支付利息的基础金融工具。对于投资者或公司来说，可以通过签订债券期货合约的方法来对冲利率风险。例如，一家借入了资金的企业可以通过出售债券期货合约来对冲利率上升的风险。这样，如果利率确实上升，来自债券期货交易的收益将抵消借款者需支付的较高利率。相反，如果利率随后下降，借款者将会在债券期货交易中遭受损失，这一损失将会与借款者支付的较低借款利率相互抵消。因此，债券期货合约的净效果就是借款者在合约期限内锁定开始利率。当然，对冲其实并不完美，因为合约的名义金额可能与公司想要对冲的实际资金数额不同，从而导致一定的对冲过度或对冲不足，由此带来利率期货交易的风险。实际上，在利率期货交易中，买卖双方在合同期内的转移其实不过是进行一场零和博弈，一方的受益不过是另一方的损失。因此，利率风险的管理，并不是指彻底消除利率波动的不确定性，而是交易者通过买卖利率期货合约事先锁定利率波动的区间，从而使得单个经济实体或某一市场能够承受锁定区间内利率波动带来的损失，或者将利率波动的风险分散给更广范围内的主体或愿意承担更高利率风险的主体进行承担，从而使财富聚集和分散的合理性得以维持。①

二、债券期货的交易风险：以国债期货为例

利率期货主要以国债期货为标的物而进行，国债期货是利率期货最主要的承载体。② 在早期的债券投资中，投资者在市场行情下跌时没有有效工具来对抗利率风险。国债期货诞生的初衷就是为债券投资者提供一种可对冲国债现货市场价格下跌风险的工具。作为利率期货的一种，国债期货最重要的功能是规避利率风险。国债期货交易既可以保护投资者不受因利率上升引起国债价格下跌的影响，也可以避免因利率下降而引起国债价格上涨的风险。此外，国债期货还具有交易成本低、流动性高和信用风险低的特点，因此成为全球最活跃的债券衍生工具合约。2016 年全球共成交国债期货 13.4 亿手，约占整个期货交易量的 10%。庞大的交易量反映出市场对国债期货的强烈需求，这与其管理利率波动风险、促进利率价格发现以及推动现券市场发展的功能密不可分。

虽然是利率风险规避工具，但国债期货与所有的金融产品一样面临着市场风

---

① 党剑：《利率市场化与国债期货》，载于《南开经济研究》2002 年第 1 期。
② 袁东：《论中国利率市场化进程与利率期货的推出》，载于《财贸经济》2003 年第 6 期。

险、政策风险、信用风险以及流动性风险等各类风险。当债券市场发生调整的时候，国债期货市场也会出现大幅波动。而且，在采取动态保证金制度的情况下，由于杠杆作用的存在，投资者在放大盈利的同时也将承受亏损扩大的风险。中国期货市场的发展经历了太多坎坷。实际上，早在20世纪90年代初期，我国就曾推出过国债期货交易，但由于"327国债期货事件"，我国第一只金融期货在诞生短短数年之后的便夭折了。[①]

然而金融期货市场的发展不可能因噎废食。2013年9月6日，在因"327"事件暂停交易的18年后，国债期货交易重新在中国金融期货交易所上市。国债期货的重新上市对于建立市场化的定价机制、进一步完善国债发行机制、推进利率市场化改革、引导资源优化配置、为金融机构提供更加多样化的避险工具和资产配置方式、完善金融机构创新机制以及服务实体经济的能力具有重要的积极意义。尽管目前我国已经有了2年期、5年期和10年期国债期货合约品种，但与发达市场相比，国债期货品种仍不丰富，未来还需发展1年期以下的短期以及30年期国债期货合约品种，逐步完善国债期货产品体系。

三、债券期货交易的风险防范制度

债券期货本为规避风险的金融工具，但其本身也是高风险金融产品。以国债期货为例，虽具有规避利率风险的功能，然而其保证金交易的强杠杆性又使得交易中的风险被放大。债券期货交易的风险虽然不可能被消除，但却可以通过适当的制度进行有效的防范与管理。

（一）债券期货交易保证金制度

保证金被誉为期货创新中的"三件大事"之一。正是因为保证金制度的存在，期货交易才具有一定的杠杆性。设置保证金的目的在于实现对市场参与者履约能力的特定化，将杠杆交易"以小博大"的风险限制在合理和可控的幅度内。[②] 债券期货作为期货交易的一类，同样采取保证金交易制度作为交易风险的防范措施之一。

期货保证金分为两部分，一是交易保证金，即期货公司向其客户收取的，或交易所向结算会员收取的用于确保期货合约履行的资金，是已被期货合约占用的

[①] "327"是92（3）国债06月交收国债期货合约的代号，对应的是1992年发行1995年6月到期兑付的3年期国库券，该券的发行总量为240亿元人民币。

[②] 罗培新、卢文道：《反思"327"国债事件》，载于《南方周末》2006年3月30日第C21版。

保证金。二是结算保证金，即投资者的保证金账户或结算会员的结算账户中的余额部分，是预先准备的、未被期货合约占用的保证金。合理的保证金水平能够提高债券期货市场的运行质量，同时也能有效防范市场违约风险。[①] 保证金水平如不足以弥补可能发生的损失，就会造成保证金账户透支，使交易者违约的可能性增加。保证金水平也不宜过高，否则会增加交易者的机会成本，影响市场交易的积极性和活跃程度，对于市场流动也会产生不利影响。因而，保证金水平的设置其实是对风险控制效果和交易成本之间的一种权衡。

（二）债券期货交易涨跌停板制度

涨跌停板制度是国际期货行业的通行制度，其主要功能在于延缓和抑制市场上的投机行为，对于投资者而言也具有一定的风险提示作用。美国早在 1987 年为防范股票市场价格的大幅下跌就采取了多项限制措施。之后期货交易所制定出了股票指数期货合约的涨跌停盘限制，这些措施在 1989 年 10 月纽约证券交易所发生"小幅价格崩盘"时发挥了重要作用。目前，我国在债券期货交易中制定了涨跌停板制度，而国债期货交易的涨跌停板制度是由中金所设计制定的。债券期货交易的涨跌停板制度对于整个市场的风险防控、防止出现过度投机、保护普通债券期货投资者具有重要意义。

（三）债券期货交易持仓限额制度

持仓限额是指交易所规定的会员或客户可持有合约头寸的最大数量。持仓限额制度的目的是防止出现市场操纵行为，也避免少数投资者承担其无法承担的巨额损失，对于预防系统性市场风险有积极作用。目前，中金所对所有品种的国债期货合约均实行相同的持仓限额制度，对进行套期保值交易和套利交易的持仓另行规定。

（四）债券期货大户持仓报告制度

大户持仓报告制度是金融期货交易普遍实行的一项风险管理制度。通过债券期货大户持仓报告制度，交易所可以获得关于债券标的、票面金额、交易方式、交易期限、交易场所以及是否拥有实际控制关系账户等信息，有助于交易所对交易量较大的投资者进行重点监控，以了解其持仓动向与交割意愿，预防大户操纵债券期货市场价格，从而预判和防范市场风险。[②] 中金所对 2 年期、5 年期和 10

---

① 毛磊：《什么是金融期货保证金交易》，载于《证券期货》2017 年 7 月 26 日第 B02 版。
② 蔡超：《金融期货大户报告制度简析》，载于《证券时报》2017 年 8 月 1 日第 A05 版。

年期国债期货合约实行相同的大户持仓报告制度。该制度分两种情形,一是必须报告义务,即达到一定标准后客户或会员必须向交易所履行相应报告义务的规定;二是可能的报告义务,即达到一定标准后交易所可要求客户或会员履行相应报告义务的规定。

(五) 债券期货强行平仓与强制减仓制度

强行平仓发生在期货交易所会员或客户保证金不足,却未在规定时间内追加保证金或自行平仓的情形下。根据《中国期货交易所风险控制管理办法》(2018年8月6日第七次修订),强行平仓是指交易所对会员和客户持仓实行平仓的一种强制措施。期货交易实行强行平仓主要是为了防止风险的进一步扩大和蔓延。

我国金融期货市场还实行强制减仓制度,这是境内期货市场特有的风险控制措施。根据《中国期货交易所风险控制管理办法》(2018年8月6日第七次修订),强制减仓是指交易所将当日以涨跌停板价格申报的未成交平仓报单,以当日涨跌停板价格与该合约净持仓盈利客户按照持仓比例自动撮合成交。强制减仓适用于市场连续出现两个或两个以上交易日的同方向涨/跌停特别重大风险时,为了迅速和有效地化解市场风险,防止会员大量违约而采取的一种措施。强制减仓制度对于促进债券期货市场有序发展以及安全健康运行具有积极意义。[①]

第四节 债券产品交易创新风险防范之二:回购交易

2008年的次贷危机之后,美国的投资银行几乎全军覆没。造成这一灾难性后果的一个重要原因就在于,高盛(Goldman Sachs)、贝尔斯登(Bear Stearns)等投资银行都严重依赖回购市场作为其流动性的来源,通过在回购市场大肆借入为其结构性金融产品提供抵押品。[②] 尽管在危机爆发之前的十余年间回购协议曾为提高金融市场流动性做出了重要贡献,然而当资金来源枯竭,金融机构因流动性而倒闭时,市场就会陷入恐慌,危机便随之而来。[③]

---

① 董世聪:《解读金融期货强制减仓制度》,载于《期货日报》2017年7月31日第005版。
② See Gary B. Gorton: Misunderstanding Finance Crisis: Why We Don't See Them Coming, Oxford University Press, 2012, p.191.
③ See Paolo Saguato: The Liquidity Dilemma and The Repo Market: A Two-Step Policy Option to Address the Regulatory Void, 22 Stan. J. l. bus. & Fin. 85, Winter 2017, p.87.

一、债券回购：一种短期融资的交易创新

作为短期融资交易的重要创新，回购协议是货币市场上的"活跃分子"。据国际机构测算，回购交易已经在全球证券市场除美国国债以外的所有交易结算量中占据半壁江山。[1] 在成熟国际市场上，回购一般是对"出售及回购协议"（sale and repurchase agreement）的简称。[2] 根据纽约联邦储备银行《三方回购基础设施改革》白皮书（Tri-Party Repo Infrastructure Reform, 2010）的界定，"回购是指在销售证券的同时约定未来某一时间再以特定价格购回该证券"。在功能上，回购属于一种有担保的贷款，[3] 是由出借方将现金借给借款方并收取对方证券作为抵押。美国耶鲁大学著名金融经济学教授格瑞·高登（Gary Gorton）曾这样描述回购："回购就像活期存款，一方将钱存入（借给）银行，通常为隔夜，并收取利息。为保证存款安全，存款人会收取债券形式的抵押品……如果银行倒闭，机构投资者不进入破产程序即可卖出债券……机构投资者也可以通过结束回购协议展期的方式随时提取现金。"[4] 在国际货币市场上，回购被设计为一种具有高流动性且与信用风险绝缘的短期债务工具。[5] 实践中，回购交易通常由现金充裕的投资者充当资金提供方，而融资方需以国债、抵押贷款支持证券（MBS）或其他债务证券等作为抵押。在美国金融市场上，回购作为担保贷款的一种形式，被金融机构广泛使用，常以抵押贷款支持债券作为抵押品。[6]

回购交易可以被分解为两个方面，即回购和逆回购。它们是同一交易的"两面"，每一回购都会有一个如镜面反射一般的逆回购。从证券交易者的角度去看回购交易，在资金借入者的角度就是传统的回购，即协议的出售与购回。但从资金出借者的一面来看则是相应的逆回购，或对协议的购买与再出售。[7] 债券回购是以各种债券作为可抵押基础证券的回购交易，是债券现券交易的一种衍生形式。作为债券市场短期融资的创新，债券回购实质就是以债券为抵押品的资金借

---

[1] 白伟群：《三方回购：效率和安全更高层次的平衡》，载于《债券》2016 年第 11 期。
[2] 彭立峰、冯光华：《债券回购的特点及其交易方式的选择》，载于《中国金融》2004 年第 23 期。
[3] See Mark J. Roe: Three Ages of Bankruptcy, 7 Harv. Bus. L. Rev. 187, 2017, p. 211.
[4] Gary B. Gorton: Misunderstanding Finance Crisis: Why We Don't See Them Coming, Oxford University Press, 2012, p. 38.
[5] Kenneth D. Garbade: The Evolution of Repo Contracting in the 1980s, FRBNY ECON. POL'Y REV., May 2006, p. 27.
[6] Andrew Blair-Stanek, Crisis and Tax, 67 Duke L. J. 1155, March 2018, p. 1172.
[7] Paolo Saguato: The Liquidity Dilemma and The Repo Market: A Two-Step Policy Option to Address the Regulatory Void, 22 Stan. J. l. bus. & Fin. 85, Winter 2017, p. 100.

贷活动。相对于其他金融产品，债券回购是一种风险和交易成本较低的短期融资工具，既可以作为融资融券的手段，又能作为保值和投资的工具。①

债券回购交易具有三个明显的特点，一是具有"双重信用保证"的特性，交易的安全性高，通常以大额资金或各种资金的集合形式进行；二是回购的债券一般都是信用等级高的政府债券或准政府债券，安全和流动性高，往往被金融机构作为短期资金融通的流动性管理工具；三是新兴市场经济国家因信用机制的不健全和同业拆借受到制约，金融机构间短期融资需以债券为抵押，因而债券回购是其调节流动性的重要工具。②

自欧债危机爆发以来，债券回购市场也适应全球货币市场的新变化，在回购工具上进行了创新，主要创新工具包括远期回购（forward start repo）和可展期回购（extendable repo）。远期回购是为应对货币市场流动性不足用以锁定未来流动性的一种回购工具。其特点在于，双方是在合同达成后于约定的某一时间才进行正回购，且在该回购到期后的约定时间进行一次反向操作。在2008年的金融危机之后，这一回购工具被普遍使用。金融危机后债券回购市场的另一创新是对可展期回购工具的使用。可展期回购的创新在于其延长了逆回购交易进行的时间。回购交易作为商事交易的性质决定了其应受合同法约束，而根据合同法理论，在合同双方一致同意的情形下，回购交易可以被无限期延长。③

二、回购交易的风险问题及其市场表现

在金融市场上，与其他高风险产品相比，回购的风险相对较低。回购协议的风险主要取决于其法律地位。根据协议，回购交易可能构成销售，也可能构成抵押贷款。如果是前者，贷款人，也就是逆回购方将持有证券。那么在借款人，即正回购方违约的情况下，逆回购方可以将持有的证券卖出。然而逆回购方能否通过卖出所持有的证券获益，则取决于证券市场的价格情况。因此，当正回购方违约时，逆回购方将会承担相应的市场风险。而如果回购协议是抵押贷款性质，也就是说在回购交易中正回购方只是以所持有的证券作为抵押从逆回购方那里获得贷款，那么借款人将最终持有证券。这样，在借款人即正回购方违约的情况下，贷款人并不实际拥有这些抵押证券，因而也不享有处置证券的权利，而仅仅拥有对借款人的一般求偿权。所以在这种模式下，作为贷款提供一方的逆回购方就会

---

① 陈亮：《债券回购中的担保法律问题》，载于《证券时报》2012年9月13日第A10版。
② 彭立峰、冯光华：《债券回购的特点及其交易方式的选择》，载于《中国金融》2004年第23期。
③ 黄妍、佟珺：《金融危机后欧美回购市场的发展及借鉴意义》，载于《中国货币市场》2012年第12期。

承担更大风险。①

(一) 债券回购交易的风险管窥：以美国次贷危机为视角

在美国，回购不仅具有类似存款的功能，在法律上，回购还被视为类现金储备资产而非风险性债务证券。在20世纪的大部分时间里，回购主要被用于为美国国债提供融资支持。但自20世纪80年代以来，回购却成为金融机构日常融资的关键来源，以及企业、政府和资产管理公司持有闲置现金的重要载体。回购最终成为证券化过程融资的一种重要方式，这种状况一直延续到2008年次贷危机前。②

美国的回购市场规模很大，是金融系统流动性的基本来源。但这样一个市场却未引起监管和立法部门的足够重视。回购交易本身风险较低，但美国金融机构对于回购的过分依赖却给金融市场埋下了巨大的风险隐患。在分析引发次贷危机的原因时，人们通常会归结于房地产资产泡沫、次贷市场的繁荣、证券化与结构性债务融资产品规模的指数化增长，以及对CDS等场外衍生品的过度利用。鲜少有人注意回购交易在次贷危机中所扮演的角色。

自2000年以来，回购市场发展迅猛，如果将金融市场比作引擎，则回购市场就是引擎上的传送带。在2008年的危机中，美国三方回购市场既是传导危机的主要场所，也是较早受到危机影响的市场。③ 危机爆发后，人们才开始认识到回购市场对于引发次贷危机应负的责任以及对金融稳定性的影响，也逐渐产生了相关的理论和实证研究。国际清算银行的研究部门——支付与清算委员会（CPSS）通过分析其部分成员国的回购市场发现，回购并不是一种可靠的短期融资来源，回购市场现行的操作模式对于金融体系的弹性和稳定性都存在潜在威胁，这是导致爆发2008年金融危机的重要因素。国外有学者认为，三方回购的运作机制蕴含着更加严重的系统性风险，会对金融体系的稳定性带来影响。有研究认为，在回购交易中，逆回购方更关注正回购方的信用状况而非抵押品本身的质量，这导致当正回购方出现潜在问题时，逆回购方往往会选择终止回购协议并迅速抽离资金，从而引发整个回购市场投资资金的外逃。还有研究表明，回购市场，尤其是三方回购市场的崩盘，使得影子银行体系的短期资金融通量巨幅收

---

① [美] 迈尔斯·利文斯顿：《债券与债券衍生产品》，周琼琼、李成军译，上海财经大学出版社2015年版，第70~71页。
② See Nathan Goralnik: Bankruptcy - Proof Finance and the Supply of Liquidity, 122 Yale L. J. 460, 2012, p. 482.
③ 刑莹莹：《2008年危机后美国对三方回购市场的改革》，载于《国际金融》2015年第12期。

缩，市场信心因此大为受挫，流动性骤然枯竭，最终导致爆发金融系统性危机。①

作为货币市场短期融资工具的创新，回购本身并没有太大风险性。以三方回购为例，其最初本是为了解决回购交易中结算的低效和风险问题，然而最终却创造并放大了金融系统性风险，②成为引发金融危机的罪魁祸首之一。可见，金融市场上并没有绝对安全的交易工具，哪怕被设计为"与风险绝缘"的金融产品也可能因人为滥用而成为风险聚集地。

（二）我国债券回购交易的风险及其表现

我国的债券回购市场由交易所回购市场和银行间回购市场两部分构成，回购交易的风险主要体现在以下方面。

第一，债券质押式回购交易的风险问题。不同于国际债券回购市场上以买断式回购交易为主，我国两个市场的债券回购皆以质押式回购居多。我国的质押式回购在实质上相当于以债券为质押物的一种短期资金融通，属于质押贷款行为，市场也普遍认同回购交易的质押本质。在质押式回购交易中，质权人面临较大风险。根据《担保法》第76条，以债券出质的，应在合同约定的期限内将权利凭证交付质权人。但我国债券质押式回购的特点就是不发生债券所有权的转移，融券方即质权人因此不享有处置质押券的权利。在这种模式下，融券方在付出资金后却无法直接控制质物，这无疑增加了其作为质权人的风险。③尽管新质押式回购实行质押库制度在很大程度上降低了质权人的风险，但也仅仅是对质押券进行了冻结，保证质押券不被卖出，质权人对于质押券依然没有处置权。因而在实际的回购业务中，如发生回购违约交收情况，由于对质押券的处置成本高，可能会导致逆回购方无法行使质押权或行权成本过高。④

第二，债券买断式回购交易的风险问题。在我国债券买断式回购交易中，逆回购方需要在规定的期限内卖出债券，再买回相应债券以保证返售阶段能够履约，这无疑使逆回购方面临很大的市场风险和流动性风险。虽然买断式回购为逆回购方提供了卖空机制，但做空受到了严格限制。例如，《上海证券交易所国债买断式回购交易实施细则》第7条即规定："每一机构投资者持有的单一券种买断式回购未到期数量累计不得超过该券种发行量的20%。"另外，源于我国债券

---

① 王蕾、仝宜：《美国三方回购市场：机制、系统性风险与监管》，载于《河北经贸大学学报》2015年第5期。
② 安东尼·马汀、苏珊·麦克劳林：《三方回购的起源与发展》，载于《金融市场研究》2015年第6期。
③ 李天帅：《刍议我国国债回购制度的风险及其防范》，载于《河南省政法管理干部学院学报》2008年第5期。
④ 崔嵬：《审慎推进我国银行间债券市场两类回购改革》，载于《金融研究》2018年第6期。

回购的财务制度，在利率和市场价格波动较大时，逆回购方利用买断式回购进行做空交易的动力并不充足。当债券市场行情看跌，债券持有者若一旦出售债券就会转化为现实损失，与其如此，持有者更愿意将债券持有到期。

第三，债券回购放大交易的风险问题。所谓债券回购放大交易，是指由于债券利息与回购融资成本之间往往存在较大利差，因此投资者可利用债券现券和债券回购两个市场进行债券投资的放大操作，以赚取债券利息与回购融资成本的利差。一些风险偏好型投资者往往通过放大倍数的方式赚取高额收益。这种债券回购放大交易的操作模式被不少投资者认为是一种"无风险套利"。然而，投资者预期收益的实现是以债券持有到期作为前提的，而投资者在放大交易期间却面临着债券组合价格波动的风险。近年来，频繁发生债券市场违约情况，违约频发使得原本被认为无风险的套利行为变成了有风险套利，而且信用风险敞口还在不断扩大。[1] 如遭遇债券市场价格下跌行情，中国登记结算公司将相应下调标准券折算率，这会导致债券折成的标准券数量减少。而如果进行放大交易则此前已用足了标准券，就会面临标准券欠库风险。如果投资者放大交易的倍数较大，一旦债券价格急速下跌导致爆仓，则证券公司将可能面临被动承担客户损失或待补质押券的风险。而当正回购交易到期时，质押券又可能因流动性问题而无法变现，由此引发客户无法偿还到期融资额导致交收违约的风险。[2]

第四，债券市场价格下跌时面临的信用风险。一般而言，债券回购交易中，作为融资方的正回购方提供了一定价值的可流通债券作为一种交易担保，作为融券方的逆回购方一般不必过于担心对方违约问题。然而当债券市场出现较大幅度的价格下跌，引起债券贬值幅度大于债券质押折扣比例时，在趋利避害天然本性的驱使下，正回购方可能会产生违约的动机。而一旦债券指数跌幅超过了平均回购质押比例时，就可能引发整个市场的信用风险。[3] 可以说，债券回购市场的信用风险集中表现为债券贬值的风险。[4]

第五，债券回购不当长期化利用引发的风险。债券回购是兼具融资和融券功能的短期融资工具。从全球债券回购交易情况来看，交易期限一般小于3个月，通常以隔夜和7天交易为主。然而在我国市场上，却出现了债券回购被不当长期化利用，导致交易期限被延长的问题。由于我国债券回购规则没有关于质押期的限制，为数不少的交易者往往会通过到期续作、滚动融资的方式将本应到期的质

---

[1] 倪金乾、王雨飞、王小韦：《如何把控险资债券回购中的三大风险》，载于《中国保险报》2017年2月13日第004版。
[2] 曹萍：《交易所债券回购市场发展状况与风险防范》，载于《农村金融市场》2012年第12期。
[3] 曾莉森、毛建林、罗文宝：《中国债券回购市场风险分析》，载于《技术与市场》2006年第3期。
[4] 彭兴韵：《中国债券回购市场的制度演进与进一步的发展》，载于《经济社会体制比较》2005年第2期。

押合同无限期延长,将债券回购这种原本属于短期融资、易于风险控制的交易变成了长期、难以控制的风险。此外,一些交易者还将回购融资投向了债券、信托等流动性较弱的长期资产,造成了资金来源与资金运用的期限不相匹配,形成了"短线长投/期限错配"风险。①

三、回购交易的市场改革与我国的交易风险防范机制

(一) 美国对回购交易的反思与市场改革

美国自 1918 年推出回购交易以来,回购市场在创新与改革的共同推动下发展迅速。然而次贷危机中,三方回购却成为引发危机的重要来源,回购市场被认为缺乏透明度,回购数据稀缺且被证明不够可靠。当危机冲击回购市场时,没有关于场外交易双边市场规模的数据,监管机构和当局也完全不知道其实际规模究竟如何。同样,在 2010 年之前,三方回购市场也没有公开的汇总数据。由于对回购市场缺乏全面的数据和信息,这种不透明性使得监管机构和市场参与者有效评估回购市场的潜在风险变得困难。

在三方回购市场上,清算银行在交易中扮演着代理人的角色,其并非交易的一部分。然而次贷危机却暴露出清算银行改变了其最初的业务模式,它们的角色发生了实际变化:它们不再是代理人而成为客户的债权人。但这些机制在本质上却是脆弱的,因为清算银行是基于以下的假设进行运作:每一笔回购交易都将每天进行一次操作,而回购出借方通过与其交易对手方进行回购承担延长担保贷款期限的义务。然而,清算银行的这些假设被后来的危机证明是失败的。这使得三方回购清算银行与三方回购市场面临崩溃风险,也引发了监管者对这一问题的严重担忧。回购市场的另一内在问题还在于其市场结构。回购市场与银行存款有很大相似性,其内在的不稳定性源于期限与流动性的错配。然而回购市场又不同于银行存款系统,回购市场缺乏银行体系中作为稳定缓冲而引入的公共担保以及存款保险和资本要求等机制。②

在金融危机前,由于对三方回购市场作为短期融资市场安全性的过分信赖,美国对该市场从交易、托管、结算机制的安排,乃至整个市场架构几乎没有任何

---

① 倪金乾、王雨飞、王小韦:《如何把控险资债券回购中的三大风险》,载于《中国保险报》2017年2月13日第004版。

② Paolo Saguato: The Liquidity Dilemma and The Repo Market: A Two-Step Policy Option to Address the Regulatory Void, 22 Stan. J. l. bus. & Fin. 85, Winter 2017, pp. 113-117.

监管措施。危机爆发后,为应对三方回购市场的风险问题,在美国纽约联邦储备银行的倡议和主导下,美国于 2009 年成立了三方回购市场基础设施工作组。该工作组对三方回购清算银行为回购交易提供日间融资、对未到期回购协议进行解押等问题提出了意见和建议,并于 2010 年发布了《三方回购基础设施改革》(Tri-Party Repo Infrastructure Reform,2010)白皮书。美国监管部门和政策制定者认真反思和吸取教训,对三方回购市场作出了进行压力测试并定期报告市场交易规模和市场动态等改革举措。首先,对市场操作流程与监管规则进行了改进。为减少清算银行承担的未到期回购协议对手方违约风险,规定清算行仅对到期的三方回购进行解押,减少其信用敞口。同时,将清算银行提供的日内信用纳入资本计提范畴,以此计算风险资本和计提风险准备金,加强对清算银行的资本监管。其次,强化对于流动性的管理机制。包括完善正回购方的流动性风险管理、降低回购折算比例的顺周期性,同时强化以风险作为基础的回购折算比例水平。另外,为防止正回购方违约时无法有序变现抵押品和保证充足流动性,还要求逆回购方建立紧急预案,以有效避免因市场波动而造成流动性风险损失。最后,提高三方回购市场的透明度。包括提高操作流程的透明度,以及定期公布三方回购市场报告,对所有关键要素数据进行披露,以提高监管效率,帮助市场参与者判断市场未来走势与潜在风险。[①]

(二) 我国债券回购交易的风险防范与市场改革

1. 交易所债券回购的风险防控:以质押式回购为中心

为促进交易所债券市场的长期发展,进一步完善交易所债券质押式回购交易的风险管理,中国证券登记结算有限公司(以下简称"中国结算")会同上海证券交易所、深圳证券交易所于 2016 年发布实施《中国证券登记结算有限责任公司、上海证券交易所、深圳证券交易所债券质押式回购交易结算风险控制指引》(以下简称《风控指引》)。根据该《风控指引》,我国交易所债券质押式回购交易的风险控制制度可以归结为五个方面。

第一,关于融资回购还款义务交收责任的规定。《风控指引》规定,在经纪业务模式和托管人结算业务模式下的融资回购交易,结算参与人应就其经纪、托管客户的融资回购还款义务对中国结算承担交收责任。相关结算参与人需承担经纪客户或托管客户融资回购到期违约风险,且不得以客户融资回购到期违约为由拒绝承担交收责任。结算参与人还需加强对客户融资回购违约风险的管理。

[①] 王蕾、仝宜:《美国三方回购市场:机制、系统性风险与监管》,载于《河北经贸大学学报》2015 年第 5 期。

第二，制定融资回购交易的投资者适当性规则，明确合格投资者的资质，规定参与机构与合格投资者签署债券质押式回购委托协议，并要求与投资者签署风险揭示书。允许证券公司设定更严格的合格投资者资质条件，并持续跟踪其信用状况和风险承受能力。要求证券公司建立融资回购交易投资者适当性管理档案。规定证券交易所有权对经纪业务模式下证券公司的投资者适当性管理制度及其执行情况进行定期检查。

第三，关于融资回购交易的一般风险控制指标问题。规定中国结算和证券交易所有权根据市场情况调整融资回购交易的一般风险指标。规定回购融资主体相关风控指标如违反指引规定，应在五个交易日内调整至符合指引要求。并规定证券公司、结算参与人（托管人）负有督促经纪客户、托管客户的义务。回购融资主体如未能在五个交易日内对风控指标进行调整，证券交易所有权限制其融资回购交易，中国结算和证券交易所亦有权对相关参与机构采取自律监管措施及纪律处分措施。

第四，关于参与机构对回购融资主体的持续风险管理。要求参与机构建立融资回购交易持续风险管理机制；参与机构对回购融资主体进行差异化风险管理；参与机构应对回购融资主体的高风险情形予以重点关注和管理；经纪业务模式下证券公司需重点关注和管理的经纪客户应按协议约定采取相应风险措施；托管人结算业务模式下结算参与人（托管人）需重点关注和管理的托管客户应按协议约定采取相应风险措施；开展自营融资回购业务的金融机构，以及作为基金、证券、信托、保险资管产品的管理人需建立健全内部风控机制，并对相关风险因素进行监测与控制；中国结算有权对重点关注的回购融资主体所属结算参与人采取相应风险控制措施；参与机构加强对回购融资主体的信用风险监测与评估并定期报送相关数据；参与机构了解回购融资主体的资金用途及融资回购到期还款的资金安排。

第五，参与机构的内部风控机制。加强对自身及客户融资回购交易的风险管理，建立健全内部风控机制，将融资回购交易风险管理纳入本机构风险管理的总体框架，建立健全融资回购交易风险管理制度；健全业务隔离制度；分别对自营业务模式、经纪业务模式及托管人结算业务模式下的融资回购业务及风险实行集中统一管理，建立与业务发展规模相适应的决策与授权体系；建立融资回购交易监控系统；指派融资回购业务代表与中国结算、证券交易所进行业务联系；业务代表应定期将风控制度、业务流程等相关内容报送中国结算和证券交易所。

2. 银行间债券回购交易的风险防控：以债券回购主协议为视角

银行间市场是我国债券回购市场的主导。为规范这一市场的债券回购交易，我国曾分别于 2000 年和 2004 年发布了《全国银行间债券市场债券质押式回购主协议》和《全国银行间债券市场债券买断式回购主协议》两份相互独立的文本。这两份协议在我国银行间债券回购市场发展的初期发挥了重要作用。但随着我国银行间债券回购市场的不断繁荣发展，原有的两份主协议已难以满足市场发展的需要，对银行间债券市场回购交易主协议进行修改势在必行。2013年1月，中国银行间市场交易商协会发布了《中国银行间市场债券回购交易主协议（2013年版）》（以下简称《新版回购主协议》）。《新版回购主协议》在规范债券回购交易运行平台、提供市场流动性、防范市场风险以及推动回购交易创新等方面具有积极意义。

  在防范银行间债券回购交易风险方面，《新版回购主协议》的优势主要体现在两个方面。第一，关于风险敞口管理制度的改进与完善。《新版回购主协议》细化和完善了债券回购盯市调整制度，使交易一方可根据对交易的净风险敞口，要求对方调整一定数量的回购券值。在盯市的原则上，《新版回购主协议》还建立了回购债券动态调整机制，包括质押式债券回购中的债券替换和调整机制，以及买断式回购中的调整和履约保障机制。债券替换机制允许正回购方通过在新的债券上设立质权替换已质押债券，从而使得正回购方得以更有效地利用质押债券，有利于提高债券市场流动性。调整机制允许交易者通过增加或减少质押债券的方式应对因市值变动而引起质押债券不足或多余的情况。买断式回购下的债券调整机制允许出现净风险敞口的交易方要求对方增加或减少债券，以达到实时覆盖净风险敞口的目的。买断式回购的履约保障机制也是质押品的一种动态调整机制。在这一机制下，交易一方需为出现了净风险敞口的另一方提供额外履约保障品，当净风险敞口减少后质权方应按出质方要求解除多余的质押品。

  第二，关于信用风险防范管理制度的改进与完善。质押式回购与买断式回购有相同的交易目的和相似的交易结构，但二者又存在诸多差异。《新版回购主协议》通过设置通用条款对两种回购交易的要素与机制进行了统一规定，同时又设置特别条款，针对两种回购的不同特点，对违约事件和终止事件的处理、调整、替换、履约保障等作出了不同规定，体现了对两种回购交易进行差异化信用风险防范管理的思路。原有主协议对违约条款的规定相对简陋，《新版回购主协议》为更有效地管理对手方信用风险，增加了交易对手否认协议、不实协议、交叉违约、特定交易、特定实体违约等违约事件，同时还将非法事件和不可抗力作为终止事件情形。此外，《新版回购主协议》还增加了违约事件和终止事件的处理方式，对交易双方无法通过协商解决的违约事件和终止事件规定了详细的处理条款。《新版回购主协议》还在买断式回购中引入了单一协议和终止净额机制，在该机制下，全部买断式回购交易构成了一个单一和完整的协议，交易者可以采取轧差计算的方式计算出终止净额，交易双方只需根据轧差后的净额进行交收，这对于防范回购交易对手的信用风险更为有利。①

3. 我国债券市场对三方回购交易的尝试与探索

尽管次贷危机中三方回购扮演了制造、放大和传播风险的角色，但三方回购对于金融市场的贡献不容置疑。由于引入中央托管机构作为专业第三方为交易双方提供担保品管理服务，因而三方回购能够为市场提供安全高效的短期资金融通和流动性管理工具，也更有利于控制债券回购交易风险，推动债券市场长期稳定发展。如能有效避免以三方回购作为流动性来源的过度依赖，则三方回购与双边回购交易模式相比，其优势十分明显。

我国自2009年以来一直致力于打造一个中国银行间三方回购市场。吸取次贷危机中美国的教训，为避免走入因三方回购而引发金融系统性风险的歧途，我国在探索建立三方回购市场时，需特别注意两个问题：一是中央托管机构只能作为三方回购交易中担保品管理的委托代理人，必须保持完全中立，做到不介入交易、不承担风险。② 二是中央托管机构必须为三方回购建立全面的风险管理制度。在信用风险方面，应区别本金风险和重置成本风险分别建立相应风险管理机制。对于前者，可采取全额逐笔DVP结算实现回购交易双方券款同步交付以消除本金风险；对于后者，应建立担保品管理制度化解重置成本风险。在流动性风险方面，主要防范正回购方到期违约风险，可通过其专业担保品管理服务、足额质押，以及到期违约时对正回购方质押券的处置来有效化解流动性风险。在运行风险方面，可通过担保品自动化管理、减少业务环节缩减业务流程、提供担保品管理效率等方式有效控制运行风险。③

第五节 债券产品交易创新风险防范之三：衍生交易

近十余年来，债券衍生交易发展迅速。衍生交易允许投资者转移和控制风险，也可以满足多样化投资组合需求，同时还能合法地规避税收以及金融监管政策，因而越来越受到金融市场以及投资者的青睐。然而历史的经验表明，债券衍生交易在某些特定的情形下也会创造、放大和传导风险，最终演变为远远超出人们预期并造成巨大损失的风险事件。

---

① 刘胤：《〈新版回购主协议〉护航中国债券回购市场》，载于《债券》2013年第5期。
② 白伟群：《三方回购：效率和安全更高层次的平衡》，载于《债券》2016年第11期。
③ 参见骆晶：《国际三方回购业务经验与我国银行间市场三方回购业务方案》，载于《债券》2016年第11期。

一、债券衍生交易及其风险问题

在全球金融发展史上,衍生交易的问世无疑是值得重点记载的事件。如今,衍生品已然成为全球商业领域中重要的,也许是至关重要的风险管理工具。[1] 我们现存的广泛的衍生品种类和系列提高了企业管理金融风险的能力,但是在降低风险的同时,衍生品也使企业承担了风险,使预测企业金融活动的任务也变得复杂起来。[2] 衍生交易与金融危机之间确实关系微妙。在2008年的危机中,衍生品就以多种方式"发挥了"作用。[3] 衍生交易的风险通常是普通的股票和债券交易所不知道的。这些风险范围广泛,从对所使用产品的成本、效力和潜在损失缺乏了解,到缺乏可执行性的法律风险,再到与提前终止合同相关的经济风险。[4]

利率风险是债券市场的主要风险之一。然而谁都不可能持续、准确地预测未来的利率,因此金融工具的设计者们就想方设法地开发能够降低利率变化敞口的其他产品。于是便诞生了许多允许转移风险的金融工具类型,包括期权、期货、互换以及抵押贷款衍生品等。而这些风险转移工具的共同特点在于,允许借款人和贷款人对利率变化风险作出处理。例如在利率互换交易中,对于有固定利率贷款的借款人而言,会发现与有浮动利率贷款的借款人进行债务义务的交换是有利可图的。[5]

以房地产价格的下跌为起点,2008年的金融危机从次贷市场起步不断蔓延直至演化为一场全球范围内的金融海啸。那些被金融创新者引以为傲的风险管理工具,如信用违约互换(CDS)和合成担保债务凭证(synthetic CDO)在金融风险放大过程中起到了推波助澜的作用。[6] CDS等衍生品,原本是作为债券或贷款缺陷的保护措施来使用的,但是却由于过度的杠杆化和投机交易而使金融机构暴

---

[1] Kimberly D. Krawiec: More than Just "New Financial Bingo": A Risked – Based Approach to Understanding Derivatives, *The Journal of Corporation Law*, 1997, Vol. 23 (1), p. 63.

[2] Gordon M. Bodnar, Gregory S. Hayt, Richard C. Marston and Charles W. Smithson: Wharton Survey of Derivatives Usage by U. S. Non – Financial Firms, *Financial Management*, 1995, Vol. 24 (2), p. 104.

[3] Congressional Research Service: Derivatives: Introduction and Legislation in the 114th Congress, January 26, 2016.

[4] Saul S. Cohen: The Challenge of Derivatives (Continued), 66 Fordham L. Rev. 747, 1997, p. 750.

[5] [美]迈尔斯·利文斯顿:《债券与债券衍生产品》(第二版),周琼琼、李成军译,上海财经大学出版社2015年版,第4页。

[6] 吴奕捷:《2008年美国金融危机中资产证券化产品风险研究》,中国社会科学院研究生院2017年博士学位论文,摘要部分。

露于系统风险中。[1]

场外衍生品更是金融危机的重灾区。在《多德——弗兰克华尔街改革和消费者保护法案》(Dodd – Frank Act)诞生之前，场外衍生品交易是双边交易，不通过清算所进行清算，而且没有任何报告线索，因此在金融危机期间造成了大量衍生品损失风险敞口的不确定性。[2] 但是对于债券市场发展而言，不可能因为衍生交易可能引发的风险，就放弃使用衍生工具和发展衍生市场。我国的债券市场正在逐步发展成熟，因此更需要衍生品来对冲风险，这对于发挥债券市场服务实体经济的能力，防范金融系统性风险同样具有重要意义。

二、我国的债券衍生交易及其违约风险

与国外发达市场相比，我国债券衍生交易发展较晚，可交易的品种也比较单一，多为简单债券衍生产品，因此相对而言风险较小。可转换债券、可交换债券与刚刚引入银行间市场的信用违约互换（CDS），是我国债券衍生市场上颇具代表性的产品类型，但这些产品有的成为最近几年债券违约风险的爆发点，有的由于刚刚引入我国市场因此也面临着极大的不确定性。

（一）可转换债券交易及在我国的违约案例

可转换债券（convertible bond）（以下简称可转债），是将债权和股权进行结合而产生的结构性金融产品。与其他债券产品相比，可转债既能够降低融资成本，也可以通过转股权将债权转换为股权，从而降低未来偿付风险。[3] 尽管已经被广泛使用了许多年，然而可转债的一些棘手特性，使得对其进行估值异常困难，也引发了人们对为何发行或持有此类债券的严重怀疑。[4] 可转债在我国经过了探索、试点、初步发展几个阶段之后，目前已进入扩张式发展阶段。

在我国经济新常态时期，债券市场违约也步入了"常态化"。近年来，除了基础性债券产品外，可转债等债券衍生产品也加入了违约的阵营。可转债作为一种特殊的债券品种，本身兼具债权和股权的特性，虽然绝大多数有回售条款，总体上仍是一种风险较低、流动性强于一般债券的产品，但在极端环境下，投资可

---

[1] Teakdong Kim & Bonwoo Koo & Minsoo Park：Role of Financial Regulation and Innovation in the Financial Crisis, http://dx.doi.org/10.1016/j.jfs.2012.07.002.

[2] Congressional Research Service：Derivatives：Introduction and Legislation in the 114th Congress, January 26, 2016.

[3] 冯建芬、周轩宇、段梦菲：《可转换债期权条款设计与影响分析》，载于《管理评论》2018年第8期。

[4] William A. Klein：The Convertible Bond：A Peculiar Package, 123 U. Pa. L. Rev. 547, 1975, p.547.

转债出现亏损也并不意外。例如,2015~2016年,可转债就成为亏损的债券型基金的重灾区。

可转债违约中最有代表性的当属"乐视可转债违约风波"。上海奇成资产管理有限公司一只规模为8 000万美元、投资于乐视可转债的私募基金,第一期7 500万美元应于2017年7月7日到期,第二期500万美元于2017年8月17日到期。截至第一期的赎回日,乐视并未按照协议约定赎回可转债,构成了实质性违约。对此,乐视提出了替代性解决方案,但由于方案对债权人皆为不利,双方并没有达成有效协议。

大多数情况下,发行人发行可转债的目的是使可转债最终转换为普通股票。因此实践中,发行人会通过下调转股价等办法促成可转债的转股,这样对发行人而言相当于免费获得了一笔资金,而对于债券持有人而言也有利可图。若发生可转债违约,则发行人将面临极大损害,这会影响发行人的主体信用评级,增加其未来的融资成本,而一旦违约,则将导致股价巨幅下跌,发行人的资产会严重缩水,对于有股权质押的发行人来说后果更加不乐观。因此,除非作为发行人的公司发生持续亏损现象,导致资不抵债甚至濒临破产,确实丧失了债务偿还能力,否则发行人会尽量避免可转债违约。因此总体上,可转债交易比普通公司债券更为安全。在违约频发的债券市场上,可转债违约的案例并不多见。

(二) 可交换债券交易及在我国的违约案例

可交换债券 (exchangeable bond) 是授予债券持有人将债券交换为债券发行人之外的其他公司的普通股的权利。① 通俗地讲,是指上市公司或股票公开转让的非上市公众公司的股东依法发行、在一定期限内依据约定条件可交换成该股东所持有的上市公司或非上市公众公司股票的公司债券。发行人可以利用可交换债券以较低利率进行融资。目前,我国的可交换债券市场还处于起步阶段,市场发行的可交换债券以非公开发行方式为主。

对于可交换债券持有人而言,其享有请求债券发行人交付股票或还本付息的选择权。一般而言,标的股票在换股期的市场价格若高于约定的换股价格,债券持有人往往会选择行使换股权;反之,则债券持有人会选择请求发行人还本付息。② 与其他形式的债券相比,可交换债券的主要特点之一是以上市公司股票质押的方式为债券增信。因为有质押的股票,因此当到期时若发行人丧失了还本付

---

① [美] 弗兰克·J. 法博齐:《债券市场:分析与策略》,路蒙佳译,中国人民大学出版社2016年版,第404页。
② 何艳春:《可交换公司债券担保法律分析》,载于《证券市场导报》2009年第8期。

息能力，债券持有人的权利相对较有保障。然而实践中却发现，作为履约保障的质押股票的股权所有人依然是发行人，当发行人无力履约时，债券持有人通常难以通过处置质押股票的形式促使发行人履约。

此外，在可交换债券交易中，除了发行人违约的风险外，债券持有人还需要关注因股价大幅波动带来的市场风险，主要是指因为股价短暂大幅上涨而后又下跌、而债券持有人却未能把握转股机会带来的风险。另外，债券持有人还可能面临换股风险，即将债券换为股票后遭遇股票长期停牌或股价大跌的风险。实践中，可交换债券交易还存在着因股价上涨触发强制性赎回条款后，因债券持有人的疏忽大意导致未能及时转股而被赎回的风险。

（三）信用违约互换及在我国债券市场的可能风险

随着 2008 年全球金融危机的爆发，大量 CDS 的卖方无法履行约定的偿付义务，交易对手风险集中爆发。危机之后，金融监管部门对 CDS 进行了大规模的全面改革。具有重要意义的改革举措之一，是国际互换与衍生品协会（ISDA）分别于 2009 年 3 月和 7 月发布的"大爆炸"和"小爆炸"协定书，对信用衍生产品交易的标准协议文本进行了修改和完善，主要包括固定票息、引入强制拍卖结算条款、增设信用事件回溯、建立清算机制等方面。

尽管被认为是 2008 年全球金融危机的缘由之一，但迄今为止，CDS 仍然是最常用的信用衍生产品。[①] 与国际成熟证券市场上 CDS 的广泛应用甚至滥用形成鲜明对比，我国证券市场上的信用风险转移工具一直处于缺位状态。这一方面归咎于我国债券市场"刚性兑付"造成的投资者信用风险意识淡薄，因而没有信用风险保护和使用信用风险转移工具的需求。另一方面也与我国制度设计的缺陷不无关系。我国银行间交易商协会曾于 2010 年在一份研究中提出以信用风险缓释合约和信用风险缓释凭证两类产品来启动中国的信用衍生品市场。同年 11 月，我国首只信用风险缓释凭证问世。我国信用风险缓释凭证的参照债务多是短期融资和中期票据，债务期限相对较短。而根据我国的债券发行制度，短融和中期票据不允许引入银行担保。然而近年来，随着我国债券市场上违约风险的凸显，引入担保越来越显现出必要性。这对于我国债券市场引入国际通行的 CDS 起到了重要的刺激和推动作用。

2016 年 9 月，我国银行间市场交易商协会正式发布《银行间市场信用风险缓释工具试点业务规则》及相关配套文件，CDS 作为一种信用风险缓释工

---

① ［美］弗兰克·J. 法博齐：《债券市场：分析与策略》，路蒙佳译，中国人民大学出版社 2016 年版，第 706 页。

具开始进入我国证券市场。源自金融危机中对 CDS 负面形象的深刻印象,中国版 CDS 一经推出便引发了人们的热议,问题的焦点主要集中于 CDS 是否会成为引发系统性风险的导火索,以及如何有效防范因 CDS 带来的金融风险等问题。

事实上,CDS 在债券市场上具有重要功能,能够分离并交易信用风险,促进债券的信用增级和债券市场化发展。CDS 合约是对债券信用利差的交易,信用保护的买方通过买入合约来做空信用风险,防范信用债券违约损失;而信用保护的卖方则卖出合约,利用买空信用风险赚取利差。债券承销商在承销信用债券时如能搭配卖出相应的 CDS,则相当于为信用债券的兑付增加了一层保障,因此 CDS 在本质上也具有信用增级的功能。就我国债券市场而言,近年来债券违约的"常态化"使破除刚性兑付成为必然。这转变了以往债券市场依赖政府兜底式的办法解决债市违约的一贯思路,债券市场化发展的必然结果是投资者需自行承担债券交易的信用风险,而 CDS 的出现恰好能够为债券投资者提供风险管理工具。

然而,鉴于次贷危机中因 CDS 滥用而引发的巨大风险,我国引入这一债券衍生产品也会带来相应风险。在当前阶段,CDS 在我国债券市场上更多的是发挥风险管理而非投资的功能。由于"刚性兑付"预期被打破,我国债券市场的流动性目前处于低迷时期,CDS 市场自然也会受此影响。在新兴市场上,投资者的保守性决定了对新推出的产品往往会持观望态度。我国的 CDS 交易目前还处于试点阶段,既没有设计标准化合约,也谈不上大规模交易,因此整个 CDS 市场短期内不会形成冗长烦琐的债权债务关系,因而 CDS 引发系统性金融风险的可能性是极低的。[①] 但随着我国金融市场创新步伐的加快,以及投资者参与投资意愿的逐渐增强,也需要对 CDS 引发的风险予以足够重视。

第六节 债券市场约束机制的强化与商事信用的重申

债券市场作为资本市场的一部分,具有资本市场的所有风险特性,其中就包括债券发行人不能如约履行还本付息义务的可能性。信用风险是债券市场的固有风险,也是债券投资者必须接受的客观事实。然而,在"11超日债"违约事件

[①] 常健、罗伟恒:《论我国信用违约互换(CDS)风险的法律防范——基于信息披露规则完善的视角》,载于《上海财经大学学报》2017 年第 3 期。

之前，以政府斡旋的方式实现危机债券的"刚性兑付"曾是我国解决违约风险的依赖性路径。① 政府之所以愿意为公司和企业债券提供隐性担保，其动机主要在于避免区域信用的下降，保护地方的金融生态环境，使政府在地方竞争中获得更多的金融资源。但是我们必须承认，这种政府提供隐性担保所形成的债券市场"刚性兑付"惯例违背了市场经济的要求，偏离了债券发行应遵守的商事信用基础，不仅助长了市场参与者的逆向选择和道德风险，而且为金融体系埋下了系统性风险和财政风险。②

作为新兴市场，中国对于发展债券市场有着迫切需求。中国债券市场从零起步，到发展为在当今国际资本市场上具有重要地位和影响力的市场，这种变化不仅是基于量的积累，更是源于质的跃变。而促成这些变化的重要推动力，来源于债券市场的创新能力。相较一般的金融市场创新，我国的债市创新是一种典型的超常规创新。这种创新的动力并非来源于市场自身力量的驱动，也不是一种渐进式的演变，而是以政府作为创新推动力的、自上而下的、市场呈现跳跃式演变的制度创新。③ 创新即意味着新能量与新变量的引入，我们在享受创新带来的巨大收益的同时，也要承认创新附随的消极影响，即市场的扰动性将会由于创新的加剧而增强。④

与成熟金融市场相比，我国债券市场面临的最大问题是市场化程度不足的问题。而其中最重要和最紧要的，则是未能充分发挥市场化约束机制防范债券市场风险的功能和作用。之所以如此，一个重要的原因就在于，我国债券市场的风险防范更多地倾向于行政化的风险防范体系，疏于建立和运用市场化法制化的风险约束机制。长期以来，由于我国资本市场"重股轻债"的格局以及债券市场的人为割裂，我国债券市场法律制度在法律和行政法规两个层面上都基本处于尚付阙如的状态。造成的结果便是，债券市场风险防范制度不完备、不健全，未能全方位构建债券市场各类风险的防范、预警和处置机制。另外也造成了债券市场风险防范制度的行政化倾向，即，过度利用行政力量的干预而不是市场的正当约束来应对债市风险，使得债券市场风险防范脱离了市场化原则，这对于有效避免和化解风险极为不利。⑤

债券市场风险防范的行政化问题，究其根本在于以政府信用为主导的债券市场信用体系。一些信用债券的发行主体由于其性质和财务特征，与真正意义上的

---

① 徐红娟、姜子彧：《我国债券违约处理机制探讨——基于资产打包处理模型》，载于《浙江金融》2015年第1期。
② 洪艳蓉：《公司债券违约零容忍的法律救赎》，载于《法学》2013年第12期。
③ 王开国：《中国证券市场超常规创新的理性思考》，载于《中国社会科学》2001年第1期。
④ 戴文华：《证券市场创新与系统风险的若干问题》，载于《证券市场导报》2013年第3期。
⑤ 袁康：《我国债券市场风险治理的规范逻辑与制度建构》，载于《政法论丛》2018年第3期。

信用债相去甚远，这些债券一旦发生违约，政府便首当其冲成为风险承担的主体。① 就债券本身的性质和债券市场发展的规律而言，违约本是债券市场化运作的必然结果之一，但由于在我国债券违约与政府信用被无形"捆绑"，导致危机债券处理或违约债券偿付过程中时常出现政府"身影"。传统观点认为，契约是债券的基本属性，② 债券违约的处置理所当然应以契约为基础。而债券的契约属性又意味着它属于商事合同的一种，"在债券交易的商事演绎下，公司债权人与公司之间产生了如同股东一般的身份关系，得以有限参与公司治理。"③ 债券违约处置的理论基础，当是债券的契约以及公司治理的双重属性。

债券持有人与发行人之间关系的产生，很大程度上源自发行人的商事信用。在商事交易中，一项交易从达成到履行完毕的过程中充满了许多不确定因素，对于当事人而言蕴含着交易目的无法实现的风险，例如，债券持有人投资目的的落空。因而，完备的信用制度对于减少商事交易中的不确定性，降低交易风险至关重要。在我国债券市场上，当发行人的商事信用出现危机乃至有破产风险的情况下，政府信用往往会成为保障债券持有人权益的最后屏障。然而，这种做法无论在理论上还是在实践中都无法站稳脚跟，社会已普遍呼吁克制政府冲动，将债券违约交由市场自行处置。④

从长远来看，将政府信用和商事信用混同，不仅会损害政府的形象以及财政能力，对于债券发行人和持有人也是弊大于利。因为，这种"父爱式"的兜底保护无法使发行人建立真正的商事信用，⑤ 而持有人也会因这种保护丧失债券选择和风险判断能力，难以成熟和成长为适格的债券投资者。因此，有必要重申债券市场的商事信用，建立市场化的风险约束机制。而这首先需要厘清政府与市场的关系。2014 年 5 月，国务院发布了《关于进一步促进资本市场健康发展的若干意见》，其中提到了"规范发展债券市场""强化债券市场约束机制"，这对于矫正政府对债券市场的过度介入和干预意义重大，也为政府从债券偿付危机中解脱出来提供了良好契机。

商事信用，是商事活动的根基，是信用在商事交易领域的体现和应用。债券交易作为商事交易的一种，理所当然应以商事信用而不是政府信用作为主导。⑥ 商事信用通过契约形式而表现，是商事交易的根本性保障。商事信用对于商事交

---

① 周梅、刘传哲：《信用类债券的政府信用及违约承担机制研究》，载于《经济问题》2013 年第 12 期。
② Bryan A. Garner: Black's Law Dictionary, London: Thomson Reuters, 2014, p.507.
③ 冯果、段丙华：《债券契约处置的法治逻辑》，载于《法律适用》2017 年第 6 期。
④ 沈炳熙、曹媛媛：《中国债券市场：30 年改革与发展》，北京大学出版社 2014 年版，第 8～11 页。
⑤ 宋亮：《我国公司债券违约的法治化治理》，载于《湖北社会科学》2018 年第 1 期。
⑥ 当然，政府作为发行人的政府类债券，如国债以及地方政府债券另当别论，其发行当以政府信用为根基。

易的维护，通过强制当事人履行契约义务来达成，而这又必须通过法律制度予以规定。将商事信用纳入法律框架，就意味着构建制度以确保当事人信守承诺、诚实交易和摒弃机会主义行为。① 然而，债券市场真正复杂的问题，恰恰在于所涉及的制度因素。② 如何有效地进行事前防范、事中控制和事后处置，如何合理地进行风险定价、信息披露和信用评级，是债券市场发展的核心要素和制度保障。例如，债券市场做市商制度、债券投资者适当性制度、债券信息披露制度等。

---

① 赵磊：《商事信用：商法的内在逻辑与体系化根本》，载于《中国法学》2018 年第 5 期。
② 高坚：《中国债券资本市场》，经济科学出版社 2009 年版，第 10 页。

第七章

债券市场主体培育与规范中的风险防范

无论债券发行、交易环节何其复杂，抑或债券产品、机制怎样创新，市场主体始终是贯穿其中的核心力量，是债券市场活动根本的出发点和落脚点。债券市场的优劣与市场主体息息相关，整体结构健全、微观竞争充分、彼此动态联通的债市主体能在有效防范市场风险的基础上稳定地推动债市创新发展。从不同的角度审视，债券风险的防范和治理固然有不同的处置方案，但可以肯定的是，主体视角将贯通制度安排始终，债市发展目的也必凝聚于市场主体提升之中，若脱离市场主体，空谈制度建设，将不免沦为短视、残缺之构想。在经过长达30余年的成长，历经计划经济体制、市场经济初期、新兴转轨期与深化攻坚期等阶段的多次锤炼后，我国债市发展突飞猛进，其规模已仅次于美国、居世界第二，市场主体架构也初步成型。但囿于"多头监管"的制度现实、"重股轻债"的观念桎梏以及社会诚信的严重缺失，债券市场主体的发展仍面临诸多棘手问题的考验。特别是2014年"11超日债"实质违约事件以来，各类违约如"多米诺骨牌"倾倒，之前颇具"门面摆设"之效的债市主体被猛地推上风口浪尖，实质功能的缺乏使其在化解现实困境中显得力有不逮。如何在风险愈演愈烈的市场环境中，对我国债市主体进行培育与规范就成为当前亟待解决的重要命题。本章内容以风险防范为逻辑主线，对债券市场不同主体的问题进行深入剖析，以期在理念引向、方式推进与实质举措层面形成债券特殊的理论诠释与制度操作体系。

第一节 债券市场主体培育的意涵、目标与实现进路

一、债券市场主体培育的问题剖视：债性未彰、监管杂乱与功能欠佳

从20世纪80年代至今，我国债券市场主体不仅在规模数量上持续剧增，在类型划分上也逐渐由相对单一转变为丰富多样。抛开外在形式名称的差异，以功能性为导向，债券市场的主体类型可被划为三类：一是交易直接相关方，即发行人与投资者；二是市场监管机构；三是市场中介机构。这三类主体基本可涵盖市场上所有债券利益相关方。目前，我国债市主体的三类架构已初步成形，但仍存在以下困顿。

（一）债券特性未彰：发行人与投资者培育的"重股轻债"

长期以来，"重股轻债"的观念在学术及实务界根深蒂固。无论市场容量，抑或制度供给，债券市场均难比肩股票市场，其发展颇受漠视。在市场主体培育方面亦是如此。市场在资源配置中起决定性作用，市场主体发展应深刻契合市场需求。然而，债市主体很大程度上是股市主体的附属品，其制度根源或发展依据多从股票市场直接生硬"嫁接移植"而来，债券特性未得到充分彰显，尤其在交易直接相关方（发行人和投资者）的培育中，问题最为突出。市场对发行人的核心需求即为有效的信息披露，信披是债市运行的核心机制，其在揭示市场风险、增强市场透明度、优化市场资源配置、促进市场约束等方面发挥重要功用。但我国债市发行人的信息披露一直未被重视，既有制度过于依赖股票，致使发行人的披露欠缺实质性内容，陷入"同质化、粗糙化、形式化"的困局。[①] 投资者是与发行人相对的另一核心主体，是债市运行的核心支撑和根本泉源。投资者教育乃投资者保护的基本举措，是风险防范的重点，其理应在证券市场乃至金融市场被倾力推行。令人叹惋的是，在我国，投资者教育在股票领域"风生水起"，债市中的投资者教育相对鲜见，即便是在少有的教育模式中也主要照搬股票进行，欠

---

① 张阳：《公司信用类债券信息披露制度的统合建构——以偿债能力为中心展开》，载于《证券法苑》2017年第3期。

缺适应债市特点的投资者教育培养内容及具体规程。

（二）市场监管多头：主体培育制度杂乱的"监管侧"溯因

我国债市监管架构呈现"五龙治水"（央行、发改委、财政部、银保监会、证监会）的格局，不同机构对各自"治下"的债券主体监管要求各不相同。① 现实中，监管部门又习惯于将自己作为行业发展主管部门，充当被监管者的"父母官"，多头监管格局下具体债券主体的培育与监管职责并不清晰。为扩大自身监管地盘和维护部门利益，监管机构极易在监管竞争压力下放松监管，选择性地降低监管标准，从而导致"朝向底线"（race to the bottom）的恶性竞争。本应着眼于培育市场的工作大多因成本耗费过高和其他部门的"搭便车"等顾虑而被搁置。虽然近年来债券市场逐渐深化，各机构也达成了一定共识，就培育相应市场主体出台过一系列方案，但监管多头的根源导致培育制度片面狭隘。

（三）实质功能欠佳：中介类主体"市场"定位偏离的困境

中介类主体是债券市场的交易"润滑剂"和风险"减缓器"。市场中介理应以市场机制为基础，反映市场需求，契合市场变化。然而，当下债券市场行政管制占主导，中介机构唯监管部门马首是瞻，以满足监管者要求为重心，少有考虑其自身的市场定位，难以发挥其应然的市场"看门人"功能。例如，债券受托管理人、信用评级机构等多是从境外引入的政策性产物，本意在促进债券持有人利益保护、减少市场不对称及推动市场透明度，但实际上形同虚设，仅是监管硬性要求之一，机构发展颇受政府的审批或考核等直接或间接介入的干预。长此以往，被侵占的市场私权将产生惰性，影响自我实现，本应谦抑的公权则面临滥用或寻租之虞。② 此外，市场中介类主体奉行"营利至上"，为实现利润最大化不择手段。固然，市场主体作为理性经济人，功利主义乃其本性，以营利为目的本无可厚非，但由于债券权利结构错配，债券资源畸形配置和交易主体地位失衡，导致债券中介陷入片面追逐利益的怪圈，而忽视其市场实质定位，如此仅享受"制度红利"而欠缺承担市场义务责任的现象令人忧虑。

---

① 袁康：《我国债券市场风险治理的规范逻辑与制度构建》，载于《政法论丛》2018年第3期。
② 冯果、袁康：《从法律赋能到金融公平——收入分配调整与市场深化下金融法的新进路》，载于《法学评论》2012年第4期。

二、债券市场主体培育的三重目标：整体健全、微观竞争与动态联通

债性未彰、监管杂乱与功能偏离的问题无益于债市风险之防范，亟须市场化、法制化的路径予以调适完善。清晰的目标是行动的指南，在探索债市主体培育解决进路前，我们应首先明确主体培育的三重目标，为具体实践制度的安排提供"灯塔"引向。具体而言，（1）整体架构上，债券市场主体体系应更为健全，避免类型缺失之问题发生；（2）微观类型上，各主体间应充分竞争，发挥其实质功能，杜绝成为形式性的"花瓶"摆设；（3）动态联通方面，市场主体能实现自我管理、市场约束与政府监管的有效协同，充分发挥出系统化的治理功用。如此，从宏观类型结构到微观个别主体，从静态主体分析到动态主体联动，可较好地实现对债券市场主体培育目标的全面把握。

（一）整体结构：市场主体由分割离散趋向体系健全

从宏观的系统科学角度出发，作为一个集群性的聚合概念，市场主体具有典型的系统性特征，其是两个或以上的组成部分相互作用形成的整体，表现为组分多元性、相关性和整体性。[①]（1）不仅存在直接相关的交易参与方——投资者和发行人，还有监管机构和纷繁复杂的市场中介，因而，主体具有"多元性"；（2）各主体之间围绕债券发行、交易又存在密切的利益关联，彼此存在"相关性"；（3）而且，作为市场主体不可或缺的部分，各类细分的市场主体共同组成债券市场的主体架构，显现出体系的"整体性"。只有主体体系结构足够健全，各市场主体各就各位、各司其职，发挥其应然作用，债券市场方能运行有序，不至于因必要主体类型的缺乏而出现市场漏洞和短板，影响债券的发行与交易。目前，我国债市主体类型尚不完整，例如，对债市风险防范和交易增信具有重要作用的专业化债券保险机构尚付阙如，实践中仅依托传统财险公司中的债保业务无法达致充分的保险功能。因此，债市主体培育的第一重目标应为实现主体架构的体系健全。当然，这种健全体系的建构应逐步循序进行，首先应培育"核心靶向"主体群，然后是"辅助靶向"主体群，在优先保障基本体系架构完整的同时再不断丰富其他相关联的主体。

[①] 苗东升：《系统科学精要》，中国人民大学出版社2010年版，第21页。

（二）微观类别：市场主体实现竞争性、功能化变革

除整体结构更健全外，微观层面的各主体应以实现竞争性、功能化变革为目标，减少监管人为过度的干预，摒弃形式化的应付行为，以市场需求为立身根源，充分发挥主体应有的实质作用。公平竞争是市场经济的灵魂所在，也是债市健康发展不可缺少的内在要求。一旦市场缺乏公平竞争，不仅会因垄断造成效率损失和不公平，也会助长寻租盛行和信用缺失，更会阻碍债券市场创新和扼杀企业家精神。[①] 唯有实现债券主体的实质竞争，债券主体不再受过多的行政牵涉，其才能真正从对监管机构的唯是唯诺中挣脱，转向到以市场投资者需求为导向，进而发挥其实质功能。当前债券市场债性未彰以及市场定位偏离的问题亟须各市场主体能契合债券属性、发挥其市场之功效。因此，只有微观层面的各主体能实现竞争性、功能化变革，整体结构健全才有实质价值，否则债券市场主体培育将徒具体系架构之空壳，无法真正促进债券交易及防范债券风险。

（三）动态联通：市场主体自我管理、市场约束与政府监管的协同

此外，不同主体在债市风险防范体系中发挥着不同作用，主体培育应进行差异化处理，实现主体间的动态联通和有效协同。具言之：首先，市场主体（尤其发行人和投资者）要进行自我端口治理。内部治理是风险管理前提，内部控制下的自觉约束是风险防范第一防线，世界银行监管实践表明，"外部监管力量无论如何强大，监管如何周密，若欠缺主体内在控制的配合，监管效用将大大降低。"[②] 其次，应强化主体外在监督下的市场约束，发挥债券市场"看门人"（gatekeepers）——中介机构的外部第一防线的功用。通过市场机制对经济主体稳健运行施加制约的市场约束（market discipline），不仅能弥补内部治理存在的约束力不足和官方监管具有滞后性难以适应市场创新的缺陷，更能监督促进发债主体完善内部治理，并对官方监管形成有力补充。最后，政府监管是风险防范的第三防线。一方面，从规则型构看，监管机构在其法定权限内衡平市场参与主体不同的利益诉求，从中立"裁判者"角度出发应市场需求制定相关规则；另一方面，从执法效果看，较于市场自发认同并执行的诸多约束手段，政府监管因拥有法定监管权限和强有力的监管手段，对市场主体的培育及规范更具威慑力和信服

[①] 唐志军、向国成：《权力结构、强化市场型政府和中国市场化改革的异化》，载于《南方经济》2013年第10期。

[②] 李爱君：《系统重要性金融机构的特殊风险法律防范》，载于《中国政法大学学报》2015年第1期。

力。离开政府监管的强力底线保障，市场约束和内部控制将难以发挥作用，甚至沦为空谈。因此，为更有效地防范风险，对债市主体的培育应加强自我管理、市场约束与政府监管三者的有效协同。

三、债券市场主体培育的基本进路：理念引向、方式推进与实质举措

债券市场主体存在的发展掣肘需要"对症下药"的完善进路，在明定培育主体的三重目标基础上，更为关键的是确保主体培育落到实效。债市主体培育乃系统性工程，其实效之落实既要有培育与规范并重的理念引向，又要在方式推进时注重市场与监管的合理调适，更离不开对具体的核心主体采取实质举措的支撑。理念、方式与举措三者相辅相成，共同搭建起主体培育的实现进路。

（一）理念引向：培育与规范之并重

理念是行动的指引，是具体举措如何推行的原则基准与价值导向标。完善债券市场主体首先应从理念层面明确核心考量。我国债市的规模虽已居世界前列，但市场主体仍处于初始发展期，与发达债市仍有很大差距。市场主体发育不成熟、市场缺位问题突出，主体供给满足不了市场需求，需对其予以培育和引导，以健全主体架构和主体功能。当前，债券市场化程度在不断深化，以违约风险为首的债券风险日益频发，市场主体不能仅定位于计划经济体制下的"花瓶摆设"，应回归其应然定位，发挥实质功效。鉴于我国债市主体的现状，紧要之务乃是在市场化基础上通过制度的型构和完善来规范化地培育主体，提升债券市场主体能力。但培育并非肆意发展，债市主体发展必须坚持市场化与法制化相结合的道路，即培育的同时要强调制度规范的重要性，只有在法治框架下进行有序培育，才能真正助益于主体发展。亦即，债市主体的发展完善应坚持培育与规范并行的理念引向。

（二）方式推进：市场与监管的调试并进

市场与监管是债市主体培育的两种核心调适手段。由于市场存在信息不完备、外部性突出和公共品引发"公地困境"等问题，相对而言，以公共利益为核心、强调秩序维护和风险管理的监管可强制执行且效率较高，因而，主体培育离不开监管之手。但监管介入不能成为扭曲市场的"掠夺之手"（grabbing hands），应成为"协助之手"（helping hands），致力于塑造市场导向型的监管。政府和市

场的关系应严格恪守谦抑原则，在明确市场优于政府的前提下，将国家的干预以一种克制的方式嵌入市场失灵的边界划定当中。① 市场有优先性，市场化核心要义即为将政府主导的资源配置转化为市场主导的资源配置，并建立合理法律框架和有效执行机制。② 强调市场化调适并非简单的"去行政化"，而是契合公私融合的时代趋势，妥善处理主体培育中市场与监管的关系，合理定位政府与市场在债券市场风险防范中的角色分工。③ 在市场化中既尊重市场参与者主体地位，恪守"契约自由"，又保证适度监管，确保"市场正义"。债市主体的培育与规范应充分权衡市场与监管的"力度"和"向度"，通过稳健有序的市场化改革和配套性措施，转变根深蒂固的政府监管过度的"父爱主义"思维，"让政府的归政府，市场的归市场"，双向并进来提高债券主体培育的实效。④

（三）实质举措：三类主体培育核心的关键厘定

主体培育的理念和方式最终要落实到具体主体，不同主体存在的问题不同，其市场培育的定位和举措应有所差异。如前文所述，债市主体分为三类，包括交易直接参与方、监管机构和交易中介机构。具言之，（1）直接交易主体方面，发行人是债市筹资主体，是债券交易安全保障的关键源头，对其培育规范的核心制度应集中于信息披露，通过赋予交易人强制信息披露义务来消除信息不对称，以制度的方式规制融资过程中的利益冲突；⑤ 投资者是债市的资金源泉和运行支撑，应加强投资者保护，具体表现为债券投资者教育的推进、买者自负理念的贯彻和投资者适当性管理的安排。（2）监管机构方面，监管机构也是市场主体之一，应遵循市场主体的行为规范办事，尊重市场规律。监管主体要加强监管治理，从独立性、透明性、问责机制与监管执法改进方面开展"再监管"的实质改革，破除监管机构自身弊病重重的症结。（3）中介机构方面，应加强做市商和货币经纪机构的交易促进功能，推进债券信用评级和信用增进机构在风险防范和信用保障中的作用，建构实质意义上的债券保险和债券信托机构，推进登记托管与结算机构的统一和创新变革。

---

① 刘大洪：《论经济法上的市场优先原则：内涵与适用》，载于《法商研究》2017年第2期。
② 高坚：《中国债券资本市场》，经济科学出版社2009年版，第49页。
③ 李安安：《债券市场风险防范机制的范式转型及其法律回应》，载于《华中科技大学学报》2019年第1期。
④ 张守文：《政府与市场关系的法律调整》，载于《中国法学》2014年第5期。
⑤ 南玉梅：《债券交易人卖者责任探析——以信息披露义务与诚信义务为核心》，载于《中国政法大学学报》2017年第1期。

第二节　投资者教育、买者自负与投资者适当性管理

投资者是债券市场运行的关键源泉，国际证监会组织（IOSCO）确立的三项证券监管目标之首便是"保护投资者利益"。[①] 债券市场流通的标的商品是债券，债券的认购与交易对象是投资者。债券发行的主要目标即在筹融资，而债券市场的资金来源是投资者之投资，没有投资者投资，债券市场将不复存在，成为"无水之泉"。现实中，投资者权益极易受到侵害，从投资者整体看，其是债券市场风险的主要终端承担者；从投资者个体看，其又是债券市场的相对弱者。因而，基于投资者的重要性与其在市场中居于弱势地位的现实，投资者保护便成为债券市场发展的重要任务。当然，这种投资者保护要辩证认知：债券风险很大程度上是指向投资者，投资者是风险发生的不利结果承担主体，但不可否认，投资者的非理性行为对市场风险也有推波助澜的作用。因而，从风险防范视角出发，与其笼统地说投资者需要保护，不如将更多精力置于投资者的培育和必要的规范上来。细言之，可从投资者教育、买者自负和投资者适当性管理三个维度展开。

一、投资者教育：债券市场投资者保护的基本举措

投资者教育（investor education）是投资者权益保护的重要手段，是债券市场风险防范体系在投资者层面的必然因应。投资者教育是指针对个人投资者所进行的一种有目的、有组织、系统的社会活动，旨在通过传播投资知识、传授投资经验、培养投资技能、倡导理性投资观念、提示相关投资风险、告知投资者权利及保护途径，进而提高投资者素质。[②] 国际证监会组织（IOSCO）下设的技术委员会为投资者教育设定了六项基本原则：（1）应有助于监管者保护投资者；（2）不应视为对特殊的市场参与者（如 collective investment schemes）监管工作的替代；（3）可采取不同的模式/方法；（4）无广泛适用的（one size fits all）投资者教育计划；（5）不应等同于投资咨询（investment service）；（6）应是公正、

[①] 另两项目标是"保护市场高效、公平和透明"和"减少系统性风险"，详见 International Organization of Securities Commission, Objectives and Principles of Securities Regulation, May 2017, https://www.iosco.org/library/pubdocs/pdf/IOSCOPD561.pdf. （2017 - 5 - 31）[2019 - 12 - 10］.

[②] 封文丽：《中国特色投资者教育制度研究》，载于《北方金融》2018 年第 12 期。

非营利的，避免与市场参与者的任何产品或服务有明显联系。① 当前，投资者教育备受国际关注，经济学中的行为金融学理论认为，市场主体是有限理性的，投资者的有限理性在复杂金融交易中会影响市场稳定性，而投资者教育将会起到治理与矫正市场非理性行为的作用。② 不仅如此，投资者教育的核心意旨是提高投资者素质，即使投资者是理性的，也应对其进行必要教育（如复杂金融知识的传授、司法救济途径的告知等）。③

从历史演进维度观察，投资者教育在国外最早被视为"消费者教育"④ 的一部分。最初投资者教育由消费者组织、证券中介机构、专业投资教育机构等组织，政府并无直接法律义务，其作用多限于组织协调保障等辅助事宜。而自20世纪90年代伊始，发达国家纷纷将投资者教育上升到国家层面，将其作为监管工作重要内容，以提高投资者自我保护能力，降低监管成本，并保证投资者教育的客观性与公正性，如美国证券交易委员会（SEC）于1994年设立投资者教育与宣传办公室（Office of Investor Education and Advocacy），英国金融服务局FSA于1998年设立投资者关系部（Investor Relations Society）实施系统的投资者教育战略。目前，各国基本形成由证券监管部门统筹协调，由证券交易所、证券中介机构、投资者保护组织等参与的投资者教育网络。我国证券投资者教育自2000年启动至今，渐已形成与发达国家相似的投教框架，即监管部门为首，证券机构主力推进的自上而下的"主导模式"。证监会更是于2011年底成立投资者保护局专门负责证券期货市场投资者保护工作的统筹规划、组织指导及监督检查。

然而，我国投资者教育虽形式初成，但现实中敷衍应付的口号宣传和临时、运动式的短期举措充斥市场，正如吴晓灵所言，"我国的金融教育更多的是通过市场危机和群体恶性事件来进行的"，⑤ 系统性长效机制的缺失导致投资者教育身陷囹圄，难以取得实质性的进展，尤其是在债券市场中问题更为突出，并集中体现为以下三个方面。

第一，债券投资者教育责任主体有待明确。投资者教育具有公共产品属性，公共产品具有非排他性和非竞争性，需要超越个体经济利益的政府来充当实施主体。但债券市场监管多头，部门利益驱使下监管机构各自为政，对额外增加负担的"投教工作"避之唯恐不及。有鉴于此，应通过立法明确债市投资者教育责任

---

① Emerging Markets Committee of IOSCO, Investor Education, Organization of Securities Commission, October 2002, https://www.iosco.org/library/pubdocs/pdf/IOSCOPD140.pdf（2002 – 10 – 31）［2019 – 12 – 10］

② 庄学敏：《投资者教育能提高投资者理性水平吗？》，载于《证券市场导报》2012年第1期。

③ 李建勇：《证券投资者教育与国民教育体系》，载于《上海金融》2015年第2期。

④ 消费者教育在西方国家已成为一种文化，是市场经济平等观念与民主政治在经济生活的具体体现。

⑤ 吴晓灵：《将金融启蒙和教育纳入国家战略》，载于《金融时报》2013年11月11日。

主体，并设计必要责任追究机制督促相关部门积极履责。当然，投资者教育非一夕之功、一己之力，不能仅靠政府推行，应将自律组织（如银行间交易商协会）及市场主体（尤其是债券业务经营机构和中介机构）囊括进来，通过一定激励机制的设计实施，鼓励各方主体共同参与投资者教育，以期形成多层次的、互为补充的、满足投资者各种需求的教育体系。

第二，债券投资者教育基础内容有待优化。当下投资者教育多以股市为核心展开，鲜有涉及债市。为协调发挥股债市场在资本市场的"一体两翼"的核心作用，应更加强债券市场投资者教育工作。此外，即使少有的债券投资者教育也多由证券机构展开，教育重心侧重于实战理论及技巧、技术分析，培训内容较为单一、缺乏系统性。而且，部分金融机构以自身利益为中心，将投教项目异化为产品推广平台，名为促进投资者教育，实为营销推广自身金融产品。要使债券投资者形成整体功能性教育观，应优化教育内容，不仅要培训投资者决策的相关技巧，也应从资产配置、权益保护途径、风险意识的强调等多方面展开。而且，针对不同类型投资者应设置差异化内容，既要对个人投资者进行培训，也要对尚欠成熟的机构投资者予以必要培训。

第三，债券投资者教育方式有待多样化。理论上投资者教育的形式包括网络、广播、电视、报纸、杂志、讲座及展览等一切传播渠道。域外大都兼行灵活多样且富有知识趣味的教育方式，但现实中，我国债券知识的宣传和教育常常只有少数几种渠道和形式。虽然"互联网+"和"大数据"时代的到来使网络技术和移动终端广为普及，但在债券投教方面网络的作用尚未得以充分显现。因此，应积极转化技术进步带来的优势，发挥科技创新的作用，大力发展线上和线下教育，逐步搭建起以网络平台为主轴、以移动媒体和纸质刊物为两翼的投资者教育模式，通过多样化方式并举来助推投资者素质和能力实现蜕变和提升。[①] 同时，在条件具备时，还应将投资者教育（不仅限于债券）纳入国民教育体系，推动金融基础性制度的建设，切实从长效机制上提高公民金融素养。[②]

二、买者自负：债券市场投资者教育的底线思维

债券投资者教育不仅要传播知识、传授经验，更应倡导理性投资、风险防范的理念，在债券风险防范体系中，尤需关注"买者自负"原则在投资者层面的实

[①] 夏梓耀：《香港金融消费者教育的经验——以投资者教育中心为例》，载于《金融教育研究》2016年第6期。

[②] 封文丽：《投资者教育纳入国民教育体系研究》，载于《投资者》2019年第2期。

质落实。买者自负又称风险自担,系指购买商品或接受服务的主体在获取利益的同时,也应自己承担由此可能带来的风险损失。作为市场经济的基本理念,买者自负具有悠久的历史,其来源可追溯至罗马私法。买者自负源自拉丁文"caveat emptor",意为"货物售出,概不退还",英语中表述为"let the buyer beware",即"买者需审慎"。后在普通法系法官造法、遵循先例的传统下,经过钱德·勒(Chandelor v. Lopus, 1603)、帕金森(Parkinson v. Lee, 1802)等案件,逐步成为普遍认同的市场交易法则之一。① 作为法律体系的基本构成要素——"人",应对依其自我意志作的选择负责,这既合乎商品经济的伦理要求,是市场契约精神的集中体现,也符合市场交易的理性,有助于营造良好的市场投资氛围。②

然而,这种市场基本原则在我国债市长期以来却形同虚设。由于政府"刚性兑付"隐性担保的存在,债券长期依赖被视为"储蓄投资"的替代性方式,其违约风险被人为暗藏。如果发行人濒临违约或发生违约,本属正常的市场风险,投资者却难以接受,多数旋即寻求政府等相关单位的兜底救济。而为维护债券市场稳定,政府往往会出手相救,进而形成恶性循环,这不仅不会切断投资者畸形的惯性依赖,反而强化了投资者的投机心理,长此以往造成债券投资者市场风险意识淡薄。"买者自负"原则仿佛在行政干预下已被置于债券市场的例外之地。而违约是任何一个国家债市发展的必经之路,③ 随着市场化逐步深入,计划经济体制的遗患逐步消解,债券偿付风险日益实质显现,自2014年"11超日债"开始,债券刚性兑付的"魔咒"渐被打破,债券违约事件不断爆发。单靠政府的行政介入已无法有效应对市场风险,其亟须市场化和法制化的机制予以纾解,关键对策即在于对债券投资者贯彻落实"买者自负"原则。政府恪守介入市场的底线,不作"父爱式"越线保障,投资者既要接受债券收益,更应承担债券的相关风险。

当然仅靠理念培养无法真正解决债券违约后的司法争端,而借由法律之明定方为"买者自负"原则提供法制落实的保障。目前,我国金融法中虽然有部门规章、自律性规范涉及买者自负,但内容散乱、法律位阶较低,④ 难以直接作为法

---

① 李游:《"买者自负"的适用逻辑与金融消费关系的"不平等"》,载于《北京社会科学》2019年第7期。
② Alex M. Johnson, Jr., An Economic Analysis of the Duty to Disclose Information: Lessons Learned from the Caveat Emptor Doctrine, San Diego Law Review, Vol. 45, Issue 1, 2008, p45.
③ 蒋光祥:《当违约成为债券市场常态》,载于《上海证报》2016年2月25日。
④ 在我国,最早提及"买者自负"原则的规范性文件是2006年中国银监会(现为"银保监会")《商业银行金融创新指引》;在债券领域中则主要是2009年颁布的《银行间债券市场非金融企业债务融资工具管理办法》第13条"债务融资工具投资者应自行判断和承担投资风险";2015年颁布的《公司债券发行与交易管理办法》第9条"公司债券的投资风险,由投资者自行承担。"

律裁判之依据。可喜的是，2019 年修订的《证券法》第 88 条规定："证券公司向投资者销售证券、提供服务时，应当按照规定充分了解投资者的基本情况、财产状况、金融资产状况、投资知识和经验、专业能力等相关信息；如实说明证券、服务的重要内容，充分揭示投资风险；销售、提供与投资者上述状况相匹配的证券、服务。"下一步，有必要对散落在规章及规范性文件中的买者自负原则加以整合。待时机成熟，应当在所有的金融部门推广投资者适当性制度。

三、投资者适当性管理：买者自负原则的必要补充

"买者自负"作为市场经济基础性的原则，确应给予高度重视。但债券作为证券市场的重要组成部分，其不同于简单的普通商品交易，具有高度的信息性、流动性、专业性、复杂性等特征，买卖双方一般实力悬殊，对信息、资金、债券的掌握程度存有巨大差距，仅强调"买者自负"无法满足"实质公平"。① 而投资者适当性制度的出现即是对"买者自负"原则的补充，其核心要义为让适当的投资者参与适当金融交易。"适当性"（suitability）强调"与预期目标相匹配且契合"（fit and appropriate for the intended purpose）。②

我国投资者适当性制度始于 2003 年证监会出台的《证券公司客户资产管理业务试行办法》，该部门规章第 45 条对证券公司招揽客户参与资产管理计划提出了类似适当性管理的原则要求，但首次明确提出"适当性管理制度"则是在 2009 年的创业板市场，第一次明确界定"投资者适当性"概念则是在 2010 年的股指期货领域。③ 中国证券业协会 2012 年颁布的《证券公司投资者适当性制度指引》，为我国证券市场建立合理的投资者适当性制度作了进一步探索，其扩大了适用范围，不再限于股票，也包括债券在内的"金融产品"，同时初步明确了投资者适当性内容。但债券市场首部、全面的、针对性规范应为"交易所市场"于 2013 年 3 月颁布的《上海证券交易所投资者适当性管理暂行办法》，其将适用

---

① 杜一华：《论适合性义务与"买者自负"原则的关系与调适——以金融投资商品交易为观察对象》，载于《河北法学》2018 年第 3 期。

② 根据国际清算银行（BIS）、国际证监会组织（IOSCO）、国际保险监管协会（IAISIAIS）2008 年联合发布的《金融产品和服务零售领域的客户适当性》报告，投资者适当性（investor suitability）是指"中间人（金融机构）所提供的金融产品或服务与零售客户的经济状况、投资目标、风险承受能力、财务需求、知识和经验之间的契合程度。" See IOSCO, Customer Suitability in the Retail Sale of Financial Products and Services, https://www.iosco.org/library/pubdocs/pdf/IOSCOPD268.pdf（2008-4-30）[2019-12-10]。

③ 中国证监会 2010 年 2 月发布《关于建立股指期货投资者适当性制度的规定（试行）》，其第 2 条规定，"所谓股指期货投资者制度，是指根据股指期货的产品特点和风险特性，区别投资者的产品认知水平和风险承受能力，选择适当的投资者审慎参与股指期货交易，并建立与之相适应的监管制度安排。"

范围明确为"包括但不限于融资融券交易、中小企业私募债券、债券回购交易、债券质押式报价回购交易、约定购回式证券交易等""银行间市场"由于参与主体是风险承受较高的机构投资者,一直以来对适当性制度反应较"冷淡",直至2013年"债市风暴"后,人民银行方对债券市场的市场准入进行初步梳理,但标准并不统一,散落于各文件通知中,有些甚至没有具体标准,如2014年颁布《关于做好部分合格投资者进入银行间债券市场有关工作的通知》,提及与投资者适当性相关的"合格机构投资者"概念,但内容粗糙,申请认定条件并未明示。至于债券的商业银行柜台市场,2016年2月14日,中国人民银行发布《全国银行间市场柜台业务管理办法》,该办法在扩大柜台市场的交易品种的同时,在第四章专门规定"投资者适当性管理",将投资者区分为"符合条件的投资者"和"其他投资者",对准入条件及交易品种进行了一定的明确。

通过上述既有规范的分析,我国债券市场投资者适当性制度正面临三重危机:(1)将投资者适当性制度片面解构为合格投资者制度。合格投资者是指"符合法律对特定证券品种或投资项目预设的条件要求",其产生于美国的私募发行制度。我国2002年证监会发布的《合格境外机构投资者境内证券投资管理暂行办法》将合格投资者制度引入我国证券市场,其被视为一种——带有浓重经济法色彩的强制性制度——"市场准入制度"。而投资者适当性更多涉及证券公司等市场中介对客户的了解、测评和销售义务,其重点是将合适产品推荐给合适投资者。二者目的不同,前者从市场风险、投资者本身的角度,设定其需要满足的条件门槛;后者则重在对不同投资者提供不同法律保护,其涵盖内容更广泛。[1](2)投资者适当性制度并非一种管理制度。债券市场的制度规范[2]或学术研究[3]多将适当性制度称为"投资者适当性管理制度",这其实存有误解。将投资者适当性制度认定为一种管理制度,不符合当事人之间法律关系的现实,证券公司与投资者在合同关系中是平等的民事主体,并不存在管理上的关系。[4] 即使行政监管机构或自律监管机构对证券公司进行"监管",此监管也重在对证券公司的行为监管,而非对投资者的管理制度。(3)既有规则体系散乱、内容缺乏一致性,且文件效力偏低。债市"多头监管",每推出一个市场、一项创新产品即制定相应的投资者适当性规则,不同业务间规则具有较高重合度,导致立法分散、内容不一。且诸多规则仅限于规范性文件,没有上位法依据,法律效力层级偏低,约束力有限。证监会或银保监会的有关规定,对金融机构违反投资者适当性义务所

---

[1] 李东方、冯睿:《投资者适当性管理制度的经济和法律分析》,载于《财经法学》2018年第4期。
[2] 中国人民银行发布《全国银行间市场柜台业务管理办法》,其第四章名为"投资者适当性管理"。
[3] 李春凤:《证券市场产品适当性管理现状与改进建议》,载于《证券市场导报》2010年第7期。
[4] 张付标、李玖:《论证券投资者适当性的法律性质》,载于《法学》2013年第10期。

承担的法律责任未予明确,这也大大影响了该制度在投资者保护和防止错误销售和不当销售上的实效。

当债券产品卖给适当投资者,金融风险的可控性也将增强。鉴于我国债券市场投资者适当性存在诸多问题,我们应通过体系化的立法建构使投资者适当性制度发挥实质作用。庆幸的是新修订的《证券法》引入了投资者适当性制度,这不仅能统一证券投资者适当性规范,而且能强化证券投资者适当性规范的法律约束力。一方面,对债券投资者采取统一分类保护。不同国家或地区的分类存有不同,如欧盟 2007 年生效的《金融工具市场指令》(MiFID)将投资者分为专业投资者、零售投资者和合格交易相对方;美国《证券法》规则将可接受的投资者分为机构投资者与自然投资者。分类核心标准均立足于投资者的风险理解能力和承受能力。另一方面,对债券产品进行分类。2012 年 IOSCO 颁布《关于销售复杂金融产品的适当性要求》,将金融产品分为非复杂金融产品和复杂金融产品,并对复杂金融产品的内涵及外延进行界定,将风险较高的产品从金融产品中区分出来。鉴于债券产品创新空间巨大,在初始阶段可试对复杂债券产品(债券衍生产品等)制定单独规则,随着交易实践的丰富,逐渐对复杂债券产品进行统一立法,明确证券公司贯穿交易全流程的产品与投资者的风险匹配。[①] 显然,我国债券市场投资者适当性制度还有进一步细化和完善的空间。

第三节 独立性、透明性、问责机制与监管执法改进

市场主体的培育和规范无法与监管割裂,有效的监管可以避免市场失灵导致的"公地悲剧"(the tragedy of the commons)[②]发生,在市场主体纷纷竞逐创新、效率及营利价值的同时,其严阵以待、审慎观察,防范系统性风险等恶性风险的发生。监管主体是监管的直接执行者,其多以公共利益的维护者形象出现,正如凯恩(Kane)教授在《金融监管的伦理基础》一文中所形容,"人们将监管者堪称是社会公共利益的代言人,他们有着崇高的目标,有着为众人之公利牺牲个人之私利的品质"。[③] 然而,囿于利益关系的复杂性,监管主体无法达致"纯公无

[①] 张付标:《证券投资者适当性制度研究》,上海三联书店 2015 年版,第 200 页。
[②] 强调"有限的资源注定因自由进用和不受限的要求而被过度剥削"。See Garrett Hardin, *The Tragedy of the Commons*, Science, Vol. 162, No. 3859 December 13, 1968, pp. 1243-1248.
[③] Edward J. Kane, *Ethical Foundation of Financial Regulation*, Journal of Financial Services Research, Vol. 12, Issue 1, 2000, pp. 51-70.

私"的完美状态,其也面临部门利益或个人利益俘获的引诱。目前,债市监管重心被置于监管被监管者,而监管者自身的问题鲜被关注,债市风险防范体系也似乎将监管者本体遗漏。如何破除债市监管主体既有的制度局限,从独立性、透明性、问责机制和监管执法四维度进行债券监管治理的实质改革,将是当下乃至今后相当长的时间内须重点推进的事项。

一、理论演变:监管自居、再监管与监管治理

长期以来,公共利益理论(public interest theory)一直是主流的证券监管理论基础。从亚当·斯密"看不见的手"出发,即认为市场本身是有缺陷的,垄断、信息不对称、外部性、过度竞争等市场失灵的存在需监管者进行干预,以促进稀缺资源的优化配置,最大限度增进社会福利。监管者作为社会公众、市场参与者的集中代表,其基本职责是为了公共利益最大化,运用法律、税收等措施,重构私人市场结构与秩序,修正市场失灵,推进证券市场机制有序运行。因而,监管者被视为"利他"(altruistic)特质的例证,有极高的道德品质、独立性及自我约束力,被授信为社会公共利益的代表,进行市场秩序的构建与维护。由此,在公共利益理论下,国家利益与公共利益被视为一致的,监管重点即关注如何监管市场主体。

不能忽视的是,作为理性经济人,监管者的利益目标无法完全摆脱自身利益的考虑,其并不可能总"一心为公"。他们亦存在个人利益或部门利益的,这与其社会公利存有某种程度的冲突。自20世纪60年代开始,私人利益理论(private interest theory)获得迅速发展,其强调监管与各方利益之间存在着复杂关联性,监管者追求私利和公利两方面利益,并意图在二者间寻求最佳结合点,而不是一味实现社会福利最大化。私人利益理论既承认金融体系中存在市场失灵,又强调金融监管的政府失灵问题,其从监管者与公共利益的调和的角度进行分析和思考问题。此后,70年代"监管俘获理论"(capture theory of regulation)的出现进一步揭示了监管者的内在局限和利益冲突困局。该理论由斯蒂格勒(Stigler)于1971年在论文《经济监管理论》中首次倡议,其指随着时间推移,监管者逐渐被某一部分被监管者的利益牵制,越来越忽视社会公共利益,最终成为这一小部分利益的代言人。[1] 对监管者"再监管"的思路拓展打破了传统监管者以完全监

---

[1] George. J. Stigler, *The Theory of Economic Regulation*, The Bell Journal of Economics and Management Science, Vol. 2, Issue 1, 1971, pp. 3 – 21.

管者身份自居的逻辑假定，其将研究重心集中于如何"监管"监管者。①

而"监管治理"（regulatory governance）继承了"再监管"的理论衣钵，这一概念始于 1994 年利维（Levy）和斯皮（Spiller）对电力和公共服务等领域监管的研究，其是指建立一种结构机制，使监管机构更好地进行监管决策。② 在"再监管"刚性有余的强制色彩基础上，监管治理更注重对监管者的全面穿透理解和功能体系优化。如学者所言，"该理论为政府监管描绘了一幅全新的画卷，它不但打破了命令控制色彩浓厚的传统政府监管一统天下的局面，且更符合民主行政发展的潮流。"③ 目前，监管主体的改革已从纯监管模式、再监管模式向监管治理模式演化，监管治理代表着当下及未来的监管趋势。因此，我们亟须监管治理的系统化、富操作性的构建，以使风险防范更具实效。

二、监管治理核心标准的确定与我国债券市场监管的对照问题剖析

"监管治理"并非空洞的口号，其需要明确的具体标准以便切实对照履行。自 20 世纪 90 年代以来，良好监管治理标准的方案层出不穷。如表 7-1 所示，沃里克·史密斯（Warrick Smith，1997）认为要加强监管机构的独立性，强调用问责制加以平衡的机构自治，关注监管委员会的任命条件，透明化公开政策制定与决策出版的发行。④ 英国（1997）"优化监管任务小组"（BRTF）提出良好监管的五原则：透明度（transparency）、问责制（accountability）、比例性（proportionality）、持续性（consistency）和目标性（targeting）。澳大利亚（1999）"竞争与消费者委员会"（ACCC）从监管治理角度对平衡各种利益相关者的要素扩展为九项：信息交流、磋商机制、连续性、可预见性、灵活性、独立性、效率、问责制与透明度。弗林托夫（Flintoff，1999）则提出稳定、灵活、合时、透明度和可追踪五要素，诺尔（Noll，2001）在前者基础上，补充提出了监管能力（capacity）的标准。⑤ 2002 年，"监管治理"首度被聚焦于金融领域，马克·奎安（Marc Quintyn）和迈克·W. 泰勒（Michael W. Taylor）在《监管的独立性和金

---

① 岳彩申：《监管理论的发展与证券监管制度完善的路径选择》，载于《现代法学》2006 年第 2 期。
② 李安安：《金融监管与国家治理——基于监管治理分析框架》，载于《经济法学评论》2016 年第 2 期。
③ 蒋建湘、李沫：《治理理念下的柔性监管论》，载于《法学》2013 年第 10 期。
④ Warrick Smith, *Utility Regulators: The Independence Debate*, Public Policy for the Private Sector, Note No. 127, The Word Bank Group, October 1997.
⑤ 王国跃、杜征征：《金融监管治理进展研究》，载于《中央财经大学学报》2008 年第 9 期。

融稳定》报告中提出金融监管二维标准：独立性和有效负责。① 随后有学者在前述报告基础上（Udaibir S. Das and Marc Quintyn），在《危机防范和危机管理：监管治理的角色》一文中首次全面展开，其认为良好金融监管治理的标准包括四项，分别是监管机构的独立性（independence）、问责性（accountability）、透明度（transparency）和监管执行操守（integrity）。②

表 7-1　　　　　　　　监管治理标准的类型学说

类型	提出代表	核心观点
一要素	Warrick Smith	独立性
二要素	Marc Quintyn & Michael W. Taylor	独立性、有效负责
四要素	Udaibir S. Das & Marc Quintyn	独立性、问责性、透明度、监管执行操守
五要素	U. K Better Regulation Task Force	透明度、问责制、比例性、持续性和目标性
	Flintoff & Anthony	稳定性、灵活性、透明度、合时性和可追踪性
九要素	Australian Competition & Consumer Commission	独立性、问责制、透明度、信息交流、磋商机制、连续性、可预见性、灵活性、效率

　　该标准一经提出便在学界获得广泛共识，其虽发端于银行监管领域，但时至今日，监管治理适用范围已扩至整个金融监管范畴，债券市场自然适用。独立性③要求监管机构享有充分自主权，能摆脱利益集团牵制，做出客观和理性判断；问责性要求监管机构不仅要对政府和立法机构负责，还要对被监管机构和公众负责；透明性要求杜绝暗箱操作与监管寻租，使决策阳光化，确保公众对监管信息的可获得性；监管操守要求监管人员保持良好职业道德，确保其执行善治的制度目标而不是向他们的自利行为妥协。④ 四项标准相互促进。独立性和责任性乃一体两面，没有独立性保障，责任性无法发挥作用；没有责任性的明确，监管机构间产生分歧时容易丧失独立性。而保持透明度的较好方式即为提高透明度，它同时也是确保责任性的工具。通过使监管行为和决策透明，政府干预的机会就会减少。透明度也有助于建立和维护监管操守，而独立性和监管操守亦相互强化。最

---

① Marc G Quintyn & Michael W. Taylor, *Regulatory and Supervisory Independence and Financial Stability*, 2002, IMF Working Paper No. 02/46, pp. 7-18.
② Udaibir S Das & Marc G Quintyn, *Crisis Prevention and Crisis Management: The Role of Regulatory Governance*, 2002, IMF Working Papers No. 02/163, pp. 8-11.
③ 包括四个要素，即立规独立性（regulatory independence）、监督独立性（supervisory independence）、组织独立性（institutional independence）和预算独立性（budgetary independence）。
④ 李安安：《金融监管与国家治理——基于监管治理的分析框架》，载于《经济法学评论》2016年第2期。

后,责任性与监管操守相互加强,责任性的实施使监管人员有理由保证监管操守。① 四要素标准内在合理,应成为目前债券市场监管治理的目标导向。

深究我国债市的监管,局势并不乐观。(1)从独立性看,债市监管多头,监管机构包括证监会、发改委、财政部、人民银行、银保监会等部门,"五龙治水"格局导致监管难以有效协同。五部门中只有证监会是专事司职,其他部门仅从不同角度介入债市。而证监会在法律定位上不是行政机关,是国务院直属正部级事业单位,这明显与独立监管机构要求不符。② (2)从责任性看,各债券监管部门对国务院负责,全国人民代表大会对其并无直接约束力;且多头监管模式导致不同监管主体基于不同利益诉求机构监管与功能监管并存、发行与交易市场监管并立,彼此之间缺乏明确权限界分。(3)从透明度看,债市监管机构的治理结构、监管政策与市场主体投资活动息息相关,透明度的保障基础是合理的监管公开。近年来,在《政府信息公开条例》实施背景下,各监管机构开始重视信息公开,披露事宜渐有框架体系。(4)从监管执行看。促进监管有效执行的内核即为监管操守保障。不同监管部门习惯于将自己作为行业主管部门,导致发展与监管不分。为扩大自身监管地盘,监管机构极易在监管竞争压力下放松监管,选择性降低监管执行水准,发生"朝向底线"(race to the bottom)的不良竞争行为,加剧债市潜在的不稳定性。此外,监管人员职业操守也缺乏明细规范。

三、债券市场监管治理之四维推进:独立、问责、透明与执法

在市场化不断深入背景下,债市创新迭出,产品趋于多样化,交易主体结构也更丰富,交易额更是连年攀升。然而,创新与风险总是相伴而生,创新背后暗含的风险也愈复杂,风险防范的迫切性较以往更为强烈。2023 年召开的中央金融工作会议强调要全面加强金融监管,有效防范化解金融风险。全面强化机构监管、行为监管、功能监管、穿透式监管、持续监管,消除监管空白和盲区,建立防范化解风险的长效机制。风险防范离不开有效的监管治理。债券市场作为金融市场的重要组成部分,应围绕"独立性""透明度""问责机制"以及"监管执法改进"四方面推进监管之善治。

---

① 赵峰、高明华:《中国证券监管治理的国际经验借鉴与评估体系重构》,载于《资本市场》2012年第 7 期。

② 邓可祝、庾宗利:《我国证监会法律地位研究——兼论我国独立管制机构问题》,载于《行政与法》2009 年第 6 期。

其一，推进债券监管独立性。良好的监管治理以监管独立性为前提，动辄受到政治干预和被监管对象捕获的债券监管，只能造成监管软化并诱发道德风险。债市的特殊性、债券活动的复杂性和债券行业的专业性要求监管主体应相对独立。发达地区债券监管机构独立性普遍较强，如美国证监会（SEC）直接向国会报告（国会拨款）；英国金融服务局（FSA）也独立于政府体系，以向财政部提交报告的方式间接向国会负责；日本证券交易监督委员会（SESC）委员长和委员由国会批准、首相任命，也是相对独立的证券监管机构；香港证券与期货事务监管委员会（SFC）执行政府职能，却相对独立于政府机构。[①] 我国债市多头监管的局面仍将在一定时间内存续，在断然统一债券监管之前，首先应推进监管核心机构——证监会独立性。监管独立性体现为四个维度：（1）组织独立性（institutional independence）。证监会定位应更独立，且不说效仿美国 SEC 将其从国务院中独立出来，至少应解决其事业单位属性与行使公权力干预市场属性的监管权失调问题，明确其独立行政机关的性质。（2）立规独立性（regulatory independence）。监管政策制定应在保持对经济周期和市场形态的理性判断基础上独立于宏观调控政策。证监会可根据法律明文规定或授权，自主制定债券市场市场准入、持续监管、信息披露等监管规范，并根据债券监管目标需要在保证政策一致前提下适时调整监管规范。（3）监督独立性（supervisory independence）。赋予证监会在债券市场充分的监管权力，包括准司法权力及一定的执法自由裁量权，配置得当的执法措施，以使其既能处理日常的行为审慎监管，又能处理系统性的危机。（4）预算独立性（budget independence）。监管机构可根据履责需要自主决定预算来源、用途，在"成本-效益"评估防范的约束下合法合理使用经费。[②]

其二，完善债券监管问责机制。债券监管独立性需要问责机制的配合约束。监管机构独立性可能导致其对被监管行业的过度监管，造成金融压抑阻碍金融创新；也可诱使监管机构与被监管对象共谋，滋生监管寻租和道德风险。因此，应进行制度化的监管问责安排：（1）明确责任划分。2023 年中央金融工作会议明确提出"切实提高金融监管有效性，依法将所有金融活动全部纳入监管债券市场的多头监管"。通过《证券法》或其他法律规定来合理划分其监管权限与责任，减少监管芜乱的发生。（2）严格并细化责任惩处。现行法规对监管者的责任规定

[①] 参见李东方：《证券监管机构及其监管权的独立性研究——兼论中国证券监管机构的法律变革》，载于《政法论坛》2017 年第 1 期；赵峰：《中国证券监管治理的国际经验借鉴与评估体系重构》，载于《资本市场》2012 年第 7 期。

[②] 参见洪艳蓉：《我国证券监管独立性的检讨与制度完善》，载于《法律适用》2018 年第 3 期；洪艳蓉：《金融监管治理：关于证券监管独立性的思考》，北京大学出版社 2017 年版，第 2~8 页。

过轻，仅有微弱的行政处分不足以形成有效监督制约，应增加民事赔偿责任条款，例如，由于监管人员的工作失误造成的直接和间接损失该如何计算和赔偿。此外，既有规范也过于简单粗糙，应进一步细化监管问责的法规执行标准，提高实际操作性。（3）丰富问责主体。应通过监管目标法定，规定详尽的立法机构、政府机构、司法机构、被监管机构及社会公众等主体的问题条款，构建全面的债券监管问责网络，以强化对监管机构的再行监管与约束。

其三，加强债券监管透明度。债市本质为信息市场，信息不对称不仅发生在发行人与投资者间，也体现在监管者与监管对象、监管者与公众之间，后者不对称表现于对监管政策原因、过程缺乏理解。为实现对监管过程的有效监督，应加强监管透明度建设形成有效外部监督。一方面针对社会公众进行监管信息公开，包括监管主体基本信息、动态、监管目标、监管标准依据等。披露内容要更全面，不能局限于一般信息，也要对具体财务、人事、监管变革等事项予以翔实的说明。另一方面加强对被监管者的监管过程公开，包括磋商、协商、谈判等过程公开，履行或执行情况公开等。债市披露与一般政府信息披露也有共通性问题。囿于"实体重视程序"等传统观念的影响，债市信息披露多披露结果性事宜，忽视过程性披露。[1] 为加强透明度建设，使信息披露达至实效，应加强对被监管者的过程性披露，以及时监控并处置市场风险，防范问题的发生。

其四，改进债券监管执法。债券监管的具体执行依靠监管人员。监管人员的价值观念和行为水准很大程度决定监管执行的实际效果。因而，监管治理更应致力于提升监管人员的素质和能力，力促其保持良好的职业道德，确保其执行善治的制度目标而不是向他们的自利行为妥协。同时，要强化债券监管机构内部治理和监管职能的去利益化，避免出现"旋转门"效应，依法隔断被监管对象对监管者的利益输送，防范监管寻租和道德风险的发生。[2]

第四节　债券市场主体培育之一：做市商与经纪机构

除直接交易参与方、监管机构外，债市主体大量集中于中介机构。不同的中介都在促进市场流动性、防范市场风险中发挥着重要作用。其中，做市商与经纪机构是债券二级市场交易达成的主要推进力量，对其进行培育将有效增强债券市

---

[1]　叶姗：《监督监管者：程序控管思路下的金融监管》，载于《江西财经大学学报》2011年第1期。
[2]　习超、曹宁、龚浩川：《旋转门影响证券监管执法吗?》，载于《清华法学》2018年第4期。

场流动性和透明度，降低交易差错与信用违约风险的发生。二者的出现很大程度上是对传统询价交易局限的"查缺补位"。询价交易（inquiry transaction）是指交易双方直接一对一地询价、协商，具有成交金额灵活、信用风险分散等优点。但询价过程通常需向多个潜在交易对手发起，债券交易的信息搜寻与谈判成本较高。① 随着债市逐渐成熟和交易技术不断革新，可连续双边报价的集中性、专业的做市商制度被引入市场。但做市商以大型商业银行为主，交易对象多为大型机构，制度适用并不广阔。现实中，中小参与者囿于资金规模、信息获取能力有限，难以直接受益于做市商制度，迫切需要专业化机构提供相应经纪服务，以降低市场信息不对称，提高市场流动性和交易效率。② 作为市场信息集大成者、有"金融中介之中介"之称的货币经纪机构的出现可化解此困局。在我国，做市商和货币经纪机构尚为新鲜事物，自身问题不少，与既有制度的协同也较欠缺，亟须进行全面系统地培育与规范。

一、大型投资者青睐的做市商：债券市场流动性促进之"中流砥柱"

做市商（the market maker）又称"坐市商"，最早起源于20世纪70年代的规范股票交易的美国纳斯达克市场（NASDAQ），后扩散适用于全球金融市场。关于做市商的定义，不同国家有所差别。按美国"沃尔克规则"（Volker Rule），③ 做市商指建立和管理一定的金融工具敞口，以便买卖一种或多种金融工具，有能力且愿意以商业上的合理金额，用自营账户作为该金融工具的空头或多头进入市场，以提升金融市场流动性的机构。《欧盟金融工具市场法规》（MiFID）规定，做市商是指在金融市场上，愿意持续地按照自己确定的价格，以自营账户买卖某种金融工具的机构。④ 我国《全国银行间债券市场做市商管理规定》将其定义为"经中国人民银行批准在银行间市场开展做市业务，享有规定权利并承担相应义务的金融机构。"其中，做市业务指做市商在银行间市场按有关要求连续报出做市券种的现券买卖双边价格，并按其报价与其他市场参与者达成交易的行为。根据上述定义，做市商一般具有以下特征：①持续报出买卖价格；②有义务

---

① 马永波：《中国债券市场分层问题研究》，中国金融出版社2017年版，第98页。
② 李琪：《专业高效：货币经纪公司渐发展》，载于《中国银行》2016年第4期。
③ Prohibitions and Restrictions on Proprietary Trading and Certain Interests In, and Relationships With, Hedge Funds and Private Equity Funds. See https://www.sec.gov/rules/final/2019/bhca-7.pdf.
④ Markets in Financial Instruments Directive, https://eur-lex.europa.eu/LexUriServ/LexUriServ.do?uri=OJ：L：2004：145：0001：0044：EN：PDF（2004-4-30）[2019-12-10].

按自身报价成交；③属自营交易业务范畴。

做市商在债券交易中的功能集中于三个方面：首先，提高债券价格发现能力。做市商将分散的交易供需集中联结，其对各债券进行的连续双边报价本身就是一个市场价格动态权衡的过程，多次、多笔交易的聚合发生使债券价格更客观理性。其次，增加债市流动性。做市商本身是实力雄厚的机构，在市场冷淡期其可"以身示范"完成交易，即当市场交易低落，买卖双方在时间和数量上出现不平衡时，做事商提供即时交易服务来调和市场需要，不管市场走势如何，其均按有关要求连续报出做市券种的买卖双边价格，并按其报价与参与者达成交易，来保证市场的必要流动性。最后，降低交易差错的风险。债市大多数参与者是中小金融机构一级的保险、券商、基金资管产品，其自身规模或管理的单只产品规模较小，在人员配备、风控制度等方面与大中型交易商存有差距。而做市商是交易商中的大型机构，市场声誉良好，债券持仓和资金规模较大，且受较多监管约束。投资者与做市商交易，能降低交易发生差错的风险，并隔阻交易差错所导致的违约风险传递蔓延（见图7-1）。①

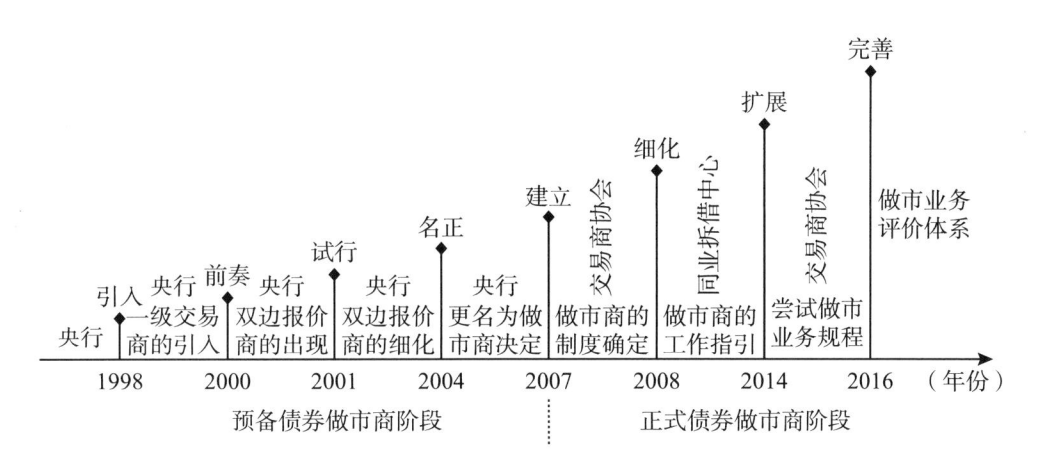

图7-1 我国银行间债券市场做市商制度发展进程

境外做市商制度在发展近30年后才被我国引入，如图7-1所示，最早于1998年由央行在公开市场操作中实行"一级交易商"制度，随后在债券招标、交易领域被全面应用。2000年，《银行间债券市场债券交易管理办法》首次提出"双边报价商"概念，即经央行批准，在债券交易时同时连续报出券买、卖双边价格，承担维持市场流动性等义务的金融机构。2001年，央行发布《关于规范

---

① Robert B. Thompson, *Market Makers and Vampire Squid: Regulating Securities Market after the Financial Meltdown*, Washington University Law Review, Vol. 89, 2011, p. 333.

和支持银行间债券市场双边报价业务有关问题的通知》，进一步细化规定了申请成为双边报价商的必要条件，并于当年批准了9家商业银行为双边报价商。2004年央行又发布通知将"双边报价商"统一改名为"做市商"，做市商范围也由单一的商业银行扩展至证券公司。2007年央行颁布《银行间债券市场做市商管理规定》，降低做市商准入标准，并在"做市商"概念基础上提出"尝试做市业务"，这是迄今为止债市最全面、完整的专门性做市商规范性文件。2008年交易商协会颁布《银行间债券市场做市商工作指引》，提出一套考评体系，后于2010年对考评体系的指标分值权重、报价差评分方法、报价量和成交量评分方法等进行了修改。2014年全国银行间同业拆借中心发布《银行间债券市场尝试做市业务规程》，对成为尝试做市商的条件、做市规范要求等方面进行规定。2016年交易商协会颁布《银行间债券市场做市业务评价体系》，进一步完善做市商的考核评价标准。由上可知，现行做市商规范多集中于场外银行间市场，交易所市场的做市商规范较少，其多以自律规范形式被提及，实践中则表现为沪深交易所从2007年起开通的固定收益平台中陆续引入做市机制。当然，基于做市商的特点，其天然更适于大型机构间场外"批发类"债券交易，并不适合中小机构及零售用户，因而做市制度应在银行间市场主力推动。

客观而言，我国做市商制度发挥的效果仍相当有限，在以下方面的问题最为突出：（1）市场分层欠缺。理论上，我国银行间债市有一定分层设计，第一层是做市商、柜台交易商，是市场核心层；第二层是自营交易的金融机构，可直接参与债券交易；第三层是中小金融机构和非金融机构法人，只能通过有代理资格的机构间接参与交易；第四层是商业银行柜台市场的个人投资者，其为银行间债券市场之延伸。[1] 看似层次鲜明，实际上，各层次参与者权限并无显著差别，债券市场交易结构趋于扁平化，银行间债券市场几乎所有市场成员均是交易商角色，做市商缺乏相对于一般交易商的比较优势，询价交易仍为主流。（2）做市商结构单一。银行间债市做市商多为商业银行，同质化严重，风险偏好高度趋同，在面对市场冲突时作出的相似判断易导致市场单向交易趋势的加强和波动性的增大。（3）激励约束机制失衡。虽然《做市商管理规定》第6条规定，做市商享有：①一级市场购买债券便利。②优先成为国债、政府类开发金融机构承销团成员和公开市场义务一级承销商。③获得债券借贷便利。④获得在银行间市场进行产品创新的政策支持。⑤享受交易和结算手续费便利。⑥获取同业中心实时提供的报价数据、交易数据等信息便利等权利，但实际上除第五项交易和结算手续费被给予20%优惠外，其余权利均未有效落实。约束机制亦形同虚设，由于缺乏定期

---

[1] 沈炳熙、曹媛媛：《中国债券市场：30年改革与发展》，北京大学出版社2014年版，第215页。

淘汰机制，既有规定无法对做市商形成具实质威慑力的强约束。（4）做市主体资格标准涣散。囿于多头监管深刻影响债券各项制度，做市商制度亦不例外。公开市场一级交易商、做市商、承销商等各类资格按部门割裂，仅从名称看，就有多种称谓，如央行"做市商"，财政部"承销团"、柜台债券业务"报价行"等，做市商资格的利益呈现碎片化特征，不同业务机构适用不同标准，欠缺统一化塑造。

　　针对以上问题，我国债市做市商制度应围绕重点症结力行改革。首先，明确市场定位，完善市场分层。银行间市场服务对象以大中型机构为主，在询价交易基础上，可力推做市交易模式；交易所市场以中小机构及零售用户为主，竞价交易为核心，做市商交易多为辅助模式。市场分层应重点在场外银行间市场推进。监管层可借鉴美欧债市分层经验，① 将市场划为"交易商市场（B2B 批发）"和"投资者市场（B2C 零售）"两层次。在交易商市场，仅允许交易商进入，交易商限于资产规模、交易量水平和风控能力等满足较高要求的金融机构，资格门槛由监管明定，资格获取以申请注册为准，交易商间可直接交易，交易方式不限，可询价、经纪与做市均可适用；在投资者市场，除注册为交易商之外的其他参与者均为客户投资者，投资者无须注册，但要满足市场合格投资者的具体要求。投资者间不能直接交易，仅能由做市商与投资者用做市方式交易，如此切实赋予做市商特殊交易地位。其次，控制做市商数量，优化做市商结构。截至 2019 年 12 月，银行间债市做市商数量为 30 家，尝试做市机构 54 家（综合做市机构 47 家，专项做市机构 7 家）。② 考虑到发达经济体债券市场做市商普遍在 25 家以下，建议我国适当控制做市商规模，增强做市商资格吸引力。同时，目前做市商、尝试做市机构均为银行和证券公司组成，且银行占据绝对优势地位，仅在 30 家做市商中，银行既有 26 家，占总数 86%。为避免市场同质化影响做市机制发挥作用，应优化内部结构，适当扩大银行外其他合格机构加入做市商。再次，切实落实做市商权利，改进做市商考评制度。加强《做市商管理规定》中赋予做市商的六项权利的配套制度保障；适当简化考评指标体系，侧重鼓励做市报价的价格功能，降低对报价量和成交量的过高权重；根据考评结构，定期对做市商和尝试做市机构实行优胜劣汰。最后，发挥制度协同功能，统一各类做市资格。彻除"一亩三分地"的部门思维定式，发挥部际联系制度优势，将央行公开市场一级交易商、债券二级市场做市商以及财政部国债承销团的资格统一起来，以制度法规的形式

---

　　① 美、欧场外债券市场均为清晰的双层架构。第一层是交易商批发市场（B2B），是交易商间进行直接交易的批发市场；第二层是投资者零售市场（B2C），是做市商与投资者进行交易的市场。
　　② 中国银行间市场交易商协会，"银行间债券市场做市机构名单"，http：//www.nafmii.org.cn/zlgl/scjy/jys zz/201707/t20170712_62860.html.［2019-12-10］。

打破各类资格利益碎片化的现状,实现各类做市资格的内在一致。①

二、中小投资者珍视的货币经纪机构:债券市场信息之"集大成者"

货币经纪机构(money broker)肇始于19世纪60年代的伦敦外汇市场。随着英国商业全球扩张和英镑国际需求的增加,伦敦出现了专门从事英镑兑换及黄金交易的经纪人,此为最早的货币经纪。20世纪金融市场的迅速发展促使货币经纪逐渐渗透至债券市场、外汇市场、衍生品市场等金融领域。此时,货币经纪机构名称之"货币"二字实际有两层含义,一是其发端于货币市场,后续各市场因商业惯性将其沿用;二是金融市场核心即货币,以此"冠名"可凸显其在金融市场中的重要作用。现实中,货币经纪机构往往被誉为金融中介的"中介"(interdealer),货币经纪机构一般被归于"经纪商"类属。例如,美国《证券交易法》Sec.3(a)(4)(A)将经纪商宽泛地定义为"任何从事为他人账户开展证券交易的商业行为的人"。我国2012年《银行间市场经纪业务自律指引》第2条、第3条规定,经纪商是依法成立,经中国人民银行备案进入银行间市场开展业务的货币经纪公司。而货币经纪业务是指经纪商接受交易商委托,提供债券、金融衍生产品、票据、拆借、外汇等银行间市场相关经纪服务并收取相关经纪服务费的行为。

货币经纪机构在债券市场的主要价值是提供信息服务,通过规模化、专业化的信息生产创造价值,降低零散交易商个别搜寻交易对手信息所发生的交易成本,提高债市交易效率。②而且,货币经纪是一种保密性较强的金融中介服务,在未找到交易匹配对象前是不会泄露交易对象和标的大小的。货币经纪机构与做市商不同:做市商是根据掌握的信息作为对手方在二级市场交易,其须真实参与交易,盈利方式主要是赚取买卖差价;经纪商则是纯粹信息集成器,不发起交易,不参与交易,也不持有头寸,不作自营业务,主要靠信息生产优势为市场创造价值。且不同于做市商将精力集中于实力雄厚的大型机构,货币经纪机构业务对象亦涉及中小投资者。

2005年货币经纪机构被引入中国市场,当年银监会公布《货币经纪公司试点管理办法》对其基本定性、设立变更、监督管理等进行初步规范。2005年12月,我国第一家货币经纪公司——上海国利货币经纪有限公司正式获准开业经

---

① 马永波:《我国债券市场分层问题研究》,载于《证券市场导报》2015年第8期。
② 李秋菊:《我国货币经纪行业功能定位及发展建议》,载于《债券》2013年第5期。

营，标志着货币经纪行业在中国的确立。2006年7月，央行《关于货币经纪公司进入银行间市场有关事项的通知》颁布，标志着货币经纪公司正式进入银行间市场开展经纪业务。2007年8月，银监会颁布《金融机构间货币经纪和交易行为指引》进一步明确金融机构间经纪活动中，经纪商应遵守的一般准则、业务操作及风险管理的基本规程要求。2012年12月，银行间交易商协会出台《银行间市场经纪业务自律指引》对货币经纪机构的"内部控制和风险管理"等细化了自律规范。2015年3月，上海证交所发布《上海证券交易所债券市场机构投资者接受货币经纪公司服务有关事项的通知》，为交易所债市引入货币经纪机构开了先河。2015年11月，银监会又出台《货币经纪公司试点管理办法实施细则》，对十年前的《试点管理办法》进行细化补充，以增强操作性。2019年7月20日，国务院金融稳定委员会发布11条金融业对外开放措施，其第5条提及"支持外资全资设立或参股货币经纪公司"，对货币经纪发展对外开放提供了政策风向标。

相较于其他债市，我国货币经纪机构尚显羸弱，问题颇多。首先，自身定位偏离，客户对象过于狭窄。根据2005年《货币经纪公司试点管理办法》及相关规定，货币经纪公司及分公司仅限于向境内外"金融机构"提供经纪服务。实践中，对债市熟悉程度较低、处于信息劣势地位的非金融机构无法受益于货币经纪信息服务。其次，业内服务"声名待扬"，货币经纪服务签约率偏低。国内主体不熟悉货币经纪，对其定位、功能、运作流程及服务效果欠缺认知，真正通过货币经纪机构进行交易的客户为数不多。即使想采用货币经纪，其也倾向于免费服务，客户签约动力不足，而货币经纪公司收入主要来源于向客户收取货币经纪服务费，签约率低影响到公司持续发展。再次，货币经纪市场竞争乱象丛生。一方面，正规机构（5家）业务类型集中，同质竞争激烈，实践中甚至发生竞相免除经纪费用等恶性竞争争抢客户现象。另一方面，货币经纪公司开展各项业务需以获取批准的牌照为合法前提，实践中未有牌照的机构或"工作室"，以"投资咨询"等名目为客户提供经纪服务，给债券市场规范发展埋下了隐患。最后，债券货币经纪技术水平落后。我国经纪行业服务和技术方式仍停留在声讯服务阶段，依赖电话、MSN、QQ、RM等即时通信工具。由于缺乏专业化电子经纪平台，导致债券报价成交效率不高，交易可追溯性、稳定性、及时性和安全性得不到充分保障。[①]

为更好地培育和规范我国货币经纪机构，应从四方面寻求符合当前市场发展态势的改进方案。其一，修订现行法规，扩大客户群体。国际上经纪商一般分为两类：交易商间经纪商（inter-dealer broker）（也称批发市场经纪商，即 wholesale

---

① 郭欠、包晓川：《问脉我国银行间市场货币经纪业务》，载于《金融市场研究》2014年第9期。

market broker)和一般经纪商(也称零售市场经纪商,retail market broker),前者主要为大型机构投资者提供批发交易经纪服务,后者则多服务于终端中小投资者。目前我国《试点管理办法》将服务对象限于金融机构的规定无法适应市场需求,应对其修订,打通金融机构和非金融机构之间"零售"规模经纪服务的渠道,扩大经纪服务客户群体。其二,加强市场宣传的力度,全力推进服务协议的签署。不仅要恪守自身运作规范,还要通过自律组织制定行业标准提高经纪业务水平,通过宣传引导和实践操作使市场主体深入了解货币经纪机构。对服务协议,经纪商应落实监管机构及自律组织文件规定,既严格要求客户在采用经纪服务的同时签署服务协议,也应通过内部管理制度充分自律,杜绝在未签协议情形下为客户提供服务。其三,疏堵举措并进,规范市场竞争。债市品种日益丰富,对货币经纪机构的需求也随之增加,建议相关部门扩大对货币经纪机构的行政许可范围,鼓励引导各机构拓展业务门类,多元发展自身优势,避免恶性竞争。[①] 同时,严厉打击违规无牌机构,适当引导培育资质较好、运作规范的机构成为正规货币经纪机构。其四,开发电子货币经纪平台,提高货币经纪服务水平。我国货币经纪机构仍以传统声讯模式为主,应加强开发能力,研究专门适用于货币经纪业务的信息电子平台,使传统声讯经纪(voice)与电子经纪(electronic)结合共同发挥作用。

第五节 债券市场主体培育之二:信用评级增级机构

作为固定收益工具,债券风险主要源于信用风险,而信用风险防范之关键在于对发行人偿债能力准确的评测揭示与实质性的增信推进,前者主要依靠信用评级机构发挥作用,后者则多借助于信用增级机构来推动。信用评级机构重在优化程序性的风险揭示,而信用增级机构重在降低实质性风险。在域外发达市场,信用评级与信用增信机构的发展已颇为成熟,虽不免存在些许问题,但均在债市中发挥出实质作用。反观我国债市,两种机构不仅发展步伐缓慢、市场格局混乱,且多属于形式性的"门面工程",欠缺实质功能的有效发挥。

一、信用评级机构:债券市场风险防范的特殊"看门人"

信用评级机构(credit-rating agencies,CRA)发端于美国的信用报告机构

[①] 丁攀:《货币经纪业务的国际比较及对我国的启示》,载于《福建金融》2010年第2期。

（credit-reporting agencies）。19世纪50年代，美国铁路债券蓬勃发展，在政府债券仍占主导的债券市场中以企业债券的形式"异军突起"。为满足借贷双方对专业信息的需求，以邓白氏（Dun & Bradstreet）和普尔（Poor's）公司为代表的信用报告机构发现商机应时而生，其通过向订购者出售其收集的所有公司情况及其信誉信息获利。后起的穆迪（Moody's）和惠誉（Fitch）也随后通过类似专业出版物向投资者提供商业信息。20世纪20年代，以数据搜集、信息整理为主导业务的报告机构才正式转型为信用评级机构，评级业务逐渐覆盖债券全领域。30年代起，信用评级成为美国政府管理资本市场的一种替代性手段，如1931年美国货币监理署要求银行所持公开证券信用级别不得低于BBB，评级机构自此开始成为监管的一部分。① 此后的半个世纪，各种评级机构层出不穷。20世纪70年代初，高通胀率和高利率问题开始困扰美国经济，债券市场颇受牵连。1974年信用风险的集中爆发促使投资者对评级机构开始择优，标普、穆迪、惠誉等老牌机构在竞争者占据了绝对上风。② 次年，SEC创立了"全国认可统计评级机构"（NRSRO）目录，被纳入该目录的评级机构所作的评级被认为对投资决策是有价值的。③ 此举较大程度改变了之前市场自律主导下的散乱竞逐，一系列援引NRSRO信用评级的证券监管规则相继出现，信用评级机构的意见"话语权"愈发显赫。④ 但对信用评级机构的质疑声亦从未削减，2001年安然事件的爆发引起社会轩然大波，信用评级机构的"散漫、无效、不作为"被强烈指责。为加强相关监管，2006年美国通过《信用评级机构改革法案》（the Credit Rating Agency Reform Act of 2006），⑤ 这是美国第一步规制CRA的专门性法案。正在这部法案落实之际，2007年震惊世界的次贷危机爆发，再次将"表现失常"的信用评级推上风口浪尖，多有观点认为信用评级机构的"溃败"是对金融危机有"推波助澜"之效。2010年被视为全球金融监管改革新标尺的《多德·弗兰克法案》通过，进一步从内部控制、评级规程、法律责任等方面加强了对信用评级机构的监管规制。至今，关于信用评级的改革一直都在进行。

放眼全球，从20世纪80年代开始，随着经济一体化进程的加快，始于美国

---

① ［德］乌尔里克·霍斯特曼：《评级机构的秘密权力》，王煦逸译，上海财经大学出版社2015年版，第13页。

② 赵磊等著：《信用评级失灵的法律治理——美国次贷危机对中国的启示》，中国政法大学出版社2013年版，第2~5页。

③ See Patrick Bolton, Xavier Freixas, Joel Shapiro, *The Credit Ratings Game*, The Journal of Finance, Vol. 67, Issue 1, 2012, pp. 85 - 111.

④ 美国证券交易委员会SEC年报告显示，有8部联邦法律、47部联邦监管规则、100多部地方法律和监管规则将评级作为监管基准。参见范思安：《国际信用评级市场准入标准及本土评级机构的国际化出路》，载于《地方财政研究》2014年第9期。

⑤ Public Law 109 - 291—SEPT. 29, 2006. https://www.sec.gov/ocr/cra-reform-act - 2006.pdf.

的信用评级业在全球资本市场普及起来，[1] 信用评级作为债券市场基础中介的定位已被认可。信用评级是一种基于对债务人信用品质与还款能力的分析，对债务人可能给贷款人带来损失的可能性及损失严重性的判断，并将这种意见用等级排序符号来表示。[2] 信用评级在债市中的功能集中体现于信息媒介、监管标准与合约控制三方面。[3] 首先，信用评级机构是以中立第三方的角色提供发行人及其债券的信用风险的媒介。通过评级机构专业分析，投资者可低成本、容易地获取相关信息，进而依据评级结果估计与受评债券和发行人的违约风险。其次，信用评级机构评级结果多被作为监管标准。评级机构的存在是政府监管执行的"好帮手"，政府可通过评级状况切入市场监管，及时发现市场问题，并采取相关监管措施。相比于政府主动对债市主体及债项的逐一的监管评测，评级机构专业、高效的风险揭示也降低了政府直接监管执行成本。最后，信用评级在私人领域也被广泛使用。私人合约可能涉及"评级触发"（rating triggers）条款，信用评级变化作为一种法律事实直接影响合同持有者的权利义务变化。综上，评级结果对债市而言往往"牵一发而动全身"，信用评级机构必须坚守"市场看门人"的角色定位。

而这种"市场看门人"的角色定位却渐有异化之势。评级机构的中立性是其立身之本，但目前各种利益冲突正袭扰评级机构，首当其冲的便是发行人付费模式。评级机构在发展初期多采用"投资者付费"（the subscriber-pays revenue model）模式，在20世纪70年代后，"发行人付费"（the issuer-pays revenue model）模式逐渐成为主流，[4] 此转变虽可化解投资者付费模式下的"搭便车"现象，且便于获取更全面的发行人信息，亦为评级机构带来更多经济收益。但发行人付费导致评级机构与受评对象利益勾连，当评级机构收入主要来源于发行人时，其很难坚守独立第三方角色，如此导致评级结果客观性欠缺，评级造次虚高成为业界"潜规则"。此外，评级机构的权责失衡进一步加剧了评级芜乱现象的发生。评级机构享有巨大权力，投资者和监管层对其相当依赖。然而，在权力高歌的背后相应的法律责任却未能有效厘清。评级机构以"违约风险的意见提供者"身份自

---

[1] 冯果等著：《债券市场风险防范的法治逻辑》，法律出版社2016年版，第138页。
[2] 参见孙秀娟：《信用评级机构的法律定位及其国际监管改革研究》，载于《时代法学》2011年第3期；周嘉：《欧盟信用评级机构监管机制研究》，载于《河北法学》2015年第6期。
[3] 聂飞舟：《信用评级机构法律监管困境及金融危机后的改革出路》，载于《法学》2011年第3期。
[4] 转变原因包括：①高度复印机的出现使得未付款的投资者与订阅者分享评级报告成为可能；②债券发行的产品、过程都逐渐复杂，评级机构实施分析、得出评级结果需要发行人的通力配合，仅靠投资者付费无法便利获取发行人信息；③70年代开始，评级机构监管功能逐渐显现（如NRSROs的确立），需发行人有评级数据进入某特定市场。See Richard Cantor, Frank Packer, The Credit Rating Industry, Fed. Res. Bank N. Y. Q. Rev., 1994, Summer – Fall, pp. 1 – 26.

居，将评级视为一种单纯意见的表述，受到民法责任高度保护。不同于金融市场其他参与者需对其疏忽行为承担责任，评级机构只有被证明失去信用以及存在过失时才承担相应责任。① 这种责任安排低于正常市场中介，导致评级机构大可罔顾法律后果，肆意操作评级事项，在利益竞逐中逐渐背离初衷。

上述成熟债市中的问题在我国信用评级机构亦有体现。自1987年我国在企业债市场诞生最早的评级机构——吉林省资信评估公司以来，② 评级机构的发展演进不过30年光景。由于发展阶段和国情的不同，我国信用评级机构除与发达市场类似存在利益冲突、责任缺乏等掣肘外，还存在特殊的问题。（1）监管多头，法律缺失，既有规范芜乱，缺乏内在一致性。我国信用评级行业监管由发展改革委、中国人民银行、证监会、银保监会等多个部门分别实行归口管理。不同部门监管理念、内容存有较大差别，认可的评级机构范围也不一致，"多头监管"饱受诟病。目前，债券信用评级市场并无基础性法律，市场充斥着不同机构出台的部门规章或规范性文件。由于监管机构涣散分割以及基础性法律缺失，市场规范内容缺乏一致性，监管手段缺乏统一性，增加了被监管机构的运营成本，评级机构不得不疲于应对不同监管机构的形异实同的重复性监管。尽管现阶段监管者已有推进信用评级资质互认的统合性尝试，③ 但其中资质统合范围仍有缺漏，评级机构准入与评级结果使用仍然处于碎片化状态，需要更高位阶的法律建构以统筹监管规则设计。④（2）评级机构公信力不足。在我国债券评级往往被视为发行人审批中的形式流程。这与我国债市计划经济遗留的"刚性兑付"惯例紧密相关。现实中，即使债券违约发生信用风险，政府也会出手相救、兜底保证，导致市场认为评级本身的象征意义远大于实质意义，许多债券评级过程更像是"走过场"。而且，由于评级行业缺乏违约数据的积累，评级行业质量检验体系不完善，评级报告质量不高、评级级别虚高等问题突出，投资者对其内容的准确性、客观性存有质疑。（3）机构良莠不齐，市场竞争失序。目前，我国评级机构有近60家，但存在评级机构小而杂、多而乱的问题。经清理整顿，目前行业第一梯队已然成型，"五大"评级机构（中诚信国际信用评级公司、大公国际信用评级公司、联合资信评估公司、上海新世纪资信评估公司、东方金诚国际信用评估公司）占据市场90%以上的份额，其他评级机构多为地方性小公司，缺乏竞争

---

① 高汉：《金融创新背景下的信用评级及监管的法律经济学分析》，法律出版社2012年版，第192页。

② 上海财经大学金融学院编：《2015年中国金融发展报告：社会信用体系建设的理论、探索与实践》，上海财经大学出版社2016年版，第321页。

③ 2018年9月，中国人民银行与证监会联合发布《加强信用评级统一管理 推进债券市场互联互通》，强调要逐步统一银行间债券市场与交易所债券市场评级业务资质。

④ 阎维博：《金融对外开放中信用评级监管挑战与制度因应》，载于《中国流通经济》2019年第12期。

力。① 各评级机构为获取业务，多采取恶性竞争手段，影响债券评级独立性和公正性，扰乱了评级市场的秩序。

当下信用评级确处于"阵痛期"，虽然一直以来市场对其质疑声不断，但其重要且不可替代的市场功能使其不能在债券中介缺位，正如美国科菲（John C. Coffee）教授所言，"评级机构……将是金融基础设施永久的组成部分。"② 我国信用评级机构的规范发展应在解决我国特殊问题与全球共性问题上着力推进。首先，建立统一信用评级法律法规体系，确定明确信用评级监管体系。法规散乱和监管多头很大程度上诱致了市场失序，应加强信用评级基础性法律的建立，对信用评级市场准入、利益冲突化解、信息披露、监管标准及法律责任等统一规定。应明确信用评级的监管主体，避免各自为政的监管冲突。建议应以央行为监管核心，会同其他监管主体制定监管标准，对评级机构实施统一监管。其次，强化评级机构诚信规制，促进评级结果科学规范。我国信用评级机构是在政府主导下发展起来的，严重的行政干预导致其缺乏声誉资本生存的土壤。评级机构亟待加强自身诚信建设，提高评级的质量水平。一方面，诚信建设不仅需要声誉评价机制、市场竞争及内部控制等手段，还要法律规范跟进保障，例如，2012年4月证监会出台《证券期货市场诚信监督管理暂行办法》即为良好的开端。另一方面，关于评级结果质量的提升，可采用"双评级"加以竞争督促，针对同一债项给出不同声音，在投资者验证下比较择优，提高评级机构的市场压力，促使其提高自身评级质量。③ 最后，针对世界共性的发行人付费利益冲突和评级机构权重责轻的问题，应探索更有实效的解决方式。发行人付费并非问题根源，根源在于其背后的利益冲突，对此可从两个维度出发：一是基于发行人付费模式的改革，严格评级机构与被评级机构的隔离机制，切断二者的直接联系；二是恢复引入投资者付费模式，从根源上减少发行人与评级机构的利益冲突。④ 而欲对信用评级机构进行有力约束，离不开民事、行政、刑事责任良好衔接的责任格局。目前，民事责任的进程虽是必然，但仍任重道远，故在中远期内，优化行政责任立法和执法理念或许是更理性的选择。⑤

---

① 冯果等著：《债券市场风险防范的法治逻辑》，法律出版社2016年版，第179页。

② John C. Coffee, Jr., Ratings Reform: The Good, the Bad, and the Ugly, 1 Harvard Business Law Review (2011), pp. 231-277.

③ 研究表明，美国1986~2002年间发行的66820只无担保市政债中，即已有约1/3采用了双评级。参见杨勤宇、张天硕：《地方政府债券信用评级制度构想》，载于《金融市场研究》2011年第11期。

④ 阮永锋、徐晓萍、刘音露：《"投资者付费"模式能改善评级市场的信息质量吗？——基于中债资信评级的实证研究》，载于《证券市场导报》2019年第5期。

⑤ 刘志云、史欣媛：《论证券市场中介机构看门人角色的理性归位》，载于《现代法学》2017年第4期。

二、信用增级机构：专业化的债券外源信用"注入商"

信用增级机构（credit enhancement agencies），也称信用增进机构，是依法成立、以提高专业化信用增进服务为主营业务的金融服务机构。信用增进主要指以保证、衍生工具、结构化金融产品等形式提高债项信用等级、增强债务履约保障水平，从而分散、转移信用风险的专业性金融服务。[①] 信用增进模式按来源差异（见图7-2），可分为内源增进和外源增进。内源型信用增进由债务人主动采取一定措施使自身信誉提升而降低融资成本，主要包括债券优先/次级分层、基础资金池筛选、债券含权设计、债券风险基金、现金储备账户及超额抵押等方式；外源型信用增进指来自债务人以外的第三方提供的信用增进，包括第三方担保、抵押/质押担保、债券保险、信用违约互换、总收益互换、组织增信等方式。内源与外源增进方式各有利弊，前者成本较低，但增信易受主体级别限制，信用提升幅度有限；后者增信效果明显，但成本较高。内源增信多适用于结构化债券，在资产证券化产品中使用颇多；外源增信适用面较广，是目前债市主流信用增进方式，其中又以第三方担保最为普遍。

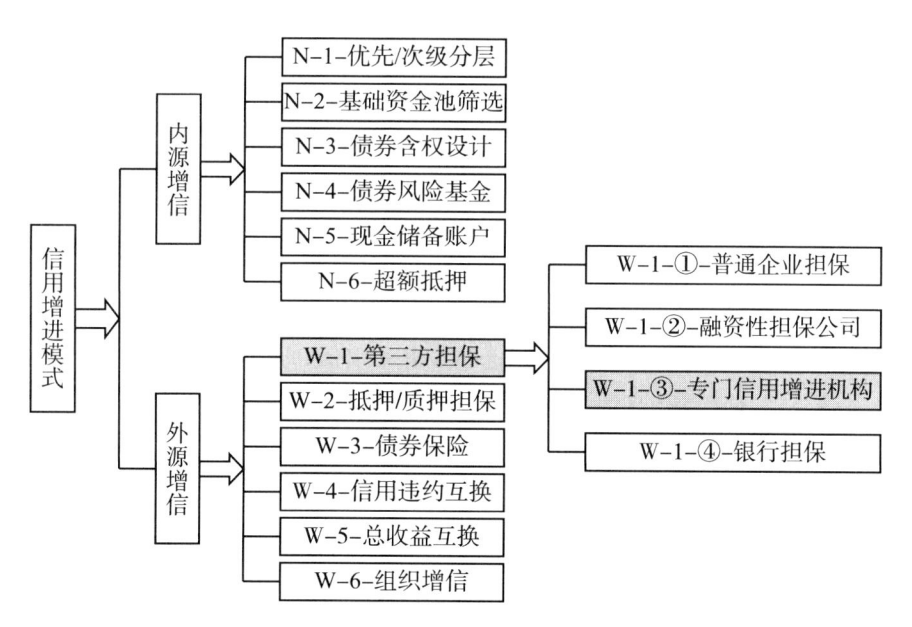

图7-2 信用增进模式的划分及具体的增信方式

---

① 郭奕、成睿、王桂君：《信用增进机制在银行间债券市场的重要作用与面临的挑战》，载于《金融市场研究》2013年第7期。

第三方担保历史悠久，在最初自然人小额借贷时即已存在，随着金融市场发展，其担保机构也趋于多样化。实践中，根据担保机构差异，第三方担保有普通企业担保、融资性担保公司、专门信用增进机构及银行担保四种划分。企业担保在直接融资和间接融资市场较常见，通常融资主体需寻找信用资质不低于其自身的企业作为其融资履约担保方；但企业担保信用相对有限且欠缺专业性，故专业的融资性担保公司应时而生，然其主要适合于间接融资市场，在直接融资市场，相对于融资人的信用资质和融资规模，融资性担保公司囿于自身资本金、风险抵御能力等因素限制，难以完全胜任债券担保发行要求；银行是金融行业的支柱，具有其他金融机构不具备等量齐观的市场影响力，在我国债市发展初期起到关键作用。但考虑到银行大规模提供担保导致信用风险过多累积于银行体系，银监会便于2007年出台《关于有效防范企业债担保风险的意见》，叫停银行担保服务，此后银行担保逐渐退出债券舞台。① 2009年开始，随着我国首家债券信用增级机构——中债信用增进投资股份有限公司的成立，专注于债市的专业性、现代化的第三方担保机构在我国逐步发展，截至2019年12月4日，在银行间债券市场注册备案的信用增进机构已有22家。② 以管理信用风险为特长的信用增进机构的扩容意义重大。一方面其通过提升发债主体信用等级，使较低级别主体进入直接债务融资市场，充实了债券发行主体类型，提升了金融市场的深度和广度。另一方面，通过信用增进机构对信用风险集中优化管理及对违约主体履行代偿责任，充分发挥风险分散机制作用，有效减少信用风险对金融体系的冲击。③

　　目前，我国信用增进机构正处于初始发展期，无论市场定位、社会认可还是规范保障等层面均面临诸多困境。基于此，应加强机构的公司治理、内部风控等建设，同时发挥自律组织在行业内的协调规范，在此基础上，完善信息披露建设，使社会公众对信用增进机构形成良好监督。最后，信用增进机构发展缓慢，需在市场化运作基础上加强政府扶植推动。当前信用增进机构尚处于起步阶段，在市场化运作过程中，由于产品投入产出相对较低，市场机构创新的积极性不高。建议针对当前时期的情形，政府加大对信用增进机构的"政策红利"扶植，对特别优质的机构给予风险补偿安排，对信用增进机构抵质押物登记提供支持，以此实现在规范中培育、培育中规范的双重使命。④

---

　　① 张文静、索耀轩：《信用增进市场发展与主要增信方式》，载于《2016债券市场蓝皮书——中国债券市场发展报告（2015-2016）》，社会科学文献出版社2016年版，第94~96页。
　　② 中国银行间市场交易商协会："信用增进机构22家"，http://www.nafmii.org.cn/hygl/hyfl/xyzj/20 1912/t20191204_78680.html.（2019-12-4）［2019-12-10］。
　　③ 水汝庆：《债券信用增进机构产生的背景、意义及作用》，载于《债券》2012年第7期。
　　④ 郭爻、成睿、王桂君：《信用增进机制在银行间债券市场的重要作用与面临的挑战》，载于《金融市场研究》2013年第7期。

第六节 债券市场主体培育之三：债券保险信托机构

债券市场风险防范固然是体系构建基点，但若风险发生，风险能否被及时化解就成为市场稳定的关键。债券保险机构与债券信托机构（受托管理人）为风险处理提供了市场化机制载体。① 债券保险机构不仅能为发行人提供"信用加码"的增信功能，还能在债券实质违约后给投资者比市场担保更充分、及时、全面的"换位"偿付。债券信托机构以债券持有人利益为核心考量，凭借其专业化、主动性的管理为受益人的最佳利益努力行事，为分散的中小投资者提供了一种及时实行有效监督的替代路径。2014 年前，由于刚性兑付的潜在保障，违约事件较少，两种中介未获市场重视，但自"11 超日债"事件以来，违约事件频发，投资者对债券保险机构与债券信托机构的需求日益强烈，如何在市场化背景下通过法制化进路培育和规范二机构将成为今后债券市场发展的重要命题。

一、债券保险机构：发行人违约风险转移的实质偿付担当

债券保险，也称单一险种保险（monoline insurance），指由专业保险公司为债券发行人提供信用担保，保证被保险人按期偿还本金和利息；如果到期日被保险人无法偿还，保险人有责任代为向权利人（债券投资人）进行支付。② 债券保险始于美国市政债，1971 年美国市政债券保险集团（American Municipal Bond Assurance Corp.，AMBAC）成立，并为阿拉斯加朱诺市发行的一笔 60 万美元的建筑类市政债提供全美第一份市政债保险，此后美国债券保险的另外三大巨头 MBIA、FGIC、FSA 陆续成立。20 世纪 80 年代以来，市政债飞跃式发展，行业竞争日益激烈，债券保险机构开始尝试多元化经营，在其他类型债券开展保险业务，债券保险行业逐渐走向繁荣的黄金期。虽然 2007 年次贷危机发生使债券保险机构遭受重创，但债券保险机构的作用从未受到市场质疑。对发行人而言，债券保险提高了债券信用等级，降低了融资成本；对投资者来说，通过债券保险使

---

① 债券违约市场处置方式主要包括以下 6 种：第三方代偿、协商延期兑付、债务重组、处置变现抵质押物、诉讼求偿、破产重整与清算；其中第 1 种方式的最佳模式是由债券保险机构代偿，第 2～6 种方式可由债券受托管理人统一行使。参见应明：《债券违约市场化处置机制》，载于《中国金融》2019 年第 3 期。

② 参见郑时雨：《债券保险行业研究》，载于《吉林金融研究》2015 年第 10 期；李松梁：《美国市政债券保险制度的经验及启示》，载于《债券》2014 年第 8 期。

债券违约风险概率大为降低,即使发生实质性违约,专业债券保险机构的存在也将减少责任主体的拉扯,提高赔付效率;对债券保险机构而言,其可在风险可控的情况下获得丰厚的收益。①

债券保险与债券保证担保同为增信方式,有降低发行人融资成本、降低违约风险、保障投资者利益的作用,涉及要素均有发行人、投资者和第三方,且第三方是否履行义务都具或然性,两者具有相似之处。但如表7-2所示,两者也存在根本区别:(1)适用法律不同,债券保险本质是保险,适用《保险法》,债券保证担保则适用《担保法》。(2)关于风险转移,债券保险对发行人风险转移更彻底,当发行人违约时,保险机构即承担偿付本息的责任;而采用保证担保时,连带责任使投资者既可向担保人也可向发行人提出偿债要求。(3)发起主体不同。债券保险可由发行人或承销商在债券发行时投保,也可由投资者在二级市场投保,保证担保发起主体均为债券发行人。(4)第三方要素不同。首先,资格方面,债券保险的保险机构须为专业债券保险机构,且是单一业务保险机构,不能做寿险或财险等其他保险业务;而债券担保中,具有代为清偿债务能力的法人、其他组织都可作保证人。实践中,虽也有专业担保公司从事担保业务,但其担保业务范围非常广泛,还包括贷款担保、工程履约担保、诉讼保全担保等其他业务。其次,收费方面,债券保险是以支付相当的保险费为基本条件,保险费是其主要盈利来源,而保证担保中,除专业担保公司以收取担保费为盈利来源外,其他保证担保一般不收取费用。再次,第三方主体是否有抗辩权不同。保证担保人拥有物保优于人保的抗辩权,在一般保证担保中一般保证人还拥有先诉抗辩权;然而这些抗辩权在债券保险中均不适用。复次,第三方主体承担责任的财产来源有差异。债券保险机构是来源于投保人保费所形成的保险基金;而保证担保中,除专业担保公司承担责任的财产来源类似债券保险机构,由其从担保费中提取的风险准备偿还外,其他非金融企业的保证人是用自己财产进行偿付。最后,在追偿权方面,债券保证担保中,若担保人承担担保责任后,可向债券发行人追偿;而债券保险中并无相关追偿机制。综上差异,债券保险无疑具有更大优势。

表7-2　　　　　　　　债券保险与保证担保的区分

比较事项	债券保险	保证担保	
		①担保公司	②非金融企业
适用法律	保险法	担保法	
风险转移	是/保险机构偿付	否/投资者可向发行人或担保机构要求偿付	

---

① 张启迪、樊力嘉:《美国债券保险业发展现状综述》,载于《中国保险》2014年第6期。

续表

比较事项		债券保险	保证担保	
			①担保公司	②非金融企业
发起主体		发行人/投资者等	发行人	
第三方	a 资格	专门债券保险机构	专业的担保公司	一般非金融企业
	b 收费	收费/盈利来源	收费/盈利来源	不收费为主
	c 抗辩权	无	物保优于人保 + 先诉抗辩权	
	d 责任财产	保险基金	风险准备金	自身财产
	e 追偿权	无	有	

在我国市场上已有类似债券保险的探索，但多将"履约保证保险"应用到债券市场，并未建立起真正意义上的"专门债券保险"。履约保证保险是保险公司向履约保证保险受益人承诺，若债务人不按合同约定或法律规定履行还款义务，则由该保险公司按照保单约定承担赔偿责任的一种保险形式。其是财产保险公司业务的一种，不像专门的"债券保险"由单一业务机构负责。从实践来看，国内债券履约保险期限短，鲜有超过1年。而美国债券保险期限较长，且由于主要保险对象是市政债，大多在10年以上。在保险条款内容中，我国债券履约保险有一系列包括免责条款在内的保险公司除外责任，"险而不保"问题多发；① 而美国债券保险提供的是无条件不可撤销的担保，能给予投资者更加充分的权利保障。② "曲线救国"的履约保证保险尚且如此，实质专业性的债券保险发展更是面临诸多困扰。

基于我国债市所处的阶段特性，建议从"改良"与"革命"两条路径同步推动债券保险机构的规范发展。从"改良"路径出发，旨在优化财产保险公司的债券履约保险以更好适应债券市场需求，可从债种、发行人、保险人及保险条款四方面展开。其一，债券可优先以短期限（1年以内）品种为重点。由于履约保险的保险期间较短，若承保对象为1年以上的债种，则需多次续保，而每次续保存在一定不确定性。因而，当前以短期债种与我国履约保险特性更契合，待市场成熟后，可逐渐将承保对象扩至较长期限的债种。其二，将投保人限定在主体级别较高的发行人。若发行人主体级别过低，不仅保险公司风险过大，且保险费收

---

① 沈彬：《债券保险不能险而不保》，http：//opinion.hexun.com/2016-12-23/187470154.html ［2019-12-1］。

② See Vikram Nanda and Rajdeep Singh, Bond Insurance: What is Special about Munis? The Journal of Finance, Vol. 59, Issue 5, 2004, pp. 2253-2279；李松梁：《美国市政债保险制度的经验及启示》，载于《债券》2014年第8期。

取也较高,对投保人来说,增信经济效益就不会很明显。其三,选择实力雄厚的保险人。一方面这些保险机构偿付能力更强,另一方面其风险管理和内控体系更成熟,益于发行人有效管理风险。其四,在具体保险条款设计中,应将保险责任范围进一步明确,设立合理的免责条款。履约保险责任范围应主要为债券本金及利息,不能包括逾期利息、罚息、违约金等,如此既防止投资者忽视发行人信用风险,而笼统地将风险完全转移给保险公司,又能减少对逾期利息等认定标准缺少情况下产生双方"拉锯"局面。

从"革命"路径出发,应力求培育专业债券保险机构,这是从无到有的创新引入,需从四方面加强规范。首先,《保险法》是债券保险的监管依据,应在现行《保险法》中增加"债券保险"的条款,也可先制定专门针对债券保险的法规,以明确债券保险机构承保债券的范围、信用等级、投资对象、信息披露等事宜,为其业务开展提供法律保障。其次,成立专门债券信用保险机构,将债券保险业务与传统保险业务区分,增加债券保险业务的专业性,最大限度降低债券风险的传导扩大。再次,债券保险公司设立伊始,应注意加强自身风险的控制,定期对政策风险、信用风险、流动性风险及操作风险进行分析评估,做到事前、事中与事后控制相结合,将风险控制在可承受范围内。对承保对象应慎重选择,切莫盲目追求利益而忽视被承保对象信用风险的控制,避免重蹈次贷危机中美国保险公司承保大量高风险产品而使自身蒙受重大损失的覆辙。[①] 最后,从关键配套制度来说,应进一步提升信用评级机构专业水准。毕竟评级机构对债券保险公司的信用评级变化、承保债券的债项评级变化会对债券保险公司产生深刻影响,评级的细微变化也会影响发行人、投资者对债券保险机构的"信赖"程度,因此,应进一步提高评级机构的独立、客观、全面的专业水平,为债券保险机构业务的开展保驾护航。

二、债券信托机构:债券持有人利益保护的常态化组织架构

债券信托机构(bond/debenture trust agency),亦被称为债券受托管理人(bond/debenture trustee),是保护债券持有人权益的组织,主要适用于公司债券。《布莱克法律词典》将公司债券受托管理人定义为:"由债券信托合同指定,享有债权信托合同权利,为债券持有人的利益出发要求债务人履行债券信托合同义

[①] 郭金龙:《债券保险及其在结构金融市场中的风险传递》,载于《中国资本市场》2012年第6期。

务的人。"① 债券信托源自英美法系国家，最早追溯至 19 世纪初，其首先作为解决铁路抵押借款中抵押权人登记问题的一种手段。如果抵押权人登记为初始债券持有人，随着债券流转，需进行频繁的变更登记。出于转让与支付便捷的考虑，由统一主体将分散权利集中更简单直接。此时受托管理人扮演着债券转让代理人、登记人的角色。随着制度演化，债券受托管理人职责逐渐扩展到债券违约情形出现后进行诉讼和按比例清偿本金及利息等方面。② 此后，美国历经 1929 年经济危机，在罗斯福新政主推强制信息披露基础上，对受托管理人主动管理债券提出了更高要求，《1939 年信托契约法》③ 颁布，首度以系统立法方式全面规定了受托管理人的资格、权利和义务，对此前实践中出现的规则义务较低、受托人不积极履职等问题进行全面矫正。④ 至此，债券受托管理人制度要义基本定形，并渐被其他国家引入作为债券持有人保护的重要制度。

为何要引入呢？这主要归于债券市场的涉众性特质。从投资者角度看，主体具有不同程度的涉众性，投资者相对分散，地域分布也不一致，形成合意及一致行动的成本较高。且部分投资者并不具备有效监督发行人的专业水平，这种客观上债券持有人难以有效凭借自身之力独立行使权利维护自身合法权益的现实亟须某种制度化解此问题。此外，单个债券持有人的投资规模相对有限，且随着二级市场的交易其身份经常变换。⑤ 基于以上因素，债券投资者通常寻求组织化保护，具体而言，主要有两种思路：一为集体自治的"债券持有人会议"制度，如瑞士和法国；二为"债券受托"制度，通过信托安排聘请专业机构对债券进行管理，典型为美国和英国。相较而言，债券持有人会议作为同次债项债权人所组成、就有关债券债权人共同利害关系事项做出决定的合议团体，其有临时性、滞后性、难协调性等缺点，被市场主体多有诟病，而受托管理人制度使"债券日常经营监督"正常化，能对债券契约约定事项进行专业管理，对可能损害债券持有人利益的事项及时采取应对措施。此外，债券受托管理人的存在对发行人也有裨益。⑥ 由于债券存续期一般较长，发行人难免发生技术性违约，此时，受托人的存在将作为发行人与投资者的冲突"缓冲垫"，在维护债券持有人利益的同时，也避免了发行人不得不应付集体纠纷的尴尬境地。

---

① Indenture trustee, *Black's Law Dictionary*, West Publishing Co., Sixth Edition, 1990, p770.
② 王文宇：《新公司与企业法》，中国政法大学出版社 2003 年版，第 382 页。
③ The Trust Indenture Act of 1939［15 U.S.C 77aaa et seq.］。
④ 中国证监会组织编译：《美国〈1939 年信托契约法〉及相关证券交易委员会规则与规章》，法律出版社 2015 年版，第 3 页。
⑤ 蒋莎莎：《债券受托管理人的角色定位与功能发挥》，载于《西南金融》2018 年第 12 期。
⑥ 陈洁、张彬：《我国债券受托管理人制度的构建与选择——以公开募集的公司债为视角》，载于《证券法苑》2016 年第 1 期。

我国关于债券受托管理人制度的探索始于 2003 年公布的《证券公司债券管理暂行办法》（以下简称《暂行办法》）中的"债权代理人"制度。2007 年证监会出台了《公司债券发行试点办法》（以下简称《试点办法》），首次明确了"债券受托管理人制度"。2015 年证监会又公布了《公司债券发行与交易管理办法》（以下简称《管理办法》）第 48～53 条，对债券受托管理人的资格条件进一步细化。同年 6 月中国证券业协会发布《公司债券受托管理人执业行为准则》（以下简称《行为准则》）第三章，从受托管理人资格、权利与义务、变更及自律管理等方面对债券受托管理人的执业规则进行了较全面的规定。2017 年 3 月，中国证券业协会又发布《公司债券受托管理人处置公司债券违约风险指引》，细化了违约风险发生公司债券受托人的职责。总而言之，我国的债券受托管理人制度在摸索中前进，形式架构已初步形成。然而，在我国债券违约的现实案例中，却很难发现理想中的债券受托人身影。

　　深究之，实践中债券受托管理人被动消极的表现与我国的制度内容缺陷存有紧密关系。首先，债券受托管理人角色定位存在偏差。从最早《证券公司债券管理条例》中的"债权代理人"到现行《管理办法》中的"债权受托人"，尽管称谓发生变化，但角色定位并无实质改变。债权受托管理人只对发行人基于法律规定的信息披露做鉴别，并通知债券持有人，执行债券持有人会议决定等，充当"传话筒"角色。[①] 且管理模式被称为"受托管理"，既没有将债券受托管理合同认定为信托关系，也不视为委托代理关系，信托原理无法在债券管理中明确发挥功用。其次，利益冲突问题亟待解决。公司债券受托管理人与债券持有人之间应具有良好的信赖联系，[②] 债券受托管理人应对债券持有人尽忠实义务。我国债券受托管理人一般由承销商担任，制度设计初衷在于承销商对前端业务熟悉，能方便履职及节约成本。但不得不注意，承销商一人分饰二角，利益冲突下履职往往存在摇摆抉择。为了获取更多营销收入，其往往向投资者过度宣传承销债券的高收益，而缺乏经济激励切实维护债券持有人权利。[③] 再次，债券受托管理人权益分配失衡。现行《管理规定》第 50 条对债券受托管理人职责进行了 8 项列举，虽看似多样，但内容笼统，未对受托管理人的调查义务、信披义务、诉讼权利等进行细化，缺乏相应制度实施程序，可操作性不强。且这 8 项内容中第 1～4 项从某种意义上可理解为信息的一种传导模式，关注"信息""全面"调查、"持

[①] 徐承志、于萍：《公司债券受托管理人制度的法理逻辑与完善——以债券投资者权益保护为视角》，载于《上海政法学院学报》2016 年第 6 期。

[②] Marcel Kahan, *Rethinking Corporate Bonds: The Trade-off between Individual and Collective Rights*, 77 New York University Law Review, Vol. 77, Issue 5, 2002, p. 1053.

[③] 于春敏：《我国债券受托管理人的角色定位及其制度设计》，载于《上海财经大学学报》2019 年第 6 期。

续"关注,并及时"报告",这无疑是对受托人义务的强化;第5~8项来看,债券受托管理人权利与义务更不匹配,偏向义务的负担使受托人缺乏足够激励。[①]最后,债券受托人责任规制不足。既有规定"重行轻民"债券受托人履责不力给债券持有人造成损失应承担的民事责任只字不提;即使颇有篇幅规定的行政责任(《管理规定》第66条)也面临两方面困局:一方面,法条中并未对债券受托人不当履职的情形进行明确,不当履职定性困难;另一方面,即使被认定,惩处力度也过低,仅以警告或罚款了事,违法成本过低,并不能真正发挥威慑作用。

化解债券受托管理人制度的问题应从四方面推进。第一,明确定位受托管理人角色,施加其信义义务。对债券受托人身份和角色给予明确定位,综观域外实践和我国市场特点,以信托关系中的受托人角色定位最为合适。信托关系的明确,能为相关制度的完善提供法律基础。第二,以违约为分水岭,区分对待利益冲突。虽然发行人付费颇受诟病,但债券持有人付费或政府付费模式亦欠缺合理性。对利益冲突,我们可借鉴美国《信托契约法》做法,仍采用发行人付费模式,不过以债券违约为分水岭:(1)当发行人按约履行债券合同时,债券持有人的利益是可期的,此时利益冲突未必会对债券持有人利益产生影响,可对其采取宽容的态度;(2)当债券违约时,此时须消除利益冲突带来的影响,或勒令受托管理人限时改正,或撤换,或追责(如将自己收取的报酬返还给债券持有人[②])。如此,在债券违约危及持有人权益的关头时,债券受托人能与债券持有人成为利益统一体。第三,强化受托人权能,协调与债券持有人会议的关系,发挥其能动性。应通过立法赋予受托管理人明确可行的权能,建议采用日本立法模式,赋予"受托人为了债权人受领清偿或保全债权的实现所必要的一切裁判内外的行为的权限";同时,发挥债权持有人会议的程序规范性和强烈的集团性、民主性优势,与受托管理人制度相互制约、相互促进,实现合理的制度调配。[③] 第四,加强债券受托管理人的责任约束。立法除了需对债券受托管理人行政责任的承担方式、处罚标准进行补充外,更应明确其履职不当的民事责任。此时建议分两类:一类是受托管理人违反公司法或债权持有人会议决议的行为需承担的损害赔偿责任;另一类是受托管理人违反公平诚实义务行为时的特别损害赔偿责任。前者是一般义务所做的原则性规定,违反该规定造成债权人遭受损失即需承担赔偿责任。后者是利益冲突时的赔偿责任规定,此时可采取推定过错归责原则,实行举证责任

[①] 参见冯果等著:《债券市场风险防范的法治逻辑》,法律出版社2016年版,第117~118页。
[②] 返还范围不仅包括履行受托人职责的收费,在受托人是承销商时,还应当将承销利润返还给持有人。
[③] 赵洪春、刘沛佩:《债券受托管理人制度立法若干问题研究》,载于《上海金融》2017年第6期。

倒置,或受托人能够证明一定事项时免除其责任的规制办法。[①]

第七节 债券市场主体培育之四:登记托管结算机构

债券市场的有效运行离不开基础设施,其中最为关键的设施即为市场"后台"——登记托管结算机构。安全高效的登记托管结算体系是市场平稳运行的基础,也是投资者对市场信心的重要保证。登记托管结算机构是金融市场基础设施的重要组成部门,在2012年国际清算银行和国际证监会组织联合发布的《金融市场基础设施原则》(Principles for Financial Market Infrastructure,PFMI)的五大架构中占据了三席(CSD、SSS、CCP)。[②] 债券登记与托管二者紧密相连,是债券交易过程中权益归属变动及保管维护的运行中枢,债券结算则属于债券交易流程最后的关键性环节,是债券交易促进与风险防范的终端保障。登记、托管与结算是每项债券不可缺少的必经环节,以信用风险和操作风险为主要表现的债券风险多在登记托管结算环节聚集,若处理不当,极易造成风险在市场中产生连锁反应。债券登记与托管关联密切,遍及发行、交易环节,债券结算主要指债券与资金的最终转移,是债券交易的最终环节。我国债券市场凭借技术后发优势,已基本实现无纸化改革,建立起高速运行、电子存储的登记托管结算体系。但囿于部门利益分割和法律规范缺位,我国登记托管结算机构也面临发展瓶颈,机构分割导致统一制度难以推行,形异实同的债券被采取不同登记结算方式,使债券市场套利机制不能充分发挥,价格发现与资源配置功能相对弱化,对登记托管结算机构进行系统性规范与培育显得尤为重要。[③]

一、债券登记托管机构:债券权益归属变动与保管维护的"运行中枢"

债券登记和托管是债券业务的基础环节,也是明晰债权债务关系、保障投资

[①] 陈洁、张彬:《我国债权受托管理人制度的构建与选择——以公开募集的公司债为视角》,载于《证券法苑》第17卷,法律出版社2016年版,第75~76页。

[②] 根据PFMI 1.20,该原则适用于五类机构:(1)重要支付系统 Payment System,PS、(2)中央证券存管 Central Securities Depositor,CSD、(3)证券结算系统 Securities Settlement System,SSS、(4)中央对手方 Central Counterparty,CCP、(5)交易数据库 Trade Repository,TR。

[③] 张阳、阎维博:《债券登记托管结算机构的联通及统合》,载于《证券法律评论》2018年卷。

者权益的有效途径。① 债券登记是指债券登记托管机构根据法律的程序和方式对债券权利归属和变动行为进行确认并记载的法律行为，其贯穿于债券发行、交易及清偿的任何阶段，不仅是对静态权利归属的认定，也是对动态权利变动的确认。关于债券登记的效力有"对抗主义"和"生效主义"两种理解，对抗主义认为债券权利产生和变动不以登记为前提，而是在债券发行和交易时才发生权利变动的法律效力，登记与否仅为对抗善意第三人的效果；生效主义则认为登记是权利变动的基础和依据，只有通过债券登记才发生权利变动的法律效果。在实物券时代，债券权利的设置和变动可通过签发债券、债券背书等交付方式来实现，债券权利的变动在交付之时便已完成，通过债券登记确为对抗第三人之考量；但在无纸化当下，实体债券不复存在，债券发行、交易、质押等行为都凭借登记结算机构的电子簿记进行登记，债券的交付与登记实现了混同，判断权利变动与否也需通过债券登记来判断。② 故而，债券登记应为债券权利变动的生效要件。在债券无纸化后，同一债券登记托管机构所办理的债券登记一经完成即进入债券托管。此时债券托管不再是传统上对投资者委托的实物券的保管，而演变为对托管账户的管理。以电子簿记主导的债券托管机构同时承担登记与托管职能，并在客户托管账户上进行债券登记处理。因而，登记与托管关系紧密，多由同一机构负责。

　　从国际债市发展规律看，债券登记托管实际上经历了从实物券到无纸化、从分散化到集中化的演变历程。市场早期发行纸质债券凭证，债券处于分散管理状态，投资者可自行选择债券经纪商、保管银行或信托公司代为托管债券。随着交易逐渐向交易所集中，各交易所开始建立隶属本书的登记托管机构，使经纪商主导的分散模式向交易所主导的相对集中的"垂直筒状"（vertical solo）模式发展。③ 20 世纪 60 年代，随着证券交易量激增，美国发生纸面作业危机（paperwork crisis），结算部门每天处理大量纸面证券的转移交付和登记，任务异常繁重。为提高证券交收效率，美国在原有证券托管制度基础上，建立中央存管机构（Central Securities Depository，CSDs），通过电子簿记系统的引入进行"贷记"或"借记"完成证券交割，以代替债券凭证的实际交付。在 20 世纪 80 年代以后，各国证券市场登记托管体系均有了飞速发展，无纸化和中央托管逐渐称为各国证券市场的改革趋势。可以说，电子化实现了债券无纸化（dematerialized），而中央存管促成了债券非移动化（immobilized）。

---

① 沈炳熙、曹媛媛：《中国债券市场——30 年改革与发展》，北京大学出版社 2014 年版，第 183 页。
② 冯果主编：《证券法》，武汉大学出版社 2014 年版，第 265~266 页。
③ [英] 彼得·诺曼：《管道工程师与梦想家——证券结算和欧洲金融市场》，董屹、卓贤译，中国发展出版社 2016 年版，第 106 页。

20世纪90年代前，我国债券主要是实物债券，由于债券不能流通，大多由投资者自行保管。80年代末，企业债、国债开始流通，证券交易中心纷纷建立，并产生了服务于交易的证券登记托管机构。但交易中心为增加场内债券交易量进行恶性竞争，自设托管凭证，彼此割裂，互不认可跨场所交易。实践中登记托管业务混乱，开具空头代管凭证的欺诈行为多有发生，尤其是国债市场问题凸显。在"327国债事件"后，1996年财政部和央行共同成立了中央国债登记结算有限责任公司（以下简称"中债登"），负责建设运营统一的银行间债券市场登记托管结算系统。2001年按《证券法》关于证券登记结算集中统一运营的要求，经国务院同意，上海和深圳证券交易所各自登记托管公司又合并为中国证券登记结算公司（以下简称"中证登"），成为交易所市场证券托管结算服务的唯一后台系统。自此，中债登和中证登是债券市场的核心登记托管机构，登记托管架构相对统一集中。2009年银行间市场清算所股份有限公司（以下简称"上清所"）在上海正式成立，虽其核心使命在于主推中央对手方的集中净额清算服务，但实质上自2010年超短期融资券被银行间交易商协会指定在上清所登记托管时起，经过短短几年发展，上清所已成为银行间债市与中债登抗衡竞争的登记托管机构。2017年根据《中国人民银行、香港金融管理局联合公告》，上清所更是直接被明确为境外投资者通过"债券通"投资内地银行间市场的总登记托管机构，"羽翼"日渐丰满。

目前，如图7-3所示，我国债市登记托管架构呈现出"三个市场"（交易所债券市场、银行间债券市场、商业银行柜台市场）、"三大机构"（中债登、中证登、上清所）的"三足鼎立"局面。（1）银行间债券市场的定位是场外市场，其实质为报价驱动的市场，主要由中债登和上清所实行一级、二级综合托管账户管理模式。中债登根据投资人机构性质及业务范围对债券托管账户进行了分类设置和集中管理。投资者账户分为甲乙丙三类，甲类账户主要是商业银行，乙类账户主要是非银行金融机构（证券公司、基金公司、信托公司以及广义的证券公司资产管理计划、基金公司的公募基金等），丙类账户以非金融机构的一般企业法人为主。甲、乙类账户直接在中债登的中央簿记系统（一级托管）开立自营账户，丙类账户不能与中债综合业务系统联网，需通过甲类账户作为其二级托管人在中债登开立托管账户，以代理其交易结算。甲类账户既是"投资者"，有自营账户，又是"托管人"，由丙类投资者的名义持有人代理总账户。上清所实行ABC类债券账户托管制度，与中债登的甲乙丙账户分类仅在称呼上有差异，并无其他实质不同。（2）交易所债券市场是场内市场，其根据券种的不同，实行不同托管机制。一般而言，实行"中央登记、二级托管"，中央登记即所有交易所债券在中证登登记，二级托管则意味投资者无法以自身账户直接参与债券交易，要通过有资格的证券公司，并将资产托管在证券公司，由其代理交易结算。根据

《证券登记结算管理办法》第34条、第78条,交易所市场债券的托管架构被称为一级"存管"和二级"托管",投资者委托证券公司"托管"其持有的债券,证券公司则将其自有证券和所托管的客户债券交由中证登"存管"。此外,国债情况比较特殊,其在交易所市场亦有发行交易,但最终须在中债登登记托管,故交易所投资者先在中证登开立托管账户,再由中证登在中债登开立名义托管账户。此时,中债登是一级总托管人,中证登则是国债的二级分托管人。(3)商业银行柜台市场债券实行二级托管,中债登是一级托管人,柜台承办商业银行承担二级托管职责。投资者在商业银行柜台开立托管账户,承办银行在中债登开立自营账户和代理总户,分别记载承办银行自有债券和其托管客户拥有的债券。

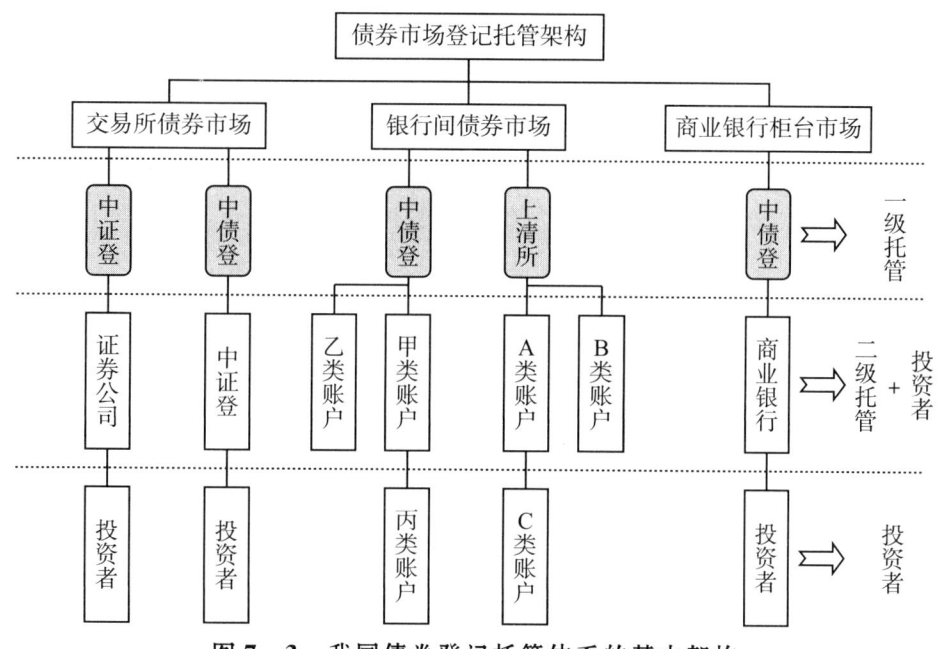

图 7-3 我国债券登记托管体系的基本架构

形式架构看似有序的债市登记托管体制实际上暗含两方面的危机。一方面,实物券时代,民法原理的适当扩大解释能为债券交易的正当性提供法律注脚,债券登记、托管、交收均可参照不动产登记转让的法律制度来确认登记托管关系中各主体的权利义务。但无纸化变革使证券被高度电子化,登记托管技术虽已到位,但法律法规未能对其基本性质、权利义务及相关责任进行清晰定位。《证券法》只对登记结算机构的设立和基本义务进行了原则性规定,《证券登记结算管理办法》也仅是对一般性的义务规则和风险防控制度进行了细化,《银行间债券市场债券登记托管结算管理办法》多为程序性规程,均未对登记托管性质认定及参与主体法律地位给予明确阐释。既有规定以登记托管义务规则为核心展开,并非围绕各方主体权利义务进行制度设计,此举虽可便宜具体操作,但法律定位基础——主体权利义务尚不清晰。至于法律责任安排更欠缺合理,理应作为债市母法的《证券法》仅规定了擅设证券登记结算机构的法律责任和登记结算机构未按要求保存文件资料和挪用证券的法律责任。这种片面强调管制思维而缺乏交易思维的法律责任设置不足以对证券登记托管关系进行完整有效的规制。① 下一步应明确登记托管机构的性质,并以权利义务为核心凸显登记托管机构的应然定位,摒弃单一的管制思维,以市场化交易思维加强登记托管机构的法律责任,实现各主体公平分配。

另一方面,债券登记托管虽有统一之势,但仍彼此割裂,"曲线救国"的折中之策——市场转托管收效甚微。债券登记托管仍然是"三分天下",在无纸化电子簿记技术面前,人为割裂市场的登记托管无疑将增加交易成本。实践中由于不同市场系统设计、时间要求、彼此竞争等缘由,权宜之计"转托管"适用范围过小,目前仅限于国债(双向转托管)和企业债(仅能由银行间市场单向转托管到交易所市场),且未能发挥应有之效,交易所与银行间债券市场债券难以及时转托管,套利机制无法发挥,价格发现和市场资源配置功能难以实现。而且,国内市场资源的分隔大大降低了市场整体的竞争优势,不利于国际竞争和国际话语权的争夺。对此问题的解决,可从以下两条进路推进:一条是理想型进路,即充分实现电子簿记下统一集中的中央登记托管,保证参与者可在统一的系统内就债券交易进行操作,即实现所谓的"一户通",② 但部门利益难以短时间内厘清,此举难度甚大;另一条是畅通转托管路径,加大转托管债券适用范围,减少转托管路径壁垒,提高转托管市场间的契合度,使形式分割下的登记托管实现最优化的实质性"操作互通"(interoperability)。

二、债券结算机构:债券交易促进与风险防范的"终端保障"

债券结算是债券交易流程的最后一个关键环节,欧盟结算统一化的先驱、意大利金融学家阿尔伯特·乔瓦尼(Alberto Giovannini)指出"清算和结算是任何金融体系的核心……比'交易'更能定义证券市场的是'清算和结算'"。③ 债券

---

① 张保红:《我国证券登记结算制度的缺陷及重构》,载于《法商研究》2014 年第 2 期。
② 张东昌:《债券市场互联互通下的监管体系重构与债券法制统一》,载于《证券法苑》第 17 卷,法律出版社 2016 年版,第 182~184 页。
③ The Giovannini Group, *Second Report on EU Clearing and Settlement Arrangements*, https://www.ebf.eu/wp-content/uploads/2017/07/Second-Giovannini-Report-on-Clearing-Settlement-in-the-EU-2003-1.pdf.

结算一般包括交易确认（trade confirmation）、清算（clearance）和交收（settlement）三个步骤。交易确认指交易双方对交易条款内容（如债券种类、交易对手、交易价格、交易数量、结算日等）进行最终确认的过程；清算是在交易确认的基础上，对买卖双方应收应付的债券和价款进行核定计算的过程；交收是根据清算结果，债券由卖方向买方转移和相对应的资金由买方向卖方转移的过程。只有交收完成后，一笔债券交易才算真正实现。[①] 在债券以实物形式存在的条件下，结算不仅要完成债券在买卖双方之间的交付和记名债券尚持有人姓名的更改，还需对债券进行辨识、清点、运输，结算效率非常有限。随着信息时代到来，无纸化债券成为债券主要形式，结算仅需由结算机构对相关电子记录作出更改即可，结算效率大为提高。

在债券结算的话语体系中，如图7-4所示，存在"结算制度"与"结算方式"之分，前者更关注相对宏观的券款结算的市场轧差安排，后者则主要着眼于微观层面交易方券款交付的时间差安排。结算制度包括全额结算与净额结算两种。全额结算（gross settlement）也称逐笔结算，是指买卖双方对每笔债券交易进行一一对应的债券与资金的划付。其优势在于每个市场参与者均可获悉交易结算实际进展，对交易对手方风险状况有明确认知，有利于保持交易稳定性，但其缺陷亦相当明显，由于每次交易须全额结算，对结算参与方资金要求较高，频繁交易往来导致不必要的对向重复性交割支付负担过重。净额结算（net settlement）是指债券结算机构以结算参与人为单位，对其买入和卖出的余额进行轧差，以轧差所得的净差额进行交收的制度。[②] 净额结算将多笔交易汇总同时清算，其实质是债务抵销。净额结算次数少、效率高，证券和资金占用量小，交易成本相对更低。按交收标的区分，净额结算有券款净额交收和仅对券或款实行净额交收两种类型；按参与结算各方关系的不同，净额结算又有双边净额结算与多边净额结算之分。双边净额结算（bilateral netting）是指交易双方就交易余额进行轧差交收；多边净额结算（multilateral netting）指债券结算机构以中央对手方（central counterparty）身份介入债券交易关系中，成为"所有买方的卖方"和"所有卖方的买方"，[③] 然后以结算参与人为单位对其达成的所有交易的应收应付的债券和资金予以冲抵轧差，每个参与人根据轧差净额与结算机构进行交收的结算制度。中央对手方的引入减少了信用风险和流动性风险，也最大限度地降低了交易成本，

[①] 郭雳、廖凡：《我国证券登记结算法律的进展与疑惑》，载于《证券市场导报》2007年第2期。
[②] 沈炳熙、曹媛媛：《中国债券市场——30年改革与发展》，北京大学出版社2014年版，第223页。
[③] See Mariusz Szpringer, Wlodzimierz Szpringer, *Law and Economics of Central Counterparties（CCP）－Selected Issues of Regulation and Competition Concerning Financial Market Infrastructure*, European Business Law Review, Vol. 27, Issue 5, 2016, pp. 587－603.

目前被各国债券市场广为使用。

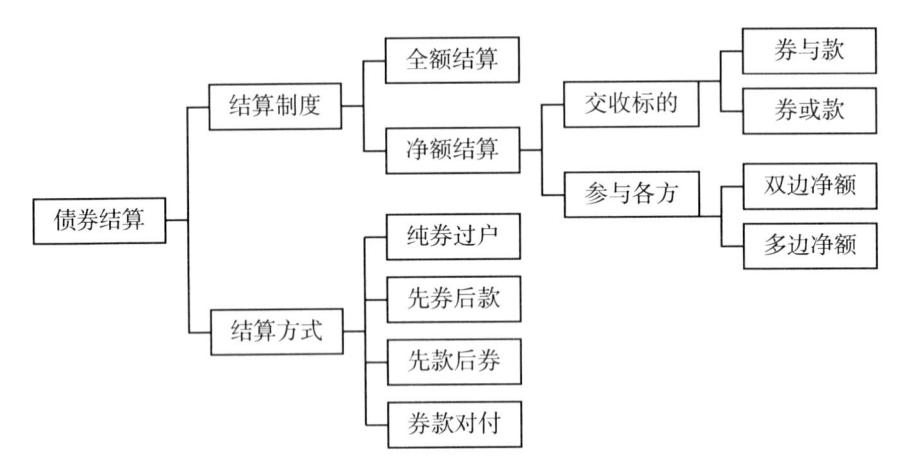

```
债券结算 ─┬─ 结算制度 ─┬─ 全额结算
         │            └─ 净额结算 ─┬─ 交收标的 ─┬─ 券与款
         │                         │            └─ 券或款
         │                         └─ 参与各方 ─┬─ 双边净额
         │                                      └─ 多边净额
         └─ 结算方式 ─┬─ 纯券过户
                      ├─ 先券后款
                      ├─ 先款后券
                      └─ 券款对付
```

图 7-4　债券结算制度与结算方式主要类型分布图

与债券"结算制度"相关的"结算方式"是指交易双方的券与款相互进行交收转移的方式，具体包括 FOP、PAD、DAP 和 DVP 四类。纯券过户（free of payment，FOP）是不以资金支付为条件的债券交割结算，结算机构仅负责双方券的交割，资金结算由付款方自行向收款方支付。先券后款（payment after delivery，PAD）指付款方确定付券方有履行义务所需足额债券后，再向对方划付款项的方式。先款后券（delivery after payment，DAP）指付券方在确定收到付款方应付款项后，再向对方交割债券的结算方式。无论 PAD 抑或 DAP，都对一方有利，另一方会存在风险敞口，双方履行结算中权利并不对等。券款对付（delivery versus payment，DVP）也称"货银对付"，指债券与资金同步进行交收并互为条件的结算方式。券款兑付要求债券结算机构同步办理券和款的交割与清算，能有效适用于较为陌生或信用水平不相当的交易参与方安全迅速地达成交易结算，颇受国际债券结算行业青睐。

在我国，银行间债券市场结算机构为中债登和上清所，中债登结算主要采用"实时全额结算"方式，而上清所自 2011 年 12 月起开始为其托管的债券推出中央对手方"现券净额结算"业务。2015 年上清所又颁布《银行间债券市场债券交易净额清算业务规则（试行）》和《银行间债券市场债券净额清算业务指南》，其净额结算业务在现券交易基础上大幅增加了新交易类型和可适用的债券品种。

关于结算方式，银行间债市对纯券过户、先券后款、先款后券和券款对付均有提供，其中券款对付是核心力推的结算方式。券款对付最早始于 2004 年，央行大额支付系统与中债登债券综合业务系统实现联合运行，初步实现了银行机构间的债券交易 DVP 结算。此后经过 4 年多努力，2008 年全面开通了非银行机构

DVP 结算业务，实现了银行间市场参与者全覆盖的 DVP 结算保障。此外，银行间债市存有特殊的结算代理制度，即基于降低交易成本和减少风险发生的考虑，中小投资者（中债登丙类账户和上清所 C 类账户）应选择债券结算代理人（中债登甲类账户和上清所 A 类账户）委托其办理债券结算。

与银行间债券市场结算方式不同，交易所市场主要采取中央对手方的净额结算机制，中证登是结算指定机构。在交易所自动撮合系统中，无论现券交易，还是债券回购交易，均采取中央担保交收的净额结算制度。在交易所固定收益综合电子平台中，中证登则有两套清算模式，一则是对交易商间的交易，仍采取中央对手方的净额结算；二则对交易商与客户之间的协议交易，实行纯券交割结算模式。需指出，交易所市场实行"二级结算"制度，中证登与结算参与人（一般为证券公司）进行清算交收，结算参与人再与其客户清算交收。①

结算机构分散的背后流露出多头监管之弊，姑且不论将登记、托管与结算功能融于一体的中债登、中证登和上清所能否有效承担起这关键职责，单就结算作用的发挥就以部门监管范围为边界，生硬地将本质相同的债券归于不同结算机构结算，欠缺合理性。域外债市的结算机构也大多分市场进行，但划分依据不是以部门监管为限，而以债券类型为标准。以美国为例，其债券托管、结算包括两套系统，一套是政府债券、机构债券总托管于美联储的债券簿记系统（FRBs），由全美证券托管清算公司（The Depository Trust & Clearing Corporation，DTCC）下的固定收益清算公司（Fixed-income Clearing Corporation，DTC）及摩根大通清算银行进行；另一套以公司债为首的私人部门债券总托管于 DTCC 下的全美证券托管公司（The Depository Trust Corporation，DTC），由 DTCC 下的国家证券清算公司（National Security Clearing Corporation，NSCC）及其他清算银行负责结算。在债券结算统一方面，欧盟更是走在发展前列，从 2007 年起，欧洲央行便一直致力于推动"泛欧证券结算平台"（T2S）的建立，以切实加强无国界化的欧盟结算系统的统一适用。② 回观国内，建议将结算系统进一步集中统一，即便短期内难以消除中债登、中证登和上清所的人为介入的隔阂差异，也应逐步引流建立以债券差异为主导的托管机构体系，如此益于实现同种债券结算体系的一致性适用，减少不必要的结算成本耗费。此外，债券结算机构对净额结算制度适用仍如履薄冰。目前净额结算制度在我国上清所渐已推行，然其核心要义——中央对手方机制仍在法律法规中鲜有提及明定，为净额结算制度的推行留下了制度隐患。"责任更替"是中央对手方机制形成的关键内容，债券买卖双方将权利义务转让

---

① 沈炳熙、曹媛媛：《中国债券市场——30 年改革与发展》，北京大学出版社 2014 年版，第 231 页。
② ［英］彼得·诺曼：《管道工程师与梦想家——证券结算和欧洲金融市场》，董屹、卓贤译，中国发展出版社 2016 年版，第 320~321 页。

给中央对手方，原先相互间的债权债务关系终止，而代之以参与人分别与中央对手方形成新的债权债务关系，这种责任更替后的纠纷解决不再依据债券双方的买卖协议而是按照结算规则产生的清算表。因而，需在法律框架内以更高位阶的法规明定"责任更替"，明确中央对手方和结算参与人的权利、义务与责任。[①]

[①] 李东方：《证券登记结算的法理基础研究》，载于《中国政法大学学报》2018年第5期。

第八章

债券市场从分割走向联通的风险防范

市场分割已经成为制约我国债券市场发展的重要因素,以银行间债券市场为代表的场外市场和交易所债券市场所代表的场内市场,在交易主体、交易产品和托管结算体系等方面的人为分割,阻碍了债券市场竞争机制的发挥,限制了债券市场深化发展和功能实现,更是导致了资本市场发展的失衡。对此,2014年国务院出台的"新国九条"明确提出要"深化债券市场互联互通"。本章内容将呈现债券市场分割的现实格局,从制度发生学的视角分析债券市场分割的制度根源,阐述债券市场分割走向互联互通的必要性和实现路径,最后提出债券市场互联互通下的风险传导路径及其防范机制。

第一节 我国债券市场分割的现实格局

目前我国场内与场外市场并存的多层次债券市场体系已经初具雏形,但市场之间相互分割、缺乏有效联通,也是不争的事实。虽然有观点认为我国债券市场分割实际上是一个伪命题,理由是场外的银行间债券市场主导与国际市场发展趋势是一致的,并且机构投资者和公司信用债等高风险债券本就应该在场外市场交易。[①]但其忽略了一个基本的前提,那就是场内或场外市场主导应是市场竞争的

---

① 徐忠:《中国债券市场发展中热点问题及其认识》,载于《金融研究》2015年第2期。

结果,是由市场决定的,而不应当是行政干预和人为分割的结果。需要澄清的是,虽然学界对于债券市场分割大多是从市场主体、债券产品、托管结算体系和监管体系四个方面进行分析的,但是,监管体系分割与其说是债券市场分割的表象,莫不如说是其制度成因,因而本章对于债券市场分割的现实格局主要是围绕交易主体、交易产品和托管结算体系展开分析的。

一、债券市场交易主体分割

从交易主体结构上看,银行间债券市场和交易所债券市场各有侧重,前者只能由商业银行为代表的机构投资者参与,后者除了以证券公司为代表的机构投资者外,还包括大量的个人投资者。即使是在机构投资者结构上,两个市场虽有交叉,却也大相径庭。银行间债券市场虽然从机构投资者类型和数量上看,投资者结构日趋多元化,但在持有债券比重上商业银行仍然占据着绝对的主导地位(见表8-1);而交易所债券市场中的机构投资者则是以证券公司为主,数量上占到了近40%。造成两个市场投资者结构分化的原因,既有历史因素也有现实因素,既有政府因素也有市场因素。首先,早期交易所债券回购市场由于存在制度性缺陷,成为商业银行信贷资金违规流入股市的重要渠道,中国人民银行于1997年发布了《关于各商业银行停止在证券交易所证券回购及现券交易的通知》,将商业银行剥离出交易所,这直接导致了银行间债券市场的产生和迅速崛起,以及交易所债券市场的日渐边缘化。银行间债券市场之所以被称为"银行间"的市场,其产生之时就是以商业银行为主导的,至于交易所债券市场则本就具有面向个人投资者的传统,加之商业银行的退出,其机构投资者也只能以证券公司为主。其次,从两个市场的交易机制上看,银行间债券市场采用询价机制和做市商报价机制相结合的机制,适合于机构投资者从事大宗交易的需求;交易所债券市场过去一直采用集合竞价机制,更适合个人投资者和中小投资者的需求。也正是鉴于集合竞价机制在面对机构投资者和大宗交易的不适应性,上海证券交易所于2007年推出了"固定收益证券综合电子平台",引入询价机制和做市商机制,以作为交易所债券市场中面向机构投资者、符合债券交易特点的批发性交易平台(见表8-1)。

表8-1 银行间债券市场机构投资者结构及持债比重(2015年12月)

机构类型	数量	持债比重(%)			
		国债	金融债	企业债	中期票据
特殊结算成员	20	18.2	0.2	0.3	1.6
商业银行	744	71.4	67.4	29.7	40.2

续表

机构类型	数量	持债比重（%）			
		国债	金融债	企业债	中期票据
信用社	559	1	3	4.9	4.9
非银行金融机构	195	0.3	0.2	0.5	0.6
证券公司	131	0.5	0.4	5.7	2.4
保险机构	149	4	9	12.7	7.6
基金	7 244	1.8	17.7	45	40.2
非金融机构	275	0.02	0.02	0.1	0.05
境外机构	298	2.7	2	0.8	2.4

应该说，仅仅是投资者结构的分化并不能成为债券市场交易主体分割的佐证，问题的关键在于投资者结构的分化是其自主选择的结果，还是行政权力干涉的结果。换言之，是否存在分割的评判标准在于投资者是否有权自主的选择交易场所，以及自由的从事跨市场交易。事实上，发达国家的债券市场也存在场内和场外市场并立的格局，尽管从实践上看机构投资者也更偏好场外市场，但本身并不禁止特定的发行人和投资者群体的市场进入。[①] 我国则不然，商业银行长期被严格禁止进入交易所债券市场，这固然是我国债券市场发展特定历史背景下的产物，但延续至今业已成为债券市场发展失衡和分割的一个重要因素。虽然2010年证监会、中国人民银行和原银监会联合发布了《关于开展上市商业银行在证券交易所参与债券交易试点有关问题的通知》，标志着商业银行开始重返交易所债券市场，但从实践情况来看，由于受到了诸多限制，其重返之路依然充满坎坷。该通知限定的试点主体只能是上市商业银行，并且只能在交易所集中竞价交易系统进行规定业务范围内的债券现券交易，而不能在交易所固定收益平台从事回购交易，这导致商业银行重返交易所债券市场陷入了"有名无实"的怪象。此外，虽然商业银行以外的机构投资者在跨市场交易方面并无明确限制，但由于银行间债券市场和交易所债券市场托管结算体系的不统一，使得投资者不得不在两个市场的托管结算机构分别开立托管账户，账户之间又缺乏顺畅的联通机制，成为了投资者跨市场交易的重要障碍，这进一步加剧了债券市场交易主体分割的局面。

---

① 时文朝主编：《中国债券市场：发展与创新》，中国金融出版社2011年版，第18页。

二、债券市场交易产品分割

从债券市场产品结构上看,银行间债券市场发行和交易的债券主要包括政府债券、央行票据、金融债券、非金融企业债务融资工具(包括短期融资券和中期票据)、信贷资产支持证券等,交易所债券市场发行和交易的债券则主要是公司债券、可转换公司债券、政府债券、企业债券等,从范围上看既有交叉也有区别。如果说债券市场投资者结构的分化,部分原因尚可归结为机构投资者对于场外市场的偏好,那么将债券产品结构的分化归咎于债券特性差异及市场偏好,则未免有些牵强附会。虽然从债券市场发展实践上看,一些高风险、高收益的债券衍生产品更适合在机构投资者为主的场外市场交易,但对于政府债券、金融债券和公司债券等基础性债券,并不存在市场适合性的问题,况且各国在立法和监管中也不会限制债券发行和交易的场所,而是交由发行主体决定。可见,我国债券市场产品结构的分化,显然无法从市场层面给出合理的解释,而只能归咎于债券发行监管主体不同及由此导致的债券发行和交易市场的人为分割(见表8-2)。

表8-2　　债券市场产品结构、交易场所和托管结算机构

发行主体	债券产品	交易场所	托管结算机构
财政部	国债	银行间债券市场	中债登
		交易所债券市场	中证登
		商业银行柜台市场	中债登
地方政府	地方政府债券	银行间债券市场	中债登
		交易所债券市场	中证登
中国人民银行	央行票据	银行间债券市场	中债登
政策性银行	政策性金融债	银行间债券市场	中债登
商业银行	次级债、混合资本债券	银行间债券市场	中债登
保险公司	次级债、资本补充债券	银行间债券市场	中债登
财务公司	金融债券	银行间债券市场	中债登
非金融企业和公司	公司债券	交易所债券市场	中证登
	可转换公司债券	交易所债券市场	中证登

续表

发行主体	债券产品	交易场所	托管结算机构
非金融企业和公司	企业债券	银行间债券市场	中债登
		交易所债券市场	中证登
	非金融企业债务融资工具	银行间债券市场	中债登、上海清算所
	资产支持证券	银行间债券市场	中债登、上海清算所
		交易所债券市场	中证登
	中小企业集合票据	银行间债券市场	中债登、上海清算所

具体而言，我国债券市场交易产品的分割主要表现在以下三个方面：一是，在债券一级市场中，除了国债、地方政府债券、企业债券可以选择跨市场发行之外，中国人民银行主管下的央行票据、非金融企业债务融资工具以及绝大部分金融债券、信贷资产支持证券只能在其监管下的银行间债券市场发行，证监会主管下的公司债券和可转换公司债券则只能在其监管下的交易所债券市场发行。二是，债券发行市场决定交易市场，债券发行的市场分割进而导致了债券交易的市场分割，债券产品无法自由的跨市场交易。即使是可以跨市场发行的国债、地方政府债券和企业债券也不意味着其能够自由地跨市场交易，在托管结算体系分割的背景下，只能够通过转托管的方式进行跨市场交易。并且只有国债和地方政府债券可以双向转托管，企业债券只能由银行间债券市场向交易所债券市场单向转托管。三是，公司信用类债券领域的分割已经成为我国债券市场分割的典型表现。公司债券、企业债券和非金融企业债务融资工具都是以公司信用为基础，但在我国却被分割为三类债券，分属于三个不同的监管机构主管，在不同的市场发行和交易，从而形成了"三套规则、二分市场"[①]的格局。银行间债券市场采用"非金融企业债务融资工具""中期票据""短期融资券"等似是而非、令人费解的概念，无非就是为了规避《证券法》和《公司法》的适用。[②]

三、债券市场托管结算体系分割

如果将交易场所比作债券市场的"前台"，那么托管结算体系则可视作债券

[①] 洪艳蓉：《我国企业债券融资的制度困境与变革》，载于《公司法律评论》（第10卷），上海人民出版社2010年版。

[②] 上海证券交易所法律部：《成熟市场视野下的证券法修改完善论纲》，载于《证券法苑》（第6卷），法律出版社2012年版。

市场的"后台",作为债券市场基础设施的重要组成部分,为债券的发行和交易提供登记、托管、结算服务。目前,我国债券市场存在中央国债登记结算有限责任公司、中国证券登记结算有限责任公司和银行间市场清算所股份有限公司(以下简称"上海清算所")三个托管结算机构。三者相互独立、相互竞争,缺乏有机的协调和衔接机制,在债券市场中形成了相互分割的三套托管结算体系。首先,在业务范围上,中债登负责银行间债券市场的债券托管结算事宜;中证登负责交易所债券市场的债券托管结算事宜,其下设上海分公司和深圳分公司,分别对上海证券交易所和深圳证券交易所的债券交易进行托管结算;上海清算所自2010年起由中国人民银行指定为银行间债券市场超短期融资券的托管结算机构以来,在银行间债券市场托管结算的债券范围不断扩展,已经包括了超短融资券、非金融企业定向融资工具、短期融资券、中期票据、中小企业集合票据、资产支持证券等债券品种。值得一提的是,按照财政部制定的《国债托管管理暂行办法》第 5 条的规定,国债托管实行全国集中、统一管理的体制,财政部授权中债登主持建立和运营全国国债托管系统。但是实践中,国债在银行间债券市场和交易所债券市场仍然分别由中债登和中证登负责托管结算,从而在交易所债券市场中形成了"中央登记、二级托管"的分级托管体制,即中债登作为国债一级托管人,中证登作为二级托管人在中债登开立名义托管账户,交易所债券市场投资者直接在中证登开立账户进行交易。实际运行过程中,中债登的一级托管账户只记载债券托管总量而不掌握明细,对中证登的二级托管账户也没有任何控制力,两个托管账户根本上还是独立和分割的。其次,在管理体制上,中债登由财政部出资,中国人民银行负责业务管理,银保监会负责人事管理;中证登由证监会负责管理;上海清算所由中国人民银行负责管理。也正是由于主管部门的不同,在很大程度上也决定了各自托管结算业务范围的划分。再次,在结算方式上,中债登和上海清算所实行逐笔全额结算,中证登则实行的是日终净额结算。

  托管结算体系的分割既是债券市场分割的结果,也是加剧市场分割的原因。债券市场"后台"的分割,实际上就迫使投资者将其手中持有的债券放在不同的"口袋"里,"口袋"之间又没有顺畅的联通渠道,这就极大地限制了投资者在不同市场之间选择交易的自由度,增加了交易成本,减少了套利机会。[①] 对此,财政部于 2003 年出台了《国债跨市场转托管业务管理办法》,意味着国债可以通过转托管的方式实现跨市场交易,这可谓是针对债券市场托管结算体系分割和跨市场交易困境的权宜之计。但也正如前文所述,转托管仅限于可跨市场发行的政府债券和企业债券,金融债券、公司债券等则被排除在外,企业债券只能单向转

[①] 袁东:《债券市场:交易制度与托管结算》,经济科学出版社 2005 年版,第 10 页。

托管，烦琐的审核程序以及结算方式的差异更是大大降低了转托管机制的效率。由于中证登实行日终净额结算，使得债券从银行间债券市场向交易所债券市场转托管无法实时到付交易，实践中至少需要 T+1 个工作日方能完成。《中国证券登记结算公司国债跨市场转托管业务操作指引》规定，对于转入证券交易所市场的转托管，当日 14 点前收到的转入指令，本公司当日进行入账处理；对当日 14 点以后收到的转入指令，于下一个工作日进行入账处理；转入证券交易所市场的国债，可于转托管完成后下一交易日用于交易。在瞬息万变的资本市场，套利机会稍纵即逝，转托管效率的低下也极大地限制了其制度价值。更何况，即使在技术层面上能够提高转托管效率，可作为相互之间存在直接竞争关系的托管结算机构，对于提高转托管效率的积极性还需要打上大大的问号。因此，债券市场托管结算体系的分割不会因为转托管的存在而被"粉饰"，更难以凭借转托管的方式一劳永逸地得到解决。

第二节 制度竞争：债券市场分割的制度发生学解释

债券市场分割的发生具有一定的历史偶然性，商业银行退出交易所市场及银行间债券市场的建立，初始的目的仅仅是防止商业银行信贷资金违规流入股市，既非出于多层次市场的考虑，更没有分割市场的意图。可制度形成的逻辑并不总是共时性的，而更多是历时性的。[①] 从最初银行间债券市场的建立到如今市场分割局面的形成，这一制度生成、演化的过程，绝不是"一个历史的偶然"所能够解释的，其中必定蕴含着某些"必然性"的制度因子。本部分内容正是基于债券市场功能、监管权力和债券法制三个维度出发，试图挖掘债券市场分割现象背后的制度诱因。

一、债券市场功能定位的偏差

债券市场作为同股票市场并行的直接融资渠道，为多元化的市场主体搭建资金融通的桥梁自当是其最本源、最核心的功能，并在此基础上衍生出了风险规避、价格发现、宏观调控等其他功能。既然如此，那么债券的发行、定价和交易

[①] 朱苏力：《制度是如何形成的？——关于马歇尔诉麦迪逊案的故事》，载于《比较法研究》1998 年第 1 期。

就理应由市场中的资金供给者和资金需求者共同决定，政府不应过多干预。换言之，发行人能否发债成功，主要取决于自身信用；投资者能否避险获利，主要依据信息披露和市场中介提供的包括信用评级在内的金融服务进行判断。[①] 同样地，发行人选择在哪个市场发行债券，投资者选择在哪个市场交易债券，也应是市场主体经济自由权的应有之义，而不应由政府事先作人为的市场划分。

（一）债券功能定位的偏差

从债券制度史的角度看，20世纪50年代初我国开始发行"国家经济建设公债"，其目的是平衡财政收支，抑制通货膨胀，稳定市场物价以及筹集国民经济建设资金。[②] 并且直到1991年引入承购包销机制之前，由于不存在一级国债市场，国债发行主要通过行政摊派和政治动员相结合的方式进行。[③] 但正如马克思所言："强制的公债，无非是一种特殊形式的所得税。"[④] 彼时，国债的发行主要是承担着财政功能和宏观调控功能，担负着服务国家发展大局的政治使命，国债二级市场尚未建立，没有国债交易一说。在国家信用的担保下，个人投资者购买国债与其说是投资，莫不如说是作为一种储蓄的手段，国债作为"证券"所应具有的投资属性自然也就无从谈起。事实上，即便在现今国债二级市场已经建立并日臻完善的背景下，国债的投资功能依旧没有得到正视，在二级市场中更多是充当了中国人民银行公开市场操作的货币政策调控工具。由于大部分国债集中在银行间债券市场，其中又以商业银行持有为主，其他投资者难以参与其中，投资者的同质性造成国债交易的活跃度相对较低。究其原因，无非在碎片化的市场格局中，政府债券的基本性质是作为相对封闭的国家融资体制而存在，国家对资本的供给和融资进入门槛都严格控制，市场力量几乎不存在。[⑤]

而从企业债券的产生和发展历程上看，1987年《企业债券管理暂行条例》规定企业债券仅可由中国境内具有法人资格的全民所有制企业发行，用于保障国家重点建设，1993年《企业债券管理条例》虽然删除了这一规定，但没有从根本上改变企业债券的基本定位。即将企业债券的功能仅仅定位于为中央和地方企业弥补项目资金缺口的补充性措施，近年来又将之定位于为基础设施项目筹集资

[①] 中信证券股份有限公司法律部：《交易所公司债券市场发展与〈证券法〉修改——以公司债发行法律制度为重点》，载于《证券法苑》（第5卷），法律出版社2011年版，第803页。

[②] 沈炳熙、曹媛媛：《中国债券市场：30年改革与发展》（第二版），北京大学出版社2014年版，第21页。

[③] 高坚：《中国债券资本市场》，经济科学出版社2009年版，第108页。

[④] 《马克思恩格斯全集》（第5卷），人民出版社1958年版，第313页。

[⑤] 沈朝晖：《公债和民主》，载于《中外法学》2012年第6期。

金，而自始至终均没有把企业债券市场看作中国资本市场的重要组成部分。① 也就是说，企业债券没有被作为企业常态化的直接融资工具看待。特别是在过去的一段时间里，企业债券与地方政府融资平台相结合所发行的"城投债"，成为地方政府融资的重要来源。在这一过程中，资本与权力相勾连，政府信用与企业信用相混淆，使得企业债券朝向了"准政府债券"的性质异化。政府隐性担保的介入，意味着企业债券的融资基础在一定程度上被政府信用所替代，造成企业债券非常规地处于零违约，严重阻碍了企业债券的市场化进程。② 证监会主导下的公司债券本应弥补企业债券功能定位的缺陷，反而却延续了服务大企业的狭隘定位，一直以来《证券法》对公司债券发行规定了严苛的发行门槛限制。③ 直至中国人民银行主导下的非金融企业债务融资工具和中小企业集合票据的产生，才在一定程度上缓解了企业发行债券融资的困境，但也就此形成了公司信用类债券领域"三分天下"的格局。

总而言之，无论是政府债券还是公司信用类债券，在我国的产生和发展过程中一直是作为国家整体筹集利用资金计划的一部分，债券市场服务于国家固定资产投资和国有企业输血脱困，服从于国家宏观经济调控安排的功能定位深刻影响了我国债券市场的整体制度设计。④ 造成的结果就是，债券发行和交易中通过市场准入门槛的限制将大量市场主体排斥在债券融资体制之外，债券市场服务于广大市场主体投融资需求的功能没有得到彰显。这种对于债券本质属性和功能定位的认识上的误区，也为债券市场发展中的种种问题定下了基调。

（二）债券交易市场功能定位的偏差

就债券交易市场而言，从面向的债券品种和投资者角度看，也存在功能定位上的差异，但这种差异却并不只是市场自发生成的结果，更多的是源自政府意志。首先，银行间债券市场是中国人民银行为商业银行所创设的，因而一直存在的突出特点就是中国人民银行的扶持和商业银行的主导。商业银行的主导性固然是支撑银行间债券市场迅速发展壮大的重要力量，但其同质性特征也决定了银行间债券市场所固有的流动性问题，商业银行更多的是购买并持有债券而非交易，

---

① 何志刚：《中国债券市场融资功能研究》，经济管理出版社2003年版，第109页。
② 洪艳蓉：《公司债券违约零容忍的法律救赎》，载于《法学》2013年第12期。
③ 旧《证券法》第16条规定，公开发行公司债券，股份有限公司的净资产不低于人民币三千万元，有限责任公司的净资产不低于人民币六千万元，这实际上就将大量中小企业排除在外了。直到2019年新《证券法》的修订通过，取消了公开发行公司债券的净资产要求。
④ 参见洪艳蓉：《公司债券的监管竞争、路径依赖与未来发展框架》，载于《证券市场导报》2010年第4期；中信证券股份有限公司法律部：《交易所公司债券市场发展与〈证券法〉修改——以公司债发行法律制度为重点》，载于《证券法苑》（第5卷），法律出版社2011年版，第803页。

导致银行间债券市场的资本市场功能无法充分发挥。正如高坚博士所指出的,"银行间债券市场"这个概念本身十分含糊,银行间市场本质上是货币市场,而债券市场的本质又是资本市场,因此从概念上讲银行间债券市场兼具货币市场和资本市场的功能。① 甚至有观点认为银行间债券市场只是"贷款市场披上了薄薄的一层面纱而已"②,虽不免失之偏颇,却也反映了银行间债券市场资本市场功能供给不足的现实。

反观交易所债券市场,长期定位于个人投资者,虽然投资者结构的多元化和异质性有利于提高流动性,但毕竟市场规模有限。可以说,市场定位的错误是我国交易所公司债券市场发展过程中一系列错误的逻辑根源。③ 正是因为个人投资者的市场分析能力和风险承受能力有限,导致监管机构对公司债券发行和流通实施严格管控,地方政府则出于地方保护主义和维护社会稳定的意图,对公司债券违约风险进行隐性担保,进而造成公司债券市场发展的扭曲和滞后,也为银行间债券市场非金融企业债务融资工具的崛起提供了制度空间。更何况,我国证券交易所总体上还是以股票市场为基本定位的,有关的制度设计也都是以股票市场为导向的,在投资者定位、交易机制、规则制定等方面都没有契合债券市场自身的特性,从根本上混淆了股债管理,自然也难以适应债券市场的发展需要。由是观之,银行间债券市场以商业银行为主导的定位,混淆了资本市场与货币市场功能,交易所债券市场发展过程中则是混淆了债券市场与股票市场,这种由人为市场划分所带来的功能定位的偏差,不仅造成了两个市场发展的失衡,更是强化了市场分割的困局。

二、债券市场监管权力的博弈

如前所述,我国的债券市场的制度变迁并非基于市场需要自发形成、自我演进的,而是表现为政府主导下强制性制度变迁的进程,在债券市场发展过程中,政府始终承担着利益调节者和制度制定者的角色。④ 也正是由于不同债券产品和市场的产生是由不同政府部门所推动的,造就了目前我国债券市场的多头监管体制。在债券发行监管中,多头监管体制下既存在功能监管部门之间的分工,也存

---

① 高坚:《中国债券资本市场》,经济科学出版社2009年版,第221页。
② 张璨、李秋菊、程东旭:《中国债券市场投资人结构》,载于《金融市场研究》2013年第4期。
③ 周小川:《公司债券:吸取教训,以利再战》,载于《中国货币市场》2005年第11期。
④ 王盛、董晓春、陈海滨:《制度变迁与中国债券市场的演变路径》,载于《上海金融》2008年第12期。

在功能监管部门与机构监管部门的分工。① 其中，财政部、中国人民银行、发展改革委、证监会和交易商协会分别对政府债券、金融债券、企业债券、公司债券以及非金融企业债务融资工具的发行实施功能监管，同时银保监会还对商业银行和保险公司发行金融债券实施机构监管。在债券交易监管方面，中国人民银行负责场外的银行间债券市场和商业银行柜台债券市场的监管，证监会负责交易所债券市场的监管。

多头监管体制下的监管权力分野不可避免地会带来监管竞争（regulatory competition）② 的问题，表现为监管机构出台各自的监管规则、扶植各自的市场力量以及建立分割的交易市场。不仅如此，与美国等其他成熟市场相比，我国交易所债券市场与银行间债券市场的竞争不仅存在于二级市场，还存在于一级市场。③ 而且在政府主导下的市场竞争实际上已经异化为了监管竞争，这也意味着我国债券市场中的监管竞争贯穿着从发行到交易的整个过程。监管竞争一方面有利于促进监管优化和制度创新，罗伯塔·罗曼诺教授即认为监管竞争有利于纠正监管政策错误（corrects for policy mistakes）和培育创新（foster innovation），"在美国，哪里有监管竞争，哪里就有产品、机构和法律规则的重大创新"。④ 在我国，债券市场产品、交易机制和监管制度的一系列创新和优化，背后都离不开监管竞争，特别是在公司信用类债券领域，发展改革委、证监会和中国人民银行之间在一级市场的监管竞争直接推动了债券市场准入、发行条件等方面的变革（见表8-3）。有学者指出，我国公司债券的发展历程，其实是监管者在公司债券市场化道路上的竞争过程，外部的竞争压力和内部的部门诉求，促使监管者不断地在市场准入、上市交易、融资费用、登记结算和投资者保护等方面改进和完善，并形成了日益趋同的公司债券规则。⑤

---

① 隋平、罗康：《企业债券融资法律业务操作指引》，法律出版社2011年版，第16页。

② 监管竞争理论最初是20世纪70年代针对"特拉华州的神话"而在公司法领域展开的有关降低公司设立门槛和放松监管的讨论，产生了以Cary为代表的"监管竞次"（Race to the Bottom）和以Winter为代表的"监管竞优"（Race to the Top）两派观点。参见William L. Cary, Federalism and Corporate Law: Reflections Upon Delaware, The Yale Law Journal, Vol. 83, No. 4, March 1974; Ralph K. Winter, JR., State Law, Shareholder Protection, and the Theory of the Corporation, The Journal of Legal Studies, Vol. 6, No. 2, June 1977.

③ 于鑫、龚仰树：《美国债券市场发展对我国场内债券市场的启示》，载于《上海财经大学学报》2011年第3期。

④ Roberta Romano, The Need for Competition in International Securities Regulation, John M. Olin Center for Studies in Law, Economics, and Public Policy Working Papers, Paper 258, 2001.

⑤ 洪艳蓉：《公司债券制度的实然与应然——兼谈〈证券法〉的修改》，载于《证券法苑》（第5卷），法律出版社2011年版，第769页。

表 8-3　　　　　　公司信用类债券发行监管制度的演进历程

时间	公司债券	企业债券	非金融企业债务融资工具
2005年5月			《短期融资券管理办法》，中国人民银行核准，要求最近一个会计年度盈利，待偿还融资券余额不超过企业净资产的40%
2007年8月	《公司债券发行试点办法》，证监会核准，采用保荐制，股份有限公司的净资产不低于三千万元，有限责任公司净资产不低于六千万元，累计债券余额不超过公司净资产的40%，最近3年平均可分配利润足以支付公司债券1年利息		
2008年1月		《关于推进企业债券市场发展、简化发行核准程序有关事项的通知》，企业债券发行审批制改为核准制，将先核定规模、后核准发行简化为直接核准发行	
2008年4月			《非金融企业债务融资工具管理办法》，交易商协会注册管理
2011年3月	简化公司债券审核程序，开辟"绿色通道"，对符合特定条件的实行简易审核程序，原则上在申报后一个月之内核准		

续表

时间	公司债券	企业债券	非金融企业债务融资工具
2013年4月		《关于进一步改进企业债券发行审核工作的通知》，对企业债券按照"加快和简化审核类""从严审核类"以及"适当控制规模和节奏类"三种情况分类管理	
2015年1月	《公司债券发行与交易管理办法》，取消保荐制和发审委制度，公开发行的由证监会核准，可申请一次核准多次发行，非公开发行的实行备案制		
2019年12月	新《证券法》，公开发行债券的条件中取消了有关公司净资产和累计债券余额的要求		

不容忽视的是，监管竞争下差异化的监管标准也可能会引发监管套利，为了提高竞争力和吸引力，监管机构会以降低监管标准作为代价，从而导致"朝向底限"（race to the bottom）的竞争。[1] 更为严重的问题是，在部门利益本位的驱使下，债券市场已经沦为各监管机构角逐市场资源和权力资源的"竞技场"，债券市场分割实际上折射出的是监管权力的分割。甚至可以说，监管机构间的权力博弈，不仅是造成债券市场分割的隐形"推手"，更是阻挠债券市场互联互通的最大障碍。

在债券发行市场上，债券发行监管主体的不同直接决定了其发行市场的选择，中国人民银行主管下的债券只能在银行间债券市场发行，证监会主管下的债券只能在交易所债券市场发行。不仅如此，发展改革委、中国人民银行和证监会三足鼎立的监管架构，更是使得本质上同属公司信用类债券的证券，适用三套价值取向、运行机制、监管方式存在诸多差异的法律制度，并在银行间债券市场和

---

[1] 时晋、曾斌：《市场分立与监管竞争——我国公司债券市场发展的法经济学研究》，载于《制度经济学研究》2013年第1期。

交易所债券市场分别交易。①

　　在债券交易市场上，监管部门各自为政，自建债券市场或准债券市场，不断分割债券市场。证监会除了推动采用场外交易模式的固定收益平台建设，2014年以来又大力推进与交易所相对独立的私募市场体系建设；原银监会开展了类似公司信用类债券的"理财直接融资工具"试点；原保监会也建设了保险公司债权投资计划的托管和交易场所。② 特别是，中国人民银行和证监会之间的监管竞争和权力博弈直接阻碍了债券跨市场交易以及托管结算体系的统一。例如，2014年6月平安银行首推"平安银行1号小额消费贷款资产支持证券"在上海证券交易所上市交易，试图突破中国人民银行和原银监会的双审批制度，改由原银监会审批后直接上市交易，但此后经历中国人民银行叫停和重启，过程可谓一波三折，其背后隐含的便是各方的监管角力。③ 又如，2010年证监会、中国人民银行和原银监会出台通知试点上市商业银行开始重返交易所债券市场，但仅限于在交易所集中竞价交易系统进行规定业务范围内的债券现券交易，而不能进入交易所固定收益平台从事回购交易，这也是央行和证监会相互博弈和妥协的结果。④ 饶有意味的是，证监会2009年出台的《关于开展上市商业银行在证券交易所参与债券交易试点有关问题的通知》规定的是"试点期间，商业银行可以在证券交易所固定收益平台，从事国债、企业债、公司债等债券品种的现券交易，以及经相关监管部门批准的其他品种交易"，两个通知的差异和变化耐人寻味。另外，中国人民银行在原有的中债登和中证登两套托管结算体系之外，又扶植了其主管下的上海清算所并赋予其托管结算职能，负责银行间债券市场短期融资券和中期票据等债券品种的托管结算，使得本已割裂的托管结算体系更是雪上加霜，进一步加剧了债券市场互联互通的困难。

三、债券市场法制基础的割裂

　　我国债券市场中的多头监管、法制基础割裂和市场分割之间的关系是互为因果和相互强化的，银行间债券市场和交易所债券市场分割以及发展不均衡的一个

---

① 徐明：《进一步完善公司债券市场的法律制度》，载于《证券法苑》（第6卷），法律出版社2012年版，第25页。
② 徐忠：《中国债券市场发展中热点问题及其认识》，载于《金融研究》2015年第2期。
③ 孙红娟：《管中窥豹：平安银行ABS临停放大监管角力》，载于《第一财经日报》2014年6月19日。
④ 蒋飞、张宇哲：《证监会筹划"债券交易所"》，载于《新世纪周刊》2015年第6期。

重要原因就是两个市场竞争的法制基础存在重大差异。① 有学者总结出我国债券市场法律体系呈现三大特点：一是法律法规、部门规章和业务规则数量多、内容庞杂；二是多头监管体制下各监管机构都有自己的一套规则，自成体系；三是法律法规、部门规章和业务规则之间的涵盖范围不同，缺乏内在的一致性和体系性。② 可以说，我国债券市场法制割裂既体现在法律层面，也体现在具体的监管规则层面，既存在于债券交易市场，也存在于债券发行市场，整个法律体系呈现出明显的碎片化特征。

在法律层面上，银行间债券市场以《中国人民银行法》作为法律基础，但仅在第 4 条就中国人民银行对银行间债券市场的监管职责作了原则性规定，具体的主要通过中国人民银行制定的部门规章以及交易商协会的自律规则加以规定。交易所债券市场则是以《证券法》作为法律基础，但我国一直以来"重股轻债"的思维惯性也反映到了证券立法中，《证券法》整体上是以股票市场为立法导向的，"将其视作一部'股票发行法'和'股票交易法'并不为过"③。《证券法》中有关债券发行、交易、信息披露、托管结算和投资者保护等规定大多直接沿用了股票市场的相关制度，漠视了债券本身所具备的特性。事实上，从股票和债券的区别来看，股票市场监管的重点主要是在市场风险上，而债券与股票相比最大的特点是到期还本付息，其监管的重点则应在于违约风险，有关债券发行条件、信息披露、信用评级、投资者保护等制度设计都应围绕偿债能力展开，但长期以来《证券法》中的债券发行和交易监管制度仍然偏重于公司资产和盈利能力。

《证券法》作为我国证券市场的根本大法，本应当成为整个债券市场的法律基础，但受制于部门立法的局限性，在分业经营和多头监管格局下，证监会主导下制定的《证券法》调整范围极为有限，尚不能涵盖所有债券类型。2019 年修订的《证券法》虽然扩大了证券法的调整范围，但金融债券、企业债券、非金融企业债务融资工具等品种并未包括在内。除此之外，《证券法》的应然规定与实然状态不相符的矛盾还比较突出，例如，第 7 条规定"国务院证券监督管理机构依法对全国证券市场实行集中统一监督管理"，从法律文本的解释上看，这里的

---

①③ 陆文山：《推进我国债券市场发展的若干问题再认识——兼论资本市场功能的完善》，载于《证券市场导报》2010 年第 4 期。

② 刘铁峰：《中国债券市场法规建设情况浅析》，载于《证券市场导报》2009 年第 4 期；习晓兰：《债券市场发展的若干重大问题与对策研究——以交易效率与结算风险控制为视角》，载于《证券法苑》（第 9 卷），法律出版社 2013 年版，第 659 页。

"全国证券市场"自当包括整个债券市场，但现实中银行间债券市场和商业银行柜台债券市场却是由中国人民银行监管；第145条和148条分别规定"设立证券登记结算机构必须经国务院证券监督管理机构批准"及"证券登记结算采取全国集中统一的运营方式"，但现实中却存在中证登、中债登和上海清算所三套托管结算机构且分别适用各自的业务规则。《证券法》的笼统性规定与银行间债券市场和交易所债券市场分而治之的现实格局严重不符，《证券法》作为债券市场基本法的地位也名不副实。

从债券市场具体监管规则层面透视，可以发现债券规则的碎片化和差异性体现得更为明显，监管依据和监管标准不一而足。一是，在债券发行环节，同类债券适用不同的监管依据和监管标准，这主要表现在公司信用类债券领域，企业债、公司债和非金融企业债务融资工具在性质上看本属同类债券，但却因监管主体不同而要适用三套不同的监管规则，在发行条件、审核制度、信用评级、发行定价、资金用途、交易场所和托管结算机构等方面都有所不同（见表8-4）。二是，在债券交易环节，银行间债券市场和交易所债券市场适用两套不同的交易监管规则，且相互之间缺乏有机的衔接和协调机制。虽然已经允许政府债券和企业债券可以通过转托管的方式实现跨市场交易，朝着市场互联互通迈出了坚实的一步，但两个市场的监管规则却并未做出应有的回应，债券跨市场交易过程中依旧适用两套不同的信息披露规则、信用评级规则和托管结算规则，规则的不统一使得债券跨市场交易中面临重重障碍，特别是两市结算方式的差异大大降低了转托管的效率，影响了跨市场交易的有效性。因此，债券市场互联互通的一个重要前提就是消除法律障碍，为债券跨市场交易提供统一的监管规则和监管标准。

表8-4　　　　　　公司信用类债券发行监管制度比较

项目	公司债券	企业债券	非金融企业债务融资工具
监管主体	证监会	发展改革委	中国人民银行、交易商协会
监管依据	《证券法》《公司法》《公司债券发行与交易管理办法》	《企业债券管理条例》《关于推进企业债券市场发展、简化发行核准程序有关事项的通知》	《非金融企业债务融资工具管理办法》

续表

项目	公司债券	企业债券	非金融企业债务融资工具
发行条件	(1) 具备健全且运行良好的组织机构； (2) 最近三年平均可分配利润足以支付公司债券一年的利息； (3) 国务院规定的其他条件	(1) 股份有限公司的净资产不低于三千万元，有限责任公司的净资产不低于六千万元； (2) 累计债券余额不超过企业净资产（不包括少数股东权益）的40%； (3) 最近三年平均可分配利润（净利润）足以支付企业债券一年的利息； (4) 筹集资金的投向符合国家产业政策和行业发展方向； (5) 已发行的企业债券或者其他债务未处于违约或者延迟支付本息的状态； (6) 最近三年没有重大违法违规行为	(1) 待偿还余额不得超过企业净资产的40%； (2) 所募集的资金应用于符合国家法律法规及政策要求的企业生产经营活动，并在发行文件中明确披露具体资金用途
审核制度	注册制①	核准制	注册制
信用评级	证监会认可的信用评级机构，适用《证券市场资信评级业务管理暂行办法》	发展改革委认可的信用评级机构	中国人民银行认可的信用评级机构，适用《信贷市场和银行间债券市场信用评级规范》
交易场所	交易所债券市场	银行间债券市场、交易所债券市场	银行间债券市场
托管结算机构	中证登	中债登、中证登	中债登、上海清算所

---

① 新《证券法》第九条规定公开发行证券实行注册制，但同时也规定证券发行注册制的具体范围、实施步骤由国务院规定，因此可以预见的是在一定时期内公司债券发行将仍然按照核准制实施。

第三节 债券市场从分割走向互联互通的必要性

一、市场分割影响了债券市场竞争机制的发挥

市场经济的本质就是竞争经济,竞争一直被市场经济奉为圭臬。"社会市场经济之父"艾哈德认为"竞争是获致繁荣和保证繁荣最有效的手段"①。正因为市场竞争对于市场经济如此重要,所以调整市场竞争关系的竞争法也就具有了市场经济基本法的地位,在美国被称为"自由企业大宪章",在德国被称为"市场经济基本法",在日本被称为"经济宪法"。② 在资本市场中,多层次资本市场之所以广受推崇,就在于它为市场主体提供了差异化、竞争性的交易场所和机制,能够满足不同市场主体和产品的交易需求,进而在更广阔的范围内释放资本市场的功能。我国债券市场已经形成了场内市场和场外市场并存的市场结构,但由于市场分割的存在,市场间的竞争机制无从发挥。概括来看,市场分割与市场竞争之间的冲突,主要表现在以下两个方面:

(一)市场分割与自由竞争的冲突

自由与竞争是一体两面的,自由是竞争的根本前提和必要条件,竞争则是表现自由、实现自由和促进自由的最主要的形式。③ "自由的原则与竞争的原则是同生共死的"④,"保持竞争自由乃是任何市场经济的基础"⑤。自由竞争的核心要义在于保障市场主体参与竞争的权利,不因垄断协议、滥用市场支配地位、经营者集中及滥用行政权力而受到排除和限制。"一种事业若对社会有益,就应当任其自由,广其竞争。竞争愈自由,愈普遍,那事业亦就愈有利于社会。"⑥ 但在

---

① [德]路德维希·艾哈德:《来自竞争的繁荣》,祝世康、穆家骥译,商务印书馆1983年版,第11页。
② 邱本:《论市场竞争法的基础》,载于《中国法学》2003年第4期。
③ 邱本:《自由竞争与秩序调控》,中国政法大学出版社2001年版,第313页。
④ [德]路德维希·艾哈德:《社会市场经济之路》,丁安新译,武汉大学出版社1998年版,第88页。
⑤ [德]路德维希·艾哈德:《来自竞争的繁荣》,祝世康、穆家骥译,商务印书馆1983年版,第101页。
⑥ [英]亚当·斯密:《国民财富的性质和原因的研究》(上卷),郭大力、王亚南译,商务印书馆1972年版,第303页。

债券市场分割的背景下，市场准入受到了严格的限制，发行人无法自主地选择债券发行市场，商业银行和个人投资者无法自主地选择债券交易市场，银行间债券市场和交易所债券市场之间被人为地设置了壁垒，无论是两个市场之间，还是市场要素之间的竞争关系都无从谈起。虽然对于金融市场能否参照一般市场、金融产品能否参照一般商品、金融机构能否参照一般经营者来看待尚存争议，《反垄断法》的规定也是语焉不详。但如果将其纳入反垄断法的视角分析，可以发现债券市场分割及其对自由竞争的限制，在很大程度上应当归属于"行政性垄断"的范畴，表现为中国人民银行和证监会通过部门规章和行政命令的方式，限制某些投资者和债券产品只能在其指定的市场进行交易。事实上，"对于许多发展中国家而言，竞争自由主要面对的就是政府垄断的挑战。"①

（二）市场分割与公平竞争的冲突

如果说自由竞争强调的是竞争机会的平等，那么公平竞争更多的则是偏重竞争过程和手段的公平。《最高人民法院关于执行〈中华人民共和国行政诉讼法〉若干问题的解释》第13条明确规定了具体行政行为涉及其相邻权或者公平竞争权的，公民、法人或者其他组织可以依法提起行政诉讼。公平竞争权被作为市场经济主体的一项基本经济权利而被广泛讨论。公平竞争反映了市场经济的内在要求，主要体现为市场经济主体在竞争过程中法律地位平等，竞争手段和竞争目的符合市场经济的要求。②公平竞争得以实现的重要前提是要有一个公平竞争的环境，首要的就是规则公平，"公平规则是一项推进竞争的竞争者们一致赞同的规则"③。具体到债券市场中，市场分割下的监管规则在两个市场中也是各有不同，即便政府债券和企业债券可以跨市场交易，大部分机构投资者也可以选择交易场所，但由于监管规则和监管标准的差异，使得同类债券和同一投资者在两个市场中面临不同的监管负担。就两个市场之间的竞争而言，本应基于各自在交易机制、基础设施和服务等方面的比较优势展开公平竞争，却因政府监管机构的深度介入，导致市场竞争异化。为了监管竞争，竞争过程和竞争手段都打上了政府的烙印，谁背后所依托的监管机构在权力博弈中占据优势，谁就能获得相应的竞争优势。这显然背离了市场竞争的基本原则，长远来看也不利于债券市场的健康发展。

---

① 张千帆：《宪政、法治与经济发展》，北京大学出版社2004年版，第275页。
② 江必新、梁凤云：《行政诉讼法理论与实务》，北京大学出版社2009年版，第356页。
③ ［美］詹姆斯·M. 布坎南：《自由、市场与国家——80年代的政治经济学》，平新桥、莫扶民译，生活·读书·新知三联书店上海分店出版社1989年版，第181页。

二、市场分割扼制了债券市场投融资功能的实现

从总量上看，我国债券市场已经具备了相当的规模，中国人民银行统计数据显示，截至 2019 年 12 月，债券市场余额达到了近 99 万亿元，股票市场的市价总值也达到了 59.2 万亿元，在社会融资结构上，公司信用类债券的融资增量也超过了股票融资。① 但与一些国家相比，我国债券市场在融资结构中的比重仍然相对较低，没有充分发挥其应有的作用，银行信贷融资依旧独占鳌头，股票融资也继续备受青睐。以美国为例，根据证券业与金融市场协会（SIFMA）的统计数据，截至 2015 年第三季度，债券市场余额达到了近 39.6 万亿美元，远超其股票市场，是美国最主要的社会融资来源。仅就公司融资而言，2015 年以来美国公司债券融资增量达到 1.45 万亿美元，而股票市场 IPO 仅为 377 亿美元。② 造成我国债券市场发展相对滞后，投融资功能没有得到充分实现的原因，既源于银行主导型的金融市场格局，又受制于资本市场中"重股轻债"的传统，但债券市场自身的制度缺陷也是重要因素。

从债券融资的角度看，除政府债券和企业债券外，其他债券的发行人对于发行市场没有自主选择权，银行间债券市场占据了债券融资规模的 90% 以上，交易所债券市场的融资功能严重受限。除了银行间债券市场所具有的制度优势外，人为的市场分割也是关键。事实上，交易所为了适应债券市场交易的特点，已经在不断推陈出新，以提高市场竞争力，上交所的"固定收益平台"即是有益的尝试，在场内市场构造了一个场外交易平台，奈何交易所债券市场的债券品种数量、规模有限，其作用也无法显现。另外，债券市场中的市场化债券发行制度尚未完全建立，特别是企业债券和公司债券发行门槛过高，沦为了大企业专属的融资工具，中小企业融资难的问题继续在债券市场中延续。从债券交易的角度看，由于市场分割下的债券跨市场交易受阻，投资者只能在特定市场中购买和交易债券，而不能从事跨市场套利交易，也制约了债券市场投资功能的释放。总之，在分割的市场格局下，各个债券市场在功能上的竞争互补关系难以建立，场内市场和场外市场的投融资功能没有形成合力，各自的功能缺陷反而被放大。

---

① 资料来源于中国人民银行，http：//www.pbc.gov.cn/diaochatongjisi/116219/116319/index.html，2020 年 1 月 12 日最后访问。

② SIFMA，http：//www.sifma.org/research/statistics.aspx，2018 年 11 月 18 日最后访问。

三、市场分割限制了债券市场流动性的提高

"流通性"和"可转让性"是证券的生命力之所在,通过交易可以在融资功能之外,进一步发挥债券的投资功能、价格发现功能和风险规避功能。但正如前文所述,我国银行间债券市场的投资者同质性决定了债券流动性较低,商业银行间存在大量的债券互持,交易所债券市场的债券上市交易品种、数量有限,交易规模小,交易机制和投资者结构也存在先天不足,加上风险对冲机制和做市商机制的不完备,使得整个债券市场呈现"购买—持有"(buy to hold)而非"购买—交易"(buy to distribute)的倾向。以通行的换手率作为衡量指标,可以看出我国债券市场的整体流动性水平不高,2014 年银行间债券市场的整体换手率为 1.25,公司信用类债券的换手率为 1.83,换手率前五位的分别是证券公司短期融资券、超短期融资券、短期融资券、企业债券和政策性银行债,国债的流动性水平则相对较差。① 此外,2010~2013 年间交易债券市场的平均换手率也在 1 左右。相比较而言,美国债券市场的流动性远高于我国,2004~2013 年这十年间的债券市场平均换手率达到了 8.59,其中国债的流动性最高,2004~2007 年间换手率甚至高达 30 以上。② 造成这种差异的原因,除了前文提到的我国债券市场在投资者结构、交易机制、产品创新、做市商机制等方面的问题外,一个重要的制约因素还在于市场分割,致使不同的市场间无法形成联动和互补而提高债券市场整体流动性水平。③

市场分割的影响主要体现在三个方面:一是,市场分割下投资者无法自主地跨市场交易,失去了跨市场交易和套利的机会,也降低了投资者的整体市场参与度,尤其是占据主导地位的商业银行只能在银行间债券市场交易,使得两个市场在投资者结构和做市商结构上都存在缺失,抑制了其在债券市场流动性创造方面的作用;二是,绝大部分债券品种只能在单一市场交易,致使其不能通过自由跨市场交易来提高其活跃程度,特别是托管量仅次于政府债券的金融债只能在银行间债券市场交易,且大部分持有在商业银行手中,从而失去了相当一部分的投资者和交易机会;三是,在政府债券和企业债券跨市场交易中,银行间债券市场和交易所债券市场在监管规则和托管结算规则等方面的差异,大大增加了跨市场交易的时间和成本,而交易成本和交易的即时性恰恰是衡量流动性的关键指标,

---

① 朱永行、荣艺华:《2014 年银行间债券市场运行情况》,载于《债券》2015 年第 3 期。

② 刘俊山、盛婉瑜、刘婷:《中美债券市场流动性的比较及借鉴》,载于《金融市场研究》2015 年第 1 期。

③ 袁东:《债券市场:交易制度与托管结算》,经济科学出版社 2005 年版,第 14 页。

这也是政府债券和企业债券跨市场交易不活跃的"症结"。

四、市场分割制约了债券市场有效价格机制的形成

金融市场的重要功能就是通过市场化机制实现资金在供求双方之间的配置，进而引导整个社会资源的有效配置，而所谓市场化机制的核心就是价格机制。因此，对金融资产的合理定价就成了其中的关键，一个有效的价格形成机制对于其作用发挥至关重要。从亚当·斯密开创古典经济学起，市场经济所信奉的一个基本宗旨就是价格应当由市场供求关系来决定。"每一种特定商品的市场价格，是受实际进入市场的商品数量与人的需求比例所支配的。"[1] 换言之，金融的本质在于资源配置，资源配置的关键在于价格，而价格又是在市场交易过程中发现的。但在我国债券市场中，一方面在债券发行环节的市场化定价机制不健全，行政干预现象严重，虽然在债券发行"办法""条例"或"通知"中大多规定了发行利率（价格）"以市场化方式确定""由企业根据市场情况确定"等，但也存在诸如"不得超过国务院限定的利率水平"等限制性规定。

另一方面，在债券交易环节，市场分割限制了债券市场交易，降低了市场流动性，交易和价格的形成缺乏连续性，导致债券市场价格的形成不能真实、全面地反映市场供求关系。国债作为以国家信用为基础的"金边债券"，其收益率就起着基准利率的作用，成为金融市场中其他资产价格的定价基准，信用债券的定价也就是国债的零风险收益率加上信用风险溢价。可以说，缺少了真实反映市场供求关系的国债收益率或者不能形成一条平滑的国债收益率曲线，其他金融资产的价格就缺少参考，整个金融市场的价格机制也就无从有效发挥作用。[2] 正因如此，党的十八届三中全会通过的《中共中央关于全面深化改革若干重大问题的决定》中明确提出要"加快推进利率市场化，健全反映市场供求关系的国债收益率曲线"，可这也恰好从侧面印证了我国债券市场所形成的国债收益率曲线还不能很好地反映市场供求关系。收益率曲线只是市场的镜像，造成这一问题最重要的原因是分割的债券市场，导致市场效率低，供求关系被扭曲，无法达到市场资源的最优配置，从而直接影响了国债收益率曲线的质量。[3] 健全的反映市场供求关系的国债收益率曲线要求国债市场应该是一个具有广度、深度和弹性的有效率的市场，其市场容量大、信息流动迅速、交易成本低、交易活跃且持续，并能吸引

---

[1] ［英］亚当·斯密：《国富论》，唐日松等译，华夏出版社2005年版，第44页。
[2] 中央国债登记结算有限责任公司债券研究会主编：《债券市场：创新理论与实务》，中国市场出版社2005年版，第459页。
[3] 参见《完善债券市场制度建设 健全国债收益率曲线》，载于《债券》2014年第6期。

众多的投资者和投机者参与,这就必然预示着要打破市场之间的交易壁垒,促进债券市场主体和产品自由的跨市场交易。

五、市场分割阻碍了市场化法制化风险防范体系的建立

风险与金融总是相伴而生的,正如华尔街的一句名言,"金融的价值来源于不确定性(风险)"(financial values from uncertainty)。"金融和不确定性是一对孪生兄弟,在金融中,几乎我们遇到的所有变量都具有一个共性,即未来价值的不确定性。"[1] 因而风险也是金融业的"生命线",金融市场能走多远不仅取决于金融创新的能力,更取决于风险防范的能力。我国债券市场长期以行政化的思维和手段防范风险,在债券发行环节实行审批制或核准制,设置苛严的债券发行条件,试图在源头上管控债券市场风险,实则因噎废食,以牺牲债券市场发展为代价。在债券交易环节,重事前监管、轻事中事后监管的理念下,风险防范机制严重缺失,仅仅依靠政府隐性担保和风险兜底维系着债券市场零违约的虚幻现实。正如周小川所言,"信用类债券的违约风险是客观存在的,无法通过行政审批等手段消除,应通过市场化的方式进行识别和承担"。[2] 随着债券市场规模的不断扩大,风险也与日俱增,2014年"11超日债"违约事件爆发后,似乎在不经意间拉开了债券市场实质性违约的序幕,因而这也被视作债券市场"实质性违约的元年"[3]。此后,从利息违约到本金违约,从私募债券违约到公募债券违约,从民企债券违约到国企债券违约,债券违约事件正愈演愈烈。根据Wind数据统计,2014年共发生6起违约事件,涉及金额13.4亿元;2015年共发生23起违约事件,涉及金额126.1亿元;2016年债券违约持续发酵,共有78只债券违约,金额总计393.2亿元;截至2017年8月31日,共有30只债券发生违约,涉及金额235.2亿元。种种迹象表明,债券市场实质性违约正在成为"新常态"。[4] 债券市场发展的"新常态"也迫切地需要风险防范体系能够与时俱进,由行政化向市场化法制化风险防范体系转变。但是,债券市场分割的现实格局却构成了建立市场化法制化风险防范体系的重要阻碍。

首先,市场分割不利于投资者通过跨市场交易在更大的范围内转移和分散风险。市场在配置资源的同时也在配置风险,市场交易可以实现风险在不同市场参

---

[1] [西]贾维尔·埃斯特拉达:《果壳里的金融学》,张桦译,浙江人民出版社2009年版,第258页。
[2] 周小川:《推进中国债务资本市场持续健康发展》,载于《中国金融》2010年第23期。
[3] 安邦咨询:《以市场化法治化方式处理信用违约》,载于《证券时报》2014年8月5日第A03版。
[4] 余璐:《债券违约"新常态"》,载于《中国投资》2014年第10期;匡荣彪、何可、朱仲华:《债券违约常态化或将成为一种趋势》,载于《上海证券报》2014年8月29日第A04版。

与者之间的分散和转移,使收益的机会和风险承担的意愿互相匹配。有学者指出,现代金融的核心功能就是配置风险,就是要为整个经济体系创造一种动态化的能够使风险流量化的风险转移机制,金融的发展趋势是提升金融体系配置风险的功能,从过去的风险沉淀型金融向风险转移型金融转变。① 但在分割的债券市场格局中,银行间债券市场和交易所债券市场的风险只能在各自市场内部积聚和消化,无法在市场之间转移和分散,制约了债券市场自身的风险规避功能。即便是在各个市场内部的风险转移和分散方面,两个市场也都存在各自的不足,银行间债券市场的债券大部分持有在商业银行手中,具有相同的风险偏好和交易策略,导致信用风险在银行体系内部沉淀,交易所债券市场则因商业银行等大型机构投资者的缺失,致使风险大多集中在中小机构投资者和个人投资者手中。

其次,市场分割抑制了信息披露、风险预警、信用评级、信用增级、做市商、违约处置等市场化约束机制和风险防范机制的作用。例如,市场分割下的银行间债券市场和交易所债券市场在信息披露的内容、方式、时间等要求上都各有不同,可导致同一债券在不同市场交易中信息披露存在差异,不利于真实、全面、及时地揭示债券风险。同时,市场分割阻断了债券市场信息的横向传递,银行间债券市场和交易所债券市场之间的信息分享机制付之阙如,跨市场的风险预警机制未能建立起来,其效果也势必将大打折扣。② 与之相类似的是,两个市场在信用评级的标准以及评级机构的资质认定方面也存在差异,降低了信用评级的统一性、规范性和权威性,特别是在债券跨市场交易中可能导致同一债券在不同市场中信用评价的不确定性。又如,市场分割下的做市商结构也呈现单一化,银行间债券市场以商业银行为主,交易所债券市场以证券公司为主,做市的市场范围和债券品种也受到很大局限性,从而影响了做市质量。

再次,市场分割降低了债券市场监管的有效性,监管重复、监管空白、监管套利和监管竞次等问题并存。市场分割下的多头监管体制,不仅产生了公司信用类债券领域以及债券跨市场交易中的监管重复,还承袭了"各人自扫门前雪"的机构监管理念,缺乏系统性的风险防范体系。但在金融创新浪潮下,债券产品和市场结构之间的界限日益模糊,与之相伴的是风险结构和传导机制的复杂化。条块分割的监管体制和监管方式面对新情况、新问题将会愈发显得无所适从,更加难以适应对债券市场系统性风险宏观审慎监管的需要。

---

① 参见吴晓求:《现代金融要建立风险转移的机制》,载于《中国审计》2003 年第 4 期;吴晓球:《现代金融的核心功能是配置风险》,载于《经济经纬》2003 年第 6 期。

② 冯果、谢贵春:《构建我国债券市场风险预警机制的法律思考》,载于《证券法苑》(第 13 卷),法律出版社 2014 年版,第 174 页。

第四节 债券市场互联互通的实现路径：
主体、产品与基础设施

债券市场互联互通的实现路径包括交易主体互联互通、交易产品互联互通以及基础设施互联互通三个方面。其中，交易主体互联互通的实质是投资者能够自主选择交易场所，从事跨市场交易，这也是市场主体应有的权利。为此，需要培育多元化的投资者结构、建立适应不同投资者需求的交易平台以及完善债券市场做市商制度。交易产品互联互通的实质是各类债券品种都能够自由的跨市场发行和交易，既是债券发行权和交易权的彰显，也是功能实现的内在要求，这也同样需要创新债券产品结构、丰富市场交易工具和健全债券分类管理作为保障。基础设施互联互通的核心是债券托管结算体系的互联互通，这是真正实现交易主体和交易产品互联互通的基本前提，短期目标是要提高转托管的债券品种范围和效率，长期目标是要顺应国际趋势建立集中统一的债券托管结算体系。

一、债券市场交易主体的互联互通

（一）交易主体互联互通的路径选择

理论上，交易主体互联互通应当是债券市场的所有交易主体都有权自主地选择交易场所，从事跨市场交易，其中既包括商业银行在内的机构投资者，也包括个人投资者。虽然从投资者适当性的角度看，不同类型的投资者适合在不同的交易场所交易不同类型的债券，但这本不应通过行政命令的方式强制分割，而是应当由投资者按照市场原则自主选择。但在实践中，银行间债券市场是完全面向机构投资者的场外批发性交易市场，个人投资者只能在交易所债券市场和商业银行柜台债券市场进行债券交易。除商业银行以外的证券公司、保险公司、财务公司、基金公司等机构投资者，只要符合条件都可以选择在银行间债券市场和交易所债券市场进行交易，并无实质性障碍。因此，债券市场交易主体互联互通的关键就在于商业银行能够重返交易所债券市场。

诚然，1997年中国人民银行以一纸"通知"的方式强制商业银行退出交易所债券市场，是有其特定历史背景的。由于交易所债券市场回购交易存在制度缺陷，一些证券公司等机构投资者与商业银行进行回购交易获得资金后，转而投资于股票市场，导致大量银行资金通过交易所债券回购交易违规流入股市，不仅助长了股市泡沫，也将股票市场风险转嫁到了商业银行，威胁了整个金融体系的安全与稳定。[1] 银行间债券市场建立的初衷就是在资本市场和货币市场之间设立一道"防火墙"，防止股票市场风险通过交易所债券回购传染到货币市场，因而起初银行间债券市场只有商业银行参与，是名副其实的"银行间"市场，提供了商业银行之间进行流动性管理和头寸余缺调整的场所，直到2000年以后证券公司、基金公司等非银行金融机构才逐渐进入该市场。[2]

然而，随着时间的推移，债券市场的发展不断深化，债券交易和监管制度也在不断完善，商业银行退出交易债券市场的理由已经渐渐难以继续坚持，理应适应现实发展的需要而适时地进行变革。首先，交易所债券市场回购交易制度正在不断改进，上海证券交易所和深圳证券交易所相继出台了《交易所债券交易实施细则》《交易所债券质押式协议回购交易暂行办法》《交易所债券质押式回购交易业务指引》，中证登也出台了《债券登记、托管与结算业务实施细则》，这些规则的制定能够有效地弥补交易所债券回购交易的制度缺陷，况且即使回购交易可能导致银行资金变相进入股市，也应当允许商业银行在交易所债券市场从事现券交易；其次，交易所向商业银行提供债券专用席位，商业银行在其债券专用席位内只能使用本银行账户从事债券交易，不能买卖股票，这就堵住了商业银行资金违规直接进入股市的通道；[3] 再次，交易所债券市场固定收益平台采用了场外市场交易机制，能够满足商业银行对于大宗交易的需求；最后，实践也证明了商业银行退出交易所债券市场，并未能够根本上阻断银行资金违规入市的渠道，通过"银信合作"等方式，商业银行理财资金与伞形信托等各种结构化产品相对接，成为股票市场场外配资的重要来源。因此，防范商业银行资金违规入市不能依靠行政命令"堵"的方式，而应该在有效监管的前提下进行"疏导"。

综上所述，本书认为商业银行重返交易所债券市场可以沿着以下路径，循序推进：第一，在试点的基础上，由交易所集中竞价交易系统逐步过渡到允许商业银行进入固定收益平台进行债券交易；第二，将参与交易所债券交易的商业银行范围由上市商业银行逐步扩大至一般商业银行；第三，在完善制度建设的基础上，将商业银行在交易所债券市场的债券业务范围由现券交易逐步扩大至回购

---

[1] 冯光华：《中国债券市场发展问题研究》，中国金融出版社2008年版，第213页。
[2] 彭兴韵：《中国债券回购市场的制度演变与进一步的发展》，载于《经济社会体制比较》2005年第2期。
[3] 申屠青南：《统一互联债券市场建设步伐加快》，载于《中国证券报》2009年1月20日，第A04版。

交易。

(二) 交易主体互联互通的制度供给

1. 培育多元化的债券投资者结构

投资者结构的单一化和趋同化会降低债券市场交易的活跃程度，因而交易主体的互联互通首先就需要有多元化的投资者结构作为支撑，否则其效果只会大打折扣。就我国债券市场投资者结构来看，银行间债券市场以机构投资者为市场定位，机构投资者的数量和类型都在不断增加，已经由最初的商业银行扩展至证券公司、保险公司、基金公司、财务公司等机构。中国人民银行制定的《全国银行间债券市场交易管理办法》第 8 条明确规定，下列机构可成为全国银行间债券市场参与者，从事债券交易业务：（1）在中国境内具有法人资格的商业银行及其授权分支机构；（2）在中国境内具有法人资格的非银行金融机构和非金融机构；（3）经中国人民银行批准经营人民币业务的外国银行分行。但是，投资者数量和类型的增加并不必然意味着投资者结构已经实现多元化和合理化，银行间债券市场总体而言还是以商业银行为主导的，其债券持有量占到了 60% 以上，并且银行间债券市场的债券承销商、一级交易商、做市商、结算代理人等角色也大多由商业银行担任，证券公司等机构投资者的市场地位相对较低。与之相对的，交易所债券市场传统上的个人投资者地位尚未根本上得到扭转，在机构投资者结构方面，除了商业银行的严重缺位以外，从数量、类型和持有比重上看，趋于多元化和均衡化，也没有明显呈现出类似商业银行在银行间债券市场"一家独大"的局面，但在债券承销商、一级交易商和做市商的资质认定上还是以证券公司为主的。而从境外成熟债券市场国家经验上看，债券市场投资者主要是以养老基金、共同基金、私募基金、保险公司、证券公司、商业银行等机构投资者为主，且各类机构投资者的持债比重也较为均衡，个人投资者主要通过购买基金份额的方式间接投资债券。

因此，我国债券市场投资者结构未来应以机构投资者为主，并且应该致力于培育更加多元化和均衡化的机构投资者队伍。具体可从以下几个方面着手：第一，在完善法律制度和监管的前提下，放松对于金融机构的行政管制，促进各类证券投资基金和中小金融机构等机构投资者的发展，丰富机构投资者类型，同时要健全机构投资者的公司治理结构，提高机构投资者的投资水平和风险内控能力。第二，降低银行间债券市场和交易所债券市场的投资者市场进入门槛，引入更多的机构投资者参与债券市场交易，在投资者数量和类型上都要得到扩大，特别是要为保险资金、社会保障基金、企业年金、慈善基金等投资高信用等级债券创造有利条件，放宽投资比例限制。应当进一步推动债券市场对外开放，吸收更多境外合格机构投资者（QFII）参与债券市场交易。OECD 的研究报告即将"外国投资者进入国内债券市场的便利"视作债券二级市场是否有效率的重要标志之一。① 第三，银行间债券市场和交易所债券市场应当分别在商业银行和证券公司之外，允许更多的符合条件的机构投资者担任债券承销商、一级交易商、做市商等，以提高其在债券市场中的地位和作用，既有助于推动更多的机构投资者在承销、做市过程中发展壮大和发育成熟，也可以防止债券市场被某些特定的机构投资者所垄断。

2. 建立适应不同投资者需求的分层市场结构

在多元化的投资者结构下，不同债券投资者在资产规模、风险承受能力、风险控制能力、投资能力以及参与债券交易的目的、角色都有很大差异，使不同特征的投资者在适当的交易平台和适当的交易对手进行交易，是投资者适当性管理的必然要求，这就需要在债券市场中建立起适应不同投资者需求的分层市场结构。从境外成熟债券市场经验上看，在场外债券市场都建立起了分层的市场结构，包括交易商间市场（dealer-to-dealer market，B2B 市场）和交易商与客户间市场（dealer-to-customer market，B2C 市场），前者是债券批发交易市场，由具备交易商资格的投资者参与交易；后者是债券零售交易市场，由做市商和共同基金、对冲基金、养老基金等普通机构投资者参与交易，这些机构投资者只能与做市商通过做市报价及请求报价（RFQ）的方式开展交易，相互之间不能直接交易。债券市场分层有利于提高市场交易效率，降低交易差错的风险和利益输送的风险。②

就我国债券市场结构而言，呈现出典型的"分割化"和"扁平化"，分割化指的是银行间债券市场和交易所债券市场尚未真正实现互联互通，扁平化则是指市场没有分层，投资者基本上不作区分地在同一平台交易。③ 交易所债券市场随着固定收益平台的推出，已经初步建立起了分层的市场结构，包括 B2B 市场、B2C 市场和 C2C 市场。在固定收益平台中，B2B 市场的参与者包括具有自营业务资格的证券公司、基金公司以及交易所认可的保险公司、财务公司、信托公司等非银行金融机构，这些机构投资者取得固定收益平台交易商资格之后直接参与交易；B2C 市场的个人投资者、非金融机构等可与一级交易商在场外达成交易意向后，以成交申报的方式向固定收益平台申报，完成交易、清算和结算。但在银行间债券市场，虽然债券投资者和交易产品已经呈现出了结构化特征，但却没有

---

① Hans Blommestein, Introduction and Overview of OECD Bond Markets, http：//www.oecd.org/finance/financial-markets/2755977.pdf, 2018 年 11 月 18 日最后访问。
② 马永波：《关于推进银行间债券市场分层的思考》，载于《银行家》2015 年第 10 期。
③ 马永波：《我国债券二级市场分层问题研究》，载于《证券市场导报》2015 年第 8 期。

分层的市场结构与之相匹配。无论是做市商、从事自营业务的金融机构，还是通过结算代理方式进入银行间债券市场的中小金融机构和企业，在银行间债券市场都可以通过同一交易平台，共享相同的报价信息和权限，相互之间以一对一询价方式直接交易。这对于资质较差的中小机构投资者来讲，交易成本高、效率低，容易滋生风险，也会造成市场价格信号紊乱。①

鉴于此，应着力推动银行间债券市场分层，将其划分为 B2B 市场和 B2C 市场，并建立与之相适应的交易系统，以满足市场参与者不同的交易需求。在银行间债券市场现有的甲类户、乙类户和丙类户结算成员的基础上，按照资产规模、交易规模、投资能力和风险控制能力等划分一定标准，建立动态调整机制，符合条件的机构投资者可以成为 B2B 市场的交易商，其他的普通机构投资者只能在 B2C 市场与做市商通过做市报价和请求报价的方式参与交易。

实践中，银行间债券市场已经有了市场分层的意图和做法，中国人民银行金融市场司《关于非金融机构合格投资者进入银行间债券市场有关事项的通知》允许非金融机构合格投资者"借道"北金所进入银行间债券市场，但只能由非金融企业债务融资工具主承销商和银行间债券市场做市商向其提供点击成交方式的债券报价；《关于做好部分合格机构投资者进入银行间债券市场有关工作的通知》规定符合条件的农商行、农合社、农信社、村镇银行等农村金融机构以及信托产品、证券公司资产管理计划、基金公司及其子公司特定客户资产管理计划、保险资产管理公司资产管理产品等四类非法人投资者，可进入银行间债券市场直接进行债券交易，但为促进市场分层和提高市场效率，这些投资者只能与做市商或尝试做市机构以双边报价和请求报价的方式进行交易。

3. 完善债券市场做市商制度

做市商制度指的是由具备一定资格的金融机构充当做市商，连续不断地向债券市场投资者提供债券交易的双边报价，并承诺按照该报价接受投资者的交易要求。做市商制度的核心功能在于提高债券市场流动性，促进债券市场价格发现。我国债券市场正式引入做市商制度是在 2001 年，中国人民银行发布了《关于规范和支持银行间债券市场双边报价业务有关问题的通知》，规定了银行间债券市场双边报价商的资格、权利和义务，之后正式批准中国工商银行等 9 家商业银行为第一批双边报价商，并指定 20 个报价券种，标志着银行间债券市场做市场制度的初步建立。经过 3 年左右的实践，中国人民银行于 2004 年 7 月将双边报价商正式更名为做市商，并将做市商数量扩容至 15 家，其中包括中信证券和国泰君安两家证券公司。2007 年，中国人民银行制定了《全国银行间债券市场做市

---

① 沈炳熙、曹媛媛：《债券市场：30 年改革与发展》，北京大学出版社 2014 年版，第 215 页。

商管理规定》，降低了做市商的资格条件，明确了做市商的权利和义务。2008年银行间市场交易商协会发布了《银行间市场做市商工作指引》，进一步规范了做市商的做市行为，明确了做市商评价体系，完善了做市商激励约束机制。随着做市商制度监管规则体系的不断健全，做市商数量也在增加，截至目前，银行间债券市场共有做市商25家，另有尝试做市机构49家，尝试做市机构采用分层机制，可根据自身做市能力选择"综合做市"或"专项做市"。交易所债券市场的做市商制度是在固定收益平台的基础上引入的，由债券一级交易商充当做市商，目前共有19家。

但从债券市场实践上看，我国做市商制度的作用并未充分发挥，无法满足市场需要，突出表现为做市商双边报价质量差、价格波动大、做市积极性低、报价连续性不足，报价券种比例偏低，甚至出现双边报价规模连年大幅下降的趋势。交易商协会公布的做市商评价情况通报显示，2009~2011年间做市商双边报价规模连续大幅下降，2009年双边报价规模49.47万亿元，2010年下降至10.88万亿元，降幅达到近80%，到2011年进一步降至5.39万亿元，同比下降50.47%。究其原因，无非有以下几点：第一，做市商数量较少，结构单一化、同质化，缺乏竞争性，做市商双边报价趋同化导致了单边市倾向。以美国为例，场外债券市场有22家义务做市商和2000多家自愿做市商。但在我国，做市商的准入条件依然相对较高，并且银行间债券市场做市商除了中信证券、国泰君安证券和中金公司以外都是商业银行，交易所债券市场的一级交易商除了人保财险、中金公司和国寿资产以外都是证券公司。第二，做市商权利义务不对等，风险收益不匹配，激励机制缺失，导致做市积极性低。虽然赋予了做市商六项权利，但除了享受交易手续费和结算手续费20%的优惠，其余的权利并没有真正得到落实，尤其是做市商和债券承销商资格并未挂钩，大大降低了其所能获得的收益。一般来说，欧美国家都会给予做市商国债承销资格、IPO承销资格、新产品开发优先权、一级市场证券优先购买权、融资融券便利、交易结算费用减免、避险工具支持、信息便利、优先成交权等制度配套和优惠措施。[①] 第三，做市商提供双边报价的同时也就暴露在了风险之下，但却缺乏债券互换、远期、期权、期货等风险对冲工具，可用的风险控制手段十分有限。第四，做市商的评价机制和约束机制不到位，更多是流于形式，没有建立起相应的惩罚机制和退出机制。

针对以上问题，为了调动做市商的做市积极性，促使其确实履行做市义务，提高做市质量，有必要从以下几方面完善做市商制度。首先，在市场互联互通和

[①] 金永军、扬迁、刘斌：《做市商制度最新的演变趋势及启示》，载于《证券市场导报》2010年第10期。

投资者结构日趋多元化的背景下，银行间债券市场和交易所债券市场都应当适当降低做市商准入门槛，增加做市商数量，并且促进做市商结构的优化，使更多符合条件的不同类型机构投资者担任做市商。其次，在制度层面真正落实法律法规赋予做市商的各项权利，应当明确做市商拥有一级市场债券承销和购买的优先权，加强对做市商风险规避的衍生产品创新和融资融券支持。再次，在落实做市商权利的同时也要强化义务，需要对现有的做市商规则进行修改，在权利和义务之外增加其责任机制，对于逃避做市义务或者没有达到做市商评价要求的，应有相应的处罚措施，必要时取消其做市商资格，从而建立起"优胜劣汰"的市场进出机制。

二、债券市场交易产品的互联互通

（一）交易产品互联互通的路径选择

债券市场交易产品的市场分割主要体现在两个层面：一是，除政府债券和企业债券外，绝大部分债券都不能跨市场发行，只能在各自发行监管机构所监管下的债券市场发行；二是，除政府债券和企业债券可以通过转托管方式跨市场交易外，其他债券都只能在其所发行的市场进行交易。一言以蔽之，债券发行监管机构决定了其发行市场，发行市场进而决定了交易市场，发行人和投资者都没有对债券发行和交易场所的自主选择权。因此，债券交易产品的互联互通也需要从发行和交易两个环节展开。

首先，债券跨市场发行要求打破由监管权力分割所带来的发行市场分割，由发行人自主选择债券发行场所。具体而言，公司信用类债券中的公司债券和非金融企业债务融资工具受制于《公司债券发行与交易管理办法》和《银行间债券市场非金融企业债务融资工具管理办法》的规定，目前只能分别在交易所债券市场和银行间债券市场发行。因应互联互通的需要，短期目标应当是允许公司债券和非金融企业债务融资工具跨市场发行，长期目标应当是彻底改变公司信用类债券市场分割的局面，将企业债券、公司债券和非金融企业债务融资工具进行统一。金融债券的发行受到了《全国银行间债券市场金融债券发行管理办法》的限制，几乎都在银行间债券市场发行。但2013年12月，上海证券交易所发布《关于国家开发银行金融债券发行交易试点的通知》，试点国家开发银行金融债券在上海证券交易所公开发行、上市交易，虽然仅有3只"国开债"试点发行，但标志着金融债券进入交易所债券市场发行的突破。在试点的基础上，应当进一步放开金融债券在交易所债券市场发行，由政策性金融债券逐步扩大至商业银行、保险公司、财务公司等金融机构发行的金融债券。信贷资产支持证券因《信贷资产证券化试点管理办法》第3条规定的"资产支持证券在全国银行间债券市场上发行和交易",在进入交易所债券市场发行时面临规则和监管上的障碍。2014年"平安1号"成为现在唯一在交易所发行和交易的信贷资产支持证券,其发行过程也是一波三折。可喜的是,2015年3月中国人民银行公告宣布信贷资产支持证券实行注册制发行,并规定"按照投资者适当性原则,由市场和发行人双向选择信贷资产支持证券交易场所",标志着信贷资产支持证券跨市场发行的制度障碍已经消除。至于央行票据,存在一定特殊性,其实质是中国人民银行向商业银行发行的货币政策工具,因而可以继续保留在银行间债券市场发行。其次,债券跨市场交易指的是无论债券在哪个市场发行,投资者都可以将持有的债券从一个市场进入另一个市场交易。不仅如此,互联互通下的债券跨市场交易要求是自由的、实时的,不应有不当的限制、烦琐的审核程序以及交易时滞。目前,跨市场交易的债券仅有政府债券和企业债券,并且是通过转托管的方式,企业债券暂时还只能从银行间债券市场到交易所债券市场交易,实际上还是受到了诸多的限制,并不能够满足自由和实时跨市场交易的要求。但在托管结算体系尚不统一的背景下,借助于转托管的方式实现债券跨市场交易,不失为一条可行的路径。但应在现有基础上,扩大转托管的债券品种范围,使互联互通下所有跨市场发行的债券同样可以跨市场交易,并且要提高转托管效率。未来随着托管结算体系的统一,债券交易产品应当可以真正实现自由的跨市场交易。值得一提的是,有观点认为债券产品的信用和风险特征不同,两个债券市场的投资者结构也不同,因而债券市场互联互通并不是让所有债券都可以在两个市场同时交易流通,而应该是推动高信用、低风险债券产品的跨市场交易流通。[①] 笔者对此不敢苟同,不同信用和风险的债券产品与不同经济实力、产品认知能力、风险承受能力的投资者之间存在适合性的问题,但这只需要做好投资者适当性管理和债券分类管理,而不能构成债券产品不可以跨市场交易的理由。更何况,交易所债券市场不仅有适合普通投资者交易的竞价交易系统,也有适合于合格投资者交易的固定收益平台,高风险债券完全可以在固定收益平台进行交易。

(二) 交易产品互联互通的制度供给

1. 创新多样化的债券产品结构

金融创新是金融市场的永恒命题,能够为金融发展提供持续的动力。朱利安·沃姆斯利在《新金融工具》一书中提出金融创新有四大作用和功能:增强流

[①] 冯光华:《中国债券市场发展问题研究》,中国金融出版社2008年版,第228页。

动性、创造信用、创造权益以及实现风险转移和分散。① 20 世纪 70 年代以后的金融自由化和金融创新浪潮，在很大程度上支撑了欧美发达国家金融市场的快速发展。国际清算银行将金融创新按照不同的功能分为价格风险转移创新、信用风险转移工具、流动性创造创新、信用创造工具和股权创造工具。② 由于股票具有标准化的特征，所能够提供的创新空间相对较小，非标准化的债券也就成了金融创新的主要"阵地"。以美国为例，债券产品创新结构包括产品：（1）浮息债券、零息债券、指数化债券、永久性债券等债券现券产品创新；（2）住房抵押贷款支持证券（MBS）、资产抵押支持证券（ABS）等债权衍生产品创新；（3）国债期货、国债期权、利率期权等利率衍生产品创新；（4）担保债务凭证（CDO）、信用违约互换（CDS）等信用衍生产品创新。

但在 2008 年金融危机发生后，这些结构复杂且不受监管的金融衍生产品被视作金融危机的"罪魁祸首"，成为巴菲特口中的"大规模金融杀伤性武器"。似乎在一时间，金融创新从"天使"变成了"恶魔"。然而，理性地反思金融危机，与其说是金融创新出了问题，莫不如说是金融监管出了问题。理查德·波斯纳指出："资本主义的核心机制——包括中央银行、银行业以及对银行业的监管——的失败，是美国以及全球经济萧条的原因。"③ 金融创新本身是"中性"的，无所谓对或错，关键在于如何正确地对待它，这需要有效的监管，必要的信息披露和健全的风险防范，将金融风险和危机简单归咎于金融创新，未免有失公允，也没有抓住问题的本质。正因如此，美国在后危机时代，从金融创新产品市场准入、高管薪酬机制、金融衍生品市场、金融创新产品的消费者与投资者保护、金融创新产品的信用评级监管等方面着手强化了对金融创新的监管力度。④

另外，由于市场分割等因素的存在，金融市场竞争压力不够，金融市场的既得利益集团也欠缺金融创新的动力。诚然，放任自流的金融创新以危机的方式给欧美发达国家带来了沉痛的教训，但我们不能因此而否认甚至畏惧金融创新。正如陈志武在谈到金融危机给中国的启示时所说的："这本身并不说明中国的金融欠发展是正确的，是对中国社会有利的事。而如果中国或任何国家从此限制金融创新，过度强化金融管制，那会像因噎废食一样地错。只有进一步鼓励自发的金融创新，放开金融市场的手脚，中国的金融市场才能深化。"⑤

---

① ［美］朱利安·沃姆斯利：《新金融工具》，类承曜等译，中国人民大学出版社 2003 年版，第 8~9 页。
② ［美］弗兰克·J. 法博兹：《债券市场：分析和策略》，袁东译，百家出版社 2002 年版，第 12 页。
③ ［美］理查德·波斯纳：《资本主义的失败》，沈明译，北京大学出版社 2009 年版，中文版序言。
④ 岳彩申、张晓东：《金融创新法律责任制度的完善——后金融危机时代的反思》，载于《法学论坛》2010 年第 5 期。
⑤ 陈志武：《金融的逻辑》，国际文化出版公司 2009 年版，第 137~138 页。

目前，我国债券市场中的交易产品结构单一，主要是基础性的债券，资产证券化几经起伏，国债期货时隔18年后才在中金所上市交易，国债期权、担保债务凭证、信用违约互换等债券衍生品更是付之阙如。这不仅制约了债券市场发展，限制了发行人和投资者的市场需求，降低了市场流动性，也不利于债券市场风险的转移和分散。我国与发达国家所面临的问题大不相同，不是金融创新过度、金融监管不足，而是金融创新不足、金融管制过度，当务之急是要为金融创新打开"绿灯"，创造相对宽松的制度环境。立足于我国债券市场参与者、基础设施、法律体系、监管制度的现实情况，债券产品创新的步伐不宜过快，而应该是由简单到复杂，循序渐进。具体来说，现阶段可以大力发展绿色债券、可续期债券、高收益债券等债券现券产品创新，再推进更多种类的资产证券化产品创新，在此基础上可以伺机创新结构更为复杂的利率类、汇率类、债券类和信用类衍生产品。

2. 丰富债券产品的市场交易工具

债券市场的交易工具也有称为市场交易方式或交易品种，但为了与上述债券交易产品所指示的在市场上交易的债券产品相区分，这里的市场交易工具指的是债券产品在市场上交易的方式，具体包括现券交易、回购交易、债券借贷、债券远期交易、债券互换交易等。其中，现券交易是债券市场最基本的交易方式；回购交易的实质是以债券为权利质押的一种短期资金融通行为，也是货币市场的重要工具；债券借贷则是一种债券融券交易；远期、互换、国债期货、国债期权等，既可视作一种债券衍生产品，也可视作一种衍生交易工具。为了避免重复，这里的交易工具主要是针对现券交易、回购交易、债券借贷、债券远期交易而言的。目前，银行间债券市场的交易工具主要有现券交易、质押式回购、买断式回购、债券借贷和债券远期交易，可以采用这些交易方式的债券范围涵盖了在银行间债券市场发行、交易的所有债券品种。而交易所债券市场的交易工具仅有现券交易、质押式回购交易和融资融券交易。总体上看，债券市场最主要的交易工具仍然是现券交易和回购交易，其他交易工具的交易规模相对较低。

随着债券市场规模的扩大，在互联互通下，债券产品和投资者日益增多，过去那种简单的交易方式已不能满足市场需求，而是需要多样化的交易方式来促进市场交易的活跃程度。对于银行间债券市场而言，交易工具已经相对丰富，但除了现券交易和质押式回购交易，其他的交易工具受到了较多的限制，如买断式回购中市场参与者单只券种的待返售债券余额应小于该只债券流通量的20%，并且小于其在中债登托管的自营债券总量的200%，债券远期交易也面临同样的限制，债券借贷中要求债券融入方向融出方提供足额的债券用于抵押，目的都是防止过度投机，未来应当适时地降低这些限制，以促进这些交易方式的发展，满足市场交易的需求。对于交易所债券市场而言，债券交易工具相对狭窄，在回购交易中也仅有国债质押式回购，在交易产品互联互通背景下，势必将会有更多债券品种进入交易所债券市场，这就必然需要有更丰富的交易工具满足这些债券的交易需求，因此有必要扩大回购交易的方式和债券品种，引入债券远期交易、互换交易等方式，并且完善债券融资融券交易。

3. 健全债券分类管理制度

债券分类管理指的是根据信用评级等因素对债券进行分类，对其发行和交易的投资者范围、交易平台实施差异化管理。债券分类管理与投资者适当性管理是一体两面的关系，目的是要使适当的债券在适当的交易平台由适当的投资者交易。由于银行间债券市场参与交易的都是机构投资者，因而债券分类管理主要是针对交易所债券市场而言的。目前，我国交易所债券市场已经建立了公司债券的分类管理制度，《上海证券交易所公司债券上市规则》和《深圳证券交易所公司债券上市规则》都明确规定了对债券上市交易实行分类管理，采取差异化的交易机制，并实行投资者适当性管理制度，并且可以根据市场情况和债券资信状况的变化，调整债券分类标准、交易机制以及投资者适当性安排。具体的做法是，债券信用评级达到AAA级、发行人近三年无债务违约或延迟支付本息以及近三个会计年度平均可分配利润不少于债券一年利息1.5倍并选择公开发行的，公众投资者和合格投资者均可以参与交易。另外，符合上述分类管理标准的债券，可以在上海证券交易所的竞价交易系统、大宗交易系统和固定收益平台交易，在深圳证券交易所可以采用集中竞价交易和协议交易的方式。否则，只能在上海证券交易所的固定收益平台交易，或者在深圳证券交易所采取协议交易的方式。同时，交易所在债券上市期间实施动态管理机制，一旦债券信用评级下调至AAA级以下，或者发行人发生债务违约、延迟支付本息或其他可能对债券还本付息产生重大影响的事件，公众投资者将不得再买入，原持有债券的公众投资者只能选择卖出或继续持有。

债券分类管理制度对于信用类债券的发行和交易是十分必要的，可以有效防范债券市场风险，保护投资者利益。但是，目前交易所债券市场的分类管理仅适用于公司债券，至于企业债券、资产支持证券是否比照适用没有明确规定。随着债券市场的互联互通，将会有更多的金融债券、非金融企业债务融资工具等信用类债券进入交易所债券市场，这就需要建立起普遍适用的债券分类管理制度，使不同信用等级的债券在不同交易平台和投资者间发行和交易。

三、债券市场托管结算体系的互联互通

(一) 托管结算体系互联互通的制度诉求

一个颇为流行的误解是只要债券市场交易主体和产品能够跨市场交易,就实现了债券市场互联互通。但是,互联互通绝不仅是一般的跨市场交易,而是要求自由的、实时的跨市场交易,这就有赖于托管结算体系的互联互通。换言之,债券市场托管结算体系的互联互通是交易主体和交易产品互联互通的前提和基础。如果没有前者作为保障,投资者在一个市场所托管的债券就无法实时地转到另一个市场交易,套利机制不能充分发挥作用,价格发现和资源配置功能也就不能充分实现,即使交易主体和产品可以跨市场交易了,债券市场也没有实现真正意义上的互联互通。[①] 从我国债券市场发展的现实情况上看,政府债券和企业债券可以跨市场发行,并且可以通过转托管的方式进行跨市场交易,上市商业银行重返交易所债券市场之门也已经开启,在一定程度上也可以说债券市场初步实现了有限的互联互通。但与之相悖的是,债券市场托管结算体系的分割却并未随之缓解,甚至有加剧之势,上海清算所被赋予托管结算职能之后,原本中债登和中证登"二分天下"演变成了"三分天下"。即使有了债券跨市场转托管制度的存在,也不能说明托管结算体系已经互联互通了,转托管的债券品种范围有限,企业债券还只能从银行间债券市场到交易所债券市场单向转托管,转托管效率更是低下,根本无力满足债券市场交易主体和产品跨市场交易的需要。如果说债券市场监管权力博弈和法制基础割裂是债券市场互联互通的外部阻力,那么托管结算体系分割就是债券市场层面的最大障碍。

因此,债券市场互联互通的关键是要托管结算等市场基础设施的互联互通,只要债券在不同市场之间可以自由流动,投资者可以自由选择交易场所,单纯的监管分割就不会导致实质上的市场分割。关于托管结算体系互联互通的路径和方式,普遍的观点认为应当统一债券市场托管结算体系,使投资者的一个债券托管账户可以在不同交易场所之间交易,即所谓的"一户通"。[②] 也有学者提出了分阶段、分步骤的统一路径,第一步是要创建通畅的转托管渠道,增加转托管债券品种,提高转托管效率;第二步是建立真正统一高效的债券托管体系。[③] 本书认

[①] 冯光华:《中国债券市场发展问题研究》,中国金融出版社 2008 年版,第 229 页。
[②] 高坚:《中国债券资本市场》,经济科学出版社 2009 年版,第 572 页。
[③] 陈岱松:《构建我国统一互联债券市场的路径分析》,载于《南方金融》2008 年第 10 期。

为，我国债券市场托管结算体系互联互通的路径选择，既要借鉴债券托管结算的域外经验和发展趋势，也要结合我国的具体实际，探寻一条切实有效且可行的道路。

（二）托管结算体系互联互通的域外发展趋势

1. 统一化趋势

全球范围内的债券托管结算体系正呈现统一化的趋势，这种统一化趋势包括托管结算机构的统一化、托管结算证券品种的统一化以及托管结算业务的统一化。早在1989年，G30小组提出的关于证券清算、结算的9条建议（简称"G30报告"）中，第3条就是"每个国家都应当建立起一个高效、成熟的中央证券托管结构（central securities depository，CSD），并鼓励广泛参与。托管的证券范围应尽可能广泛"[1]。1995年，国际证券服务协会（ISSA）在G30报告的基础上，针对第3条的内容进一步提出"如果一个市场上存在多个中央证券托管机构，这些托管机构应当在相互兼容协调的规则和惯例下运作，旨在减少结算风险和提高资金使用效率"[2]。2001年，国际清算银行的支付和结算系统委员会（CPSS）与国际证监会组织（IOSCO）共同完成的《对证券结算系统的建议》，针对证券结算提出了18条建议，其中第6条建议就是"证券应当是固定化和无纸化的并且尽可能在中央证券托管机构转移"[3]。

此后，世界各国和地区的托管结算体系基本上都循着以上建议展开了变革，建立了统一的中央证券托管机构，托管证券范围涵盖了股票、债券、证券衍生产品等。比较特别的是，我国香港的股票主要在证券交易所交易，由香港中央结算公司的中央结算及交收系统（CCASS）负责托管，债券主要是在场外的电子交易平台交易，统一由金管局下的债务工具中央结算系统（CMU）负责托管结算，直到1999年香港金管局将全部未偿还外汇基金债券才在香港交易所上市，这部分债券在香港中央结算公司的中央结算及交收系统（CCASS）中托管。美国和日本则是对不同债券品种分别托管在不同的中央证券托管机构，如美国的国债集中托管在美联储的全国簿记系统（NBES），公司债券、市政债券等其他债券集中托管在全美证券托管清算公司（DTCC）；日本的国债集中托管在日本银行国债簿记系统（BOJ–Net），公司债券等集中托管在日本证券托管中心（JASDEC）。但这

---

[1] G30 Recommendations, 1989. http：//www.globalspec.com/reference/27534/203279/appendix-2-g30-recommendations，2018年11月18日最后访问。

[2] ISSA, The 1995 Update G30/ISSA Recommendations, http：//www.issanet.org/pdf/issa-g30-1999.pdf，2018年11月18日最后访问。

[3] CPSS/IOSCO, Recommendations for the Securities Settlement Systems, November 2001, http：//www.bis.org/cpmi/publ/d46.pdf，2018年11月18日最后访问。

也只是分债券品种集中托管，而不是分市场托管，因而也不会阻碍债券跨市场交易，更不会带来市场分割的问题。

另外，债券的托管和结算业务也呈现集中化、统一化趋势，大部分国家和地区的中央证券托管机构同时也兼具有结算职能。例如，香港 CMU 系统的服务范围就包括证券借贷服务、债券托管服务、债券日终 DVP 结算服务、利息分配服务和银行间回购服务等；[①] 澳大利亚清算公司（Austraclear）也明确其职责是为澳大利亚和亚太地区金融市场债务工具证券提供广泛的托管、登记、资金转移和结算服务。[②] 一些国家还通过机构合并等方式实现债券托管和结算的统一化，如美国的债券托管和结算过去分别由全美证券托管公司（DTC）和全美证券清算公司（NSCC）负责，之后 NSCC 又相继成立了政府证券清算公司（GSCC）、抵押证券清算公司（MBSCC）和新兴市场证券清算公司（EMCC）等附属机构，形成了统一托管、分市场清算的模式。1999 年，DTC 和 NSCC 合并成立了全美证券托管清算公司（DTCC），2002 年 GSCC、MBSCC 和 EMCC 也加入并成为其子公司，至此 DTCC 兼具有托管和结算职能，从而建立起了统一的托管结算体系。[③] 日本债券市场的托管和结算机构原本也是相互独立的，但日本证券清算公司（JSCC）于 2002 年更名为日本证券清算与托管公司（JSSC），从而也在结算之外承担了托管职能（见表 8-5）。

表 8-5　　　　　　　部分国家和地区债券市场托管结算机构

国家或地区	中央证券托管机构	所有者/管理人	托管证券种类
澳大利亚	澳大利亚清算公司（Austraclear）	澳大利亚证券交易所（ASX）	债券
加拿大	加拿大证券托管公司（CDS）	商业银行、证券交易所、加拿大投资业监管机构（IIROC）等	债券、股票、衍生产品等
韩国	韩国证券托管公司（KSD）	韩国证券交易所、商业银行、韩国证券交易商协会、韩国证券金融公司等	债券、股票、衍生产品等

---

① 香港金融管理局网站，http://www.hkma.gov.hk/gb_chi/key-functions/international-financial-centre/infrastructure/cmu.shtml，2018 年 11 月 18 日最后访问。

② 澳大利亚证券交易所网站，http://www.asx.com.au/services/settlement/austraclear.htm，2018 年 11 月 18 日最后访问。

③ 温彬、张友先、汪川：《国际债券市场的发展经验及对我国的启示》，载于《上海金融》2010 年第 9 期。

续表

国家或地区	中央证券托管机构	所有者/管理人	托管证券种类
新加坡	中央托管公司（CDP）	新加坡证券交易所	债券、股票、衍生产品等
中国香港	债务工具中央结算系统（CMU）	香港金融管理局	债券
	中央结算有限公司	香港交易及结算所有限公司	交易所上市交易的债券
德国	明讯银行（Clearstream）	德国证券交易所	债券、股票、衍生产品等
法国	欧清银行法国分部（Euroclear France）	欧清银行及其客户成员	债券、股票、衍生产品等
英国	CREST 公司	70家金融机构作为股东，2002年与欧清银行合并成为其子公司	债券、股票、衍生产品等
日本	日本银行国债簿记系统（BOJ-Net JGB services）	日本银行	国债
	日本证券托管中心（JASDEC）	证券交易所、证券公司、商业银行、保险公司等	公司债券、股票、衍生产品等
	日本证券清算与托管公司（JSSC）	日本证券业协会以及东京、大阪、名古屋、福冈、札幌证券交易所	公司债券、股票、衍生产品等
美国	联邦储备全国簿记系统（NBES）	美联储	国债
	全美证券托管清算公司（DTCC）	客户成员、全美证券交易商协会、纽约证券交易所等	公司债券、市政债券、股票、衍生产品等

资料来源：BIS, Statistics on Payment, Clearing and Settlement Systems in the CPMI Countries (Figures for 2014), December 2015, https://www.bis.org/cpmi/publ/d135.htm, 2018年11月18日最后访问；袁东：《债券市场：交易制度与托管结算》，经济科学出版社2005年版，第134~136页；时文朝主编：《中国债券市场：发展与创新》，中国金融出版社2011年版，第26~32页。

2. 公司化趋势

从机构性质和组织形态上看，除了中国香港的债务工具中央结算系统、美国的联邦储备全国簿记系统以及日本的日本银行国债簿记系统等隶属于中央银行外,绝大多数国家和地区的债券托管结算机构都是公司制的。在股权结构上大体可分为两类:一是,由证券交易所、商业银行和证券公司等结算成员、证券业协会等共同出资设立,如加拿大、韩国、日本、英国和美国的证券托管结算公司。其中既有以公司制形式成立的,也有从会员制向公司制转变的,如日本证券托管中心于 2002 年由会员制改为公司制;既有证券交易所占据绝对控股权的,如韩国证券托管公司中韩国证券交易所控制了近 70% 的股权;也有为保证托管结算机构的独立性和中立性,采取分散股权结构的,如英国 CREST 公司中要求任何一个股东持有的股份不得超过 10%,任何一个产业集团持有股份不得超过 30%。① 二是,作为证券交易所的全资子公司,如澳大利亚清算公司、香港中央结算公司和德国明讯银行等,分别是澳大利亚证券交易所、香港交易及结算所有限公司和德国证券交易所的全资子公司。但无论采取何种模式,各托管结算机构都建立起了完善的公司治理结构,包括股东会、董事会、监事会以及独立董事制度等,并设立了财务委员会、法律委员会、审计委员会、薪酬委员会、风险管理委员会等专门委员会,以防范托管结算风险,化解托管结算机构的营利性目标和公益性目标之间的利益冲突。此外,一些国家和地区的托管结算机构还表现出银行化的趋势,这主要是以明讯银行和欧清银行为代表,业务范围和功能更加多元化和综合化,在传统的托管结算业务外,还经营商业银行业务等。

3. 国际化趋势

在经济全球化时代,债券市场也概莫能外,除了投资者的跨境交易,托管结算机构也呈现国际化趋势。这主要表现在两个方面:一是,跨国托管结算机构的出现,典型的如欧清银行,在欧洲的比利时、法国和荷兰等国家设立分支机构,作为这些国家的中央证券托管机构。跨国托管结算机构的出现还引发了跨境并购浪潮,如欧清银行在 2002 年收购英国 CREST 公司,使之成为欧清银行的子公司。二是,通过不同国家和地区的托管结算机构之间跨境联网,建立起联结机制,使投资者可以跨境持有、结算及交收债券。例如,香港 CMU 系统在 1994 年与全球最大的两个国际中央证券托管机构欧清银行和明讯银行建立单向对内联网,使跨国投资者可透过这些国际托管结算机构持有及结算港元债券,之后又发展至双向联网,使香港投资者直接或间接持有、结算欧清银行及明讯银行托管结算系统中的债券。此外,香港金融管理局与内地中央国债登记结算公司在 2004 年 4 月签订协议,同意在 CMU 系统与中央国债登记结算公司的政府债券簿记系统之间建立联网,透过这项联网,内地经批准的投资者可于 CMU 系统内持有、

---

① 袁东:《债券市场:交易制度与托管结算》,经济科学出版社 2005 年版,第 106、122 页。

结算及交收香港及海外的债券。① 通过托管结算机构跨境联网，可以有效促进投资者跨境持有和交易债券，扩大债券市场投资者基础，拓展债券市场的辐射范围，实现债券市场的全球化，也可以降低债券跨境交易的结算风险。

（三）托管结算体系互联互通的路径选择

1. 短期目标：完善债券跨市场转托管机制

虽然债券托管结算体系的统一化已经成为主流趋势，但我国中债登、中证登和上海清算所"三足鼎立"的格局业已形成，在制度的路径依赖下，统一托管结算体系不可能一朝一夕就能完成。退而求其次，在短期内通过债券跨市场转托管的方式实现跨市场交易不失为一条可行的进路，但亟须对转托管机制在实践中暴露出的缺陷进行完善。

首先，扩大跨市场转托管的债券品种范围，由政府债券和企业债券拓展至公司债券、非金融企业债务融资工具和金融债券等。事实上，公司信用类债券相比于政府债券的套利、避险动机更大，跨市场交易的需求也更为迫切。中国人民银行发布《公司债券进入银行间债券市场交易流通的有关事项公告》和《公司债券在银行间债券市场发行、交易流通和登记托管有关事宜公告》，提出支持符合条件的公司债券可以在银行间债券市场发行、交易流通和登记托管，进一步完善公司债券跨市场转托管功能，支持公司债券在银行间债券市场与其他交易场所之间互相转托管，以促进债券市场互联互通。

其次，转变目前企业债券单向转托管的现状，债券跨市场转托管应当是双向的。债券市场互联互通要求银行间债券市场和交易所债券市场相互开放，不可能是"只进不出"或"只出不进"，而是"有进有出"，全凭债券市场投资者自主决定。

再次，应当提高债券跨市场转托管效率，尽可能实现债券实时跨市场交易。对此，有必要在两个市场的托管结算系统之间建立起顺畅的连接机制，由转托管申请的书面申报改为网络申报，简化审核程序，提高审核效率，对于债券转出或转入的，尽量在当日完成减记或入账处理。针对结算方式差异和交易所交易系统封闭性的问题，也需要进行技术改进，实现债券转托管完成的当日交易，而不是等到下一交易日才能用于交易。

2. 长远目标：统一债券市场托管结算体系

债券跨市场转托管虽能够在一定程度上实现债券跨市场交易，但也只能作为权宜之计，姑且不论在技术层面能在多大程度提高转托管效率，只要托管结算体

---

① 香港金融管理局网站，http://www.hkma.gov.hk/gb_chi/key-functions/international-financial-centre/infrastructure/cmu.shtml，2018年11月18日最后访问。

系的市场分割继续存在，债券跨市场交易的障碍也就不会彻底根除，互联互通也无法真正得以实现。因此，从长远来看仍需要统一债券市场托管结算体系，保证债券投资者无论选择在哪个市场从事交易，均可由统一的托管结算机构负责债券托管和结算。统一的托管结算机构可以提高跨市场结算效率，为债券跨市场交易提供便利；可以保证不同市场间的系统对接，减少信息不对称和延迟现象；具有相同的监管规则和自律规则，可以降低市场参与者的合规风险；还可以产生规模效应，提高市场效率。[①]

现实来看，中债登作为国务院批准设立的首家中央登记托管结算机构，不仅是财政部授权的国债总托管人，而且承担着银行间债券市场发行和交易的政府债券、金融债券、企业债券、非金融企业债务融资工具及其他固定收益证券的登记、托管、结算等职能。依托银行间债券市场，中债登已经成为债券市场最主要的托管结算机构，托管结算的债券种类、数量和金额都占据绝对主导，也建立起了较为健全成熟的托管结算规则、系统和运行机制。因而由中债登作为债券市场统一托管结算机构理应成为一个现实可行的选择，中证登可以专门负责股票市场的托管结算。

明确了中债登负责债券市场统一托管结算之后，应进一步完善其托管结算系统，以支撑债券托管结算的需要，提高托管结算效率，降低托管结算风险。更为重要的是，中债登在性质上属于全国性非银行金融机构，由财政部出资、中国人民银行负责业务管理、银保监会负责人事管理，造成在实际运营中面临多头监管机构的干预，缺乏应有的独立性和自治性。由此也导致了监管机构与托管结算机构、交易场所之间的利益关联性，各监管机构都试图设立和扶持各自主管的托管结算机构，造成了托管结算体系的分割。因此，未来有必要进一步深化中债登的公司制改革，引入商业银行、政策性银行、证券公司、保险公司、交易商协会、证券交易所、证券业协会等多元化、分散化的股东结构，淡化其与监管机构间的直接利益关系，由主管转变为监管关系。此外，还应健全其公司治理结构，完善独立董事制度，在现有的信息技术委员会和法律合规委员会外，增加独立的薪酬委员会、审计委员会、风险管理委员会等，以强化风险控制，防范利益冲突。

第五节　债券市场互联互通的风险传导及风险防范

债券市场分割下银行间债券市场和交易所债券市场的交易主体、交易产品、

---

① 习晓兰：《债券市场发展的若干重大问题与对策研究——以交易效率与结算风险控制为视角》，载于《证券法苑》（第9卷），法律出版社2013年版。

以及基础设施都是被人为阻隔的,从风险防范的角度看,这不利于风险的跨市场转移和分散,也不利于债券市场统一风险防范体系的构建。但另一方面也要认识到,风险是债券市场的常态,债券市场从分割走向联通的过程,也会随着风险的跨市场传导和扩散,需要采取相应的措施予以防范,避免引发债券市场的系统性风险。

一、债券市场互联互通下的风险传导路径

(一)交易主体的风险传导

债券市场交易主体的互联互通意味着市场主体可以自主选择交易场所,从事债券跨市场交易活动。但在交易主体跨市场交易的过程中,也会导致主体风险的跨市场传导。正如商业银行曾因银行资金违规进入股市的风险而退出交易所债券市场,时隔多年后商业银行重返交易所债券市场,这一风险仍然不能完全消除,甚至可能通过商业银行向银行间债券市场传导。另外,交易主体之间的关联交易也是风险传导的重要途径,交易主体的风险会在关联机构之间相互传染,这在债券市场互联互通下只会愈加频繁和严重。况且,银行间债券市场和交易所债券市场在市场参与者结构上存在很大差异,前者是以商业银行为代表的机构投资者为主,后者则在机构投资者之外还有大量的个人投资者。不同的投资者结构在风险因子、风险特征、风险处置和承受能力等方面都大相径庭,这也意味着二者在交易场所、交易机制等方面都有不同的偏好。通常认为机构投资者更适合场外市场的询价交易机制,个人投资者更适合场内市场的集合竞价交易机制,应当建立起适合不同投资者交易需求和风险偏好的多层次市场结构。但是我国债券市场目前尚未建立起完善的多层次市场体系,特别是银行间债券市场的不同投资者都可在同一交易平台以相同交易机制参与债券交易活动,在债券市场互联互通下,个人投资者或者不适格的中小机构投资者参与银行间债券市场交易就会面临巨大的风险,并且在跨市场交易活动中向交易所债券市场传导。

(二)交易产品的风险传导

自 2014 年 "11 超日债" 违约伊始,仿佛打开了债券违约的 "潘多拉盒子",近年来债券违约呈现不断增长的态势,涉及的发行主体性质、行业性质、地域分布、债券品种也日益多元化,债券违约风险已经成为债券市场的常态化

风险。在债券市场分割的背景下，银行间债券市场和交易所债券市场在债券交易产品结构上有很大差异，而不同债券类型以及相同类型不同发行主体的债券在风险特性方面也有所不同。相对而言，以政府信用为基础的国债、地方债的风险比较小，金融机构发行的金融债券风险次之，公司信用类债券的风险最大。同样是公司信用类债券，大型企业、国有企业发行的债券风险相对较小，中小企业、民营企业发行的债券风险相对较大。在分割的市场结构下，由于绝大多数债券无法跨市场发行和交易，这些债券的风险也都集中在相应的市场中，在单个市场内部"消化"。但是随着债券市场的互联互通，债券跨市场交易将愈发自由和频繁，与之相伴随的就是债券风险的跨市场传导。例如，某一类型或行业的债券违约风险的爆发，不仅会导致该类型或行业债券跨市场交易价格的波动，还会造成债券市场中债券信用利差的上升，从而进一步削弱债券发行人的偿债能力，形成债券市场违约风险的恶性循环。在债券违约风险之外，债券市场交易风险也不容忽视，除了投资者从事正常跨市场套利交易所面临的套利失败的风险，还有债券市场虚假陈述、内幕交易、操纵市场等违法违规行为所带来的风险，以及债券交易过程中违规操作、"乌龙指"等异常交易的风险，在债券市场互联互通下，任一市场发生这些交易风险都可能会造成整个债券市场价格的异常波动。

（三）托管结算体系的风险传导

债券市场互联互通要求有统一的托管结算体系作为保障，否则债券在不同的市场交易由不同的托管结算机构办理登记、托管、结算业务，无法实现实时有效的跨市场交易。我国债券市场目前采取的是"转托管"的权宜之计，但在实施过程中由于托管结算机构之间烦琐的手续以及结算方式的差异，转托管往往需要较长的时间，从市场机构反映，最快的国债转托管也只能实现 T+1-到账，大部分只能实现 T+2-甚至 T+3-到账。但在瞬息万变的债券市场，转托管的低效率和滞后性会给债券跨市场交易带来巨大的不确定性，毕竟跨市场交易是投资者基于当下信息所做出的判断和选择，一旦错过时机，市场情形发生变化，不仅难以实现跨市场套利的初衷，反而会使投资者面临跨市场交易的风险，甚至可能进一步引起债券市场价格波动的风险。另外，一旦债券市场托管结算机构朝着统一化趋势发展，也就意味着由于托管结算机构不同所形成的债券市场间托管结算风险的天然"屏障"将不复存在，任何债券在托管结算过程中产生的风险自然也不可避免地会在债券市场之间传导和扩散。

二、债券市场互联互通下的风险防范机制

(一) 构建统一的债券市场风险防范体系

在债券市场分割的背景下,债券市场监管和立法也都呈现割裂的状态,债券市场统一的风险防范体系也就无从谈起。但随着债券市场的互联互通,为防止债券市场风险的传导、扩散以及系统性风险的生成,势必要打破债券市场风险防范中"各行其是"的僵局,构建起统一高效的债券市场风险防范体系。具体而言,债券市场统一的风险防范体系应当包括三个层面:一是在宏观层面建立统一的债券市场法律体系。风险防范体系的统一首先有赖于统一的法律体系予以落实和保障,通过立法将债券市场风险防范的主体、行为、责任等一系列制度进行统一规范,从而可以避免不同债券市场之间因差异性规则导致的风险防范上的差异。否则,不仅无力应对债券市场互联互通下的风险传导,更难以在防范系统性风险方面形成合力。而统一的债券市场法律体系的建立,一方面要以《证券法》为基础确立统一的债券市场基本法,对债券市场的基本法律制度加以规范,另一方面要在《证券法》的框架下制定适合于不同债券品种和市场需要的具体监管规则,但应加强监管规则之间的协调与融合。二是在中观层面建立统一的债券市场监管体系。债券市场风险防范离不开有效的政府监管,但在我国多头分散的监管体系之下,不论是债券发行还是交易都面临监管分割的困局,不同监管机构之间权责不清,围绕监管资源展开竞争和博弈,相互间缺乏监管协调机制,监管规则和制度也都各不相同,不利于债券市场互联互通下统一风险防范体系对债券市场监管的制度诉求。因此,债券市场监管应当适应互联互通和风险防范的需要,朝着统一化、协调化方向发展,同类债券的发行应由统一的监管机构负责监管,债券交易市场也应当由统一的机构负责监管,并且建立完善债券市场监管协调和信息共享机制。三是在微观层面建立统一的债券市场风险防范制度体系。在统一债券市场立法和监管的基础上,统一风险防范体系的建立最终还要落脚到具体的制度层面,除了法律制度外还包括市场层面的制度,除了政府监管制度外还包括市场主体的自律监管制度,包括但不限于债券市场信息披露制度、投资者适当性制度、风险预警制度、信用评级制度、信用增级制度、受托管理人制度等。

(二) 建立完善的债券市场风险隔离机制

为了缓解债券市场互联互通下的风险传导和扩散效应,应当建立起完善的债

券市场风险隔离机制，不仅是不同债券市场之间的风险隔离，还包括债券市场交易主体和托管结算体系的风险隔离。首先，应当通过建立跨市场监管协调、信息共享、风险预警、风险处置等机制，及时发现、识别、分析、处置债券市场风险，特别是债券跨市场交易过程中的风险，以便采取措施阻断债券市场风险传导的通道，降低风险跨市场传导的概率和规模，防止出现债券市场系统性风险。其次，应当加强债券市场交易主体的风险隔离，这既包括交易主体内部的风险隔离，也包括交易主体之间的风险隔离。其中，交易主体内部的风险隔离一方面是指其内部不同业务之间的风险隔离，例如商业银行吸收存款、发放贷款、办理结算等传统银行业务与债券发行、承销、交易等业务之间的风险隔离，证券公司自营业务与代客业务之间的风险隔离，此举旨在防范风险在不同业务之间传导；另一方面，交易主体内部的风险隔离还包括交易主体内部关联账户之间的风险隔离，例如商业银行法人内部机构之间，证券公司、基金管理公司、保险资产管理公司等管理的不同企业年金基金及其他资产之间，同一企业年金基金的不同投资组合之间，保险产品的资产管理人管理的各账户之间或同一保险机构名下的账户之间，同一信托公司管理的信托专用债券账户之间，以及信托公司自营债券账户与信托专用债券账户之间，同一基金管理公司管理的所有债券账户相互之间，同一证券公司管理的各债券账户之间，从而切断关联账户之间的利益输送渠道，防范风险在关联账户之间传导。至于交易主体之间的风险隔离则主要指的是关联企业之间的风险隔离，特别是在金融控股公司不断发展以及资管计划日益勃兴的背景下，金融控股公司下的机构之间及以资管计划为通道的关联交易层出不穷，对金融监管带来了巨大的挑战，也造成了利益输送和风险传导等问题，这既要建立起风险隔离墙，也要采取穿透式监管等手段加以防范。再次，应当加强债券市场托管结算体系的风险隔离。一是要实现债券托管结算机构与托管客户资产以及客户资产之间的风险隔离，二是要在托管结算体系互联互通过程中实现托管结算机构之间的风险隔离，从而防范风险在托管结算机构内部以及机构之间的传导。

第九章

债券市场风险防范体系中市场化与法制化的关系思辨

在全面深化改革时期,发展债券市场已经成为我国建设多层次资本市场的重要环节。要实现和促进我国债券市场的发展,发挥市场在资源配置中的决定性作用,必须在我国债券市场建立市场化法制化的风险防范体系,以市场化约束机制防范债券市场风险,并通过法律制度的完善为市场化约束机制有效运行提供制度保障。我国债券市场建立市场化法制化风险防范体系,是推动市场化改革、促进债券市场有序发展的重要保障和首要任务。然而,我国债券市场现有风险防范体系行政管制色彩较重且法律制度不完善的现状,以及对债券市场风险防范的市场化约束机制及其制度设计的认识不足,给建立市场化法制化风险防范体系造成了很大的障碍。债券市场建立市场化法制化风险防范体系,需要充分厘清市场化与法制化的基本意涵和逻辑关联,在市场化与法制化有效互动的前提下完成制度构建。

第一节 市场化与法制化的内在勾连逻辑及交互解释

一、法制化的内涵与制度要求

纵观我国的历史文献,"法制"一词可谓由来已久,如《管子·君臣上》中有"法制有常,则民不偷";《左转·文公六年》中有"策之法制,告之训典"。根据我国《法学词典》和《中国大百科全书·法书》之解释,广义上的法制包括狭义上的法制和法治,狭义上的法制包括法律和法律制度,是属于制度层面的,其法律包括:宪法、行政法、刑法、民法、经济法,等等。可见,法制在汉语中就是法律制度的简称,在英文中法制为 legal system,即法律的体系。从字面可以看出,"法制"主要是指有关法律的制度、法律条文、法律体系等,强调的主要是静态的法,强调法的本身,即法是由国家统治阶级制定出来的,由国家强制力保证实施的,用以维护统治阶级统治的普遍社会规范。"法制"通常与"法治"相关联,前者更加侧重于静态的法律制度,而后者则侧重于动态的法律实施及其所产生的社会治理效果。虽然"法治"日渐成为主流词汇而"法制"使用频率逐渐式微,但不可否认两者之间的关系在于"法制"乃是"法治"的前提,即法律的有效治理必须建立在有完善的法律制度的基础之上。

而所谓"法制化",其本质在于将各类市场规则和行为规范以法律制度的形式予以确立,并借助法律制度的实施以调整社会关系和规范市场行为。法制化意味着制度的从无到有,规则的从失范到规范。作为实现法治的基本前提,建立完善的法律制度体系是一项基础性的系统工程。从法制化的基本内涵和核心要求来看,法制化的进程需要满足以下几方面的标准:第一,必须制定相应的法律制度。无论是市场运行,还是社会治理,在制度缺位的情况下都会陷入无序状态。只有及时制定法律制度对相应社会关系进行调整,才可能实现符合现代法治精神的规范化治理。第二,法律制度应当是良好的。从严格意义上讲,并非所有的法律制度都是符合法治精神的,法律制度也存在着"良法"与"恶法"的分野。仅仅制定法律并不能符合法制化的精神,只有在符合基本价值判断标准、遵循公平正义原则、尊重和保障权利的法律制度下才能制定良好的法律。第三,法律制度应当是有效的。法律制度除了规范行为之外,还具有资源配置的功能和效果,对于市场经济的运行会起到重要的调整作用。从法经济学的视角来看,法律制度的设置本身也是具有效率的优劣之分,进而也会影响其社会治理和市场调节的效率。因此,制定本身运作和实施有效的法律,保障资源的有效配置和经济社会的有效运行,也是法制化的题中应有之义。

对于变动不居的金融市场,法律制度总是要根据时势变迁及时地调整和进化,这本身就是法制化的过程。尽管法律制度应当具有一定的预见性,但由于我国金融立法受"先行先试"传统模式的影响,往往稍稍滞后于金融市场的发展。因此随着我国金融市场不断深化,金融法制却未能有效地适应和调整市场深化所带来的新变化和新要求,存在着一定的现实局限。一方面,金融法律制度体系不够完善,不能对整个金融体系进行全面的规制。我国金融市场体系具有多层次、多元化的特点，并非所有的市场行为都已经全面有效地纳入了法律规制的范围。要么是法律语焉不详，缺乏明确的制度规范，要么是相关规则位阶较低，缺乏足够的法律效力。另一方面，金融法律制度具有明显的管制中心主义倾向，与市场化的改革方向不符。金融活动是为了通过资金融通以实现资源的优化配置，其本质上应属市场活动。对金融活动进行必要的监管的逻辑主要是基于金融市场的稳定和秩序的考量，且其应当被限定在适度的范围之内，否则将会降低金融效率。但是从我国目前的金融法制来看，行政力量在金融市场管理中占据了主导地位，且金融法限制了市场的自发作用，体现出了明显的管制色彩。尽管金融市场化改革正在稳步推进，但依然带有浓厚的管制中心主义色彩的金融法律制度因为其滞后性而显得不合时宜。

　　作为金融市场重要组成部分的债券市场，其法制化更是道阻且长。长期以来"重股轻债"的资本市场运行格局以及交易所债券市场和银行间债券市场的二元结构，造成了债券市场法律制度建设的滞后与混乱，形成了我国资本市场法制建设与债券市场发展不同步，债券市场基础性法律缺失，部门规章和自律规则零散且效力层级较低的现状。债券市场的人为割裂，导致了银行间债券市场和交易所债券市场之间法律制度的差异，从而形成了巨大的监管套利空间和混乱的制度规则的混乱。由于银行间债券市场和交易所债券市场的彼此独立，两个市场的法律制度也并不协调，因此我国债券法制也呈现出碎片化、差异化的特点。① 具体而言表现为统一的上位法缺失和监管导向型的部门立法繁复冗杂。在法律层面上，只有《证券法》和《公司法》中存在与债券交易发行有关的规定。然而遗憾的是，根据《证券法》的规定，该法只调整公司债券的发行与交易以及政府债券的上市交易。而《公司法》第七章关于公司债券的规定，也仅限于确认了公司可以发行债券的权利以及从发行人角度的基础性规则。在行政法规层面，亦只有《企业债券管理条例》对企业债券的发行和管理进行了原则性规定。在某种意义上，我国债券市场法律制度在法律和行政法规这两个层级基本上尚付阙如，基本上是以部门规章的形式由央行和证监会各行其是建立的规则体系。② 在上述两个并行的法律制度规则体系里，关于债券市场风险防范的制度存在着两大基本特征：一方面，债券市场风险防范制度不完备、不健全，既有法律制度并未完成债券市场中各类风险的防范、预警和处置的全方位构建；另一方面，已有债券市场防范制度具有显著的行政化倾向，过度地依靠行政力量的干预导致了债券市场风险防范脱离了市场化原则，不利于风险的有效避免和化解。

---

　　① 马永波：《我国债券二级市场分层问题研究》，载于《证券市场导报》2015年第8期。
　　② 冯果：《债券的证券本质与债券市场法制化——证券法修订背景下的债券法律体系重构与完善》，载于《证券法苑》，法律出版社2016年第17卷，第1~14页。

债券市场风险防范的法律制度体系是预防和化解债券市场风险的法律依据，法制化则是我国债券市场建立市场化法制化风险防范体系的基础和保障。我国债券市场建立市场化法制化风险防范体系，需要发挥法律制度在债券市场风险防范中的工具性功能，在对债券市场风险的类型、内容、成因、表现形式及其度量进行明确，且对风险防范市场化约束机制的具体手段、体系构成、特征和功能的总体把握的基础之上，将市场化约束机制以法律制度的形式予以确认并保障其有序运行。

二、市场化与法制化的联系与互动

　　债券市场风险防范体系的市场化与法制化之间并非彼此割裂，而是存在着有机联系。市场化是法制化的前提，法制化是市场化的保障。要建立市场化法制化风险防范体系，需要解释并构建债券市场风险防范市场化约束机制的法制化路径，探讨以法律的形式明确和固定市场化约束机制的可行方案，建立市场化与法制化的逻辑联系与有效互动。

　　从基本原理而言，市场化与法制化本身就是一体两翼不可分割。一方面，市场化需要以法制化为保障。发挥市场机制在资源配置中的决定性作用，是市场化的本质要求和核心内涵。所谓市场化，就是要更好地发挥市场机制的作用和功能，以市场机制作为经济体系运行和社会资源配置的基础。但是，市场化须臾离不开法制化，市场机制的运行需要建立在市场主体地位平等性、财产权受到公平保护、契约自由且市场规则得到有效保护等基础之上，而这些都需要通过法制化予以实现。同时，市场化要求政府保持合理的干预和控制，政府对市场进行参与和调控的权力需要法律制度予以有效授权和严格限定，这也需要法制化的完善。从这个层面看，市场化的发展与深化，需要建立在法制化的基础上，通过法律制度保障市场化的有序推进。另一方面，法制化应当以市场化为依归。法制化需要建立在良法善治的基础上，即法制化的进程需要符合经济社会发展的基本规律和客观需求。随着市场经济的发展和市场机制基础性作用的日益凸显，作为调整经济关系、规范市场行为的法律制度也应当尊重和吸收市场化的基本要求，按照市场化的标准完成法制化的进程。具体而言，法制化需要确立市场化的目标。社会主义市场经济时期的经济法制，需要以维护和保障市场机制功能正常有序发挥为目标，法制化的工作和进程也需要围绕这一目标开展。同时，法制化需要确立市场化内容。法制化的过程实质上是将符合市场化要求的规则体系法律化的过程，也是将保障市场机制有效发挥作用的手段和机制法律化的过程，所以法制化需要保证其制度内容符合市场化的基本要求。还有，法制化需要肯定市场化调整方法。通过法律制度体系的建设，弱化市场运行和资源配置中的行政干预，使市场调节成为主体性方法，从而确保市场化的实现。

从债券市场风险防范体系建设来看，市场化法制化也是债券市场风险防范中两大核心面向。我国债券市场建立市场化法制化风险防范体系，要求这个风险防范体系既符合市场化的要求，也符合法制化的要求。一方面，债券市场风险防范的市场化约束机制应当逐步取代行政化约束机制，适当减弱行政权力在债券市场风险防范中的不当干预，突出债券市场风险防范的市场化进路，以体现市场化改革的基本要求；另一方面，债券市场风险防范体系需要逐步规范化、法制化，通过债券市场风险防范法律制度体系的完善，将债券市场风险防范的市场化约束机制予以制度化，以法制化的规则与要求实现债券市场风险的防范、预警和处置，为市场化风险防范体系提供法制保障。市场化和法制化这两个面向，既是两个并列的目标，体现了债券市场风险防范体系建设中贯彻市场化改革精神，发挥市场在资源配置中的决定性作用的基本要求，也体现了加快资本市场法制建设，完善资本市场法治的基本要求。同时，市场化和法制化这两个面向既相互联系，又相互影响。市场化是法制化的前提和基础，相应的法律制度的建设是建立在对债券市场风险防范的市场化约束机制的充分认识的基础之上，是市场化约束机制的制度确认。法制化是市场化的发展和保障，完善的债券市场法制能够确保市场化风险防范体系功能的有效发挥。

第二节 债券市场风险防范法律制度中市场化的嵌入

一、行政管制检讨与市场化约束机制

债券市场作为资本市场的重要组成部分，理应占有与其功能相适应的地位。成熟资本市场国家的债券市场，不仅与股票市场平分秋色，甚至在一定程度上占据更大的比重。而我国的资本市场长期呈现出"跛足"的不均衡状况，即过度重视发展股票市场，对于债券市场则发展不足。债券市场发展不足一方面会造成资本市场多元化融资渠道受阻，制约各类融资主体通过资本市场开展外源融资，不利于资本市场结构的优化，另一方面也会造成社会资金出口的单一化，妨碍社会资金的高效配置，限制资本市场融资功能的有效发挥。债券市场发展不足很大原因是过度行政管制，而更深层次的原因则是未建立有效的市场化法制化风险防范

体系。正是因为市场化法制化风险防范体系的缺失，监管部门才不得不通过严格管制以控制风险。只有在我国债券市场建立市场化法制化风险防范体系，才能保障债券市场能以市场化方式运行，进而实现债券市场的发展，优化资本市场结构。"无风险不市场"，风险是金融市场的基本特征，债券市场运行的各个环节都存在着不同类型的风险。在债券市场发展的很长一段时期，监管部门为了实现零风险目标，往往通过限制市场发展、强制要求银行担保或者政府隐性担保等方式防范风险。这种僵化的带有较强管制色彩的风险防范机制固然避免了风险的爆发，实际上是因噎废食，不利于债券市场的健康发展。随着市场化全面深化改革、债券市场规模不断扩大、债券发行主体日益多元、经济形势日趋复杂，债券市场所面临的风险也更为多样和严峻。若不能对债券市场风险进行有效的监测、识别、防范和处置，将会直接危害投资者利益，造成市场波动，甚至会传导至整个金融市场，形成系统性风险，危害金融安全。建立市场化法制化风险防范机制，将债券市场风险的市场化约束机制嵌入债券市场法律制度之中，能够有效地防范债券市场可能出现的风险，维护债券市场乃至整个金融体系的安全与稳定，保障金融市场的健康发展。

尽管市场化改革一直在推进，但我国债券市场仍然具有一定的行政主导色彩。一方面，行政审批的存在使得债券的发行与交易都不同程度地受到行政权力的干预，且多头监管的格局造成了债券市场的人为割裂，银行间市场和交易所市场的二元分野导致了债券市场流通不畅，不同的交易规则和信息披露标准导致风险防范的效果难以统一。另一方面，以行政干预的方式防范风险，片面僵化地要求发行人强制担保，虽然能在一定程度上减少风险，但是扭曲了资金价格的市场化形成机制，限制了债券市场的效率。行政管制不仅解决不了市场风险问题，也解决不了市场发展问题，如果缺乏有效制约，还会带来寻租行为和腐败现象。当前中国债券市场的利益输送问题，归根到底是市场化程度不够、行政主导市场的结果。在行政管制下的行政化风险防范机制也会因过于僵化而不能适应瞬息万变的市场变动。从行政主导走向市场深化是市场发展的客观规律，党的十八届三中全会也提出要发挥市场在资源配置中的决定性作用，我国债券市场的风险防范机制也必须实现市场化和法制化，即强化债券市场风险的市场化约束，并通过法律制度予以有效保障。

我国债券市场从1981年恢复发行国债以来，经历了曲折的探索阶段和快速的发展阶段。经过近30年的发展，我国债券市场规模迅速扩大，债券市场的结构功能也得到了广泛的拓展，在国民经济发展中发挥着越来越重要的作用。但我国债券市场在资源配置中的基础性作用发挥得还远远不够，仍然无法满足中国经济持续发展的需要，主要表现为：避险工具不足，风险分担的市场机制不完善，金融衍生品市场发展滞后；市场流动性有待提高，市场价格尚不能真实反映市场供求关系，收益率曲线有待进一步完善；机构投资者类型相对单一，同质化现象仍然比较严重；信用评级的社会公信力还有待提高；制约市场发展的法律、政策问题还有待解决，会计、税收等配套制度急需根据产品创新需要进行调整。总之，与成熟金融市场相比，市场化程度不足仍是中国债券市场面临的最大问题。而其中最突出，也是最紧要的问题，就是我国债券市场未能有效发挥市场化约束机制在债券市场风险防范中的功能与作用。我国债券市场建立市场化法制化风险防范体系，是推动市场化改革、促进债券市场有序发展的重要保障和首要任务。我国债券市场长期以来的行政化风险防范体系已不适应我国债券市场发展的需要，也与市场化改革的潮流相悖。当前我国债券市场要充分发挥市场化约束机制在我国债券市场风险防范中的作用，构建市场化风险防范体系，并通过法律制度的完善保障市场化风险防范体系的有效运行。

债券市场风险防范的市场化约束机制是市场化法制化风险防范体系的核心，市场化则是我国债券市场建立市场化法制化风险防范体系的前提与抓手。研究我国债券市场建立市场化法制化风险防范体系，必须首先从债券市场风险防范市场化约束机制的基本理论着手。债券市场风险防范体系的市场化，其基本意涵即是充分发挥市场化约束机制在债券市场风险防范中的主体性功能。债券市场风险防范的法制化，也正是将市场化约束机制以法律制度的形式予以确认并保障其有序运行。因此，我国债券市场建立市场化法制化风险防范体系，是建立在对债券市场风险的类型、内容、成因、表现形式及其度量进行明确，且对风险防范市场化约束机制的具体手段、体系构成、特征和功能的总体把握的基础之上。此外，还必须要厘清市场化风险防范体系与行政化风险防范体系之间的差异，检视我国过于依赖行政化风险防范机制的弊端，并通过探讨市场化与法制化之间的逻辑联系与互动从而将建立市场化、法制化风险防范体系统一起来。

二、市场化理念与债券市场风险防范手段

我国债券市场建立市场化风险防范体系，是进一步全面深化改革时期发挥市场机制在资源配置中决定性作用的应有之义，及时通过立法确认市场化改革方向，是实现债券市场风险防范体系走向法制化规范道路的必然要求。将市场化原则作为基本立法理念融入债券市场法制，实现市场化与法制化的有效互动，是进一步完善债券市场风险防范体系的必由之路。易言之，将市场化理念嵌入债券市场风险防范法律制度，需要在立法理念、立法技术、立法内容上将市场化理念贯穿始终。

(一) 债券市场风险机理与市场化防范机制

风险是金融市场的基本特征，厘清债券市场风险的基本类型及其识别方法，是建立债券市场风险防范体系的前提。债券市场风险按照风险涉及主体层次的不同可分为微观风险和宏观风险，前者主要由利率、流动性、信用等方面因素造成，后者主要由金融体系和金融制度的缺陷、金融政策的失误以及微观金融风险的积累等因素造成。按照风险来源的不同，债券市场风险可分为利率风险、流动性风险、信用风险、市场风险。按照风险能否分散的区别，债券市场风险可分为系统性风险和非系统性风险，系统性风险主要包括利率风险、汇率风险、购买力风险和政策风险等，非系统性风险主要包括信用风险、资本风险、结算风险、流动性风险和经营风险等。债券市场风险尽管类型不同，但风险生成和风险传导不外乎遵循两条路径，一是因为市场自身缺陷或不完备所致，二是由于制度缺失等外部因素催生。新常态下市场风险与信用风险的交织演进构成了最原始的债券市场风险，股债融合以及市场割裂的状态滋生了债券市场的系统性风险，财政风险与金融风险的深度融合和相互转化，以及市场深化下的金融创新，都给债券市场带来了新的风险样态。但是不论如何，风险的生成、风险的传导以及风险的爆发，都是在债券市场自身运行过程中完成。防范债券市场风险，也需要遵循债券市场自身风险机理，以市场化的方式介入到债券市场运行的全过程，以有效地防范和处置风险。

在风险生成阶段，应当以市场化的方式改善债券市场资源配置和运行机制，既要通过制度完善保障债券市场顺畅运行，避免因市场畸形发展导致风险滋生，又要及时调整不合理的制度安排，防止因制度漏洞或缺陷导致的风险。在风险传导阶段，应当按照市场化的思维勾勒出风险传导的轨迹和原理，通过风险隔离和风险疏导的制度安排，切断风险传导的路径。同时，构建市场化的风险预警机制，即围绕表征风险的核心指标以及监测风险的市场主体两方面因素，完善债券市场风险预警体系，以及时发现和处置风险。最后，在风险处置阶段，应当按照市场化原则进行风险责任匹配，打破具有政府干预因素和扭曲市场定价的"刚性兑付"和"隐性担保"，真正实现买者自负，同时以合理的配套制度安排避免风险的扩散和系统性风险的发生。概言之，市场化的债券市场风险防范机制，需要以尊重和发现债券市场自身的市场属性为基础，同时又需要按照市场机制的调整规律进行相应的制度设计，避免陷入无视市场规律和政府过度干预的泥淖，导致债券市场风险防范因市场化不足而缺乏实效。

(二) 市场导向型的债券市场风险防范手段

建立市场化的债券市场风险防范体系，是充分发挥市场机制和市场约束在风险防范中的基础功能，利用市场导向性的债券市场风险防范手段积极介入和干预债券市场的运行过程始终，以有效抑制利率风险、信用风险、流动性风险以及风险的跨市场传导。具体而言，市场导向型的风险防范手段表现为以下几方面：（1）推进利率市场化。稳步推进利率市场化改革是深化中国金融体制改革的重要内容。改革开放以来的利率市场化改革双轨制取得了很大成就。[①] 利率市场化与债券市场是相辅相成、相互促进的关系。利率市场化推动债券发行量大幅增长、市场化的差别定价机制进一步完善，有助于建立和完善多层次、有弹性的融资机制，有助于提升债市对实体经济的支持，利率波动性的增强，债券市场的大幅扩容，以及交易量的快速增长，使得对冲债券利率风险和信用风险的需求随之增加，催生了各种避险品种和工具的创新，包括浮息债、含权债等避险债券品种、债券远期交易、利率掉期交易、信用风险缓释工具、国债期货等。风险对冲工具的问世反过来进一步促进了债券市场发展。（2）发展信用风险缓释工具和信贷资产证券化，加快产品创新，丰富债券市场品种。信用风险缓释工具是银行用以对冲和管理风险的措施，缺少它们信用风险将会集聚于银行体系，也会加大金融体系的隐患。信贷资产证券化是提高银行运营灵活度的工具，方面它能将银行的存量贷款资产转化为证券，从而为银行提供了一个有效的资产流动性管理工具，同时还实现了间接融资到直接融资的转换。此外，债券市场产品创新也为利率市场化提供保障，信用风险缓释工具等风险管理工具的推出有利于市场参与者而对利率市场化带来的市场波动，为实现市场风险分担、保障利率市场化平稳运行起到积极作用。（3）改善债券市场结构。债券市场结构作为包括了债券市场组织形式、债券市场主体类型、债券品种和交易工具类型结构、市场监管体制等多方面内容的市场运行基础构架，是债券市场运行所依托的基本架构。一直以来，我国债券市场结构失衡，政府债券和金融机构债券占 90% 左右。债券市场上品种较为单一，降低了市场的流动性和投资者的积极性。通过增加和健全债券品种，完善投资者结构和发行人结构，从供需两端实现金融资源在债券市场的合理有效配置，能够消除因市场结构不完善、不畅通导致的风险生成、风险累积与风险传导。（4）完善信用风险管理体系。信用风险管理体系包括市场机构的内部风险控制、市场化的信用风险管理机制和监督管理机构及相关制度安排三个层次，其中最为重要的是要加快完善信用风险管控的市场化机制建设，主要包括信用风险定价、信用评级、信用增进以及信用风险转移等。[②] 另外，不同风险的资金通过不同利率实现市场上的有效流动，为此要构建中国债券市场政府和地方政府、企业

[①] 易纲：《中国改革开放三十年的利率市场化进程》，载于《金融研究》2009 年第 1 期。
[②] 巴曙松：《债券市场快速发展更需关注市场风险管理体系建设》，载于《经济》2011 年第 6 期。

等不同层次的信用体系；同时不同性质和风险偏好的投资者对形成良好的流动性也起着重要作用，目前中国债券市场投资者结构中银行的比例过大，不利于市场流动性的提高，因此应该加大对非银行金融机构的培养，以利于发挥资金流动导向功能。① （5）加强债券市场基础设施建设。交易、清算、结算和托管环节是债券市场风险防范的核心。与许多发达国家债券市场相比，我国银行间债券市场的基础设施自建立以来就一直处于科学规划和有效监管之下，保障了市场运行透明、风险可控。应吸取国际金融危机和 Libor 操纵案的教训，大力加强市场基础设施建设，理顺债券市场管理体系。结合危机后国际组织监管改革的新趋势，在宏观审慎管理框架下，按照先易后难、循序渐进的原则，继续强化托管结算系统、清算系统、统一交易平台和信息库等核心市场基础设施建设，提高效率，防范系统性风险。② （6）建立互联互通的债券市场。银行间市场与交易所市场的互通互融是债券市场改革发展的基础性工作，建立统一的债券市场应加强交易所债券市场和银行间债券市场的联通，让债券人、投资者自主选择发行市场和投资市场，消除场内外分割状况，消除两个市场差价，进一步提高债券市场的整体运作，从而防止因市场分割与监管套利导致的风险生成与风险传导。③

三、债券市场风险防范的市场化工具与制度构建

债券市场风险防范市场约束机制与工具的功能发挥，有赖于完善的法律制度体系提供保障。债券市场风险防范制度体系应当将市场化风险防范机制与工具法律化，使债券市场风险约束机制能够在法律框架下更加有效地实现风险防范功能与效果。在债券市场风险防范法律制度中实现市场化的嵌入，核心内涵也正是将市场化约束机制以法律制度的形式加以确立和执行。

债券市场风险防范法律制度中实现市场化嵌入的方式与路径主要有二。一方面，对债券市场制度进行检视与审查，清理容易导致风险生成和传导的不当行政干预，保证债券市场的组织和运行都能够按照市场机制的规律完成资源的有效配置，从而消除因法律制度不健全、不完备和不科学所造成的风险。另一方面，引入债券市场风险防范的市场化机制，并建立相应的配套法律制度体系，使风险监测、风险预警、风险处置都能够按照法治的逻辑和思维开展，即使债券市场风险的市场约束机制能够在法律制度的保障下有效发挥风险防范的功能。

---

① 王盛、董晓春、陈海滨：《制度变迁与中国债券市场的演变路径》，载于《上海金融》2008 年第 12 期。
② 谢多：《中国债券市场的改革与发展》，载于《专家论坛》2013 年第 7 期。
③ 巴曙松：《影响我国债券市场流动性的宏观因素分析》，载于《中国财政》2013 年第 11 期。

债券市场风险防范法律制度中实现市场化嵌入的主要内容与要点有以下几个方面：(1) 引入安全高效的流动性工具，推出三方回购和中央债券借贷机制，以优化流动性风险管理，并在债券市场法律制度中明确上述工具的创设条件、法律地位和交易规则，使流动性风险管理和控制的工具及其运用有法可依和规范运行。(2) 完善信息披露和信用评级制度，深化以信息披露为本的债券发行机制，使市场阳光透明，使信用风险可判可信。通过债券信息披露制度的完善，以及时、准确、完整地公开发行人信息解决债券发行主体和债券投资人之间的信息不对称，从而使投资者得以对债券的信用风险作出合理的评估和正确的投资决定。同时通过健全市场化的信用评级制度，使债券风险状况在市场机制的有效调整下得以量化和评估，使投资者和市场管理者正确地识别风险状况。(3) 健全规范化、法制化的信用风险处置制度，优化完善市场约束机制和风险分担机制，使投资者不再过度地依赖建立在政府上的隐性担保和刚性兑付期待，确保债券的信用风险能够在市场上得到正确对待，并在市场化定价和交易中得到及时的吸收和化解。(4) 建立债券市场风险监测制度，不断健全债券收益率曲线，特别是作为市场基准的国债收益率曲线，持续完善地反映债券市场运行状况的价格指标体系，并以此为抓手，做好市场杠杆及风险监测相关工作。(5) 持续完善债券担保管理机制，进一步规范债券发行时的担保品的要求，通过担保制度的严格管理防范债券信用风险爆发时对投资者造成的损失和对整个债券市场产生的冲击。(6) 建立和完善债券市场基础设施制度，规范债券登记结算机构和债券交易场所的行为，推动割裂分散的债券市场基础设施之间完成规则的统一化，避免因制度差异形成套利空间，避免风险的转移和累积。

第三节 债券市场风险防范市场化体系的法制化依归

一、债券市场风险防范的法制化基础

债券市场的有序运行，须臾离不开法律规则的约束。债券市场的风险防范，也应该纳入法律制度的框架之内。市场经济就是法治经济，市场化的风险防范体系也应该是法制化的风险防范体系。要将债券市场风险防范纳入法治轨道，就是要将市场化风险防范机制以法律制度的形式予以明确和固定，通过法律制度的运行来实现债券市场风险防范。具体而言，一方面要实现从管制思维到监管思维的转变，确保监管部门尽责归位，即维护债券市场风险防范法律制度的实施和投资

者的保护，而不是对债券市场进行直接的行政干预。另一方面要提高债券市场风险防范规则的位阶和层级，即当前债券市场规则多以部门规章和自律规则等方式存在，法律效力层次与债券市场地位不相匹配，亟须将其纳入基本法律体系之中，以提高其效力。还有就是要加快债券市场风险防范法律制度的完善，制定债券市场信息披露、信用评级与增级、风险监测与预警等方面的法律制度，弥补制度漏洞以更好地防范风险，实现债券市场风险防范体系的法制化，也正是资本市场法制完善的题中之义。

完善的法律制度，是确保债券市场风险防范市场化约束机制有效运行的基础。市场化风险防范体系的建立，也必定是法制化的风险防范体系。债券市场的统一将突破长久以来以行政权力划分债券市场疆域的藩篱，为市场化的实现扫清了障碍，并奠定市场化法制化风险防范体系的建立基础。我国债券市场经历了过去数年的大扩容，取得了跨越式的发展，并形成了相应的风险防范机制。银行间债券市场与交易所债券市场各自为政是基于特定历史时期的特殊背景而形成的发展格局，在债券市场发展的初期的确发挥了有益作用，但如今这种市场间相互割裂的现状已经无法满足诸多市场主体的投融资需求，也不能适应债券市场由行政化向市场化转型的需求，更难以发挥债券市场在金融资源配置中的重要作用。所以，建立统一的债券市场，在此基础上坚持市场化发展导向，并在此基础上建立市场化、法制化的风险防范体系，实现当前困境下的突围及债券市场的规范发展。具体而言，就是要将市场化原则作为债券市场法制建设的基本理念，将市场化约束机制的具体内容纳入债券市场风险防范法律体系之中，并且注重各层次法律渊源的共同作用，建立包括基本立法、行政法规、部门规章、自律规则等在内的多层次风险防范法律体系。

二、债券市场风险防范体系的法制化路径

债券市场风险防范体系的法制化，需要按照三个层次展开，即市场化的基本逻辑、市场化与法制化的衔接、法制化的制度实现。第一个层次是明确市场化的基本逻辑，厘清债券市场风险防范市场化约束机制的基本原理，为建立市场化法制化风险防范体系提供理论源泉和基本方向，这是债券市场风险防范体系法制化的逻辑起点。第二个层次是市场化与法制化的衔接，即需要结合债券市场风险防范市场化约束机制的基本内容，将其上升到法律制度，实现市场化和法制化的有机融合。第三个层次是法制化的制度实现，即提出完善债券市场风险防范体系的具体制度设计方案，其内容既涵盖市场化约束机制的制度确认，也涵盖整个债券市场法律制度的顶层设计。上述三个层次是一脉相承的，

以市场化的基本逻辑作为出发点，研究市场化与法制化的衔接，最终走向整个债券市场风险防范体系的法制化，构成了债券市场风险防范体系法制化的完整路径。

首先，债券市场风险防范制度需要以市场化约束机制为前提和基础。债券市场风险防范体系的法制化，本质在于将债券市场风险防范的市场化约束机制以法律制度的形式予以确立，通过制度的实施保障风险防范的市场化机制得以有效运行。因此，尊重市场机制、明确市场机制、保障市场机制，是债券市场风险防范体系法制化的出发点和立足点。

其次，债券市场风险防范体系的法制化需要以完备的风险防范制度体系为主体和核心。法制化的核心要点在于使债券市场运行和风险防控有章可循有法可依，因此针对债券市场风险生成、风险传导、风险预警和风险处置等环节，构建系统性、全面性的风险防控法律制度体系是债券市场风险防范体系法制化路径中的核心环节。

最后，债券市场风险防范体系的法制化需要以良好的法制运行为依托和保障。徒法不足以自行，良好的法律制度如果缺乏有效的实施，则会停留于静态摆设不能发挥应有作用。债券市场风险防范法律制度的实现，离不开基于制定法的有效的执法和司法，即通过对风险防范中行政监管权力的有效配置和合理运用，使行政干预和行政指导以符合市场化要求的方式开展落实，同时通过司法的积极介入使债券市场风险能够以市场化的方式完成自我化解。

概言之，债券市场风险防范体系的法制化路径，需要回应好法制化的方向、法制化的内容和法制化的实现等问题。法制化的过程，既需要在静态层面上建立符合市场化旨趣和规律的债权市场风险防范制度体系，又需要在动态层面保证债券市场风险防范制度的有效实施和功能实现。

第四节　债券市场风险防范中政府与市场关系的协调

市场与政府是债券市场运行中的两大动力来源，前者主要是通过市场机制配置资源以组织和推动债券市场活动，而后者则是利用行政干预对债券市场进行调节和控制。从债券市场风险防范的角度来看，市场与政府既能够起到防范和化解风险的作用，但与此同时也是风险产生和扩散的原因。要建立政府和市场风险管理的激励相容机制，政府部门要在职责和政策措施中更好地体现对债券市场风险积极且有限度的干预，市场自身也有自我纠偏的风险管理和处置机制，需要政府推动机制的改革创新,让市场发挥更大的内生调节作用。① 只有政府和市场两者相互补充,彼此协调,才能够兴利除弊取长补短,实现债券市场风险的有效防范。

一、市场在债券市场风险防范中的功能定位

市场机制是调节资源配置的基础性力量。债券市场风险的产生、累积和扩散,其根本原因还是债券市场自身发展不均衡或者政府不当干预导致的市场失灵。我国债券市场对风险的管理意识很弱,这在宏观上助长了债务风险的加速累积,在微观上削弱了债券市场风险定价的功能,更抑制了市场对风险的管理能力。② 因此债券市场风险防范,归根结底还是要围绕债券市场自身的市场化运作流程与规律,发挥市场机制在风险防范中的主体性功能。

首先,正确认识风险生成的市场属性。事实上,风险是金融市场的基本特征,也是金融市场活动中客观存在的现象。风险既可能引发损失,同时也是实现收益的机会和基础,因此风险本质上是中性的。就债券市场风险而言,尽管不排除个别不当行政干预的影响,但风险生成主要是债券市场自身运行中各种市场因素综合作用而产生的结果。以债券信用风险为例,债市违约的原因是多方面的,包括行业因素、政策因素、经营因素、财务因素、公司治理因素和其他一些因素。例如债市违约事件主要集中于强周期行业和产能过剩企业,或者产生于发行人突发重大事件等。③ 既然债券市场的风险生成于市场,那么从逻辑上讲,防范债券市场风险也可以着眼于市场本身,通过完善债券市场运行的各个环节,使市场机制能够正常有效地发挥调节作用,就能够有效地防范风险的生成和传导。

其次,充分尊重风险识别的市场判断。如前所述,风险是金融市场的基本特征,风险可以作为金融交易的参考标准甚至交易标的。债券市场主体既然能够参与债券市场活动,必然是对相应风险有充分的心理预期和应对方案。但是由于市场机制不能正常发挥作用,例如政府的隐性担保和刚性兑付的行业潜规则,会导致市场主体对债券市场风险敏感度下降,从而无法正常识别风险,进而导致风险的累积乃至爆发。因此,防范债券市场风险必须充分尊重风险识别的市场判断,使市场主体能够自行识别风险,使债券市场风险成为发行人和投资者充分考虑的客观因素,并且使流动性风险、利率风险和违约风险等真正成为债券定价的影响因素,从而使债券市场风险识别与预警能够以市场化的方式真正实现风险管理与

---

① 宗军:《债券市场风险评估与控制》,载于《中国金融》2017 年第 17 期。
② 毛振华等:《中国债券市场信用风险与违约案例研究》,中国社会科学出版社 2017 年版,第 60 页。
③ 任婉馨:《中国债券市场信用违约风险的成因分析》,载于《清华金融评论》2016 年第 10 期。

防范。① 同时，要充分利用市场化主体辅助甄别债券市场风险。通过完善债券市场信用评级机制，提高信用评级公信力，通过信用评级充分揭示债券发行人及债券本身的风险，② 以市场化的方式帮助市场参与者识别债券市场风险。

最后，客观遵守风险处置的市场规则。债券市场"刚性兑付"饱受诟病，当前违约事件集中爆发，如何科学有效处置违约事件关涉债券市场的稳定发展。实践中，政府隐性担保问题依然严重，债券违约处置市场化程度较低，投资者保护有待进一步加强。债券违约处置中应当合理运用破产程序，不论是破产清算抑或和解重组，制度上都应保证债权人与债务人平等协商，以市场化处置为原则，以法院充分的司法保障为后盾。应当认识到，债券违约对发行人和债券持有人都会产生损失，尽管违约责任的承担不以过错为要件，但应当考虑债券交易的社会性和经济性，违约处置基于对市场风险的识别和市场利益平衡，应合理分配交易所产生的市场风险。③ 概言之，债券市场参与者进行债券交易，应当以充分认识和承担债券市场风险为前提，按照市场化的原则和规则公平分担风险，在确保债券市场稳健运行的前提下，落实"买者自负、风险自担"的市场规则。

二、政府在债券市场风险防范中的角色实践

就债券市场而言，政府在参与债券市场活动时具有双重角色。一方面政府作为债券市场的监管者，负有维护债券市场健康稳定发展的监管责任，并且需要从金融市场整体安全的角度防止系统性风险的发生。另一方面，政府因为与作为债券发行人的国有企业和平台企业之间的密切联系也不可避免地以某种形式成为债券市场的参与者。由于双重角色的存在，政府在债券市场风险防范的过程中难免会出现投鼠忌器的困境，导致其往往会突破债券市场风险防范的市场化原则，造成不合理的行政干预进而不利于市场化风险防范体系的建立。

首先，政府对债券市场存在不合理管制，容易造成风险。在当前分业经营分业监管的体制下，债券市场监管机构的监管行为扭曲，成为影响债券市场进一步发展最主要的障碍。④ 第一，监管部门各自为政，自建债券市场或准债券市场，造成债券市场分割。中国已建立了面向机构投资者场外模式的银行间债券市场，但证券监管部门大力推动沪深交易所发展采用场外交易模式的固定收益平台、综

---

① 刘海龙：《债券定价与债券风险预警方法综述》，载于《系统管理学报》2016年第1期。
② 中国人民银行常州市中心支行课题组：《我国信用评级揭示债券风险的有效性研究》，载于《金融纵横》2014年第3期。
③ 冯果、段丙华：《债券违约处置的法治逻辑》，载于《法律适用》2017年第7期。
④ 徐忠：《中国债券市场发展的最大障碍是封建式监管》，载于《金融研究》2015年第2期。

合协议平台,并试图将商业银行引入上述平台,希望完成对银行间债券市场的全面复制,2014 年以来,又大力推进与交易所市场相对独立的有关私募市场体系建设,把券商柜台和地方交易场所纳入其中。通过上述举措,证券监管部门意图打造一个完全由其控制的多层次、多券种、面向所有投资者的债券市场体系,甚至在银行间同业拆借和回购市场之外建立了由其管理的潜藏一定风险的标准券回购市场,最近又支持交易所推出资产支持证券和债券质押式协议回购等。保险监管部门也建设了保险公司债权投资计划的托管和交易场所。行业监管部门都在建设自己管辖的场外债券(类债券)市场,看似自成体系,实际上是对场外债券市场的无序分割和重复建设,不利于市场整体协调健康发展。各监管部门简单复制银行间债券市场模式去新建多个市场,很容易在监管竞争的压力下放松监管,选择性降低监管标准,弱化或突破投资者适当性原则,带来监管竞争和监管套利,增加系统性风险的隐患。第二,放松过度而监管缺位与过度监管并存。当初"一行三会"分家有其必然性,那时监管部门缺乏经验,监管水平不高,为提升专业化程度,需要进行分业监管。但是随着中国经济金融体制改革逐步深入、市场化改革逐步推进以及金融市场对外开放程度的加深,金融机构通过金融创新逐步从分业经营转向综合化经营,如果不对监管体制进行相应调整,市场就会出现扭曲。

其次,政府对债券违约存在隐性担保,可能会妨碍风险识别和处置的市场化。在债券市场最初的发展阶段,监管机构为了培育市场和控制风险,获批发债的主体多为实力雄厚的央企和地方国企,给投资者造成了国企债券几乎没有风险的错误认知。在后危机时代的经济刺激政策的推出,越来越多的地方政府融资平台以企业的名义为政府融资,而地方政府又经常愿意出具各种形式的"安慰函""兜底函"等为这些企业债务提供隐性担保。随着债务规模越来越大,政府信用的透支程度不断上升。与平台类公司相比,产业类的地方国有企业尽管受政府干预更小,但由于其在股权结构上天然地与政府有着密切联系,这让市场认为这是政府信用的延伸。由于政府和企业债务责任的边界模糊,导致市场形成了一切国有企业都有政府信用背书的现象,能够保证"刚性兑付"。尽管有关政府部门一再发文声明划清政府与企业的边界,但在实际操作中却为了"守住不发生系统性风险的底线",在风险事件发生后会积极组织各方力量协调解决,这进一步增强了市场对政府兜底的认知。① 但按照法律常识与规则,一方面债券发行人作为独立主体应当独立承担债务。无论其是民营企业、国有企业或者平台企业,都具有

---

① 毛振华等:《中国债券市场信用风险与违约案例研究》,中国社会科学出版社 2017 年版,第 59 ~ 60 页。

与政府相隔离的独立法人地位。另一方面,政府不属于担保法中适格的担保人,不应也不能为债券发行人提供担保。因此,政府积极介入债券违约事件的处理虽无不当,但以兜底者的身份或意识去处置债券违约风险,可能会导致市场对于债券风险的敏感程度下降,不利于债券市场参与主体准确识别风险和防范风险。

政府隐性担保即"刚性兑付"问题成为我国债券违约处置实践中的最大困境。债券市场成立之初主要为解决国企融资问题,债券发行成为政府解决资金问题的主要手段。在我国为时甚短的债券市场发展历史中,政府为债券提供刚性信用担保成为债券市场的隐性认知。政府代替投资者作出判断的做法会严重违反市场化法治化的发展要求,不利于培育健康的市场信用体系,会有害于市场建设。这意味着政府在债券违约处置中正调整定位,以实现纠纷解决的市场化。概言之,政府应以居中协调者的角色出现,应以引导市场风险自我调节为核心。[①]

最后,政府在债券市场中的某些行为,影响了债券市场风险防范的正常进行。如前所述,一方面,政府对国有企业债券违约进行积极主动的全方位干预,使得政府隐性担保和债券刚性兑付成为市场普遍预期,导致债券市场正常的风险识别、风险定价与风险处置等市场化风险防范机制失灵,另一方面政府本身通过地方政府融资平台发行平台债,在不考虑总体额度、规模和清偿能力的情况下大量发行平台债券,导致财政风险的金融化,[②] 使得风险过度向债券市场转移。概言之,政府过度承担了超出维护债券市场秩序的职能,过于主动地将在法律上本不属于其承担的责任揽到自己头上,是行政权力在债券市场上的过度干预。

三、政府与市场协同下的债券市场风险防范

债券市场风险防范的过程,既不能偏离市场机制的基础性功能,也须臾离不开政府的有效干预。随着市场机制在资源配置中的决定性作用的确立,我国债券市场风险防范体系也必须围绕市场化约束机制予以构建,其内在要求就是明确和保障债券市场风险的识别、预警和处置都按照风险生成、传导和预防的基本市场规律开展。与此同时,为了防止债券市场风险防范过程中的市场失灵,也需要政府在尊重市场机制的前提下及时、有效、合理地介入,通过行政调节弥补市场失灵所造成的债券市场风险失控。从总体而言,债券市场风险防范作为一项系统工程,需要妥善平衡好政府和市场的关系,通过市场和政府的有效协同,更好地防

---

① 冯果、段丙华:《债券违约处置的法治逻辑》,载于《法律适用》2017 年第 7 期。
② 李安安:《财政风险金融化的法律控制——以地方债务置换为视角》,载于《武汉科技大学学报》(社会科学版)2016 年第 4 期。

范债券市场风险。具体而言，政府和市场协同需要符合以下要求。

首先，尊重市场规律与政府合理调节相结合。由于政府和市场都在债券市场防范中能够发挥作用，而且实际上也都在以各自的方式和规律对债券市场风险的产生和防范形成影响，因此在建立市场化法制化风险防范体系的过程中，需要妥善处理好政府与市场之间的关系，一方面发挥好政府与市场之间相互补充的作用，以防止市场失灵和政府失灵；另一方面要把握好政府和市场之间的限度，防止政府干预和市场调节之间的冲突。政府和市场的有效结合下的债券市场风险防范需要把握以下原则：第一，明确市场机制在债券市场防范中的基础性作用。债券市场建立市场化法制化风险防范体系，前提在于市场化。任何偏离市场规律的风险防范机制，都难以准确把握债券市场风险生成和传导的客观特征和核心要素。只有发挥市场机制的基础性作用，才能够使债券市场风险能够通过市场化约束机制得以有效处置和预防。例如对于流动性风险和信用风险而言，如果无视债券市场资源配置的一般规律和风险生成的客观成因，单纯依靠政府盲目的行政干预，难以有效地对风险特征和风险源头进行准确把握，更谈不上有效处置和防范。第二，充分并合理发挥政府调节的风险防范功能。强调市场机制的基础性作用，并不意味着对于政府行政干预的完全放弃。政府全面有效的监管，以及在风险事件发生的事前事中事后阶段的积极干预，都能够在很大程度上弥补市场机制的不足和市场失灵造成的风险，从而对债券市场风险进行预防和化解。因此充分发挥政府调节的作用实属必要。但与此同时，必须要把握政府调节或者说行政干预的必要限度，即只有在市场失灵的情况下、在尊重市场机制的前提下合理、有限度地进行政府调节。第三，实现市场规律和政府调节之间的动态平衡。市场调节与政府调节之间并没有明确的界限，两者之间应当根据债券市场风险状况的客观现实，按照最符合债券市场安全和效率的利益最大化原则相机抉择，在不越位、不缺位的要求下及时完成补位，以动态平衡和有效协作的形式做好债券市场风险防范。

其次，监管机构归位尽责与市场主体风险自担相结合。债券市场风险防范是政府和市场的共同责任，两者都应当在各自范围内承担相应的风险防范任务。如何合理分配风险防范责任，是政府与市场协同时需要明确的问题。从政府层面来看，应当对债券市场实施有效监管，在制度设计上建立良好的风险防范制度体系，并且避免政府不当干预导致的风险。归结为一点，就是监管机构应当归位尽责，通过政府权力的合理配置以防范债券市场风险。监管机构应当理顺监管体制，避免因债券市场人为割裂和监管权力的不合理分配导致套利空间和风险。中国债券交易市场由于存在不同的监管机构，不同的机构监管所依据的法律法规不同，这种不统一的监管标准不利于债券产品在市场上的交易和流通，也容易造成风险的生成。统一监管标准在很大程度上促进债券产品的流动性，变目前的"购买—持有"模式为"购买—交易"模式，构筑充满活力的债券交易市场。活跃的二级交易市场是一级发行市场良性、高效运行的强大基础。多头监管模式已经阻碍了中国债券交易市场的发展，结合国外的成功经验与中国目前债券交易市场的监管现状，建议在中国构建"证监会为核心、自律组织为主体"的监管体系。通过法律法规的修改赋予证监会对商业银行柜台债券市场、银行间债券市场统一监管的权力。依据统一标准、由同一个监管机构进行总体监管，这样才能避免监管机构之间的监管竞争，也能够进一步促进债券交易市场的互通性、交易性、活跃性，更能够提高监管效能，进而有力防范债券市场风险。① 从市场层面来看，应当明确各类市场主体在构建债券市场风险防范中的功能和责任，使各类市场主体能够以市场化的方式参与债券市场风险防范。就信用评级机构而言，需要改革债券市场资信评级制度，改变信用评级付费模式，使债券信用评级机构能够真正发挥风险提示和预警的作用。就承销机构而言，需要严控承销环节质量，强化债券市场中介机构责任，使承销机构成为债券风险防范的看门人。就受托管理人而言，需要建立权责利相匹配的受托管理制度，明确债券受托管理人持续督导的具体职责与约束。就发行人和投资者而言，需要以市场化的风险分担方式引导债券市场风险由发行人和投资者自我消化，避免因个别风险事件对债券市场整体形成系统性的冲击。②

再次，系统性风险的政府干预与一般风险的市场化处置相结合。风险是金融市场的常态，风险事件的发生也并不绝对地意味着债券市场的不健康。对于债券市场风险，也需要区分系统性风险与一般性风险采取不同的处置方式。对于系统性风险而言，需要坚守不发生系统性风险的底线，这就要明确政府的责任，在涉及系统性风险的问题上，政府需要积极干预，以避免债券市场风险传导至整个金融市场甚至危及国民经济。因此，在发生或者可能发生债券市场系统性风险时，政府应当积极介入并采取相应措施化解和处置。而对于一般性的风险，如果是债券市场结构或者交易制度存在问题而导致的风险，政府也需要以监管者的角色予以及时调整。但是若只是发生在个别发行人和投资者身上的风险，则应当遵循"买者自负、风险自担"的原则，通过破产清算及和解等方式进行风险处置。易言之，政府应当着眼于系统性风险以及债券市场结构和整体运行，有限度、有节制地介入风险治理，而基于一般市场行为而产生的风险则应当由相应交易主体按照市场化的方式自行承担和化解，政府在其中只能进行监管和指导。

---

① 冯果、刘秀芬：《优化债券市场监管体系的法律思考》，载于《江西财经大学学报》2016年第5期。
② 高榴：《我国公司债券发展中的风险、问题及对策》，载于《南方金融》2017年第4期。

第五节　市场深化、法制引领与债券市场风险治理现代化

建立市场化法制化风险防范体系，是我国债券市场风险治理现代化的必由之路。落实到具体的体系构建上，需要妥善处理好市场化和法制化之间的关系，以市场化作为风险防范体系的价值旨向和制度基础，以法制化作为风险防范体系的制度目标和实现保障，在市场化与法制化的共同要求下，建立符合风险治理现代化要求的法律制度体系。

一、市场化法制化风险防范体系的价值定位

我国债券市场自建立以来，在总量和增量上均实现了长足的进步。然而，长期以来的金融抑制政策尽管通过将债券市场人为分割以及强制担保等行政干预方式，在一定历史时期有效防范了风险，但却在很大程度上限制了市场机制在资源配置中决定性作用的发挥，导致了债券市场活力不足。对管制思维下的行政化风险防范机制的过度依赖，导致市场化风险防范体系不完善，制约了我国债券市场风险防范和控制能力的提升。与此同时，我国资本市场法制建设尚未实现与债券市场发展同步，债券市场基础性法律缺失，部门规章和自律规则零散且效力层级较低，债券市场法律制度体系不完善，市场化风险防范机制缺乏法制保障。事实上，我国债券市场的市场化改革已经起步，利率市场化改革也正稳步推进，我国债券市场将面临更为复杂的风险状况，亟须建立市场化的风险防范体系，以有效应对市场风险。《金融业发展和改革"十二五"规划》提出要"积极发展债券市场，坚持市场化改革方向，着力培育商业信用，强化市场约束和风险分担机制，提高市场运行透明度，为债券市场发展营造良好的制度环境"。因此，在市场深化的背景下，探索在我国债券市场建立市场化法制化风险防范体系，是推进我国债券市场的市场化改革、维护债券市场安全与稳定、实现我国债券市场繁荣发展的必由之路。市场化法制化风险防范体系的建立，需要明确其基本的价值定位，以作为顶层制度设计的宗旨与依据。

首先，债券市场建立市场化法制化风险防范体系，需要以尊重市场化约束机制为基础。市场化约束机制是债券市场风险防范体系的核心，即债券市场风险防范体系需要遵循债券市场运行的基本规律，把握债券市场风险生成、风险传导、风险处置等各个环节的市场规律，并以此为基础进行制度设计。在以往债券市场

的运行过程中，具有浓厚"父爱主义"倾向的风险防范措施抑制了市场化约束机制的有效发挥，政府隐性担保和刚性兑付使得债券市场风险识别和预警形同虚设，致使市场主体忽视债券市场信用风险。同时，银行间债券市场和交易所债券市场的人为割裂，在妨碍资金资源在不同市场正常流通配置且因监管标准差异导致套利空间的同时，也会造成风险难以按照统一的监管框架得以有效防范和控制。并且，债券市场风险过于倚重行政力量的路径依赖，使得市场化风险防范机制一方面因长期被忽视而不健全不完备，另一方面也缺乏正常发挥作用的体制机制基础。因此，债券市场建立市场化法制化风险防范体系，需要将市场化约束机制作为基础性内容，并且通过合理的制度设计保障其充分有效地发挥作用。

其次，债券市场建立市场化法制化风险防范体系，需要以政府合理有效干预为补充。政府干预与调节，是弥补和化解市场失灵的重要手段，也是国民经济长期发展中的有益经验。面对债券市场风险防范的任务，政府应当有所作为，但与此同时也应把握好合理限度，避免形成对市场机制的妨碍。政府的不当干预使得关于公司债券风险水平的信息无法通过债券市场进行传递，加重了发债企业和投资者之间的信息不对称，造成了企业和投资者的激励扭曲和行为扭曲。另外政府强制性的担保要求不但没有解决公司债券市场上的信息不对称问题，反而造成了公司债券发行者和投资者的激励扭曲，结果是由政府承担了公司债券的信用风险，加重了金融体系的风险积累和经济运行的社会成本。[①] 因此，政府在防范债券市场风险时，应当守住其干预的底线，取消其对债券市场的强制性、不合理的干预，将决策权交还给市场机制，以市场为主体开展债券市场风险管理。但与此同时，由于债券市场风险的传导有可能造成系统性风险，政府需要对债券市场风险状况进行积极的监控与防范，避免爆发系统性风险波及整个金融体系的稳定与安全。此外，政府还需要监管债券发行人信息披露、债券交易活动，并且还需要通过合理的货币政策维护债券市场的流动性，避免流动性风险等。

最后，债券市场建立市场化法制化风险防范体系，需要以完善的法律制度为保障。市场化法制化风险防范体系，着眼于市场化即发挥市场机制的基础性作用，但最终还是要落脚到法制化即法律制度体系的建立之上。制定良好且实施有效的法律制度，是债券市场风险防范市场化约束机制有效运行的重要保障。在制度上，我国债券市场风险防范制度具有浓厚的行政管制色彩，且债券市场相关法律制度存在着零散和滞后等问题，导致我国债券市场建立市场化法制化风险防范体系缺乏制度支撑。我国当前债券市场风险防范的法律制度，更多的是通过对债券市场的市场化活动进行限制，消极地避免风险。而随着市场深化的不断发展，

[①] 李丽：《公司债券市场信息不对称和政府作用》，载于《金融理论与实践》2006年第5期。

市场化改革的全面推进，债券市场法律制度必须对市场发挥在资源配置中的决定性作用进行充分的回应，确保市场化约束机制在债券市场风险防范中作用的有效发挥。同时，我国债券市场的制度体系不够完善，因此亟需进一步完善债券市场风险防范体系的制度建设。

二、市场化法制化风险防范体系的基本原则

我国债券市场建立市场化法制化风险防范体系，在遵循以市场约束机制为基础、以政府合理有效干预为补充、以完善的法律制度为保障的价值取向下，需要妥善处理和融合市场与政府、法律与自律规则、场内市场与场外市场、安全与效率等之间的关系，使债券市场风险防范能够在利益平衡、协调联动的基础上完成体系化构建。

第一，坚持市场调节与行政干预相协调。在建立市场化法制化风险体系时，需要妥善处理好发挥市场约束机制基础性和主体性作用与发挥政府合理有效干预调节的补充性功能之间的关系。对这一问题，前面已有大量论证，此处不再赘述。但需要说明的是，市场调节与行政干预之间并不存在冲突，市场调节有时会因为市场失灵而需要行政干预予以补充，行政干预是在尊重市场调节的前提下实施的干预；且两者之间是根据债券市场运行的实际状况完成动态平衡。但是如何实现动态平衡、如何完成彼此协调，则需要债券市场法律制度对于政府参与债券市场风险管理进行规制。一方面要对政府进行明确授权，即规定监管部门在债券市场风险防范中的法律地位和职权范围，保障政府能够对债券市场运行中的违法行为以及可能造成风险的行为进行有力的监管，并且对投资者权益保护和防范系统性风险积极承担监管职责。另一方面要对政府行政干预的行为进行有效约束，通过限定职权范围和权力清单的方式，使行政干预在市场调节面前保持其应有的谦抑，并且以严格的行政监管程序与监管责任保证权责一致。概言之，就是要转变债券市场风险防范对行政管制的僵化依赖，合理划定行政干预的边界和限度，发挥市场在资源配置中的决定性作用，促进市场化约束机制在债券市场风险防范中的应用，平衡好市场调节与行政干预在债券市场风险防范体系中的作用。

第二，坚持法律制度与自律规则相协调。债券市场建立市场化法制化风险防范体系，归根结底会落实到完善债券市场风险防范法律制度上。但是这个法律制度体系如何构成，是立法者和监管者必须厘清的基础性问题。法律制度的内容体系会在下文中提及，这里需要重视的是，在法律、行政法规、部门规章和自律规则等各类层级的法律规范大量存在的债券市场制度体系中，平衡好体现立法机关和监管部门意志的法律制度与体现市场共同体意思具有一定"软法"属性的自律

规则之间的关系。事实上，债券市场自律组织处于债券市场运行的一线，以银行间交易商协会、证券交易所等为代表的自律组织，既承担着债券交易活动的组织者的角色，又承担着一线监管和自律监管的职责。这类机构制定的自律规则，在很大程度上既体现着行政监管部门的意志，又反映着作为会员的市场主体的诉求，并且可以及时、灵活地进行调整以适应市场风险状况的变化，能够很好地在市场化和行政干预之间达成平衡，从而有效地开展债券市场风险管理。因此，在我国债券市场法律制度体系的建设过程中，债券市场基础性法律制度的功能是构建债券市场风险防范体系的整体化系统化法制框架，同时也需要充分关注和肯定债券市场自律规则在债券市场风险防范制度中的重要地位。要充分肯定银行间市场自律规则和交易所自律规则在债券市场风险防范中的重要作用，但也要适时推动相关规则的法律化，提高自律规则的效力层级，实现债券市场风险防范制度体系的多元化。

第三，坚持场内市场与场外市场相协调。由于我国债券市场存在着银行间债券市场和交易所债券市场的二元结构，场内市场与场外市场发展不均衡、不统一，两者之间的风险状况和特征也并不完全一致。因此，要对两类不同市场类型的风险状况和防范手段进行有效区分，但也要促进两类市场实现互联，推动统一债券市场的建立并在此基础上实现债券市场风险防范体系的统一化。具体而言，由于场内市场和场外市场之间监管部门不同、监管规则不同、债券品种和交易机制也不同，从而导致场内市场和场外市场的风险类型、风险特征以及风险防范手段也存在差异。我国债券市场建立市场化法制化风险防范体系，不是单独对场内市场或场外市场进行割裂的制度设计，而是要统筹场外市场和场内市场的协同发展，在促进两者融合的基础上构建整体化、系统化的风险防范体系。

第四，坚持金融安全与金融效率相协调。我国债券市场建立市场化法制化风险防范体系，其核心在于防范风险，尤其是要守住不发生系统性风险的底线。在这个层面上，相关的制度设计需要对债券市场运行的各个环节和流程进行相对严格的规制，以避免风险的生成和传导。这种对于金融安全的追求在很大程度上会抑制金融创新和债券市场活力，对金融效率可能会产生一定的减损。但是从另一个层面来看，防范债券市场风险归根结底还是要保障债券市场的有序发展。因此，防范债券市场风险既是要避免债券市场对于金融效率的过度追求而损害金融安全，但也并不一定是要以损害金融效率为代价换取金融安全，而是要通过合理的制度设计实现两者之间的平衡与协调。既要通过完善债券市场风险防范体系，对债券市场风险进行有效控制，维护债券市场的安全与稳定，但与此同时还需要鼓励债券市场创新，避免因过度防范风险而制约债券市场的正常发展，在金融安全与金融效率之间寻求合理的平衡。

三、市场化法制化风险防范体系的制度构建

债券市场建立市场化法制化风险防范体系是一项系统工程,需要以市场化和法制化为两大核心面向。市场化和法制化这两个面向,既是两个并列的目标,体现了债券市场风险防范体系建设中贯彻市场化改革精神,发挥市场在资源配置中的决定性作用的基本要求,也体现了加快资本市场法制建设,完善资本市场法治的基本要求。同时,市场化和法制化这两个面向既相互联系,又相互影响。市场化是法制化的前提和基础,相应的法律制度的建设是建立在对债券市场风险防范的市场化约束机制的充分认识的基础之上,是市场化约束机制的制度确认。法制化是市场化的发展和保障,完善的债券市场法制能够确保市场化风险防范体系功能的有效发挥。归根结底,我国债券市场建立市场化法制化风险防范体系,要落脚到具体的法律制度建设中来,按照风险生成、风险识别、风险监控与预警、风险分担与处置的逻辑要点进行相应的制度建设。其中核心制度主要包括以下五个方面。

第一,进一步完善债券信息披露制度。信息披露,是增加市场透明度的重要手段,如何建立统一明确的信息披露标准,强化信息披露监管,提高信息披露质量,是有效防范债券市场风险的重要内容。建立契合债券本质的信息披露制度,是防范债券市场风险产生和识别的重要环节。当前债券市场发展良好,势头猛进,信息披露存有的诸多问题也日益凸显和加剧,碎片化的模糊法制和搪塞不全的披露规定已无法充分因应市场日新月异的需求,既有格局的混沌亟须法律制度从理念和规范双重视域进行系统化重构。具体而言,在总体思路上要秉承统一与差异二元并进,既要在顶层设计上进行统一化建构,又要在具体制度方面进行差异化安排;在基本进路上要在深入理解债券本质和特性基础上搭建以偿债能力为中心的制度设计;此外,还应以发行人、中介机构、投资者等为切入点加强必要的配套性制度建设。

第二,进一步完善债券信用评级增级制度。信用评级增级,是界定和提高债券信用等级,防范债券信用风险的有效方式,规范信用评级机构的行为,提高信用评级公信力,创新信用增级方式,是债券市场风险防范制度体系的重点内容。当前,债券市场资信评级制度为发行人付费评级模式,即由受评对象支付评级费用,容易造成评级机构为主动迎合发行人而合谋修改拟发行债券的信用等级,严重影响评级结果的真实性与有效性。对此,我国公司债市场可以逐步尝试由投资者直接向信用评级机构付费[①],从根源上切断评级机构与发行人之间的利益链条,

---

[①] 余丽霞、王停郦、尚婷婷:《我国信用债市场违约问题及对策研究》,载于《西南金融》2016年第11期。

使其转向与投资者结成利益共同体，通过更加客观、公允地开展信用评级，向投资者揭示公司债产品风险，为投资者合理决策提供依据。同时，对公司债信用评级机构建立信用档案，通过案例评价、主管部门评价、专家评价、市场机构评价等方式对评级机构实施评价，并且根据信用水平分类对评级机构实施守信激励、失信惩戒措施，充分发挥评级机构在债券市场中的信用风险揭示、预警作用。此外，还应当充分规范债券保险、发行人关联担保等方式，完善债券信用增级制度，使得债券市场风险得以充分识别和化解。

第三，进一步完善债券登记托管结算制度。债券登记托管结算，是债券发行与交易中的核心环节，统一高效的托管结算体制能够有效地对债券市场风险进行集中监管和风险控制，中国现有的债券登记、托管和结算制度是在当时社会经济不规范的国债回购引发的系统性金融风险的背景下应运而生，可以说，通过债券登记、托管和计算制度的历史变迁能够厘清该制度在债券市场风险防范体系中的地位，也更有助于厘清该制度在债券市场风险防范体系的作用。债券市场的分割化导致了我国在登记、托管和结算等一系列监管行为上的断层，这种断层就会导致诸如系统性风险以及操作性风险等风险的产生。统一的债券登记、托管和结算制度能够有效推动债券市场化进程的同时，也能够减少风险控制的成本，帮助完善对债券市场交易行为等的监管，从债券市场的各个交易环节上加强风险控制作用。我国的托管体系是二级托管结构体系，主要由中央国债结算公司以及中国证券结算公司两个机构分别对场外场内市场负责。虽然二者并存的托管结构体系顺应了中国债券市场的发展趋势，但是作为两种托管系统，二者缺乏进一步的沟通与合作，客观上造成了债券市场在债券、资金流通上的不充分，也间接造成了市场的分化与割裂。构筑一个完整的债券市场风险防范制度体系，必须打通二者之间的壁障，形成统一互联的托管体系，同时在借鉴国外托管制度的发展经验，来完善我国债券托管体系制度，加速债券市场化进程。我国的债券登记、托管和结算法律制度的源头可追溯至《证券法》中对于债券市场托管结算机构的规定，而现有的中央托管结算体系大多是依据国务院各部委以及银保监会、证监会颁布的规章而建立的，二者之间产生矛盾。这表明现有的登记托管结算体系法律适用的层级效力不匹配，法律效力的不匹配会增加投资者入市的合规风险，同时也制约了债券市场统一的市场化进程。明确的法律依据与法律制度架构才能保障投资者的利益，降低债券市场的信用风险与合规风险。

第四，进一步完善债券市场做市商制度。债券市场做市商本身是为了防范流动性风险而产生，但随着做市商在债券市场中角色和定位的异化，导致了做市商自身也成为造成风险的因素，包括做市商主体数量、内部治理和做市券种类等风险产生的内部因素，以及价格发现机制的失灵、监管与考核指标的不匹配等风险传递的外部因素等，都使得债券市场做市商的风险防范机制的失灵或低效。我国债券市场做市商制度本身起步较晚，在发展的过程中还处于摸索的阶段，境外的成熟市场经验是我们主要参照的对象，通过对不同市场环境的分析，结合做市商制度的经济实质，寻找我国在相关方面的不足。国外的做市商制度主要存在于场内交易，范围上还包括了期货交易，并且逐步形成了竞价交易与做市商制度交叉的混合交易模式，这些经验从做市商制度本身的建设上可以给我们一些启发。做市商本身给市场带来了一定的风险，由于其对市场风险的影响，加强做市商自身的建设应当放在制度规范的第一位。从主体的准入到治理等方面，都是对债券市场风险防控的体现。内部控制是企业管理的基本要求，基于风险的角度，对做市商制度进行内部治理与控制的完善是体现了对于风险的事前监测、事中控制以及事后的弥补机制。具体包括做市商准入的市场化以丰富做市商主体种类，改革做市商内部控制和治理，建立健全做市商风险评价体系等。债券市场中做市商制度的建设不仅要依靠内部治理，还需要合理有效的外部监管。同时，充分有效的外部市场是化解风险的首要保障，基于前面对于债券市场中风险传递的外部因素分析，针对做市商制度的特点以及现状，着重从竞争市场建设、价格发现机制建设、监控机制建设以及考核机制建设等方面进行制度建设，如引入竞争机制，考虑将债券做市商与债券承销资格、一级交易商资格三者结合起来，赋予做市商对新发债券优先认购权和优先追加认购权等。

第五，进一步完善债券市场风险分担制度。风险分担机制，能够有效平衡债券市场风险对相关利益主体的影响，提高各类市场主体对市场风险的承受能力和管理能力。风险是债券市场的客观现象，完全杜绝风险几乎是不可能的，因此，如何合理分担风险是债券市场亟待解决的问题之一。在我国，债券市场的风险分担主要依靠衍生工具，市场参与者通过运用不同的衍生工具转移、对冲风险。我国的债券衍生工具的种类较少，相关制度不完善，不能充分发挥分担市场风险的作用。建立市场化法制化风险防范体系，应当打破过去的政府隐性担保和刚性兑付的路径依赖，以市场化的方式建立风险分担制度。一方面，通过债券回购、利率衍生工具、信用衍生工具、保险等方式探索多元化风险分担机制，并且为这些多元化风险分担机制的创新与发展创造良好的制度环境。另一方面，对于实际发生的风险，在政府有限度地协调处理的条件下，坚定不移地通过正常的市场化途径予以解决，例如拍卖抵押物以保证债券本息的及时清偿，实在不能清偿的发行人应当进入破产程序，实在无法清偿的，债券投资者应当按照"买者自负"的原则承担不能清偿范围内的损失。债券市场风险分担和处置制度应当对此予以明确和规范。

第十章

债券市场监管体系优化的制度安排

债券市场分割以及风险防范体系不完善的一个重要因素就在于监管体系制度方面需要完善。债券市场多头分散的监管体系及监管机构之间的监管竞争，一方面造成了债券市场分割的结构性困局，阻碍了债券市场互联互通和深化发展；另一方面，多头监管机构间的竞争和博弈，还带来了监管重叠、监管竞次和监管套利等一系列问题，不仅不利于债券市场统一风险防范体系的构建，反而会导致新的制度性风险。本章内容将对我国债券市场多头分散的监管权力配置状态进行阐述，探讨其产生和演化的制度逻辑，分析其对于债券市场结构、监管以及立法的制度影响，在此基础上从监管权力的重新配置和监管制度的完善两个角度提出债券市场监管体系优化的制度安排。

第一节 监管权力博弈与债券市场监管权力配置状态

债券市场分割的一个重要的制度根源就在于债券市场多头监管主体的权力博弈。在债券发行市场上，财政部、人民银行、发展改革委、证监会和交易商协会分别负责政府债券、金融债券、企业债券、公司债券以及非金融企业债务融资工具的发行监管，同时银保监会还对商业银行和保险公司发行金融债券实施机构监管；在债券交易市场上，人民银行和证监会分别负责对银行间债券市场和交易所债券市场的债券交易监管。由此，也在债券市场上形成了以各监管机构为中心的利益集团，围绕着监管资源展开竞争和博弈，从而更进一步强化了债券市场多头监管和市场分割的现实格局。在债券发行市场上，人民银行、证监会、财政部、发展改革委等机构是不同债券的发行监管主体，债券资源是稀缺性的金融资源，债券发行监管权也是稀缺性的权力资源，因而债券发行监管就直接关乎各机构的部门利益。与此同时，债券市场中的交易场所、发行人、投资者、中介服务机构、托管结算机构等参与者也都"依附"于不同的监管机构，在债券市场形成了错综复杂的格局，对债券市场结构、监管和立法产生了深刻的影响（见表10-1）。

表10-1　　　　　　　我国债券市场监管权力配置

监管环节	债券类别	监管主体	监管依据
债券发行市场	政府债券	财政部	《预算法》《国库券条例》
	金融债券	中国人民银行、银保监会	《全国银行间债券市场金融债券发行管理办法》《商业银行次级债券发行管理办法》
	保险公司次级债	银保监会	《保险公司次级定期债务管理办法》
	企业债券	发展改革委	《企业债券管理条例》
	公司债券	证监会	《证券法》《公司法》《公司债券发行与交易管理办法》
	非金融企业债务融资工具	银行间市场交易商协会	《银行间债券市场非金融企业债务融资工具管理办法》
	信贷资产支持证券	中国人民银行、银保监会	《信贷资产证券化试点管理办法》
	企业资产支持证券	证监会	《证券公司资产证券化业务管理规定》
债券交易市场	银行间债券市场	中国人民银行	《中国人民银行法》
	交易所债券市场	证监会	《证券法》
	商业银行柜台债券市场	中国人民银行	《商业银行柜台记账式国债交易管理办法》

第二节 债券市场多头分散监管的形成及其逻辑演进

我国债券市场多头分散监管格局的形成及其演进的制度逻辑主要体现在三个方面：一是债券市场的产生和发展并非市场自发生成的，而是政府主导型的制度生成和变迁路径；二是金融市场中的分业经营和分业监管模式根深蒂固；三是债券市场多头监管主体的自我强化。

一、政府主导型的制度生成和变迁路径

与欧美发达国家市场自发生成和演进的债券市场发展历程不同，我国债券市场自产生之日起就是由政府主导和推动的，每一个债券品种和债券市场的诞生都与政府监管部门密不可分。其中，国债的发行承担着筹集建设资金、弥补财政赤字的功能，以政府财政为信用基础，因而由财政部负责发行。2015年，财政部制定的《地方政府一般债券发行管理暂行办法》和《地方政府专项债券发行管理暂行办法》都规定了地方政府债券由各地按照市场化原则自发自还，标志着地方政府自主发债权的进一步扩大，但仍然由财政部实行"限额管理"。

至于同样以公司信用为基础的企业债券、公司债券、非金融企业债务融资工具被一分为三，分别由不同部门负责发行监管，更是政府主导作用的典型反映。企业债券的发行起初主要承担着有效利用社会闲散资金保证国家重点建设的职能，后来又被用于为国有企业"输血"脱困，一直存在着市场化机制缺失的"痼疾"。企业债券发行之初是由人民银行负责发行审批，1993年《企业债券管理条例》将中央企业债券发行审批权赋予人民银行和国家计委（发展改革委前身），地方企业债券发行权赋予人民银行分行和地方计划主管部门，体现了企业债券发行强烈的计划调控色彩，也恰好契合了企业债券在特殊历史背景下所担负的特殊使命。随着人民银行在金融体系中的职能转变，逐步退出企业债券的发行监管，企业债券的发行监管权也就让渡并集中到了发展改革委，这也是企业债券发行监管权历史流变的一个"顺理成章"的结果。相比之下，公司债券的产生要晚近很多，其更多是针对企业债券主要面向国有企业这一定位的补充，扩大了公司信用类债券的发行主体，使得国有企业之外的公司也能够发行债券融资。实际上，早在1993年《公司法》第五章就专章规定了"公司债券"，并在第164条规定"国务院证券管理部门审批公司债券的发行"，但该规定如同公司债券一样

长期被束之高阁。2007 年证监会制定的《公司债券发行试点办法》的出台标志着公司债券发行试点的正式开启,《公司债券发行试点办法》第 3 条也明确规定了申请发行公司债券由证监会核准。此外,公司信用类债券中的短期融资券和中期票据都是在人民银行主导下在银行间债券市场发行和交易的非金融业务债务融资工具,虽然发行监管权已下放至交易商协会实行注册制,但也不过是权力在同一体系监管部门内的"流动"。① 短期融资券早在 20 世纪 80 年代末即已产生,目的是在紧缩信贷政策形势下弥补企业短期流动性不足,1989 年人民银行下发《关于发行短期融资券有关问题的通知》要求"企业发行短期融资券,必须经人民银行审批",从而奠定了人民银行对短期融资券的监管基础。之后,短期融资券经历了长时间的退市,直到 2005 年人民银行出台《短期融资券管理办法》重启短期融资券发行,《公司债券发行试点办法》延续了此前的监管权力配置,即由人民银行对短期融资券的发行、交易、登记、托管、结算、兑付进行监督管理,并且只能在银行间债券市场发行和交易。2008 年《银行间债券市场非金融企业债务融资工具管理办法》将在银行间债券市场发行和交易的非金融企业债务融资工具由短期融资券扩大到了中期票据等,并且由交易商协会负责注册管理。这样一来,在发展改革委、证监会、人民银行的主导下,公司信用类债券"三足鼎立"的监管格局正式形成。

  债券交易市场亦是如此,随着上海证券交易所和深圳证券交易所的成立,债券发行和交易逐步由早期的场外柜台市场向交易所债券市场转移,特别是 1995 年场外柜台市场被叫停,交易所市场成为债券市场的主导。在我国,交易所债券的监管权力配置也经历了由分散到统一的过程。1992 年 10 月,国务院证券委员会和证监会成立,证券委员会是对证券市场进行统一管理的主管机构,证监会是证券委员会的执行机构,依法对证券市场进行监管。1997 年 8 月,上海证券交易所和深圳证券交易所被统一划归证监会监管,至此交易所债券市场的监管权力方得以统一。而商业银行从交易所债券市场退出以及银行间债券市场的建立,更是人民银行直接主导和安排下的产物。1997 年,为了规范国债回购市场,禁止银行资金违规流入股市,人民银行出台了《关于各商业银行停止在证券交易所证券回购及现券交易的通知》,以一纸通知的形式改变了我国债券市场的发展格局,建立了由其主管的银行间债券市场并逐渐发展成为债券市场的主导力量。由此,长期以来制约我国债券市场深化发展的市场分割和多头监管的困局也得以形成。

---

  ① 冯果等:《债券市场风险防范的法治逻辑》,法律出版社 2016 年版,第 67 页。

二、分业经营和分业监管的模式根深蒂固

我国金融市场一直实行严格的分业经营模式，银行、证券、保险、信托等机构和业务严格分离，与之相对应的是，金融监管体制过去较长时间内采取了"一行三会"为核心的分业监管模式，这对于我国债券市场多头分散监管的形成具有深远影响。甚至可以说，债券市场的多头监管不过是金融市场分业监管的制度逻辑在债券市场的延伸和演化。以金融债券为例，按照《全国银行间债券市场金融债券发行管理办法》的规定，金融债券的发行主体包括政策性银行、商业银行、企业集团财务公司及其他金融机构，由人民银行依法对金融债券的发行进行监管。但实际上这里所规定的金融债券并不能涵盖银行、证券、保险等所有金融业，人民银行也不是唯一的金融债券发行监管主体。商业银行发行债券除了受到人民银行的监管之外，还要受到原银监会的监管，《商业银行次级债券发行管理办法》第7条规定人民银行和原银监会依法对次级债券发行进行监管，其中原银监会负责对商业银行发行次级债券资格进行审查，并对次级债券计入附属资本的方式进行监管，人民银行对次级债券在银行间债券市场的发行和交易进行监管。另外，保险公司和证券公司虽然都属于金融机构，但其债券发行却不受人民银行监管，而是由原保监会和证监会负责监管，这也是与我国金融市场分业监管体制是相适应的。《保险公司次级定期债务管理办法》第6条规定原保监会依法对保险公司次级债的募集、管理、还本付息和信息披露行为进行监管。《证券公司债券管理暂行办法》第3条规定证监会依法对证券公司债券的发行和转让行为进行监管。

又如，在我国债券市场上资产证券化业务被划分为信贷资产证券化和企业资产证券化，在不同市场发行和交易，并且由不同的监管机构负责监管，也与分业经营、分业监管密切相关。依据《信贷资产证券化试点管理办法》的规定，资产支持证券在银行间债券市场发行与交易活动由人民银行负责监管，同时由于参与信贷资产证券化业务的金融机构主要是商业银行和信托公司等，在分业监管体制下其从事资产证券化业务还要受到原银监会的监管。而根据《证券公司及基金管理公司子公司资产证券化业务管理规定》第46条的规定，证监会及其派出机构依法对资产证券化业务实行监督管理，并根据监管需要对资产证券化业务开展情况进行检查。

事实上，1997年商业银行之所以退出交易所市场，其根本原因也是在于分业经营的桎梏。早在1995年《商业银行法》第43条就已明确规定："商业银行在中华人民共和国境内不得从事信托投资和股票业务，不得投资于非自用不动

产。"但在股票市场投机热的背景下，商业银行在利益驱动之下，借助国债回购市场突破分业经营的限制，将银行资金违规流入股市，混淆了银行和证券的业务界限。因此，人民银行出台通知要求各商业银行停止在交易所从事回购和现券交易活动。

三、债券市场多头监管主体的自我强化

根据公共选择理论，公共政策的生成主要源于不同利益集团角力和妥协的结果，一方面不同金融监管机构不可避免地受到部门利益的影响；另一方面，监管机构总是倾向于尽力维持自己的监管范围，同时积极侵入和消减其他监管机构的势力范围。[1] 我国债券市场一直缺少统一的立法，规范债券发行和交易活动的大多是各监管机构制定的部门规章。众所周知，我国资本市场立法一直都有着"部门立法"的传统，小到部门规章，大到《证券法》等法律，无不是由具体的监管部门所主导的。在债券市场监管权力配置的立法上，《中国人民银行法》第4条规定中国人民银行负责监督管理银行间债券市场，《证券法》第7条则规定国务院证券监督管理机构依法对全国证券市场实行集中统一监督管理，第9条进一步规定公开发行证券必须报经国务院证券监督管理机构或者国务院授权的部门注册。这实际上就以法律的形式将银行间债券市场和交易所债券市场的监管权分别赋予人民银行和证监会，二者也以此为基础不断巩固和强化各自在债券市场的监管权。

至于债券发行监管权，都是由各监管机构通过其制定的部门规章予以强化的。以信贷资产证券化为例，人民银行和原银监会2005年制定的《信贷资产证券化试点管理办法》第3条明确规定资产支持证券在银行间债券市场上发行和交易，第10条规定人民银行依法监管资产支持证券在银行间债券市场的发行和交易活动。

第三节 债券市场监管竞争及监管转型的内在诉求

债券市场多头分散监管的权力配置样态不可避免地就会带来监管竞争的问

---

[1] 罗培新：《美国金融监管的法律与政策困局之反思——兼及对我国金融监管之启示》，载于《中国法学》2009年第3期。

题，包括"监管竞优"（race to the top）和"监管竞次"（race to the bottom）。一方面，监管竞争的压力会促使监管机构竞相改革监管制度、创新监管方式、提高监管效率，以吸引更多的市场主体参与其监管下的债券发行和市场交易。例如，人民银行将银行间债券市场非金融企业债务融资工具的发行监管权下放至交易商协会实行注册管理，人民银行对信贷资产证券化实行注册制，发展改革委将企业债券的发行监管由审批制改为核准制，新《证券法》将公开发行证券由核准制改为注册制。另一方面，监管竞争也会带来监管竞次、监管重叠、监管套利等问题，造成债券市场监管与资源配置、市场效率、风险控制以及金融创新之间不协调等负面影响。①

一、监管竞争对债券市场结构的影响

债券市场中的监管竞争带来了市场结构的分割，使得债券市场主体之间的市场竞争异化成了监管机构之间的监管竞争，也制约了债券市场开放和创新的步伐。拉詹和津加莱斯曾运用"利益集团理论"对20世纪金融发展中的"大衰退"（great reversals）现象进行了分析，发现金融市场中的利益集团由于垄断地位和经济实力而获得了实实在在的政治权力，从而可以决定一国经济中金融部门的发展，当金融发展和竞争损害其既得利益时，这些金融利益集团会抵制金融创新、开放和发展。②

针对监管竞争下债券市场既得利益集团的市场割据，需要通过监管转型以回归债券市场竞争的轨道，使过去由监管机构通过行政权力分配市场资源和既得利益被市场化的资源配置机制所取代。如此一来，债券市场的发行人和投资者将有权自主地选择发行和交易的场所，两个市场能够获得多少资源将由竞争机制所决定，取决于各自在债券发行和交易制度、服务水平、创新能力等方面的比较优势。与之相应的，依附于不同监管机构和交易场所的托管结算机构、中介机构等利益集团的既定利益格局也将被打破，托管结算机构将适应互联互通的需要从自主的、实时的转托管逐渐走向统一，中介机构等则会面临更多的市场竞争。债券市场将朝着更加市场化的方向发展，市场竞争将越发的多元化和常态化，利益集团的"特权"也将被其他市场主体的权利所分解。

---

① 洪艳蓉：《公司债券的多头监管、路径依赖与未来发展框架》，载于《证券市场导报》2010年第4期。

② Raghuram G. Rajan, Luigi Zingales, The Great Reversals: the Politics of Financial Development in the Twentieth Century, Journal of Financial Economics, Vol. 69, No. 1, 2003, p. 21.

二、监管竞争对债券市场监管的影响

在监管竞争的压力下，为了获取更多的监管资源，债券市场监管机构与市场主体之间会建立起利益交换关系，从而降低债券市场监管的独立性、公共性和有效性。在政府主导和市场分割的背景下，被监管者所占有的市场资源与监管者所占有的权力资源直接相关，二者之间形成了利益共同体。所导致的结果就是，债券市场监管者与被监管者之间的独立关系被扭曲为了主从关系，被监管者依附于监管者，监管者成为被监管者的利益"保护伞"。[①] 由于监管独立性的丧失，债券市场监管的公共性也难以维系，监管的目标已经不再是单纯地从公共利益出发，而是夹杂着被监管市场主体利益和监管机构自身的部门利益，从而产生了公共利益和私人利益的冲突。在债券市场的监管过程中，除了保护投资者、防范债券市场风险、维护债券市场秩序和社会公共利益之外，人民银行和证监会还致力于为各自所监管的交易场所谋求更多的市场资源，这也是为其部门利益所服务的。债券市场监管的价值目标和利益取向上的异化，也直接反映到了监管理念和监管制度上。具体而言，监管理念上的干预主义和行政主导色彩浓厚，市场化和法治化的监管理念严重缺位。体现在监管制度上，就是绝大部分债券的发行监管仍然实行审批制或核准制，债券市场准入受到严格限制，监管机构权责不清，监管不作为和乱作为并存。另外，监管机构的"部门本位主义"理念根深蒂固，对债券市场监管缺乏系统性、全局性的考量，体现在监管制度上，就是对公司信用类债券的发行实行三套不同的监管制度，人民银行和证监会主管下的债券只能在其所监管的市场发行，并严格限制债券跨市场交易，对银行间债券市场和交易所债券市场的监管也是各自为政，监管制度不统一，债券市场监管协调机制也是形同虚设。

对此，有必要通过监管转型削弱监管机构与被监管市场主体之间的利益交换关系，使二者之间关系回归独立的监管与被监管关系，其中的依附关系、主从关系渐趋分离，从而保证监管不为少数特殊利益集团所"俘获"，监管的价值目标也就能够回归公共性，监管机构的部门利益竞争和博弈问题也可得到缓解。为此，债券市场监管需要进行相应的变革，至少应当包含以下几点：一是，债券发行和交易监管制度要以市场化为导向，包括建立市场化的发行审核制度和以信息披露为中心的监管制度，立足于为市场竞争和资源配置提供公平、健康、有序的制度环境，而非代替市场做出判断和决策，促进债券市场监管由"干预主义"向

[①] 宋逢明、金鹏辉：《企业类债券市场解构及其监管理念创新》，载于《改革》2010年第6期。

"监管治理"转变;二是,为了适应债券市场互联互通的要求,缓解部门利益之争,有必要对债券市场监管权力重新配置,特别是对公司信用类债券的发行和债券交易市场应实施统一监管;三是,将债券市场监管纳入法治轨道中,重视对监管者自身的制度约束,在制度安排上强化监管者的中立地位,① 防止部门利益的膨胀,关键是要建立起严格的责任"倒逼"机制。

三、监管竞争对债券市场立法的影响

除了市场结构和政府监管外,债券市场的立法过程也被打上了监管竞争的印记,存在着立法的部门利益化和集团利益化倾向。一方面,债券市场立法延续了"部门立法"的传统,无论是《中国人民银行法》和《证券法》,还是具体的债券发行和交易的行政法规、部门规章等,都是由各个监管机构牵头制定的,立法成了各监管机构的"私有领地",调整范围也是以其监管的市场、债券和机构为限。这种立法模式虽然表面上看泾渭分明,但却有着难以消弭的局限,就是容易造成债券法制的不统一和规则体系的碎片化。这也是《证券法》所调整的债券范围受限的根本原因,债券市场始终无法建立起统一的法制基础。同时,这还导致了同类债券面临不同监管规则和标准的问题,债券跨市场交易也缺乏统一的监管规则作保障。另一方面,在立法过程中除了监管机构的立法决策外,主要是被监管的交易场所、托管结算机构等既得利益集团参与和表达,其他的市场参与者,尤其是中小企业和投资者,缺乏参与和利益表达的机会,立法过程的民主性没有得到彰显,最终制定出来的法律或监管规则能够在多大程度上代表社会公共利益存在疑问。如前所述,我国债券市场自产生之时就有着服务于国有企业脱困的目标定位,时至今日公司信用类债券的发行门槛仍然过高,广大中小企业被排除在外,债券市场融资权利呈现"特权化"特征,中小企业融资的利益诉求在立法中始终无法得到回应。

债券市场的"部门立法"存在两大局限:一是,助长了立法中的部门利益倾向和部门本位主义,各监管机构在立法过程中各行其是,所制定的法律和监管规则缺乏内在的协调性,导致了债券法制的割裂;二是,在立法过程中,或者是"闭门造法",没有广泛征求市场主体的意见,或者仅仅反映了某些特殊利益集团的利益诉求,其他市场参与者或社会公众缺乏参与和表达的渠道。债券市场的深化发展就是要打破既定的利益格局,回归债券市场竞争,同时也要求约束监管机

---

① 岳彩申、王俊:《监管理论的发展与证券监管制度完善的路径选择》,载于《现代法学》2006年第2期。

构的部门利益本位和监管竞争,这都离不开与之相适应的债券法制作为制度保障。因此,债券市场立法需要作出相应的调整,突破"部门立法"的局限,防止沦为监管机构和特殊利益集团的"私有领地"。首先,立法应当超越权力和部门利益,超越个人和集团的偏见,而不应从立法者自身的立场和利益出发。① 在既有的债券市场立法模式下,应当摆脱单一部门主导立法的格局,加强立法过程中各个监管机构之间的共同参与和协调。对于法律的制定和修改,全国人大常委会及其专门委员会应当在立法过程中发挥统筹协调的作用,对立法中涉及的监管权力冲突等问题进行协调,而不只是在立法草案起草完毕后进行审议和表决。对于部门规章等监管规则的制定和修改,也应加强监管机构间的协调,防止出现规则冲突,必要时可以采取多部门联合制定的形式。其次,立法过程应当尊重和保障多元利益主体参与和表达的权利,加强立法的民主性。"现代立法其实质是一个利益识别、利益选择、利益整合及利益表达的交涉过程,在这一过程中立法者旨在追求实现利益平衡。"② 为此,需要增加立法过程的公开性和透明度,丰富利益表达的渠道和方式,确保不同的利益诉求都能得到充分的表达和讨论,并在最终的法律制度中得到协调和平衡。

第四节 发行市场:基于债券品种特性保留多头监管

鉴于债券市场多头监管割据对于债券市场深化发展的阻碍,那么债券市场监管体系的优化必然要求对债券市场监管权力进行重新配置。对此,一个颇为流行的观点就是要对债券市场实施统一监管,有学者指出"必须尽快建立统一的市场监管体制,并且应该由证监会统一负责(除了国债的发行仍由财政部负责以外)"③,还有观点认为"可以考虑由人民银行和证监会联合组成统一的监管机构,对债券的发行和交易进行统一监管"④。但是,债券的特点决定了债券市场监管权力配置绝不是简单的统一监管就能够解决的,统一监管也不能一概而论,需要对债券发行市场监管和交易市场监管进行区别对待、具体分析,并且还要恰当地处理好发行监管权与交易监管权、行政监管权与自律监管权的关系,从而建

---

① 毛寿龙:《化解部门立法问题的制度结构》,载于《理论视野》2012 年第 5 期。
② 张斌:《论现代立法中的利益平衡机制》,载于《清华大学学报(哲学社会科学版)》2005 年第 2 期。
③ 谭永全:《论我国债券市场的发展》,载于《扬州大学学报(人文社会科学版)》2007 年第 4 期。
④ 温彬、张友先、汪川:《我国债券市场分割问题研究》,载于《宏观经济研究》2010 年第 11 期。

立起相互协调的多层次债券市场监管体系。

一、金融统一监管与统合立法的反思

"统一监管"和"横向规制"已经成为时下重构我国金融监管体系语境下的时髦话语,一个代表性的观点认为"金融服务统合法"应当是我国金融法重构的发展方向,对金融商品、金融服务、金融机构及其行为、金融监管等予以横向统合规制。[1] 特别是以英国《金融服务与市场法》、日本《金融商品交易法》和韩国《资本市场法》为代表的金融综合立法的勃兴,制定统一的金融立法、建立统一的金融监管机构似乎已是大势所趋。有观点甚至认为,"金融业统合监管模式和金融统合监管法的诞生使全球金融监管法律制度进入一个全新的时代。"[2] 不可否认的是,统一监管在应对金融创新、混业经营和金融控股集团的出现等有着多头监管所不具备的优势,似乎可以一劳永逸地解决多头监管下的监管重叠、监管竞争、监管真空问题,防止因权责不清产生的监管责任推诿,减少金融机构的监管套利,还能够发挥统一监管的规模效应和范围效应。[3] 但是,金融业的存在以及金融产品、服务的差异化结构也不得不让人产生"金融服务横向规制究竟能走多远"的疑虑。[4] 须知金融混业经营与分业经营并不是非此即彼的关系,即便是在混业经营下也存在金融业的区分和专业化分工,银行、证券、保险的本质属性差异不会因为混业而消亡。事实也表明,金融机构的集团化和全能化也并非放之四海而皆准的,这种经营模式往往适合于大型金融机构,而中小金融机构的生存之道仍然是朝着专业化方向发展。另外,应对混业经营的趋势,完全可以通过机构监管向功能监管理念的转变来实现,功能监管并不等同于单一监管机构,也不主张建立"大一统"的金融监管体制,关键是要基于金融功能划分监管权力,从而弥补机构监管存在的监管漏洞。

不加区分的统一监管,或是简单的合并监管机构,只会"形易具而实难至",况且还不得不考虑统一监管所面临的来自监管机构的现实阻力,以及金融统合立法所面临的复杂的立法技术和高昂的立法成本。从发达国家的监管实践看,大多数国家依然保留了多头监管模式,至多只是对其进行改良,包括引

---

[1] 杨东:《论金融法制的横向规制趋势》,载于《法学家》2009 年第 2 期;杨东:《论金融法的重构》,载于《清华法学》2013 年第 4 期。
[2] 许凌艳:《金融统合监管法制研究:全球金融法制变革与中国的选择》,载于《证券法苑》(第 2 卷),法律出版社 2010 年版。
[3] 于永宁:《后危机时代金融监管变革之道》,法律出版社 2013 年版,第 42 页。
[4] 冯果:《金融服务横向规制究竟能走多远》,载于《法学》2010 年第 3 期。

入功能监管理念，设立专门监管系统性风险的宏观审慎监管机构。例如，美国在金融危机之后对其金融监管体系进行了变革，但并未彻底打破原有的"伞形监管"架构，而是扩大了美联储对非金融金融机构的监管权，新设立金融稳定监管委员会（FSOC）和消费者金融保护局（CFPA），分别负责系统性风险监管和金融消费者保护。被奉为统一监管"表率"的英国，金融危机之后也建立了新的"双峰监管"模式，在英格兰银行下设立金融政策委员会（FPC）和审慎监管局（PRA），分别承担对英国金融体系的宏观审慎监管和对商业银行、保险公司、投资公司的微观审慎监管责任；撤销 FSA 并成立金融行为局（FCA），负责监管所有金融服务行为，保护金融消费者利益。① 日本在金融监督厅的统一监管模式下，设立银行部、证券部和保险部，其中证券部与相对独立的证券和交易监视委员会（SESC）共同行使证券业监管职责，实际上仍然体现了分业监管的特征，很难说是纯粹的统一监管。② 2002 年德国将银行监管局、保险监管局和证券监管局合并为"联邦金融监管局"（BaFin），负责对德国金融市场统一监管，但其内部事实上采用的还是分业监管，相互之间缺乏协调，导致其集中统一监管只是徒有其表。③

二、债券发行市场多头监管的现实选择

如果将问题的视野从"大金融""大证券"的范畴迁移至"债券"，问题依旧存在。债券与股票相比，除了还本付息之外，还有一个重要的特征就是产品结构的多元化，政府债券、央行票据、金融债券、公司信用类债券虽然都可简单地归入"债券"范畴，但其信用基础、功能定位都存在巨大的差异。其中，政府债券背后体现的是政府信用，其财政功能远大于其金融功能，政府债券的发行主要用于弥补财政赤字、满足公共支出的目的，需要充分考虑国家财政管理体制和政府预算约束，因而受到《预算法》等财政法的约束也远大于《证券法》的约束；央行票据的发行更多是出于货币政策调控的目的，其货币市场功能远大于其资本市场功能，受到《中国人民银行法》的约束也远大于《证券法》的约束；金融债券中的政策性金融债背后或多或少体现着国家信用和政策性意图，商业银行、

---

① 中国人民银行金融稳定局赴英考察团：《英国金融监管改革及启示》，载于《金融发展评论》2013 年第 10 期。
② 参见杜宁、陈秋云：《日本证券监管机构的历史演变和特点》，载于《现代日本经济》2010 年第 2 期；李昱、陈思宇：《日本债券市场的发展及对中国的启示》，载于《现代日本经济》2011 年第 4 期。
③ Eric J. Pan, Structural Reform of Financial Regulation, Cardozo Legal Studies Research Paper No. 250, January 2009, Available at SSRN: http://ssrn.com/abstract=1333385.

保险公司等金融机构发行金融债券也必须符合《商业银行法》《保险法》中有关资本充足率等审慎监管要求。这些差异性也就决定了不同债券在发行资格、市场准入、发行条件以及监管主体上应有所区分。即使是同以公司信用为基础的公司债券、企业债券、非金融企业债务融资工具，多头监管格局的产生在特定的历史阶段也有其制度合理性，在制度的路径依赖下，统一监管也是知易行难。即使是在实行发行注册制的美国，针对不同债券采取的也是多头注册管理体制，国债、市场债券和存款类金融机构发行的公司债券豁免在SEC注册，分别由财政部和美联储、地方政府、OCC等银行监管机构负责，其他公司信用类债券都在SEC注册发行。[①]

因此，笔者认为基于债券品种特性的考虑，应适当保留债券发行市场的多头监管，但应在市场化发行监管理念和功能监管理念下，对债券发行监管权力配置和监管规则进行梳理、整合，使得具有相同属性的债券在统一的监管机构和监管标准下发行。首先，政府债券的发行除了关乎政府融资之外，更涉及政府预算约束、财政分权等财政法问题，因而在现有的财政管理体制下继续由财政部负责发行监管是比较合适的。正如前面所提到的，即使是主张统一监管的学者，大多也将政府债券发行剥离出来由财政部监管。其次，金融债券的发行监管主体除了中国人民银行外，还涉及银保监会和证监会，应理顺二者之间的监管关系，前者负责金融债券发行的功能监管，后者负责对金融债券发行主体的发债资格审查。同时，在风险可控的前提下应放宽金融债券发行条件的限制，允许金融债券的发行主体自主选择发行场所，这就有赖于对现有的金融债券发行监管规则进行修改，尽快出台统一的《金融债券发行管理办法》。最后，公司债券、企业债券和非金融企业债务融资工具现阶段可在保留多头监管体制下，统一债券发行监管理念和制度。长远来看，随着企业债券剥离政府信用"背书"的地方政府融资平台债券，应当立足于"公司信用"这一共性基础，消除企业债券、公司债券和非金融企业债务融资工具之间"异名同实"的状态，统合为"公司债券"并由证监会统一监管。

第五节 交易市场：基于互联互通需要实施统一监管

债券品种的差异化特性并不意味着其在交易过程中所应遵守的监管规则和监

---

① 庞红学、金永军、刘源：《美国债券市场监管体系研究及启示》，载于《上海金融》2013年第9期。

管标准上有所差别,交易监管的规则和标准只可能因不同市场、不同监管主体有别,而不会因不同债券而异。在债券发行市场上,不同债券的差异性决定了要受到不同监管主体和监管标准的约束,但在交易市场上则不存在这一区分。易言之,在我国债券市场分割的语境下,债券交易市场的监管权力配置就不是基于债券品种特性的考量,而是要以有利于债券市场互联互通为出发点,对债券交易市场实施统一监管。

我国债券交易市场由中国人民银行和证监会构成的多头监管体制更多是由于历史原因造成的,起初银行间债券市场只有商业银行参与交易,是真正的"银行间"市场,彼时原银监会尚未成立,商业银行由中国人民银行负责监管,因而中国人民银行监管银行间债券市场也是顺理成章之事。但历史合理性并不等同于现实合理性,现如今银行间债券市场的参与者已经日益多元化,不再是纯粹的"银行间"市场,而是我国多层次资本市场的重要组成部分,银行间债券市场和交易所债券市场共同构成了债券市场的有机整体,从功能监管的角度看,继续维持多头监管的正当性基础已经发生动摇。正如前面所述,中国人民银行和证监会之间的监管权力分割正是阻碍债券市场互联互通的"症结"所在,其弊端已无须赘言。统一监管恰可以从根本上解决长期困扰我国债券市场发展的权力分割和博弈问题,从而为债券市场互联互通铺平道路。促使银行间债券市场和交易所债券市场之间的竞争关系,由监管竞争回到市场竞争的轨道上,应当以交易机制、基础设施、服务质量作为竞争市场资源的基础,而不是依靠监管权力分配市场资源。此外,互联互通下的债券跨市场交易也需要统一的监管规则和监管标准作为保障,否则只会徒增交易成本,制约跨市场交易的顺畅程度。此外,在债券跨市场交易的同时,风险也在跨市场传导,统一监管对于跨市场风险防范体系的建立也是十分必要的。实际上,无论是采取统一监管模式还是分业监管模式的国家,对于债券市场乃至整个证券市场实行的都是统一监管,只是对场内市场和场外市场监管的严格程度以及行政监管和自律监管的倾向性上有所差别。

关于统一监管机构的选择,在现行的法律和制度框架下,我们主张由证监会负责对债券交易市场统一监管,中国人民银行在债券交易市场中的角色由微观市场监管者转向宏观审慎监管者和金融监管协调者。这样的制度安排,既能够在最大程度上降低立法冲突和障碍,也与证监会和中国人民银行在金融市场的职能定位是相符的。《证券法》第7条规定"国务院证券监督管理机构依法对全国证券市场实行集中统一监督管理",这里的"全国证券市场"自然也应当包括银行间债券市场和商业银行柜台市场,只是由于中国人民银行和证监会的监管分割局面,才造成了法律规定和现实状态的矛盾,也导致《证券法》在制度安排和具体适用上的诸多困境。通过证监会统一监管，既可以解决债券市场中的监管和法律冲突问题，也可以从根本上确立《证券法》在整个证券市场中的基本法地位。

另外，中国人民银行在金融市场的监管职能由微观市场监管向宏观审慎监管和金融监管协调职能转变也是有法可依的。2003年修订的《中国人民银行法》已经在很大程度上淡化了中国人民银行的金融监管职能，例如，第1条和第2条都删除了有关中国人民银行"对金融业实施监督管理"的规定，而是增加了"防范和化解金融风险，维护金融稳定"的内容；第3条对中国人民银行职责规定也删除了"审批、监督管理金融机构""监督管理金融市场"的规定，仅保留了对银行间同业拆借市场、银行间债券市场、外汇市场和黄金市场的监管职责；第9条规定增加了"国务院建立金融监督管理协调机制"。2008年国务院批准的《中国人民银行主要职责内设机构和人员编制规定》（"三定"方案）中明确了其"职责调整"内容包括"加强与金融监管部门的统筹协调，防范和化解金融风险，维护国家金融安全"，并在"其他事项"中进一步规定了"在国务院领导下，中国人民银行会同中国银行业监督管理委员会、中国证券监督管理委员会、中国保险监督管理委员会建立金融监管协调机制"。由此可见，宏观审慎监管已是中国人民银行的法定职责之一，而从宏观审慎监管要求出发由其牵头建立金融监管协调机制也较为合适。① 现实来看，2013年国务院同意建立的金融监管协调部际联席会议制度，即是由中国人民银行牵头，这也明确了其作为金融监管协调者的角色。②

但无论是由哪个机构来统一债券交易市场监管，都必须转变现有的监管理念和思维，以市场化和法治化为行为导向。一方面，债券市场监管要立足于对市场缺陷的补充，而不是替代市场机制的作用，债券市场监管者既不是市场的管理者、管制者，更不是市场的发展者；另一方面，要遵循依法监管的基本原则，树立权责相统一的法治理念，既要在法律层面明确其监管权力和职责范围，更要落实监管者的主体责任，对监管不作为和监管乱作为都应当有相应的责任追究机制，防止监管权沦为攫取法外特权的工具。然而也应当认识到，统一监管不可能是一朝一夕之事，其所面临的阻力可想而知。在真正实现债券交易市场统一监管之前，"目前起码可在监管制度的统一和监管理念的统一上先行一步"③，加强中

---

① 韩龙、彭秀坤、包勇恩：《金融风险防范的法律制度研究——以我国金融业对外开放为重心》，中国政法大学出版社2012年版，第153~157页。
② 参见《国务院关于同意建立金融监管协调部际联席会议制度的批复》。
③ 陆文山：《债券市场发展与配套制度建设的若干问题》，载于《证券法苑》（第2卷），法律出版社2010年版。

国人民银行和证监会的监管协调，为债券市场互联互通在监管层面上创造有利的制度环境。

第六节　债券市场中发行监管与交易监管关系的重塑

　　前面根据债券市场特点对债券发行市场和交易市场的监管权配置作了区别分析，前者保留多头监管，后者实行统一监管。在此基础上，有必要对发行监管权和交易监管权的关系进行重新梳理。目前，我国债券市场发行监管权与交易监管权之间的关系存在两大困境：第一，发行监管权与交易监管权关系不清，存在重发行监管权、轻交易监管权，甚至以发行监管代替交易监管的倾向。在现有的发行监管制度下，发行监管机构有权制定债券发行监管规则，确立发行条件，核准债券发行申请，甚至于直接决定债券发行和交易场所，可谓掌握着债券"生杀予夺"之大权。这实际上是将债券市场风险防范和投资者保护的重心，由事中事后监管转移到了事前监管上，试图以政府实质审核的方式严格控制债券发行来实现监管目标，而与交易监管息息相关的持续信息披露、跟踪信用评级、风险预警和危机处置等制度则明显缺失。不仅如此，债券发行监管机构往往对自身的角色和职能定位有一种固化的观念，即认为其作为债券的主管部门对债券在发行之后的整个存续期间内都负有持续的、不可推卸的监管责任，除了在发行环节进行事前监管，还要在发行之后对债券的资金使用、违约风险进行事中事后监管。例如，发展改革委办公厅制定的《关于简化企业债券审报程序加强风险防范和改革监管方式的意见》中要求"省级发展改革部门承担区域内企业债券事中事后监管责任"，"发现可能影响企业偿债能力或影响债券价格的重大事件，应及时协调解决"。如此一来，不可避免地就会产生发行监管机构和交易监管机构在债券持续信息披露、跟踪信用评级等方面的重复监管。

　　第二，发行监管权与交易监管权之间缺乏必要的监管协调机制，二者各行其是，不仅没有形成监管合力，反而存在监管冲突的问题。首先，发行监管规则和交易监管规则中都会涉及信息披露和信用评级制度的规定，但规定的内容却不尽相同，发行市场与交易市场的监管制度之间缺乏有机衔接，导致制度实施的连续性和稳定性较差，并且在持续信息披露和跟踪信用评级的监管权力划分上也并不明确。其次，在发行监管机构和交易监管机构之间缺少信息共享机制，有关债券市场风险信息无法及时、全面、准确的传递，也制约了风险预警机制的作用。

再次，发行监管机构与交易监管机构在债券违约处理与危机处置方面也缺少沟通和协调机制，各监管主体权责不清，形成一种谁都在管、谁又都没有真正负责的局面。

针对以上问题，一方面要对债券市场发行监管权与交易监管权的关系进行重新定位，将监管重心由发行监管转向交易监管，由事前监管转向事中事后监管。在市场化的发行监管理念指引下，发行监管权的形式和内容势必都将发生"蜕变"，从审批权、核准权向注册权转变，从对债券发行主体资格、发行条件、交易场所等事无巨细的实质审核到以信息披露为中心的注册审核，发行监管机构也无须对债券的信用和风险作实质性的判断或"背书"，而是在完善信息披露的前提下由市场主体自主判断、自担风险。随着发行环节对债券市场准入的放宽，也就意味着需要更加重视交易环节的事中事后监管，包括交易过程中的持续信息披露、跟踪信用评级、风险预警、违约风险处置，以及虚假陈述、内幕交易、市场操纵等违法行为查处，尤其还应当健全债券市场退出机制，从而形成宽进严出、放管结合的监管体制。

另一方面，要建立起包括发行监管机构和交易监管机构在内的债券市场监管协调机制。目前，我国已经建立起的金融监管协调机制有金融监管协调部际联席会议制度，联席会议由人民银行牵头，成员单位包括银保监会、证监会、外汇局，必要时可邀请发展改革委、财政部等部门参加。债券市场也于2012年建立了公司信用类债券部际协调机制，由中国人民银行行长担任召集人，成员单位包括证监会和发改委，其所承载的期许和任务主要是通过监管协调促进公司信用类债券市场的互联互通。[①] 但就公司信用类债券而言，部际协调机制更像是市场分割和多头监管下的权宜之计，在部门利益本位的桎梏下也很难真正起到推动市场互联互通的作用，统一监管才是长久之计。因此，现实的选择应当是在明确发行监管和交易监管的权力分工基础上，建立起适合于整个债券市场的监管协调机制。

首先，债券市场监管协调机制的牵头单位宜由中国人民银行担任，这既符合中国人民银行在现行金融监管体制中的职能定位，也能够使债券市场监管与整个金融市场监管相协调，成员单位应包括证监会、发展改革委、财政部、银保监会等部门。其次，为了保证债券市场监管协调机制的制度化、规范化和常态化，有必要将监管协调机制在《证券法》层面加以落实，并制定专门的债券市场监管协调机制议事规则，明确其职责和任务、议事日程、决策程序等。最

[①] 参见闫立良：《部际协调机制成立 债市互联互通取得重大突破》，载于《证券日报》2012年4月7日。

后，债券市场监管协调机制的主要职责应包括建立法律法规和政策制定的沟通协调机制，确保监管规则的协调性和连续性，防止出现监管规则的矛盾和冲突；对交叉性金融产品和跨市场金融创新的监管协调；建立监管机构之间的信息共享机制，除了例行会议、临时会议和简报制度外，还可以建立面向各监管机构的债券监管信息数据库，实现信息的及时传递和风险预警；建立债券市场危机处置的协调机制，防范和化解系统性风险，维护债券市场乃至整个金融体系的安全和稳定。

第七节 债券市场中行政监管与自律监管关系的理顺

一、债券市场行政监管权与自律监管权的配置失衡

相对于政府直接介入市场的行政监管而言，自律监管（self-regulation）是独立于行政监管并与之并行的市场化监管机制。[1] 这种自我规范、自我管理、自我约束机制，与命令式、强制性的行政监管相比，具有专业性、灵活性、自愿性和低成本的比较优势。[2] 正如有学者所言："符合证券市场本质和发展要求的证券监管体制结构的一般模式应当是由独立的他律监管主体和包括证券交易所、证券业协会在内的自律监管主体之间合理分工、相互配合所组成的有机统一体。同时，前者与后者间又是监管与被监管的关系。"[3] 从各国证券市场监管实践上看，基本上都形成了包括政府机构、证券交易所和行业协会在内的多层次监管体系。以美国债券市场监管为例，除了SEC的统一监管外，还包括了证券交易所、全国证券交易商协会（NASD）、市场债券规则委员会（MSRB）在内的自律监管组织。在我国债券市场中，银行间债券市场交易商协会自律监管发展得相对成熟，交易所债券市场的交易所自律监管则明显滞后。但总体而言，我国债券市场监管体系仍是政府主导型的，交易商协会和交易所的"自律性"都没有得到充分显

---

[1] Peter Cane, Self–Regulation and Judicial Review, Civil Justice Quarterly, 1987.
[2] 布莱恩·R.柴芬斯：《公司法：理论、结构和运作》，林华伟、魏旻译，法律出版社2001年版，第411~424页；Douglas C. Michael, Federal Agency Use of Audited Self–Regulation as a Regulatory Technique, Administrative Conference of the United States, November 1993.
[3] 符启林：《试论我国证券监管的模式》，载于《政法论坛》2000年第2期。

现。在具体的监管权力配置上，发行监管权方面，除了银行间债券市场非金融企业债务融资工具由交易商协会注册管理外，其他债券都是由行政监管机构核准发行。交易监管权方面，中国人民银行对银行间债券市场债券交易流通审批权直到2015年才取消，交易所的上市审核权也一直流于形式，往往被证监会的发行审核权所覆盖。根据《证券法》第169条的规定，证监会对证券交易市场的监管权力范围十分宽泛，涵盖了几乎所有事项，与《证券交易所管理办法》第11条中规定的交易所自律监管职能高度重叠。前者规定证监会对上市、交易、发行人、证券公司、基金公司、证券服务机构等方面的监管职责，后者也规定了交易所对上市、交易、会员的自律监管职能，二者的监管权力如何分配缺乏明确规定，实践中自律监管一直处于行政监管的阴影之下，更多只是起到执行性和补充性的作用，行政监管权不断侵蚀甚至取代自律监管权，造成了自律监管权的虚置。这与我国债券市场发展过程中政府主导性的强制性制度变迁进程是相吻合的，也与行政化的监管理念相适应，但随着债券市场监管由行政化向市场化、法治化方向的转变，政府在债券市场中的职能转变和简政放权会是大势所趋，交易所和交易商协会势必也要承担更多的自律监管职能。此消彼长之间，需要更好的理顺行政监管权与自律监管权的关系，划清二者的权力边界，保持自律监管的独立性。

二、债券市场行政监管权与自律监管权的边界划分

国际证监会组织（IOSCO）发布的《证券监管的目标和原则》中规定的"自律原则"包括两条：（1）监管体系应根据市场规模和复杂程度，适当发挥自律组织对各自领域进行直接监管的职责；（2）自律组织应接受监管机构的监督，在行使和代行使职责时应遵循公平和保密准则。[①] 循此原则，我国债券市场行政监管与自律监管之间应保持"合作监管"（cooperative regulation）关系，建立起共享、协同、合作的监管体系，实现保护投资者和公共利益的共同任务。[②] 具体而言，在监管方式上，由交易商协会和交易所担当一线监管者的角色，对会员和债券上市、交易活动实施直接监管，而证监会则逐步实现由直接监管向间接监管转变，减少直接参与市场日常监管的比重，转而通过立法和对自律监管组织的监督实现间接监管，只有在自律监管不能或不适合监管的领域才由证监会直接监

[①] IOSCO, Objectives and Principles of Securities Regulation, June 2010. http://www.iosco.org/library/pubdocs/pdf/IOSCOPD154.pdf.

[②] Sam Scott Miller, Self-Regulation of the Securities Markets: A Critical Examination, Washington and Lee Law Review, Vol. 42, 1985.

管。在监管内容上,行政监管应集中在自律监管难以有效发挥作用的领域,证监会更多的是以立法和政策制定者以及审慎监管者的身份存在,主要负责制定有关债券市场监管的规章制度,监管自律监管组织,查处内幕交易、操纵市场、欺诈等重大违法行为等,至于微观层面的会员和上市、交易活动的日常监管,则主要由交易所和交易商协会负责。正如美国 SEC 前主席威廉·O. 道格拉斯对《1934年证券交易法》中的自律监管制度所描述的那样:"交易所发挥优先作用,而政府发挥剩余作用。换句话说,政府拿着猎枪,站在门后,子弹上膛,抹好油,拉开枪栓,随时准备开枪,但期望永远不开火。"①

三、债券市场自律监管独立性的保持

对于自律监管来说,独立性和自治性可谓是其生命线,否则自律监管存在的正当性基础也就荡然无存。在西方发达国家,早期诞生于梧桐树下的美国纽约证券交易所和咖啡馆中的英国伦敦证券交易所,无论从设立主体(证券经纪商)、设立依据(契约)还是设立目的(维护成员利益)上看,都是独立于政府的自治团体。直到交易所逐渐承担起越来越多公共的或准公共的自律监管职能后,自律监管才开始呈现出"公权化"特征,② 交易所也被逐渐纳入政府监管的范畴。以美国为例,"从具有里程碑意义的 1934 年《证券交易法》颁布至今,美国公众见证了作为自律监管组织的交易所由起初自治的、不受控制的私人组织演变为成熟的准政府组织的过程。"③ 纽约证券交易所主席约翰·费伦(John J. Phelan)也曾表示:"我们是一个准公共机构(quasi-public institution),对一般社会公众、个人投资者、机构投资者、上市公司和交易所会员具有广泛的责任,我们有义务监督市场以确保公平得以实现。"④ 对交易所的政府监管也是为了防范利益冲突,促使其更好地履行自律监管职能。"政府监管者应当监督并消弭滋生利益冲突的潜在因素。政府监管者应当确保不会由于证券交易所接触有关市场参与者的商业信息而产生利益冲突。当自律组织既负责监督其会员,又负责监管市场部分的时候,利益冲突的风险就更大了。"⑤ 但保持交易所等自律监管组织的独立性、自

---

① William O. Douglas, Democracy and Finance. Yale University Press, 1994, p. 82.
② 楼晓:《证券业自律管理"公权化"研究》,知识产权出版社 2014 年版。
③ Williams I. Friedman, The Fourteenth Amendment's Public/Private Distinction among Securities Regulations in the U. S. Marketplace, Annual Review of Banking & Financial Law, Vol. 23, 2004.
④ Sam Scott Miller, Self-Regulation of the Securities Markets: A Critical Examination, Washington and Lee Law Review, Vol. 42, 1985.
⑤ IOSCO, Objectives and Principles of Securities Regulation, June 2010. http://www.iosco.org/library/pubdocs/pdf/IOSCOPD154.pdf.

治性一直是其坚守的底线。

可是在我国,交易商协会和交易所等自律监管组织都并非市场自发生成的,而是在政府的强力推动下设立的。虽然在应然层面上,交易商协会和交易所是按照章程实行自律管理的法人,享有独立的法人人格,与中国人民银行和证监会之间被定位为监管与被监管的关系。以交易所为例,"自身缺乏独立的法律地位和自治空间,完全是作为行政机构的附属机构而进行运作,交易所自身具有非常明显的行政性和官方性。"①

为了保持交易所自律监管的独立性,真正实现自律监管的制度价值,亟须重塑定位行政监管和自律监管的关系。从先进经验来看,大体上都是将行政监管机构和自律监管组织之间的关系定位为监管与合作。一方面,二者在监管职能上互为补充、相互配合,共同构筑起完整的证券市场监管体系;另一方面,为了防止自律监管过程中存在的利益冲突和权力滥用的风险,由行政监管机构对自律监管组织实施必要的监管。但无论是监管亦或合作,都应是建立在二者法律地位独立的基础之上,而不能混淆二者的界限。具体到我国,应当明确行政监管对自律监管介入的目的,是为了平衡和协调自律监管中的利益冲突,以促进自律监管组织维护公共利益为目标。对自律监管组织进行行政监管的内容和方式,要以保持自律监管的独立性为原则,在监管内容上应减少对自律监管组织内部事务特别是人事任免的干预,交易商协会和交易所的理事会、监事会及其主要负责人应由会员大会选举产生,总经理或秘书长等法定代表人也应由理事会聘任;在监管方式上应由事前、事中干预转向对自律监管行为的事后监督,监管的侧重点在于自律监管行为是否合法合规,保障自律监管组织独立地行使自律监管权并承担责任。可以借鉴我国香港的经验,通过签订《谅解备忘录》的方式协调行政监管机构与自律监管组织之间的监管合作关系。2001年香港证监会与交易所就证监会监管职能、监管交易所参与者及市场监察的安排事宜签订了《谅解备忘录》,明确香港证监会是证券期货市场的法定监管者,并且对交易所的行为和活动进行监管,交易所负责对市场参与者的交易行为实行一线监管(front line regulation),并且有义务同证监会展开监管合作,协助证监会履行其监管职能。②

---

① 鲁篱:《证券交易所自治地位的比较研究》,载于《社会科学研究》2004年第5期。
② 香港交易所网站,http://www.hkex.com.hk/chi/rulesreg/regdoc/regdoc_c.htm,最后访问时间:2016年1月10日。

第八节　重构符合债券市场特性的监管制度

一、建立以偿债能力为中心的信息披露制度

（一）注册制背景下的信息披露制度

证券发行注册制的核心就是信息披露，包括证券发行信息披露以及发行之后的持续信息披露。以美国为代表的证券发行注册制之所以能够取得成功，离不开完善的信息披露制度作为支撑。美国债券市场的信息披露制度包含五个层次：一是发行人建立有利于有效信息披露的公司治理结构；二是中介机构对信息披露的市场监督；三是自律监管组织对信息披露的自律管理；四是SEC对信息披露的行政监管；五是法院对信息披露的司法监督。[1] 在信息披露的法律和规则层面，《1933年证券法》规范了发行信息披露，《1934年证券交易法》规范了持续信息披露，针对安然、世通等财务欺诈丑闻，美国国会出台了《2002年萨班斯—奥克斯利法案》，强化了公司财务信息披露的内部控制。此外，对于公开发行的证券，SEC制定了《财务信息披露内容与格式条例》（S-X规则）和《非财务信息披露内容与格式条例》（S-K规则）；对于私募发行的证券，SEC制定了D条例、144规则和144A规则。美国共和党国际研究院证券专家组在《关于证券立法的报告》中指出，"信息披露原理的哲学在于，每个投资者应自己作出投资的决定，这样市场才能自由地发挥其功能，从而有效地分配社会资金。为了使投资者作出决定，相关信息必须提供给他。从这个角度看，管理者的工作是确定哪些信息应该公开，并确保提供恰当的信息，即没有错误、遗漏和延误的信息。"[2] 美国证券立法者认为，"如果市场出售的证券将所有相关情况都予以充分、公正的公开，投资者就是受到了充分的保护。"[3] 正如美国最高法院大法官路易斯·布兰代斯的至理名言："阳光是最好的消毒剂，灯光是最有效

---

[1] 戴赜：《美国债券市场信息披露制度研究》，载于《债券》2012年第7期。
[2] 美国共和党国际研究院证券专家组：《关于证券立法的报告》，载于《资本市场》1998年第3期。
[3] ［美］托马斯·李·哈森：《证券法》，张学安等译，中国政法大学出版社2003年版，第6页。

的警察。"①

（二）债券市场信息披露制度的现状考察

我国债券市场的发行信息披露方面，银行间债券市场和交易所债券市场都形成了相对标准化的信息披露要求。例如，银行间债券市场就金融债券发行信息披露制定了《全国银行间债券市场金融债券信息披露操作细则》，交易商协会就非金融企业债务融资工具发行信息披露制定了《银行间债券市场非金融企业债务融资工具信息披露规则》《银行间债券市场非金融企业债务融资工具募集说明书指引》，发行信息披露的内容包括风险提示及说明、发行条款、募集资金运用、企业基本情况、企业财务状况、企业资信状况、债务融资工具担保、税项、发行有关机构等，还专门制定了标准化的《非金融企业债务融资工具注册文件表格体系》；交易所债券市场公司债券发行信息披露主要依据《证券法》和《公司债券发行与交易管理办法》的规定，信息披露内容大体上也包括发行概况、风险因素、发行人及本期债券资信状况、偿债计划及保障措施、发行人基本情况、财务会计信息、募集资金运用、债券持有人会议、受托管理人等。

但在债券市场的持续信息披露方面，除了定期信息披露制度之外，旧《证券法》只在第67条规定了股票交易"重大事项"的临时信息披露制度，对于债券交易则没有规定，新《证券法》第81条弥补了这一缺憾，专门规定了公司债券重大事件的临时信息披露。但是，债券市场信息披露规则并不统一，分散于《证券法》《银行间债券市场非金融企业债务融资工具信息披露规则》《全国银行间债券市场金融债券信息披露操作细则》《证券交易所公司债券上市规则》《公司债券发行与交易管理办法》中，且内容上不尽相同。从表10-2可以看出，我国债券市场统一的信息披露规范体系尚未建立，不同债券市场间的信息披露制度存在显著差异，不仅定期信息披露的时间和内容不同，临时信息披露的"重大事项"也存在差别，不仅容易造成发行人适用和投资者判断上的混乱，与债券市场互联互通的要求格格不入，也不利于信息披露的监管。另外，现有的债券市场临时信息披露与《证券法》规定的股票市场临时信息披露在内容上大同小异，没有能够体现债券市场的特点（见表10-2）。

---

① ［美］路易斯·D.布兰代斯：《别人的钱》，胡凌斌译，法律出版社2008年版，第53页。

表 10-2 银行间和交易所债券市场持续信息披露规则比较

信息披露规则	《非金融企业债务融资工具信息披露规则》	《金融债券信息披露操作细则》	《证券法》《公司债券发行与交易管理办法》《证券交易所公司债券上市规则》
定期信息披露	（一）4月30日前，披露上年度年度报告和审计报告； （二）8月31日前，披露上半年的资产负债表、利润表和现金流量表； （三）4月30日和10月31日以前，披露第一季度和第三季度的资产负债表、利润表及现金流量表	（一）4月30日前，披露上一年度的年度报告； （二）7月31日前，披露债券跟踪信用评级报告	发行人应当在债券存续期内披露中期报告和经具有从事证券服务业务资格的会计师事务所审计的年度报告
临时信息披露	（一）企业经营方针和经营范围发生重大变化； （二）企业生产经营外部条件发生重大变化； （三）企业涉及可能对其资产、负债、权益和经营成果产生重要影响的重大合同； （四）企业资产出现可能 20% 以上资产的抵押、质押、出售、转让或报废； （五）企业发生未能清偿到期债务的违约情况； （六）企业发生超过净资产 10% 以上的重大损失； （七）企业作出减资、合并、分立、解散及申请破产的决定； （八）企业涉及重大诉讼、仲裁事项或受到重大行政处罚； （九）企业涉及需要澄清的市场传闻； （十）企业高级管理人员涉及重大民事诉讼、或已就重大经济事件接受有关部门调查； （十一）其他对投资者作出投资决策有重大影响的事项	（一）发行人业务、财务等经营状况发生重大改变； （二）高级管理人员变更； （三）控制人变更； （四）发行人作出新的债券融资决定； （五）会计师事务所或信用评级机构、商务律师事务所变更撤销、律师事务所或信用评级机构专业变更； （六）是否分期发行、每期发行安排的债券发行方案的变更； （七）其他可能影响投资者作出正确判断的重大变化	（一）发行人经营方针，经营范围或者生产经营外部条件等发生重大变化； （二）债券信用评级发生变化； （三）发行人主要资产被查封、扣押、冻结； （四）发行人发生未能清偿到期债务的违约情况； （五）发行人当年累计新增借款或者对外提供担保超过上年末净资产的 20%； （六）发行人放弃债权或者财产，超过上年末净资产 10%； （七）发行人发生超过上年末净资产 10% 的重大损失； （八）发行人作出减资、合并、分立、解散及申请破产的决定，或者依法进入破产程序、被责令关闭； （九）发行人涉及重大诉讼、仲裁事项或受到重大行政处罚； （十）保证人、担保物或者其他偿债保障措施发生重大变化； （十一）发行人情况发生重大变化导致可能不符合债券上市条件； （十二）发行人涉嫌犯罪被司法机关立案调查，发行人董事、监事、高级管理人员涉嫌犯罪被司法机关采取强制措施； （十三）其他对投资者作出投资决策有重大影响的事项

（三）债券市场信息披露制度的法律完善

衡量信息披露是否有效主要是看是否符合真实性、准确性、完整性和及时性的要求，有关债券市场信息披露制度的建立和完善，也必须围绕这四个目标展开，包括信息披露的内容、信息披露主体的义务和责任、信息披露的监管等。

首先，债券市场信息披露制度应当契合债券的本质特性，而不能是对股票市场信息披露制度的简单移植。与股票相比，债券是固定收益证券，其本质特征是到期还本付息。因此，与股票投资者关注公司盈利能力不同，债券投资者主要关注发行人偿债能力。[①] 由此可见，债券市场信息披露制度的构建应当以发行人的偿债能力为中心，虽然盈利能力是偿债能力的重要衡量因素，但却不能画等号，影响偿债能力的因素远远不止是否盈利，即使出现亏损也不能就此认定发行人没有偿债能力，以盈利能力来衡量偿债能力所秉持的仍然是股票市场的监管逻辑。债券市场信息披露的重点除了关注发行人盈利能力之外，还应关注与偿债能力相关的资产处置、股利分配、对外负债、担保变化、对外投资、关联交易、民事赔偿、经济处罚等内容。

其次，发行人作为信息披露义务人，应当强化其责任约束机制，不仅是发行人本身，还包括发行人的董事、监事和高管的义务和责任，以督促其依法真实、准确、完整、及时地向投资者披露信息。一旦违反信息披露义务，除了要承担行政责任，给投资者造成损失的，还要承担相应的赔偿责任。另外，承销商、信用评级机构、会计师事务所等中介服务机构应当履行勤勉尽责、尽职调查的义务，落实信息披露把关责任，扮演好"私人警察"和"看门人"的角色。否则，也要承担相应的民事赔偿责任，除非能够证明自己没有过错。

再次，应当健全信息披露的外部监管体系，包括证监会的行政监管、交易商协会和交易所的自律监管、中介服务机构的市场监督以及法院的司法监督，在我国尤其需要重视司法监督职能的作用，保障投资者诉讼的权利，落实信息披露义务人的赔偿责任。

最后，鉴于我国目前债券市场信息披露制度不统一的现状，应当在《证券法》中规定符合债券市场特殊需求的信息披露制度。为适应债券市场互联互通的需要，对在银行间债券市场和交易所债券市场跨市场发行、交易的债券发行人，有必要给予相同信息披露的豁免。[②]

---

① 时文朝主编：《中国债券市场：发展与创新》，中国金融出版社2011年版，第167页。
② 王芳：《我国债券市场信息披露的现状、问题与对策》，载于《证券市场导报》2013年第2期。

二、统一债券市场信用评级制度

（一）信用评级制度的演进趋势——以美国为例

信用评级旨在对公司、联邦政府、地方政府所发行债券的信用质量提供判断（judgments）——评级机构更愿意称之为"观点"（opinions）——以刺破信息不对称的迷雾。[1] 信用评级机构百余年的历史演变表明，信用评级具有的信息媒介功能屡屡为投资者决策提供依据，在政府监管领域，信用评级能够成为监管部门风险判断的标准，在私人合约领域，信用评级能够成为权利义务的管控开关。[2] 自1909年约翰·穆迪公开发布了第一份针对铁路债券的信用评级以来，美国的信用评级制度在此后的发展历程中经历了数次演变，而这同样也是世界范围内信用评级制度发展的缩影。

1. 从"声誉中介"到"监管特许"

信用评级业早期是一个市场准入门槛较低的完全竞争性行业，信用评级机构纯粹只是为市场提供信用信息的中介，这些信息的权威性和可信性是建立在评级机构长期积累的"声誉资本"基础上的，信用评级也都是自愿性的。但是随着信用评级制度的发展，监管部门产生了监管评级依赖（Rating-Dependent Regulation）。这种变化肇始于20世纪30年代，1930年美联储建立了根据投资组合中的债券信用评级来评价银行整个投资组合的机制[3]，1931年财政部将信用评级认定为评价银行债券投资组合质量的最佳方法，1936年货币监理署要求银行所购买的债券必须被不少于两家的评级手册认定为投资级。[4] 1975年，SEC修改了经纪商-交易商的"净资本规则"（即15c3-1规则），将获得SEC认可的"全国性认可评级机构"（NRSRO）的评级结果纳入经纪商-交易商持有的有价证券资产价值减记处理方法之中，获得NRSRO高信用评级的有价证券可以降低其价值减记。起初SEC认定的NRSRO仅有标准普尔（Standard & Poor's）、穆迪（Moody's）和惠誉（Fitch）三家。此后，NRSRO的概念及其评级得到了银行业、

---

[1] Lawrence J. White, Markets: The Credit Rating Agencies, The Journal of Economic Perspectives, Vol. 24, No. 2, Spring 2010, pp. 212–213.

[2] 聂飞舟：《信用评级机构法律监管困境及金融危机后的改革出路》，载于《法学》2011年第3期。

[3] John Patrick Hunt, Credit Rating Agencies and the 'Worldwide Credit Crisis': The Limits of Reputation, the Insufficiency of Reform, and a Proposal for Improvement, p. 26. http://ssrn.com/abstract=1267625.

[4] ［美］约翰·C. 科菲：《看门人机制：市场中介与公司治理》，黄辉、王长河等译，北京大学出版社2011年版，第334~335页。

保险业监管以及联邦和州立法的广泛采纳，2002 年美国参议院政府事务委员会的一份报告显示，当时已经至少有 8 部联邦法律、47 部联邦监管规则以及超过 100 部州法律和监管规则将 NRSRO 的信用评级作为监管基准（benchmark）。[1]

这样一来，信用评级机构的生存之道就不再单纯只是依靠其积累的声誉资本，而是多了来自政府监管部门的认可和特权。由于政府监管对信用评级的依赖，信用评级机构也不只是向市场提供债券的信用信息，实际上是向发行人提供一种监管的豁免，优质的信用评级可以使其免受监管的负担和成本，弗兰克·帕特诺伊（Frank Partnoy）教授称之为信用评级机构向发行人授予的"监管许可"（regulatory licenses）。[2] 从这种意义上讲，信用评级机构实际分享了政府监管部门的部分监管权力。[3] 信用评级机构凭借监管部门的"监管特许"事实上也从私人商业机构转变为拥有资本市场强大话语权的"准监管机构"。[4] 另外，这还导致了三大信用评级机构对信用评级市场的垄断，建立了所谓的"评级霸权"。正如《纽约时报》专栏作家托马斯·弗里德曼（Thomas L. Friedman）所言："在我看来，当今世界上存在两大超级强权。一个是美国，一个是穆迪债券评级公司。美国能够通过扔炸弹来毁灭你，而穆迪能够通过降低你的债券评级来毁灭你。相信我，有时候很难说哪个更强大。"[5]

2. 从"投资者付费"到"发行人付费"

20 世纪 70 年代初期，信用评级机构的基本商业模式经历了重大的转变：从"投资者付费"（investor pays）转向了"发行人付费"（issuer pays）。[6] 在此之前，信用评级机构的收入主要来源于向投资者出售评级出版物、评级报告和行业分析报告等。在"发行人付费"模式下，信用评级机构的收入主要来源于接受信用评级的债券发行人。"发行人付费"开启了信用评级机构潜在的利益冲突之门，在利益驱使之下，信用评级机构为了取悦发行人或者防止发行人转向其他评级机构，可能会刻意夸大评级结果，从而丧失了信用评级机构的独立性和中立性，降低了评级结果的客观性和公正性，产生了"评级竞次"现象。特别是，信用评级

---

[1] Financial Oversight of Enron: the SEC and Private-Sector Watchdogs, Report of the Staff to the Senate Committee on Governmental Affairs, October 8, 2002, p.100.

[2] Frank Partnoy, The Siskel and Ebert of Financial Markets?: Two Thumbs Down for the Credit Rating Agencies, Washington University Law Quarterly, Vol.77, No.3, 1999, p.683.

[3] 陈洁：《证券法的变革与走向》，法律出版社 2011 年版，第 246 页。

[4] 鄂志寰、周景彤：《美国信用评级市场与监管变迁及其借鉴》，载于《国际金融研究》2012 年第 2 期。

[5] Frank Partnoy, The Siskel and Ebert of Financial Markets?: Two Thumbs Down for the Credit Rating Agencies, Washington University Law Quarterly, Vol.77, No.3, 1999, p.620.

[6] Lawrence J. White, Markets: The Credit Rating Agencies, The Journal of Economic Perspectives, Vol.24, No.2, Spring 2010, p.214.

机构的业务范围不断扩张，不仅为发行人提供债券评级服务，甚至还提供咨询和辅导等服务，二者的利益关系越发紧密，潜在的利益冲突也就越来越大。从安然事件、世通事件到金融危机，信用评级机构的糟糕表现难辞其咎，这些失败的案例也一再表明"发行人付费"模式下的利益冲突，加之监管和问责机制的缺失，导致信用评级的公信力大打折扣，甚至沦为发行人欺诈发行的"帮凶"。在金融危机中，金融机构创造出复杂的结构性金融产品，将垃圾债券进行"包装"，经过信用评级机构给予的AAA评级，完成了"点石成金"的过程。对此，已经有学者提出建议成立政府出资的公共信用评级机构，[①]或者是由投资者拥有和控制的信用评级机构。[②]

3. 从"市场自律"到"政府监管"

信用评级业发展初期几乎不存在政府监管，主要是依靠"声誉资本"（reputation capital）驱动下的市场自律。声誉资本理论认为，在自由竞争的评级市场上，信用评级机构的良好声誉是其生存和发展的基础，信用评级机构所作的每一个信用评级的公正、可靠与否都会增进或减损其声誉资本，致使信用评级机构不得不恪尽职守，谨慎地维护和增进其声誉资本，市场自律机制从而得以发挥作用。[③]但是，一方面信用评级机构从"投资者付费"到"发行人付费"模式的转变，在增加利益冲突的同时，降低了投资者对信用评级机构的声誉约束机制；另一方面，监管部门对信用评级的监管依赖以及赋予NRSRO的监管特许，客观上也要求将信用评级机构纳入政府监管。可是，不论是早期规范信用评级机构的《1940年投资顾问法》，还是《2006年信用评级机构改革法案》，都没有真正建立起对信用评级机构的透明度、利益冲突的监管以及对评级结果的问责机制，SEC对NRSRO的监管倒更像是赋予其评级特权。颇具讽刺意味的是，《2006年信用评级机构改革法案》甫一出台，信用评级机构随即便因金融危机的爆发被推到了风口浪尖，这不仅是信用评级机构的失败，更是对评级机构监管的失败。

鉴于信用评级机构的系统重要性以及投资者和金融监管部门的评级依赖，反思金融危机所暴露出的评级机构缺乏监管、透明度不够、利益冲突和责任缺失等问题，2010年颁布的《多德—弗兰克华尔街改革和消费者保护法》（简称《多德—弗兰克法案》）在第9章C项下专门规定了"改善信用评级机构监管"。[④]具

[①] Timothy E. Lynch, Deeply and Persistently Conflicted: Credit Rating Agencies in the Current Regulatory Environment, *Case Western Reserve Law Review*, Vol. 59, 2009, p. 294.

[②] Alex J. Pollock, Enhancing Competition in the Credit Rating Agency Sector, Statement to the Securities and Exchange Commission Roundtable on Credit Rating Agency Oversight, April 15, 2009, pp. 4-5.

[③] 参见龚宇：《美国信用评级业监管体制变迁——"次贷危机"下的反思》，载于《证券市场导报》2008年第7期。

[④] H. R. 4173, sec. 931 - sec. 939.

体内容包括以下几个方面：(1) 在 SEC 下设立信用评级办公室（office of credit ratings）作为评级机构的专业监管部门；(2) 强化信用评级机构的透明度和信息披露要求，包括评级表现和评级方法的信息披露；(3) 要求信用评级机构建立内部控制制度和防范利益冲突，包括评级业务与销售、市场业务分离，合规监察员和独立董事制度，离职人员的回顾审查制度（look-back），特定人事变动的报告制度等；(4) 减少监管部门对信用评级机构的监管评级依赖；(5) 废除 436 (g) 规则对信用评级机构的责任豁免。

4. 从"责任豁免"到"专家责任"

与会计师、律师等其他金融市场"看门人"相比，信用评级机构受益于监管特许，兼具中介服务机构和准监管机构的双重性质，但对不正当行为给投资者造成的损失却不像其他金融中介一样承担法律责任。一直以来，信用评级机构都被视为是财经媒体，将自己定位为金融信息的发布者，声称其所发布的信用评级结果只是一种"媒体观点"，从而以"言论和出版自由"主张受美国宪法第一修正案的保护。[①] 为了免于承担法律责任，信用评级机构往往会在发布评级报告时声明：本评级是对各种债券目前信用状况所作的评价，它对投资者的债券买卖行为不提出任何意见。[②] 美国立法和司法判例也长期恪守信用评级机构责任豁免的立场，《1933 年证券法》第 11 节规定，律师、会计师、评估师和承销商等须对在其发行注册文件的重大不实陈述承担法律责任，信用评级机构却不在此列。SEC 制定的 436（g）规则明确规定信用评级机构发布的评级报告不得被认为是以专家身份准备或核准的注册说明书的内容，投资者不得援引《1933 年证券法》第 11 节的规定追究信用评级机构的专家责任。[③] 在过往的司法判例中，法官也倾向于支持信用评级机构援引宪法第一修正案的保护，投资者针对信用评级机构的法律诉讼大多以评级机构胜诉、原告诉讼请求被驳回或者以有利于评级机构的条款和解而告终。[④]

但是，随着信用评级机构从"声誉中介"到"监管特许"、从"投资者付费"到"发行人付费"的演变，其所主张的新闻媒体身份及评级结果只是一种"观点"，受到了越来越多的质疑和诘难。信用评级机构早已不再只是通过评级出版物、评级报告发布信息的中介，而是获得了监管特许，具有准监管机构的性

[①] 高汉：《金融创新背景下的信用评级及监管的法律经济学分析》，法律出版社 2012 年版，第 238～243 页。
[②] 罗培新：《后危机时代信用评级机构法律责任之完善》，载于《法学杂志》2009 年第 7 期。
[③] 聂飞舟：《美国信用评级机构法律监管演变与发展动向——多德法案前后》，载于《比较法研究》2011 年第 4 期。
[④] 聂飞舟：《美国信用评级机构法律责任反思及启示——以司法判例为视角》，载于《东方法学》2010 年第 6 期。

质;付费模式的转变意味着评级结果不仅是一种"观点",而是向发行人出售的有偿服务或商品;信用评级机构与会计师、律师等金融中介并无二致,都是金融市场中的"专家"。从信用评级的法律关系上看,信用评级机构与发行人之间是合同关系,不管是传统上认为的委托合同关系,或是有学者主张的承揽合同关系,[①] 一旦信用评级机构违约,发行人都有权主张评级机构承担合同法上的违约责任。但受限于合同相对性理论,投资者因信用评级机构的违法行为受到损失,无法向信用评级机构主张违约责任,而只能要求信用评级机构承担侵权责任,确切地说是一种专家责任,专家责任的基础在于作为专家的信用评级机构对投资者所负有的信赖义务。[②]《多德—弗兰克法案》第939G节规定废除436(g)规则,意味着信用评级机构将承担《1933年证券法》第11节下的专家责任。法案同时还允许投资者以"因故意或者轻率而未进行合理调查"为由,向信用评级机构提起诉求。司法实践中,对于信用评级机构责任豁免的立场也在发生动摇,而是结合信用评级机构的业务性质、评级行为和评级的使用等因素综合考量。[③]

(二) 债券市场信用评级制度的现状考察

1. 信用评级制度不统一

银行间债券市场和交易所债券市场信用评级制度不统一,是我国债券市场信用评级制度最主要的特征。信用评级制度不统一具体表现在信用评级立法、信用评级监管、信用评级机构认定、信用评级标准等方面。《证券法》第160条规定,资信评级机构从事证券服务业务,应当报国务院证券监督管理机构和国务院有关主管部门备案,这实际上就为信用评级机构的多头监管留下了缺口。目前,信用评级机构从事债券评级的市场准入和资质认定,都是由各个债券监管部门负责,信用评级机构在债券市场从事信用评级,往往需要取得中国人民银行认定的银行间债券市场债券评级资格,证监会认定的证券市场资信评级业务资格,发展改革委认定的企业债券评级资格,以及银保监会认定的保险公司投资债券评级资格。这造成的一个结果就是,两个债券市场的信用评级机构不尽相同,交易所债券市场的信用评级机构有大公、联合、东方金城、鹏元、中诚信和上海新世纪,银行间债券市场的信用评级机构有大公、联合、东方金城、中诚信、上海新世纪和中债资信。监管主体的不同也导致了信用评级监管规则的分割,银行间债券市场主要适用中国人民银行制定的《信用评级管理指导意见》和《信贷市场和银行间

[①] 黄润源、刘迎霜:《公司债券信用评级法律关系解析》,载于《学术论坛》2008年第1期。
[②] 刘迎霜:《"发行方付费"模式下的信用评级法律迷局解析》,载于《法律科学》2011年第6期。
[③] 聂飞舟:《美国信用评级机构法律责任反思及启示——以司法判例为视角》,载于《东方法学》2010年第6期。

债券市场信用评级规范》；交易所债券市场主要适用证监会制定的《证券市场资信评级业务管理暂行办法》《资信评级机构出具证券公司债券信用评级报告准则》，以及证券业协会制定的《证券资信评级机构执业行为准则》。评级机构和评级规范的不统一，也导致两个市场信用评级机制、评级标准的不统一，从而可能造成债券跨市场发行和交易中的不确定性。

2. 信用评级机构的独立性和公信力有待提高

我国信用评级机构起步较晚，大多是 20 世纪 90 年代初期成立，中债资信和东方金城更是在最近十年左右时间里才刚刚成立。早期信用评级机构基本上都是在政府监管部门的主导下成立的。由于一些因素所导致的信用评级机构独立性欠缺，以及信用评级机构本身尚处于发展初期，并未积累足够的"声誉资本"，信用评级的权威性和公信力严重不足，信用评级结果呈现趋同化，难以起到揭示信用风险的作用。

3. 跟踪信用评级不到位

我国债券市场信用评级还有另一个问题在于跟踪评级不到位，缺乏信用评级的动态调整机制。《证券法》对于跟踪评级尚无规定，《公司债券发行与交易管理办法》第 46 条规定资信评级机构在债券存续期间，应每年向市场至少公布一次定期跟踪评级报告，并且关注可能影响债券信用评级的所有重大因素，及时向市场公布信用等级调整及其他与评级相关的信息变动情况，并向证券交易所或其他证券交易场所报告。但是，从"11 超日债"等一系列债券违约事件中信用评级机构的表现来看，跟踪评级不到位的现象比比皆是，定期跟踪评级报告流于形式，总体上都是"报喜不报忧"，不定期的跟踪评级缺乏前瞻性和预警性，大多只是在债券违约风险即将发生或者已经发生的情况下所作的"讣告式"或"断崖式"评级调整。

4. 信用评级机构的责任约束机制缺失

造成债券市场信用评级流于形式、跟踪评级不到位的一个重要原因就是缺乏必要的约束机制。目前我国尚未建立起对信用评级机构的评价机制，也就是没有对信用评级机构的"评级"，中国人民银行和证监会对此都没有作规定，只有发展改革委出台了《企业债券中介机构信用评价方法》，但其实施机制和执行效果还有待检验，更何况在"发行人付费"模式下的信用评级机构声誉约束机制本就很难发挥作用。在信用评级机构的法律责任方面，债券市场的法律和监管规则或者是没有规定，或者是规定的内容各不相同。《证券法》第 163 条规定，信用评级机构制作、出具的评级报告有虚假记载、误导性陈述或者重大遗漏，给他人造成损失的，应当与委托人承担连带赔偿责任，但是能够证明自己没有过错的除外。然而《公司债券发行与交易管理办法》《企业债券管理条例》《信用评级管理指导意见》《证券市场资信评级业务管理暂行办法》等对信用评级机构的民事赔偿责任都未置一词。《非金融企业债务融资工具管理办法》和《金融债券发行管理办法》都只规定信用评级机构出具的文件含有虚假记载、误导性陈述和重大遗漏的，应当就其负有责任的部分承担相应的法律责任，但承担何种责任以及如何承担却不明了。在债券市场分割的背景下，银行间债券市场和交易所债券市场的信用评级机构是否都能适用《证券法》第163条的规定承担责任，恐怕还需要进一步地澄清。

（三）债券市场信用评级制度的法律完善

首先，应在《证券法》上规定信用评级机构的法律地位、市场准入、权利义务和法律责任。在《证券法》的框架之下，应当对现有分散的信用评级监管规则进行整合，可以考虑由中国人民银行和证监会联合制定统一的信用评级监管规则，统一债券市场信用评级机构的资质认定和业务范围，统一信用评级的方法、标准和程序，统一信用评级的内部控制制度，统一规范信用评级机构及其人员的评级行为，统一跟踪评级的关注范围、时间安排和披露要求，统一信用评级机构的外部评价机制，统一信用评级机构的市场退出机制。

其次，应当健全信用评级机构的公司治理结构和内部控制制度，防范利益冲突。在公司治理方面，除了独立董事制度，以及规范董事、监事和高管的任职资格和行为之外，还应当设立一些如评级考核、信用评审、合规审查、薪酬管理、风险管理等独立委员会。在防范利益冲突的内部控制制度方面，应当建立防火墙制度，将信用评级机构的评级业务与信用评估、投资咨询、信用风险管理咨询、企业管理咨询等业务相分离。建立评级回避制度，评级人员进行信用评级时，应回避存在利益冲突的评级客户，包括本人、直系亲属及有利害关系的其他人员。完善信用评级机构的信息披露制度，除涉及评级对象（发行人）商业秘密和相关人员隐私等保密信息外，其余有关信用评级的机构和人员构成、结果、程序、方法和业务制度等内容都应该及时、全面、准确地公开，以增加信用评级的透明度。此外，也可以考虑引入美国《多德—弗兰克法案》中的信用评级机构离职人员的回顾审查制度和董事、监事、高管等人员变动的报告制度，防止利益输送。

最后，应当建立信用评级机构的声誉约束和责任约束机制，督促其勤勉尽责。声誉资本一直是评级机构公信力的重要基础，声誉约束机制的关键在于建立信用评级机构评级表现的外部评价机制，对于信用评级机构没有尽职履责，存在虚假评级、误导性陈述、重大遗漏、跟踪评级不到位等情况的，应当及时公开通报并列入负面名单。目前，我国尚没有规范的对信用评级机构的评价机制，2015年发展改革委制定了《企业债券中介机构信用评价方法》，委托第三方机构对包括信用评级机构在内的企业债券中介机构进行信用评价,其中负面行为包括重大失信失职行为、一般失信失职行为和不专业行为;《地方政府一般债券发行管理暂行办法》第 21 条也规定,信用评级机构存在弄虚作假、违法违规行为的,列入负面名单并向社会公示。我们认为可以考虑发挥证券业协会对信用评级机构的自律管理职能,制定信用评级机构信用评价的指标、方法、程序等,并定期对信用评级机构的评级行为进行评价和公示。

声誉约束对信用评级机构只是一种软约束机制,要想真正促使其勤勉尽责、尽职调查,必须要强化对信用评级机构的责任约束。具体来说,应当以《证券法》和《侵权责任法》为基础,基于投资者对信用评级机构的高度信赖,构建信用评级机构的专家责任制度。专家以专业知识或专门技能向公众提供服务,这决定了其应当承担与其专业地位和业务相匹配的、以信赖责任为基础的高度注意义务。① "专家对第三人所承担的民事责任,源自专家对其应负有的高度注意义务的违反""评级机构处于专家位置,其评级结果为社会公众所信赖,法律必须确保此种信赖不被滥用"。② 从大陆法系侵权责任的构成要件来看,信用评级机构的专家责任需要满足以下条件:(1)信用评级机构存在违法行为,包括信用评级报告内容的虚假记载、误导性陈述和重大遗漏;(2)信用评级机构在主观上应存在故意或者过失,但考虑到信用评级具有很强的专业性以及信息不对称,投资者对信用评级机构的主观过错难以举证,因而采取过错推定的归责原则,《证券法》第 163 条和《最高人民法院关于审理证券市场因虚假陈述引发的民事赔偿案件的若干规定》(以下简称《规定》)第 24 条都采纳了过错推定原则;(3)投资者遭受损失,且损失与信用评级机构的违法行为之间存在因果关系。《规定》第 18 条规定了因果关系的推定原则,即投资者在虚假陈述实施日及以后至揭露日或更正日之前购买与虚假陈述直接关联的证券,虚假陈述揭露日或者更正日及以后,因卖出该证券发生亏损,或者因持续持有该证券而产生亏损。也有学者认为该规定的损失范围过窄,应扩至评级实施日前买入、揭露日后卖出或继续持有证券之诱多评级情形与实施日前买入、揭露日前卖出证券之诱空评级情形。③

三、完善债券市场投资者保护制度

债券市场成熟与否,除了取决于交易制度、基础设施、产品结构外,关键还

---

① [日]下森定:《论专家的民事责任的法律构成与证明》,载于《民商法论丛》(第 5 卷),法律出版社 1996 年版,第 523 页。
② 陈洁:《证券法的变革与走向》,法律出版社 2011 年版,第 243~244 页。
③ 伍治良:《论信用评级不实之侵权责任——一种比较法研究》,载于《法商研究》2014 年第 6 期。

在于是否有成熟的投资者及投资者保护制度。或者说，债券市场发展成熟的过程，也是投资者权利意识和风险意识觉醒的过程。我国债券市场投资者结构中，既有日趋成熟壮大的机构投资者，也有交易所和柜台市场中的普通投资者。正是后者的存在，使得债券市场的风险防范和投资者保护偏重行政性保护，且对于事前防范的重视程度多过于事中事后的处置和救济。结果就是，投资者在政府的长期"关怀"下，误认为债券零风险、零违约或者抱着政府会兜底的心态，甚至出现抢购"垃圾债"的怪象。因此，债券市场投资者保护制度应由行政性保护向市场化保护转变，在健全投资者适当性管理、信息披露、信用评级制度的前提下，落实投资者"买者自负"原则，完善债券受托管理人制度、持有人会议制度、先行赔付制度。

（一）债券受托管理人制度

《证券法》第92条和《公司债券发行与交易管理办法》第48条规定，公司债券发行人应当为债券持有人聘请债券受托管理人，并订立债券受托管理协议，在债券存续期限内，由债券受托管理人按照规定或协议的约定维护债券持有人的利益。理解和反思目前的债券受托管理人制度，需要从法律关系、主体资格、权利义务、法律责任等方面进行审视。

在法律关系上，普通法系国家的债券受托管理制度是建立在信托法基础之上的，美国《1939年信托契约法》规定所有公开交易的债务工具都必须指定债券受托管理人，公司债券发行人与受托人签订信托契约，由受托人来管理债券从发行到清偿的一系列事务。[①] 但是，大陆法系国家受制于传统物权法"一物一权"理论的束缚，设立信托的关键是要有独立信托财产的转移，即将信托财产从委托人转移给受托人，否则信托无法成立。正因为此，我国台湾地区学者认为，只有在公司发行附担保公司债时，担保财产转移给受托人构成了信托财产，此时发行人与受托人之间的法律关系才是信托契约；在公司发行无担保公司债时，由于不发生财产转移，发行人与受托人之间也就不宜视为信托契约，而只是民法上的委任契约。[②] 我国《公司债券发行与交易管理办法》上规定的"债券受托管理协议"究竟是信托契约还是一般的委任契约，则是含糊不清。有学者认为，我国公司债券受托管理人由证券公司担任，蕴含角色和利益冲突，违背信托法理，因而采取的并非公司债信托制度。[③] 可第50条第7项又规定了"发行人为债券设定担

---

① 习龙生：《公司债券受托管理制度的国际比较及立法建议》，载于《证券市场导报》2005年第2期。
② 廖大颖：《公司债法理之研究——论公司债制度之基础思维与调整》，正典文化出版有限公司2003年版，第104页。
③ 刘迎霜：《论公司债投资者的权益保护》，载于《社会科学研究》2010年第4期。

保的，债券受托管理协议可以约定担保财产为信托财产。"法律关系的不清晰也造成了债券受托管理人在法律地位上的尴尬处境，使受托管理人在行使权利、履行义务过程中受到了极大的限制。

在主体资格上，美国公司债受托管理人制度和日本附担保公司债受托管理人制度都是建立在信托制度基础上的，因而受托管理人都是由信托公司担任。2007年《公司债券发行试点办法》首次引入受托管理人制度时就规定债券受托管理人由本次发行的保荐人或者其他证监会认可的机构担任，《公司债券发行与交易管理办法》取消公司债券发行保荐制度之后，规定受托管理人由本次发行的承销机构或者其他证监会认可的机构担任。不论是保荐人还是承销商担任受托管理人，本质上都是"换汤不换药"，因为在公司债券发行中很多时候保荐人、承销商和受托管理人都是"三位一体"的。这不可避免地就会带来利益冲突，保荐人和承销商都是发行人聘请的，由其担任受托管理人能在多大程度上代表投资者利益不得不令人生疑。另外，担任受托管理人实际上是"吃力不讨好"，往往都是担任承销商所附加的"义务"，这也可能会导致其怠于履行职责。事实上，很多债券欺诈发行或者违约事件之中，受托管理人本身就难辞其咎，再由其代表投资者利益实属不当。

在权利义务上，《公司债券发行与交易管理办法》第 49 条规定受托管理人应当勤勉尽责，第 50 条进一步规定了受托管理人的 8 项职责。① 从中不难看出，立法上并未对受托管理人的权利和义务作明显区分，这些职责实际上都是权利和义务的一体两面，而对于受托管理人的报酬和处理受托管事务所产生费用的请求权都没有规定。同时，在债券受托管理人和债券持有人会议之间的关系上，第 50 条第 1 项和第 55 条都规定了涉及债券持有人重大权益事项的，受托管理人应当召集债券持有人会议，那么受托管理人是否只是债券持有人会议的执行机关，其履行职责的自主空间还有多大，有待进一步明确。

在法律责任上，《公司债券发行与交易管理办法》第 66 条规定，受托管理人违反本办法规定损害债券持有人利益的，由证监会采取责令改正等监管措施，情节严重的处以警告、罚款。除此以外，对于受托管理人是否需要承担民事赔偿责任，以及如果需要承担，应该如何承担责任，却都没有规定。

针对以上问题，有必要对我国债券受托管理人制度加以完善。首先，应当在法律层面上厘清发行人、债券受托管理人与债券持有人三者之间的法律关系，明确受托管理协议的法律性质究竟是信托合同还是第三人利益的委托合同，从而对

---

① 这 8 项职责包括了召集债券持有人会议，监督发行人募集资金使用情况，对发行人偿债能力和增信措施有效性的全面调查和持续关注，持续督导发行人履行信息披露义务，预计发行人不能偿还债务时要求追加担保或申请财产保全措施，勤勉处理发行人与债券持有人之间的谈判和诉讼事务，担保财产的妥善保管，以自己名义代表债券持有人提起诉讼、参与重组或破产程序。

债券受托管理人的法律地位进行准确的定位，这有助于消除债券受托管理人在行使权利、履行职责过程中的障碍和限制。其次，在债券受托管理人的主体资格上，应适当放宽限制，不仅限于本次债券发行承销商，而是可以扩大至其他证券公司、信托公司、商业银行等，这样也可以缓解由于承销商和受托管理人一体化所引发的利益冲突。值得一提的是，早在《公司债券发行试点办法》征求意见时，信托业协会就曾提出修改意见，建议允许信托公司担任债券受托管理人，但在金融分业监管体制下，信托业由原银监会监管，此举可能会使证监会在对受托管理人监管时面临两难处境。① 再次，应当明晰债券受托管理人的权利和义务，增加有关履行受托管理职责的报酬和费用请求权的规定，同时还需要考虑的问题是在已经存在受托管理协议的情况下，受托管理人以自己名义提起诉讼、参与重组或者破产程序，是否还必须要经过债券持有人的委托。债券受托管理人与债券持有人会议的关系也应当明确，特别是受托管理人在债券持有人会议中的角色和职责，加强制度对接。例如，《上海证券交易所公司债券上市规则》第5.3.6条规定，受托管理人可以作为征集人，征集债券持有人委托其代为出席债券持有人会议，并代为行使表决权。最后，应当规定债券受托管理人因故意或者重大过失，违反法律法规规定的义务，给债券持有人造成损失的，应承担的民事赔偿责任。

（二）债券持有人会议制度

债券持有人会议是指由债券持有人出于共同利益组成的，就共同利害关系的重大权益事项进行决议的债券持有人临时性会议组织。英国、美国等普通法系国家一般只采用了债券受托管理人制度，日本、我国台湾地区等大陆法系国家和地区则对债券受托管理人制度和债券持有人会议制度兼而采之。但在二者的关系上，基本上都是以债券持有人会议为主，以债券受托管理人为辅，前者是关乎债券持有人共同利益事项的决议机关，后者负责债券持有人会议的召集以及决议事项的执行，债券持有人的核心权益掌握在债券持有人会议手中。有台湾学者指出："从现行之规范观之，公司债的管理以公司债权人会议制度为主，再以公司债信托制度为辅助之次要角色。"② 我国在公司债券持有人权益保护的制度设计中，也是采纳了债券受托管理人制度和债券持有人会议制度相结合的方式。对于债券持有人会议制度，《公司债券发行与交易管理办法》规定的内容相对于债券受托管理人制度，明显存在疏漏，只规定了债券受托管理人和单独或合计持有债券总额10%的债券持有人召集持有人会议的事项，债券持有人会议规则，以及

---

① 程志云：《信托欲分羹公司债 证监会左右两难》，载于《经济观察报》2007年6月25日。
② 王泰铨：《公司法新论》，三民书局2002年版，第384页。

会议决议对所有债券持有人都有约束力。但有关债券持有人会议表决程序、决议生效要件、表决权回避、少数债券持有人权益保护以及决议无效的司法审查等内容在《办法》中都没有规定，有些是在证券交易所制定的《公司债券上市规则》中得以规定，有些仍然处于空缺状态，亟待加以制度完善。

第一，应当明确债券持有人会议和债券受托管理人之间的分工，前者只负责债券持有人共同的重大权益事项的决议，对于这些重大事项的决议，债券持有人会议居于核心地位，债券受托管理人主要负责会议的召集和决议的执行。至于重大事项之外的其他事项，则应由债券受托管理人负责。

第二，债券持有人会议决议生效要件上，《公司债券上市规则》第5.3.10规定，超过持有本期未偿还债券总额且有表决权的1/2的债券持有人同意方可生效。但从其他国家和地区的立法上看，债券持有人会议的决议通常还需要经过法院的认可方能生效。例如，日本《公司法》第732条规定："有公司债债权人会议决议时，召集人自作出该决议之日起，一周内必须向法院提出该决议认可的申请。"[1]

第三，由于债券持有人会议的决议一旦生效，对所有债券持有人均有同等约束力，受托管理人依据决议行事的结果由全体债券持有人承担，这就容易产生多数表决原则滥用，侵害少数债券持有人的利益。为了保护少数债券持有人利益，可以引入表决权回避制度，如《意大利民法典》第2415条规定"可能持有的自有债券的公司，不得参加表决"，日本《公司法》第723条第2款规定"发行公司债公司对其持有的自己的公司债，没有表决权"，法国《商事公司法》第308条第3款规定"拥有借债公司的10%以上资本的公司不得以其拥有公司债参加会议的表决"。[2]

（三）先行赔付制度

先行赔付，又称先期赔付，是指因欺诈发行、虚假陈述或者其他重大违法行为给投资者造成损失的，发行人的控股股东、实际控制人、证券公司、中介机构等连带责任主体以及投资者保护基金，可以就赔偿事宜与投资者达成协议，予以先行赔付，之后可以依法向发行人及其他连带责任人追偿。先行赔付制度在投资者损害赔偿方面，具有时间短、成本低、范围广、主动性等优势。可以快速实现证券市场稳定，及时维护投资者权益，提高证券公司和中介机构的经营能力和信

---

[1] 刘迎霜：《公司债：法理与制度》，华东政法大学博士学位论文，2008年，第155页。
[2] 刘迎霜：《论公司债券投资者的权益保护》，载于《社会科学研究》2010年第4期。

誉水平。①

在先行赔付的义务主体上,应采用连带责任主体先行赔付和投资者保护基金先行赔付相结合的模式,形成"法定最低赔付+自愿赔付"② 的双轨制先行赔付制度结构。要鼓励和支持违法行为的连带责任主体设立"专项补偿基金"等方式主动赔付投资者损失,通过先行赔付达成与投资者间的和解,实现投资者保护和纠纷解决的双重目标,先行赔付后可以向其他连带责任主体追偿。但当连带责任主体欠缺先行赔付意愿和能力时,则应借助投资者保护基金在法定赔付对象、赔付范围和赔付限额内,对投资者提供先行赔付。从这个意义上说,投资者保护基金的先行赔付是责任主体不能赔付情形下的次优保护和底线保护,既不能取代连带责任主体的先行赔付,也不应成为其逃避责任的工具,在制度设计上应借助代位求偿等方式防范道德风险。遗憾的是,新《证券法》第93条规定的先行赔付义务主体仅包括发行人的控股股东、实际控制人、相关的证券公司,亦即只采纳了自愿赔付模式,而未如《证券法(修订草案)》一审稿将投资者保护机构作为先行赔付义务主体,这可能会削弱先行赔付制度的实施效果。

在先行赔付对象上,应针对以上两种不同的先行赔付模式作适当区分。在连带责任主体先行赔付情形下,基于投资者平等保护原则,赔付对象应当是所有符合条件的投资者。但在投资者保护基金先行赔付情形下,则应坚持差异化原则,对赔付对象作严格限制。诚如学者所言,"投资者保护基金之目的在于保护处于弱势地位的中小投资者,所以在进行'客户'或'适格投资者'身份识别时,就不能作扁平化处理,而必须负载'除外条款',将处于强势地位的机构投资者与具有利害关系的当事者排除在外。"③ 因此,我国在构建先行赔付制度时,对于投资者保护基金的先行赔付对象应仅限于普通个人投资者,将专业投资者和机构投资者排除在外,以免投资者保护基金背负不可承受之重。

在赔付额度上,连带责任主体先行赔付情形下,可借鉴万福生科案的成功经验对符合条件投资者予以全额赔付。但在投资者保护基金先行赔付情形下,应当考虑制定先行赔付的赔付限额或赔付比例的标准,既有利于投资者保护基金效用的最大化,也可以防止滋生道德风险,具体的标准应结合我国证券市场发展水平、个人投资者平均投资额、投资者保护基金的负担能力等因素,经过具体论证后加以确定。例如,我国台湾地区《证券投资人保护基金设置及运用办法》第8条规定保护基金对每家证券经纪商每一证券投资人一次补助金额以新台币100万元为上限,对每家证券经纪商全体证券投资人一次补助金额总数以新台币1亿元

---

① 陈洁:《证券市场先期赔付制度的引入及适用》,载于《法律适用》2015年第8期。
② 叶林:《证券投资者保护基金制度的完善》,载于《广东社会科学》2009年第1期。
③ 黎四奇:《对我国证券投资者保护基金制度之检讨与反思》,载于《现代法学》2008年第1期。

为上限。香港《证券及期货（投资者赔偿—赔偿上限）规则》规定支付申索人的赔偿总额不得超过 15 万美元。

先行赔付制度中引入代位求偿权，有利于赔偿责任的公平分配，是先行赔付制度可持续化的重要保障。在连带责任主体承担先行赔付责任后，有权向主要责任者或连带责任者追偿，此自无疑问，但投资者保护基金先行赔付后的代位求偿权则需认真对待。香港《证券及期货条例》第 243 条规定，证监会用赔偿基金赔付投资者申索损失后，投资者就该项损失而享有的一切权利及补救，须在赔付范围内由证监会代位享有，证监会据此追讨所得的一切资产（不论是现金或其他资产），须成为赔偿基金的一部分。《证券投资者保护基金管理办法》第 19 条规定基金公司使用基金偿付债权人后，取得相应受偿权。但并没有规定受偿权的行使方式，也没有明确受偿权相对于其他债权的优先性，使得受偿权很可能沦为纸面上的权利，无法真正实现。因此，为了保障投资者保护基金公司代位求偿权的实现，应允许投资者保护基金公司以自己名义提起代位求偿诉讼，其权利范围以赔付范围为限。对于代位求偿权的优先性问题，有学者从保护一般债权人和保持基金公司履行职责的积极性角度考虑，认为不宜授权基金公司的代位求偿权享有优先性。笔者认为，既然投资者保护基金公司的求偿权是对投资者赔偿请求权之代位，[①] 自不应当超过投资者原权利之范畴。

[①] 洪艳蓉：《证券投资者保护基金的功能与运作机制——基于比较法的制度完善》，载于《河北法学》2007 年第 3 期。

第十一章

债券市场风险防范体系的法制完善

互相割裂与二元并行的债券市场及其相关债券配套规则，不仅导致同质性债券产品基于不同规范而形成的流动性不畅，而且针对市场准入的区别对待引发市场参与者的机会不均等，最终形成债券市场发展的不均衡，损害债券发挥企业融资的工具性功能。完善债券市场风险防范体系需基于债券的属性并结合法制的方式，兼顾立法体系与实践难题，体系性地考量现存制度、甄别性地引进域外制度，方能实现我国债券市场的规范化运营。本章在剖析现行债券市场风险防范的法制缺失的基础之上，针对问题提出改善方案。

第一节 债券属性认识缺失：重股轻债的惯性立法逻辑

一、股债请求权性质的理解错位

有限责任原则下，股东与债权人的请求权性质是两者利益冲突之源，也是股东机会主义的行为动因。两者间的利益冲突表现为资本不足、资产稀释、请求权稀释以及过分投资等，其中资本不足乃公司设立阶段之出资瑕疵而引发的资产虚空现象，此时债权人可以通过强制股东出资义务履行、发起人资本充实责任以及法人人格否认来保障其权益。除资本不足以外，资产稀释、请求权稀释以及过分投资行为是发生在公司经营过程中,因股东道德风险而引发的"趋利经营"换"稳健经营",从而牺牲债权人利益的行为。虽然股东与债权人对公司均承担以出资(投资)为限的有限责任,但两者请求权性质决定收益的不同,股东的"可变收益"与债权人的"固定收益"导致了股东对经营成果的期待大于债权人。

有限责任原则的功能众多,诸如,隔离投资者风险、分散投资者投资、降低公司内外部监督成本,等等。因此有学者认为有限责任规则的实质是:对于股东而言是一种利益,对债权人而言是一种风险。[1] 有限责任下债权人承担的"风险"不能绝对理解为"消极意义上的风险承担",还应当包括"积极意义上的风险防控"。因此从债权人的角度而言,股东的有限责任利弊皆存:"利"体现为有限责任减少了监督成本。倘若股东对公司债权人承担责任,则意味着公司责任资产与股东的资信状况与债权人的债权实现息息相关,此时债权人不仅要监督公司资产的减少,还要监督股东资产的减少,这在无形当中加剧了债权人管理债权的成本;"弊"则体现为有限责任下股东的风险转嫁行为。公司经营时的财产,不问来源均可称之为公司资产,当公司资产构成中债务性资产大于资本性资产时,享有有限责任的股东在剩余财产索取权的趋势下,极易在公司经营过程中将失败的投资风险全部转嫁至债权人身上,此所谓有限责任下股东的道德风险(moral hazard)。道德风险助长了股东推进风险投资的动机,此类风险转移行为就像公司或股东用借来的钱进行一场赌博。[2]

在出资(投资)范围内,股东与债权人承担的投资风险相同的前提下,基于有限责任引发的风险外部性,股东的道德风险已经被数倍放大。正因为如此,"公司法最具挑战性的任务就是设计一套规则,在能够获得有限责任意图取得的鼓励股东投资利益之际,能够减少甚至消除不利于债权人的机会主义行为的诱因。这一任务穿越了公司的生命,聚焦于对法律政策举足轻重的公司各种角色之间的关系之中。"[3]

二、证券概念的定位不清

"重股轻债"的理念表现在证券立法中则为证券定义的定位不清,进一步体现在《证券法》忽视债券的证券属性,以股票为中心构建证券内涵,并在制度安排上区别对待股票与债券,致使债券与股票适用不同的规则。然而,证券的内涵

---

[1] 李建伟:《公司法学》,中国人民大学出版社2008年版,第9页。
[2] 葛伟军:《公司资本制度和债权人保护的相关法律问题》,法律出版社2007年版,第36页。
[3] 仇晓光:《公司债权人利益保护对策研究——以风险控制与治理机制为中心》,中国社会科学出版社2011年版,序言。

如何？外延有多大？这是关系着明确《证券法》的调整范围、划定证监会的监管权限的重大问题。通常认为，证券是"因投资于一项共同的风险事业而取得的主要通过他人的努力而赢利的凭证"。[①] 据此美国著名的 Howey 判决将证券定义分解为以下四个要素：（1）将他的钱投资；（2）投资于共同事业；（3）受引导有获利期望；（4）利益仅仅来自发起人或第三人的努力。即投资合同的检测标准（howey test）是"一个人将他的钱投入共同事业并期待从发起人或第三人的努力中获取利润"。[②] 米莉安·R. 艾伯特（Miriam R. Albert）认为，之所以要定义这些投资合同是因为投资者需要企业在联邦证券法下登记的公开信息，知悉这些信息比他们自己参与企业运作重要。

现行《证券法》将"在中华人民共和国境内，股票、公司债券、存托凭证和国务院依法认定的其他证券的发行和交易"作为调整对象，由此可知，证券不分类型均应适用统一的证券法。然而实践的情况却是，《证券法》仅适用公司债券与政府类债券，不适用企业债券、金融债券与中期票据等。[③] 我国债务类安排证券自 1997 年银行间市场建立后已获得长足的发展，涵盖了政府债券、企业债券、公司债券、金融债券等各种债券产品，并且将超短期融资券、中小企业集合票据、短期融资券、中期票据、定向工具、资产支持票据、项目收益票据等债券产品纳入了银行间债券市场，尽管其面临着规范性依据不足的问题，但也为中国债务类证券市场的发展积累了丰富的经验。与此同时，基于银行间债券市场相对成熟的投资结构，以及高效的注册发行机制，再加上银行间债券市场规模远远超过交易所市场，理应将债务类安排证券纳入我国《证券法》的统一监管，而不是继续保持在行业协会自律管理的层次。[④] 债券的证券属性源自证券的投资性，而证券的投资性决定了证券市场中适用投资者买者自负原则，然而买者自负作为民法自己责任在证券法中的体现，性质上属于过错责任，即投资者应当对投资意思而为的投资行为后果承担责任。[⑤] 过错责任之法理决定买者自负原则仅适用于证券市场中的客观性风险，对于市场操纵、内幕交易等主观性风险不属于投资者应当承担的风险范围。由此可进一步推断出，证券法规制的风险是客观性风险，即所谓市场风险，当市场风险源于发行公司故意时，便从客观的市场风险演变为证券法规制的对象。

---

① 朱锦清：《证券法学》，法律出版社 2007 年版，第 37 页。
② SEC V. W. J. Howey C., 328 U. S. 293（1946）.
③ Miriam R. Albert, The Howey Test Turns 64：Are the Courts Grading This Thest on A Curve? William & Mary Business Law Review February, 2011.
④ 吕成龙：《我国证券法需要什么样的证券定义》，载于《政治与法律》2017 年第 2 期。
⑤ 徐明、卢文道：《证券交易"买者自负"原则的司法适用及法制化初探》，载于《证券法苑》2011 年第 4 卷。

当前债券市场分野的主要依据是债券品种，以发展改革委为审批主体的企业债券、以证监会为核准主体的公司债券和以中国人民银行与银行间交易商协会为注册主体的金融债券和非金融企业债务融资工具构成了我国信用债券市场的绝大部分的品种类型。然而当我们认真审视这些债券品种的本质属性时，不难看出上述债券品种之间存在内在的同质性。① 这种同质性体现在公司债券、政府类债券、金融债券、企业债券、中期票据所共同具有的证券属性，即投资性，进一步可明确为本金损失的可能性。证券投资性决定了《证券法》作为规制融资行为的部门法，应当基于投资者的特点，保障公司融资自主权。证券市场的市场化改革目标之一便是实现证券的投资属性，在发行、交易到流通环节内，明确买者自负原则与卖者责任原则之间的界定标准。

第二节　债券规范制度缺失：交易规则与信用管理制度问题

一、发行环节问题：发行人信用管理制度欠佳

实体法层面上，我国现行法规制发行公司债务负担行为以"程序性规制"（股东会、股东大会、董事会决议为前置条件）和"最近三年平均可分配利润足以支付公司债券一年的利息"（利润控制利息的方式实现公司信用的管制）为主。从立法目的上来看，《公司法》中的"程序性规制"，其立法目的在于遏制大股东或控股股东的机会主义行为，即公司担保作为债务负担的一种方式，虽然担保行为本质上属于"偶发债务"，只有发行公司实际承担担保责任时，才会导致公司资产的减少。但公司作为社团法人，是多元利益的混合体，部分股东作出可能影响全体股东利益的行为时，便会产生股东之间的利益冲突。《公司法》限制公司对内、对外担保行为，要求公司对内、对外担保必须遵循前置程序的目的在于防止因股东之间的利益冲突而导致公司资产减少，进而影响债券投资者权益。换言之，《公司法》关于公司债务负担行为的程序性规制是公司组织法上的要求与体现。然而，《证券法》中的"利润维持的强制性规定"，将可分配利润的维持与公司债券发行规模相连接，其立法意图在于更加直观地控制发行公司信

---

① 冯果：《债券的证券本质与债券市场法制化——〈证券法〉修订背景下的债券法律体系》，载于《证券法苑》2016 年第 17 卷。

用，以利润维持的方式，减少不具备信用能力的公司举债。在这个意义上，公司债券利润维持条款发挥了维护公司信用的作用。

　　本次《证券法》的修订，在公司债券发行条件上的最大的改动莫过于将以往的"控制负债的发行限额条款"修订为"利润维持的发行限额条款"。旧《证券法》中的"控制负债的发行限额条款"学理上称之为"比例限制"。比例限制，顾名思义将发债限额建立在资债相抵（净资产）的公司信用观之上，以发债之时的公司净资产衡量债券到期时公司的清偿能力。对于我国控制发行公司信用风险上采取的"比例限制"方式，学界大体上持批判的态度。其原因在于，根据"资产＝负债＋所有者权益"的会计恒等式，"资产""负债""所有者权益"是对资金存在状态的静态反映，揭示企业在一个特定时点上占用的资源与承担的债务，这种"以静制动"的信用衡量方法，不能真实反映公司偿债时的信用状况，其保护债券投资者的功能容易趋于空洞化并诱发道德风险。① 随着证券立法实践的不断完善，2019年修订的《证券法》删除了"比例限制"，将"利润维持以一年的债券利息"作为公开发行债券的条件，试图打破原有的"比例限制"模式，从公司营利能力去衡量发行人的信用能力。但改革不彻底，仍有残余。"利润维持的发行限额条件"的本质仍是以公司信用控制为导向的违约风险事前预防措施，并未真正突破旧《证券法》中的比例限制模式。理由在于，现行"利润维持的发行限额条件"本质上是"持续盈利能力的表现"，而非对公司经营能力的正确导向。

　　本书认为，控制发行公司信用属于合同法以及公司法中应当解决的问题，不属于证券法的保护法益。证券法作为公司融资的特别法，其作用在于防止证券的市场风险。进一步来讲，客观的市场风险是投资者承担买者自负原则范畴，当市场风险由发行公司或他人引起时，如市场操纵行为、信息披露不当行为、内幕交易行为等引发的市场风险，不属于投资者应当承担责任的范畴。由此可见，净资产为标准限制发行公司负债而控制发行公司信用，最终达到防范违约风险的规定，不应当在《证券法》中予以规定，而是应当由债券合同中的限制条款控制债务负担而达到违约风险防范的目的。此外，债券持有人作为公司利益相关人参与公司信用维持的方式是债券管理制度。债券管理制度作为弥补公司债持有人之分散性带来的集体行动难题，是组织法在债券立法中的重要体现。长期性债券合同的履行中，公司信用随着公司经营好坏而随时变动，因而集体行动难题导致债券投资者权益问题在处于变动的公司信用中显得尤为突出。虽然债券合同明确了发

---

① 洪艳蓉：《公司的信用与评价——以公司债券发行限额的存废为例》，载于《中外法学》2015年第1期。

行公司、债券投资者的权利义务关系，但合同责任无法弥补集体行动难题导致的债券投资者权益受损，此时有必要通过组织法中的制度构建补充合同责任对投资者保护的不足，而这又为债券管理制度的存在提供了必要基础。基于公司债券的上述特点，公司法领域内应当构建契合公司债券属性的债券持有人保护方式。

二、交易环节问题：买者自负原则的贯彻不彻底

从投资风险性来看，公司债券与股票同属于投资证券类，只是债券投资者作为固定收益请求权人对发行人享有还本付息请求权。然而债券与股票收益权的实现均建立在公司责任资产基础之上，债券持有人的固定收益请求权不能抹杀债券固有的投资属性。证券市场中的平等披露源于债券的投资证券性。在证券市场，以融资为目的，发行人为了吸引投资者而为的对外信息披露行为中，债券与股票应当适用相同的信息披露原则，即平等披露原则。[1] 债券与股票从投资的角度具有同质性，《证券法》中的信息披露制度以"投资者"为对象，发行人信息提供的对象是投资者而非债券或股票等投资载体，因此当投资者的投资判断以信息提供为必要前提时，信息提供义务的存在与否与投资者的投资目的无关，投资者享有获取信息上的平等权利。[2] 远程交易方式在证券市场中的普及，可以推定所有投资者对平等接近重要信息问题上享有正当而又合理的期待。[3]

《证券法》的多个法律条文体现了信息平等披露原则。如发行市场披露中，第 23 条中规定证券公开发行前的公告公开发行募集文件；流通市场披露中，第 79 条规定按期公告中期报告、公告年度报告等。上述披露，适用于股票与债券的所有"证券"，同时又以对外投资者为披露对象，含证券市场内所有的潜在投资者。第 81 条规定，"发生可能对上市交易公司债券的交易价格产生较大影响的重大事件，投资者尚未得知时，公司应当立即将有关该重大事件的情况向国务院证券监督管理机构和证券交易场所报送临时报告，并予公告，说明事件的起因、目前的状态和可能产生的法律后果"，同时通过列举加概括的形式明确了"重大事件"的具体情形。可以说，随着我国债券市场的日渐繁荣，监管部门意识到债券投资者的固定收益请求权不等于债券的投资性，并以法律的形式落实了债券领

---

[1] ［韩］Kim－Hwajin：《资本市场法理论》，韩国博英社 2014 年版，第 208 页。

[2] 证券法内的平等原则与公司法内的比例性平等具有本质差别：证券法内的平等原则是"基于投资者的概括性平等"，而公司法内的比例性平等是"基于控制权的比例性平等"，是由股份的比例性利益决定的，如公司增资时的新股认购优先权（《公司法》第 227 条）；证券法内信息提供的平等原则是"基于投资"而形成的对外性平等，而公司法内信息提供的平等原则是"基于股份"而形成的对内性平等，如信息提供范围仅限于公司本身，具体可以区分为公司机关间的信息提供与公司对股东的信息提供。

[3] SEC V. Texas Gulf Sulphur Co., 401 F. 2d 833, 848 (2d Cir, 1968)。

域内的信息平等披露原则，实乃一大进步。综观《证券法》第 80 条针对股票的临时报告制度和第 81 条针对债券的临时报告制度，"重股轻债"的思维有所缓解，在未来的制度实践中需要进一步破除债券领域的隐性担保和刚性兑付问题，彻底实现买者自负原则。

第三节 风险治理的理念选择：契约属性为基础的风险分层治理

一、还原属性：债券的商事契约本质

债券皆应依照法定程序发行，其共同的内涵为"发行主体约定在一定期限内还本付息的有价证券"。一般而言，债券本质上是一种资金借贷的证明，是发行人为融资需求向投资者发行并按条件以约定的利息偿付资金的债权债务凭证。[1] 债券发行人与债券投资者产生债权债务法律关系，[2] 投资者获得相对比较确定和稳定的回报。合同是一种以在当事人之间设立、变更、终止财产性民事权利义务关系为目的的协议，理论上一般认为民事法律关系中所指合同应为传统意义上的民事合同，当事人双方处于平等的法律地位。因此，债券的本质是一种契约，其成立于债权人和债务人的约定。

发行人与投资者个人之间进行的债券交易是债券契约的原始订立，债券二级市场的交易是契约所表征的债权让与，针对最终债券持有人，发行人始终负有债券契约下的合同义务，而持有人依债券交易所付出的投资对价受让契约债权。整个债券运行以契约流转为核心，各主体之间法律关系以债券契约为基础。不论发行人是地方政府、金融机构还是国有企业或一般公司，皆成为法律关系中的债务人。债券作为"一纸契约"（电子契约）约束双方的债券行为，债务人应当按照债券契约履行兑付义务。债券作为商事契约，具有超越一般民事合同的特殊性：债券契约内容的变动性、债券契约交易的组织性以及债券契约效果的市场性。

---

[1] 冯果：《债券的证券本质与债券市场法制化——〈证券法〉修订背景下的债券法律体系重构与完善》，载于《证券法苑》（第 17 卷），法律出版社 2016 年版，第 1~14 页。

[2] 冯果：《证券法》，武汉大学出版社 2015 年版，第 10 页。

(一) 债券契约内容的变动性

从债券交易的金融模式来讲,发行人在债券契约的订立和合同之债的变动中被法定赋予了不自由的意思表示。债券契约由于金融监管的公法规制(如信息披露条款、格式指引的强制条款等),其所表征的合同之债的内容根据环节不同和主体不同处于变动之中。基于发行人获取市场融资资源,债券契约的标准化买卖超越了一般民事合同的单一订立,债券交易作为市场投融资产生涉众性。作为市场资源对价,发行人应承担市场监管义务,受债券发行准入和交易监管规制,以及当下最为重要的违约监管规制。因此,债券契约的内容不仅包括发行人与投资者之间的意定之债,还包括市场监管的法定之债,体现为债券契约的组织性、关系性和公权矫正等方面的特征。

(二) 债券契约交易的组织性

商法上的组织交易理论有助于认识债券交易中法律关系的本质。组织交易是在团体法视角下观察以合同自由为基础的契约交易,尊重组织体意志表达、强调个人意志受限于团体秩序的交易行为,本质上是对传统契约交易的一定突破。[①] 发行人是组织体这一点没有疑问,一般债券的发行不是股东的个人决策而是公司的组织行为,政府债券是以政府作为主体,首长责任制下其行为属性更具特殊性。在组织法视角下,债券持有人会议、受托管理人等制度即是个人投资者的一种组织化构建,是为更好地保护投资者和降低信息沟通的成本。债券市场风险防范的核心源自股东和债券持有人之间的利益冲突,市场风险防控的目的即是组织法规则之下的个人对个人的利益平衡。认识债券交易的组织性,对分析债券市场风险防范中的市场主体责任、投资者穿透保护以及市场监管等方面具有重要意义。

(三) 债券契约效果的市场性

债券交易的法律关系处于动态发展之中,投资信赖关系构成契约基础。债券契约具有合同的开放性、谈判性和信赖调整性,其超越了简单的民事合同。随着债券违约事件逐年增加,涉案金额巨大,债券风险处置逐渐体现出公共性和社会性。债券违约的公共性体现为债券契约的关系性特征。公司投融资所在市场具有商事迅捷性和时限性,作为债券投资者与公司联结的纽带,债券契约同时体现出

[①] 冯果、段丙华:《公司法中的契约自由——以股权处分抑制条款为视角》,载于《中国社会科学》2017年第3期。

合同的关系性。关系性合同的本质体现为长期性、开放性和依据信赖关系的谈判性，而基于关系（身份）所产生的谈判性是关系合同的维系基础。[①]

债券交易中，债券持有人与发行人产生投资关系，投资者基于对公司的经营信任购买债券，债券收益基于二级市场交易处于变动但相对稳定状态，并且债券契约所表征的合同义务随着发行人和持有人的债券行为变动而发生着改变，即契约内容依市场交易具有过程性和开放性。对发行人来讲，其所面对的不仅是单个债券契约的规范内义务，还有其所发行所有债券作为整体的涉众性保障义务，后者超越了单个债券契约，是所有持有人作为整体的债券契约义务，是涉众性导致的法定规制。正是因为债券投资者具有集体性，在债券交易的商事演进下，公司债权人与公司之间产生了如同股东一般的身份性。债券在交易过程中，基于金融监管规制，发行人面临信息披露、投资者保护、临时规制等义务，还可以采取信用增级措施来提升投资力，这都体现出债券契约本质上的开放性和可谈判性。

二、规范思路：债券契约的风险规制逻辑

（一）债券风险防范需要坚守契约目的

债券的契约目的即实现债券所表征的债权债务关系。从债券学理分类的视阈观察，各种划分大多立足于债券的不同特性，或基于发行主体的差异，或考虑募集方式的区别，或着眼于债券外在形态，或关注存续期限的长短，或按照付息形式的差异。虽然不同债券外在特征有所差异，但内在本质上具有高度一致性，不同债券所记载的权利义务关系均未脱离发行人与投资者之间的债权债务关系这一基础性的法律关系，并不会因债券品种的不同而存在债券权利义务关系的差异。[②]

具体而言，政府债券、金融债券与企业债券的差异主要是发行主体的不同，主体差异关系债券偿债能力的差异以及信用风险的高低，并不影响发行人与投资者之间的债权债务关系；公募债券与私募债券的划分则基于发行对象的差异，前者在市场公开发行，对象不特定，后者则私下发行，主要以与其有特定关系的少数投资者为募集对象，如此差异虽对投资人范围有所影响，但对于特定双方之间的契约关系并无影响；实物债券、凭证式债券和记账式债券的不同在于债券形态

[①] 参见屈茂辉、张红：《继续性合同：基于合同法理与立法技术的多重考量》，载于《中国法学》2010年第4期；王文军：《关系合同与继续性合同——一个比较分析框架》，载于《法学论坛》2013年第7期。

[②] 冯果：《债券的证券本质与债券市场法制化——〈证券法〉修订背景下债券法律体系重构与完善》，载于《证券法苑》（第17卷），法律出版社2016年版，第9页。

差异，这种外在表现形式的不同仅是针对债券载体的区分，对发行人与投资人之间的法律关系无所影响；短期、中期、长期债券的分类基于债券不同的偿还期限，此划分主要考虑发行人偿还债务日期和债券风险高低，发行人与债务人之间债权债务关系不会因此有所不同；至于贴现债券、零息债券和付息债券的区别则主要是付息方式的差异，这种差异也仅是针对债券利息支付方式所做的契约，并不会改变双方之间具体法律关系。因此，尽管债券学理划分标准多种多样，但从债券所记载的权利义务关系分析，其本质上仍然恪守发行人与投资者之间当为债权债务关系这一根本准绳。

（二）债券风险防范需要公权保障

债券契约内容的发展性和交易的组织性以及债券市场功能的社会性表明，债券商事法律关系并非纯粹的私人关系，其存在于债券市场，与市场和其他主体密不可分。债券发行成立债券的初始契约，债券交易又产生债券的衍生契约，比如债券回购契约。债券发行的初始契约面向投资大众，即使是私募债券的投资者也具有一定的"市场"规模。而债券衍生契约存在于债券交易市场，交易者更为复杂和多样化。纵使债券发行人始终不变，债券投资者即债券持有人却可能在市场上瞬间万变。债券契约从持有上来看，形成了一个契约群，诸多投资者面对同一个债券发行人享有权利。而从债券契约的交易流通上来看，形成了一个契约链，诸多债券交易人构成彼此的交易环节。债券市场的中间机构，则在这些契约群和契约链中形成一个个联结点。横向的个人投资者之间也好，纵向的机构投资者和机构主体也罢，都体现出债券契约交易的组织性，共同形成债券市场的交易网络。因此，债券契约所表征的债券商事法律关系，无疑已经超越了纯粹的私人交易关系，充分地体现出市场性和公共性。

有学者指出，商事责任与一般民事责任存在区别，商事交易活动中，市场主体的风险和交易安全需要特别防范和保护，商事责任在行使这一功能时需要国家积极介入。[①] 外部公共力量对商事责任这一私域的参与，实质上是基于商事法律关系所体现出的一定的市场公共性，[②] 这种公共性体现为法律关系中的公共关系和公共利益。[③] 在证券法这一领域，规范的制定与实施都存在公共权力的影子和因素。由此，在债券法律关系中商事责任的市场矫正功能上，便产生公共力量对

---

① 樊涛：《我国商事责任制度的缺陷及重构》，载于《法商研究》2009年第4期。
② 强昌文：《公共性：理解软法之关键》，载于《法学》2016年第1期。
③ 蒋大兴教授从公共财产权、公共法人、公共民事/商事行为以及公共私法责任四个方面阐述了私法的公共性演进，参见蒋大兴：《论私法的公共性维度——"公共性私法行为"的四维体系》，载于《政法论坛》2016年第6期。

私人秩序进行矫正的必要性和重要性。

（三）债券风险监管应以商事信用规制为核心

债券法律关系的市场性表明，债券风险监管旨在维护市场秩序、保护交易安全和实现市场发展。从法制化的角度而言，债券风险监管应当以市场信用规范为基础，保障市场资源利用的平等性。为构建良好的市场商事信用体系，基于债券作为证券的市场性本质，以公司债券规范为基础构建统一的债券风险监管体系比较妥当。这是因为，一方面，债券法律关系的市场性是培育市场商事信用体系的基础，不管是何种债券都需要遵守市场商事信用逻辑，而公司债券主要以市场信用为基础运行，不同于其他券种所另外占有的金融信用、政府信用等；另一方面，公司作为典型法人具有债券法律关系调整的代表性，在主体规范上具有通用性，其他主体皆可能以公司形式存在，形式上符合公司债券的规范要求。比如，金融机构在银行间市场发行的债券属于金融债券，而实践中证券公司作为金融机构一般在交易所发行债券，所发行债券作为公司债券受《公司债券发行与交易管理办法》的风险规制。金融债券和公司债券的规范区分并非基于本质差异，而是发行场所不同导致的身份不同，金融债券本质上应包含于公司债券，企业债券与公司债券之间的本质界限更是难以区分。而地方政府作为发行人，与投资者在债券契约运行内处于平等地位，在债权债务的基础性法律关系内如同公司一样仅是合同相对人。

三、立法回应：以契约风险为核心的分层治理思维

债券契约的关系性要求权利义务双方受到契约信赖关系的制约。因此，债券契约下所包含的责任具有不确定性，内容上存在法律拟制空间。进而，对债券契约风险的法律治理应特别强调投资信赖保护和契约投融资目的实现，要求各方应严格按照诚实信用原则而行动。[①] 债券的商事特征使得债券违约的风险化解应立足于一般契约救济又应发展多样化规制，具体来讲，应包括合同法规制和证券金融法规制。债券契约从私人规范向公共秩序的扩展，一方面奠定了金融债券、地方政府债券等主体在违约风险化解中的特殊监管基础，如金融机构应当注重金融稳定和市场引导；另一方面奠定了作为基础性适用的公司债券风险的法治逻辑，即债券契约条款之治下的治理分层。

债券契约作为私人自治基础，其对债券市场风险防范的机制在于契约权利救

---

① 参见陈华彬：《债法各论》，中国法制出版社2014年版，第14页。

济；而债券契约作为债券市场运行的基础，其对市场秩序之规范在于契约公共性的维护，本质在于债券契约的公权保障。单一风险防范主要解决市场主体私人利益（风险防范和化解的私人实现），涉众性风险防范则更多的在于控制市场整体风险、维护市场秩序和培育良好的商事信用体系（风险防范和化解的公共性设计）。具体来讲，分层治理债券契约风险的路径包括以私法处理为核心的民商事规制和以市场秩序保障为核心的证券金融法规制，前者以单一债权人保护为基础，后者以涉众性市场利益衡平为基础，前者构成后者的规制前提，后者以前者为发展，二者有机互补，共同构成债券市场风险防范的法制化体系。

（一）单一风险防范的私法处理

以债务合同关系为基础的请求权（违约救济）是以私人自治为生效前提，[①]而私法自治理念的实现正在于契约。[②]对于债券契约风险的行为法规制，主要以实现债券契约目的为核心。作为商事规制的私法处理，其主要体现为发行人责任承担的行为法保障，除债权契约义务的本身继续履行外，债券持有人和受托管理人当然有权依债券契约进行风险救济，包括和解、调解、仲裁以及提起破产诉讼等方式。内容上包括担保物的处置、违约金、损害赔偿乃至破产清算，在恶意违约情况下，还应承担涉众性投资者保护责任如基金赔偿、行政处罚等。以债券违约为例，以债券契约规定为标准，违约包括技术性违约如一般条款的违背以及根本性违约，如难以支付本金和利息或者申请破产。[③]一般违约下债券持有人有权要求发债主体采取补救措施，或者执行债券契约中的加速到期条款，即当发生或可能发生违约情形时，债权人可依据该条款加速合同到期迫使债务人履行合同。或者，债权人可以要求公司股东以私人财产对公司债务提供额外担保，这样违约之后也可以执行股东的私人财产来支付违约补偿。如果双方无法达成一致违约解决方案，债权人可迫使债务人破产。

需要强调的是，市场主体对破产程序的选择适用，对债券市场风险控制影响重大。一般而言，作为投资补偿的核心，不论是破产清算，抑或和解重组，制度上都应保证债权人与债务人的平等协商，以市场化处置为原则，以法院充分的司法保障为后盾。目前，市场违约风险初步显现，在刚性兑付的扭曲心理之下，破产清算一方面使得债务人遭到彻底清场，另一方面使得债权人的求偿得不到完全满足，并且短时间内缺乏充分的市场信用环境。如果有必要，发生债券违约之

[①] 参见［德］迪特尔·梅迪库斯：《请求权基础》，陈卫佐等译，法律出版社 2012 年版，第 50 页。
[②] 王泽鉴：《民法学说与判例研究》（第七册），北京大学出版社 2009 年版，第 15 页。
[③] See Steven L. Schwarcz & Gregory M. Sergi, "Bond Defaults and the Dilemma of the Indenture Trustee", 59 ALA. L. REV. 1037, 2008, p. 1045.

后，对债务人适用破产程序的思考可以从破产和解制度入手，将重点放在协商平台的平等构建和市场理性的培育上，以逐步矫正市场扭曲的投资心理。

国外实践中的"庭外重组"程序属于庭外和解，债务人可以事先游说债权人同意其重组方案，[①] 包括延期偿还和债务调整，[②] 其能够使得债权人获得更多赔偿，也能为债务人带来重组生机和降低其他成本。成熟市场上违约处理中庭外和解适用比例高，在债券风险化解中具有一定积极效应。我国当前应当积极发展庭外和解制度，由行政执法分担部分司法压力，鼓励和保障债券风险救济的自主协商。为保证风险事件得到及时有效解决，风险化解措施可采取主动式行政督促，由证监会指导下的证券自律监管组织负责。发生或可能发生风险事件之时债务人应当在合理期限内提出详细的解决方案，由证监会或自律组织审核后提交债权人会议审议，并敦促当事人双方达成一致协议，协议不成则可直接申请进入破产清算程序。

（二）涉众性风险防范的市场处置

作为市场规制的风险处置，需要将市场培育和损失分担放在第一位，证券金融法制亦需要进行适当创新。为保护市场交易安全、平衡市场利益，需要把握好债券风险事件的涉众性、债券风险的市场扩散性以及债券市场主体的抗风险能力。整体上，市场深化改革背景下，债券市场风险的法律治理应以行政指导为路径，谨慎运用公共力量化解市场风险。

根据本书前文的研究结论，需要着重建立契合债券本质的信息披露法律制度、归位尽责的债券信用评级增级制度、便捷高效的债券登记托管结算制度、合理多元的债券市场风险分担机制、灵敏精准的债券风险监测预警制度以及科学高效的债券风险化解制度。证券法作为规制债券法律关系的基本法，需要协调市场整体利益与市场私主体利益，更要处理好政府干预与市场自治的关系。其中，市场风险处置思维旨在站在市场整体秩序的视角，促进债券市场建设，实现经济发展。

债券市场风险处置需要针对发生的债券风险事件，运用行政力量、以行政指导的形式引导债券投资纠纷实行市场化、法治化的解决路径，其法理基础是债券投资涉众性导致的公共市场秩序维护，以行政指导作为金融公法规制的主要手段。主要内容是各监管主体和其他市场主体之间的职责配置和角色定位，以及便捷高效的持有人保护手段等。在市场风险的分担配置上，需要强调市场各主体的

---

① 11 U.S.C.S. § 1126.
② 参见尹正友，张兴祥：《中美破产法律制度比较研究》，法律出版社2009年版，第207页。

责任承担，以债券契约债权的运行和保障为核心。同时，需要强调行政指导的合法性原则和比例原则，防止对市场的过度干预而侵犯了市场自治的基础。

总体而言，以合同法为主的私法处理需要在债券契约的解释和商法适用上有所创新，而公司法以及证券法需要站在市场角度对债券持有人的组织性保护有所加强和改进。更为重要的是，针对债券市场的公共秩序和整体信用体系的培育，则需要构建以风险为核心的多重行为措施和组织性保障手段。

第四节 风险治理的制度完善：债券风险防范的制度组成

在现代公司法的发展历史中，大部分法制体系采用债券持有人的合同私法保护作为规制公司破产道德风险的合理途径，这使得债券法律关系受限于简单的合同保护。而前已述明，债券作为商事契约，其所表征的契约关系不能等同于一般民事合同，其法律规范同时需要民商事私法保护和证券法的公法保障。因此，债券市场风险防范体系必须立足于债券行为规则的个性化反思，具体需要围绕两个核心问题展开：一是确立债券契约针对性的合同解释理论或规则；二是进一步构建债券法律关系的组织法保障，正如有学者指出，应当引入公司法作为团体法和组织法的实质公平权利，[1] 即债券持有人应当与股东一样，平等受管理人的信义义务保护。[2]

一、信用控制：还原买者自负，完善信息披露制度

《证券法》作为规制融资行为的部门法，应当基于投资者的特点，保障公司融资自主权。证券市场市场化改革的目标之一便是实现证券的投资属性，在发行、交易到流通环节内，以义务的视角，明确买者自负原则与卖者责任原则之间的界定标准。如发行环节中的信息披露义务、投资劝诱环节中的投资者适当性、交易环节中的持续性信息披露义务，等等。确立《证券法》的基础性地位，应当废除《证券法》中存在的债券规则的特殊适用。

首先，打破刚性兑付，还原买者自负原则。公司的独立财产权意味着公司资

---

[1] Victor Brudney, Corporate Bondholders and Debtor Opportunism: in Bad Times and Good, Harvard Law Review, June, 1992, pp. 1821–1878.
[2] Lawrence E. Mitchell, The Fairness rights of Corporate Bondholders, New York University Law Review 1165, 1990, pp. 1165–1229.

产是债权人实现债权的唯一客体，因此公司过度负债会对债权人权益造成潜在风险。证券市场相对欠发达的国家，政府对证券市场往往苛以严格的管制，严格管制思维下的过分干预行为严重制约证券市场的发展。然而我国股票市场经过多年的发展，相比债券市场更为成熟，买者自负原则落实、投资者对投资的理解与把握均优于债券市场。《证券法》于 2005 年修订之时，买者自负原则的适用对象限定在股票投资者，将债券投资者排除在外，实现了股票市场的市场化改革，落实了股票市场的投资属性。如前所述，《证券法》之所以将债券投资者排除在"买者自负"的主体范围之外，其根本原因是未承认公司债券的投资属性。换言之，混淆了公司债券的固定收益属性与投资属性。固定收益属性源于债券投资者的还本付息请求权，而还本付息请求权的实现建立在公司资产之上，经营过程中，公司资产尽损则无请求权实现之客体，这是公司债券的违约风险。①

其次，信息披露制度的统一适用是还原债券之证券属性，赋予债券投资者买者自负的前提。债券作为"债"与"券"的复合物，从"券"的属性来看符合以投资性核心建立起来的证券范畴，因此应当适用证券发行与交易规范中的信息披露制度。考虑到债券的"债"之属性，债券发行与交易中发行人信息披露义务的范围要大于一般债券。如次级债发行中，交易人的先顺位债券额、后顺位债券额以及次级债到期前追加发行的债券额等信息，对投资者作出理性的投资判断具有非常重要的参考价值。依现行《证券法》的信息披露制度，股票与债券适用不同的披露规则。2019 年修法时虽然建立了适用于债券市场的临时报告制度，但仍显得简略。

二、治理结构：债券持有人进入公司治理

债券契约交易的组织性特征表明，债券契约需要组织性保障。债券投资者具有集体性，在债券交易的商事演进下，公司债权人与公司之间产生了如同股东一般的身份关系，得以有限参与公司治理。根据公司相机治理理论，发行人资产信用发生重大变更时，公司经营控制权应向债权人倾斜。债券契约的公司治理属性是构造债权人、股东与公司之间违约处置关系的理论基础，甚至可以确定债券持有人与股东之间一定的权利义务相对性，以充分实现债权人保护。

---

① 但是公司债券的投资性并非源于发行公司的信用风险，而是源于证券市场的市场风险。公司债券作为公司债权的证券化产物，其价值取决于公司责任资产的大小，但其价格却由市场决定。价格的波动源自证券市场的市场风险，此为公司债券之投资性。虽然公司债券的还本付息特性及固定利率导致公司债券的价格波动较小，受制于市场风险的可能性也较少，但其流通性决定债券投资者可通过转让债券提前实现债权，所以市场风险对债券投资者的权益（转让权）具有重要意义。

显然，债券投资中的持有人属于主动债权人，其投资依据是处于变动之中的公司商业价值。作为主动意思体现，债券契约如公司章程，其条款设计成为双方博弈的重要市场手段。现代公司治理理论认为，公司债权人应作为公司治理参与人保障自身债权。从商事规制角度来讲，债权契约承担重要的债权人保障功能，而路径就是其内容上的公司治理机制设计，这构成了债券受托管理人以及债券持有人会议等投资者组织性保护的理论基础。以债券市场商事信用保障为核心的制度，需要充分尊重团体、组织化主体、市场整体乃至政府的公共力量。从私人关系向公共关系演进的视角来看，组织化行动及其法制保障是防范市场风险的根本。

对于债券持有人作为公司债权人的利益保护而言，组织法上需要充分探讨债权人的公司治理功能。经济学实证研究表明，债券契约具有公司治理的积极功能。经济学上的债权治理一般是指，企业融资结构中债权对企业治理的作用和影响，主要存在合同治理、控制权治理以及流动性治理等三种形式。对于债权是否能发挥治理作用尚存在相对立的观点，[①] 但基本认同债权存在治理效用，大部分研究趋于共同探讨与挖掘债权不同程度的治理作用和影响因素。近年来研究指出，发债主体可以通过债券契约设计提高对债券投资者的保护，从而降低融资成本，[②] 这说明债券契约能在债权人治理方面发挥作用。

对于法律上的公司治理问题，传统公司法研究一般限于探讨股东与公司管理层之间的代理问题，通常采取股东会、董事会和监事会之间权利义务架构的研究范式，更加偏重于讨论"股东中心主义"或者"董事会中心主义"。随着理论与实践的发展，法学研究的视野逐渐拓展至债权人保护原则下债权人参与公司治理或公司利益相关人参与公司治理，将传统研究中公司的"外部人"纳入属于"内部事务"的公司治理主体之中，并取得了一些理论进展。我国债权人保护理论一直处于发展和完善之中，特别是我国 2013 年公司注册资本制度改革之后，股东出资责任的适用、企业社会责任承担、债权人对资产的知情权和异议权、破产保护及其他创新机制纳入讨论。[③]

三、解释适用：债券条款的契约解释及认定

作为契约的主要内容，契约条款的内涵和范围界定对债券风险防范特别是违

[①] 丁希炜：《金融改革与债权治理机制研究》，南京大学博士学位论文，2011 年，第 90～92 页；钟海燕：《公司治理作用机制下的债权治理效应研究》，载于《经济与管理》2012 年第 11 期。
[②] 陈超、李镕伊：《债券融资成本与债券契约条款设计》，载于《金融研究》2014 年第 1 期。
[③] 参见冯果、南玉梅：《论股东补充赔偿责任及发起人的资本充实责任——以公司法司法解释（三）第 13 条的解释和适用为中心》，载于《人民司法（应用）》2016 年第 4 期；黄辉：《公司资本制度改革的正当性：基于债权人保护功能的法经济学分析》，载于《中国法学》2016 年第 6 期。

约风险化解具有相当重要的意义。国外债券实践中通常认可债券契约条款的自治效力,并作为司法裁判的主要依据。① 值得注意的是,实践中为保护债权人利益,发行人和投资者在契约中设计的一些特别条款,比如加速到期条款、限制投资条款,等等。② 市场化的风险处置逻辑要求债券违约风险化解应受契约的严格规制,我国实践中不乏以条款自救的案例。③ 因此,对于债券契约的法制化界定,应当应时应景。

对于债券契约条款的理解,不应做过于狭隘的理解。根据债券契约的商事特征,我们认为,债券契约条款不仅应包括基于债券买卖的标准化合同签订,还应当包括基于证券监管的强制性规范以及发行人具有投资诱导性的单方承诺。具体而言,债券契约应以募集说明书为核心,以受托管理协议内容以及法律法规的其他强制性要求作为当然条款。同时,根据条款内容,契约也会体现一般性条款和重要条款,从而导致契约风险存在一般性违约和根本性违约,虽然违约导致的后果会有差异,但一般性违约的规范治理能防范根本性违约风险。

此外,债券契约的公共性决定了法律应该给予当事人足够的自我协商的空间,从风险化解的需要出发,也要赋予债券一定的公示性效力,如契约审查的效力宣示。④ 为了提高债券的信用力,在我国可实施契约备案公示模式。在契约条款的设计上可采用法律选择模式,即通过法律条款作出格式指引供发行人和投资者选择适用,以减少谈判成本,尤其是作为风险化解的核心条款——加速到期条款⑤——应加以示范性推广。⑥ 如果债权人接受债务人支付的延期赔偿,则可能构成加速到期权利的放弃。此外,还有必要进一步细化具体的条款执行规则,包括债券担保物执行规则以及与破产程序的衔接机制等。

---

① 15 USCS § 77rrr.
② See Yvonne M. Rosmarin, Stopping Defaults with Late Payments, Clearinghouse Review, 1992, p.154.
③ 如2015年《东方证券股份有限公司公开发行公司债券募集说明书》中规定,违约时,持有人可直接向发行人进行追索。在一定条件下,持有人可执行加速到期条款,发行人一定期限内的救济可豁免其违约行为。其中的违约救济措施包括但不限于财产保全措施、诉讼或仲裁,及时报告证监会及交易所,或强制发行人履行义务等。
④ 发行人可主动提起契约审查,合格契约可提高投资吸引力,但受更严规制,如不得减轻或免除受托人的故意、过失等失职行为或者其他不当行为的责任。合格契约指提交了特定注册声明的已经或者即将发行的债券的契约条款,或者已经提交了特别申请的契约。See 15 U.S.C. § 77ccc(9).
⑤ 即任何违约发生时,债权人可以书面方式通知发行人,宣布所有本期未偿还债券的本金和相应利息,立即到期应付。实践中也存在客观需要,如2015年《东方证券股份有限公司公开发行公司债券募集说明书》即制定了加速到期条款的具体执行规则。
⑥ See David Hahn, The Roles of Acceleration, 8 DePaul Bus. & Comm. 2009-2010, pp.233-235.

第五节　风险治理的法制补缺：债券风险防范法制体系的统一化路径

债券市场本身的多层次发展及其品种的多样化创新是市场深化改革的应有之义，本书强调债法的统一并非意在消除弥合品种的特殊性，而是旨在从当前混乱的债券法制中基于债券固有的基础法律属性，提炼出基于债券本质的、共同的规范逻辑，加强债券法制的协调性、体系性和科学性。债券法制的统一化建设绝非阻碍债券市场的多样化创新，相反，是为了厘清债券法制基于债券运行最基础的商事逻辑，构建债券规范的市场化逻辑，以更好地引领债券市场发展。为实现债法的统一化、体系化建设，需要坚持以债券的契约本质和证券本质为核心。为此，需要针对当前债券市场风险防范的法制缺失，整体考察债券市场风险防范的法制割裂，从弥合裂缝的进路构建其统一化之道。

一、现行障碍：债券法制统一的障碍

经过30余年的发展，我国债券市场中的债券品种囊括了国债、地方政府债券、政策性银行债券、金融债券（含证券公司短期融资券）、资产支持证券、短期融资券、非金融企业债务融资工具（中期票据）、超短期融资券、集合票据、企业债券（含公司债券）等多元化的债券品种。然而在人为割裂的二元债券市场结构中，各类债券因流通场所的鸿沟而无法跨市场流动，且不同交易场所设定的差异化的发行条件和监管标准导致了同质债券的差别化对待，从而形成了巨大的监管套利的空间和制度规则的混乱。由于银行间债券市场和交易所债券市场的彼此独立，两个市场的法律制度并不协调，因此我国债券法制也呈现出碎片化、差异化的特征。

作为资本市场的基础性法律，我国《证券法》和《公司法》从发行条件和交易规则等角度对债券市场的风险防范作出了一般性的规定。《企业债券管理条例》《公司债券发行与交易管理办法》等法规和规章对债券市场风险控制有一些规定，部分规范性文件和自律管理规定也有一定的制度体现。《证券法》只调整公司债券的发行与交易以及政府债券的上市交易。而《公司法》第九章关于公司债券的规定，也仅限于确认了公司可以发行债券的权利以及从发行人角度的基础性规则。行政法规则大多仅设定原则性规定。

从模式上来看，传统立法更多地关注于事前的审批而非事中的监管，且行政

化色彩极为浓厚。现有的制度安排总体上以相关文件的格式指引、信息披露要求以及对市场中介主体规范为主要内容,尚未构造债券市场风险化解的基础性、层次性和体系性。在单一违约处理层面,缺少民商事规制的衔接与配合,在涉众性危机处置层面,尚需足够便捷的有效措施。债法统一的逻辑割裂、制度失衡的问题十分突出。对于债券市场的风险防范,则需要构建以商事信用规制为核心的统一化法制体系。[①]

(一) 多头规范:风险防范的统一性不足

在风险防范上,当前制度更为重视公司债券风险,对其他券种更多地以事前控制和管理为主,市场风险考虑不足,忽略了债券违约风险基于商事交易本质的同一性。此外,从债券规范的层次上来看,存在行政法规和部门规章等不同层次,基本以不同券种的单一规制为内容。债券规范整体处于割裂状态,导致债券市场风险防范的特殊性有余而统一性不足。易言之,债券市场风险防范制度非有机统一,配套规制不足也使得制度上难以相互协调衔接。规范重叠使得同一券种的多头适用,多种券种的割裂规范导致同一适用的基础性规范欠缺,在规范的内在法治逻辑上尚未辩证构造债券风险化解的特殊性与统一性。

事实上,从债券市场风险化解的角度审视,各种债券之间兼具特殊性与统一性,特殊性体现为债券的存在目的和服务价值不同,统一性体现为契合债券投融资本质的商事交易。特殊性要求债券违约风险化解应具有针对性,统一性要求债券违约风险化解应具有基础性、首要性和市场的整体适用性。特殊性如证券金融法要求的投资者保护和财政法要求的政府治理,统一性如民商规制的债券交易商事自治、市场责任承担等。根据中国人民银行于 2005 年发布的《全国银行间债券市场金融债券发行管理办法》,受规范的金融机构法人包括政策性银行、商业银行、企业集团财务公司及其他金融机构,其在银行间市场发行的债券属于金融债券。而实践中证券公司作为金融机构一般在交易所发行债券,所发行债券作为公司债券受《管理办法》的风险规制。如此看来,金融债券和公司债券的规范区分并非基于本质差异,而是发行场所不同导致的身份不同。

固然,相较于其他主体公司债券,金融债券具有市场重要性,其风险影响具有金融连锁性和市场扩散性,风险化解具有市场危机处置的特征导致其要求应高于其他公司债券。但是,金融债券本质上也应包含于公司债券,企业债券与公司

---

① 段丙华:《债券市场风险防范的法治逻辑——"债券市场风险防范法制建设高峰论坛"会议综述》,载于《证券市场导报》2016 年第 10 期。

债券之间的本质界限更是难以区分,基于债权债务的基础性法律关系,债券在契约风险的化解上应具有民商事规制的同一性,公司债券的风险化解规范应具有基础性。金融债券、政府债券等的风险化解不仅应体现功能效应和监管偏向上的特殊性,更应承认和适用公司债券所具有的民商事法律规制的一般性。遗憾的是,现行的功能分类仅依场所而实施差异规制,对于金融债券、政府债券以及企业债券,如何规范违约风险考虑不足,欠缺与公司债券之间的规范呼应和衔接,未合理区分债券风险化解的层次性,忽略了债券风险防范的基础性、前提性规制。易言之,不分层次和欠缺制度衔接的多头规范使得我国债券市场的分割化严重,债券违约的风险化解没有市场主线,可能导致实践杂乱甚至相互矛盾,有悖于法治化风险防范的权威性与统一性。

(二) 基于债券契约的商事自治理念不明

美国债券市场作为发展悠久的市场之一,债券的契约规制具有市场风险化解的首要地位,其契约条款的具体设计反映了债券风险解决的高度市场化。[①] 经历市场放任到市场监管,债券契约作为私法自治的重要表征,一直是违约纠纷解决的基础。前文已述明,债券风险基于契约的分层规制具有体系性,其中基于契约的私法关系处理是基础也是核心。而我国实践中,债券的契约功能所体现出的市场性也说明,基于契约的商事自治理念应当得到重视。[②] 债券市场风险防范的市场化要求即是突出债券契约商事自治的直接体现。

然而,理应作为债券风险规制核心的债券契约在我国规范设计上尚未得到足够的重视,风险化解的商事自治性明显不足。不仅债券契约的概念、范围以及重要地位在《证券法》中并无体现,《企业债券管理条例》《公司债券发行与交易管理办法》等以券种为区别的相关法规和规章也没有明确债券募集说明书作为债券契约部分的自治属性,[③] 即便是专门针对募集说明书而制定的规范性文件,如深沪交易所《非公开发行公司债券业务管理暂行办法》也并未对募集说明书性质及其在风险化解中的重要性作出必要的释明。申言之,债券契约作为商事自治的

[①] See Clifford W. Smith, Jr. and Jerold B. Warner, "On Financial Contracting: An Analysis of Bond Covenants", 7 J Fin Econ, 1979, p.117.

[②] 如2015年《东方证券股份有限公司公开发行公司债券募集说明书》中规定,违约时,持有人可直接向发行人进行追索。在一定条件下,持有人可执行加速到期条款,发行人一定期限内的救济可豁免其违约行为。其中的违约救济措施包括但不限于财产保全措施、诉讼或仲裁,及时报告证监会及交易所,或强制发行人履行义务等。

[③] 如《公司债券发行与交易管理办法》第五十七条规定发行人应当在债券募集说明书中约定构成债券违约的情形、违约责任及其承担方式以及公司债券发生违约后的诉讼、仲裁或其他争议解决机制,对其作为债券契约部分的重要性和准据性并无性质定位。

首要依据在制度中没有得以体现。由于在规范层面上仅基于信息披露加以规范，导致其仅具有行政监管的可规制性，无法达到其作为商事自治优先的司法适用性效果。债券契约在债券违约的风险化解中准据性不足，使得基于市场自治的市场化方向在起点上便受到严重阻碍。

（三）主体定位在理念和实践上失衡

针对债券市场风险防范的主体规范，《证券法》对各主体的职责有所安排，包括交易所设立证券交易风险基金、证券经营机构从业务收入中计提风险准备金、证券服务机构与委托人承担过错连带赔偿责任、证券业协会负责会员和客户之间的纠纷调解、证监会对其他主体进行指导和监督、证监会可与被调查当事人实施和解等。理论上，证券市场存在多级具有监管职能的主体，包括证监会和各级证监局的行政监管以及交易所和证券业协会等的自律监管。同时，政府角色在债券风险的防范中，特别是债券违约处置中，也产生着重要影响。整体上，各方主体在定位上存在理念和实践上的不平衡，分工和角色还不够科学和高效。

行政监管与自律监管配合不足。以公司债券市场为例，在债券违约风险的防范处置中，证券行政监管占据主导地位，交易所和交易商协会的自律监管则没有得到足够重视。在制度资源中，自律监管主体的作用非常有限，行政监管与自律监管手段缺乏足够的配合。事实上，片面强调行政监管一方面会降低处置效率，另一方面还会减弱执行力。市场主体的自我风险化解体现为自主达成和解或选择风险处置程序，理应是市场化风险处置的重要体现。因此，监管资源应保障风险防范中的市场主体地位，市场主体的利益舍取不应受行政监管评价。事实上，债券市场的契约性特征突出，厘清行政监管和自律监管的边界有助于提升执行力和提高风险化解效率。行政监管大可不必大包大揽。[①] 权限和职责过大一方面会导致"监管者不受监管"，另一方面会导致监管者的"力不从心"。当然，自律监管也不能完全取代行政监管。因为从利益代表的本质来讲，行政监管属于超然姿态的"最终监管者"，自律监管属于市场活动的"内部监管者"，基于商事信用规制，市场风险最终需受到行政监管的评价，而同时评价结果应当反过来影响市场主体的资源获取。

此外，法院的司法保障功能在风险防范中体现得尚不明显，行政权与司法权应当继续加强配合。面对日益复杂的债券风险事件，行政监管难免力不从心和低

[①] 如根据2015年6月中国证券业协会发布的《公司债券受托管理人执业行为准则》，债券受托管理人作为市场化的体现接受中国证券业协会的自律管理，同时也接受证监会的行政监管。后者并无太大实质意义，"包揽"心态的强调导致"市场化"体现得不够彻底和坚决。

效，也终究无法替代司法权威。况且，行政监管本身也是司法审查的对象，错误执法也需要通过司法来纠正。面对当前纷繁多变的市场违法行为，需要充分发挥金融司法的能动性。

二、基础与思路：债券商事信用及其规制

我国早期债券市场的主体主要是中央政府、央行和政策性银行，地方国有企业发行的企业债券也以银行担保为主。在历经30余年的市场发展下，债券品种从主要以政府信用为基础，发展至以商事信用、金融信用等多元化信用为基础。信用的内涵获得发展，经历了从伦理学到经济学，再到法学的路径，其核心离不开"践守承诺"这一伦理要义。[①] 经济学上，信用主要指有条件的商品（包括资金）交换，即以收回为条件的付出，或者以归还为义务的获得。[②] 法学对信用本质的研究独具视角，[③] 如2017年6月公布的《上海市社会信用条例》第2条，将社会信用定义为，信息主体在社会和经济活动中遵守法定义务或者履行约定义务的状态，信用逐渐规范化和效力化。

我们认为，信用应是对某种秩序（法定义务或约定义务）的维护和实现，[④] 同时包含一种对主体履约意愿和能力两方面的评价，后者将信用的主观表现客观化，赋予其制度意义。信用的本质应当回归制度与评价，[⑤] 其描述对象是信任基础。据此，2007年以前以企业债券和金融债券为主的违约处置中，政府构成了投资者对债券购买的信任对象。债券发行以及交易的严格管制，则形成了投资者获得政府兑付的制度化保护。在完全市场意义上的公司债券出现以后，经济生活中的市场地位越来越突出，随着私募债券、公司债券、短期融资券、非定向融资工具等券种的发展，市场主体与政府的关联度逐渐减弱。因此，债券市场的信用基础便从政府信用逐渐转向市场商事信用。而依债券的商事本质来看，债券商事信用才是其运行的本质。对债券商事信用的回归，则是债券法制统一的核心进路。具体来说，强调债券的商事信用规制，需要坚持以下几点思路。

[①] 石新中：《论信用概念的历史演进》，载于《北京大学学报（哲学社会科学版）》2007年第6期。
[②] 巴曙松等：《政策性银行商业化改革对债券市场的影响研究》，经济科学出版社2009年版，第1页。
[③] 在民法典的编纂过程中，人格权编中对信用的界定和分类几经调整，但始终表明其是一种人格属性的制度化规范。
[④] 徐国栋：《诚实信用原则的概念及其历史沿革》，载于《法学研究》1989年第4期。
[⑤] 翟学伟：《诚信、信任与信用：概念的澄清与历史的演进》，载于《江海学刊》2011年第5期。

（一）以培育市场理性与市场信用为目标

目前我国债券市场体系庞大，结构复杂，尚处于发展初期，注重市场的培育至关重要。债券风险爆发的常态化是市场成熟发展的重要标志之一，我国当前债券风险事件的出现与市场信用环境不成熟和市场理性不足密切相关。虽然目前债券风险情况的发生是市场信心考验的试金石，进入高发期尤当谨慎处理，但必须看到，风险爆发是市场风险释放的重要渠道，而不是发展失败的标志。在我国投资者集体不理性的债券市场，应当以市场理性培育为目标，进一步加快强化市场信用体系的建设。

（二）以促进市场主体平等对话为原则

当前政府与市场信用混同是债券风险化解中的最大障碍，构建行政指导机制具有阶段性、现实性和良好的过渡效应。行政指导的前提应是各主体分工明确、科学配合，核心是构建充分协商的环境和平台，以促进平等对话为原则。促进平等对话体现为风险的市场自我消化，风险的合理释放，这就要求保障市场自律管理、淡化行政管制，回归市场主体信用本位。在债券风险化解的主体定位中，自律监管应当处于核心地位，自律组织实施具体解决方案的制定和执行，行政监管以指导方式加以引导。政府应当作为引导者参与市场风险化解而不是决定者，不宜作为风险化解的直接主导人。从纠纷解决和投资者保护的角度来看，最重要的是要营造一个和谐谈判的平台，配套制定妥善解决纠纷的激励机制（发行人激励和债券托管人激励），以构建双赢的环境。

（三）以市场化的法治逻辑为规则建构的圭臬

首先，市场化要求风险化解应遵循意思自治、行为自负及风险自担等商事交易的基本原则，着力加强债券契约在风险化解中的地位和作用。其次，基于债券投资的涉众性和市场秩序维护的需要，也不能忽略金融公法的有效规制。单就债券契约而言，其形式和内容依据不同类型债券的发行要求应当受到不同程度的规范和指引。具体而言，在市场化手段上，突出债券受托管理人的作用，积极探索建立替代性救济程序，发展债券保险等多种偿债保障措施，研究债券持有人便捷补偿渠道，如保护基金预付和直接支付制度以及自律组织的其他便捷监管措施等。在市场化程序上，优先达成和解重整，尊重自由协商原则。督促、鼓励和引导债务人自我承诺和制定相应的自救方案，保障债权人平等沟通，引导双方理性谈判，并注重有效市场信息的获取和运用。在规则构建上，补充高位阶的基础性规范，确定债券商事自治的前提，明确以规章形式制定风险化解的行政指导机制。

（四）确立风险防范的层次性和统一性

基于债券市场的投资涉众性，投资者群体素质培养是各国市场的重点要素，其要求根据风险大小区分风险防范与化解的层次性，应体现为以民商事规制为核心的单一风险处理，及以证券金融法规制为核心的涉众性风险处置。风险处理构成危机处置的具体部分，二者相互影响、相互促进。同时，市场割裂导致低效率和资源浪费，券种的形式特殊性不能否认其风险防范的实质统一性。以投资者的整体性为前提，契合债券商事交易本质的基础性规制要求打破券种之间的风险隔阂，实现有效衔接和科学统合。在手段和方式上应当注重投资者整体素质培养，兼顾个案中的补偿利益最大化，正确评估不同层次的化解后果。在风险大小评估上，主要因素应是市场的培育、投资者保护以及经济发展的稳定性等，在整个市场中强调投资者群体的心理矫正，树立正确的风险收益理念。

（五）因地制宜：厘定风险的特殊性

需要说明，债券法制的统一性建设并不排斥必要的特殊性规制。当前市场上多种债券各具特色，市场割据的局面具有阶段性。在过渡期内保留必要的针对性和特殊性是科学构建法律机制的必然要求，同时也是以后券种多样化发展的前提。当前应反思多头规范，科学厘定债券功能以区分特殊性范围和边界，提炼基础性风险化解路径，实现制度规范的科学配合和有效衔接。比如，金融债券风险防范具有危机预防的特征，应注重金融稳定保护和防止市场扩散。又如，债券的市场化风险释放是市场成熟的重要体现，但在地方政府债券的风险防范中政府干预是必要且有效的。其与"刚性兑付"的异质在于政府发债具有主体特殊性，政府与债券投资者之间存在"完全信任条款"，即对政府债券的购买应当视作对政府的完全信任，政府基于完全信任应承担特殊的非市场责任。政府管制和预防能够确保市场稳定和危机控制等，其优越性不仅体现在金融方面还能体现在社会方面。[1] 总体而言，债券风险法制体系的针对性厘定要求考虑债券的投资涉众性，科学定位各券种的功能效应和监管偏向。债券风险防范体系中强制性规范的法理基础应是市场秩序和公共利益维护。

---

[1] See Omer Kimhi, Reviving Cities: Legal Remedies to Municipal Financial Crises, 88 B. U. L. Rev. 633, 2008, p. 684.

三、未来修订方向：债券法制统一的未来展望

零散的债券制度规则能否在上位法的指引下得以有效整合与规范，证券法能否将混乱无序的监管竞争引导回遵循证券市场基本规律的基础之上的监管创新，有待实践进一步检验。同时，基于《证券法》所确立的债券基本原则和制度主线，由国务院、监管部门以及自律组织需根据具体的债券品种和交易场所制定有针对性的债券行为规则，完善以债券发行、信息披露和投资者适当性等债券制度，最终形成以《证券法》为基本法律，以逻辑清晰、分工明确地充分考虑到具体债券品种和交易场所的特殊性的行政法规、部门规章和自律规则为主体内容的债券法律体系。[①]

党的十八大提出"加快发展多层次资本市场"。2013年11月，党的十八届三中全会通过的《中共中央关于全面深化改革若干重大问题的决定》要求"健全多层次资本市场体系……发展并规范债券市场"。2015年10月，党的十八届五中全会通过的《中共中央关于制定国民经济和社会发展第十三个五年规划的建议》提出"推进股票和债券发行交易制度改革"，并强调提高金融领域的风险防控能力。[②] 党的十九大也指出要"促进多层次资本市场健康发展……健全金融监管体系，守住不发生系统性金融风险的底线。"随着规模扩大和服务实体经济能力的增强，[③] 党的二十大报告也指出：深化金融体制改革，建设现代中央银行制度，加强和完善现代金融监管，强化金融稳定保障体系，依法将各类金融活动全部纳入监管，守住不发生系统性风险底线。债券市场开始展现出经济发展的重要地位。未来，随着债券市场风险防范的进一步加强，以防范和控制风险为核心的债券法制建设依然任重而道远，需要加强法制配合和推进法制创新。

（一）加强合同法《公司法》和《证券法》的协调配合

合同法上，简单地运用合同来保护债券持有人，存在解释上的困境。决定债券契约限制力的因素主要为，合同的强制执行机制、债务人组织的代理问题以及投资者的谈判能力，而契约刚性是条款限制力的重要因素，同时契约的发展与补

---

① 冯果：《债券的证券本质与债券市场法制化——〈证券法〉修订背景下债券法律体系重构与完善》，载于《证券法苑》（第17卷），法律出版社2016年版，第14页。
② 2014年5月，国务院发布《关于进一步促进资本市场健康发展的若干意见》，指出要健全债券违约监测和处置机制。
③ 牛玉锐等：《2014年债券市场统计分析报告》，载于《债券》2015年第1期。

充机制对其限制力的体现也是极其重要的。[1] 而契约刚性的内在作用机制尚待法律上的进一步研究。[2] 通过字面的狭隘解释,持有人仅享有合同法上的契约权利,公司或者股东并没有被视为一个整体对持有人负有信义义务,或者作为特别契约负有义务。除了合同本身为了创造或设定保护性权利,债券持有人没有理由要求债务人公司为了持有人利益采取正确合理或者违反自身利益的行动。[3] 在法院的司法实践中,为了保护持有人利益,诚信、公平和效率等因素也应被加入合同解释中。[4]

公司法上,债券持有人受合同保护的传统路径,不同于公司股东受公司治理上非合同的法律保护。与股票市场一样,债券市场上同样具有规模庞大且经验丰富的投资者以及复杂而且众多的承销商等中介机构参与。股东的组织法规范和行为法保护使其具有充分的组织治理能力,而债券持有人则不同,投资者的分散性和弱势地位严重阻碍了其与发行公司的谈判和议价能力。然而,在现代公司法的发展历史中,大部分都已经接受债券持有人的合同私法保护作为规制公司破产道德风险的合理途径。因此,作为债券持有人的进一步保护,证券法上对债券持有人的组织性保护显得必要。

毋庸置疑,完善和成熟的公司治理水平能够有效提高债务融资水平,降低企业违背债务契约的可能性。[5] 固然,加强债券持有人对公司的约束能够充分保护投资者,但同时会制约企业的发展能力,提高债务代理成本。需要通过具体制度设计,以在债权治理与谋求经济绩效之间寻找控制代理成本的平衡点。[6] 基于此,"债权人会议制度""债券受托人制度"和"债权人派生诉讼制度"以及破产机制等制度应运而生,承担着协调债券持有人组织性保护与公司发展的功能。[7] 如果说合同法和公司法提供了债券持有人私法保护的两个不同层次,证券法则可以为债券持有人提供一定的公法保护。实际上,对于投资者保护,公司法和证券法承担了不同角色和功能,公司法保护投资者的所有权益而证券法保护投资者的交

---

[1] 黄双双:《债券契约条款的限制力研究》,东北财经大学硕士学位论文,2015 年,第 31~33 页。
[2] 章睿:《流动性风险和信用风险对债券投资者保护条款设计影响的实证研究》,东北财经大学硕士学位论文,2015 年,第 35~37 页。
[3] Dale B. Tauke, Should Bonds Have More Fun? A Reexamination of the Debate over Corporate Bondholder Rights, *Columbia Business Law Review* 1, 1989, pp. 7-10.
[4] Dale B. Tauke, Should Bonds Have More Fun? A Reexamination of the Debate over Corporate Bondholder Rights, *Columbia Business Law Review* 1, 1989, pp. 4-5.
[5] 张玲、刘启亮:《治理环境、控制人性质与债务契约假说》,载于《金融研究》2009 年第 2 期。
[6] 张维迎:《公司融资结构的契约理论:一个综述》,载于《改革》1995 年第 4 期。
[7] 周雪峰:《中国上市公司债务融资治理研究——基于非效率投资与破产威胁效应的视角》,东北财经大学博士学位论文,2013 年,第 163~166 页。

易权益，前者多为多样性、授权性规则而后者多为统一性、强制性规则。① 从各国的经验来看，在债券持有人的权利保护手段上，私法规制与公法保障结合、组织法保障与行为法选择兼顾是大势所趋，将利益保护和风险规制寄希望于单一法律并非明智之举。

归根结底，投资者保护在整体债券法制体系中占据重要地位，也是法制协调配合的核心所在。在债券契约中，投资者能掌握的关于债务人的信息始终是有限的、不对称的，投资者对信息披露的反应在债券契约的制定中反映不明显。② 信息披露的引导不足和事后信息沟通机制的欠缺，使得债券投资者欠缺投资交易中谈判的主动性和积极性。前文已经反复强调，债券契约属于民事合同，但又超越了民事合同。基于债券契约商事合同的特殊性，其法律实现机制应当是多样化的，比如证券法上的先行赔付机制、债券保险制度等，这需要进一步发挥债券法制的创新性。

（二）进一步创新债券风险防控法律机制

作为防范与控制债券市场风险的重要途径，法律机制的建设需要恪守债券发行交易的市场性、债券主体对市场资源利用的平等性，以实现债券契约为规范基础，以控制违约风险为规范目的，以维护市场秩序为规范手段，以促进市场信用为规范核心。而在打破现有债券法制割裂现状、实现统一化体系发展的要求下，需要进行法制创新。从债券持有人保护、市场主体规范和公共秩序维护等几个方面，以证券法制的公共性为前提，此处试举几例。

第一，先行赔付制度。2013 年 9 月"万福生科案"与 2014 年"海联讯案"率先实现证券侵权先行赔付。③ 2016 年 6 月，"欣泰电气"IPO 欺诈发行案成为股票注册制改革以来首单券商先行赔付案例。④ 目前，证券市场先行赔付制度在股票市场受到的关注比较多，一向"重股轻债"的资本市场对债券的特殊性考虑不足。⑤ 债券市场先行赔付制度是指在发生债券违约时，由独立第三方先行支付

---

① James J. Park, Reassessing the Distinction between Corporate and Securities Law, UCLA Law Review, Vol. 64, Issue 1 (January 2017), pp. 116 – 183.
② 张弛：《内部控制质量对债券契约条款的影响研究》，天津财经大学硕士学位论文，2012 年，第 44~46 页。
③ 朱宝琛：《万福生科案：试水先行赔付，投资者主动维权》，载于《证券日报》2015 年 9 月 15 日第 A02 版。
④ 孙宪超：《欣泰电气行政复议延期，是否影响股民维权和先行赔付》，载于《证券时报》2016 年 11 月 12 日第 A04 版。
⑤ 参见段丙华：《先行赔付证券投资者的法律逻辑及其制度实现》，载于《证券市场导报》2017 年第 8 期。

投资者索赔,以提高违约处置的效率。从设计上来看,要求承销商等中介机构主动设立赔付基金是最理想的模式,次优选择是通过已有的投资者保护基金公司实现先行赔付。自发设立的、临时性的赔付基金具有担保特点,属于市场商业声誉规制模式,而如果是常设性、独立的则应具有保险性质,属于法律规制模式。建立促进券商等机构主动先行赔付的机制是比较符合市场化方向的,中介机构承担先行赔付责任的理论基础是债券契约下基于交易安全保障义务的共同违约责任,[①]属于不真正连带责任。设立债券市场先行赔付制度的重要意义不仅在于促进市场自我化解风险、提高处置效率,更是投资者保护模式的机制创新。

第二,市场信息处理机制。本书提出的市场信息处理机制是指,在市场风险处置层面,建立针对个案或类案的信息收集、筛选、整理并提出针对性的建议,市场信息包括与违约处置有关的发行人等市场主体所披露的信息以及市场风险和发展评估,强调信息获取的便利性、完整性和针对性。市场信息处理机制旨在针对债券违约处置将信息规制手段精细化和专业化,保证以提高风险处置效率和精准性。将传统的被动信息披露转变为主动信息处理,是将事前监管发展至事后处置,实质上是市场主体信息义务从事前向事后的自然延伸。事实上,在较为成熟的资本市场,存在全国证券市场信息处理机构,目的是为促进市场公平有序发展和保护投资者以及公共利益等。信息处理主体可由市场主体自发设立也可设置行政性常设性机构,其相当于市场信息集中和归纳提取的机构,投资者和相关监管机构都可以取得具有针对性的市场信息。[②] 市场信息处理机制一方面能解决资本市场信息不对称下的举证难问题,另一方面能评估债券市场风险的公共性和市场性以分层治理,在提高市场风险处置科学性和效率的同时也为投资者救济提供更大的可能性。信息处理机制如能在债券风险处置中取得良好适用效果,将来可以覆盖整个资本市场的风险化解体系。

第三,市场风险化解的行政指导机制。债券市场风险化解的行政指导机制,是指在债券违约事件发生时,运用行政力量、以行政指导的形式引导债券风险实行市场化、法治化的解决路径,其基础是在金融公法指导下维护市场秩序。行政指导的目的是在科学评估市场风险前提下有效配置市场责任,以保障平等协商为核心,在引导风险市场化释放的同时利用必要的强制手段促成公平受偿。应当注意,违约处置的行政指导应当符合比例原则、合法性原则以及正当程序和平等保护的要求,以防止对市场过度干预。

总而言之,由于债券市场处于日新月异的发展之中,债券品种和交易结构必

[①] 另一种可能的解释是违反信息披露要求的侵权责任,侵犯的应当是投资者在市场上公平竞争的权益(以信息对称为核心的公平交易法益)。

[②] 15 U.S.C.S § 78k-1 (b)。

将日益丰富和复杂,为满足债券风险规制的核心要义,债券法制体系必须充分保持开放性和创新性。同时,也要大力加强法制的多方配合与协调。如此,债券法制方能应对复杂多变的市场风险,以更好地为债券市场提供服务、履行保驾护航之责。

第十二章

违约债券司法救济规则的系统性建构

伴随债券市场的风险迭出,债券违约处置的法治化特征渐趋明显,债券违约的常态化引发了一波债券违约诉讼潮。在此背景下,畅通违约债券的司法救济渠道以保障债券市场相关主体的合法权益,不仅是债券持有人关注的核心问题,也是债券市场违约处置机制走向健全所必不可少的一环。

第一节 问题检视:违约债券司法救济的现状审视

一、司法介入债券违约的数据分析

(一)债券诉讼具体情况

以 2019 年 12 月 25 日为最后数据统计时间,以"债券"为案由关键词,再经初步人工筛选,对威科先行法律信息库的 1139 个案例数据进行整理发现,自 2014 年"超日债"实质违约以来,历年关于债券违约的司法裁判数量呈现直线上升趋势(见图 12-1),债券相关纠纷的案件数量基本与债券市场规模呈现正相关趋势,反映了债券市场法治化的发展趋势,体现了债券市场刚性兑付被逐渐打破之后，脱离政府兜底的债券市场信用在市场机制引导下趋于正常化，以商事信用为核心的债券发行和定价基础正在确立，以往认为债券市场不会发生违约的思维定式正逐渐被矫正，投资者通过法律途径维护自身权益的主动性亦随之增强。

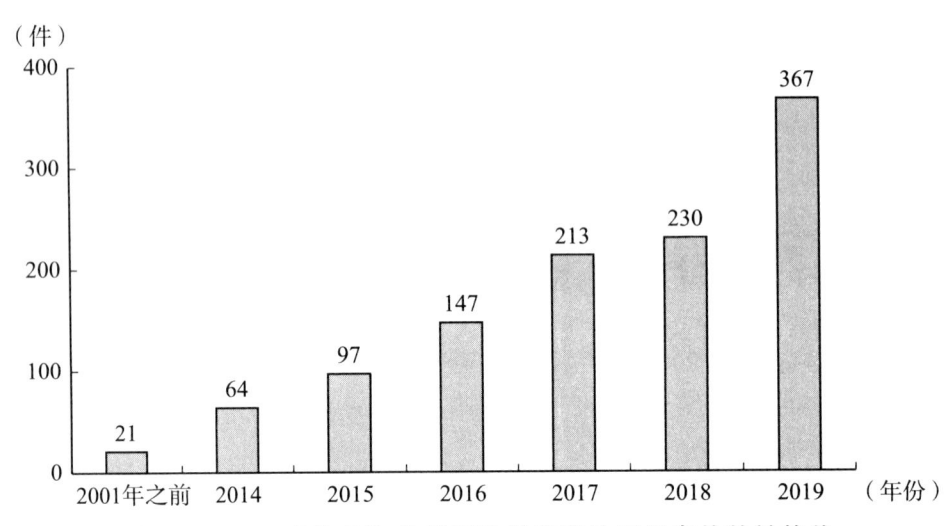

年份	件数
2001年之前	21
2014	64
2015	97
2016	147
2017	213
2018	230
2019	367

图 12-1 以"债券"关键词进行搜索的历年案件数量趋势

1. 案由分布情况

案由是民事案件名称的重要组成部分，应该根据案件所涉法律关系的性质来确定，是对诉讼争议所包含的法律关系进行的高度概括。就本次整理的裁判文书而言，民事案件共有1108件，案由主要集中在公司债券交易纠纷、公司债券回购合同纠纷、债券兑付纠纷、证券虚假陈述责任纠纷和证券承销合同纠纷；刑事案件共有31件，主要是针对欺诈发行债券和擅自发行企业债券两种犯罪行为，近两年新增刑事案件数量占一半以上。

值得注意的是，"债券兑付纠纷"虽在人民法院对当事人法律关系定性分析中时常出现，甚至被作为裁判案件的民事案由，但实际上并未单独列入我国现行《民事案件案由规定》的案由范围之中。债券相关案件按照所涉债券种类可分为两类：一类是涉案债券为公司债券，法院在说理分析部分认定相关纠纷属于"债券兑付纠纷"，但在案由确定上仍采用"债券交易纠纷"；另一类是涉案债券是企业债券和特种金融债券，无法适用"公司债券交易纠纷"，故而司法实践中通常以"债券兑付纠纷"作为具体案由。《最高人民法院关于印发〈民事案件案由规定〉的通知》和《最高人民法院关于印发修改后的〈民事案件案由规定〉的通知》均有规定，法院立案时应根据当事人诉争法律关系的性质，首先适用第四级案由；在第四级案由没有规定的，适用相应的第三级案由；第三级案由中没有规定的，适用相应的第二级案由；第二级案由没有规定的，适用相应的第一级案由。据此，第四级案由中虽无针对企业债券等非公司债券兑付纠纷的案由规定，但可以适用第三级案由中的"证券交易合同纠纷"，而非直接创设"债券兑付纠纷"这一案由。但审判实践的做法，也反映出非公司债券的相关债券纠纷对"债券兑付纠纷"的案由增设需求。

2. 审理程序情况

从案件审理程序分布来看，一审裁判文书在债券违约相关司法文书中的占比约52%，二审文书占比约26%，执行裁定占比约20%。案件审理期限方面，我国法律已有相关规定，即原则上一审审限为六个月，针对判决的二审审限为三个月，执行案件为六个月。[①] 而从案件审理时长分布来看，案件基本在一年内能够审结，其中，在31~90日审结的案件数量占比最大，半月内审结的案件数量占比次之，还有部分案件需耗时半年。综合来看，债券违约后如以诉讼方式处置，考虑我国实行的两审终审制度，大部分案件的整个审理周期至少一年。据统计，公募违约债券以司法诉讼方式处置的平均回收周期约在1年~1年半，其中，求偿诉讼平均回收周期约11个月，破产诉讼平均周期为16个月（见图12-2、图12-3）。[②]

3. 原告类型情况

债券相关纠纷主要涉及债券持有人因债券违约向发行人及担保人主张民事权利的法律纠纷和因欺诈发行、虚假陈述向相关责任主体主张民事赔偿的纠纷。债券持有人包括自然人投资者和机构投资者，但提起诉讼的主体主要是银行、保险、信托、基金、证券等公司，它们或直接认购债券，或为产品计划管理人，或为债券受托管理人。

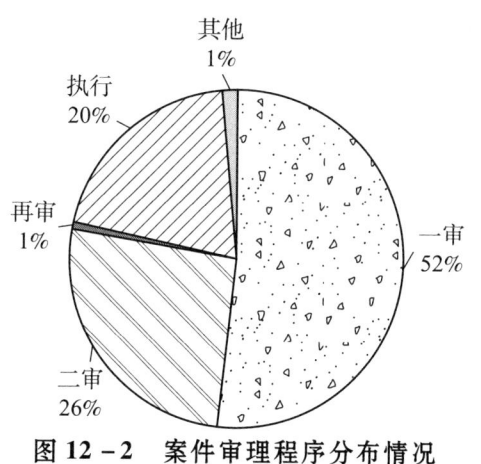

图12-2 案件审理程序分布情况

[①] 《最高人民法院关于严格执行案件审理期限制度的若干规定》第二条和第五条规定。

[②] 孙彬彬、高志刚、于瑶：《违约债券现在都怎么样了》，天风证券股份有限公司研究报告，2018年6月28日。

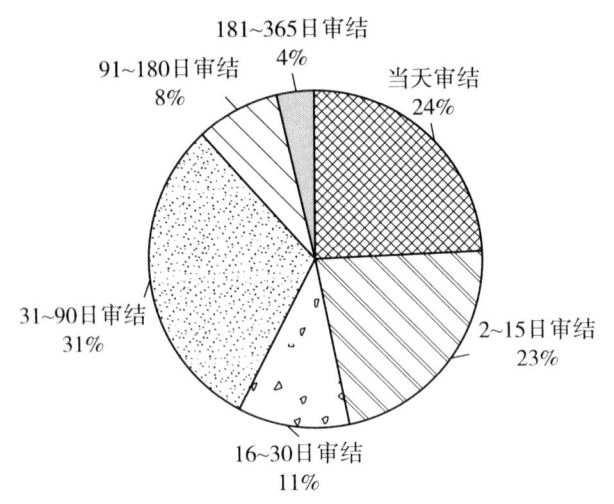

图 12 - 3　案件审结期限分布情况

4. 案件标的额分布

债券违约诉讼的诉讼请求主要围绕本息偿付和违约金支付，争议焦点主要在于诉讼主体资格确认、案件管辖权争议、违约责任范围、违约事实认定等多个方面。债券虚假陈述责任纠纷的诉讼请求则在于损失赔偿，争议焦点集中在虚假陈述行为的认定和因果关系的判断。鉴于债券发行的金额基数较大，相较于一般合同纠纷，债券案件的标的金额普遍较大，1 000 万元以上案件数量占比将近半数（见图 12 - 4）。

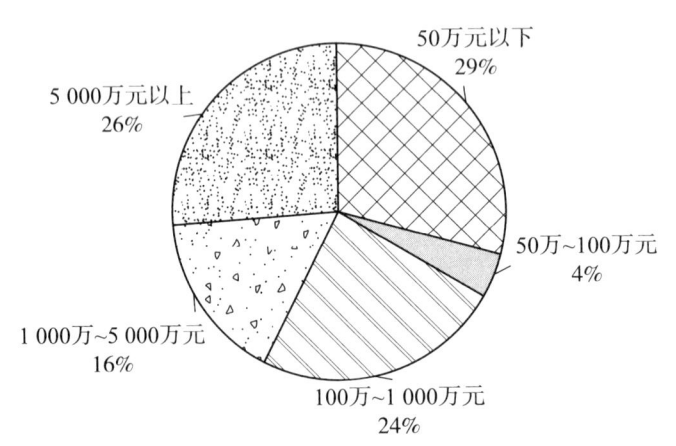

图 12 - 4　案件标的额分布情况

（二）破产案件相关情况

一般情况下，当债务到期时发行人如具有一定的债务偿付能力，尚未达到资不抵债的地步时，债券持有人可通过违约求偿诉讼处理债券违约纠纷。但当自主协商解决无效并且债务人资不抵债或者明显缺乏清偿能力时,债券持有人将通过破产申请的方式寻求自身权益的法律救济。我国破产程序具体包括和解、重整和清算三种方式,破产重整和破产和解主要适用于债务人经营状况有可能好转、继续经营仍有可能走出财务困境的情形,破产清算主要适用于债务人难以再有好转、如不立即清算将进一步降低偿债能力的情形。依据《企业破产法》的相关规定,可由债权人提起的破产申请仅包括重整和清算。对于权利救济而言,破产程序是最后一道司法屏障,积极提起并参与破产程序是债券投资者寻求权益保护的重要途径,尤其破产和解和重整给予发行人在一定条件下继续经营的空间,为债权人寻求债权清偿的更多可能,在较大程度上更能实现债权债务双方的共赢。对于市场出清而言,破产清算程序则有利于推进"僵尸企业"的稳妥退出和实现信用风险缓释,切实减少无效供给,提升资源配置效率,从长远意义上能够有效避免系统性风险的爆发。

破产重整最为理想的状态是,债务主体既可以恢复企业经营能力和偿债能力,又能对债权人进行及时公平的清偿。在早期的债券违约案例中,超日公司和中国二重等企业破产重整的成功给予债券投资者极大的信心,使其对违约债券清偿率抱有较大期望:一方面是这些企业通过破产重整得以恢复造血能力,并对违约债券以现金或债转股方式进行了全部清偿;另一方面是这些企业都对债券进行了单独兑付,与其他债权区别对待。但事实上,并非所有破产重整均能走向成功。

在破产程序参与方面,法律也并无特别规定必须为债券持有人单独分组表决,实际操作也是如此。进入破产程序的发行人企业在推进过程和回收结果方面的个体差异也较大。如前所述,破产诉讼的平均周期为 16 个月,但是中国二重双重整案面对超过 200 亿元的负债仅用 70 天就完成了司法重整程序,同一时期发生债券违约的保定天威公司却因原重整方退出至今仍未找到新的重整投资方,尚未形成有效的破产重整计划方案。另外,由于企业个体情况不同,重整计划中关于普通债权的清偿方案各不相同,对债券持有人的清偿情况也不一样。例如,东北特钢的重整方案对债券持有人的保护相对较好,目前实际回收率也相对较高,达三成以上;而丹东港的重整方案对债券持有人的清偿水平相对较低,仅一成左右。统观目前债券发行人的破产重整方案,经营性债务大多通过全额现金清偿(可能分期偿还),金融类债务常采取"部分现金清偿+债转股"的清偿方式。[①] 总体来看,目前债券发行人成功完成破产重整的共通之处有三点:第一,企业基本面尚好,具备挽救可能和重整价值;第二,获得外部的积极支持,或是

[①] 孙彬彬、谭逸鸣:《违约后重整,债券打几折》,天风证券股份有限公司研究报告,2019 年 12 月 1 日。

积极引入重整投资人或是获得控股股东的支持；第三，采取多种方式组合的清偿方案对债权人权益有一定保障，利于债权人会议的方案通过。

在破产程序已经启动的情形下，结合《企业破产法》第46条规定，存续债券发生立即到期应付的法律效果。在法院裁定发行主体重整后，债券持有人本应向破产管理人及时进行债权申报（或委托受托管理人统一申报），参与破产重整程序，按照重整计划规定的同类债权的清偿条件获得相应的偿付。但是，当破产重整和欺诈发行同时存在的情形下，债券持有人申报债权是否会影响对其他中介机构的及时追责？一般来说，提起破产申请并非违约债券处置的首选方式。首先，法院对于破产申请的受理一般需作实质审查，整个司法程序耗时较长，各项费用成本也较高；其次，债权人会议中通常不会对债券持有人进行单独分组，分散申报债权的债券持有人作为一般债权人在破产程序中的地位较为被动，能动性不高；最后，即便是清偿率较高的破产重整方式通常对存续债券的清偿情况也不容乐观，现金兑付率也并非都能达到100%。加之企业进入破产程序后将触发其对外债务提前到期，增加财产分配的债权人基数，反而降低债券持有人的本息回收比率。但是，鉴于债券通常不具有担保增信的实务状况，面对已有多笔债务逾期且明显缺乏清偿能力的债券发行人，对于启动违约诉讼较晚或者已失资产保全先机以及所持债券到期较晚的债券持有人而言，提起破产诉讼反而能够提高其受偿的概率和金额。

二、债券市场司法救济的问题反思

（一）债券违约中的司法疏离化现象

长期以来，债券市场受到行政干预影响较大，政府在债券市场中长期居于主导性地位。随着政府与市场关系的逐步厘清，我国关于债券市场发展的政策导向也越发清晰，规范发展债券市场成为资本市场改革的重要内容之一，并开始强调从市场化和法制化两个方面共同构建债券市场风险防范体系。面对刚性兑付被打破后的债券违约常态化和金融创新相伴而生的金融乱象现状，债券违约纠纷的恰当处理直接关乎金融市场的整体稳定。既保护债券投资人的权利，又有利于发行人企业的可持续发展，并促进债券市场更加规范和安全，是债券违约常态化对司法救济机制带来的挑战。

但是，目前司法体系对于债券违约纠纷的救济效果并不理想，由于受债券市场以往刚性兑付的惯性影响，司法层面在债券违约处置方面的能动性仍然不足，尽管一般来说，被动性是司法权的重要特征，自启动开始的整个运动过程中一般只能根据当事人的申请行为和申请内容进行裁判，而不能主动启动司法程序或擅自变更当事人的诉讼请求，但是这种被动性更多的是对司法的程序要求，而不是对司法的价值判断。① 事实上，司法在定纷止争之外还具有公共治理的功能。司法裁判在我国正日益成为法院执行公共政策的一种重要方式，司法裁判的过程体现着法院对公共政策的贯彻，而案件的裁判结果则一定程序上体现着法院对公共政策的执行。② 公共政策对于司法职能进行的公共性塑造，使得法院在案件裁判中必须同时兼顾对法律条文的严谨遵循和公共政策的灵活体现，使得回应性司法和能动性司法在不同的阶段就不同的领域有不同的边界。但在债券市场，以往政府行政权对债券违约的"过度介入"，债券市场的风险防范一直处于"强行政、弱司法的"整体配置之中，司法处置机制一直处于被动地位，司法本应发挥的能动作用被持续抑制，法院的公共治理职能未能得以有效发挥。尽管目前债券市场正在大力推进市场化与法治化改革，但对于行政权和司法权的功能重新定位仍存在一个适应和调整的期间，对于债券违约的行政处置机制与司法处置机制的关系和界限也有待进一步理清。此外，法律应对现实变化所固有的滞后性，以及司法处置相关的配套机制的制度健全问题，也使得司法在介入债券违约过程中表现出主动乏力，阻碍了司法救济效果的发挥。从司法角色和职能来看，债券市场司法能动性的问题整体外化为一种"司法疏离化"③ 的现象，归根于司法权与行政权在违约债券处置中的纠结关系。

（二）债券管理中的诉权不清问题

债券市场投资者的权益保护是债券市场发展的核心问题，而确保自身诉权得以行使是解决这一问题的前提条件。对于加强债券持有人权益保护，大陆法系国家大多采用债券持有人会议制度，英美法系国家多采用债券受托管理人制度，我国则在构建债券管理制度时采用两种制度并行的做法，使得债券持有人会议与债券受托管理人在债券违约处置中都扮演着关键角色。结合现行规定和实务做法，债券相关诉讼主要有两种行权模式：一是自行起诉，由债券持有人自行向发行人提起诉讼或仲裁；二是集体行权，主要表现为债券受托管理人被全部或部分授权以自己的名义向发行人提起诉讼或仲裁。从债券的契约属性来看，分散的各个债

---

① 公丕祥：《坚持司法能动依法服务大局——对江苏法院金融危机司法应对工作的初步总结与思考》，载于《法律适用》2009 年第 11 期。
② 孟融：《中国法院如何通过司法裁判执行公共政策——以法院贯彻"社会主体核心价值观"的案例为分析对象》，载于《法学评论》2018 年第 3 期。
③ 李安安：《公司债券违约的司法救济：规范分析与体系建构》，载于《中国应用法学》2019 年第 5 期。

券持有人都是独立的债权人,对债券发行人享有独立的债权请求权,具有诉讼实施权,自然可以成为适格的当事人。在作为债务人的发行人发生债券违约情形时,同期的债券持有人基于其债券权利有权通过诉讼或仲裁向债券发行人主张民事权利。债券持有人群体中有一类特殊类型为各类金融产品,这类债券持有人不具有民事主体资格,但依法在一定条件下可以成为适格的债券投资者。当债券违约发生之时,通常由其管理人代其提起或者参与相关的法律程序。但是,无论是从法理基础还是在现行法规上,对于各类金融产品的管理人(尤其是资管产品管理人)和债券受托管理人两类主体是否具有诉权一直存在争议,这也是目前司法实践中债券违约相关案件的主要争议焦点之一。庆幸的是,2019 年修订的《证券法》对此做了原则性规定,但从以往的司法实践来看,如何发挥其功能,在很大程度上,取决于司法机关的态度。

(三) 救济程序中的规则梳理问题

由于债券的发行与交易涉及多方市场主体,债券违约不仅会产生债券持有人与发行人之间的典型纠纷,还会诱发不同其他主体之间的多种纠纷。在当前我国债券违约频发的背景下,相关纠纷数量骤然增加的同时,纠纷类型也呈现出多样化趋势。以纠纷所涉主体为划分标准,债券违约相关纠纷主要包括债券持有人与发行人之间的纠纷、债券持有人与受托管理人之间的纠纷、债券持有人与中介机构之间的纠纷、债券持有人与证券交易所之间的纠纷、债券持有人之间的纠纷,以及承销商与发行人之间的纠纷。① 上述纠纷通常同时或次第发生,甚至相互交织,在一定程度上增加了债券违约处置的复杂性。然而,相关约定条款方面,债券持有人对于债券条款拟定的参与度低,只能被动接受格式条款。目前大部分债券发行文件中的债券持有人利益保护条款过于简单,债券受托管理人制度和债券持有人大会制度的规定过于笼统,"交叉违约""加速到期"等违约机制约定不详,直接影响债券违约的后期司法处置和债券持有人权益保护。

从前文违约债券的相关处置数据来看,通过司法救济手段获得的回收不确定性仍然较大,不仅回收周期较长,并且整体上的违约债券回收率也不高。除去硬性支出的案件受理费、律师费用等司法费用支出之外,对于以跨时间、跨空间的价值交换为核心的金融市场来说,司法救济方式在烦琐程序推进的时间消耗中所产生的隐性成本支出也不容小觑。司法救济机制的现实运行,仍需要明确和细化程序性规则予以保障。整体来看,针对债券违约纠纷的司法救济规则尚未系统化建立,实体法与程序法之间的体系衔接和联动欠佳,还存在规则

---

① 霍伟:《经济新常态下的债券违约现状评析》,载于《律商中国法律透视》2016 年 8 月。

混乱和规则缺失之处,这些因素共同加剧了债券违约之后债券持有人维权之路的艰难。

第二节 逻辑起点:建构司法救济机制的功能定位

一、债券契约运行的私权救济

债券作为连接债券发行人与债券持有人的有价证券,其本质是双方之间关于约定期限内本息偿还的债权债务凭证。不论是何种类型债券,债券交易一般都可分为发行认购和流通交易两个阶段。就前者而言,募集说明书为债券发行人在债券市场发出的要约邀请,而投资者的申购与发行人的配售分别构成要约和承诺,债券发行认购的法律性质实为借款合同法律关系的成立;[1] 至于后者,债券在债券二级市场的投资者之间流转交易是将附于公司债券之上的权利从转让人处转移至受让人,究其本质是债权转让法律行为,相关权利和义务的内容没有改变,变化的只是债权人这一主体。

确定债券持有人的权利依据,对于厘清债券持有人程序及实体的权利具有重要意义。在裁判实务中,债券契约是司法定纷止争的基础依据,募集说明书是当事人关于债券契约的重要举证文件,但债券募集说明书实际并非债券契约本身,而应当视为当事人之间的合同内容,属于债券契约的重要组成部分。根据债券契约的三重属性,债券契约条款不仅应包括基于债券买卖的标准化合同和非标准化协议,还应当包括基于证券监管的强制性规范(如投资者保护的法定条款)以及发行人具有投资诱导性的单方承诺。具体而言,债券契约应以募集说明书为核心,以受托管理协议内容以及法律法规的其他强制性要求作为当然条款。[2]

债券发行的目的在于融资,债券投资的目的在于收益,当债券发行人未按约定条件偿付债券本息发生债券违约时,受到影响的不仅是发行人的商事信用和后续融资能力,债权请求权无法实现所发生的投资者损失是更为直接的损害后果。

---

[1] 例如,北京市高级人民法院在二审民事判决书中指出,本案虽然是公司债券交易纠纷,但案涉债券是具有法人资格的非金融企业在银行间债券市场按照计划分期发行的,并约定在一定期限还本付息的债务融资工具,因此案涉债券发行与认购实质也是中城建公司与华润信托公司之间的借款合同关系,可以适用《合同法》中关于借款合同的规定。

[2] 冯果、段丙华:《债券违约处置的法治逻辑》,载于《法律适用》2017年第7期。

与股票不同的是，债券持有人对债券发行人享有的是债权请求权，这一权利的实现取决于发行人在债券到期之时所具有的客观偿债能力和主观偿债意愿。当发生债券违约之时，投资者采取各种处置方式的最终目的在于实际受偿率的最大化和回收周期最小化，而作为债券违约发生后的债券投资者所能倚仗的最后一道权利防线，债券持有人通过司法途径向债券发行人主张民事权利，寻求法律救济的目的更多的是及时止损和尽快确权。与自主协商、债务重组等庭外处置方式不同，司法救济的运行逻辑在于依托法律强制力保障，通过财产保全、强制执行以及破产清算，不仅能够有效查找债务人的财产线索，还能够强制债务人利用现有资源清偿债权，在偿债能力和偿债意愿两方面对债券投资者予以针对性救济。同时，作为处于相对弱势地位的金融消费者角色，债券投资者也需要司法体制给予必要且适当的倾斜性保护。

二、债券市场秩序的公权保障

公司债券作为一种基础性证券品种，其违约现象的常态化，既是金融市场风险正常释放的必然结果，也是债券市场逐步成熟的重要标志。单体的债券违约，有利于完善信用风险定价机制，加快市场出清，促进经济结构调整，打破刚性兑付。但鉴于 2019 年公司信用类债券到期兑付较为集中，有学者曾预计规模（含回售规模）可能超过 6.3 万亿元，债券市场违约风险加大的压力陡增。若债券违约大面积爆发，也会极大打击金融市场信心，影响债券市场发挥正常融资功能。[①]因此，债券市场风险防范与应对的重要性已不容忽视，并需在金融市场风险防范的整体框架体系下，结合债券自身特性精细化探索债券违约处置之道，保障债券市场稳健运行，防止风险扩散蔓延引发系统性风险。

（一）债券投资因其涉众性对社会稳定的重要影响

债券持有人通过流通债券实现自己的经济利益，是持有债券的重要目的之一，也是债券市场存在的重要价值之所在。作为借贷关系证券化的产物，债券基础法律关系是发生在发行人与不特定的债券持有人之间的关系。这种主体的不特定性，正是债券之所以能够转让和交易的空间所在，也造就了债券具有市场性和涉众性的特点。对于处于相对分散和弱势的债券投资者群体，司法对于债券市场的介入具有维护社会的稳定与经济秩序的作用。并且，在具体案件审判中，司法救济须充分考虑债券群体纠纷的特点及需求，从个案思维转向系统思维，实现对

---

① 中国人民银行：《2019 年中国金融稳定报告》，中国金融出版社 2019 年版，第 75~77 页。

众多受损权利的整体性救济效果。

（二）债券市场因其联结性所具有的风险传导效应

股债均为企业融资的重要手段，债券市场和资本市场因发行人企业而紧密联结在一起。作为资本市场的重要组成部分，债券市场对优化金融资产配置发挥着重要作用。近年来，债券市场违约风险有向其他金融市场传导的趋势。从已发生的违约案例来看，上市公司在债券违约发行主体中的占比达三成以上，部分上市公司因债券违约出现股价下跌，面临股票质押融资爆仓风险。可以说，债券市场的平稳运行，事关金融市场稳定全局。

（三）金融安全是国家安全的重要组成部分

金融安全是国家安全的重要组成部分。作为三大攻坚战之一，防范发生系统性金融风险是金融工作的永恒主题。资本市场的运行整体呈现出参与主体众多、交易瞬时完成、交易量巨大、高风险伴随高收益以及适度投机等特征，使得该领域商事纠纷相应地具有法律关系复杂、涉案金额巨大、社会影响面广、关注程度高等特点。因此，更要通过司法救济归责的系统化构建，完善债券违约处置的法律救济体系，通过合理处置和化解债券市场信用风险，达到防范化解系统性金融风险、维护金融市场平稳安全运行的最终目的。

三、司法能动作用的观念转变

法院在违约处置中的地位直接体现了法治化解决市场风险的程度，违约处置中，不管行政指导还是政府行为都应当接受法院的最后评价。[①] 前文所述的"司法疏离化"现象，根源在于在司法权和行政权的关系处理中的司法能动不足问题。完善公司债券司法救济制度的首要工作，就是改变这一现象，实现从被动司法到能动司法的观念转变。司法通过自身功能的能动匹配，充分发挥能动司法作用，是尽快建立公平、高效的金融司法体系之关键。[②] 司法能动主义，是20世纪在美国兴起的一种司法哲学观，强调"法官应该审判案件而不是回避案件"[③]，

[①] 冯果、段丙华：《债券违约处置的法治逻辑》，载于《法律适用》2017年第7期。

[②] 黄洵、戴新竹：《论国际金融中心建设中的能动司法——以上海为例》，载于《现代管理科学》2016年第6期。

[③] 克里斯托弗·沃尔夫：《司法能动主义——自由的保障还是安全的威胁？》，黄金荣译，中国政法大学出版社2004年版，第3页。

具体是指司法机构在审理案件的具体过程中，其对法律的司法解释结果更倾向回应当下的社会现实和社会演变的新趋势，而不是遵循先例和成文法字面含义的一种司法理念以及基于此理念的行动。① 立法者的有限理性和成文法的天然局限，使得司法能动在应对社会变化时表现出沟通立法和司法的积极作用，通过创造性司法活动应对法律条文的滞后性，减轻僵化适用的消极作用。由此，对司法能动理念的倡导，能够契合当前我国转型时期和"风险社会"背景下社会秩序重建的制度需求。② 另外，基于我国的社会现实和法治环境，司法权能表现出较强的公共政策属性和以人民性为本质属性的服务性，司法机关需要对社会种种现象及纠纷给予有效应对和妥善处理，为我国法治建设探寻多元路径，实现法律效果与社会效果的统一。由此，相较于西方的司法能动主义，我国所强调的"司法能动"是建立在政治现实的"执法为民"的基础之上的，并且应采取一种较为"温和"且有限的方式呈现出来。③ 强调司法能动作用的发挥，并非司法权能的无限扩张，也不意味着行政权的完全退却。在以"司法能动"强调司法的积极作为的同时，以"司法克制"框定司法权能的边界和限度，在司法能动和司法克制之间寻求一种平衡状态。

具体在债券违约领域，目前债券规则多年未作改动，且处于依附于股票规则的边缘化状态，无法满足法治化债券市场建设的要求，也难以为债券违约处理提供坚实的法制基础。④ 面对债券违约的大规模爆发和常态化趋势，具体违约处置既要做到对涉众受损投资者群体的权益保护，又要考虑当前经济下行环境下的行业发展和市场稳定；既要在当前诚信基础不牢的形势下区分恶意的逃废债，又要区别对待因环境变化而出现债券违约但未来有偿付能力的企业，都决定了能动司法在金融领域具有广阔的作用空间和存在价值。面对金融创新下复杂的金融诉讼纠纷，裁判机关需担负起保护金融债权和维护金融安全的职责，妥善处理鼓励金融改革创新和防范化解金融风险之间的关系。一方面，对于债券纠纷下规则与事实的不对称性，要充分发挥司法主动性，通过带有"试错"⑤ 性质的裁判

---

① 崔永东：《司法改革与司法公正》，上海人民出版社2016年版，第150页。
② 李安安：《公司债券违约的司法救济：规范分析与体系建构》，载于《中国应用法学》2019年第5期。
③ 所谓"温和"，是指带有明显灵活机动特征的有限温和，既不脱离于现代法治框架之下的既定格局，也没有超出法律原则的指向区域。参见卞建林编：《现代司法理念研究》，中国人民公安大学出版社2012年版，第194页。
④ 窦鹏娟：《新常态下我国公司债券违约问题及其解决的法治逻辑》，载于《法学评论》2016年第2期。
⑤ 如出台关于公司债券违约风险处置的司法意见、发布相关公报案例货指导性案例等方式，通过形成具有拘束力的裁判规则，针对债券违约的复杂情境提供事前预防和事后救济的样板。参见李安安：《公司债券违约的司法救济：规范分析与体系建构》，载于《中国应用法学》2019年第5期。

思路应对实践的强烈需求。不以立法缺位或滞后拒绝裁判，更不能守成僵化、束缚创新发展，而应通过对现有规则的灵活解释和变通执行，主动承担修复决策和补充立法之责。另一方面，应积极探索和创新针对群体性纠纷的审判机制。在审判实践中，从个案思维转向整体思维，着眼于债券投资涉众性所对应的群体性权益保护和债券投资者的弱势地位，通过举证责任的适度倾斜、集体诉讼制度的构建和示范判决机制的运用等方式，致力于债券违约中司法救济的公平与高效。

第三节 行动旨归：债券违约纠纷的责任追究

一、民事诉求的具体确定

民事责任追究是债券市场相关主体信用约束的重要手段，也是司法救济机制的重要组成部分。确定诉讼请求是以诉讼方式追索债权的第一步，当事人的诉求框定了法官审理和裁判的范围，也决定了在责任构成要件上的法律适用差异。结合前文总结的案由分布情况，债券相关纠纷主要分为两类：债券违约触发的合同纠纷和欺诈发行、虚假陈述行为引发的赔偿纠纷。前者是基于债券契约项下的债权债务关系，所涉责任主体通常只有债券发行人和担保人，主要以合同法作为主要处理依据；后者则主要是基于法定的信息披露义务，本质上属于侵权责任法律的调整范畴，所涉责任主体包括债券发行人、承销商等证券中介机构。于债券发行人而言，其若不能清偿债务即违反合同义务而承担违约责任，其作为信息披露义务人，如发布虚假信息则构成欺诈发行而承担侵权赔偿责任。统观债券市场相关纠纷，这两类责任类型时有竞合之处。随着经济发展内外部环境的变化，债券违约数量和规模近年来不断增长，并出现发行人虚假陈述、欺诈发行、恶意逃废债务，以及中介机构不尽责等违法违规行为，加上发行人偿付比例和偿付效率的持续走低，债券投资者对于违约债券求偿的关注点正从发行人及担保人扩展到以承销商为核心的其他第三方参与主体，以实现获赔效果最大化。

欺诈发行、虚假陈述是证券市场的传统违法案件之一，二者共同点在于发行人在债券发行文件中必然会涉及相关内容的"虚假记载、误导性陈述或者重大遗漏"，由此类违法行为衍生出来的民事赔偿案件在实务操作中主要是以相关行政处罚为发端。① 信息披露制度是资本市场赖以建立和健康发展的重要基础，也是对投资者知情权的重要制度保障。近年来整个证券市场都持续呈现出强监管态势，其中较为明显的表现即为证监会在行政处罚数量上的连续三年递增态势，监管趋严的背后是为了促进证券市场的良性发展。从证监会 2018 年监管执法情况统计数据来看，全年作出行政处罚决定 310 件，同比增长 38.39%，其中信息披露违法类案件处罚 56 起、中介机构违法类案件处罚 13 起。② 债券市场也感受到了强烈的监管收紧信号，特别是证监会于 2018 年依法对五洋建设及相关责任人员作出的行政处罚，是欺诈发行债券行为行政处罚的首起案件。信息披露历来都是监管层重点关注的问题之一。无论是欺诈发行还是虚假陈述，本质都是对信息披露义务的违反，向市场与投资者提供虚假信息。具体来说，虚假陈述行为一般发生在持续信息披露阶段，欺诈发行一般发生在证券发行阶段，但当虚假陈述构成骗取债券发行核准、备案或者注册时，则构成欺诈发行。信息披露类性质处罚的持续落地，必将促进虚假陈述类诉讼的发展。早在 2003 年最高人民法院就已发布《关于审理证券市场因虚假陈述引发的民事赔偿案件的若干规定》（以下简称《虚假陈述若干规定》），并将虚假陈述行为明确定义为"信息披露义务人违反证券法律规定，在证券发行或者交易过程中，对重大事件作出违背事实真相的虚假记载、误导性陈述，或者在披露信息时发生重大遗漏、不正当披露信息的行为"。在此后的二十余年里，这一文件和《证券法》共同成为证券市场虚假陈述纠纷司法裁判的主要依据。

  基于民事争端的私权性质在诉讼领域中的延伸，以及民事诉讼的私诉性质在实体领域的发端，证券民事诉讼中的诉因或者请求基础居于举足轻重的地位。③违反信息披露义务的行为是定位于合同责任还是侵权责任，既决定了适用何种归责构成要件，也影响着采取何种权利救济方式。关于证券虚假陈述民事赔偿责任的法律性质问题，学界有侵权责任说、合同责任说和缔约过失责任说等不同观点。④ 基于监管机构的明确要求，债券募集文件通常会载明发行人和承销商对于信息披露真实、准确、完整的承诺等内容，这就为投资者以虚假陈述行为追究合同违约责任或者缔约过失责任提供了基础。其实，发行人和承销商按照监管机构

---

① 目前的司法倾向是不再要求行政处罚和刑事判决作为欺诈发行、虚假陈述案件的前置程序，后文将有详细论述。尽管关于欺诈发行、虚假陈述的监管意见不能代替司法机关对相关违法行为的认定，但从司法责任来看，债券违约中行政法律责任的先行承担，确有利于民事和刑事责任的承担，这也一定程度上有利于减轻债券投资者的诉讼举证成本。
② 资料源自《2018 年证监会行政处罚情况综述》，访问链接：https://www.sac.net.cn/hyfw/hydt/201901/t20190107_137540.html，发布日期：2019 年 1 月 4 日。
③ 江伟、王铁玲：《虚假陈述证券民事责任诉讼机制研究》，载于《金陵法律评论》2004 年第 2 期。
④ 张宇润：《证券虚假陈述及民事责任确定之我见》，载于《政法论坛》2002 年第 6 期。

或者自律组织的要求所作的信息披露承诺只是对相关规定的复述，此类合同承诺通常没有更为具体的约定，因此并不会改变虚假陈述属于侵权责任的本质，虚假陈述纠纷终将回归到侵权责任法范畴内予以解决，这也符合目前的司法倾向。从《虚假陈述若干规定》中关于实施虚假陈述行为的定义、虚假陈述与损害结果的因果关系、承销商责任也即损害结果认定等表述来看，法院将承销商实施的虚假陈述行为定性为侵权行为。2019年12月，《全国法院审理债券纠纷案件座谈会纪要》（征求意见稿）（以下简称《座谈会会议纪要》）在处理债券市场欺诈发行和虚假陈述案件的思路上也是以《侵权责任法》基本原则为基础，在具体表述上更将"债券欺诈发行、虚假陈述"明确为侵权民事案件。从比较法层面来看，多数欧洲国家也将证券欺诈责任识别为侵权问题。证券欺诈责任的法律基础是发行人错误的信息披露，在确定发行人是否应当承担证券欺诈责任时，仅仅需要确定所披露的信息是否错误，并不需要考虑发行人和投资者之间是否具有合同关系，因而将证券欺诈责任识别为侵权关系更能反映证券欺诈责任的特性。[1]

依据《虚假陈述若干规定》，虚假陈述根据其表现形式被分为虚假记载、误导性陈述、重大遗漏和不正当披露四种类型。在审判实践之中，法院根据虚假陈述对证券市场和投资行为的影响，又将虚假陈述行为划分为诱多型虚假陈述与诱空型虚假陈述两类。诱多型虚假陈述是指虚假陈述者故意违背事实真相发布虚假的利多消息，或者隐瞒实质性的利空消息不予公布、不及时公布等，使得投资者在股价处于相对高位时，进行投资追涨的行为；与此相对地，诱空型虚假陈述是指虚假陈述者发布虚假的消极利空消息，或者隐瞒实质性的利好消息不予公布或不及时公布等，使得投资者在股价向下运行或相对低位时卖出股票，在虚假陈述被揭露或者被更正后股价上涨而使投资者遭受损失的行为。[2] 对于此类虚假陈述债券纠纷，债券违约通常只是投资者向相关责任主体追究债券侵权民事责任的触发点，其承担责任的根本原因在于法定信息披露义务的违反。因此，不同于一般求偿诉讼中本息兑付的诉求，虚假陈述的责任范围在于债券持有人和投资者受虚假陈述影响发生的实际损失。

二、责任认定的重要构成

近年来，债券市场因欺诈发行、虚假陈述引发的纠纷总体发生不多，相关司

---

[1] 张海飞：《证券欺诈责任法律选择的发展趋势》，载于《重庆理工大学学报（社会科学版）》2019年第3期。

[2] 李国光、贾纬：《证券市场虚假陈述民事赔偿制度》，法律出版社2003年版，第73~74页。

法判例较少，加之长期以来"重股轻债"的观念桎梏，使得债券市场的信息披露和虚假陈述问题并没有得到应有的重视。债券市场与股票市场一样，都是我国证券市场的重要组成部分，但二者在信息披露制度、价格形成机制、投资获利模式、投资者构成方面均存在很大差别，以往法律规定和相关规范基于股票交易模型所建构的法律责任体系，对债券的针对性制度供给严重不足，很难完全符合并满足目前债市纠纷责任追究的现实需求，在一般违约求偿诉讼中的违约事实认定和债券侵权诉讼中的因果关系确定两个层面表现尤为突出。

（一）发行人违约事实的具体认定

发行人的违约事实，是债券持有人发起违约求偿诉讼的前提，也是司法实务的主要争议焦点之一。债券违约一般细分为预期违约和实质违约两种情形，前者是指发行人偿还债券本息存在重大不确定性，后者是指发行人未能按约足额兑付债券本息。实质违约情形的举证和认定相对简单、明晰，围绕这方面的争议不大。关于违约事实的双方争议，主要聚焦于预期违约的认定，即在清偿期尚未届满的存续债券能否提前到期。如果债权人只能在自己持有的债券到期时才能追究发行人违约责任，那么在先到期的债权人已起诉并采取财产保全等法律措施的情形下，后到期的债权人则面临十分被动的局面，即便胜诉也很难控制发行人有效资产实现债权清偿。[①] 因此，通过综合判断发行人经营状况和履约风险，适时地运用预期违约制度实施司法救济，能够有效地保护债权人的利益，保障交易安全与经济发展。

预期违约制度最早起源于英国法院1853年审理的霍切斯特德·拉图尔一案，在我国原《合同法》项下主要体现在第94条和第108条规定，具体包括明确表示将不履行合同（明示的预期违约）和通过行为表明不履行合同（默示的预期违约）两种情形，其制度目的在于保护当事人对合同履行的期待权，实现在合同履行期届满前对方当事人已履行不能或丧失履行能力情形下的权利救济。类似的制度设计还有不安抗辩权，二者本质上都是法律为善意相对人设立的风险防范措施。区别于不安抗辩权赋予双务合同中先履行一方中止合同履行的权利，预期违约则赋予守约方解除合同或者在履行期限届满之前要求其承担违约责任的权利。相较于不安抗辩权消极防御的特点，预期违约则更具有积极主动性。[②] 关于债券违约纠纷中运用的是预期违约还是不安抗辩权问题，司法实践中有不少法院在债券交易纠纷裁判中将发行人偿债能力下降或者丧失兑付能力与不安抗辩权行

---

① 王瑞娟、姬江帆：《债券违约求偿途径及相关问题探讨》，载于《债券》2015年第9期。
② 阎维博：《债券交叉违约条款：溯源、演化及保护功能优化》，载于《南方金融》2019年第4期。

使关联起来，但实际对于债券交易纠纷而言，投资者在支付完毕票据价款之后即已履行完毕债券契约的约定义务，没有尚待履行的其他义务，已无行使抗辩权的意义。在此情形下，发行人即便存在经营状况恶化，资产被查封冻结等主观履行不能或客观履行不能的情况，也不属于不安抗辩权的涵摄范围，只是预期违约的规范范畴。①

但是，预期违约的认定也并非易事。现行法律中对此没有明确的认定标准，司法机关也尚未形成统一的司法裁量标准，且在认定标准上也存在一定地域差异，考虑到预期违约事件可能引发的"链式反应"，法院一般会结合合同双方的具体约定和预期违约的具体构成要件，并将考虑事件发生的具体情形等因素进行综合判断。结合债券市场目前为数不多的预期违约相关公开判例来看，法院在具体裁判中对预期违约的审查较为严格。除非发行人明确表示其发行的债券不能按期足额偿付，否则债券持有人需要进行大量事实检索以举证发行人的行为达到默示拒绝履行或不能履约的程度，包括关注发行人及债券评级变化、涉诉或财产保全状况、发行人其他债券履约进展等，但事实上债券发行人通常不会明确地作出拒绝履行的意思表示。在募集说明书等债券文件中无债券提前到期约定的情形下，法院一般会进一步区分是否存在利息违约情形。有法院认为，如果涉案债券已有利息违约的行为，且发行人在多宗债券出现实质违约的情况下仍拒绝为涉案债券提供增信措施或者担保等补救措施，那么可认定其通过行为表明其不履行合同主要义务，构成预期违约可追究其违约责任。但若仅以发行人的其他债务违约而主张预期违约的诉求一般很难得到法院的认可。此外，债券的品种特性也会影响裁判机关对于债券违约的具体审查。例如，对于可以递延付息、无固定到期日的永续债这类新型债券品种，有法院结合永续债持有人的投资目的和获利方式，认为发行人存在怠于履行相关披露义务等行为，足以影响持有人出卖债券获益的可能性的，发行人构成根本违约，持有人享有解除合同的权利。

"契约作为私法自治的重要表征，应成为解决债券违约纠纷的基础。"② 对于债券纠纷，双方合同的基础约定仍是司法裁判的重要依据。上海市高级人民法院曾提出，"鉴于债券违约事件对于金融市场的稳定和秩序具有较大影响，判断债券发行人是否构成'预期违约'或'拒绝履行'，应当依据合同法规定的条件，严格加以认定"。在募集说明书等债券契约文件中已有合同解除或者加速到期条款时，债券持有人根据合同条款进行相应主张即可，无须大费周章地举证认定预

---

① 曹明哲：《债券发行人预期违约的司法判定》，载于《金融市场研究》2019年第2期。
② 冯果、段丙华：《债券违约处置的法治逻辑》，载于《法律适用》2017年第7期。

期违约,不仅案件争议较小,而且举证成本和诉讼周期也大为降低。能够触发债券加速到期的交叉违约条款在境外债券市场已经十分普遍,但在我国境内债券市场的运用仍处于初期阶段。自 2015 年我国发行首只附交叉违约条款的债券以及银行间市场交易商协会在 2016 年发布的《投资人保护条款范例》中提供了交叉违约条款的范例以来,债券市场中才开始逐渐运用交叉违约条款。随着债券违约纠纷的日益增加,交叉违约条款的重要性逐渐受到投资者重视,也正成为债券投资决策的重要考量因素,预期违约制度的具体认定标准也有待于在立法和司法层面进一步明晰和统一。

(二) 虚假陈述的因果关系确认

证券虚假陈述民事赔偿案件,是指证券市场投资人以信息披露义务人违反法律规定,进行虚假陈述并致使其遭受损失为由,而向人民法院提起诉讼的民事赔偿案件。鉴于 2019 年修订的《证券法》第 85 条、第 163 条已将发行人和证券服务机构等相关主体在虚假陈述民事责任的归责原则统一为过错推定责任,责任构成要件中的因果关系直接架起了虚假陈述行为与投资者损失之间的逻辑纽带。与普通侵权行为相比,证券市场虚假陈述案件的特殊性在于,市场上充斥着各种不可预测的因素,从信息披露者作出虚假陈述到投资者作出投资决策,两者之间的联系呈现出间接、主观、轨迹模糊的特点,其中还掺杂了各种偶然因素的干扰,使得因果关系的确定一直是责任追究的主要难点,也是受侵害的投资者寻求民事救济的最大障碍。[①] 最高人民法院在《关于当前商事审判工作中的若干具体问题》中曾指出证券侵权行为重大性、交易因果关系是为了限制或减轻行为人责任的制度安排,当侵权行为不具有重大性或者侵权行为与投资者的交易决定没有因果关系时,行为人不负赔偿责任。因此,厘清虚假陈述侵权责任之因果关系,对于债券违约纠纷的责任认定和投资者权益保护意义重大。

在证券违约侵权责任的理论框架下,结合大陆法系和英美法系的相关划分,因果关系的确定一般分为交易因果关系(或称为责任成立因果关系)与损失因果关系(或称为责任范围因果关系)两个层面。[②] 前者是用以揭示虚假陈述行为与投资者交易行为的条件关系,属于责任成立的定性问题;后者则是分析虚假陈述行为与投资者的最终损失的近因关系,属于责任范围的定量问题。《虚假陈述若干规定》虽没有直接以两层次的表述规定因果关系的认定标准,但第 18 条和第

[①] 翁晓健:《证券市场虚假陈述民事责任研究——美国证券法经验的反思与借鉴》,上海社会科学院出版社 2011 年版,第 107 页。

[②] 参见赵万一主编:《证券交易中的民事责任制度研究》,法律出版社 2008 年版,第 211 页;刘道远:《证券侵权法律制度研究》,知识产权出版社 2008 年版,第 327~330 页。

19 条的情形列举实际暗含了上述两个层次的分类。在司法实践中，裁判机关在虚假陈述因果关系认定上多从上述两个层次予以分析。

1. 交易因果关系

证券市场上的信息不对称使得投资者对证券的投资买卖更多表现出对公示信息的一种信赖关系。投资者若非基于对债券虚假陈述信息的信赖而作出投资决策和交易行为，自然不可将损害结果归责于行为人。以信赖推定原则为基础构建的美国市场欺诈理论，是最高人民法院制定《虚假陈述若干规定》的重要借鉴，在交易因果关系的信赖认定上采取推定主义。该理论认为所有公开信息能够在市场上充分传导，一般理性投资者有权信赖证券价格的形成是基于市场的力量，而信息披露瑕疵之时，整个市场都被欺诈致使证券价格不公，因此，投资者接受某种价格作出投资决策本身即推定其已受到其内在信息的影响，只要证明其所投资的证券价格受到了瑕疵信息的影响而不公正，即可认定存在交易因果关系。①

具体在债券违约领域，交易因果关系主要体现为对虚假陈述信息"重大性"的要求和投资者对有关信息的合理信赖。根据"谁主张谁举证"原则，投资者只需证明其在特定期间（即虚假陈述实施日之后、揭露日之前的期间内）购买了与虚假陈述直接相关的债券，且虚假陈述信息具有"足以影响投资者的价值判断或投资决策"的重大性。由于法律上的信赖推定，虚假陈述行为对市场产生的诱导投资者买入的影响被推定始于虚假陈述实施日，终于虚假陈述揭露日，投资者无需自证其投资决策是否被虚假陈述信息所实际影响，推翻这一法律推定的举证责任将由虚假陈述行为人承担，如证明投资者信赖不合理或者投资者明知或应知真实情况，方能阻断交易因果关系的成立。

2. 损失因果关系

民事赔偿责任的主要功能是损失补偿，而非行为惩罚。损失因果关系的实质就在于"合理界定虚假陈述责任人的损害赔偿范围，避免因果关系链条的无限延伸或者其他因素的介入而使责任人承担不合理的赔偿责任"②，使得虚假陈述行为的责任人仅对因虚假陈述行为造成的投资者损失承担赔偿责任。但是，投资行为在经济学上的本质就是风险和收益之间的博弈。在诸多因素相互交织的证券市场，投资者的投资收益本身就存在不确定性。即使不存在虚假陈述，投资者亦有可能蒙受损失。因此，证券侵权行为的损失界定较之一般侵权责任更为复杂。任何的损失计算方法都具有一定的局限性，故司法裁判只能尽可能地在投资者保护

---

① 石一峰：《违反信息披露义务责任中的交易因果关系认定》，载于《政治与法律》2015 年第 9 期。
② 于莹：《证券法中的民事责任》，中国法制出版社 2004 年，第 178 页。

与行为人责任范围之间寻求利益平衡,主要体现在损失因果关系认定和投资者实际损失计算方面。

对于虚假陈述民事赔偿责任案件,损失因果关系一般采用推定主义和反向排除异常因素介入的方法,但行为人有证据证明投资者全部或部分损失的形成存在如利率风险、政策风险等与欺诈发行、虚假陈述内容无关的其他致损因素,应当根据原因力的大小将该致损因素导致的损失剔除在赔偿责任范围之外。但是,作为目前主要裁判依据的《虚假陈述若干规定》对于致损因素的规定采用"证券市场系统风险等其他因素"的表述,仅列举了"系统风险"一种情况,导致实践中许多法院忽略了"等其他因素"的意义。

系统风险是整个市场或者市场某个领域所有参与者共同面临的风险,投资者发生的该部分损失不应由虚假陈述行为人承担。对于系统风险的认定,证券市场的指数波动在处理以往股票为主的虚假陈述责任纠纷中是计算系统风险最直观、最量化的依据。司法实践中,法院通常将大盘指数、行业板块指数或两者相结合作为系统风险计算的依据,部分法院还会参考同行业同类型个股价格的波动情况。目前,系统风险等其他致损风险的举证责任由虚假陈述行为人承担,尽管各地法院对系统风险影响的损失排除计算已从早期的直接比例法、个案直接比例法、个案相对比例法等多种方法逐步统一到相对比例法和酌定比例法两种主流做法,但在计算依据、选取区间和比例计算等方面仍存在较大差异。对于系统风险的精准计算问题,目前已有不少理论探索与实践尝试,但尚未对测定方法形成统一的共识。随着金融科技的发展,亦有学者提出利用人工智能算法对系统风险进行精准量化,或许真正实践长路漫漫,但不失为解决该司法认定难点问题的一种思路。[①]

另外,"债"的属性决定了债券投资风险更多源于信用违约风险和发行人偿债能力的实际变化,受证券价格波动的影响不如股票那般强烈。以证券价格的波动变化作为主要依据来计算投资者损失的传统方法,对于债券投资者定损存在一定的不适应。并且,不同于股票模型下侧重以股票价格受大盘综合指数和行业板块指数整体影响作为抗辩,在债券违约情形下,虚假陈述责任人的抗辩更多是从宏观经济形势与金融信贷环境、发行人所处行业的整体经营性风险,具有重要影响的政策与行政命令、突发事件等角度,主张发行人偿债能力的丧失是由于其不能控制的客观因素导致,与虚假陈述之间不存在损失因果关系。[②] 因此,就债券纠纷

[①] 张保生、朱媛媛:《证券虚假陈述责任纠纷中运用人工智能算法精准量化系统风险的研究》,载于《证券法律评论》2019年卷。

[②] 邓晓明、卞舒雅:《债券违约中的承销商虚假陈述责任及其诉讼风险应对》,天同律师事务所实务观点,访问链接:https://mp.weixin.qq.com/s/IShhEqIJyhKF7EYTP4oDdA。

数量和规模日益增加的趋势，对致损风险的模糊规定和以往以股票为预设模型的裁判经验已不能满足在债券虚假陈述责任纠纷中对责任损失因果关系的认定适用。

三、相关主体的责任界限

债券市场的各个中介服务机构虽承担的角色和参与程度有所不同，但同为证券市场的"看门人"，彼此之间通过专业技能的发挥，降低市场原本的信息不对称程度，共同承担着维护市场秩序和保护投资者利益的使命。在债券市场风险防范市场化法制化体系的构建进程中，政府干预作用逐步减弱，相关市场主体的角色得以强化，中介服务机构发挥的作用更为突出。欲对中介机构的行为形成有力约束，不仅要建立市场化的声誉约束机制，更要施以外部职责规范，压实其法律责任，增加违法违规成本。无论是债券违约还是欺诈发行、虚假陈述，发行人是毋庸置疑的第一责任人，中介服务机构亦将因其具体角色和履职情况，承担不同的法律责任。其中，在制度设计上明确债券市场各类参与主体承担法律责任的归责原则，在债券违约处置中合理划分彼此之间的责任边界，是落实责任机制的前提。

自 2015 年《公司债券发行与交易管理办法》正式取消公司债券公开发行的保荐制和发审委制度，承销机构实质上承担了推荐和承销的双重职责，在诸多证券中介机构中居于核心地位，也是投资者在债券违约处置中的主要问责对象。作为证券发行者和证券投资者之间的中介，证券中介机构的范围除承销商之外还包括专业中介机构（或称为证券服务机构）。2019 年修订的《证券法》对证券服务机构的外延范围进行了扩展，在从事投资咨询、资产评估、资信评级和财务顾问的机构和会计师事务所五种类型之外，新增了律师事务所和从事信息技术系统服务的机构两类，体现了对实践需求的立法回应。不同参与主体各司其职，对证券市场的信息披露监管具有正面导向作用。专业规范的执业行为是中介机构获取市场信赖的前提，勤勉尽责义务则是中介机构的主要问责基础，不实专业报告或意见书等文件的制作与出具是其行为失范的主要表现。中介机构违法违规行为的现象，究其根源主要在于中介机构的角色错位与迷失，发行人本应是中介机构监督的对象，却同时是有权选任中介机构并支付相应费用的主体，致使证券中介机构陷入委托人（发行人）利益与投资者利益的冲突困境之中。实践中，"委托—代理"关系的畸形、声誉约束机制失灵和违法违规成本低廉等三个方面原因，共同导致证券中介机构不仅未能做到勤勉尽责、阻遏市场不当行为，反而成为发行人侵害投资者权益的帮凶。[①]

---

① 刘志云、史欣媛：《论证券市场中介机构"看门人"角色的理性归位》，载于《现代法学》2017 年第 4 期。

（一）勤勉尽责的认定

"买者自负"的前提是"卖者尽责"。在《证券法》第 173 条已确定适用过错推定责任的情形下，勤勉尽责是中介机构对于过错认定的主要抗辩事由。勤勉尽责的判断标准主要有主观标准和客观标准之分。主观标准即"特别注意义务"和"一般注意义务"，主要是基于各中介机构之间在独立判断基础上的分工合作和责任区分考虑，要求中介机构在各自专业工作范围内应保持行业内一般专业人士应具备的专业水准和在使用其他中介机构的专业报告时须以一般理性人的认知判断水平进行核验；客观标准即"规范的执业行为"，主要是相关执业准则、规则的具体要求。是否突破勤勉尽责义务的最低限度，是司法实践中认定中介机构是否承担民事责任的前提。但是，现有法律及规则对勤勉尽责具体内容和范围的规定过于原则化、较为笼统。结合现有案例来看，由于此前关于"行政处罚作为前置程序"的规定，裁判机关一般依据证监会作出的行政处罚决定，认定中介机构未能勤勉尽责，未对所依据的文件资料内容的真实性、准确性、完整性进行核查和验证，其制作、出具的专业报告有虚假记载、误导性陈述或者重大遗漏，具备承担民事赔偿责任的事实基础。尽管目前证监会对"勤勉尽责"以及相关问题的阐释，呈现出一定的"准司法化"趋势①，但行政责任与民事责任构成要件不同，审查标准也存在一定差异，被行政处罚的行为并非必然构成民事侵权。对于中介机构是否承担民事赔偿责任，法院还是应当结合现有规定及具体案情进行独立认定。

（二）责任范围的区分

中介服务机构在证券市场的责任配置是一个利益平衡的过程，既要体现过错与责任相当原则，也要符合责任风险与报酬收益对等原则。结合证券市场目前实践状况，中介服务机构被追究法律责任，大部分是在于证券虚假陈述责任纠纷。中介服务机构的执业失职所发生的虚假陈述行为将直接影响债券投资者的价值判断和投资决策，应当对造成的投资者损失承担民事赔偿责任。在具体责任范围方面，承销商在不能证明自己没有过错的情况下，就虚假陈述行为对投资者损失承担连带赔偿责任。但是，对于专业中介机构应承担连带赔偿责任还是补充赔偿责任问题，以及是否需要对中介机构的赔偿责任设定最高限额，存在一定争议。

在责任范围方面，立法方面总体趋向严苛。依据《虚假陈述若干规定》第 24 条、第 27 条和《最高人民法院关于审理虚假陈述侵权纠纷案件有关问题的复

---

① 程金华、叶乔：《中国证券律师行政处罚研究——以"勤勉尽责"为核心》，载于《证券法苑》2017 年第 5 期。

函》，无论故意或过失，只要主观具有过错，客观造成他人损失，专业中介机构就其负有责任的部分承担民事责任；在知道或应当知道发行人或上市公司虚假陈述，而不予纠正或不出具保留意见的，则与发行人或上市公司构成共同侵权，专业中介机构虽对投资者损失承担连带赔偿责任，但仍限定于其负有责任的部分。同一时期的证券法对此保持着一致的规定。但是，自 2005 年修订证券法以来，对于制作、出具的文件有虚假记载、误导性陈述或者重大遗漏，在不能证明自己没有过错的情形下，证券服务机构的责任范围从"就其负有责任的部分承担连带责任"被修订为"承担连带赔偿责任"，并一直延续至今。可以看出，立法方面对于中介机构责任的严厉姿态，不仅没有对主观方面的故意和过失作进一步区分，而且扩大了其承担连带责任的范围。除对虚假陈述民事责任的整体规定外，2007 年最高人民法院《关于审理涉及会计师事务所在审计业务活动中民事侵权赔偿案件的若干规定》（以下简称《审计侵权若干规定》）对会计师事务所的民事责任进行了特别的限缩规定，按照故意和过失的主观不同区分了责任承担方式：在主观故意情形下，会计师事务所承担连带赔偿责任；在主观过失情形下，则按过失大小承担补充赔偿责任，具体责任以不实审计金额为限。但是，在证券虚假陈述责任纠纷的司法实践中，依据该文件判定承担补充赔偿责任的案例并不多见，这一文件甚至会被法院以《证券法》未作故意和过失的区分为由拒绝适用。从增加违法违规成本和保护投资者权益的规范目的来看，连带责任看似既能达到对中介机构的威慑目的，又能增加受损投资者获得赔偿的可能。但是，不论以故意还是过失来适用连带责任，实际并不利于遏制虚假陈述行为，可能因最终责任等同，反而鼓励中介机构为追求更高违法收益而实施违法行为。对于特定中介机构的责任承担而言，这不仅与"责任与过错相匹配"的理念相冲突，而且与"不相同之事件，应为不相同之处理"的理念相背离。综合来看，更宜采用与过错类型相对应的责任区分，以及依据过失程度不同承担不同比例赔偿数额的"比例责任"。[①] 即便中介机构适用连带责任原则，也应明确免责事由，限缩"共同侵权"的适用。[②] 对于不同中介机构之间的责任划分而言，在均被认定未尽勤勉尽责情形下，不区分责任分配主次，对不同中介机构施以统一处罚力度，而不加考虑其在证券发行及管理中的角色地位和职责特殊性，实则缺乏公平性考量。对于中介机构的责任划分，应当建立在独立判断和分工明确的基础上，采取"共同且有区别的责任"，按照各自尽职履责的标准承担不同程度的责任，明确各自责

[①] 杨志国、李阿敏：《会计师事务所虚假陈述民事赔偿责任承担方式研究》，载于《中国注册会计师》2019 年第 9 期。

[②] 郭雳：《证券市场中介机构的法律职责配置》，载于《南京农业大学学报（社会科学版）》2011 年第 1 期。

任边界,有利于形成相互制约和监督的局面。① 此外,债券与股票具有一定的差异性,中介机构在固定收益类证券(债券)发行中的责任是否与其在权益类证券(股票)发行中完全相同,也是一个值得进一步研究的问题。

第四节 诉权配置：以原告适格性的扩张为中心

一、债券违约下权利主体与诉讼主体的分离

(一) 自行起诉中权利主体与诉讼主体的分离

根据《公司债券发行与交易管理办法》第 14 条所列举的七类合格投资者资质条件,金融机构面向投资者发行的各类理财产品虽然可作为合格投资者认购债券从而成为债券持有人,但从司法裁判实践来看,当发生法律纠纷之时,往往是以各类产品管理人的身份作为诉讼主体参与诉讼或仲裁活动。因此,即便债券持有人采取自行起诉的行权方式,其自身基于主体类型也可能造成权利主体与诉讼主体之间分离的结果。造成这一现象的直接原因在于,在金融领域各类资管产品中,投资人把资金托付给具有专业的第三方管理、运用,以获得投资收益。投资人与管理人的角色分离,使得各类金融产品计划的性质实际属于财产的集合,在民法上不具有独立人格属性,不能作为民事主体。同时,我国现行《民事诉讼法》及其司法解释对不具有独立民事主体资格的"产品"并未明确赋予其诉讼当事人的法律地位,使得各类产品尚不具备诉讼主体资格,无法以自己名义向法院直接提起诉讼。②《证券投资基金法》第 19 条、《证券公司客户资产管理业务管理办法》第 32 条、《证券期货经营机构私募资产管理业务管理办法》第 11 条、《关于规范金融机构资产管理业务的指导意见》第 8 条分别赋予了基金管理人和资管产品管理人以管理人名义代表基金份额持有人或者投资者利益行使诉讼权利或者实施其他法律行为的职责和权利,司法实践对其诉讼主体资格也普遍认可。

---

① 赵梓轩、杜明鸣：《改革开放四十年与中介机构的法律责任研究》,载于《金融服务法评论》2019 年卷。

② 《民事诉讼法》第 48 条已明确民事诉讼的当事人仅为公民、法人和其他组织。结合《最高人民法院关于适用〈中华人民共和国民事诉讼法〉的解释》第 52 条关于"其他组织"的定义,可以认为各类理财产品并不具有当事人能力。

此外，产品管理人通常同时管理着多个金融产品计划，不仅可能存在不同产品投资同一债券，也可能存在同一产品投资同一发行人的不同债券。对于上述产品计划的债券认购情形，尽管如前所述分散的债券持有人都享有独立的债权人身份，也有司法实践允许管理人在债券违约的情形下代表多个产品就同一债券统一起诉和代表同个产品就发行人发行的不同债券统一起诉的做法。

（二）集体行权中权利主体与诉讼主体的分离

债券纠纷不同于一般的民商事纠纷，因债券投资的涉众性和主体分散性，作为当事人一方的债券投资者通常数目众多且处于相对弱势，此类诉讼往往超越个人的利害关系，具有一定的公共性，诉争利益也表现出集合性和扩散性，危害性亦是双重的，既涉及私人个体利益，又通过债券市场的流动性和公开性危及金融秩序，进而损害社会公共利益。对于此类涉及众多当事人的群体性诉讼，法院的职能不仅仅是单纯的定纷止争，着眼于当前纠纷的妥善解决，还兼顾着政策形成的机能，须审慎地预见未来纷争，考虑判决结果对将来可能发生的损害所产生的整体救济效果，促使立法调整或形成公共政策。现代的诉讼政策，不是把民事诉讼目的完全局限于争议的个人解决，而是应当顾及争议的整体解决。① 与此同时，在债券相关诉讼中，因对同一发行人基于同期债券所享有的权利，债券持有人内部具有某种共通的利害关系，加之各自利益诉求的高度同质化，使得集体行权存在可能。对于债券未能按期兑付的，证券法规定受托管理人可以通过接受委托代表债券持有人统一行使诉权；对于虚假陈述等证券民事赔偿诉讼，证券法则明确债券持有人在符合一定条件的情形下还可以通过推选代表人或通过投资者保护机构进行集体行权。

在具体实践中，无论债券持有人最终采取何种集体行权方式，都会造成权利主体与诉讼主体相分离的结果，但这并非对自行起诉的否定，只是自行起诉的行权方式在具体实操上确有诸多不便之处，而由最有助于群体性纠纷妥善解决的主体行使诉权是诉讼实施权配置的根本思路。一方面，对司法诉讼实践来说，如果债券持有人分别自行起诉，无论是同一法院需处理类似案件事实的大量案件还是不同法院受理该笔违约债券相关诉讼，都会增加法院讼累，甚至可能发生不同的法院就发行人的同一违约事实，作出同类案件不同判决的情况，损害司法裁判的权威性。另一方面，债券持有人个体，尤其是个人投资人，其信息获取和整合能力有限，致使其在与发行人诉讼之时可能会处于较为弱势的地位。对于有担保物权的违约债券而言，抵押权、质权等担保物权一般登记在作为名义持有人的受托

---

① 常廷彬：《民事判决既判力主观范围研究》，中国人民公安大学出版社2010年版，第49页。

管理人名下。虽然理论上受托管理人的名义持有不会影响债券持有人享有担保物权，但如果部分债券持有人自行起诉，在相关保全和执行程序中可能面临一些实操障碍。① 此外，公司债券持有人是按照其持券金额之比例，在同期债券权利中享有相应的权利份额，彼此之间就其对发行人所享有的债权在本质上应无区别，因同一侵权行为所遭受的损害，也理应得到同样的救济。这既是公平补偿投资者损害的需要，也是落实完全赔偿理念的要求。但是，债券持有人各自的诉讼时间总有差异，导致查封保全和执行程序有先后之分。根据《民事诉讼法司法解释》第516条之规定，执行法院对于普通债权，按照财产保全和执行中查封、扣押、冻结财产的先后顺序清偿。因此，先发起诉讼流程的投资者就有可能在其他未起诉的投资者之前通过强制执行获得一定受偿，债券持有人之间会因行权先后导致彼此权利在受偿空间和顺序上的差异，将直接打破债券持有人内部的原有利益一致的平衡关系。

综合比较来看，集体行权不仅能够切实降低债券持有人的维权成本，提高审判效率，还因适应证券侵权群体纠纷的特点及其解决需要，能够有效实现对众多受损权利的整体救济。因此，似乎更为适宜的办法是集体行权，通过债券受托管理人、债券持有人会议推选的代表人以及投资者保护机构就违约债券统一行使同期债券持有人群体的诉权，就其权益受损事实寻求司法救济，这也符合"以集中起诉为原则，以个别起诉为补充"的债券纠纷司法审判趋势。正是由于债券持有人在主体上的分散性和不特定性，存在人数众多、内部类型多样、诉求不同和易被分化等情况，难以形成有效的集体决策，容易出现集体行动困境。与此同时，债券持有人会议和债券受托管理人的制度设计在法律层面目前尚有许多空白之处，其法律地位、职权范围、行为后果等方面都缺乏明确依据，使其在司法实践的具体运用面临着障碍。

二、受托管理人原告资格的法理分析

我国的公司债券受托管理人制度引自英美法系，在设立初期所依仗的文件效力层级不高，主要为证监会发布的部门规章和证券业协会的行业规定。尽管《债券发行与交易管理办法》将勤勉处理债券持有人与发行人之间的诉讼事务和接受委托代表全部或部分债券持有人以自己的名义提起民事诉讼作为公司债券受托管理人应当履行的职责，司法实践中受托管理人代表债券持有人提起诉讼的行为也

---

① 蔡松：《公司债券受托管理人原告资格研究——困境及解决之道》，载于《证券法苑》2016年第1期。

被大部分裁判机构所认可。但是，在我国民事诉讼法的现行框架下，受托管理人既不满足"与案件有直接利害关系"的原告资格，也不属于法定的诉讼代理人范围。加之《立法法》亦有规定诉讼和仲裁制度只能以法律形式制定，原本部门规章对受托管理人原告资格的创设不足以构成对民事诉讼法的特殊适用。虽然文件层级效力问题经《证券法》2019年的修订得以解决，首次上升到法律层面明确了债券受托管理人的诉讼主体资格，允许其在发债主体未能按期兑付债券本息之时，接受全部或部分债券持有人的委托，以自己的名义代表债券持有人进行民事诉讼或参加清算程序，但在寥寥数笔的法律规定背后，债券受托管理人与债券持有人的法律关系性质仍有待进一步厘清，这不仅涉及其原告资格成立的法理基础，也关系其在债券管理过程中权利义务的界定。

（一）当事人适格与诉讼担当制度

代理公司债券持有人管理公司债券，保护公司债券持有人的利益，是公司债券受托管理人的核心功能。[①] 但在合同法框架下，债券契约系由债券持有人与发债主体两者之间达成，债券受托管理人并非涉诉债权债务关系的当事人；在侵权法语境下，虚假陈述和欺诈发行等侵权行为所影响的是债券持有人的投资决策，并使其蒙受损失结果，受托管理人并非侵权行为的受害方；从诉的利益来看，无论是违约之诉还是侵权之诉，所指向的都是债券持有人的利益，并非受托管理人的利益。然而，无论是《证券法》的法律规定，还是《全国法院审理债券纠纷案件座谈会纪要》（征求意见稿）对案件审理达成的一致意见，均认可债券受托管理人在全部或部分授权下以自己的名义为债券持有人利益提起诉讼的原告适格性。在诉讼法框架下，此类情形属于诉讼担当制度。以诉讼方式维护实体权利的先决条件是当事人的适格，即在特定的诉讼中，对于发生争议的民事法律关系有诉讼实施权，可以自己的名义成为诉讼当事人的资格。传统当事人适格理论通常将民事诉讼中的正当当事人范围限于民事实体法律关系的权利人或义务人，若根据传统理论，则债券受托管理人并不能成为适格原告。但伴随诉讼权利与实体权利的分离，实体权利义务归属主体在一些特殊情形下可以在保留其实体权利义务的基础上，依法将其诉讼实施权移转至形式当事人，使得与诉讼不具有实质利害关系的第三人亦能拥有适格当事人的资格。

（二）诉讼实施权配置的正当性基础

无论是凭借法律直接规定还是权利主体依法授权，都是成为诉讼担当人的手

[①] 汪文渊：《公司债券受托管理人制度困境的根源与法理探寻》，载于《私法》2018年第1期。

段形式，并非法律将某类主体纳入诉讼担当人范围的深层次原因。受托管理人既不具备债券持有人的实体权利主体资格，亦非自然人身份，却能代表部分或全部债券持有人统一行使诉权，绝非仅仅出于对群体性纠纷的维权成本考虑，亦有着系统性解决群体性纠纷的裁判考量。为防止诉讼担当制度的滥用，在欠缺法律明文规定和相关法理基础的情形下，仅依靠双方合同安排并不能对诉讼主体此类法定资格进行任意设定和转让。① 只有存在足够充分且正当事由的情形，法律方能允许将诉讼实施权配置给非实体权利主体，并使之成为适格当事人。②

一般来说，管理权或处分权是给付之诉当事人适格的基础。③ 考虑一般委托代理关系并不能支撑受托人以自己的名义代表被委托人行使诉权，受托管理人与债券持有人之间的法律关系无法被认定为"委托代理关系"。英美法系中的债券受托管理人制度根植于其深厚的信托文化和法制背景，是依照信托法律关系中的受托人角色进行界定的。我国的信托规则虽欠缺此信托文化的支撑，但对债券受托管理人制度的引入初衷就是对债券持有人设立组织化保护，并将该制度视为其是"传统信托制度在现代金融领域的发展和延伸"④，所对应的信托财产应为依附债券之上的债权及担保权利。依照信托关系中受托人对信托财产的管理权和处分权，其以自己名义进入诉讼程序，属于对信托财产的管理行为，具备法律基础。在不同的债券阶段，我国债券受托管理人负有的义务与职责不同。尽管债券受托管理人的原告资格前提是发生债券发行人未能按期兑付债券本息的情形，但不能依此认定债券受托管理人与债券持有人之间的法律关系是专以诉讼或讨债目的设立的信托，并据此认定信托无效。但与传统信托关系不同的是，债券受托管理人所担负的受托人角色是受到严格限制的。例如，受托管理人的诉讼主体资格须具有债券持有人的授权，且债券持有人始终保有债权人的地位、拥有债券权利。结合目前司法实践，债券受托管理人和资产管理产品管理人的原告资格均已获得法院的普遍认可。与债券受托管理人不同的是，资管产品管理人根据相关规定或者资产管理文件的约定即可拥有行使诉权的原告资格，无须产品投资人的专门授权。

三、债券管理中的诉权冲突问题

作为投资者发挥自治管理的非常设合议团体，债券持有人会议主要是针对关

---

① 上海高级人民法院在民事裁定书中指出，当事人之间的民事合同并不必然能使得相关主体成为诉讼原被告。
② 黄忠顺：《诉讼实施配置论——以群体性诉讼中的当事人适格问题为中心》，载于《东方法学》2014 年第 6 期。
③ 常廷彬：《民事判决既判力主观范围研究》，中国人民公安大学出版社 2010 年版，第 47 页。
④ 蒋莎莎：《债券受托管理人的角色定位与功能发挥》，载于《西南金融》2018 年第 12 期。

系全体债券持有人的共同利害关系事项对外进行意志表达，其决议事项和会议规则由债券募集说明书自行规定，所形成的有效决议对全体债券持有人发生约束力。持有人认购或持有债券的行为本身视为接收债券交易文件中对债券持有人会议的赋权承诺和对会议相关规则的认可，各债券持有人将其个体所拥有的债权权能部分让渡给债券持有人会议，以便于凝结集体力量弥补个体的分散性，从而维护债券持有人的整体利益。在大多数债券实践中，债券持有人会议采取绝对多数决方式形成决议，此种集体意志的形成必然无法兼顾全部个体意志，往往产生权利冲突问题。具体在债券违约的司法救济方面，主要表现出债券持有人会议的决议效力与各债券持有人的诉权冲突。

首先，债券持有人行使权利与召开债券持有人会议的关系。尽管债券持有人会议的有效决议能够约束同期债券持有人，但这种约束力仅是发生在债券持有人群体内部，除非债券发行人知晓且参加债券持有人会议并就债权债务关系作出承诺，否则该决议对债券发行人将不直接发生效力。如前文所述，虽然个体单独起诉既不利于债券持有人群体获得同等的司法救济，又不利于裁判机关对群体性纠纷的系统解决，但是各个分散的债券持有人作为独立的债权人本身拥有在权益受损时寻求司法救济的权利。债券持有人作为债权人向债券发行人及其担保主体主张权利、追索债权甚至提起诉讼，都不以债券持有人会议作出相关决议为行权前提。

其次，债券持有人会议的决议效力与其他债券持有人的诉权行使之间的关系。从合意授权的角度，如债券持有人会议作出的决议是授权受托管理人或者推选部分债券持有人代表部分无异议债券持有人行使权利，则其他债券持有人当然可以另行单独或共同提起诉讼。《座谈会会议纪要》第 6 条存在类似规定，司法实践也认可任何债券持有人对受托管理人的授权，不影响其他债券持有人以自身名义采取相关行动。但是，如债券持有人会议作出的决议是授权受托管理人代表所有债券持有人行使权利，甚至是放弃或限制债券持有人的诉权行使，则存在异议债券持有人和未参会债券持有人的个体意志与集体意志的冲突。《公司债券发行与交易管理办法》规定债券持有人会议形成的有效决议对全体债券持有人均有约束力，其中的"全体债券持有人"从文义的一般理解来看包括异议债券持有人和未参会的债券持有人。如前所述，债券持有人会议是债券持有人内部形成共同意思表示的自治机构，其会议权限来自债券持有人的个体授权，但其决议效力能够越过债券持有人的个体意志，直接对未参会和异议表决的债券持有人发生效力，此效力依据应从证券群体性纠纷的涉众性和公共性进行理解。作为债权管理制度的重要构成，债券持有人会议的立足点在于债券持有人的整体利益，这就不难理解其在决议效力上表现出集体意志高于个体意志、个体行为不得与集体决议相矛盾的价值判断。债券持有人会议作出的关于放弃或限制诉权以及代为起诉的决议，本质上都属于对当事人诉权的处分行为，涉及对异议债券持有人和未参会债券持有人自由行使诉权的限制。但是，诉讼权利不是可被任意处置的权利，而是属于人权范畴，具有绝对性和不可放弃性。一方面，作为公权利的诉权，其义务主体是国家，不能以当事人合意的方式予以放弃。当事人之间关于放弃或限制诉权的契约合意，所处分的不仅仅是当事人之间的权利义务关系，不得主张对法院有约束力。无论当事人的目的是什么，这种契约必然介入到公法领域，其有效性问题必须纳入诉讼法的范畴加以考虑。① 法院对案件的立案与受理可视为履行救济义务的行为，不得以当事人之间存在诉讼契约为由拒绝受理任何一方当事人的起诉。另一方面，诉讼契约应当是由实体法律关系双方当事人之间形成。债券持有人会议的决议性质是债券持有人内部达成的合意，而不是债券持有人作为债权人与债券发行人之间达成的合意。即便债券持有人全体达成了诉权行使的一致意见，该决议对于债券持有人个体而言也只是构成对其他债券持有人的一种承诺，债券发行人不得以债券持有人会议决议为由对债券持有人的起诉进行抗辩。

再次，受托管理人的诉权与债券持有人的诉权之间的关系。如前文所述，债券受托管理人构成债券持有人的任意诉讼担当人。根据诉讼担当制度，实体请求权人享有诉讼实施权不能成为反对创设形式性实体请求权（如不作为请求权）的理由，而且形式性实体请求权所对应的集合性诉讼实施权会对个别性诉讼实施权构成限制。② 如果债券持有人已将诉权赋予受托管理人代为实施，那么其自身诉权就会受到限制。但这并不意味着债券持有人诉讼主体资格的绝对丧失，在受托管理人怠于行使诉权的情形下，债券持有人仍然有权自行向法院起诉。《座谈会会议纪要》对此种情形作出了程序性要求，须得债券持有人会议以受托管理人怠于行使职责为由作出自行主张权利的有效决议，这一决议可视为对债券受托管理人原有授权的撤销。另外，根据《座谈会会议纪要》第5条规定，对受托管理人的授权文件包括债券募集文件、债券受托管理协议或者债券持有人会议授权。就债券受托管理协议而言，该协议条款由双方当事人债券发行人与债券受托管理人之间协商订立，所形成的法律关系并非债券持有人与债券受托管理人就债券管理事务的受托法律关系。若允许债券受托管理人依照债券受托管理协议的约定代表债券持有人进行诉讼活动，就对合同以外的债券持有人构成了诉权行使的实质干预，有悖于合同相对性原则。债券持有人的授权是债券受托管理人在债券违约后具备诉讼主体资格的前提条件，债券受托管理人协议的约定并不能够构成债券持

---

① 吴英姿：《论诉权的人权属性》，载于《中国社会科学》2015年第6期。
② 黄忠顺：《再论诉讼实施权的基本界定》，载于《法学家》2018年第1期。

有人对债券受托管理人的诉讼事务授权,现行立法也没有赋予债券受托管理人可通过债券受托管理协议的约定代表债券持有人参与民事诉讼、破产重整等法律程序的资格。因此,将债券受托管理协议纳入法院认可的授权文件范围是对该协议当事人的误读。

第五节　程序管理:以标准化救济程序为进路

一、案件管辖的具体确定

案件管辖权属于诉讼要件,影响着诉讼程序的合法性,也影响到实体判决的作出。诉讼管辖制度的首要功能在于案件分配。如今,管辖权异议已经异化为被告拖延诉讼的常用手段,明确案件管辖法院成为快速启动诉讼或仲裁程序,避免司法救济程序迟滞的重要保障。法院的管辖权涉及对涉诉法律关系的判断,虚假陈述、欺诈发行行为所引发的债券侵权案件与债券兑付违约引发的债券合同案件所对应的法定管辖存在区别。

(一)违约求偿案件的法定管辖问题

债券交易纠纷中核心法律关系集中在债券持有人与发行人之间,双方达成的契约安排是纠纷处理的基本遵循。目前,主流裁判观点认为,因债券违约引发的债券交易纠纷在性质上属于证券交易合同纠纷,应适用合同纠纷诉讼的管辖规则。结合《民事诉讼法》第23条规定,应由被告住所地或者合同履行地人民法院管辖,作为原告的债券投资者可以择一进行起诉。基于参与诉讼便利、财产保全效率和避免法院地方保护主义等因素的考虑,大部分债券投资者通常会避开被告住所地法院,选择有利于自己诉讼的合同履行地法院提起民事诉讼。以约定地点为准是确定合同履行地的基本原则,但公司债券的募集说明书等债券交易文件一般不会对此明确约定。但募集说明书等文件中同时存在诸如"债券登记托管机构在发行结束后负责债券代理兑付"和"持有所发行的融资券,视同自愿接受本募集说明书对各项权利义务的约定"等类似规定的,结合该债券交易的实操方式,上海地区法院存在认可该债券登记托管机构所在地为当事人约定的债券交易履行地的案例,认为该地法院具有管辖权。经案例整理发现,涉案债券品种包括银行间债券市场发行的短期融资券、超短期融资券和中期票据,暂未发现公司债券的债券交易诉讼以登记托管机构所在地视为合同履行地的司法实践。

在债券交易合同对履行地点没有约定或约定不明的情形下，根据《民事诉讼法司法解释》第18条的规定，程序法上的合同履行地应按照争议标的类型确定，此种划分来源于实体法中《合同法》第62条在程序法上的延伸，同时与实体法上合同履行地的确定在内涵、功能和表现上又有所区别。对于民事诉讼中的争议标的，应将其理解为诉讼标的，即当事人所争议的民事实体法律关系或实体权利，在合同纠纷诉讼中具体指向合同的类型或者性质。① 因债券交易纠纷的基础法律关系是借贷债权债务关系，债券发行人的实体义务和原告投资者的主要诉求都是要求按约履行还本付息，案件争议类型应属于"给付货币"类型，则接收货币一方所在地即为合同履行地。司法实践中，最高人民法院和上海、广东、浙江等地方高级人民法院曾在公司债券交易纠纷案件审理中多次认可原告债券持有人所在地为合同履行地的做法。此外，对于基金产品计划的管理人提起债券交易纠纷案件的情形下，亦可将管理人所在地认可为合同履行地。

级别管辖方面，根据《最高人民法院关于调整高级人民法院和中级人民法院管辖第一审民商事案件标准的通知》，按照当事人住所地和涉诉金额大小确定不同级别的法院管辖。对于债券受托管理人代表多个债券持有人统一提起的债券交易纠纷民事诉讼，是按照各债券持有人单独持有的债券违约金额还是合计持有的债券违约金额确定级别管辖，是司法实践中的一个争议点。对此，最高人民法院曾在案件审理中认可驳回被告管辖权异议的做法，指出是否应由债券持有人分别提起诉讼并据此确定级别管辖，应经对债券受托管理人是否具备原告主体资格进行审理并作出相应认定，但受托管理人是否为案件适格原告，依法应由受理案件的法院经审理作出裁判，不属于管辖权异议案件的审理范围。

（二）债券侵权案件的法定管辖问题

无论是债券欺诈发行还是虚假陈述引发的民事赔偿纠纷，在民事案由上都归属于证券虚假陈述责任纠纷。级别管辖方面，《虚假陈述若干规定》第8条规定，虚假陈述证券民事赔偿案件，由省、自治区、直辖市人民政府所在的市、计划单列市和经济特区中级人民法院管辖，排除了基层人民法院和一般中级人民法院的管辖权。地域管辖方面，尽管欺诈发行和虚假陈述归属于侵权行为，但案件管辖并不是按照一般侵权案件的地域管辖原则。因证券市场民事侵权行为地不具有唯一性且存在认定难度，《虚假陈述若干规定》第9条规定采取"原告就被告"原则，排除了侵权行为发生地法院的管辖，并按照案件被告的不同类型进行了管辖

---

① 刘文勇：《再论合同案件管辖规范中合同履行地规则》，载于《时代法学》2018年第4期。

区分。如前文所述，债券虚假陈述行为的实施主体不仅包括债券发行人和上市公司，还可能牵涉董事、监事、高级管理人员以及相关证券中介机构等其他虚假陈述行为人，故债券违约下的民事赔偿诉讼通常有且主体类型广泛。对于多数被告的情形，具有管辖权的法院范围受到一定限定，原则上由发行人或者上市公司所在地有管辖权的中级人民法院管辖，只有在投资人仅针对发行人或者上市公司以外的虚假陈述行为人提起诉讼的，方由被告所在地有管辖权的中级人民法院管辖。

关于移送管辖，证券虚假陈述民事赔偿案件主要有两种情形：一是发生与破产诉讼的交叉；二是追加被告引发共同管辖。前者是指在债务人的破产申请被法院受理后，当事人提起的有关债务人的民事诉讼案件，应当依据《企业破产法》第21条的规定，由受理破产申请的人民法院管辖。如受理破产申请的人民法院对有关债务人的证券虚假陈述民事赔偿案件不能行使管辖权的，可以依据《民事诉讼法》第37条规定，由上级人民法院指定管辖。后者是指在债券投资者在向法院起诉时仅以其他虚假陈述行为作为被告，根据《虚假陈述若干规定》第10条规定，在满足有当事人申请或者原告同意追加被告的情形下，将发生案件移送发行人或者上市公司法院管辖的结果。出于保障原告选择管辖的诉权考虑，如法院在未获原告同意的情形下依照职权追加共同被告，是为了解决私权纠纷行使公权力，这种结果不是出于原告自愿选择因而不能强行由原告承担，故不能移送发行人或者上市公司所在地法院管辖，属于不告不理原则的延伸。[①] 但该条款在面对"未获原告同意而被告申请追加共同被告"情形之时，存在对"当事人"的理解分歧，进一步延伸出被告是否有权追加共同被告的问题探究。从文义本身进行解读，条款中的"当事人"应指民事诉讼法层面上一般意义的当事人概念，即包括原告以外的其他当事人。就目前司法实践来看，北京、杭州和深圳中级人民法院也采用此种不限于原告的"当事人"一般理解，对于被告申请追加共同被告的，在依法追加共同被告后将案件进行移送审理。同时，最高人民法院于2019年11月正式发布的《全国法院民商事审判工作会议纪要》（以下简称"《九民会议纪要》"）第79条指出，原告以发行人、上市公司以外的虚假陈述行为人为被告提起诉讼，被告申请追加发行人或者上市公司为共同被告的，人民法院应予准许，这也反映出最高人民法院对于被告有权申请追加共同被告的认可态度。但是，从管辖制度的设计意图来看，选择管辖可以理解为调整当事人之间成本分担的一种操作性手段，旨在向着有利于原告的方向与保护被告利益的价值保持某种

[①] 李国光主编：《最高人民法院关于审理证券市场虚假陈述案件司法解释的理解与适用》，人民法院出版社2015年版，第156页。

平衡。① 其中，在面临共同管辖情形下，原告有权选择对自己的案件最为有利的管辖法院进行审理，是选择管辖制度在原告利益保护方面的一个重要保障。如将"当事人"概念进行一般认定，则作为其他虚假陈述行为人的被告无论是出于自身免除责任的利益考虑还是拖延诉讼时间的考虑，都必然会提出申请追加共同被告并进而提出管辖权异议。② 在此情形下的案件移送管辖，不仅会架空《虚假陈述若干规定》第 9 条规定的原告选择管辖权利，还与此前法院依据职权追加共同被告的同时仍尊重原告选择管辖权利的思路相背离。故在没有其他受诉法院先行立案的情形下，应当对《虚假陈述若干规定》第 10 条的"当事人"作目的性限缩解释使其仅限于原告，即便允许被告申请追加共同被告，但案件移送管辖仍应以原告申请或原告同意为要件。

（三）约定管辖条款的效力问题

在债券发行与认购过程中通常存在多个交易文本，争议解决事项的约定通常是在债券交易文件中设置法院管辖条款或仲裁条款，而非另行签订专门的管辖协议或仲裁协议。管辖条款或协议以当事人各方之间的意思表示一致为形成基础，其效力在于赋予或排除特定法院的管辖权，具有一定的程序性特征。如管辖条款或协议系当事人双方的真实意思表示，且不违反级别管辖和专属管辖相关法律规定的，应属合法有效。同时，还应注意募集说明书、债券认购协议等配套文件在争议解决事项约定上的一致性，避免相同事项的条款之间相互矛盾而导致约定无效或约定不明，从而影响条款效力，不利于推进诉讼进程。另外，结合《民事诉讼法》第 34 条规定，对于合同或者其他财产权益纠纷，当事人可约定管辖的法院所在地包括被告住所地、合同履行地、合同签订地、原告住所地、标的物所在地等与争议有实际联系的地点。另外，受托管理人虽不是债券交易法律关系的实体当事人，但实践中存在将债券受托管理人住所地法院作为约定管辖法院的做法。最高人民法院曾在案件审理中对此予以认可，主要是基于涉案债券的债券受托管理人同时也是债券主承销商的情况。由于债券主承销商是债券发行人与持有人的中间人，对债券交易起到桥梁纽带作用，应认为其住所地与案件争议有实际联系，所以法院认为以债券受托管理人所在地法院为管辖法院的约定合法有效。

结合目前实践状况，债券交易文件中的争议解决事项约定主要是针对三类情

---

① 王亚新：《民事诉讼管辖：原理、结构及程序的动态》，载于《当代法学》2016 年第 2 期。
② 曹明哲：《证券虚假陈述责任纠纷中的选择管辖与移送管辖——兼议〈虚假陈述民事赔偿规定〉第 10 条第解释与管辖设计》，载郭锋主编：《金融服务法评论》（第十卷），中国法制出版社 2019 年版，第 349 页。

形：第一，发行人与债券持有人之间就债券交易法律关系产生的争议或纠纷；第二，发行人与债券受托管理人之间就受托管理法律关系产生的争议或纠纷；第三，就债券持有人会议的召集、召开、表决程序及决议合法有效性产生的争议或纠纷。在具体适用上，不同类型争议或纠纷涉及的法律关系、权利义务和当事人构成都不一样，针对三类情形的争议解决条款仅适用于各自明确约定的争议或纠纷，不能混同。例如，如果债券交易文件中的争议解决条款是针对受托管理协议引起或与之相关的争议或纠纷，则该约定仅适用债券发行人与债券受托管理人之间因债券受托管理人协议引发的纠纷，不适用债券违约引发的债券交易纠纷，对债券持有人也不具有约束力。同样，就债券合同纠纷约定的前述三类争议解决条款，不仅对证券中介机构不具有约束力，也不能适用于发行人和证券中介机构涉及的欺诈发行或虚假陈述责任纠纷的管辖问题。但是，对于债券持有人与发行人之间的债券兑付纠纷，相关管辖约定不仅适用于代表资产管理产品起诉的管理人，也适用于代表债券持有人起诉的受托管理人。这并非约束主体的扩张，也并非管辖约定的混同适用，而是这两类主体虽能代表债券持有人以自己的名义提起债券违约之诉，但案件实质仍是债券持有人与发行人之间的证券合同争议，因此，仍应按照债券持有人与发行人之间就债券交易纠纷约定的协议管辖条款判断法院是否具有管辖权。

二、案件受理的前置程序

立案是保障当事人行使诉讼权利的第一环节，是人民法院启动诉讼程序和连接审判工作的传送带。对于证券虚假陈述民事赔偿案件受理的前置程序是否保留问题，一直是理论和实务界中的一个争议点。债券作为证券的一种类型，其发行和管理中的欺诈发行和虚假陈述行为所引发的民事赔偿诉讼，案由归属于证券虚假陈述责任纠纷。结合《虚假陈述若干规定》第6条规定，证券虚假陈述民事赔偿责任纠纷案件的受理和审理，应以有关机关的行政处罚决定或者人民法院的刑事裁判文书作为前提条件。依照该文件第11条规定，即便法院已经受理该赔偿案件，前置条件的后续状态亦会对诉讼程序的推进产生影响。如受行政处罚当事人对行政处罚不服申请行政复议或者提起行政诉讼的，法院可以裁定中止审理该民事赔偿案件；如相关行政处罚被撤销的，法院则应当裁定终结诉讼。在我国证券市场发展之初，虚假陈述行为的司法认定和审查经验尚不充足，通过行政前置程序的有效过滤，可有效避免滥诉行为的发生，减轻法院的诉讼压力。但是，诉讼前置程序的设置毕竟是对当事人诉诸法院行使权利的一种限制，不利于对证券侵权行为的责任追究。随着我国金融市场改革发展不断深化，金融服务相关主体的行为失范频多，虚假陈述行为所引发的证券纠纷大量增加，证券诉讼审判经验不断积累，金融消费者权益保护和金融市场乱象整治成为金融市场改革的重要关切。前置程序的设置虽能一定程度上减轻了投资者对于虚假陈述违法性的举证难度，但也加重了投资者的起诉难度，将私人执行机制置于公权力的控制之下，使其诉权行使完全受制于行政机关的作为。民事赔偿诉讼中关于民事责任的认定和追究与行政责任和刑事责任有着鲜明的界分，不同的法律责任所承载的功能和认定的标准都各有不同，应承担民事责任的行为未必就达到应接受行政处罚或刑事处罚的程度，这种对法律责任标准的混用表现出"司法权自愿退缩、受行政权的约束和限制"①，不利于司法救济机制充分发挥效用。"自然人、法人或者其他组织的身份证明文件"以及"进行交易的凭证等投资损失证据材料"，从理论上已足以证明投资者为正当原告。如将行政处罚或刑事处罚文件视为起诉条件，要求投资者在起诉时通过证明证券虚假陈述行为的事实存在来证明自己是正当原告，则是混淆了程序上原告与正当原告的概念。② 因此，自《虚假陈述若干规定》出台以来，理论界对于证券虚假陈述民事赔偿责任案件受理中前置程序的设置一直有着诸多质疑。

合理规范民事赔偿诉讼的受理条件，是加强金融消费者权益保护的重要内容。自我国案件受理制度从立案审查制向立案登记制转变以来，法院秉持有案必立、有诉必理的工作要求，呈现出简化立案程序、保护诉讼权利的趋势，避免案件实质审理前置于立案受理阶段。最高人民法院于2015年在《关于当前商事审判工作中的若干具体问题》中进一步指出，根据立案登记司法解释规定，因虚假陈述、内幕交易和市场操纵行为引发的民事赔偿案件，立案受理时不再以监管部门的行政处罚和生效的刑事判决认定为前置条件，体现出证券虚假陈述民事赔偿责任纠纷案件开始取消受理前置程序的司法倾向。但是，裁判请求权属于基本权利范畴，民事诉讼前置程序的有关规定必须由法律予以规定，前述意见的性质仅为法院系统的内部工作文件，并不具有实质性的法律效力。结合目前司法实践，各个法院在受理证券虚假陈述民事赔偿责任纠纷案件时对于前置程序的适用大致分为三种做法：认可、不认可和部分不认可，主要争议点集中在法律适用上。一方面，尽管《虚假陈述若干规定》已施行十余年，目前证券市场实际情况已发生一定改变，但现行立法没有对《虚假陈述若干规定》第6条规定的前置程序予以明文废除或修订，《虚假陈述若干规定》目前仍然具有效力。不少法院仍依照该司法解释的规定，将行政处罚决定或刑事裁判文书作为民事赔偿诉讼案件立案受

---

① 王建敏：《证券民事诉讼的形式以及前置程序分析》，载于《政法论丛》2005年第4期。
② 谭秋桂：《证券民事赔偿案件诉讼程序若干问题分析》，载于《现代法学》2005年第1期。

理的法定前置条件。尽管在立案登记制实施后，法院进行登记立案时虽不当然审查原告是否提交相关行政处罚决定或刑事裁判文书，但案件受理后如经审查发现当事人不能依法提供前述法律文件的，法院仍将以不符合起诉条件为由裁定驳回起诉。另一方面，也有部分地方高级人民法院认为，应当依照 2015 年《最高人民法院关于人民法院登记立案若干问题的规定》（以下简称"《立案若干规定》"）审查原告起诉是否符合民事诉讼法规定的起诉和受理条件。其中，该规定第 20 条明确规定，以往立案相关规定与该规定不一致的，按照本规定执行。在立案登记制背景下，只要符合《民事诉讼法》第 119 条规定的起诉条件，满足原告与案件有直接利害关系、明确被告、具体诉求和事实理由的，即属于法院受理民事诉讼的范围，法院依照《虚假陈述若干规定》的案件受理前置规定，在原告不能提交行政处罚决定和刑事裁判文书的情形下裁定驳回起诉，系适用法律不当，应当继续案件实体审理。另外，会计师事务所作为证券市场中重要的专业中介机构，也是证券虚假陈述行为的责任追究主体之一。《审计侵权若干规定》并未规定对案件受理须有前置程序。因此，也有法院认为，关于案件受理条件的法律适用要结合案件的被告情况确定。对于请求审计机构承担证券虚假陈述侵权赔偿的民事案件，《虚假陈述若干规定》难以作为特别规定予以适用，且《审计侵权若干规定》的出台晚于《虚假陈述若干规定》，故案件的起诉受理无需经行政处罚或刑事裁判的前置条件，不得以行政处罚或刑事裁判的前置条件为由驳回起诉，应当继续案件实体审理。

近年来，随着债券违约的常态化，债券侵权案件的数量和规模日益增加。结合上述证券虚假陈述民事赔偿诉讼的司法实践情况，案件立案和受理的法律适用问题仍未有统一的裁判意见。目前，就债券纠纷尚未有一部体系化的专门法律予以规范，现行《证券法》和《民事诉讼法》没有针对证券案件受理作出特别规定，最高人民法院发布的《虚假陈述若干规定》虽是专门针对证券虚假陈述民事赔偿责任纠纷，但出台多年未曾更新，与证券市场实践的新变化存在滞后之处，且与其后出台的《审计侵权若干规定》《立案若干规定》等文件存在不一致之处。为更好化解债券违约纠纷和统一法律适用，2019 年 12 月底召开了全国法院审理债券纠纷案件座谈会。该座谈会会议纪要（征求意见稿）再次明确，对于债券欺诈发行和虚假陈述引发的民事赔偿诉讼，符合《民事诉讼法》第 119 条规定的，法院应当予以受理。但与此前《关于当前商事审判工作中的若干具体问题》一样，该会议纪要不是司法解释，不具备法律效力，虽能体现当前司法倾向，但不能作为裁判依据直接援引，不足以达到统一法律适用的实质效果。总体来看，对于证券虚假陈述民事赔偿案件的立案和受理，司法实践出现的法律适用混乱问题归根结底在于缺乏一个匹配目前证券市场发展实际的位阶较高的法律规定，未来可通过法律修订或者新法颁布的方式，真正实现前置程序的取消。但是，即便取消案件受理前置程序，生效的行政处罚或刑事裁判将仍是案件实体审理中认定虚假陈述行为的重要依据，对证券虚假陈述民事责任的追究影响重大。

伴随虚假陈述民事诉讼前置程序的取消，随之而来是诉讼时效的计算问题。根据《虚假陈述若干规定》第 5 条的规定，证券虚假陈述民事诉讼的诉讼时效期间为两年，从行政处罚决定作出之日或刑事判决生效之日起算；有两个以上行政处罚，或者既有行政处罚又有刑事裁判的，以最先作出的行政处罚或刑事判决之日为诉讼时效起算日。自原《民法总则》生效以来，除法律另有规定以外，原来的两年诉讼时效一般规定变更为三年，自权利人知道或者应当知道权利受到损害以及义务人之日起计算。如未来正式取消行政处罚或刑事裁判的前置程序，则虚假陈述民事诉讼的诉讼时效起算日也须相应地另作规定。

参考文献

[1] 高坚:《中国债券资本市场》,经济科学出版社2009年版。
[2] 沈炳熙、曹媛媛:《中国债券市场:30年改革与发展》,北京大学出版社2014年版。
[3] 毛振华:《中国债券市场信用风险与违约案例研究》,中国社会科学出版社2017年版。
[4] 何志刚:《中国债券市场微观结构研究》,中国经济出版社2011年版。
[5] 何志刚:《中国企业债券市场:效应与发展模式》,中国经济出版社2006年版。
[6] 马永波:《中国债券市场分层问题研究》,中国金融出版社2017年版。
[7] 王博森:《中国债券市场:分析与研究》,人民出版社2015年版。
[8] 陈剑:《改革转型中的政策性银行金融债券研究》,中国金融出版社2014年版。
[9] 周沅帆:《公司债券》,中信出版社2011年版。
[10] 闫屹:《我国公司债券市场发展滞后的制度因素研究》,人民出版社2012年版。
[11] 袁东:《中国债券流通市场运行实证研究》,经济科学出版社2004年版。
[12] 安义宽:《中国公司债券:功能分析与市场发展》,中国财政经济出版社2006年版。
[13] 时文朝:《中国债券市场:发展与创新》,中国金融出版社2011年版。
[14] 冯光华:《中国债券市场发展问题研究》,中国金融出版社2008年版。
[15] 袁东:《债券市场:交易制度与托管结算》,经济科学出版社2005年版。
[16] 安国俊:《债券市场发展与金融稳定研究》,经济科学出版社2013年版。
[17] 张馨:《透视中国公共债务问题:现状判断与风险化解》,中国财政经济出版社2004年版。
[18] 李萍:《地方政府债务管理:国际比较与借鉴》,中国财政经济出版社

2009 年版。

[19] 李朝鲜：《财政或有负债与财政风险研究》，人民出版社 2008 年版。

[20] 李东兴：《地方政府融资平台债务风险管理研究》，中国社会科学出版社 2014 年版。

[21] 付传明：《中国地方公债发展研究》，武汉大学出版社 2016 年版。

[22] 时红秀：《财政分权、政府竞争与中国地方政府的债务》，中国财政经济出版社 2007 年版。

[23] 刘星、岳中志、刘谊：《地方政府债务风险预警机制研究》，经济管理出版社 2005 年版。

[24] 沈炳熙：《资产证券化：中国的实践》，北京大学出版社 2013 年版。

[25] 聂庆平：《证券借贷理论与实务》，中国财政经济出版社 2015 年版。

[26] 龚仰树：《固定收益证券》，上海财经大学出版社 2012 年版。

[27] 谢多：《中国银行间市场固定收益产品交易实务》，中国金融出版社 2005 年版。

[28] 张光平：《人民币国际化和产品创新》，中国金融出版社 2016 年版。

[29] 冯果：《债券市场风险防范的法治逻辑》，法律出版社 2016 年版。

[30] 洪艳蓉：《金融监管治理：关于证券监管独立性的思考》，北京大学出版社 2017 年版。

[31] 管斌：《金融法的风险维度》，法律出版社 2015 年版。

[32] 廖大颖：《公司债法理之研究——论公司债制度之基础思维与调整》，正典文化出版有限公司 2003 年版。

[33] 李扬：《中国债券市场 2018》，社会科学文献出版社 2018 年版。

[34] 吴晓求：《中国资本市场制度变革研究》，中国人民大学出版社 2013 年版。

[35] 王小亚、杨金梅：《中国银行间市场发展路径》，中国金融出版社 2013 年版。

[36] 马庆泉、吴清主编：《中国证券史（第 2 卷）1999~2007 年》，中国金融出版社 2009 年版。

[37] 董仕军：《中国地方政府投融资平台公司改革与债务风险防控》，经济管理出版社 2015 年版。

[38] 赖勤学：《转型与立序：公共财政与宪政转型》，知识产权出版社 2007 年版。

[39] 黎四奇：《后危机时代问题金融机构处置法律制度完善研究》，世界图书出版公司 2014 年版。

[40] 周刚志:《财政分权的宪政原理——政府间财政关系之宪法比较研究》,法律出版社 2010 年版。

[41] 武志:《中国经济转轨中的金融发展》,科学出版社 2014 年版。

[42] 叶珊:《财政赤字的法律控制》,北京大学出版社 2013 年版。

[43] 何风隽:《中国转型经济中的金融资源配置研究》,社会科学文献出版社 2010 年版。

[44] 陈忠:《规则论——研究视阈与核心问题》,人民出版社 2008 年版。

[45] 曾宛如:《证券交易法原理》,元照出版公司 2008 年版。

[46] 沈岿:《风险规制与行政法新发展》,法律出版社 2013 年版。

[47] 何显明:《市场化进程中的地方政府行为逻辑》,人民出版社 2008 年版。

[48] 张维迎:《市场的逻辑》(增订版),上海人民出版社 2012 年版。

[49] 张维迎:《通往市场之路》,浙江大学出版社 2012 年版。

[50] 朱海就:《大改革:中国市场化改革的理论与现实取向》,福建教育出版社 2012 年版。

[51] 郑彧:《证券市场有效监管的制度选择——以转轨时期我国证券监管制度为基础的研究》,法律出版社 2012 年版。

[52] 林毅夫:《新结构经济学:反思经济发展与政策的理论框架》(增订版),苏剑译,北京大学出版社 2014 年版。

[53] 任碧云:《中国金融市场化改革与制度创新》,南开大学出版社 2016 年版。

[54] 李昌麒:《中国改革发展成果分享法律机制研究》,人民出版社 2011 年版。

[55] 江春:《金融改革和金融发展:理论与实践的回顾及反思》,人民出版社 2012 年版。

[56] 冯辉:《论经济国家——以经济法学为语境的研究》,中国政法大学出版社 2011 年版。

[57] 张守文:《当代中国经济法理论的新视域》,中国人民大学出版社 2018 年版。

[58] 李格平:《金融市场化改革中的货币市场》,社会科学文献出版社 2008 年版。

[59] 刘迎霜:《公司债:法理与制度》,法律出版社 2008 年版。

[60] 张付标:《证券投资者适当性制度研究》,上海三联书社 2015 年版。

[61] 赵磊:《信用评级失灵的法律治理——美国次贷危机对中国的启示》,中国政法大学出版社 2013 年版。

[62] 高汉：《金融创新背景下的信用评级及监管的法律经济学分析》，法律出版社 2012 年版。

[63] 陈志武：《金融的逻辑》，国际文化出版公司 2009 年版。

[64] 韩龙、彭秀坤、包勇恩：《金融风险防范的法律制度研究——以我国金融业对外开放为重心》，中国政法大学出版社 2012 年版。

[65] 陈洁：《证券法的变革与走向》，法律出版社 2011 年版。

[66] 何志刚：《中国企业债券市场：效应与发展模式》，中国经济出版社 2006 年版宏：《中国企业债券市场研究》，中国计划出版社 2007 年版。

[67] 葛伟军：《公司资本制度和债权人保护的相关法律问题》，法律出版社 2007 年版。

[68] 仇晓光：《公司债权人利益保护对策研究——以风险控制与治理机制为中心》，中国社会科学出版社 2011 年版。

[69] 陈华彬：《债法各论》，中国法制出版社 2014 年版。

[70] 尹正友、张兴祥：《中美破产法律制度比较研究》，法律出版社 2009 年版。

[71] [美] 弗朗索瓦·塞尔·莱比腾：《对冲基金手册》，陈道轮、邵俊丽译，上海交通大学出版社 2014 年版。

[72] [美] 明斯基著：《稳定不稳定的经济——一种金融不稳定视角》，石宝峰、张慧卉译，清华大学出版社 2010 年版。

[73] [美] 莱因哈特、[美] 罗格夫著：《这次不一样？800 年金融荒唐史》，綦相等译，机械工业出版社 2010 年版。

[74] [美] 法博兹：《债券市场：分析和策略》，李伟平译，北京大学出版社 2007 年版。

[75] [美] 伯恩斯坦著：《与天为敌——风险探索传奇》，毛二万、张顺明译，清华大学出版社 1999 年版。

[76] [美] 约翰·C.科菲：《看门人机制：市场中介与公司治理》，黄辉、王长河等译，北京大学出版社 2011 年版。

[77] [美] 维托·坦茨：《政府与市场——变革中的政府职能》，王宇等译，商务印书馆 2016 年版。

[78] [美] 华莱士·E.奥茨：《财政联邦主义》，译林出版社 2012 年版。

[79] [美] 罗纳德·I.麦金农：《经济市场化的次序：向市场经济过渡时期的金融控制》，周庭煌等译，格致出版社 2015 年版。

[80] [美] 唐纳德·凯特尔：《权力共享——公共治理与私人市场》，孙迎春译，北京大学出版社 2009 年版。

[81]［美］迈尔斯·利文斯顿：《债券与债券衍生产品》（第二版），周琼琼、李成军译，上海财经大学出版社 2015 年版。

[82]［美］弗兰克·J. 法博齐：《债券市场：分析与策略》，路蒙佳译，中国人民大学出版社 2016 年版。

[83]［美］理查德·波斯纳：《资本主义的失败》，沈明译，北京大学出版社 2009 年版。

[84]［美］托马斯·李·哈森：《证券法》，张学安等译，中国政法大学出版社 2003 年版。

[85]［美］路易斯·D. 布兰代斯：《别人的钱》，胡凌斌译，法律出版社 2008 年版。

[86]［英］霍华德·戴维斯：《黑名单：谁是金融危机的元凶》，王萌、蔡宇译，格致出版社、上海人民出版社 2011 年版。

[87]［英］安东尼·吉登斯著：《失控的世界》，周红云译，江西人民出版社 2001 年版。

[88]［英］彼得·诺曼：《管道工程师与梦想家——证券结算和欧洲金融市场》，董屹、卓贤译，中国发展出版社 2016 年版。

[89]［英］波兰尼：《大转型：我们时代的政治与经济起源》，冯钢、刘阳译，浙江人民出版社 2007 年版。

[90]［德］乌尔里希·贝克：《风险社会》，何博闻译，译林出版社 2004 年版。

[91]［德］沃尔夫：《风险法的风险》，载刘刚编译：《风险规制：德国的理论与实践》，法律出版社 2012 年版。

[92]［德］路德维希·艾哈德：《社会市场经济之路》，丁安新译，武汉大学出版社 1998 年版。

[93]［德］迪特尔·梅迪库斯：《请求权基础》，陈卫佐等译，法律出版社 2012 年版。

[94]［西］贾维尔·埃斯特拉达：《果壳里的金融学》，张桦译，浙江人民出版社 2009 年版。

[95]［韩］Kim‐Hwajin：《资本市场法理论》，韩国博英社 2014 年版。

后 记

本书是本人主持的教育部哲学社会科学研究重大课题攻关项目的最终成果。

众所周知，债券市场既是资本市场的重要组成部分，也是政府宏观调控的重要平台，可以为货币政策、财政政策和产业政策的实施提供有效支持。党的十八届三中全会通过的《中共中央关于全面深化改革若干重大问题的决定》明确要求"健全多层次资本市场体系……发展并规范债券市场，提高直接融资比重"，这一顶层设计预示着发展债券市场成为了全面深化改革时期资本市场建设和完善的重要任务。但受制于"重股轻债"思维的束缚，我国债券市场的法律制度供给亟待提升，与此相对应的学术研究成果更显不足。特别是在防范化解金融风险攻坚战和推进供给侧结构性改革的背景下，探索在我国债券市场建立市场化法制化风险防范体系，不仅是维护债券市场安全与稳定、实现我国债券市场繁荣发展的必由之路，也是助力债券市场法律制度改革与完善、推进债券市场法律问题研究深化的不二选择。基于此，我们申报了2014年教育部哲学社会科学重大课题攻关项目"我国债券市场建立市场化法制化风险防范体系研究"，并有幸获得批准。

纸上得来终觉浅，绝知此事要躬行。回首过去数年的研究历程，我们不禁感慨万千。课题组按时进行开题论证会，多次组织实地调研，举办高端学术论坛，撰写研究报告和咨询要报，推动学术成果转化，主动服务于国家决策以及立法和司法需求，在取得较为丰硕研究成果的同时，也产生了较大的社会影响。就学术成果而言，课题组围绕着债券市场风险防范机制的基础理论和具体制度问题进行了较为系统、深入的研究，在国内外各类期刊中发表论文共计64篇，其中在《中国社会科学》、《中国法学》（英文版）、《政法论坛》、《现代法学》、《法学》等权威及核心期刊发表论文40篇，出版学术专著1部。就成果转化而言，课题组先后向中共中央办公厅、全国人大常委会、最高人民法院、证监会等机构提供十余份咨询报告，积极服务于国家重大决策和立法、司法需求，为公司法、证券法等立法完善及资本市场制度建设作出了积极贡献。

本书可能的创新性至少体现在两个方面：一是对债券市场风险的生成机理和

防范机制进行了系统性研究，深度契合"防范化解重大风险"的公共政策需求，为国家决策和相关法律制度完善做出了积极贡献；二是在信息披露、债券违约处置机制、地方政府融资风险控制等方面进行了创新性研究，拓展了债券市场风险防范体系的法律研究深度，提出了一系列新观点和新论断，提升了债券市场法制的研究水准。其中，在信息披露方面，本书对契合债券本质的信息披露制度进行了创新性研究，揭示了债券市场信息披露的制度功能和理性诉求，提出以偿债能力为中心重新建构债券市场信息披露制度；在债券违约处置机制方面，本书对债券违约风险化解机制进行了创新研究，厘清债券契约的商事属性，提出债券违约的治理分层命题，认为债券违约的风险化解应以民商事规制的私法自治为基础，以证券金融法规制的公法指导为保障；在地方政府融资风险控制方面，本书对地方债务置换的法律问题进行了创新性研究，提出其制度本质是财政与金融之间的风险再分配，认为地方债务置换的制度重心应当从风险分配转向风险规制，防止财政风险与金融风险交织传染所引发的系统性风险，推进财政金融法制的协同性变革。

虽然在课题研究的过程中，我们力求秉持求真务实和精益求精的态度，尝试在债券法制这一相对孤寂的学术领域能够做出创新性的研究成果，本课题成果也已经获得了评审专家的肯定并顺利结项，但我们也清晰地认识到，本书还存在不少缺憾。特别是债券市场风险防范属于一个跨学科研究课题，但囿于学科结构局限，本书限于从法学学科角度进行分析和探讨，跨学科研究和实证研究明显不足。除此之外，研究的精细化程度仍有待提升，研究成果的转化还可以进一步加强，不少结论也有待实践的进一步检验。这是我们下一步继续努力的方向。

正所谓"作品既成，作者已死"，本书的意义和价值只能留给读者去评判。我们在此重点想表达的是由衷的感恩之心和感谢之意。我们要感恩这个伟大的时代，其虽然问题丛生、风险重重，却孕育着无限的机会和可能，每一个拥有梦想的人都应该不负新时代，努力争先，有所作为。我们要深深感谢教育部对本课题的大力资助以及教育部高校社科评价中心，尤其是李建平主任对课题的精心指导，这是确保课题顺利推进和本书顺利出版的基础和前提。

我们感恩并铭记学界同仁的指导、关心和帮助。首先，我们要感谢开题评审时罗培新、李有星、汪鑫、江春、许多奇、刘迎霜、熊伟等评审专家为课题研究所提供的宝贵建议，更要感谢张龙平、周友苏、蒋大兴、彭真明、肖卫国、叶永刚、傅穹、许多奇、常健等教授为课题顺利进行所给予的无私帮助。在课题研究过程中，证券法研究会郭锋会长以及甘培忠、施天涛、洪艳蓉、常健、王升义、肖金锋等诸位专家均为课题研究给予了高度关注和细心指导，中国证监会、财政部、全国银行间交易商协会、中债登、上交所、深交所、天风证券等机构为调研活动的顺利开展提供了极大便利和多方面支持,武汉大学社科部为课题研究提供了坚实组织保障,武汉大学资本市场法治研究中心李宗、薛亦飒、贾海东、范鑫、刘军、周潇潇等博士或硕士研究生仔细校对文稿,付出了艰辛的劳动。此外,在本书写作过程中,我们参阅了大量国内外文献资料,对这些作者恕无法一一列举他们的名字,在此一并致谢。最后,尤其要感谢经济科学出版社及编辑老师的精心编校,没有他们的辛勤付出,这本书不可能最终面世!

本书是集体智慧的结晶。具体的写作分工是:张梁(中南财经政法大学法学院讲师)撰写第一章;冯果(武汉大学法学院教授)和谢贵春(上海证券交易所资深经理)撰写第二章;阎维博(武汉理工大学法学与人文社会学院讲师)撰写第三章;张弋羲(深圳职业技术大学经济学院讲师)撰写第四章;李安安(武汉大学法学院副教授)撰写第五章;窦鹏娟(华东政法大学经济法学院副教授)撰写第六章;张阳(武汉大学法学院特聘副研究员)撰写第七章;张东昌(湖南大学法学院副教授)撰写第八章、第十章;袁康(武汉大学法学院教授)撰写第九章;南玉梅(武汉大学法学院副教授)和段丙华(中南财经政法大学法学院副教授)撰写第十一章;冯果和刘怿(中央国债登记结算有限责任公司博士后研究人员)撰写第十二章。全书由主编负责统稿。在统稿过程中,尽管主编对各章节进行了精心调整,以实现文字风格的近似性和观点的协调性,但差异性问题依然存在,错讹之处难以避免,恳请读者批评指正。

冯　果

教育部哲学社会科学研究重大课题攻关项目成果出版列表

序号	书　名	首席专家
1	《马克思主义基础理论若干重大问题研究》	陈先达
2	《马克思主义理论学科体系建构与建设研究》	张雷声
3	《马克思主义整体性研究》	逄锦聚
4	《改革开放以来马克思主义在中国的发展》	顾钰民
5	《新时期　新探索　新征程——当代资本主义国家共产党的理论与实践研究》	聂运麟
6	《坚持马克思主义在意识形态领域指导地位研究》	陈先达
7	《当代资本主义新变化的批判性解读》	唐正东
8	《当代中国人精神生活研究》	童世骏
9	《弘扬与培育民族精神研究》	杨叔子
10	《当代科学哲学的发展趋势》	郭贵春
11	《服务型政府建设规律研究》	朱光磊
12	《地方政府改革与深化行政管理体制改革研究》	沈荣华
13	《面向知识表示与推理的自然语言逻辑》	鞠实儿
14	《当代宗教冲突与对话研究》	张志刚
15	《马克思主义文艺理论中国化研究》	朱立元
16	《历史题材文学创作重大问题研究》	童庆炳
17	《现代中西高校公共艺术教育比较研究》	曾繁仁
18	《西方文论中国化与中国文论建设》	王一川
19	《中华民族音乐文化的国际传播与推广》	王耀华
20	《楚地出土戰國簡册［十四种］》	陈　伟
21	《近代中国的知识与制度转型》	桑　兵
22	《中国抗战在世界反法西斯战争中的历史地位》	胡德坤
23	《近代以来日本对华认识及其行动选择研究》	杨栋梁
24	《京津冀都市圈的崛起与中国经济发展》	周立群
25	《金融市场全球化下的中国监管体系研究》	曹凤岐
26	《中国市场经济发展研究》	刘　伟
27	《全球经济调整中的中国经济增长与宏观调控体系研究》	黄　达
28	《中国特大都市圈与世界制造业中心研究》	李廉水

序号	书　名	首席专家
29	《中国产业竞争力研究》	赵彦云
30	《东北老工业基地资源型城市发展可持续产业问题研究》	宋冬林
31	《转型时期消费需求升级与产业发展研究》	臧旭恒
32	《中国金融国际化中的风险防范与金融安全研究》	刘锡良
33	《全球新型金融危机与中国的外汇储备战略》	陈雨露
34	《全球金融危机与新常态下的中国产业发展》	段文斌
35	《中国民营经济制度创新与发展》	李维安
36	《中国现代服务经济理论与发展战略研究》	陈　宪
37	《中国转型期的社会风险及公共危机管理研究》	丁烈云
38	《人文社会科学研究成果评价体系研究》	刘大椿
39	《中国工业化、城镇化进程中的农村土地问题研究》	曲福田
40	《中国农村社区建设研究》	项继权
41	《东北老工业基地改造与振兴研究》	程　伟
42	《全面建设小康社会进程中的我国就业发展战略研究》	曾湘泉
43	《自主创新战略与国际竞争力研究》	吴贵生
44	《转轨经济中的反行政性垄断与促进竞争政策研究》	于良春
45	《面向公共服务的电子政务管理体系研究》	孙宝文
46	《产权理论比较与中国产权制度变革》	黄少安
47	《中国企业集团成长与重组研究》	蓝海林
48	《我国资源、环境、人口与经济承载能力研究》	邱　东
49	《"病有所医"——目标、路径与战略选择》	高建民
50	《税收对国民收入分配调控作用研究》	郭庆旺
51	《多党合作与中国共产党执政能力建设研究》	周淑真
52	《规范收入分配秩序研究》	杨灿明
53	《中国社会转型中的政府治理模式研究》	娄成武
54	《中国加入区域经济一体化研究》	黄卫平
55	《金融体制改革和货币问题研究》	王广谦
56	《人民币均衡汇率问题研究》	姜波克
57	《我国土地制度与社会经济协调发展研究》	黄祖辉
58	《南水北调工程与中部地区经济社会可持续发展研究》	杨云彦
59	《产业集聚与区域经济协调发展研究》	王　珺

序号	书　名	首席专家
60	《我国货币政策体系与传导机制研究》	刘　伟
61	《我国民法典体系问题研究》	王利明
62	《中国司法制度的基础理论问题研究》	陈光中
63	《多元化纠纷解决机制与和谐社会的构建》	范　愉
64	《中国和平发展的重大前沿国际法律问题研究》	曾令良
65	《中国法制现代化的理论与实践》	徐显明
66	《农村土地问题立法研究》	陈小君
67	《知识产权制度变革与发展研究》	吴汉东
68	《中国能源安全若干法律与政策问题研究》	黄　进
69	《城乡统筹视角下我国城乡双向商贸流通体系研究》	任保平
70	《产权强度、土地流转与农民权益保护》	罗必良
71	《我国建设用地总量控制与差别化管理政策研究》	欧名豪
72	《矿产资源有偿使用制度与生态补偿机制》	李国平
73	《巨灾风险管理制度创新研究》	卓　志
74	《国有资产法律保护机制研究》	李曙光
75	《中国与全球油气资源重点区域合作研究》	王　震
76	《可持续发展的中国新型农村社会养老保险制度研究》	邓大松
77	《农民工权益保护理论与实践研究》	刘林平
78	《大学生就业创业教育研究》	杨晓慧
79	《新能源与可再生能源法律与政策研究》	李艳芳
80	《中国海外投资的风险防范与管控体系研究》	陈菲琼
81	《生活质量的指标构建与现状评价》	周长城
82	《中国公民人文素质研究》	石亚军
83	《城市化进程中的重大社会问题及其对策研究》	李　强
84	《中国农村与农民问题前沿研究》	徐　勇
85	《西部开发中的人口流动与族际交往研究》	马　戎
86	《现代农业发展战略研究》	周应恒
87	《综合交通运输体系研究——认知与建构》	荣朝和
88	《中国独生子女问题研究》	风笑天
89	《我国粮食安全保障体系研究》	胡小平
90	《我国食品安全风险防控研究》	王　硕

序号	书　名	首席专家
91	《城市新移民问题及其对策研究》	周大鸣
92	《新农村建设与城镇化推进中农村教育布局调整研究》	史宁中
93	《农村公共产品供给与农村和谐社会建设》	王国华
94	《中国大城市户籍制度改革研究》	彭希哲
95	《国家惠农政策的成效评价与完善研究》	邓大才
96	《以民主促进和谐——和谐社会构建中的基层民主政治建设研究》	徐　勇
97	《城市文化与国家治理——当代中国城市建设理论内涵与发展模式建构》	皇甫晓涛
98	《中国边疆治理研究》	周　平
99	《边疆多民族地区构建社会主义和谐社会研究》	张先亮
100	《新疆民族文化、民族心理与社会长治久安》	高静文
101	《中国大众媒介的传播效果与公信力研究》	喻国明
102	《媒介素养：理念、认知、参与》	陆　晔
103	《创新型国家的知识信息服务体系研究》	胡昌平
104	《数字信息资源规划、管理与利用研究》	马费成
105	《新闻传媒发展与建构和谐社会关系研究》	罗以澄
106	《数字传播技术与媒体产业发展研究》	黄升民
107	《互联网等新媒体对社会舆论影响与利用研究》	谢新洲
108	《网络舆论监测与安全研究》	黄永林
109	《中国文化产业发展战略论》	胡惠林
110	《20世纪中国古代文化经典在域外的传播与影响研究》	张西平
111	《国际传播的理论、现状和发展趋势研究》	吴　飞
112	《教育投入、资源配置与人力资本收益》	闵维方
113	《创新人才与教育创新研究》	林崇德
114	《中国农村教育发展指标体系研究》	袁桂林
115	《高校思想政治理论课程建设研究》	顾海良
116	《网络思想政治教育研究》	张再兴
117	《高校招生考试制度改革研究》	刘海峰
118	《基础教育改革与中国教育学理论重建研究》	叶　澜
119	《我国研究生教育结构调整问题研究》	袁本涛 王传毅
120	《公共财政框架下公共教育财政制度研究》	王善迈

序号	书　名	首席专家
121	《农民工子女问题研究》	袁振国
122	《当代大学生诚信制度建设及加强大学生思想政治工作研究》	黄蓉生
123	《从失衡走向平衡：素质教育课程评价体系研究》	钟启泉 崔允漷
124	《构建城乡一体化的教育体制机制研究》	李　玲
125	《高校思想政治理论课教育教学质量监测体系研究》	张耀灿
126	《处境不利儿童的心理发展现状与教育对策研究》	申继亮
127	《学习过程与机制研究》	莫　雷
128	《青少年心理健康素质调查研究》	沈德立
129	《灾后中小学生心理疏导研究》	林崇德
130	《民族地区教育优先发展研究》	张诗亚
131	《WTO主要成员贸易政策体系与对策研究》	张汉林
132	《中国和平发展的国际环境分析》	叶自成
133	《冷战时期美国重大外交政策案例研究》	沈志华
134	《新时期中非合作关系研究》	刘鸿武
135	《我国的地缘政治及其战略研究》	倪世雄
136	《中国海洋发展战略研究》	徐祥民
137	《深化医药卫生体制改革研究》	孟庆跃
138	《华侨华人在中国软实力建设中的作用研究》	黄　平
139	《我国地方法制建设理论与实践研究》	葛洪义
140	《城市化理论重构与城市化战略研究》	张鸿雁
141	《境外宗教渗透论》	段德智
142	《中部崛起过程中的新型工业化研究》	陈晓红
143	《农村社会保障制度研究》	赵　曼
144	《中国艺术学学科体系建设研究》	黄会林
145	《人工耳蜗术后儿童康复教育的原理与方法》	黄昭鸣
146	《我国少数民族音乐资源的保护与开发研究》	樊祖荫
147	《中国道德文化的传统理念与现代践行研究》	李建华
148	《低碳经济转型下的中国排放权交易体系》	齐绍洲
149	《中国东北亚战略与政策研究》	刘清才
150	《促进经济发展方式转变的地方财税体制改革研究》	钟晓敏
151	《中国—东盟区域经济一体化》	范祚军

序号	书名	首席专家
152	《非传统安全合作与中俄关系》	冯绍雷
153	《外资并购与我国产业安全研究》	李善民
154	《近代汉字术语的生成演变与中西日文化互动研究》	冯天瑜
155	《新时期加强社会组织建设研究》	李友梅
156	《民办学校分类管理政策研究》	周海涛
157	《我国城市住房制度改革研究》	高 波
158	《新媒体环境下的危机传播及舆论引导研究》	喻国明
159	《法治国家建设中的司法判例制度研究》	何家弘
160	《中国女性高层次人才发展规律及发展对策研究》	佟 新
161	《国际金融中心法制环境研究》	周仲飞
162	《居民收入占国民收入比重统计指标体系研究》	刘 扬
163	《中国历代边疆治理研究》	程妮娜
164	《性别视角下的中国文学与文化》	乔以钢
165	《我国公共财政风险评估及其防范对策研究》	吴俊培
166	《中国历代民歌史论》	陈书录
167	《大学生村官成长成才机制研究》	马抗美
168	《完善学校突发事件应急管理机制研究》	马怀德
169	《秦简牍整理与研究》	陈 伟
170	《出土简帛与古史再建》	李学勤
171	《民间借贷与非法集资风险防范的法律机制研究》	岳彩申
172	《新时期社会治安防控体系建设研究》	宫志刚
173	《加快发展我国生产服务业研究》	李江帆
174	《基本公共服务均等化研究》	张贤明
175	《职业教育质量评价体系研究》	周志刚
176	《中国大学校长管理专业化研究》	宣 勇
177	《"两型社会"建设标准及指标体系研究》	陈晓红
178	《中国与中亚地区国家关系研究》	潘志平
179	《保障我国海上通道安全研究》	吕 靖
180	《世界主要国家安全体制机制研究》	刘胜湘
181	《中国流动人口的城市逐梦》	杨菊华
182	《建设人口均衡型社会研究》	刘渝琳
183	《农产品流通体系建设的机制创新与政策体系研究》	夏春玉

序号	书名	首席专家
184	《区域经济一体化中府际合作的法律问题研究》	石佑启
185	《城乡劳动力平等就业研究》	姚先国
186	《20世纪朱子学研究精华集成——从学术思想史的视角》	乐爱国
187	《拔尖创新人才成长规律与培养模式研究》	林崇德
188	《生态文明制度建设研究》	陈晓红
189	《我国城镇住房保障体系及运行机制研究》	虞晓芬
190	《中国战略性新兴产业国际化战略研究》	汪　涛
191	《证据科学论纲》	张保生
192	《要素成本上升背景下我国外贸中长期发展趋势研究》	黄建忠
193	《中国历代长城研究》	段清波
194	《当代技术哲学的发展趋势研究》	吴国林
195	《20世纪中国社会思潮研究》	高瑞泉
196	《中国社会保障制度整合与体系完善重大问题研究》	丁建定
197	《民族地区特殊类型贫困与反贫困研究》	李俊杰
198	《扩大消费需求的长效机制研究》	臧旭恒
199	《我国土地出让制度改革及收益共享机制研究》	石晓平
200	《高等学校分类体系及其设置标准研究》	史秋衡
201	《全面加强学校德育体系建设研究》	杜时忠
202	《生态环境公益诉讼机制研究》	颜运秋
203	《科学研究与高等教育深度融合的知识创新体系建设研究》	杜德斌
204	《女性高层次人才成长规律与发展对策研究》	罗瑾琏
205	《岳麓秦简与秦代法律制度研究》	陈松长
206	《民办教育分类管理政策实施跟踪与评估研究》	周海涛
207	《建立城乡统一的建设用地市场研究》	张安录
208	《迈向高质量发展的经济结构转变研究》	郭熙保
209	《中国社会福利理论与制度构建——以适度普惠社会福利制度为例》	彭华民
210	《提高教育系统廉政文化建设实效性和针对性研究》	罗国振
211	《毒品成瘾及其复吸行为——心理学的研究视角》	沈模卫
212	《英语世界的中国文学译介与研究》	曹顺庆
213	《建立公开规范的住房公积金制度研究》	王先柱

序号	书　名	首席专家
214	《现代归纳逻辑理论及其应用研究》	何向东
215	《时代变迁、技术扩散与教育变革：信息化教育的理论与实践探索》	杨　浩
216	《城镇化进程中新生代农民工职业教育与社会融合问题研究》	褚宏启 薛二勇
217	《我国先进制造业发展战略研究》	唐晓华
218	《融合与修正：跨文化交流的逻辑与认知研究》	鞠实儿
219	《中国新生代农民工收入状况与消费行为研究》	金晓彤
220	《高校少数民族应用型人才培养模式综合改革研究》	张学敏
221	《中国的立法体制研究》	陈　俊
222	《教师社会经济地位问题：现实与选择》	劳凯声
223	《中国现代职业教育质量保障体系研究》	赵志群
224	《欧洲农村城镇化进程及其借鉴意义》	刘景华
225	《国际金融危机后全球需求结构变化及其对中国的影响》	陈万灵
226	《创新法治人才培养机制》	杜承铭
227	《法治中国建设背景下警察权研究》	余凌云
228	《高校财务管理创新与财务风险防范机制研究》	徐明稚
229	《义务教育学校布局问题研究》	雷万鹏
230	《高校党员领导干部清正、党政领导班子清廉的长效机制研究》	汪　曦
231	《二十国集团与全球经济治理研究》	黄茂兴
232	《高校内部权力运行制约与监督体系研究》	张德祥
233	《职业教育办学模式改革研究》	石伟平
234	《职业教育现代学徒制理论研究与实践探索》	徐国庆
235	《全球化背景下国际秩序重构与中国国家安全战略研究》	张汉林
236	《进一步扩大服务业开放的模式和路径研究》	申明浩
237	《自然资源管理体制研究》	宋马林
238	《高考改革试点方案跟踪与评估研究》	钟秉林
239	《全面提高党的建设科学化水平》	齐卫平
240	《"绿色化"的重大意义及实现途径研究》	张俊飚
241	《利率市场化背景下的金融风险研究》	田利辉
242	《经济全球化背景下中国反垄断战略研究》	王先林

序号	书　名	首席专家
243	《中华文化的跨文化阐释与对外传播研究》	李庆本
244	《世界一流大学和一流学科评价体系与推进战略》	王战军
245	《新常态下中国经济运行机制的变革与中国宏观调控模式重构研究》	袁晓玲
246	《推进21世纪海上丝绸之路建设研究》	梁　颖
247	《现代大学治理结构中的纪律建设、德治礼序和权力配置协调机制研究》	周作宇
248	《渐进式延迟退休政策的社会经济效应研究》	席　恒
249	《经济发展新常态下我国货币政策体系建设研究》	潘　敏
250	《推动智库建设健康发展研究》	李　刚
251	《农业转移人口市民化转型：理论与中国经验》	潘泽泉
252	《电子商务发展趋势及对国内外贸易发展的影响机制研究》	孙宝文
253	《创新专业学位研究生培养模式研究》	贺克斌
254	《医患信任关系建设的社会心理机制研究》	汪新建
255	《司法管理体制改革基础理论研究》	徐汉明
256	《建构立体形式反腐败体系研究》	徐玉生
257	《重大突发事件社会舆情演化规律及应对策略研究》	傅昌波
258	《中国社会需求变化与学位授予体系发展前瞻研究》	姚　云
259	《非营利性民办学校办学模式创新研究》	周海涛
260	《基于"零废弃"的城市生活垃圾管理政策研究》	褚祝杰
261	《城镇化背景下我国义务教育改革和发展机制研究》	邬志辉
262	《中国满族语言文字保护抢救口述史》	刘厚生
263	《构建公平合理的国际气候治理体系研究》	薄　燕
264	《新时代治国理政方略研究》	刘焕明
265	《新时代高校党的领导体制机制研究》	黄建军
266	《东亚国家语言中汉字词汇使用现状研究》	施建军
267	《中国传统道德文化的现代阐释和实践路径研究》	吴根友
268	《创新社会治理体制与社会和谐稳定长效机制研究》	金太军
269	《文艺评论价值体系的理论建设与实践研究》	刘俐俐
270	《新形势下弘扬爱国主义重大理论和现实问题研究》	王泽应

序号	书　名	首席专家
271	《我国高校"双一流"建设推进机制与成效评估研究》	刘念才
272	《中国特色社会主义监督体系的理论与实践》	过　勇
273	《中国软实力建设与发展战略》	骆郁廷
274	《坚持和加强党的全面领导研究》	张世飞
275	《面向2035我国高校哲学社会科学整体发展战略研究》	任少波
276	《中国古代曲乐乐谱今译》	刘崇德
277	《民营企业参与"一带一路"国际产能合作战略研究》	陈衍泰
278	《网络空间全球治理体系的建构》	崔保国
279	《汉语国际教育视野下的中国文化教材与数据库建设研究》	于小植
280	《新型政商关系研究》	陈寿灿
281	《完善社会救助制度研究》	慈勤英
282	《太行山和吕梁山抗战文献整理与研究》	岳谦厚
283	《清代稀见科举文献研究》	陈维昭
284	《协同创新的理论、机制与政策研究》	朱桂龙
285	《数据驱动的公共安全风险治理》	沙勇忠
286	《黔西北濒危彝族钞本文献整理和研究》	张学立
287	《我国高素质幼儿园园长队伍建设研究》	缴润凯
288	《我国债券市场建立市场化法制化风险防范体系研究》	冯　果
	……	